Hinter dem Sachregister befindet sich ein ausführliches Verzeichnis der

Guttentagschen Sammlung

Deutscher Reichs- und Preußischer Gesetze

— Textausgaben mit Anmerkungen; Taschenformat —,

die alle wichtigeren Gesetze in unbedingt zuverlässigem Abdruck und mit mustergültiger Erläuterung wiedergibt.

Guttentag'sche Sammlung
Nr. 52. Preußischer Gesetze. Nr. 52.
Text-Ausgaben mit Anmerkungen und Sachregister.

Wassergesetz

vom 7. April 1913.

Mit Einleitung, Erläuterungen und Sachregister

bearbeitet von

Georg Wulff und Dr. Ferdinand Herold.

Zweite, umgearbeitete Auflage

von

Georg Wulff
Rechtsanwalt und Notar in Dortmund.

Berlin und Leipzig 1928
Walter de Gruyter & Co.
vormals G. J. Göschen'sche Verlagshandlung — J. Guttentag, Verlagsbuchhandlung — Georg Reimer — Karl J. Trübner — Veit & Comp.

Vorwort zur ersten Auflage.

Die vorliegende Textausgabe des preußischen Wassergesetzes verfolgt den Zweck, sowohl dem praktischen Juristen wie dem Laien das Eindringen in die einzelnen Gesetzesbestimmungen zu erleichtern und die Absicht, welche den Gesetzgeber bei den einzelnen Bestimmungen geleitet hat, wo sie nicht absolut klar zutage liegt, auseinanderzusetzen und zu begründen. Zu diesem Zweck ist naturgemäß in weitem Umfang auf die Begründung des Gesetzentwurfes sowie auf die Kommissionsberatungen des Abgeordnetenhauses und des Herrenhauses zurückgegriffen. Auch sind die stenographischen Berichte über die Plenarberatungen in beiden Häusern des Landtages zur Erläuterung mit herangezogen, ohne daß auf eine Kritik, dort, wo sie uns notwendig erschien, verzichtet worden wäre. In Fällen, in welchen die neueren außerpreußischen Wassergesetze, insbesondere das bayerische, sächsische, württembergische und badische Wassergesetz, ähnliche Bestimmungen wie das preußische Gesetz enthalten, ist zur Erläuterung auch auf jene Gesetze und ihre Begründung zurückgegriffen worden. Bei den Bestimmungen über den Hochwasserschutz sind auch die Materialien des Gesetzes v. 16. August 1905 herangezogen.

Soweit die seitherige Judikatur über wasserrechtliche Fragen auch in Zukunft noch Bedeutung behält, was ganz besonders für die Bestimmungen über die Wassergenossenschaften, Deichverbände und den Hochwasserschutz der Fall sein wird, ist auch auf sie Rücksicht genommen. Es sind aber nur die wichtigeren Entscheidungen aufgeführt.

Die Bestimmungen über die Verleihung, die Ausgleichung, die Wasserbücher und die Gewässer, die nicht zu den Wasserläufen gehören, sind von Rechtsanwalt Wulff, die Bestimmungen über die Verhütung von Hochwassergefahr von Rechtsanwalt Dr. Herold bearbeitet. Im übrigen ist die Bearbeitung der vorliegenden Ausgabe von uns gemeinschaftlich erfolgt.

Die Ausarbeitung des Sachregisters hat in dankenswerter Weise Herr Assessor Hilger in Neheim übernommen.

Die gemäß § 401 von den zuständigen Ministern zu erlassenden Ausführungsvorschriften sind noch nicht erschienen.

Dortmund und Recklinghausen im April 1913.

Wulff. Herold.

Vorwort zur zweiten Auflage.

Nachdem seit Herausgabe der ersten Auflage des vorliegenden Kommentars zum Preußischen Wassergesetz 14 Jahre vergangen sind und der Kommentar nicht nur vergriffen, sondern auch mit dem Standpunkt der Rechtsprechung und des Schrifttums nicht mehr überall im Einklang steht, erscheint die Herausgabe einer neuen Auflage berechtigt.

In der vorliegenden zweiten, erheblich umgearbeiteten und erweiterten Auflage habe ich es mir zur Aufgabe gemacht, das Schrifttum und die umfangreiche Rechtsprechung möglichst erschöpfend zu berücksichtigen. Dabei ist, wie in der ersten Auflage, auch auf die frühere Rechtsprechung über wasserrechtliche Fragen Rücksicht genommen, soweit dies im Rahmen des Zweckes dieser Ausgabe erforderlich erschien.

Auch die Materialien des Gesetzes sind verwendet und zitiert, jedoch ist von ihrer wörtlichen Wiedergabe in größerem Umfange abgesehen und mehr auf das Schrifttum und die Rechtsprechung verwiesen.

Die neue Auflage soll wie die erste als Wegweiser durch die teils schwierigen und verwickelten Fragen des preußischen Wasserrechts dienen, und den Jurist wie den Laien über die einschlägige Rechtsprechung und das Schrifttum unterrichten.

Die Ausgabe will aber nicht nur ein Zitierwerk sein. Ich habe deshalb nicht darauf verzichtet, auch meine abweichende Meinung gegenüber anderen Ansichten zum Ausdruck zu bringen.

Streit- oder Zweifelsfragen konnten im Rahmen dieser Ausgabe nicht immer breit erörtert werden, jedoch ist wenigstens auf abweichenden Meinungen im Schrifttum und der Rechtsprechung hingewiesen.

Das wesentlich erweiterte Sachregister gibt durchweg nur die Paragraphenzahlen und nur vereinzelt auch die Nummern der Anmerkungen.

Die Anmerkungen sind mit durch den Druck hervorgehobenen Überschriften oder Stichworten versehen, so daß das Auffinden der gesuchten Erläuterungen wesentlich erleichtert wird.

Da mein früherer Mitarbeiter, Herr Rechtsanwalt Dr. Herold sich als Jurist nicht mehr betätigt, ist die vorliegende Ausgabe von dem Unterzeichneten allein bearbeitet worden.

Dortmund, im Juni 1927.

Wulff

Rechtsanwalt und Notar.

Inhaltsverzeichnis.

Seite

Literaturverzeichnis.

Bitta und Dr von Kries, Kommentar zum preußischen Wassergesetz, Berlin 1913.
v. Bitter, Handwörterbuch der preußischen Verwaltung, 2. Aufl.
Born, Das Wasserpolizeirecht, Berlin 1905.
—, Kommentar zum preußischen Wassergesetz, Berlin 1926.
v. Bülow-Fastenau, Gesetz betr. die Bildung von Wassergenossenschaften, vom 1. April 1879, 2. Aufl.
Coester, Die Rechtskraft der Staatsakte, München u. Leipzig 1927.
Dernburg, Lehrbuch des preußischen Privatrechts, 5. Aufl.
Deutsche Wasserwirtschaft, Zeitschrift des Deutschen Wasserwirtschafts- und Wasserkraftverbandes 1925.
Döhl, Die Wassergesetzgebung des preußischen Staates, Brandenburg 1870.
Eger, Das Gesetz über die Enteignung von Grundeigentum.
Enneccerus, Kipp und Wolff, Lehrbuch des bürgerlichen Rechts, II. Band, I. Abteilung, 15.—19. Aufl., Marburg 1923.
Entscheidungen des preußischen Landeswasseramtes (LWA.), I. Bd., Berlin 1921; II. u. III. Bd., Berlin 1922; IV. Bd., Berlin 1924.
Entscheidungen des Preußischen Oberverwaltungsgerichts (OVG.).
Entscheidungen des Reichsgerichts in Zivilsachen (RGZ.).
Entwurf eines preußischen Wassergesetzes von 1893.
Entwurf eines preußischen Wassergesetzes von 1906 nebst Begründung.
Eymann, Das Wassergesetz für das Königreich Bayern vom 23. März 1907.
Fleiner, Institutionen des Deutschen Verwaltungsrechts, Tübingen 1911.
Gennerich, Strafvorschriften des Wassergesetzes über unbefugte Wassereinleitung in Theorie und Praxis, Zeitschr. f. Agrar- u. Wasserrecht, Bd. 9, S. 97.
Gruchot, Beiträge zur Erläuterung des Deutschen Rechts.
Hahn, Die preußische Gesetzgebung über Vorflut, die Ent- und Bewässerungen und das Deichwesen, 2. Aufl., Breslau 1886.

Hatschek, Lehrbuch des deutschen und preußischen Verwaltungsrechts, 3. u. 4. Aufl., Leipzig u. Erlangen 1924.

Havenstein, Das Fischereirecht der Mark Brandenburg, Berlin 1903.

Hermes und Fechner, Gesetz zur Verhütung von Hochwassergefahr vom 16. August 1905.

Hoffmann, Die Gewerbeordnung für das Deutsche Reich und Preußen, 22.—24. Aufl., Berlin 1922.

Holtz-Kreutz, Kommentar zum preußischen Wassergesetz vom 7. April 1913 nebst Ausführungsverordnungen, I. u. II. Bd., Berlin 1914.

—, Das preußische Wassergesetz vom 7. April 1913. Erläuterte Handausgabe. Berlin 1922.

Juristische Wochenschrift, herausgegeben vom Deutschen Anwaltsverein.

Kayser-Steiniger, Gewerbeordnung, 3. Aufl.

Kletke, Das Deichwesen des preußischen Staates, 1867.

Kloeß, Das deutsche Wasserrecht und das Wasserrecht der Bundesstaaten des Deutschen Reichs, 1908.

Klostermann-Fürst, Allgemeines Berggesetz für die preußischen Staaten, 6. Aufl.

Koffka, Kommentar zum Gesetz über die Enteignung von Grundeigentum, 1905.

Laband, Das Staatsrecht des Deutschen Reiches, 4 Bde., 4. Aufl., Tübingen u. Leipzig 1901.

von Landmann, Kommentar zur Gewerbeordnung für das Deutsche Reich, 6. Aufl., I. Bd., München 1911; II. Bd., München 1912. 7. Aufl., I. Bd., München 1917; II. Bd., München 1925.

Lenhard und Dr Reichau, Kommentar zum preußischen Wassergesetz vom 7. April 1913, I. Liefg. u. II. Liefg., Berlin 1924; II. Liefg., Berlin 1915, V. Liefg., Berlin 1918.

Lette, Die Gesetzgebung über Benutzung der Privatflüsse zur Bewässerung von Grundstücken, Berlin 1850.

Mayer, Deutsches Verwaltungsrecht, I. u. II. Bd., München u. Leipzig 1924.

Mitteilungen des Deutschen Wasserwirtschafts- und Wasserkraftverbandes EV., Berlin-Halensee; 1920 Nr. 2; 1921 Nr. 4; 1925 Nr. 7; 1926 Nr. 14; 1927 Nr. 14.

Nieberding und Frank, Wasserrecht und Wasserpolizei im preußischen Staate, Breslau 1889.

Rieder, Wasserrecht für Württemberg, 1902.
Robiling, Die preußischen Landeskulturgesetze, Textausgabe, Münster i. W. 1901.
Preußische Gesetzsammlung (GS.).
Preußisches Verwaltungsblatt (PVBl.).
Reger, Kommentar zur Gewerbeordnung.
Riemann, Das Wasserrecht der Provinz Schlesien.
von Rohrscheidt, Gewerbeordnung für das Deutsche Reich, I. Bd., Berlin 1912.
Rosin, Das Recht der öffentlichen Genossenschaft, Freiburg i. B. 1886.
Schecher, Gewerbepolizeirecht des Deutschen Reichs, Tübingen 1909.
Schelcher, Wassergesetz für das Königreich Sachsen vom 12. März 1909, Bd. I u. II, 1909/10.
Schenkel, Das badische Wasserrecht, 2. Aufl., 1902.
Seelig, Fischerei und einschlagendes Wasserrecht, betr. Entscheidungen höherer deutscher Gerichtshöfe, insbesondere des Reichsgerichts.
Seuffert, Archiv.
Seydel, Bayerisches Staatsrecht, 7 Bde., Freiburg i. Br. 1888ff., 2. Aufl., 4 Bde., Freiburg i. Br. 1895, 1896.
Staudinger, Kommentar zum Bürgerlichen Gesetzbuch und Einführungsgesetz, 5./6. Aufl.
Stier-Somlo, Kommentar zum Gesetz über die allgemeine Landesverwaltung, 1902.
Verwaltungsarchiv, Zeitschrift für Verwaltungsrecht und Verwaltungsgerichtsbarkeit, Bd. 16, Heft 3, Berlin 1908; Bd. 22, Heft 1 u. 2, Januar 1914; Bd. 30, Heft 2, Januar 1924.
Vossen, Das preußische Quellenschutzgesetz vom 11. Mai 1908.
Westhoff, Bergbau und Grundbesitz nach preußischem Recht, 1906.
Gutachten über den Entwurf eines preußischen Wassergesetzes hinsichtlich seiner Beziehung zum rheinisch-westfälischen Bergbau, 1908.
Westhoff-Schlüter, Allgemeines Berggesetz für die preußischen Staaten.
Zeitschrift für Agrar- und Wasserrecht, herausgegeben im Preußischen Ministerium für Landwirtschaft, Domänen und Forsten.
Zeitschrift für die gesamte Wasserwirtschaft, Verlag von Dr Georg Adam, Breslau.

Abkürzungen.

a. A.	= anderer Ansicht.
Abs.	= Absatz.
ABG.	= Allgemeines Berggesetz vo. 24. Juni 1865.
AG.	= Ausführungsgesetz.
ALR.	= Allgemeines Landrecht für die preußischen Staaten.
Anm.	= Anmerkung.
Art.	= Artikel.
AusfAnw.	= Ausführungs-Anweisung zum Wassergesetz.
Begr.	= Begründung zum Entwurf des Wassergesetzes von 1911 (Drucksache Nr. 93 des Hauses der Abgeordneten, 21. Leg.-Per., V. Sess.).
Bitta u. v. Kries	= Bitta und Dr v. Kries, Kommentar zum preußischen Wassergesetz, Berlin 1913.
BGB.	= Bürgerliches Gesetzbuch.
Bochalli, Kommentar	= Bochalli, Wassergenossenschaften, Kommentar zum dritten Abschnitte des Wassergesetzes, Pareys Verlag, Berlin 1913.
Born	= Arthur Born, Das preußische Wassergesetz, Kommentar, Berlin 1926.
DJZ.	= Deutsche Juristenzeitung.
Deutsche Wasserwirtschaft	= Zeitschrift des Deutschen Wasserwirtschafts- und Wasserkraftverbandes, 1925.
EGBGB.	= Einführungsgesetz zum Bürgerlichen Gesetzbuch.
Bochalli, Wassergenossenschaftsr.	= Bochalli, Wassergenossenschafts- und Deichrecht, 2. Aufl., Berlin 1925.
Enneccerus-Wolff	= Lehrbuch des bürgerlichen Rechts von Enneccerus-Kipp u. Wolff, Bd. 2, Abtlg. 1, Das Sachenrecht von Dr M. Wolff, Marburg 1919.

EnteignG. = Gesetz über die Enteignung von Grundeigentum v. 11. Juni 1874 (GS. 221).
FMBl. = Finanzministerialblatt.
GewArch. = Gewerbearchiv.
GewO. = Gewerbeordnung vom 21. Juni 1869.
GBO. = Grundbuchordnung.
Gruchot = Beiträge zur Erläuterung des deutschen Rechts, begründet von Gruchot.
GS. S. = Preußische Gesetzsammlung Seite.
GVG. = Gerichtsverfassungsgesetz.
HH. = Herrenhaus.
HMBl. = Ministerialblatt der Handels- und Gewerbeverwaltung.
Holtz-Kreutz = Das preußische Wassergesetz v. 7. April 1917, erläutert von Dr L. Holtz und F. Kreutz, 1. Bd., 1. u. 2. Aufl., bearbeitet von Dr L. Holtz, 1914.
Holtz-Kreutz-Handausgabe = Das Preußische Wassergesetz, erläuterte Handausgabe von L. Holtz u. F. Kreutz, 2. Aufl., bearbeitet von Dr. L. Holtz, Berlin 1922.
JMBl. = Justizministerialblatt.
JW. = Juristische Wochenschrift.
KAG. = Kommunalabgabengesetz vom 14. Juli 1893.
KG. bei Johow = Jahrbuch für Entscheidungen des Kammergerichts von Johow und Ring.
KBA. = Bericht der 13. Kommission des Abgeordnetenhauses über den Entwurf eines Wassergesetzes (Drucksache Nr. 611 A).
KBH. = Bericht der 11. Kommission des Herrenhauses zum Entwurf eines Wassergesetzes.
KrOrdn. = Kreisordnung.
v. Landmann = von Landmann, Kommentar zur Gewerbeordnung, I. Bd. 1917, II. Bd. 1925.
Lenhard-Reichau = Preußisches Wassergesetz vom 4. April 1913 mit Kommentar v. A. Lenhard und Dr. W. Reichau, Berlin 1914—1918.

LH.	= Lesung des Herrenhauses.
LGemOrdn.	= Landgemeindeordnung.
LVG.	= Gesetz über die allgemeine Landes-Verwaltung vom 30. Juli 1883.
LWA.	= Landeswasseramt und Entscheidungen des Landeswasseramtes.
L. 2	= Zweite Lesung des Abgeordnetenhauses.
L. 3	= Dritte Lesung des Abgeordnetenhauses.
MBl.	= Ministerialblatt für die innere Verwaltung.
MBlfLandw.	= Ministerialblatt der Verwaltung für Landwirtschaft, Domänen und Forsten.
ME.	= Ministerialerlaß.
ObTr.	= Entscheidungen des Königlichen Obertribunals.
OLKG.	= Oberlandeskulturgericht.
OVG.	= Entscheidungen des Preußischen Oberverwaltungsgerichts.
PVBl.	= Preußisches Verwaltungsblatt.
PrAGZVG.	= Preußisches Ausführungsgesetz über die Zwangsversteigerung und die Zwangsverwaltung vom 23. September 1899.
RGZ.	= Entscheidungen des Reichsgerichts in Zivilsachen.
RGSt.	= Entscheidungen des Reichsgerichts in Strafsachen.
RGBl.	= Reichsgesetzblatt.
Staatsvertrag	= Staatsvertrag, betreffend den Übergang der Wasserstraßen von den Ländern auf das Reich vom 31. März bis 26. September 1921.
StGB.	= Reichsstrafgesetzbuch.
SeuffA.	= Seufferts Archiv.
StaudKomm.	= Staudinger Kommentar zum Bürgerlichen Gesetzbuch.
StädtOrdn.	= Städteordnung.
VO.	= Verordnung.
Verf.	= Verfügung.
Vorflutedikt	= Gesetz wegen des Wasserstauens bei Mühlen und Verschaffung von Vorflut vom 15. November 1811.

WGG.	= Gesetz, betreffend die Bildung von Wassergenossenschaften vom 1. April 1879.
ZB.	= Zum Beispiel.
ZPO.	= Zivilprozeßordnung.
Ztschr.	= Zeitschrift.
Ztschr. f. Agr.- u. Wasserr.	= Zeitschrift für Agrar- und Wasserrecht.
Ztschr. f. Bergr.	= Zeitschrift für Bergrecht.
Ztschr. f. d. ges. Wasserw.	= Zeitschrift für die gesamte Wasserwirtschaft.
ZustG.	= Gesetz über die Zuständigkeit der Verwaltungsgerichtsbehörden v. 1. August 1883.
ZVG.	= Gesetz über die Zwangsversteigerung und Zwangsverwaltung vom 20. Mai 1898.

Erster Abschnitt.

Wasserläufe.

Erster Titel.

Begriff und Arten der Wasserläufe.

Vorbemerkung:

Zuständigkeit der Landesgesetzgebung. Die von der Reichsgesetzgebung abweichenden und ergänzenden Bestimmungen dieses, alle in das Wasserrecht einschlagenden Rechtsverhältnisse regelnden Gesetzes beruhen auf Art. 65 und 124 EGBGB. Durch diese Bestimmungen ist das gesamte Wasserrecht, Mühlenrecht, Flößereirecht usw. der Landesgesetzgebung vorbehalten. In dieser Hinsicht besteht jetzt durch die Art. 97ff. der Reichsverfassung für die Schiffahrtsstraßen wieder eine gewisse Einschränkung zugunsten der Reichsgesetzgebung.

Gewässer. Das Wassergesetz will in erster Linie das Recht der Gewässer regeln. Unter Gewässer versteht man einen bestimmten, begrenzten Teil der Erdoberfläche, welcher entweder von Natur oder infolge künstlicher Vorkehrungen mit Wasser bedeckt ist. Man unterscheidet fließende und stehende (geschlossene) Gewässer. Ihrer Natur nach sind Gewässer also „mit Wasser bedeckte Grundstücke" (KBA. 8). Sie unterliegen daher grundsätzlich den bestehenden Vorschriften des BGB. über die Grundstücke, soweit nicht im vorliegenden Gesetz Abweichendes bestimmt ist. Das Gesetz teilt die Gewässer ein in:

a) „Wasserläufe" (Abschn. I, §§ 1—195),

b) „Gewässer, die nicht zu den Wasserläufen gehören" (Abschn. II §§ 196—205).

Meer und Meeresstrand. Nicht zu den Gewässern im Sinne dieses Gesetzes gehören Meer und Meeresstrand. Für sie bleiben die bestehenden, landesrechtlichen Vorschriften unberührt. Nach diesen unterliegen Meeresufer und Meereshäfen dem Hoheitsrecht des Staates und steht an ihnen der Gemeingebrauch jedermann offen, jedoch können Sondereigentum und andere Sonderrechte vom Staate einzelnen Personen verliehen werden. (Vgl. RG. in Ztschr. f. Agr. u. Wasserr. 7, 147 und vor allem Helfritz „Der Meeresstrand im preußischen öffentlichen Recht der Gegenwart" in Festgabe zur Feier des 50jährigen Bestehens des preußischen Oberverwaltungsgerichts 1925, sowie die dort angeführten Aufsätze und Entscheidungen.)

Die Haffe an der Ostsee sind keine Meeresteile, sondern zu den sich in sie ergießenden Wasserläufen gehörende Mündungsgebiete. (RG. in Gruchot 52, 1212 und RGZ. 89, 84; vgl auch im Anhang das Verzeichnis der Wasserläufe erster Ordnung und die Anlage A zum Staatsvertrage v. 31. 3./26. 9. 21.)

§ 1.

(1) Wasserläufe[1]) sind die Gewässer, die in natürlichen oder künstlichen Betten[2]) beständig oder zeitweilig oberirdisch abfließen[3]), einschließlich ihrer oberirdischen Quellen[4]) und der Seen[5]), Teiche, Weiher und ähnlicher Wasseransammlungen[6]), aus denen sie abfließen, sowie ihrer etwa unterirdisch verlaufenden Strecken[7]) (natürliche, künstliche Wasserläufe)[8]).

(2) Grundstücke, die zur Fischzucht oder Fischhaltung oder zu sonstigen Zwecken mit Wasser bespannt werden und mit einem Wasserlaufe nur dadurch in Verbindung stehen, daß sie mittels künstlicher Vorrichtungen aus dem Wasserlaufe gefüllt oder in einen solchen abgelassen werden, gelten nicht als Wasserläufe[9]).

(3) Gräben[10]) gelten als Wasserläufe nur insoweit, als sie der Vorflut[11]) der Grundstücke verschiedener Eigentümer dienen. Seen, aus denen nur künstliche Wasserläufe abfließen, gelten nicht als Wasserläufe, soweit nicht die Wasserlaufsverzeichnisse etwas anderes bestimmen. Triebwerkskanäle[12]) — Mühlgräben u. dgl. — und Bewässerungskanäle gelten, soweit sie als Wasserläufe anzusehen sind, im Zweifel als künstliche Wasserläufe.

(4) Ein natürlicher Wasserlauf gilt als solcher auch nach einer künstlichen Veränderung[13]).

Ent. § 1, B. 6ff., 47ff; KBA. 2ff.; L. II 7953ff., 9753ff.; L. III 8527ff.; KBH. 2ff.; LH. 992ff.

1. **Wasserläufe.** Zum Begriff des Wasserlaufes gehört a) ein natürliches oder künstliches Bett, b) ein beständiger oder zeitweiliger, oberirdischer Abfluß. Oberirdischer Zufluß ist nicht erforderlich (vgl. Born S. 2).

2. **Bett.** Unter Bett versteht man das durch „Sohle" und „Ufer" begrenzte, äußerlich erkennbare Gerinne (vgl. Holtz-Kreutz Anm. 2 zu § 1).

3. **Abfluß.** Der Wasserlauf muß dauernd oder doch in gewissen, auch unregelmäßigen Zeiträumen abfließen (vgl. OVG. in Ztschr. f. Agr. u. Wasserr. 5, 346). Vorübergehendes Austrocknen nimmt die Eigenschaft des Wasserlaufes nicht. Ebenso gibt aber auch ein einmaliger Abfluß etwa bei ungewöhnlichen Naturereignissen diesem Abfluß nicht die Eigenschaft als Wasserlauf. Wasserlauf ist auch ein zur Abführung von Hochwasser ständig dienender, sonst aber trocken liegender Umfluter (Begr. 47ff.).

„Abfließen" bedeutet den selbständigen Ablauf ohne Zutun von Menschen infolge natürlichen oder künstlich hergestellten Geländes.

4. **Quellen.** Eine Quelle bildet sich durch das nicht nur vorübergehende Zutagetreten unterirdischen Wassers, und zwar erst von dem Punkte ab, wo das Wasser quillt, an der Oberfläche zutagetritt; eine Quelle entspringt da, wo das Wasser an der Oberfläche mündet (LWA. 3, 44; RGZ. 73, 283; OVG. in Ztschr. f. Agr. u. Wasserr. 5, 314). Unerheblich ist, ob das Hervortreten an die Erdoberfläche auf natürlichem Wege oder infolge künstlicher Nachhilfe (Bohrungen) erfolgt (KBA. 2, 7). Die Quelle ist nur ein Teil des Wasserlaufes, wenn ihr Wasser sofort in geregeltem Laufe abfließt (LWA. in Ztschr. f. Agr. u. Wasserr. 4, 100). Ein Gewässer, das nur zeitweilig, z. B. infolge außergewöhnlicher Niederschläge aus dem Erdboden hervortritt und nach einiger Zeit wieder versiegt, ist keine Quelle. Eine Quelle ist auch da vorhanden, wo in einem Sumpfgelände das Wasser in zahlreichen einzelnen Tropfen aus der Erde hervorquillt und in mehreren, im Gelände sichtbaren Rinnsalen ab- und einem Bache zufließt. Die Quelle liegt dann da, wo das in einzelnen Tropfen hervorquellende Wasser

in dem Sumpfgelände zutagetritt (RGZ. 89, 86; Gruchot 42, 1011 u. 58, 687, OVG. in Ztschr. f. Agr. u. Wasserr. 9, 133. Die in einem Bergwerk erschroteten Gewässer, die nicht sofort an das Tageslicht treten, sondern erst durch die Stollen laufen, bilden eine Quelle erst dort, wo sie den Stollen verlassen und zutagetreten (L. 3, 8530ff.).

5. **Seen.** Ein See ist eine natürliche, durch Quellen gespeiste Wasseransammlung (OVG. in Ztschr. f. Agr. u. Wasserr. 7, 121). Ein See gehört und zwar in seiner ganzen Ausdehnung zu den Wasserläufen, wenn er einen sichtbaren, natürlichen Abfluß hat. Ist der Wasserabfluß künstlich hergestellt, so gehört er nicht zu den Wasserläufen (§ 1 Abs. 3, S. 2). sondern unterliegt den Bestimmungen der §§ 196ff. Das Gleiche gilt von Seen, die nur auf künstlichem Wege abgelassen werden können. Sichtbarer Zufluß ist aber nicht erforderlich, um dem See die Eigenschaft eines Wasserlaufes zu geben (Begr. 48). Endet ein Wasserlauf in einem See, der keinen oberirdischen Abfluß hat, so ist dieser kein Teil des Wasserlaufes, sondern ein unter die §§ 196ff. fallendes Gewässer (LWA. 1, 15, 16).

6. **Teiche und Weiher, Wasseransammlungen.** Diese fallen unter den Begriff See und unterscheiden sich von diesem durch eine geringere Ausdehnung. Auch sie müssen oberirdischen Ablauf haben. Stellt ein Teich nicht eine Ausbuchtung oder Erweiterung eines natürlichen oder künstlichen Wasserlaufes dar, sondern ein künstlich geschaffenes, selbständiges Wasserbecken, so hat dieses nicht den Charakter eines Wasserlaufes. Ein solcher Teich würde, wenn er im Verzeichnis der Wasserläufe nicht besonders aufgeführt ist, die Eigenschaft eines Wasserlaufes nur dann haben, wenn aus ihm ein natürlicher Wasserlauf abflösse (LWA. 4, 106; vgl. aber auch LWA. in Ztschr. f. Agr. u. Wasserr. 4, 317, 320). Im übrigen gilt das von den Seen Gesagte (KVA. 2, 47).

7. **Unterirdische Strecken.** Teilweise unterirdisches Fließen eines Wasserlaufes, sei dies von Natur oder künstlich bewirkt, ändert nichts an dem Gesamtcharakter eines Gewässers. Erforderlich ist nur, daß die Hauptstrecke des gesamten Wasserlaufes oberirdisch abfließt. Gänzlich unterirdisch verlaufende Wassergerinne, insbesondere unterirdische Röhrenleitungen, sind keine Wasserläufe, sondern unterliegen den Bestimmungen der §§ 196ff. Wird jedoch ein Vorflutgraben zugedeckt oder in einen Röhrenkanal verwandelt, so hört dieser nicht auf, ein Wasserlauf zu sein (OVG. 59, 338; 65, 305; PVBl. 34, 260). Bedeckte Kanäle oder Rohr-

leitungen von Kanalisationsanlagen sind keine Wasserläufe, auch dann nicht, wenn vor Einbeziehung in die Entwässerungsanlage Gräben, die an einem Grundstück sich befinden, die Eigenschaft von Wasserläufen gehabt haben. Ein Wasserlauf verliert aber seine Eigenschaft als solcher nicht dadurch, daß er streckenweise zugedeckt und in eine Rohrleitung umgewandelt wird, wenn er im übrigen Wasserlauf bleibt (OVG. **59**, 333). Das ist nicht der Fall, wenn ein Wasserlauf in eine städtische Kanalisationsanlage einbezogen und seinem ursprünglichen Zweck, der Vorflut zu dienen, entzogen wird.

8. **Natürliche und künstliche Wasserläufe.** Natürliche Wasserläufe sind solche Gewässer, die sich in durch die Natur geschaffenen Betten fortbewegen und ihr Wasser regelmäßig aus einem Quellgebiet erhalten (OVG. **46**, 315, 317). Eine künstliche Regulierung des natürlichen Bettes ändert an der Natur des Wasserlaufes als eines natürlichen nichts.

Künstliche Wasserläufe sind durch Vornahme künstlicher Anlagen geschaffene Wasserwege, insbesondere haben sie ursprünglich ein künstliches Bett. Wasserleitungen, d. h. die zur Fortleitung des Wassers von einem Ort zum anderen künstlich hergestellten, meistens geschlossenen Anlagen fallen überhaupt nicht unter den Begriff der Wasserläufe. Im Zweifel ist ein Wasserlauf, abgesehen von Triebwerks- und Bewässerungskanälen, als ein natürlicher anzusehen, solange nicht das Gegenteil erwiesen ist (LWA. **1**, 1; PVBl. **36**, 728; JW. **1916**, 512).

9. **Fischzucht, Fischhaltung usw.** Es handelt sich um zeitweilig für besondere Zwecke bedeckte Grundstücke, z. B. Fischteiche oder zur Gewinnung von Eis im Winter unter Wasser gesetzte Flächen. Haben solche Grundstücke einen beständigen Ablauf, so gehören sie zu den künstlichen Wasserläufen. Nicht hierher gehören die durch künstliche Erweiterungen eines Flußbettes zeitweilig mit Wasser bedeckten Grundstücke. Diese unterliegen vielmehr den Rechten des natürlichen Wasserlaufs, aus dem sie entstanden sind, wohl aber gehören hierher Mühlteiche und ähnliche Wasseransammlungen (vgl. Holtz-Kreutz, Handausgabe Anm. 7 zu § 1). Derartige Gewässer fallen ebenso wie die in Abs. 3 Satz 2 bezeichneten Seen unter die §§ 196ff.

10. **Gräben.** Gräben sind Gewässer, die in einem künstlichen Gerinne abfließen, wodurch das Wasser seinen ordentlichen oder gewöhnlichen Ablauf hat (§ 100 I 18 ALR.), und die so unbedeutend sind, daß sie für die Wasserwirtschaft im allgemeinen

nicht in Betracht kommen (Begr. 49; OVG. 71, 350, 351; LWA. 1, 1; 2, 70, 71; JW. 1916 S. 512; LWA. in Ztschr. f. Agr. u. Wasserr. 4, 19). Dagegen fallen künstliche Wasserzüge von erheblicher Bedeutung, wie z. B. Umfluter zur Abführung des Hochwassers, nicht unter den Begriff der Gräben, sind daher auch dann Wasserläufe, wenn sie nicht der Vorflut der Grundstücke verschiedener Eigentümer dienen (LWA. 2, 70, 71). Keine Wasserläufe sind regelmäßig bloße Grenz- und Wege-, sowie Eisenbahngräben, da sie ebenso wie Straßenrinnsteine regelmäßig nur der Straßenentwässerung, nicht der Grundstücksentwässerung zu dienen bestimmt sind (OVG. 72, 310, 314), ferner Fabrikabwässergräben, reine Bewässerungsgräben u. dgl. (vgl. LWA. in Ztschr. f. Agr. u. Wasserr. 4, 19).

11. Vorflut. Unter Vorflut im allgemeinen ist zu verstehen die Möglichkeit des ungehinderten Ablaufes des auf der Erdoberfläche befindlichen Wassers nach dem natürlichen Gefälle (vgl. §§ 102, 103 I 8 ALR.; OVG. 74, 316; 78, 326).

Bei Wasserläufen soll unter Vorflut verstanden werden „die durch einen normalen Zustand von Bett und Ufer gegebene Möglichkeit des ungehinderten Wasserablaufes im Wasserlauf. Bei der Entscheidung, welches der normale Zustand von Bett und Ufer ist, darf auf unvordenkliche Zeiten nicht zurückgegriffen werden" (KBA. 64).

Die Vorflut muß unmittelbar von den Gräben selbst, nicht von dem Grundstücke gewährt werden, auf dem sich der Graben befindet (OVG. 72, 342, 345).

Ein Vorflutgraben ist nur dann vorhanden, wenn ein Graben von dem Grundstück des Oberliegers sich in geordneter Weise auf das unterliegende Grundstück fortsetzt und nicht nur ein wildes Ablaufen des Oberflächenwassers stattfindet. Der Graben muß dem ordentlichen und gewöhnlichen Abfluß des Wassers dienen, also mangels ausdrücklicher Zweckbestimmung schon längere Zeit hindurch bestanden haben. Ist der Entwässerungszug seit Jahren vorhanden, so kommt es auf die Art und Weise der ursprünglichen Entstehung nicht an. Die Ableitung durch Drains steht einem offenen Graben gleich (OVG. 74, 377). Das Wasser muß in einem erkennbaren Gerinne von mehreren Grundstücken abfließen, die nicht demselben Eigentümer gehören. Es kommt nicht darauf an, welchen Zwecken der Graben vor längerer Zeit gedient hat, sondern maßgebend ist der Zustand, wie er in neuerer Zeit besteht. Ist ein Graben durch die Natur entstanden, so ist seine Eigenschaft als Wasserlauf nicht zweifelhaft, wenn in ihm unbestritten Wasser abfließt. Ist sein Bett durch menschliche Arbeit hergestellt, so besitzt der Graben die Eigenschaft eines Wasserlaufes nur dann, wenn er der Vorflut der Grundstücke verschiedener Eigentümer dient (OVG. 77, 382). Ein Graben, der in seinem ganzen Umfange auf dem Grundstück eines einzigen Besitzers liegt und zwischen dessen Ufern und dem oberliegenden Nachbargrundstück noch ein, wenn auch nur kleiner Zwischenraum liegt, gilt nicht als Vorflutgraben, es sei denn, daß er mit jenem oberen Grundstück durch entsprechende Vorflutanlage verbunden ist. Bei einem nicht in dieser Weise verbundenen Graben der vorbezeichneten Art ist der Eigentümer des Grabens nach § 198 Abs. I berechtigt, das oberirdisch von einem anderen Grundstück wild abfließende Wasser von diesem Grundstück abzuhalten. Die Tatsache, daß ein solcher Graben das dem Grundstück wild zufließende Wasser aufnimmt und weiterführt, genügt für sich allein nicht, dem Graben die Eigenschaft eines Vorflutgrabens zu verschaffen (JW. 1919, 34).

12. **Triebwerkskanäle.** Triebwerkskanäle (Mühlengräben u. dgl.) und Bewässerungskanäle gehören zu den Wasserläufen stets, wenn sie in das Verzeichnis der Wasserläufe erster oder zweiter Ordnung eingetragen sind. Ist das nicht der Fall, so sind sie Gräben und haben dann als Wasserläufe nur zu gelten, wenn und soweit sie zugleich der Vorflut der Grundstücke mehrerer Eigentümer dienen. Auf Triebwerkskanäle, deren natürliche Entstehung nicht nachgewiesen werden kann, kommt § 1 Abs. III Satz 3 zur Anwendung, wonach sie, soweit sie als Wasserlauf anzusehen sind, als künstliche Wasserläufe gelten (OVG. 78, 326). Die Triebwerkskanäle müssen zur Fortleitung von „Wasser" dienen. Nicht hierher gehören z. B. städtische Kanalisationen.

13. **Künstliche Veränderung.** Lediglich künstlich veränderte natürliche Wasserläufe bleiben natürliche Wasserläufe. Nebenstrecken, auch wenn sie künstlich hergestellt sind, können Teile eines einheitlichen, natürlichen Wasserlaufs sein (OVG. 79, 153; PVBl. 38, 297). Dagegen müssen Seitenkanäle (Mühlengräben, Schleusenkanäle u. dgl.), die neben dem bestehenbleibenden, natürlichen Wasserläufe angelegt werden, als selbständige künstliche Wasserläufe in der Regel angesehen werden, da hier der Fall einer künstlichen Veränderung im Sinne des Abs. 4 überhaupt nicht vorliegt. Die Abzweigung eines Mühlengrabens von einem natürlichen Wasserlauf ist keine künstliche Veränderung,

es entsteht vielmehr ein neuer selbständiger, künstlicher Wasserlauf, welcher neben dem natürlichen Wasserlauf, von welchem er abzweigt, unabhängig zu beurteilen ist (KVA. II, 9).

Regulierung des Wasserlaufes, streckenweise Uferabgrabungen und Begradigung einer vielfach gekrümmten Gestaltung des Wasserlaufes ändern an der Eigenschaft des Wasserlaufes als eines natürlichen nichts (LWA. 1, 1).

Ist die Entstehung eines Wasserlaufs nicht mehr historisch nachzuweisen, so dürfte die Entscheidung von Fall zu Fall vom wirtschaftlichen Gesichtspunkte abhängig zu machen sein (vgl. Born S. 5).

§ 2.

(1) Im Sinne dieses Gesetzes sind:[1])

1. Wasserläufe erster Ordnung:[2]) die in dem anliegenden Verzeichnis unter I aufgeführten Strecken natürlicher und die dort unter II bezeichneten Strecken künstlicher Wasserläufe;

2. Wasserläufe zweiter Ordnung:[3]) die Strecken natürlicher und künstlicher Wasserläufe, die in dem nach § 4 aufzustellenden Verzeichnis eingetragen sind;

3. Wasserläufe dritter Ordnung:[4]) alle anderen Strecken natürlicher und künstlicher Wasserläufe.

(2) Natürliche Wasserläufe, die sich von einem natürlichen Wasserlauf abzweigen und wieder mit ihm vereinigen (Nebenarme)[5]), sowie Mündungsarme[6]) eines natürlichen Wasserlaufs sind der Ordnung zuzuzählen, welcher der Hauptwasserlauf an der Abzweigungsstelle angehört, wenn sich nicht aus der Anlage ein anderes ergibt oder nach § 3 Abs. 1 oder § 4 ein anderes bestimmt wird[7]).

Ent. § 2; B. 7ff., 50ff.; KBA. 9ff.; L. II 7954; L. III 8531; KBH. 2, 74ff.; LH. 994.

1. **Einteilung der Wasserläufe.** Das Gesetz teilt die Wasserläufe rein äußerlich ohne sachliche Merkmale für die einzelnen Kategorien zu nennen, je nach ihrer wasserwirtschaftlichen Be-

deutung in drei Ordnungen ein und gibt die frühere Unterscheidung in öffentliche und nichtöffentliche Wasserläufe auf. Die Wasserläufe I. Ordnung entsprechen im wesentlichen den früheren „öffentlichen Flüssen", die zweiter und dritter Ordnung den früheren Privatflüssen.

Der Wasserlauf kann in seinem Verlauf streckenweise verschiedenen Ordnungen angehören, jedoch umfaßt andererseits die Eigenschaft als solche erster Ordnung die ganze Wasserfläche einschließlich Windungen und Ausbuchtungen (OVG. 42, 233, 238; PVBl. 34, 897).

Wie die Ausbuchtungen sind auch innerhalb des Strombettes liegende, künstlich angelegte Flußhäfen zu beurteilen (PVBl. 34, 897), nicht aber außerhalb des Strombettes liegende Häfen mit selbständigen Wasserflächen, die nur durch künstlich hergestellte Zufahrten mit dem Wasserlauf verbunden sind (PVBl. 34, 895).

Auch eine nicht dauernd mit dem Wasserlauf in Verbindung stehende Wasserfläche ist nur dann als Teil des Wasserlaufes anzusehen, wenn wenigstens bei gewöhnlichem Wasserstande eine Verbindung vorhanden ist (RG. 80/393).

2. **Die Wasserläufe erster Ordnung** sind durch Eintragung in das in der Anlage zum Gesetz befindliche, als Teil des Gesetzes geltende Verzeichnis festgestellt. In ihm sind die natürlichen von den künstlichen Wasserläufen getrennt aufgeführt und zwar unter I die natürlichen, unter II die künstlichen Wasserläufe. Das Verzeichnis stellt endgültig mit Geltung gegen jedermann die rechtliche Eigenschaft als Wasserläufe erster Ordnung fest und zwar auch, ob es sich um einen natürlichen oder künstlichen Wasserlauf handelt.

Der Einwand, das Verzeichnis sei gesetzwidrig, weil ein in dieses eingetragene Gewässer überhaupt kein Wasserlauf sei, ist nicht zulässig (OVG. 72, 336).

3. **Die Wasserläufe zweiter Ordnung** werden als solche durch einen verwaltungsrechtlichen Akt, nämlich durch die Aufnahme in das vom Oberpräsidenten anzulegende Verzeichnis festgestellt. Auch gegenüber dem Verzeichnis der Wasserläufe zweiter Ordnung ist der Einwand, das Verzeichnis sei gesetzwidrig, weil ein in dieses Verzeichnis eingetragenes Gewässer überhaupt kein Wasserlauf sei, unzulässig. Über das bei Aufstellung des Verzeichnisses zu beobachtende Verfahren vgl. §§ 4, 5.

4. **Wasserläufe dritter Ordnung.** Die Aufnahme eines Grabens in ein von der Wasserpolizeibehörde angelegtes Verzeichnis der Wasserläufe dritter Ordnung beweist im Gegensatz zu den Verzeichnissen der Wasserläufe erster und zweiter Ordnung nichts für die Eigenschaft desselben als Wasserlauf (OVG. 71, 350).

5. **Nebenarme** sind natürliche Abzweigungen eines Wasserlaufes, die ihren Zufluß aus dem Hauptlaufe erhalten und ihre Wasser in diesen wieder zurückführen. Die Wiedervereinigung mit dem Hauptlaufe ist Begriffsmerkmal. Künstlich angelegte Abzweigungen sind keine Nebenarme und gehören nicht ohne weiteres zur Ordnung des Hauptwasserlaufes (Begr. 55; KBA. 2, 12).

Wenn ein von dem Wasserlaufe sich abzweigender Nebenarm in einem natürlichen Bett fließt, so ist er damit als ein Nebenarm im Sinne dieser Bestimmung anzusehen. Wenn seine natürliche Entstehung jedoch nicht nachgewiesen werden kann, so kommt § 1 Abs. III Satz 3 zur Anwendung, wonach Triebwerkskanäle u. dgl., soweit sie als Wasserläufe anzusehen sind, im Zweifel als künstliche Wasserläufe gelten (OVG. 78, 326). Keine Nebenarme sind die sogenannten Altarme oder Altwasser (Begr. 55; OVG. 46, 315, 317).

Wird ein Wasserlauf durch eine Insel geteilt, so stellen die beiden die Insel umfließenden Teilstrecken keine Nebenarme, sondern einen einheitlichen Wasserlauf dar (OVG. 42, 233, 237, 238).

Ein Nebenarm verliert seine Eigenschaft als solcher, wenn die Verbindung mit dem Hauptwasserlauf aufhört (vgl. Holtz-Kreutz Anm. 6 zu § 2).

6. **Mündungsarme.** Sie sind Abzweigungen, die sich mit dem Hauptwasserlauf nicht wieder vereinigen, sei es, daß sie sich in ein anderes Gewässer oder unmittelbar in das Meer ergießen. Während der Begriff der Nebenarme ausdrücklich auf natürliche Abzweigungen beschränkt ist, gehören zu den Mündungsarmen auch künstlich hergestellte Abzweigungen (OVG. 72, 336, 342).

7. D. h. wenn ein solcher Neben- oder Mündungsarm durch Oberpräsidialverordnung oder durch Gesetz einer anderen Ordnung zugewiesen ist.

§ 3[1]).

(1) Das Verzeichnis der Wasserläufe erster Ordnung kann nur durch Gesetz geändert werden.

(2) Wird infolge einer solchen Änderung[2]) jemand in der Ausübung eines Rechtes am Wasserlaufe beeinträchtigt oder ein Grundstück beschädigt[3]), so ist dem Benachteiligten Entschädigung vom Staate zu gewähren. Über die Entschädigung beschließt im Streitfalle der Bezirksausschuß[4]). Der Beschluß kann binnen drei Monaten nach der Zustellung im Rechtsweg angefochten werden. Auf die Entschädigung ist der Vorteil[5]) anzurechnen, der dem Benachteiligten aus der Versetzung des Wasserlaufs in eine andere Ordnung erwächst, soweit dieser Vorteil nicht bereits nach § 11 Satz 3 oder § 131 Satz 2 angerechnet worden ist.

Ent. § 3; B. 57ff.; KBA. 11ff.; L. II 7954, 8340; L. III 8531, 8640; KBH. 2, 74ff.; LH. 994.

1. **Vorbemerkung.** Der Fall des § 3 ist sehr selten. Die hier vorgesehene Änderung und die daraus sich ergebende Entschädigungspflicht bezieht sich ausschließlich auf Wasserläufe erster Ordnung.

2. **Änderungen.** Unter Änderung ist sowohl die Versetzung eines Wasserlaufes niederer Ordnung in das Verzeichnis der Wasserläufe erster Ordnung als auch die Ausscheidung eines Wasserlaufes erster Ordnung aus dem genannten Verzeichnis zu verstehen.

3. **Beeinträchtigung.** Obwohl gemäß § 11 die Eigentumsverhältnisse an sich unberührt bleiben, können durch die Versetzung eines Wasserlaufes in eine andere Ordnung wohl erworbene Rechte Dritter, nicht nur der Anlieger, sondern auch der durch Verleihung oder Enteignung oder auch dinglich Berechtigten, beeinträchtigt werden. Vgl. §§ 45, 46 und 396.

4. **Die Festsetzung der Entschädigung** unterliegt der freien Vereinbarung der Beteiligten mit dem Regierungskommissar. Eine Form für die Vereinbarung ist nicht vorgeschrieben. Erst im Streitfalle entscheidet der Bezirksausschuß ähnlich wie bei der Enteignung.

5. **Vorteile** z. B. durch den Wegfall der Unterhaltungspflicht, die dem Eigentümer eines Wasserlaufs zweiter oder dritter Ordnung bisher oblag, wenn der Wasserlauf in die erste Ordnung versetzt wird, und dadurch nach § 15 die Unterhaltung dem Staate zufällt.

§ 4.

(1) Das Verzeichnis der Wasserläufe zweiter Ordnung[1]) stellt der Oberpräsident — für die Hohenzollernschen Lande der Regierungspräsident — auf.

(2) In dieses Verzeichnis sind die nicht zur ersten Ordnung gehörenden Strecken natürlicher und künstlicher Wasserläufe aufzunehmen, die für die Wasserwirtschaft von größerer Bedeutung sind. Dabei sind die natürlichen von den künstlichen Wasserläufen getrennt aufzuführen.

Ent. 54; B. 57; KBA. 13; L. II 7955; L. III 8531; KBA. 13; LH. 994.

1. **Verzeichnis der Wasserläufe zweiter Ordnung.** Vgl. Anm. 1 zu § 2 und AusfAnw. I.

§ 5[1]).

(1) Das Verzeichnis wird in den beteiligten Bezirken öffentlich ausgelegt[2]). Die Auslegung ist in ortsüblicher Weise[3]) und, wenn Landkreise beteiligt sind, auch durch die Kreisblätter bekanntzumachen. Innerhalb einer vom Oberpräsidenten (Regierungspräsidenten) zu bestimmenden Frist von mindestens sechs Wochen nach der letzten Bekanntmachung können Einwendungen gegen das Verzeichnis erhoben werden[4]). Die Frist sowie die Stelle, bei der die Einwendungen anzubringen sind, ist in der Bekanntmachung zu bestimmen.

(2) Über die rechtzeitig erhobenen, mit den Beteiligten zu erörternden[5]) Einwendungen[6]) beschließt der Provinzialrat, in den Hohenzollernschen Landen der Bezirksausschuß. Gegen den Beschluß ist innerhalb zwei Wochen die Beschwerde[7]) an den Minister für Landwirtschaft, Domänen und Forsten zulässig. Die Beschwerde steht auch dem Oberpräsidenten (Regierungspräsidenten) zu.

(3) Nach Erledigung der Einwendungen oder fruchtlosem Ablaufe der Frist stellt der Oberpräsident (Regierungspräsident) das Verzeichnis endgültig fest[8]). Die Feststellung ist durch die Amtsblätter der beteiligten Bezirke[9]) bekanntzumachen.

(4) Das Verzeichnis ist bei der Wasserbuchbehörde (§ 183) zu jedermanns Einsicht offenzulegen[10]. Auszugsweise Abschriften sind bei dem Landrat, in Stadtkreisen bei der Ortspolizeibehörde niederzulegen und auf dem laufenden zu erhalten.

1. Die Bestimmung hat ihre Bedeutung mit der erstmaligen Aufstellung der Verzeichnisse verloren. Sie kommt nur noch in dem Falle einer Änderung der Verzeichnisse nach § 6 in Betracht.

2. **Dauer der Auslegung.** Eine Frist für die Dauer der Auslegung ist nicht vorgesehen.

3. **Ortsüblich.** Über den Begriff „ortsüblich" hier und an den anderen Stellen des Gesetzes vgl. Schultzenstein JW. 1922, 71 und die dort angeführte Literatur.

4. **Die Frist für die Erhebung von Einwendungen** beginnt ihren Lauf nach der letzten Bekanntmachung, d. h. an dem darauffolgenden Tage, an welchem die Nr. des Blattes, in welchem die Bekanntmachung enthalten ist, erschienen ist (OVG. 72, 336).

5. Mit dem Kommissar des Oberpräsidenten.

6. **Einwendungen.** Berechtigt zur Erhebung von Einwendungen sind alle physischen und juristischen Personen, die irgendein Interesse an der Regelung der Frage haben, ob ein Wasserlauf zur zweiten oder dritten Ordnung gehört, ohne daß es eines besonderen Nachweises des Interesses bedürfte.

7. **Beschwerde.** Der Lauf der Beschwerdefrist beginnt mit der Zustellung des Beschlusses (§ 52 LVG.). Die Beschwerde ist bei derjenigen Behörde anzubringen, gegen deren Beschluß sie sich richtet, also beim Provinzialrat bzw. Bezirksausschuß. Sie kann auch auf andere Behauptungen, als die beim Provinzialrat erhobenen Einwendungen, sowie ganz allgemein auf die Unzulässigkeit der Eintragung nach § 4 Abs. 2 gestützt werden (vgl. Holtz-Kreutz Handausgabe Anm. 2 zu § 5).

8. **Feststellung der Verzeichnisse.** Die Feststellung ist ein rein formeller Akt. Wegen ihrer Wirkung vgl. Anm. 1 zu § 2.

9. **Beteiligte Bezirke.** Unter den beteiligten Bezirken sind nicht die Regierungsbezirke, sondern allgemein die beteiligten Gebietsteile zu verstehen, in denen die Auslegung und die spätere Veröffentlichung des Verzeichnisses angebracht ist (AusfAnw. 1). Für die öffentliche Bekanntmachung kommen daher auch die zu amtlichen Bekanntmachungen für die einzelnen Gebietsteile (Landkreis, Stadtkreis, Gemeinde) benutzten Blätter in Frage. (So zutreffend Lenhardt-Reichau S. 21; a. A. Holtz-Kreutz Anm. 18 zu § 5.)

10. **Auslegung des Verzeichnisses.** Wo Landkreise beteiligt sind, sind die Verzeichnisse stets auch bei den Landratsämtern auszulegen. Bei den einzelnen Auslegungsstellen braucht nicht das ganze Verzeichnis ausgelegt zu werden, sondern es genügt die Auslegung eines Auszuges aus dem Verzeichnisse. In dem Auszuge müssen die Wasserläufe enthalten sein, die den Gebietsteil durchfließen oder berühren, für den die Auslegungsstelle bestimmt ist. Für die Einsichtnahme braucht ein rechtliches oder berechtigtes Interesse nicht nachgewiesen zu werden.

§ 6[1]).

Für die Änderung des Verzeichnisses gilt § 5 mit der Maßgabe, daß an die Stelle der Auslegung des Verzeichnisses und ihrer Bekanntmachung die Bekanntmachung der beabsichtigten Änderung tritt.

Ent. §§ 5, 6; B. 58ff.; KBA. 13; L. II 7955; L. III 8531; KBH. 13; LH. 994.

1. **Änderung des Verzeichnisses.** Neben § 5 ist auch § 4 anzuwenden. Es ist auch der Fall hiermit einbegriffen, daß ein natürlicher Wasserlauf vollständig aufhört, zu bestehen, indem er in einen künstlich neugeschaffenen Kanal einbezogen wird und in ihm aufgeht. Im übrigen vgl. die Anm. zu § 5.

Zweiter Titel.

Eigentumsverhältnisse bei den Wasserläufen.

Vorbemerkung:

Das Gesetz handelt im nachfolgenden Titel von den „Eigentumsverhältnissen bei den Wasserläufen" und ordnet diese Rechtsverhältnisse in verschiedener Weise, je nachdem es sich um Wasserläufe der verschiedenen Ordnungen handelt. Der Gesetzgeber erkennt allgemein ein Eigentumsrecht an den Wasserläufen an, ohne im weiteren eine Definition dieses Eigentumsrechts zu geben. Mit dieser Anerkennung eines Eigentumsrechts an den Wasserläufen ist aber die Streitfrage über den Umfang, vor allen Dingen über den Gegenstand dieses Eigentumsrechts nicht beseitigt. Es herrscht daher auch heute noch lebhafter Streit, ob an der in natürlicher Freiheit fließenden Wasserwelle dem Eigentümer des Wasserlaufes volles Privateigentum zusteht (vgl. Holtz-Kreutz, Vorbemerkung und Anm. zu § 7; Bitta und von Kries S. 14—19; Lenhard-Reichau S. 24; Stelling in JW. 1925, S. 1085 ff. und in JW. 1926, 966; JMBl. 1914, 493).

Als richtige Ansicht erscheint folgende: Sowohl die Begründung zum Entwurf wie auch die Kommissionsberichte zeigen, daß der Gesetzgeber dahin strebt, den Begriff des Eigentums an den Wasserläufen demjenigen des § 903 BGB. unterzuordnen; und doch ist es durch die Natur des Wassers ausgeschlossen, den Begriff des Eigentums, wie ihn § 903 BGB. aufstellt, ohne weiteres auf die Wasserläufe zu übertragen. Das Gesetz spricht vom Eigentum an den „Wasserläufen". Die Begründung zum Entwurf nimmt Bezug auf eine Entscheidung des Reichsgerichts im 3. Bande, in welcher gesagt wird, daß jedes dauernd fließende Gewässer aus drei wesentlichen und notwendigen Bestandteilen, dem fließenden Wasser, dem Bett und den Ufern bestehe und daß diese Bestandteile zusammen ein integrierendes Ganzes bildeten.

Zunächst ist hier zu bemerken daß das Bett (d. h. Ufer und Sohle) mit der in ihr fließenden Welle keine wesentlichen Bestandteile im Sinne der §§ 93 ff. bilden. Weder das eine noch das andere ist wesentlicher Bestandteil des Ganzen im Sinne des BGB. Denn das Bett des Flusses wird in seinem Wesen dadurch, daß das Wasser in ihm versiegt, nicht geändert, es bleibt, was es war, nämlich ein Grundstück, im Sinne der Vorschriften des BGB. über Grundstücke; das Wasser, welches aus dem Flusse abgeleitet wird, wird in seinem Wesen ebensowenig geändert. Bett und Wasser sind also nicht wesentliche Bestandteile einer Sache, des Wasserlaufs. Der Wasserlauf ist überhaupt keine einheitliche Sache. Er besteht aus zwei Teilen, einer unbeweglichen Sache, einem Grundstück, hier Bett genannt, und einer beweglichen, körperlichen Sache, dem Wasser im Sinne des § 90 BGB. Daß an dem einen Teile des Wasserlaufs, dem Grundstück, ein Privateigentum im Sinne des § 903 BGB. möglich ist, ist nicht zweifelhaft und auch nicht streitig. Dagegen wird man ein Eigentum in dem vorbezeichneten Sinne an dem fließenden Wasser nicht konstruieren können. Es liegt das in der Natur des Wassers, welches sich in ständig fließender Bewegung befindet. „Jedes Wasserteilchen wechselt unausgesetzt seinen Ort" und wegen dieser „beständigen Flucht und Veränderung" ist die fließende Welle aus natürlichen Gründen für das Privateigentum nicht „faßbar" (RG. 53, 98ff.; 16, 179).

Auch die Statuierung eines Eigentumsrechts an dem „Wasserlauf", wie sie im II. Titel des ersten Abschnittes des Wassergesetzes erfolgt ist, kann auf die juristische Konstruktion des Eigentumsrechts am Wasserlauf einen Einfluß nicht ausüben (RGZ. III. 233). Die Konstruktion eines Privateigentums im Sinne des BGB. an der fließenden Wasserwelle ist daher abzulehnen. Das Privateigentum ergreift nur das Flußbett und den über dem Bette innerhalb der Ufer befindlichen Raum, in dem sich das Flußwasser bewegt (RGZ. 53, 99; 92, 46, 48; 94, 33, 35; JW. 1914, 87).

Das Eigentum am Wasserlauf äußert sich bezüglich des fließenden Wassers nur in der Befugnis des Eigentümers, das Wasser für seine eigenen Zwecke in der Weise, wie dies tatsächlich mit fließendem Wasser möglich ist, zu verwenden (Holtz-Kreutz Vorbem. zu § 7; Lenhard-Reichau Anm. 2 zu §§ 7, 8).

Dem Eigentumsbegriff steht nicht entgegen, daß gesetzlich die Befugnis des Eigentmüers am Strom durch die Vorschriften des § 9 Abs. 1, der §§ 40—45 und durch die im § 25 enthaltenen Bestimmungen über den Gemeingebrauch eingeschränkt sind (RGZ. 94, 33; OVG. 72, 365; OVG. 76, 392; LWA. 2, 17).

§ 7.

An den in der Anlage bezeichneten Wasserläufen erster Ordnung steht, vorbehaltlich der Bestimmungen des § 9 Abs. 1 dem Staate das Eigentum zu[1]).

1. **Eigentum.**

a) Die meisten Wasserläufe erster Ordnung sind am 1. 4. 21 in das Eigentum und in die Verwaltung des Reiches übergegangen. Vgl. Staatsvertrag vom 31. 3. 21/26. 9. 21 im Anhang.

Aber auch auf die nunmehrigen Reichswasserstraßen finden die Wassergesetze der einzelnen Länder grundsätzlich Anwendung. § 15 des Staatsvertrages bestimmt: „Die Gesetze und Verordnungen der Länder bleiben unbeschadet der Bestimmungen der Reichsverfassung bis zu einer anderweiten reichsgesetzlichen Regelung in Kraft." Die letztere ist bisher nicht erfolgt. Soweit für die einzelnen Reichswasserstraßen das Grundbuch noch nicht angelegt ist, ist das Reich berechtigt, den Antrag auf Eintragung des Wasserlaufes im Grundbuch zu stellen (vgl. § 12).

b) Das Privateigentum des Staates ist unmittelbar auf Grund des Gesetzes mit dessen Inkrafttreten entstanden. Es ist ein privatrechtliches im Sinne des § 903 BGB., das dem Staate als Fiskus, als vermögensrechtlicher Vertreter der Allgemeinheit zusteht (RGZ. 103, 425, 427 und RG. in Ztschr. f. Agr. u. Wasserr. 6, 48).

Durch den Übergang der Wasserläufe erster Ordnung auf das Reich ist in der Verwaltung der Geschäfte, der Strombauverwaltung und der Wasserpolizei bei den genannten Wasserläufen keine Änderung eingetreten. Das Reich ist berechtigt, aber nicht verpflichtet, die ihm durch Art. 97 der Reichsverfassung übertragene Aufgabe der Reichswasserstraßenverwaltung durch selbstgeschaffene Behörden durchzuführen (Staatsgerichtshof in PrVBl. 47, 307). Vgl. auch RG. in Zeitschr. f. Agr u. Wasserr. 9, 152.

§ 8.

(1) An den Wasserläufen zweiter und dritter Ordnung steht, vorbehaltlich der Bestimmungen des § 9, den Eigentümern der Ufergrundstücke[1]) (Anliegern)[2]) das Eigentum anteilig[3]) zu.

(2) Die Eigentumsgrenzen werden bestimmt:[4])

1. für die gegenüberliegenden Ufergrundstücke durch eine Linie, die in der Stromrichtung laufend die Mitte des Wasserlaufs bei dem gewöhnlichen Wasserstand innehält;
2. für die nebeneinanderliegenden Ufergrundstücke durch eine vom Schnittpunkt ihrer Grenzlinien mit der Uferlinie (§ 12) senkrecht zu der vorbezeichneten Mittellinie zu ziehende Linie.

(3) Als der gewöhnliche Wasserstand[5]) gilt der Wasserstand, der im Durchschnitt der Jahre an ebensoviel

Tagen überschritten wie nicht erreicht wird, im Ebbe- und Flutgebiete das Hochwasser der gewöhnlichen Flut.

(4) Bei den Grenzflüssen[6]) reicht, soweit die Eigentumsverhältnisse nicht anderweit geregelt sind, das Eigentum der preußischen Anlieger bis zur Landesgrenze.

(5) Der Anteil des Anliegers am Wasserlauf ist Bestandteil des Ufergrundstücks[7]).

Ent. §§ 7, 8; B. 9ff., 59ff.; KBA. 18ff.; L. II 7968; L. III 8532; KBH. 15; LH. 994.

1. **Ufergrundstück.** Das Ufergrundstück ist ein Grundstück im Sinne des allgemeinen Rechts, d. h. ein im Grundbuch als ein Grundstück gebuchtes Stück Land, das an den Wasserlauf angrenzt. Es beginnt an der Uferlinie und endet an der nächsten Eigentumsgrenze (OVG. 79, 156).

2. **Anlieger** ist nur der, dessen Grundstück unmittelbar an den Wasserlauf angrenzt, ohne daß zwischen seinem Grundstück und der Uferlinie, die die Grenze zwischen Wasser und Land darstellt, ein Streifen, sei es Böschung, Uferstreifen, Schutzstreifen u. dgl. liegt. Maßgebend ist allein die Tatsache des Eigentums am Ufergrundstück. Verliert jemand das Ufergrundstück, z. B. durch Abreißung infolge Überschwemmung, und kommt dadurch der hinterliegende Grundstückseigentümer an das Flußbett mit seinem Grundstück zu liegen, so erwirbt dieser damit auch das Betteigentum bis zur Mitte des Flusses.

3. **Anteilig.** D. h. der Wasserlauf gehört den einzelnen Anliegern innerhalb der Grenzen ihrer Ufergrundstücke bis zur Mitte des Wasserlaufes.

4. **Die Festsetzung der Eigentumsgrenzen.** Hierüber sagt die Begründung folgendes:

„Die Mittellinie soll die Mitte des Wasserlaufes bei dem Wasserstande innehalten, der im Jahresdurchschnitt ebensooft überschritten wie nicht erreicht wird (Abs. 4), in Norddeutschland technisch „gewöhnlicher Wasserstand" genannt. Für das Herrschaftsgebiet der Ebbe und Flut ist eine besondere Bestimmung erforderlich, und zwar ist in Übereinstimmung mit dem bestehenden Rechtszustande (RG. 44, 124ff.) für dieses Gebiet das Hochwasser der gewöhnlichen Flut als der „gewöhnliche Wasserstand" bezeichnet worden. Die hiernach zu ziehende Mittellinie kann bei der meist unregelmäßigen Gestaltung der Wasserläufe nicht immer mathematisch genau die Mitte zwischen den beiden gegenüberliegenden Grenzlinien des gewöhnlichen Wasserstandes innehalten. Als Anhalt ist für die Auffindung der Flußmittellinie bestimmt, daß sie in der Stromrichtung läuft, d. h. in der Richtung, die der Hauptwasserstrom erkennbar nimmt. In der Regel wird also die Mittellinie des Wasserlaufs dann, wenn eine Uferlinie gerade verläuft oder nur mäßig, die andere aber stark gekrümmt ist, der kürzeren Uferlinie folgen, da scharfe, oft weit ins Land gehende Ausbuchtungen für die Festsetzung der Mitte des Flusses nicht wohl in Betracht kommen können." (Begr. 60.)

5. **Gewöhnlicher Wasserstand.** Der gewöhnliche Wasserstand ist der Wasserstand, der im Durchschnitt der Jahre an ebensoviel Tagen überschritten, wie nicht erreicht wird, im Ebbe- und Flutgebiete das Hochwasser der gewöhnlichen Wasserflut (vgl. auch OVG. 76, 392). Wegen der Ermittlung des gewöhnlichen Wasserstandes wird auf AusfAnw. XIII E verwiesen.

6. **Grenzflüsse.** Bildet ein Fluß die Grenze zwischen Preußen und einem Nachbarstaat, so kann das Bett des Wasserlaufs ganz auf preußischem Gebiet liegen, so daß die Uferlinie nach der Seite des Nachbarstaates zu die Grenze bildet. Es kann aber auch — und das ist das gewöhnliche — der Wasserlauf beiden Staaten gehören, so daß der sog. Talweg, d. h. die Mitte des Flusses, im Sinne des Abs. 2 Nr. 1 die Grenze bildet (KBA. 20/21). Notwendig ist dies aber nicht, vielmehr kann die Grenzlinie auch mehr nach der einen oder anderen Uferseite gezogen sein.

Für alle Grenzflüsse bestimmt Abs. 4, daß das Eigentum der preußischen Anlieger durch die preußische Landesgrenze bestimmt wird; denn für den jenseits der preußischen Landesgrenze liegenden Teil des Wasserlaufes hat das preußische Gesetz keine Geltung. Liegt ein Wasserlauf oder eine Strecke desselben ganz auf außerpreußischem Gebiet, so findet § 8 überhaupt keine Anwendung. Liegt ein Wasserlauf ganz auf preußischem Gebiet, dergestalt, daß die jenseitige Uferlinie die Landesgrenze bildet, so ist der auf preußischem Gebiet liegende Eigentümer des Ufergrundstücks auch Eigentümer des Wasserlaufs in seiner ganzen Breite, nicht nur bis zur Mittellinie (KBA. 21). Daraus folgt nicht, daß die Landesgrenze unbedingt auch maßgebend für die Eigentumsverhältnisse ist. Aber das preußische Gesetz hat nur Geltung bis zur preußischen Landesgrenze. Es können hier aber abweichende Staatsverträge in Frage kommen (vgl. Neumeyer in den Annalen des Deutschen

Reiches 1915 S. 793 und Kisker „Völkerrecht" 11, 57; abweichend, aber nicht zutreffend, Lueder in d. dtsch. JZ. 1912, 1235).

7. **Bestandteil.** Der Wasserlaufanteil des Anliegers ist ein nicht wesentlicher Bestandteil des Ufergrundstücks. Es sind also verschiedene Eigentümer des Wasserlaufs und der Ufergrundstücke möglich. Da grundsätzlich, abgesehen von besonderen Rechtsverhältnissen, das Eigentum am Wasserlauf mit dem Eigentum am anliegenden Ufergrundstück verbunden ist, bedeutet die Bezeichnung Bestandteil hier nichts anderes, als daß der Wasserlauf das rechtliche Schicksal der Ufergrundstücke teilt, sowohl bezüglich des Eigentums wie auch der dinglichen Rechte und Lasten (vgl. Holtz-Kreutz Anm. 13 zu § 8).

Bei einem Verkauf des Ufergrundstücks geht das Eigentum am Wasserlauf auch dann über, wenn der Kaufvertrag eine ausdrückliche Abmachung in dieser Beziehung nicht enthält.

Es kann aber das Ufergrundstück auch ohne den Wasserlauf und der Wasserlauf ohne das Ufergrundstück veräußert und belastet werden (Begr. 61; vgl. auch RGZ. 90, 47).

§ 9.

(1) Soweit beim Inkrafttreten dieses Gesetzes das Eigentum an Wasserläufen erster Ordnung einem anderen als dem Staate[1]) an Wasserläufen zweiter oder dritter Ordnung einem anderen als den Anliegern zusteht[2]), bleibt es mit dem bisherigen Inhalt[3]) aufrechterhalten. Das Eigentum an einem natürlichen Wasserlauf erster Ordnung geht mit Ablauf von 10 Jahren nach dem Inkrafttreten dieses Gesetzes auf den Staat über, wenn der bisherige Eigentümer nicht vorher in das Grundbuch eingetragen ist oder seine Eintragung beantragt hat[4]).

(2) In den im § 323 bezeichneten Gebietsteilen steht das Eigentum an den Wasserläufen zweiter Ordnung, soweit sie beim Inkrafttreten dieses Gesetzes nicht im Eigentum anderer stehen, den Deich- und Sielverbänden zu, zu denen sie gehören[5]).

(3) In der Provinz Hessen-Nassau steht das Eigen-

tum an den natürlichen Wasserläufen zweiter und dritter Ordnung den Gemeinden insoweit zu, als ihnen die Unterhaltung obliegt (§ 117 Abs. 1). Soweit dort beim Inkrafttreten dieses Gesetzes das Eigentum an einem natürlichen Wasserlaufe zweiter oder dritter Ordnung, der von der Gemeinde zu unterhalten ist, einem anderen als der Gemeinde zusteht, bleibt es aufrechterhalten, geht aber mit Ablauf von zwei Jahren nach dem Inkrafttreten dieses Gesetzes auf die Gemeinde über, wenn der bisherige Eigentümer nicht vorher in das Grundbuch eingetragen ist oder seine Eintragung beantragt hat.

(4) Für das aufrechterhaltene Eigentum der Anlieger gilt § 8*).

Ent. § 9; B. 62ff.; KBA. 24ff.; L. II 7968; L. III 8532; KBH. 15.

1. **Das Eigentum an den Wasserläufen** erster **Ordnung**; vgl. RGZ. 80, 366; ferner siehe § 41 II 15 ALR., RGZ. 3, 232; 4, 258; 35, 238.

Bezüglich des Eigentums „anderer" an Wasserläufen erster Ordnung als dasjenige des Staates bzw. jetzt des Reichs vgl. RGZ. 80, 369 und die dort angeführten Entscheidungen; ferner Holtz-Kreutz Handausgabe Anm. 1 zu § 9.

Über die von Holtz-Kreutz a. a. O. erwähnten Fälle, daß im Gebiet des ALR. ein Privatfluß schiffbar gemacht ist, vgl. § 41 II 15 ALR. Vgl. ferner Lenhard-Reichau S. 35.

Ob in den Sondergebieten des Schlesischen Auenrechts an den Wasserläufen erster Ordnung Eigentum der Gutsherrschaften möglich ist, ist bestritten. Die Frage ist zu verneinen (ME. v. 2. 5. 1914 in Zentralblatt der Bauverwaltung 1920, S. 33; RG. in Gruchot 24, 1056; RG. 45, 207, 209; PBBl. 32, 122).

Ausgeschlossen ist seit dem 1. 4. 1921 ein anderes Eigentum als das des Reichs an den Reichswasserstraßen (§ 1 Abs. II des Staatsvertrages v. 31. 3./26. 9. 1921). Ein etwa bis dahin bestandenes Eigentum anderer ist erloschen. Die bisherigen Eigentümer sind aber nach den landesrechtlichen Enteignungsvorschriften vom Reiche zu entschädigen. Sie behalten die ihnen zustehenden Nutzungen (§ 2 des Staatsvertrages).

2. Das Eigentum an den Wasserläufen zweiter und dritter Ordnung. In Betracht kommen im wesentlichen folgende Möglichkeiten:

a) Eigentumserwerb auf Grund besonderen Titels. Dazu gehört auch der Erwerb bei einer Separation.

b) Über das Eigentum der Gutsherrschaften im Gebiete des schlesischen Auenrechts an natürlichen Wasserläufen zweiter und dritter Ordnung. Vgl. Rißmann „Das schlesische Auenrecht"

c) Das Eigentum des Staates im ehemaligen hannoverschen Harzbezirke (§ 16 Abs. 1, § 381).

d) Das Eigentum der Gemeinden in der Provinz Hessen-Nassau an den natürlichen Wasserläufen zweiter und dritter Ordnung (§ 9 Abs. 1).

e) Das Eigentum der Deich- und Sielverbände in der hannoverschen und schlesischen Marschniederung an Wasserläufen zweiter Ordnung.

f) Über Eigentum an Mühlgräben vgl. Gruchot 31, 924; 37, 1012.

3. Mit dem bisherigen Inhalt. Diese Bestimmung hält nur die im früheren Eigentum gegenüber dem weitergehenden Eigentum des Wassergesetzes enthaltenen Beschränkungen aufrecht. Sie ist aber nicht dahin zu verstehen, daß dem Eigentümer die Befugnisse belassen werden sollten, die ihm nach früherem Recht über die dem Eigentümer durch das Wassergesetz allgemein beigelegten Befugnisse hinaus zugestanden haben.

Der Eigentümer gemäß § 9 Abs. 1 ist also gleichfalls, insbesondere ebenso wie der Eigentümer nach den §§ 7, 8, den Vorschriften des Gesetzes über die Verleihung (§§ 46ff.) unterworfen (LWA. 3, 38).

4. Eintragung ins Grundbuch. Es besteht Buchungszwang zur Erhaltung des Eigentumsrechts. Maßgebend ist allein der Antrag auf Eintragung in das Grundbuch (vgl. im übrigen Anm. zu § 12).

5. Vgl. Anm. zu § 348.

6. Die Eigentumsgrenze bei verschiedenen Uferanliegern bestimmt sich auch für die aufrechterhaltenen Eigentumsrechte nach den Vorschriften des § 8. Hiervon abweichende, bestehende, auf besonderen Rechtstiteln beruhende Eigentumsgrenzen werden jedoch durch die Bestimmung des Abs. 4 in Verbindung mit § 8 nicht berührt.

§ 10.

(1) Auf Grund königlicher[1]) Verordnung kann der Staat das Eigentum an einem natürlichen Wasserlauf erster Ordnung, der ihm nach § 9 Abs. 1 nicht gehört, aber von ihm unterhalten wird, in Anspruch nehmen[2]). Die Königliche[1]) Verordnung wird durch das Amtsblatt derjenigen Regierung bekanntgemacht, in deren Bezirke die in Anspruch genommene Strecke des Wasserlaufs liegt.

(2) Der bisherige Eigentümer ist zu entschädigen. Von der Entschädigung sind die Lasten abzurechnen, die dem Eigentümer bisher oblagen[3]). Im übrigen sind die §§ 7 bis 9, 11, 13, 24 bis 49 des Enteignungsgesetzes v. 11. 6. 1874 (Gesetzsamml. S. 221) anzuwenden[4]).

Ent. § 10; B. 64ff.; KBA. 27ff.; L. II 7978; L. III 8532; KBH. 16; LH. 994.

1. **An Stelle der Verordnung des Königs ist die des Staatsministeriums getreten** (Art. 7 der preußischen Verfassung). Die Vorschrift gibt dem Staate ein Enteignungsrecht.

2. **Geltungsbereich.** Die Vorschriften gelten nur für Wasserläufe erster Ordnung und zwar auch bei diesen nur, soweit sie nicht Reichswasserstraßen geworden sind. Für letztere kommen die besonderen Vorschriften des Staatsvertrages v. 31. 3., 29. 9. 1921 in Betracht.

3. **Die Entschädigung** ist sowohl für die Entziehung des Flußbettes wie auch des Wassers und der an ihm dem Eigentümer bisher zugestandenen Rechte festzustellen, wobei es gleichgültig ist, worauf diese betreffenden Rechte beruhen. Bei der Feststellung der Entschädigung findet aber § 45 Anwendung, nach welchem nur insoweit Entschädigung für die entzogene oder beeinträchtigte Möglichkeit, den Wasserlauf in einer der im § 40 Abs. II bezeichneten Arten zu benutzen, gewährt wird, als die Billigkeit nach den Umständen eine Schadloshaltung erfordert.

4. **Der Übergang des Eigentums auf den Staat** erfolgt mit Zustellung des Enteignungsbeschlusses und zwar lastenfrei (§ 45 EnteignungsG.).

§ 11.

Wird ein Wasserlauf erster Ordnung nach § 3 Abs. 1

zu einem Wasserlauf zweiter oder dritter Ordnung, oder wird ein Wasserlauf zweiter oder dritter Ordnung zu einem Wasserlauf erster Ordnung, so bleiben die Eigentumsverhältnisse unberührt. Der Staat kann jedoch in letzterem Falle auf Grund Königlicher[1]) Verordnung das Eigentum an dem Wasserlaufe gegen Entschädigung in Anspruch nehmen. Auf die Entschädigung ist der Vorteil anzurechnen, der dem Eigentümer durch den Wegfall von Lasten, die ihm bisher oblagen, erwächst, soweit er nicht bereits nach § 3 Abs. 2 Satz 4 oder § 131 Satz 2 angerechnet worden ist. Der § 10 Abs. 1 Satz 2, Abs. 2 Satz 3 ist anzuwenden[2]).

Ent. §§ 11, 12; B. 65; KBA. 29; L. II 7981; L. III 8532; KBH. 16; LH. 994.

1. **Jetzt Verordnung des Staatsministeriums.**

2. **Die Versetzung von Wasserläufen von einer Ordnung in die andere** hat auf die Eigentumsverhältnisse, wie sie bis dahin bestanden, keinen Einfluß. Dies gilt für die Wasserläufe sämtlicher Ordnungen. § 11 ist auch anzuwenden, wenn ein Neben- oder Mündungsarm eines Wasserlaufes erster Ordnung in eine andere Ordnung versetzt wird, trotzdem aber ein Wasserlauf im Sinne des § 1 bleibt (vgl. Holtz-Kreutz Anm. 1 zu § 11). Wegen der Entschädigung gilt das zu § 10 Gesagte.

§ 12.

(1) Die Grenze zwischen dem Wasserlauf und dem Ufergrundstück (Uferlinie)[1]) wird durch die Grenze des Graswuchses und, soweit diese über dem gewöhnlichen Wasserstande (§ 8 Abs. 3) liegt, durch den letzteren bestimmt[2]).

(2) Die Uferlinie kann von der Wasserpolizeibehörde nach Anhörung der Anlieger und der sonst Beteiligten festgelegt werden[3]). Die Beteiligten können die Festlegung der Uferlinie durch die Wasserpolizeibehörde auf ihre Kosten[4]) verlangen[5]).

(3) Die Festlegung der Uferlinie ist den Beteiligten bekanntzumachen und kann binnen vier Wochen nach Zustellung[6]) durch Klage im Verwaltungsstreitverfahren angefochten werden. Ist der Oberpräsident oder der Regierungspräsident Wasserpolizeibehörde, so hat er für das Verwaltungsstreitverfahren[7]) einen Kommissar zu bestellen, der ihn in allen Rechtshandlungen zu vertreten hat. Zuständig ist der Bezirksausschuß.

(4) Ändert sich der Wasserlauf nachträglich, so kann die Uferlinie nach Abs. 1 bis 3 anderweit festgelegt werden.

Ent. § 13; B. 65ff.; KBA. 30; L. II 7981; L. III 8532; KBH. 16; LH. 994.

1. **Uferlinie.** Die Uferlinie ist die tatsächliche Grenze zwischen Wasser und Land. Sie bildet den Beginn des Ufers. Wo dieses endet, hängt von der Beschaffenheit des Geländes, nicht von rechtlichen Vorschriften ab (OVG. 79, 156). Die Uferlinie dient lediglich öffentlich-rechtlichen Zwecken. Sie schränkt die Zuständigkeit der Wasserpolizeibehörde ein (§§ 342ff.), grenzt die öffentlich-rechtliche Unterhaltungslast ab (§§ 113ff.), hat Einwirkung auf den Gemeingebrauch (§§ 25ff.), auf die Benutzung der Wasserläufe durch den Eigentümer (§§ 40ff.), die Verleihung von Rechten an Wasserläufen (§§ 46ff.) und auf gewisse, der Vorflut dienende Bestimmungen (§§ 19, 22, 41, 114, 159).

Die Uferlinie braucht aber nicht notwendig Eigentumsgrenze zu sein. Sie soll nicht das Eigentum regeln (vgl. OVG. 76, 392; 79, 156; RGZ. 87, 26ff.).

2. **Ermittlung der Uferlinie.** Nur soweit der Graswuchs fehlt oder über dem gewöhnlichen Wasserstand liegt, soll der letztere entscheiden (vgl. AusfAnw. VIII E). Wird geltend gemacht, daß die Grenze des Graswuchses nicht mit dem gewöhnlichen Wasserstand zusammenfalle, sondern über ihm liege, so darf die Graswuchsgrenze nicht ohne weiteres als maßgebend zugrunde gelegt werden (OVG. 72, 346).

3. **Die Festlegung der Uferlinie und ihre Wirkung.** Die Festlegung erfolgt durch Abmarkung seitens der Wasserpolizeibehörde, sei es von Amts wegen oder auf Antrag eines Beteiligten.

Aufgabe der Uferlinienfestsetzung ist nur die Feststellung der natürlichen Grenze zwischen Wasserlauf und Ufergrundstück. Nur im öffentlichen Interesse und in einem öffentlich-rechtlichen Verfahren erfolgt die Feststellung von der Wasserpolizeibehörde, weil von ihr öffentlich-rechtliche Beziehungen abhängen (vgl. Anm. 1). Für privatrechtliche Grenzstreitigkeiten ist die Uferlinie nicht entscheidend.

Die Ansicht des Finanzministers in dem Erlaß v. 18. 5. 17 (FM. Bl. 177), daß durch Festlegung der Uferlinie die Eigentumsgrenze zwischen Wasserlauf und Ufergrundstück bestimmt werde, ist unrichtig. Es kann daher auch der Meinung von Holtz-Kreutz (Vorbem. zu § 12) nicht beigetreten werden, wo es heißt: „Erfährt der grundbuchmäßige Bestand der Ufergrundstücke durch Festlegung der Uferlinie eine Änderung, so steht das dem Falle gleich, daß eine Parzelle größer oder kleiner ist, als im Grundbuch angegeben. Ebenso wie bei Anlandungen sind also lediglich die Bestandsangaben zu berichtigen." Die von Holtz-Kreutz angezogene Kammergerichtsentscheidung (KG. 43/122, 124) bezieht sich nur auf die Anlandung. Die Sach- und Rechtslage ist bei Anlandungen aber anders als bei Veränderungen infolge der Festlegung der Uferlinie. Bei der Anlandung handelt es sich um die Vergrößerung des Ufergrundstücks. Hier handelt es sich immer um dessen Verkleinerung. Es soll ein Trennstück, das über die Uferlinie hinaus in den Wasserlauf hineinragt, vom Ufergrundstück abgezweigt und abgeschrieben werden (vgl. Holtze in JW. 1925, 1094 ff.). Die Anlandung wird kraft Gesetzes (§ 17 Abs. 1) Eigentum des Anliegers, während es für die fraglichen Trennstücke der Ufergrundstücke an einer entsprechenden Bestimmung fehlt.

Es bedarf deshalb zum Eigentumswechsel der Abschreibung des Ufergrundstücks im Grundbuch, die nur erfolgen kann nach Aufgabe des Eigentums durch den bisherigen Eigentümer oder nach Einigung, Auflassung oder Enteignung.

Eine einfache Berichtigung der Besitzstandtabelle kann nicht erfolgen (so Holtze in JW. 1925, 1094 ff.; wegen der Reichswasserstraßen vgl. Staatsvertrag v. 31. 3./26. 9. 1921).

Privatrechtliche Wirkungen entstehen aus der Festlegung also nicht. Muß eine Uferlinie so gelegt werden, daß unterhalb derselben noch Eigentum der Anlieger abgeschnitten wird, so bleibt diesen die Wahrung ihrer Ansprüche unbenommen, die sie, sei es im Enteignungsverfahren, sei es im sonstigen Streitfalle vor den ordentlichen Gerichten geltend machen können (§§ 919, 920 BGB.).

Durch die Festlegung der Uferlinie wird der Anlieger in der Verfolgung seiner Rechte nicht beeinträchtigt und der Entschädigungsfrage nicht vorgegriffen (OVG. 76, 392).

4. **Kosten.** Nur die Antragsteller tragen die Kosten. Eine Heranziehung anderer „Beteiligter" zu den Kosten erscheint ausgeschlossen (vgl. Holtz-Kreutz Anm. 3 zu § 12).

5. **Festlegung durch Vereinbarung.** Eine amtliche Festlegung der Uferlinie durch die Wasserpolizeibehörde ist nicht erforderlich zur Aufmessung der Uferlinie. Die Uferlinie kann vielmehr im Rahmen des WasserG. von den Beteiligten vereinbart werden (vgl. Junker in Ztschr. f. Agr. u. Wasserr. 7, 168; Begr. S. 66).

6. **Zustellung.** Die Entscheidung über die Festlegung muß genau ersehen lassen, wie die festgelegte Uferlinie verläuft. Sie muß den Beteiligten, d. h. den Anliegern und Eigentümern des Wasserlaufs zugestellt werden. Nur den Beteiligten, die von der Wasserpolizeibehörde von vornherein als Beteiligte anerkannt und deshalb zu dem Verfahren zugezogen sind, steht das Anfechtungsrecht zu. Nach Ablauf der Klagefrist ist die Festlegung der Uferlinie gegenüber jedermann maßgebend (vgl. Holtz-Kreutz Anm. 4 zu § 12).

7. **Verwaltungsstreitverfahren.** Zuständig für die Klage ist der Bezirksausschuß (vgl. §§ 57, 58 LVG.). Die „Beteiligten" sind im Verwaltungsstreitverfahren notwendige Streitgenossen. Sie sind sämtlich zum Verfahren zuzuziehen und zwar auch die sämtlichen Miteigentümer eines Grundstücks (OVG. 72, 346). Die Parteirolle als Beklagter hat Regierungs- bzw. Oberpräsident als Wasserpolizeibehörde (§§ 342 Abs. 1 und 343 Abs. 2 WasserG.).

§ 13.

(1) Im Grundbuche wird ein Wasserlauf nur auf Antrag des Eigentümers oder eines Berechtigten[1]) eingetragen[2]).

(2) Wird die Eintragung des dem Anlieger gehörenden Anteils an einem Wasserlaufe beantragt[3]), so ist er im Grundbuche nach den Grundsteuerbüchern, wenn er aber in diesen nicht verzeichnet ist, nur als Anteil an dem Wasserlaufe zu bezeichnen[4]).

Ent. § 14; B. 67ff.; KBA. 30; L. II 7982; L. 8532; KBH. 16; LH. 994.

1. **Berechtigter** im Sinne dieser Vorschrift ist nur der, der ein dingliches Recht am Wasserlaufe hat oder der, zu dessen Gunsten ein dingliches Recht begründet werden soll. Das dingliche Recht bedarf nach §§ 898 BGB. der Eintragung im Grundbuch.

Der Eintragung bedarf es jedoch dann nicht, wenn das Recht in einem ordnungsmäßigen, öffentlich-rechtlichen Verleihungsverfahren in Form eines Zwangsrechts (§§ 330ff.) begründet wird. Es wird deshalb in der Regel der Begründung dieser Dienstbarkeit durch Eintragung in das Grundbuch nicht bedürfen und in der Mehrzahl der Fälle ein Antrag des Berechtigten auf Eintragung des Wasserlaufes entbehrlich werden.

Soweit für die einzelnen Reichswasserstraßen das Grundbuch noch nicht angelegt ist, ist das Reich berechtigt, den Antrag auf Eintragung des Wasserlaufes im Grundbuch zu stellen. War aber die betreffende Wasserstraße bereits im Grundbuch eingetragen, so erfolgt die Berichtigung des Grundbuchs und die Eintragung des Reichs als Eigentümerin auf gemeinschaftliches Ersuchen des Reichs und des betreffenden Staates. Als Eigentümer der natürlichen Wasserläufe erster Ordnung, die nicht auf das Reich übergegangen sind, ist der Staat eintragungsberechtigt oder, wenn gemäß § 9 Abs. 1 einem anderen das Eigentum zusteht, dieser.

2. **Eintragung im Grundbuch.** Abgesehen von dem Falle des § 9 Abs. 1 unterliegen die Wasserläufe aller Ordnungen, obwohl auf sie die Vorschriften des BGB. über Grundstücke Anwendung finden, nicht dem Grundbuchzwang, d. h. sie bedürfen nicht der Eintragung ins Grundbuch, jedoch nur so lange nicht, als das Eigentum am Ufergrundstück in einer Hand vereinigt bleibt. Da der Wasserlaufanteil nach § 8 Abs. 5 Bestandteil — aber nicht wesentlicher — des Ufergrundstücks ist, kann er besonderen Gründen unterworfen sein. Er kann also getrennt vom Ufergrundstück veräußert und dinglich belastet werden (s. Anm. 7 zu §§ 7 u. 8). Sobald die getrennte Veräußerung oder Belastung des Wasserlaufanteils erfolgen soll, ist seine Eintragung im Grundbuch erforderlich, denn die Veräußerung und Belastung des Wasserlaufs als eines Grundstücks im Sinne des BGB. unterliegt den Bestimmungen der §§ 873ff. BGB. (Begr. 68).

Die im Grundbuch bereits eingetragenen Wasserläufe werden von § 13 nicht betroffen. Die bei Inkrafttreten des Wassergesetzes bereits bestehenden Eintragungen genießen, selbst wenn sie zu

Unrecht erfolgt sein sollten, die Vorteile der sich aus der Eintragung im Grundbuch ergebenden Rechtsvermutung (vgl. RG. in Gruchot 55, 1148; 56, 598; 57, 987; JW. 1912, 145, 196).

3. **Anliegeranteil.** Über die Eintragung des Anliegeranteils. vgl. allgemeine Verfügung v. 14. 4. 1914 (JMBl. 479 und ME. v. 18. 5. 1917 in JMBl. 177).

4. **Anlegung des Grundbuchs** (vgl. Güthe in JMBl. 492, 497 bis 499).

Die Eintragung im Grundbuch kann erfolgen entweder:

a) als Bestandteil des Ufergrundstücks mit diesem unter derselben Nr., oder

b) als selbständiges Grundstück entweder auf demselben Grundbuchblatt wie das Ufergrundstück oder auf einem besonderen Grundbuchblatt (Begr. 68).

Bezüglich des Buchungszwanges für öffentliche Gewässer vgl. Art. I der Verordn. betr. das Grundbuchwesen v. 13. 11. 99 in der Fassung v. 18. 3. 14 (GS. 49 und § 399 Nr 15 des Gesetzes).

Bezüglich der Form der Veräußerung und Belastung von Wasserlaufanteilen gelten im übrigen die Bestimmungen des § 873 BGB. (vgl. auch § 6 Grundbuchordnung).

§ 14[1]).

Wird das Bett eines Wasserlaufes vom Wasser verlassen[2]) oder tritt darin eine Erderhöhung[3]) hervor, die den gewöhnlichen Wasserstand (§ 8 Abs. 3) überragt und bei diesem Wasserstande nach keiner Seite hin mit dem Ufer zusammenhängt — Insel[4]), Werder u. dgl. —, so bleibt das Eigentum an den hierdurch trockengelegten[5])[6]) Flächen unverändert.

Ent. § 15; B. 69; KBN. 31; L. II 7982; L. III 8532; KBH. 16; LH. 994.

1. **Vorbemerkung.** § 14 gilt für Wasserläufe aller Ordnungen. Er gilt auch, wenn der Fall infolge künstlicher Maßnahmen eintritt (JW. 1915, 799, 801).

2. **Verlassen.** Der neue Zustand muß als ein dauernder erscheinen. Nicht erforderlich ist, daß das ganze Wasser aus dem alten Flußbett verschwunden ist, wohl aber, daß im alten Flußbett keine Wasserströmung mehr vorhanden ist (RG. in PVBl. 32, 122).

Ein zeitweiliges Zurückströmen eines Teiles des Wasserlaufes in das alte Bett infolge besonderer Naturereignisse ändert nichts an dem neugeschaffenen Zustande.

3. **Erderhöhungen** sind Inseln. Zu ihrem Begriff ist das dauernde Hervorragen über den Wasserspiegel bei „gewöhnlichem Wasserstand" und das Fehlen jeglichen Zusammenhanges mit dem festen Land erforderlich.

4. **Halbinseln.** Für sich bildende Halbinseln gilt § 17 Abs. 1.

5. **Trockengelegt.** Auch hier ist nicht erforderlich, daß im verlassenen Flußbett kein Wasser mehr steht. Eine Fläche ist schon dann trockengelegt, wenn der regelmäßige Wasserlauf nicht mehr über sie hinweggeht (Begr. 69).

6. **Die Abgrenzung des Eigentums** an dem verlassenen oder trockengelegten Teil des Bettes richtet sich nach § 8 Abs. 2.

§ 15[1]).

(1) Hat infolge natürlicher[2]) Ereignisse ein natürlicher Wasserlauf erster Ordnung sein Bett verlassen und sich ein neues Bett geschaffen, so wird der neue Wasserlauf Eigentum des Staates[3]).

(2) Die bisherigen Eigentümer des neuen Bettes sind von dem Staate[4]) für den Verlust ihres Eigentums zu entschädigen[5]). Auf die Entschädigung sind der Artikel 52 und der Artikel 53 Abs. 1 des Einführungsgesetzes zum Bürgerlichen Gesetzbuch sowie der § 47 des Enteignungsgesetzes v. 11. Juni 1874 (Gesetzsamml. S. 221) anzuwenden.

(3) Steht das alte Bett nicht im Eigentum des Staates[6]), so hat der Eigentümer in Höhe seiner Bereicherung[7]) zu der vom Staate zu leistenden Entschädigung beizutragen.

Ent. § 16; B. 69; KBA. 31ff., 36; L. II 7982; L. III 8532; KBH. 16; LH. 994.

1. Diese Vorschriften gelten nur für die natürlichen Wasserläufe erster Ordnung; vgl. § 181.

2. Veränderungen infolge künstlicher Regulierungsarbeiten gehören nicht hierher.

3. **Reichswasserstraßen.** Wenn es sich um eine Reichswasserstraße handelt, wird der neue Wasserlauf Eigentum des Reichs (Staatsvertrag v. 31. 3./26. 9. 21).

4. **Eigentumserwerb des Reichs.** Wenn es sich um eine Reichswasserstraße handelt, so sind die bisherigen Eigentümer des neuen Bettes auch vom Reiche zu entschädigen.

5. **Der Eigentumserwerb** des Staates an dem neuen Wasserlauf tritt ohne Rücksicht darauf ein, wer bisher Eigentümer des alten Stromlaufes gewesen ist. Es liegt daher originärer Eigentumserwerb vor. Alle auf dem neuen Strombett bisher beruhenden Eigentumsbeschränkungen gehen unter. Dafür tritt die Entschädigungspflicht des Abs. 2 ein. Der Entschädigungsanspruch ist im ordentlichen Rechtswege verfolgbar.

6. Vgl. § 9.

7. **Bereicherung** sind Vorteile, welche dem Eigentümer dadurch erwachsen, daß sein Eigentum am Flußbett nicht mehr mit dem in der Natur der Wasserwelle liegenden Eigentumsbeschränkungen am Flußbett und den positiven Vorschriften des Gesetzes belastet ist. Auf die Bereicherung wird er aber den Schaden verrechnen können, der ihm andererseits durch die Entziehung der Wasserwelle entsteht.

§ 16.

(1) Tritt der Fall des § 15 bei einem natürlichen Wasserlauf zweiter oder dritter Ordnung[1]) ein, so wird der neue Wasserlauf Eigentum der Anlieger. Wo in der Provinz Hessen-Nassau das Eigentum an Wasserläufen zweiter und dritter Ordnung den Gemeinden zusteht, wird er Eigentum der Gemeinden, durch deren Gebiet er fließt; in den Bezirken der vormaligen hannoverschen Ämter Zellerfeld und Elbingerode sowie in den Teilen des Kreises Osterode, die durch die Verordnungen v. 2. April 1853 (Hannov. Gesetzsamml. Abt. I S. 109) und v. 7. November 1855, Hannov. Gesetzsamml. Abt. I S. 297) den ehemaligen Ämtern Scharzfels und Osterode[2]) zugelegt sind, wird er Eigentum des Staates; soweit nach dem schlesischen Auenrecht das verlassene Bett im Eigentume der Auenberechtigten steht, wird er ihr Eigentum.

(2) Die Eigentümer des verlassenen und die bisherigen Eigentümer des neuen Bettes, die Anlieger des früheren und des neuen Wasserlaufs sowie alle anderen, denen ein Recht an dem früheren Wasserlauf oder am Bette des neuen Wasserlaufs zugestanden hat[3]), sind, und zwar auch jeder einzelne von ihnen, berechtigt, binnen Jahresfrist[4]) den früheren Zustand[5]) wiederherzustellen. Die Wasserpolizeibehörde kann durch polizeiliche Verfügung[6]) Art und Umfang der vorzunehmenden Arbeiten bestimmen und die Frist verlängern. Die Verfügung kann nur mit der Beschwerde angefochten werden. Der Bescheid auf die Beschwerde ist endgültig.

(3) Streitigkeiten der Beteiligten über die Zulässigkeit[7]) der Wiederherstellung werden im Verwaltungsstreitverfahren entschieden. Zuständig ist der Bezirksausschuß. Die Klage ist innerhalb der im Abs. 2 bezeichneten Frist zu erheben. Der Lauf der Frist ist während der Dauer des Verwaltungsstreitverfahrens gehemmt[8]).

(4) Mit der Wiederherstellung[9]) des früheren Zustandes treten die früheren Eigentumsverhältnisse wieder ein.

Ent. § 17; B. 70; KBA. 32ff.; Subk. B. 52ff.; L. II 7982, 8132; L. III 8532, 8553; KBH. 16; LH. 994.

1. Bildung eines neuen Bettes bei Wasserläufen zweiter und dritter Ordnung.

Der § 16 schließt bei natürlichen Wasserläufen zweiter und dritter Ordnung jeglichen Entschädigungsanspruch im Gegensatz zu § 15 aus und gibt lediglich ein Wiederherstellungsrecht. Das Verlassen des Flußbettes muß auch hier auf einem natürlichen Ereignisse beruhen und als eine dauernde Änderung des Flußlaufes sich darstellen. Der § 16 ist also bei Veränderung durch Regulierungsarbeiten oder vorübergehendes Austreten von Wasser oder vorübergehende Ableitung nicht anwendbar.

2. Harzbezirk. Die im Satz 2 Halbsatz 2 angeführten Gebiete bilden den sog. Harzbezirk. In diesem hat sich ein fast ausschließliches Nutzungsrecht des Fiskus an den Quellen und Wasserläufen geschichtlich entwickelt. Dieses Nutzungsrecht umfaßt alle oder doch die meisten in dem Eigentum an dem Wasserlauf enthaltenen Rechte. Das Wassernutzungsrecht der Anlieger beschränkt sich auf die Entnahme von Wasser durch Schöpfen zu Zwecken des gewöhnlichen Haushalts- und Wirtschaftsbedürfnisses und auf die Viehtränke (vgl. Boelkel in Ztschr. f. Bergr. 54, 403).

3. **Wiederherstellungsrecht.** Der Abs. 2 gibt allen von der Veränderung des Wasserlaufs Betroffenen ein Wiederherstellungsrecht, und zwar jedem für sich allein, unabhängig von der Ausübung dieses Rechts durch die übrigen Berechtigten. Zu denjenigen, welche ein Recht am früheren Wasserlaufe haben, gehören außer den in Abs. 2 ausdrücklich Genannten alle am Wasserlaufe dinglich Berechtigten, also Wasserbenutzungsberechtigte, Fischereiberechtigte, nicht aber der Eigentümer des Ufergrundstücks, wenn er nicht auch zugleich Eigentümer des Wasserlaufs ist. Ferner gehören dazu auch die obligatorisch Berechtigten, also z. B. die Pächter. A. M. Holtz-Kreutz und Lenhard-Reichau.

4. **Binnen Jahresfrist.** Über den Beginn des Laufes dieser Präklusivfrist ist nichts bestimmt. Sie läuft von dem Zeitpunkt ab, in welchem feststeht, daß die Veränderung des Wasserlaufs eine nicht nur vorübergehende, sondern eine dauernde ist.

5. **Wiederherstellung des früheren Zustandes.** Es kann zweifelhaft sein, was darunter zu verstehen ist, ob nur diejenigen Maßnahmen, welche die Zurückleitung des Wasserstromes in sein früheres Bett bedingen, z. B. Räumung des früheren Flußbettes, Beseitigung des Wassers aus den neuem Flußbette, Absperrung etwaiger Durchbruchstellen, oder ob darunter auch die Wiederherstellung etwa beschädigter Ufergrundstücke, Neueinsäung des vernichteten Graswuchses, Wiedereinfüllung des neuen Flußbettes zu verstehen ist.

Zutreffend wird man annehmen müssen, daß nur die Maßnahmen zu treffen sind, die nötig sind, um den Wasserstrom in sein altes Bett *zurückzuleiten*, insbesondere wird man einen Anspruch des Grundstückseigentümers, über dessen Grundstücke sich der Fluß das neue Bett selbst gegraben hatte, auf *Wiedereinfüllung* dieses Grundstücks nicht annehmen dürfen, da es sich hier um ein Naturereignis, also höhere Gewalt handelt, für die eine Haftung nicht begründet ist. Die Wiederherstellung des früheren Zustandes bezieht sich nur auf die Wiederherstellung des früheren Laufes des Wassers. A. M. Holtz-Kreutz Anm. 10 zu § 16 und Lenhard-Reichau Anm. 3a zu § 16.

6. **Polizeiliche Verfügung.** Dieselbe hat sich innerhalb der Grenzen zu halten, welche lediglich zur Zurückführung des Wasserstromes und zur Sicherung des alten Bettes erforderlich sind. Zuständig für den Erlaß ist die Behörde, der die Wahrnehmung der Wasserpolizei über den alten Wasserlauf zugestanden hat. Auf die Beschwerde findet § 129 Abs. 1—3 LVG. Anwendung. Im übrigen vgl. bezüglich der Beschwerde § 347 des Gesetzes und § 127 LVG.

Das Recht zur Wiederherstellung des früheren Zustandes ist ein rein obligatorischer Anspruch des einzelnen Berechtigten und im Interesse der Beteiligten, nicht aber im öffentlichen Interesse geschaffen. Dem Anspruch des einzelnen Berechtigten steht die Pflicht aller übrigen auf Duldung der Wiederherstellung gegenüber, z. B. also auch die Verpflichtung, das Betreten ihrer Grundstücke zum Zwecke der Wiederherstellung zu dulden.

7. **Zulässigkeit.** Zu prüfen ist nicht nur, ob die Jahresfrist oder die verlängerte polizeiliche Frist eingehalten ist, sondern auch, ob derjenige, welcher den Anspruch auf Wiederherstellung geltend macht, zu den Beteiligten im Sinne des Abs. 2 gehört. Streitigkeiten über die Art und Weise der Wiederherstellung sind dem Verwaltungsstreitverfahren entzogen, darüber entscheidet die Wasserpolizeibehörde (vgl. Abs. 2).

8. **gehemmt,** d. h. der Zeitraum, während dessen das Verwaltungsstreitverfahren schwebt, wird in die einjährige oder die verlängerte Frist nicht eingerechnet. Nach Beendigung des Verfahrens läuft die bereits begonnene Frist weiter (§ 205 BGB.). Bis zur Wiederherstellung gilt bezüglich des Eigentums am Wasserlauf Abs. 1. Nach erfolgter Wiederherstellung gilt bezüglich des Eigentums Abs. 4.

9. **Kosten der Wiederherstellung.** Über die Kosten der Wiederherstellung sagt das Gesetz nichts. Sie sind von demjenigen zu tragen, welcher von dem Wiederherstellungsrecht Gebrauch macht. Einen Ersatzanspruch wegen dieser Kosten hat der einzelne Beteiligte, welcher die Wiederherstellung unternimmt, gegen die übrigen Beteiligten auch dann nicht, wenn dieselben sogar einen größeren Vorteil von der Wiederherstellung derselben haben.

§ 17.

(1) Durch allmähliche Anspülung entstehende Anlandungen oder Erdzungen gehören in der sich aus § 8 Abs. 2 Nr. 2 ergebenden Begrenzung den Anliegern[1]).

(2) Dasselbe gilt für Verbreiterungen der Ufergrundstücke, die durch eine natürliche oder künstliche Senkung des Wasserspiegels entstanden sind[2]).

(3) Bei Seen, die Teile von Wasserläufen sind und nicht im Eigentum der Anlieger als solcher stehen, gehören Anlandungen, Erdzungen und trockengelegte Randflächen innerhalb der bisherigen Eigentumsgrenzen den Eigentümern des Sees. Diese haben jedoch den früheren Anliegern den Zutritt zu dem See zu gestatten, soweit dies zur Ausübung des Gemeingebrauchs in dem bisher geübten Umfang erforderlich ist[3]).

Ent. § 18; B. 71; KBA. 35; L. II 7983ff.; L. III 8532ff.; KBH. 16; LH. 994.

1. **Anlandungen** sind auf natürliche Weise allmählich durch Anschwemmung fester Stoffe an die Ufergrundstücke entstehende Landbildungen. Sie sind Bestandteile des Flusses, solange sie sich unter dem gewöhnlichen Wasserstande halten. Sobald sie den gewöhnlichen Wasserstand überragen, werden sie Bestandteile der Ufergrundstücke und gehen damit in das Eigentum des Ufereigentümers über (vgl. RGZ. **80**, 393). Anlandungen im Wasserlauf, die keine Verbindung mit einem der Ufergrundstücke haben, sind Inseln, wenn sie sich über den Wasserspiegel erheben (vgl. § 14). Der Eigentumsübergang erfolgt kraft Gesetzes ohne Besitzergreifung und über die Mitte des Wasserlaufes hinaus. Grundbuchrechtlich kommt nur eine Berichtigung der Bestandsangabe, nicht die Anlage eines neuen Grundbuchblattes in Frage (KG. 43/122, 124).

Nicht hierher gehören künstliche Anschüttungen. Vielmehr fallen Anlandungen, die planmäßig, insbesondere durch Anschüttung vor der Uferlinie hergestellt werden, in das Eigentum des Wasserlaufseigentümers (RGZ. **87**, 30). Ebenso Holtz-Kreutz Anm. 1 zu § 17 u. Anm. 3 zu § 153; Lenhard-Reichau; a. M. Hermann in JW. **1927**, 1403. Zur Entscheidung von Streitigkeiten über das Eigentum an einer Anlandung sind die ordentlichen Gerichte zuständig.

Werden in einem Wasserlauf Anschüttungen vorgenommen, die unterhalb des Wasserspiegels bleiben und bildet sich erst allmählich infolge Anspülung über den Wasserspiegel hinausragendes

Land oberhalb der Anschüttungen, so ist dieses Land als Anlandung zu behandeln (RGZ. 87, 31). Vgl. ferner §§ 140, 141, 142, 153; ferner Anm. 1 zu § 18.

2. **Neuland**, welches durch allmähliche Senkung des Wasserspiegels sich bildet, folgt gleichfalls dem Eigentum des Ufergrundstücks.

3. **Seen**. Bei Seen im Sinne des Abs. 1, welche abweichend von den Bestimmungen der §§ 7 und 8 nicht im Eigentum der Anlieger stehen, fallen Anlandungen im Sinne des Abs. 1 u. 2 in das Eigentum des Seeigentümers. Da hierdurch die Möglichkeit gegeben ist, daß die Eigentümer der Ufergrundstücke, d. h. die bisherigen Anlieger des Sees von diesem durch ein im fremden Eigentum stehendes Stück Land getrennt und dadurch mit Rücksicht auf § 38 des Gesetzes am Gemeingebrauch gehindert würden, so gestattet Abs. 3 Satz 2 ausdrücklich den früheren Anliegern den Zutritt zum See, d. h. das Betreten des fremden Ufergrundstücks zur Erhaltung der Möglichkeit der Ausübung des Gemeingebrauchs in dem bisherigen Umfange, darüber hinaus jedoch nicht. Die Bestimmung gibt also dem früheren Anlieger ein Notwegerecht (vgl. § 917 BGB.; Art. 123 EGBGB.). Anspruch auf Entschädigung ist nicht gegeben. Das Recht ist nicht eintragungsfähig.

§ 18.

Wird ein Stück Land[1]) durch Naturgewalt[2]) von dem Ufer eines Wasserlaufs losgerissen[3]) und mit einem anderen Grundstück vereinigt[4]), so wird es sein Bestandteil, wenn es von diesem Grundstück nicht mehr unterschieden werden kann oder wenn die Vereinigung ein Jahr bestanden hat[5]), ohne daß der Eigentümer oder ein sonstiger Berechtigter sein Recht, das losgerissene Stück wieder wegzunehmen, gerichtlich oder durch Anmeldung bei der Wasserpolizeibehörde geltend gemacht hat.

Ent. § 19; B. 71; KBA. 35 ff.; L. II 7984; L. III 8536; KBH. 16; LH. 994.

1. **Ein Stück Land**, d. h. eine Erdmasse von einigermaßen erheblichem Umfange. Nicht hierher gehören Anschwemmungen kleinerer, kaum unterscheidbarer Erdteile. Über den Begriff der

„Anlandungen" ist in der Kommission des Abgeordnetenhauses folgende Erklärung abgegeben: „Man müsse drei Arten von Anlandungen unterscheiden: erstens solche, die auf natürliche Weise, nämlich durch Anschwemmung entstehen, zweitens solche, die künstlich planmäßig hergestellt werden, und drittens solche Anlandungen, die nebenbei bei der Ausführung von Strombauwerken, die an und für sich andere Zwecke verfolgen, entstehen" (KBA. 35 zu § 18). Auch Anlandungen in Haffen sollen dem § 18 unterliegen. Bei Anlandungen in Häfen wird § 18 nicht ohne weiteres anzuwenden sein. Hier wird die Frage, ob der Hafen ein Teil des Wasserlaufes ist oder nicht, entscheidend sein (Anm. 7 zu § 1); ebenso nicht bei den Bodden (Buchten), welche Teile des Meeres sind und dem privatrechtlichen Okkupationsrecht des Fiskus unterliegen (KBA. a. a. O.). „Erdzungen" sind schmale, weit in das Meer hineinragende Anlandungen.

2. **Naturgewalt,** also nicht nur die Gewalt des Wassers, sondern auch andere Naturereignisse, z. B. Erdbeben, Erdrutsch, Bodensenkungen (Begr. 72 zu § 18).

3. **Losgerissen.** Das losgerissene Land muß von einem Ufergrundstück des Wasserlaufs losgerissen sein; doch wird der Fall, daß von einer Insel ein Stück Land losgerissen wird und sich mit einem Ufergrundstück oder einer anderen Insel vereinigt, analog zu beurteilen sein. Ebenso Holtz-Kreutz Anm. 2 zu § 18 und Lenhard-Reichau Anm. 1 zu § 18.

Setzt sich dagegen das losgerissene Stück als selbständige Insel im Wasserlauf fest, so findet § 14 Anwendung (Holzapfel in PVBl. 36, 18, 19; ebenso Lenhard-Reichau S. 60; a. M. Holtz-Kreutz Anm. 3 zu § 18.

4. **Vereinigt.** Dies erfordert nicht ein Zusammenwachsen der Bodenbestandteile, sondern es genügt eine solche Verbindung, daß das angeschwemmte Land von dem Grundstück, mit welchem es sich vereinigt hat, nicht mehr unterschieden werden kann. Ob und wann dies der Fall ist, ist Tatfrage.

5. **Anspruch auf Wiederwegnahme.** Das Eigentum an dem losgerissenen Landstück geht mit der nicht mehr unterscheidbaren Vereinigung ohne weiteres auf denjenigen über, mit dessen Grundstück es sich vereinigt hat. Originärer Eigentumserwerb. Die auf dem abgerissenen Land bis dahin ruhenden Lasten gehen unter. Ein Anspruch auf Werterſatz besteht nicht. Spätestens mit Ablauf eines Jahres geht der Anspruch des früheren

Eigentümers oder sonstigen Berechtigten unter, falls nicht innerhalb dieser Präklusivfrist der Anspruch auf Wiederwegnahme geltend gemacht wird. Die Frist wird gewahrt durch Anmeldung des Anspruchs bei der Wasserpolizei (§ 342) oder Erhebung der Klage im ordentlichen Rechtswege.

Die Frist kann auch durch Anmeldung bei der Wasserpolizeibehörde gewahrt werden. Im Falle einer solchen Anmeldung kann die gerichtliche Geltendmachung auf Duldung der Wegnahme des Landstücks auch nach Ablauf des Jahres erfolgen. Die Wasserpolizeibehörde hat nur die Anmeldung entgegenzunehmen; sonstige Verfügungen über die Wiederwegnahme des Landstücks stehen ihr nicht zu. Die einjährige Frist beginnt mit der tatsächlichen Vereinigung.

Die in der ersten Auflage unter Anm. 5 zu § 18 vertretene Ansicht, daß auch nach nicht mehr unterscheidbarer Vereinigung mit dem anderen Grundstück innerhalb der Präklusivfrist die Wiederwegnahme gefordert werden könne, kann nicht aufrecht erhalten werden. Vgl. auch Güthe, JMBl. 1914, 198.

Dritter Titel.

Benutzung der Wasserläufe.

I. Allgemeine Vorschriften.

Vorbemerkung.

Das Gesetz unterscheidet eine dreifache Art der Benutzung der Wasserläufe. Diese Benutzung ist der wichtigste Ausfluß des vom Gesetz konstruierten „Eigentums" an den Wasserläufen. Das Gesetz unterscheidet

1. den Gemeingebrauch,
2. die Benutzung durch den Eigentümer,
3. die auf Grund der Verleihung gegebenen Rechte zur Benutzung der Wasserläufe.

Neben diesen Vorschriften enthält das Gesetz in den §§ 19—24 Bestimmungen, durch welche aus Gründen des öffentlichen Wohles der Benutzung der Wasserläufe allgemein gewisse Schranken gesetzt sind.

„Diese Vorschriften gelten für jedermann, also auch für den

Eigentümer des Wasserlaufs und denjenigen, der ein besonderes Recht zur Benutzung des Wasserlaufs hat oder erwirbt" (Begr. 16).

Diese Vorschriften sind mit Ausnahme des § 24, welcher die evtl. Schadensersatzpflicht regelt, sämtlich polizeilicher Natur.

Die Bestimmungen über den Gemeingebrauch beziehen sich in erster Linie auf die natürlichen Wasserläufe. Sie gehen von der Auffassung aus, daß die Benutzung der natürlichen Wasserläufe in möglichst weitgehender Weise der Allgemeinheit zugänglich sein soll. Der „Gemeingebrauch" wird eingeschränkt durch die berechtigten Interessen der Wasserlaufeigentümer und der auf besonderen Titeln beruhenden Rechte an den Wasserläufen, sei es, daß dieselben bei Erlaß des Gesetzes bereits bestanden, oder später verliehen werden.

„Die Benutzung durch den Eigentümer" ist ein Ausfluß seiner Eigentumsrechte. Sie wird aber durch die Vorschriften der §§ 41 ff. und die allgemeinen Bestimmungen der §§ 20—23 in erheblich größerem Umfange eingeschränkt, als es das Eigentum nach den Grundsätzen des BGB. ist.

Der Umfang der auf Verleihung beruhenden Benutzungsrechte richtet sich nach den Verleihungsanträgen, speziell nach dem Inhalt des Verleihungsbeschlusses (§ 72). Das Nähere siehe bei den einzelnen Abschnitten und Paragraphen.

§ 19[1]).

(1) Es ist verboten, Erde, Sand, Schlacken, Steine, Holz, feste und schlammige Stoffe[2]), sowie tote Tiere[3]) in einen Wasserlauf einzubringen[4]). Ebenso ist verboten, solche Stoffe an Wasserläufen abzulagern, wenn die Gefahr besteht, daß diese Stoffe hineingeschwemmt werden. Ausnahmen kann die Wasserpolizeibehörde zulassen[5]), wenn daraus nach ihrem Urteil eine für andere nachteilige Veränderung der Vorflut oder eine schädliche Verunreinigung[6]) des Wassers nicht zu erwarten ist. Wird die Unterhaltungslast erschwert, so darf die Wasserpolizeibehörde die Ausnahme nur mit Zustimmung des Unterhaltungspflichtigen zulassen[7]).

(2) Die Vorschriften des Abs. 1 gelten nicht für das Einbringen von Fischnahrung[8]), jedoch ist die Wasser-

polizeibehörde[9]) befugt, das Einbringen zu untersagen, wenn dadurch das Wasser zum Nachteil anderer verunreinigt wird. Dasselbe gilt für die Düngung künstlicher, teichartiger Erweiterungen von Wasserläufen, die der Fischzucht oder Fischhaltung dienen[10].

(3) Die Entnahme von Pflanzen, Schlamm, Erde, Sand, Kies und Steinen aus einem Wasserlaufe kann[11]), wenn es das öffentliche Interesse[12]) erfordert, durch Anordnung[13]) der Wasserpolizeibehörde geregelt oder beschränkt werden.

Ent. § 20; B. 15ff.; 72ff.; KBA. 37ff.; 40ff.; L. II 7984ff.; L. III 8536; KBH. 16; LH. 994.

1. Zweck der Bestimmung des § 19 ist, zu verhüten, daß dem freien Wasserablaufe Hindernisse bereitet werden. Sie soll einer schädlichen Verunreinigung des Wassers vorbeugen (Begr. § 72). Hier wird nur die unmittelbare Verunreinigung der Wasserläufe behandelt. Bezüglich der mittelbaren vgl. §§ 202 und 199 Abs. II, aber auch Anm. 2 zu § 24.

Die Bestimmungen des § 19 sind polizeilicher Natur und ihre Ausführung obliegt der Wasserpolizeibehörde. Das schließt aber nicht aus, daß der durch einen Verstoß gegen § 19 Geschädigte einen Unterlassungsanspruch hat, den er im ordentlichen Rechtsweg verfolgen kann. Auch eine nach Abs. 1 S. 3 erteilte Erlaubnis der Wasserpolizeibehörde schließt den Unterlassungsanspruch nicht aus (vgl. §§ 1004, 858, 862, 1027, 1134 BGB.).

2. **Feste und schlammige Stoffe.** Das Einbringen fester und schlammiger Stoffe ist grundsätzlich untersagt, während das Einleiten flüssiger Stoffe sowohl auf Grund des Gemeingebrauchs (§ 25) wie auch auf Grund des Eigentümergebrauchs (§ 40 Nr. 2) gestattet ist. Eine Strafvorschrift für die Übertretung des Verbotes fehlt. Insoweit kann aber § 19 durch eine Strafandrohung im Wege einer Polizeiverordnung ergänzt werden (ME. v. 5. 9. 14 in MBl. f. Landw. 1914, 292). Bezüglich der Einbringung „fester und schlammiger Stoffe", durch welche eine Verunreinigung des Wasserlaufs herbeigeführt wird, ist zu unterscheiden:

a) Die durch das Einbringen solcher Stoffe herbeigeführte Verunreinigung kann eine mechanische oder eine chemische sein. Eine mechanische Verunreinigung wird herbeigeführt durch das Einbringen von Wasser, welches feste Stoffe enthält, die schwer oder gar nicht löslich sind, mehr oder minder lange im Wasser schweben und schließlich zu Boden sinken und das Wasser selbst oder seinen Grund durch Verschlammung verunreinigen, z. B. die beim Waschen von Kartoffeln in den Wasserlauf eingebrachte Erde (KBA. II S. 40/41).

Eine mechanische Verunreinigung des Wassers liegt also dann vor, wenn die eingebrachten Stoffe unlöslich sind und durch dieselben die chemische Zusammensetzung des Wassers (Begriff des Wassers s. Anm. 1 zu § 23) nicht geändert wird.

Ist die mechanische Verunreinigung, d. h. die Beimischung unlöslicher Bestandteile, eine solche starke, daß dadurch die „Fließbarkeit“ des Wassers erheblich beeinträchtigt wird, so handelt es sich um „schlammige Stoffe“, deren Einführung verboten ist.

b) Eine chemische Verunreinigung der Gewässer wird verursacht durch Stoffe, welche sich im Wasser lösen. Hierher gehören Säuren, Salze, Farbstoffe, Alkalien, in Fäulnis übergehende Gewässer.

3. **Tote Tiere**; vgl. Gesetz betr. die Beseitigung von Tierkadavern v. 17. 6. 11 (RGBl. 248), ferner KG. bei Johow **45**, 466.

4. **Einbringen.** Unter Einbringen in den Wasserlauf ist nur ein Hineinschaffen von Stoffen zu dem Zwecke zu verstehen, um sich ihrer zu entledigen, dieselben also dauernd dem Wasserlauf zu übergeben (Begr. 72). Nicht fällt unter den Begriff des Einbringens deshalb ein vorübergehendes Einlegen zwecks Lagerung im Wasserlauf, z. B. nicht das Einbringen von Holzstämmen, um dieselben später weiter zu flößen (Begr. 72) oder das Einlegen von Weiden im Interesse der Korbflechterei. Das Hineinschaffen fester Stoffe zur Errichtung oder Veränderung von Anlagen an oder in Wasserläufen fällt nicht unter § 19 (Begr. 73), sondern unter § 22.

5. **Zulassung von Ausnahmen.** Gegen die Zulassungsverfügung bzw. die Verweigerung der Zulassung sind die Rechtsmittel des § 347 gegeben (Begr. 72, Lenhard-Reichau S. 75, a. M. Holtz-Kreutz Anm. 9 zu § 19, welcher nur Beschwerde im Aufsichtswege zulassen will).

6. **Verunreinigung des Wassers.** Das Gesetz bricht hier mit dem vom RG. in ständiger Rechtsprechung aufgestellten Grundsatze, daß die Anlieger an natürlichen Wasserläufen berechtigt sind, Wasser und andere Flüssigkeiten in diese einzuleiten, sofern sie dabei Maß und Art des Regelmäßigen und Gemeinüblichen nicht

überschreiten. Über den jetzt bestehenden Schutz der Gewässer gegen die Verunreinigung durch Einleitung von Flüssigkeiten vgl. §§ 23, 24, 25, 40 Abs. 2 Nr. 2 (vgl. auch Bochalli in der Ztschr. f. d. ges. Wasserw. **13**, 153, 161, 169 und Holtz-Kreutz Anm. 10 zu § 19.

7. Vgl. §§ 113ff. und 284.

8. **Fischnahrung.** Erlaubt ist das Einbringen von Tierleichen oder von Teilen von solchen, soweit dies zum Zwecke der Fischnahrung erfolgt; die Genehmigung der Wasserpolizeibehörde gemäß Abs. 1 Satz 2 ist da nicht erforderlich (vgl. jedoch Gesetz betr. die Beseitigung von Tierkadavern v. 17. 6. 11 und KG. **45**, 466).

9. Siehe § 342.

10. **Wasserläufe, die der Fischzucht dienen.** Hierher gehören nicht die im § 1 Abs. 2 genannten Grundstücke, die zur Fischzucht und Fischhaltung dienen. Die Bestimmung des § 19 Abs. 2 Satz 2 bezieht sich nur auf solche Fischteiche, welche zu den Wasserläufen gehören.

11. **Entnahme von Stoffen.** Aus dieser Bestimmung folgt, daß die Entnahme von Pflanzen, Schlamm, Erde, Sand, Kies und Steinen aus einem Wasserlauf grundsätzlich gestattet, aber der Regelung durch die Wasserpolizeibehörde unterworfen ist (vgl. auch § 909 BGB.). Ein völliges Verbot der Entnahme ist nicht zulässig (a. M. Lenhard-Reichau S. 77 zu II).

12. **Öffentliches Interesse,** d. h. jedes berechtigte Interesse der Allgemeinheit, nicht nur das Gemeinwohl. Öffentliches Wohl (G e m e i n w o h l) ist der engere und strengere Begriff. Er verlangt, daß das Wohl (nicht das Interesse) der Allgemeinheit in Frage kommt, sei es, daß dasselbe durch eine Maßnahme gefährdet ist oder gefördert werden soll (KBA. 40) (vgl. LWA. **1**, 32, 96, 100; OVG. **67**, 333; PVBl. **34**, 669; **38**, 589).

13. **Anordnung,** d. h. durch Polizeiverordnung oder polizeiliche Verfügung (Begr. 73).

§ 20.

(1) Es ist verboten, Hanf und Flachs in einem Wasserlaufe zu röten[1]).

(2) Der Bezirksausschuß[2]) kann Ausnahmen von diesem Verbote widerruflich für Gemeindebezirke oder Teile von ihnen zulassen, wo die Örtlichkeit für die An-

legung zweckdienlicher Rötegruben nicht geeignet ist und die Inanspruchnahme von Wasserläufen zur Hanf- und Flachsbereitung zurzeit nicht entbehrt werden kann. Die Zulassung ist jedoch ohne Einfluß auf die Haftung für den entstehenden Schaden[3]).

Ent. § 21; B. 73ff.; KBA. 42; L. II 7984ff.; L. III 8537; KBH. 16ff.; LH. 995.

1. **Verbot des Hanf- und Flachsrötens.** Das Verbot ist ein absolutes; ein Recht zum Flachsröten kann daher nicht ins Wasserbuch eingetragen werden (LWA. 2, 5). Das Röten fällt an sich nicht unter den Begriff des Einbringens fester Stoffe in den Wasserlauf, wird aber auf Grund positiver Bestimmung gleich behandelt (Begr. 73 unter Nr. 2). Es ist also keine „Benutzung" im Sinne des § 25 Abs. 1 und kein „Gebrauch" im Sinne des § 40 Nr. 1. Das Recht zum Röten kann daher auch nicht nach § 46 Nr. 1 durch Verleihung erworben werden (vgl. Begr. 73/74). Die bisherige Strafbestimmung des § 27 Nr. 1 des Feld- und Forstpolizeigesetzes wegen Rötens von Hanf und Flachs in einem Wasserlauf ist durch § 399 Nr. 12 des Gesetzes aufgehoben. Untersagt ist nur das „Röten" im Wasserlauf selbst, also die dadurch herbeigeführte unmittelbare Verunreinigung. Die Einleitung von Abwässern aus Rötegruben fällt nicht unter § 20, unterliegt aber der Bestimmung des § 23. Auch kann das Recht zur Zuleitung dieser Abwässer durch Verleihung erworben werden (vgl. KBA. 74).

2. **Bezirksausschuß,** nicht Wasserpolizeibehörde. Es handelt sich nicht um eine Zulassung für einzelne Fälle, sondern um eine allgemeine Zulassung innerhalb eines Gemeindebezirks oder eines Teiles desselben mit Rücksicht auf die wirtschaftlichen Bedürfnisse des betreffenden Gebietsteiles (Begr. 73). Der Beschluß ist öffentlich bekanntzumachen. Ein Rechtsmittel dagegen ist nicht gegeben. Falls der Bezirksausschuß die Zulassung erteilt hat, findet § 41 WasserG. keine Anwendung.

3. **Schadensersatzpflicht.** Trotz Gestattung durch den Bezirksausschuß bleibt die Schadensersatzpflicht gemäß § 823 Abs. 2 BGB. bestehen, ein negatorischer Anspruch auf Unterlassung ist dagegen nicht gegeben. Wohl aber kann die erteilte Genehmigung widerrufen werden.

§ 21.

Die Wasserpolizeibehörde ist befugt[1]), die Benutzung eines Wasserlaufs zu beschränken oder zu untersagen, soweit nicht ein Recht zu der Benutzung besteht oder die Benutzung nach den Vorschriften über den Gemeingebrauch[2]) gestattet ist. Solche Verfügungen sind mit Gründen zu versehen[3]).

Ent. § 22; B. 74ff.; KBA. 42ff.; L. II 7984ff.; L. III 8537; KBH. 16; LH. 996ff.

1. **Befugnisse der Wasserpolizeibehörde.** § 21 gibt der Wasserpolizeibehörde eine über das bisherige Recht weit hinausgehende Befugnis, die Benutzung der Wasserläufe zu regeln. Diese Befugnis kann nicht nur im öffentlichen Interesse, also nicht nur zum Schutze der berechtigten Interessen der Allgemeinheit oder des öffentlichen Wohles (Begriff s. Anm. 9 zu § 19), sondern auch zum Schutze privater Interessen ausgeübt werden, denen dadurch außer zivilrechtlichen auch polizeilichen Schutz gewährt wird. Der Schutz der Privatinteressen ist sogar die ausgesprochene Absicht des Gesetzgebers (Begr. 74 Nr. 3; KBA. II, 42ff.). Daraus folgt indessen nicht, daß die Polizei berufen ist, sich in jedem irgendwie gearteten Falle für privatrechtliche Ansprüche einzusetzen. Ein rein geldliches Interesse des Eigentümers eines Wasserlaufs reicht nicht aus, um das Einsetzen polizeilicher Machtmittel zu rechtfertigen, vielmehr ist zu fordern, daß die Polizei sich nur für solche Interessen einsetzt, die auch vom allgemeinen Interesse aus schutzbedürftig erscheinen (OVG. 79, 165).

Der § 21 gestattet grundsätzlich auch ein Einschreiten der Wasserpolizeibehörde gegenüber der Zuleitung von Abwässern seitens des Bergbaues und der Industrie und zwar ohne Zuziehung der Bergpolizei (vgl. jedoch Anm. zu §§ 23 Abs. 4 und 396 Anm. 4). Die bisherige Benutzung des Wasserlaufs braucht auch an sich keine „rechtswidrige" zu sein, um ein Einschreiten der Wasserpolizeibehörde gemäß § 21 zu begründen. Es genügt die Verletzung öffentlicher oder privater Interessen (vgl. ALR. II 17 § 10; G. v. 11. 3. 1850 und § 352 des Gesetzes). Bei Benutzung eines Wasserlaufs durch mehrere Berechtigte vgl. OVG. **34**, 436; **45**, 331; **72**, 277, 286; PVBl. **20**, 313; **22**, 442; **34**, 859; **36**, 393.

Bezüglich vorläufiger Maßnahmen gegen künstliche Gefährdungen vgl. PVBl. **35**, 860.

2. Soweit ein Recht zur Benutzung besteht oder dieses nach dem Gemeingebrauch gestattet ist, ist § 21 nicht anwendbar.

3. **Polizeiverfügung.** Das Eingreifen der Wasserpolizeibehörde erfolgt im Wege der Polizeiverfügung, die mit Gründen zu versehen ist. Vgl. PVBl. 42, 129. Die Rechtsmittel gegen solche Verfügungen sind Beschwerde und Klage (vgl. § 357 Abs. 2 des Gesetzes und §§ 127, 128 des G. über die allg. Landesverwaltung v. 30. 7. 1883).

§ 22.[1])

(1) Die Errichtung oder wesentliche Veränderung von Anlagen[2]) in Wasserläufen erster und zweiter Ordnung bedarf der Genehmigung[3]) der Wasserpolizeibehörde; das Gleiche kann für natürliche Wasserläufe dritter Ordnung durch Polizeiverordnung[4]) bestimmt werden. Ausgenommen sind Anlagen, die auf Grund eines gesetzlich geordneten Verfahrens[5]) oder zur Erfüllung der gesetzlichen Unterhaltungspflicht ausgeführt werden[6]).

(2) Ferner kann zur Erhaltung der Vorflut[7]) durch Polizeiverordnung bestimmt werden, daß an Wasserläufen erster und zweiter Ordnung und natürlichen Wasserläufen dritter Ordnung, die nicht unter die Vorschriften des § 285 fallen, Anlagen innerhalb eines bestimmten Abstandes von der Uferlinie (§ 12) nur mit Genehmigung der Wasserpolizeibehörde errichtet werden dürfen.

Entw. § 23; B. 75ff.; KBA. 44ff.; L. II 7984ff.; L. III 8537; KBH. 16; LH. 1000.

1. **Vorbemerkung.** § 22 gilt auch für künstliche Wasserläufe (PVBl. 38, 297).

2. **Anlagen.** Hierhin gehören z. B. Einbauten, Brückenanlagen, Ufertreppen und Fähren (über Stauanlagen vgl. §§ 91ff.). Es kommen nicht nur solche Anlagen in Betracht, die unterhalb der Uferlinie im Bette des Wasserlaufs errichtet sind, sondern auch solche, die unter dem Flußbette (so PVBl. 38, 297; **OVG. 37**, 292; **55**, 332; a. M. Lenhard-Reichau S. 81) oder im Luftraum

über dem Wasserlauf (OVG. **59**, 305; 60, 360; PVBl. **35**, 76; **38**, 310; RGZ. **92**, 48) hergestellt werden.

3. **Genehmigung.** Die Genehmigung verpflichtet weder den Unternehmer zur Ausführung der Anlage noch Dritte zu deren Duldung (OVG. **70**, 377). Die Genehmigung kann unter einer Auflage, auf Zeit oder auch auf Widerruf erteilt werden (OVG. **60**, 403). Ist eine Anlage ohne die erforderliche Genehmigung hergestellt, so kann ihre Beseitigung allein deshalb gefordert werden, weil sie nicht genehmigt ist. Wegen Zurücknahme der Genehmigung vgl. PVBl. 31, 44; 35, 733). Vgl. auch **Holtz-Kreutz** Anm. 5 zu § 22.

Privatrechtliche Wirkung hat die Genehmigung nicht, sie schließt den ordentlichen Rechtsweg nicht aus.

4. **Polizeiverordnung.** Bei natürlichen Wasserläufen dritter Ordnung muß die Genehmigungspflicht durch besondere Polizeiverordnung eingeführt sein. Besteht eine solche Polizeiverordnung nicht, so sind derartige Anlagen in Wasserläufen dritter Ordnung ohne weiteres gestattet. Soweit auf Grund anderer gesetzlicher Bestimmungen (z. B. einer Baupolizeiverordnung) eine Genehmigung erforderlich ist, ist dieselbe einzuholen.

5. **Gesetzlich geordnetes Verfahren**; sei es eines Verfahrens, das im Gesetz geregelt ist, wie Verleihung (§§ 46ff.), Ausbau der natürlichen Wasserläufe erster und zweiter Ordnung (§§ 152ff.), Begründung von Zwangsrechten (§§ 330ff.) oder eines anderen, neben dem Wassergesetz bestehenden Gesetzes, wie z. B. des Genehmigungsverfahrens nach der GewO. der Enteignung nach dem BergG. (vgl. Holtzapfel in PVBl. 36, 20).

6. **Vgl.** §§ 113ff.

7. **Erhaltung der Vorflut.** Zweck ist hier die Erhaltung des ungehinderten Wasserabflusses außerhalb des Wasserlaufs (vgl. Anm. 12 zu § 1). Zur Erhaltung der Vorflut kann auch die Beseitigung einer Verunreinigung des Wasserlaufs durch Verschlammung gehören. Bezüglich der Hochwassergefahren vgl. die weitgehenden Beschränkungen der §§ 285ff.

§ 23.

(1) Wer Wasser oder andere flüssige Stoffe[1]) über den Gemeingebrauch[2]) hinaus in einen Wasserlauf einleiten will, hat dies vorher der Wasserpolizeibehörde anzuzeigen[3]). Ist diese der Ansicht, daß der beabsichtigten

Einleitung polizeiliche Rücksichten[4]) oder die Beschränkungen des § 41 entgegenstehen, so hat sie die Einleitung unter Angabe der Gründe zu untersagen[5]); andernfalls hat sie dem Anzeigenden mitzuteilen, daß von Polizei wegen keine Bedenken gegen die Einleitung zu erheben seien, und dieses in ortsüblicher Weise[6]) bekanntzumachen. Sie kann Vorkehrungen angeben, durch die ihr Widerspruch beseitigt werden kann.

(2) Die Wasserpolizeibehörde entscheidet, von dringlichen Fällen abgesehen, bei Wasserläufen zweiter und dritter Ordnung nach Anhörung des Schauamtes[7]).

(3) Bevor die Mitteilung (Abs. 1)[8]) zugestellt ist oder bevor die von der Wasserpolizeibehörde zur Beseitigung ihres Widerspruchs etwa angegebenen Vorkehrungen getroffen sind, ist die Einleitung nicht zulässig.

(4) Diese Vorschriften sind nicht anzuwenden, wenn das Recht zur Einleitung durch Verleihung erworben ist oder beim Inkrafttreten dieses Gesetzes besteht und nach dem §§ 379 bis 381 aufrechterhalten bleibt oder wenn die Einleitung von einer anderen zuständigen Polizeibehörde[9]) zugelassen oder nach den §§ 16 bis 25 der Gewerbeordnung gestattet ist[10]).

(5) Der Oberpräsident — in den Hohenzollernschen Landen der Regierungspräsident — kann nach Anhörung der Schauämter und des Wasserbeirats (§ 367) für alle oder einzelne Wasserläufe festsetzen, daß es für die Einleitung bestimmter Arten oder Mengen von Flüssigkeiten keiner Anzeige bedarf, wenn sie gemeinüblich und unter den gegebenen Verhältnissen keine Schädigung von ihr zu befürchten ist.

Ent. § 24; B. 28; KBA. 45; L. II 7984; L. III 9537; KBH. 16; LH. 1000ff.

1. **Wasser oder andere flüssige Stoffe.** Der Begriff Wasser ist hier dem Begriff flüssige Stoffe gegenübergestellt. Wasser

ist chemisch eine Zusammensetzung von zwei Wasserstoffatomen und einem Sauerstoffatom. In der Natur kommt Wasser in dieser chemischen Reinheit überhaupt nicht vor. Auch das reinste Quell- und Flußwasser enthält vielmehr stets eine mehr oder weniger größere Menge gelöster Salze, welche vorwiegend in Chloralkalien, Kalzium, Magnesiumsalze usw. bestehen. Außerdem ist in allem Wasser in der Natur eine gewisse Menge organischer Substanzen enthalten. Unter Wasser im Sinne dieses Gesetzes ist also diejenige natürliche Flüssigkeit zu verstehen, welche aus dem Erdinnern oder der Erdoberfläche abfließt und eine geringe Beimischung chemisch lösbarer und organischer Substanzen enthält. Sobald diesem Wasser, sei es von Natur (z. B. wie bei Solquellen) oder durch menschliche Tätigkeit (z. B. wie bei Abwässern) Substanzen in einer Menge beigemischt sind, welche ihm den Charakter des „reinen Wassers", wie ihn die Verkehrsauffassung versteht, nehmen, fällt eine solche Flüssigkeit nicht mehr unter den Begriff des Wassers, sondern unter denjenigen der „flüssigen" Stoffe oder auch „schlammigen" Stoffe. Unter den Begriff der „flüssigen Stoffe" fällt also jede Flüssigkeit, welche chemisch lösbare Bestandteile in einer die natürliche chemische Zusammensetzung des Wassers verändernden Menge enthält. Zu dem Begriff der flüssigen Stoffe ist aber auch, wenigstens nach der Verkehrsauffassung, dasjenige Wasser zu rechnen, welches zwar unlösbare, aber nur sehr feine feste Schwebestoffe enthält. Zu den flüssigen Stoffen gehören deshalb, sofern sie nach der Menge dieser Schwebestoffe nicht unter die schlammigen Stoffe des § 19 fallen, die gesamten Abwässer der Industrie und des Bergbaues, sowie die städtischen Abwässer.

2. **Über den Gemeingebrauch hinaus**, d. h. Wasser und Abwässer, die nicht lediglich in der Haushaltung und Wirtschaft entstehen, wobei unter Wirtschaft die im § 25 Abs. 4 gegebene Begriffsbestimmung maßgebend ist. Auch die Einleitung von Abwässern mittels gemeinsamer Anlage (§ 25 Abs. 1 letzter Satz) ist nach vorheriger Anzeige bei der Wasserpolizeibehörde und Genehmigung durch diese zulässig.

Den Vorschriften des § 23 zuwider werden flüssige Stoffe in ein Gewässer eingeleitet, wenn diese Einleitung über den gemeinüblichen Gebrauch hinaus zu einer Zeit geschieht, zu der weder die im § 23 Abs. 1 vorgesehene Mitteilung zugestellt war, noch die von der Wasserpolizeibehörde zur Beseitigung ihres Widerspruchs angegebenen Vorkehrungen getroffen waren (RG. in DJZ. 31, 962).

3. **Anzeigepflicht** (vgl. auch Abs. 4). Ist die Anzeige ordnungsmäßig erstattet und von der Wasserpolizeibehörde zugelassen, so ist die Einleitung auch dann nicht strafbar, wenn dadurch der Wasserlauf verunreinigt wird, sondern es kann dagegen ebenso wie gegen das Einbringen fester Stoffe nach § 19 nur polizeilich eingeschritten werden (ME. v. 5. 9. 14, MBl. f. Landw. 1914, 292). Die Anzeigepflicht besteht nicht:

a) wenn das Recht zu einer Einleitung über den Gemeingebrauch hinaus durch Verleihung erworben ist, jedoch mit der Maßgabe, daß die Einleitung sich innerhalb des Rahmens derjenigen tatsächlichen Verhältnisse hält, die bei Erlaß des Verleihungsbeschlusses bereits vorlagen,

b) wenn das Recht zur Einleitung beim Inkrafttreten des Gesetzes besteht und nach den §§ 379—381 aufrecht erhalten bleibt (vgl. RG. in DJZ. 31, 966). Ein vor dem Inkrafttreten des Gesetzes ergangener bergrechtlicher Enteignungsbeschluß auf Benutzung des Wasserlaufs zur Abführung von Grubenwässern gehört zu den aufrecht erhaltenen besonderen Titeln im Sinne des § 379 Abs. 1. Der Bergwerksbesitzer ist also gemäß § 379 Abs. 4 berechtigt, das Wasser auch weiter in den Wasserlauf einzuführen, jedoch mit der Beschränkung des § 379 Abs. 4.

c) wenn die Einleitung von einer anderen zuständigen Polizeibehörde zugelassen ist (vgl. Anm. 9).

d) wenn der Betrieb, von welchem aus die Zuleitung erfolgen soll, gemäß §§ 16—25 GewO. einer besonderen Genehmigung bedarf und diese Genehmigung von den landesgesetzlich vorgeschriebenen Instanzen, in Preußen vom Bezirksausschuß, erteilt ist (vgl. ZuständigkeitsG. §§ 109, 110, 113 und 161 und § 386 dieses Gesetzes, sowie Vorbem. vor § 379).

4. **Polizeiliche Rücksichten.** Hierher gehören z. B. sicherheits-, gesundheits- oder veterinärpolizeiliche Rücksichten. Jedoch nicht nur polizeiliche Rücksichten zwingen die Wasserpolizeibehörde zur Untersagung der beabsichtigten Einleitung, sondern auch die Beschränkungen des § 41. Ist sie der Ansicht, daß einer der Beschränkungsgründe des § 41 vorliegt, so muß sie die Einleitung untersagen. Es kann das Recht dann nur durch Verleihung erworben werden.

5. **Untersagung der Einleitung.** Der ablehnende Bescheid der Behörde muß mit Gründen versehen sein (OVG. 42, 129).

Er ist als Polizeiverfügung mit den Rechtsmitteln des § 347 anfechtbar.

6. **Ortsüblich**, vgl. Anm. 3 zu § 5.

7. **Schauamt**, vgl. § 356.

8. **Mitteilung**. Unter Mitteilung ist die Genehmigung der Wasserpolizeibehörde gemäß Abs. 1 zu verstehen. Es genügt also nicht die Anzeige des Unternehmers an die Wasserpolizeibehörde, sondern es darf, bevor die letztere keine Entscheidung getroffen hat, eine Einleitung im Sinne des Abs. 1 Satz 1 nicht erfolgen, auch nicht in dringenden Fällen. Andernfalls macht sich der Unternehmer strafbar gemäß §§ 375, 376 des Gesetzes (Geldstrafe bis zu 3000 Mark oder Gefängnis bis zu einem Jahr).

Auf eine bloße mündliche oder stillschweigende Mitteilung kann sich der die Stoffe in das Gewässer Einleitende nicht berufen (KG. in DJZ. 31, 902). Es ist stets schriftliche Mitteilung erforderlich.

9. **Genehmigung einer anderen als der Wasserpolizeibehörde**. Unter diese Bestimmung fällt vor allem eine von der Bergpolizeibehörde auch in Zukunft zugelassene Zuleitung von Grubenwässer in einen Wasserlauf (vgl. § 396 Anm. 4). Der KB. 47 enthält zwar als Begründung zu dem dort gestellten Antrag Nr. 520, welcher den Abs. 4 des § 23 von den Worten „oder wenn die Einleitung" bis zum Schluß streichen wollte, die Bemerkung, „daß nach den Erklärungen der Regierungsvertreter in der ersten Lesung die Einleitung nach dem Inkrafttreten des Gesetzes von anderen Polizeibehörden nicht mehr genehmigt werden dürfe". Das ist in dieser Allgemeinheit nicht zutreffend. Vielmehr kann auch nach dem Inkrafttreten des Gesetzes die Bergpolizeibehörde eine Grubenwasserableitung, d. h. die Zulassung eines Betriebsplanes, worin Wasserableitungen in einen Wasserlauf vorgesehen ist, zulassen. Die Bergpolizeibehörde ist für eine solche Zulassung auch in Zukunft die „zuständige Polizeibehörde" im Sinne des § 23 Abs. 4 (vgl. KBA. 43 Abs. 2). Da nach §§ 67 und 196 AllgBergG. das von einem Bergwerksbesitzer beantragte Enteignungsverfahren mit dem Zwecke der Benutzung eines Wasserlaufs zur Abführung von Grubenabwässern stets nur auf Grund eines Betriebsplanes eingeleitet wird, so ist auch in Zukunft für den Fall einer bergrechtlichen Enteignung eine Anzeigepflicht gemäß § 22 Abs. 1 und 3 nicht gegeben und kann die Zuleitung auch nicht von der Wasserpolizeibehörde untersagt werden (vgl. auch X. AusfAnw. v. 4. 6. 25 im Anhang).

Für die Zulassung der Einleitung flüssiger Stoffe aus einer im Jahre 1916 errichteten Flachsröte in ein Gewässer ist keine andere Polizeibehörde als die Wasserpolizeibehörde zuständig (KG. in DJZ. 31, 902). Bezüglich der Projekte von Kanalisationsanlagen vgl. ME. v. 13. 7. 14 (MBl. f. Landw. 1917, 275) und ME. v. 25. 11. 16 (MBl. f. Landw. 1917, 28).

10. **Zurücknahme der Zulassung.** Die von der Polizeibehörde gewährte Zulassung kann, falls sich infolge dieser Zulassung Schäden im Sinne des Abs. 2 Satz 2 herausstellen sollten, jederzeit wieder zurückgenommen werden. Den benachteiligten Interessenten steht im Falle eines ablehnenden Bescheides der Polizeibehörde in diesem Falle die Beschwerde offen gemäß § 347 Abs. 2.

§ 24[1]).

(1) Für den Schaden[2]), der durch die unerlaubte[3]) Verunreinigung[4]) eines Wasserlaufs entsteht, haftet, selbst wenn eine solche nach § 23 nicht beanstandet ist, der Unternehmer[5]) der Anlage, von der die Verunreinigung herrührt. Die Haftung ist ausgeschlossen, wenn der Unternehmer zur Verhütung der Verunreinigung die im Verkehr erforderliche Sorgfalt beobachtet hat[6]).

(2) Den Hypotheken, Grundschuld- und Rentenschuldgläubigern wird keine besondere Entschädigung gewährt. Doch sind zu ihren Gunsten auf die dem Eigentümer des belasteten Grundstücks zu gewährende Entschädigung die Artikel 52, 53 des Einführungsgesetzes zum bürgerlichen Gesetzbuch anzuwenden[7]).

(3) Rührt die Verunreinigung von mehreren Anlagen her, so haften die Unternehmer als Gesamtschuldner[8]).

(4) Unter sich sind die Unternehmer nach dem Verhältnisse des Anteils an der Verunreinigung, im Zweifel zu gleichen Teilen verpflichtet[9]). Fällt jedoch einzelnen von ihnen ein Verschulden zur Last, so haften diese allein[10]).

(5) Die Vorschriften, wonach auch andere für den

Schaden verantwortlich sind, bleiben unberührt[11]). Im Verhältnis zu dem Unternehmer sind, wenn diesem kein Verschulden zur Last fällt, die anderen allein zum Schadensersatz verpflichtet[12]).

(6) Der § 254, der § 840 Abs. 1, 2 und der § 852 des Bürgerlichen Gesetzbuchs sind entsprechend anzuwenden[13]).

KommBeschl. § 24a; KBA. 47ff.; L. II 7984; L. III 8537; KBH. 16; LH. 1005ff.

1. **Vorbemerkung.** Die Bestimmungen sind rein zivilrechtlicher Natur. Sie erweitern die Haftpflicht, welche bereits durch das BGB. gegeben ist. Diese Änderung der reichsgesetzlichen Haftung ist nach Art. 65 EGBGB. zulässig, denn die Regelung der Abwässerbeseitigung und Reinhaltung der Gewässer gehört mit zum Wasserrecht im Sinne des Art. 65.

a) Haftung nach BGB. Eine Haftung für Verunreinigung eines Wasserlaufs ist schon nach BGB. gegeben. Nach § 831 haftet der Geschäftsherr (Eigentümer, Nießbraucher, Pächter, natürliche oder juristische Personen) für den durch unerlaubte Verunreinigung bewirkten Schaden, wenn die Verunreinigung von einer zum Betriebe der Anlage bestellten Person verursacht ist. Der Geschädigte hat also zu beweisen:

Eine widerrechtliche Schädigung durch unerlaubte Verunreinigung und Verursachung der letzteren durch eine bestellte Betriebsperson.

Der Geschäftsherr kann sich aber exkulpieren, indem er beweist, daß er bei der Auswahl der bestellten Person und bei der etwaigen Beschaffung von Vorrichtungen oder Gerätschaften und bei der Leitung der Ausführung der Betriebsarbeiten die im Verkehr erforderliche Sorgfalt beobachtet habe, oder daß der Schaden auch bei Anwendung dieser Sorgfalt entstanden sein würde.

§ 31 in Verb. mit §§ 86 und 89 BGB., der für alle juristischen Personen gilt, macht z. B. eine Aktiengesellschaft oder eine Gemeinde für den Schaden haftbar, den der Vorstand oder ein anderer verfassungsmäßig berufener Vertreter bei dem Betriebe der Anlage durch eine zum Schadensersatz verpflichtende Handlung einem Dritten zufügt. Der Geschädigte muß also der juristischen Person gegenüber beweisen: eine Schädigung durch unerlaubte

Verunreinigung des Wasserlaufs, Verursachung der letzteren durch eine zum Schadensersatze verpflichtende Handlung des Organs der juristischen Person und einem Zusammenhang dieser Handlung mit den dem Organ zustehenden Verrichtungen. Ein **Entlastungsbeweis** wie im § 831 ist hier nicht gegeben. Verursacher der Verunreinigung muß aber stets der Vorstand oder ein anderer verfassungsmäßig berufener Vertreter sein, sonst kommt § 831 zur Anwendung.

Ist der Unternehmer einer die Verunreinigung verursachenden Anlage eine **natürliche Person**, so haftet er neben § 831 auch nach § 823 Abs. 2 BGB. Das Verunreinigungsverbot des Wassergesetzes ist unbedenklich „ein den Schutz eines anderen bezweckendes Gesetz". Den Unternehmer muß aber auch hier ein Verschulden treffen, welches von dem Geschädigten zu beweisen ist.

b) § 24 WG bringt gegenüber der unter a skizzierten Haftung nach BGB. eine Verschärfung derselben. Er verlangt von dem Geschädigten den Beweis, daß durch die unerlaubte Verunreinigung des Wassers ein Schaden entstanden ist und daß diese Verunreinigung von der Anlage herrührt. Auch § 24 verlangt ein Verschulden des Unternehmers, welches aber darin besteht, daß er die im Verkehr erforderliche Sorgfalt nicht beobachtet hat. § 24 stellt aber eine **Vermutung für dieses Verschulden** auf, so daß der Geschädigte ein Verschulden nicht zu beweisen braucht. Während also nach §§ 31 und 823 Abs. 2 BGB. der Geschädigte stets einen Verschuldensbeweis führen muß, der schwer ist, da der Geschädigte nicht in den inneren Betrieb der Anlage hineinsehen kann und daher unmöglich das Material für den Schuldbeweis beschaffen kann, braucht er nach § 24 einen solchen Verschuldensbeweis nicht zu führen, vielmehr dreht § 24 in diesem Punkte die Beweislast um und überläßt es dem Unternehmer, den Beweis zu führen, daß er zur Verhütung der Verunreinigung die im Verkehr erforderliche Sorgfalt beobachtet hat. Dieser dem Unternehmer zugestandene Entlastungsbeweis ist aber enger als im § 831 BGB. Der Unternehmer muß die Beobachtung der im Verkehr erforderlichen Sorgfalt, d. h. das Nichtvorliegen von Fahrlässigkeit beweisen. Er kann sich aber nicht, wie nach § 831 BGB. mit der Behauptung und dem Beweis exkulvieren, daß der Schaden auch bei Anwendung der im Verkehr erforderlichen Sorgfalt entstanden sein würde. Die Verschärfung der Haftung nach § 24 gegenüber derjenigen des bürgerlichen Rechts besteht also einmal in einer Umkehrung der Beweislast und sodann in der Ausschließung des Beweises, daß der Schaden auch bei Anwendung der im Verkehr erforderlichen Sorgfalt eingetreten wäre.

2. **Schaden.** Für den Begriff des Schadens im Sinne dieser Bestimmung sind die allgemeinen Bestimmungen des BGB., insbesondere § 249 BGB. maßgebend. Zu ersetzen sind auch die mittelbaren Folgen der Verunreinigung (RGZ. **66**, 253; **69**, 59; **78**, 272).

3. **unerlaubt.** Unerlaubt ist alles, was den Bestimmungen des Wassergesetzes oder besonderen Vorschriften von Polizeiverordnungen widerspricht (vgl. Werneburg in Ztschr. f. Agr. u. Wasserr. **6**, 289).

Erfolgt eine Verunreinigung des Wasserlaufs, jedoch in Ausübung eines dem Unternehmer zustehenden Rechts, so ist sie nicht unerlaubt. Der Gemeingebrauch gibt keine Befugnis zu einer schädigenden Verunreinigung (vgl. Anm. 1 zu § 25). Sie kann aber begründet werden durch ein vertragliches Recht innerhalb der Grenzen der §§ 40ff., durch ein verliehenes oder durch bergrechtliche Enteignung erworbenes oder durch ein bestehendes Recht, daß nach §§ 379ff. aufrechterhalten bleibt. Der Beweis für die Existenz eines solchen Rechts liegt dem Unternehmer ob (vgl. im übrigen Anm. zu § 379). Der Begriff der erlaubten oder unerlaubten Verunreinigung ergibt sich nicht aus § 23, welcher lediglich eine polizeiliche Vorprüfung ermöglichen soll. Unerlaubt im Sinne des § 24 kann deshalb eine Verunreinigung auch dann sein, wenn die Wasserpolizeibehörde gemäß § 23 eine Einleitung von Wasser und anderen flüssigen Stoffen gestattet hat. Durch eine solche Gestattung wird die Schadensersatzpflicht nach § 24 nicht beseitigt, weil sie kein Recht zur Verunreinigung begründet (KGH. 20, 22ff.).

4. **Verunreinigung** besteht in der Einbringung von Erde, Sand usw. (§ 19), in der Vornahme des Hanf- und Flachsrötens (§ 20), unter Umständen auch in der verbotswidrigen Einleitung von Wasser oder anderen flüssigen Stoffen über den Gemeingebrauch hinaus (§ 23) oder in einer Benutzung des Wasserlaufs, welcher eine Verletzung der §§ 40 Abs. 2 Nr. 2, 41 Nr. 1 und 3 darstellt.

Wegen der Verunreinigung durch Abwässer aus bergbaulichen Anlagen vgl. § 396 und Werneburg in der „Wasserkraft" **1921**, 284.

5. **Unternehmer** ist der Eigentümer, Nießbraucher, Pächter usw. der Anlage, überhaupt derjenige, welcher die Anlage für eigene Rechnung betreibt und unterhält.

6. **Die im Verkehr erforderliche Sorgfalt.** Der Begriff ist

derselbe, wie im § 276 Abs. 1 Satz 2 BGB. Die Verunreinigung darf also nicht fahrlässig verursacht sein. Die dem Unternehmer danach obliegende Pflicht umfaßt die notwendige Sorgfalt bei der Anstellung der Beamten und des Personals, bei der Herstellung der Einrichtungen, der bei Beaufsichtigung der Beamten und Arbeiter, und bei der Überwachung der Güte der Einrichtung; ferner auch die Pflicht, einzugreifen und für die Zukunft Verschulden und Nachlässigkeiten der Beamten und Arbeiter zu verhindern und schadhafte Einrichtungen rechtzeitig wieder instandzusetzen. Vgl. RGZ. **78**, 107; **79**, 106; **87**, 1, 34; JW. **1910**, 11; **1911**, 594, 982; **1912**, 94; **1914**, 678, 759 und Werneburg in Ztschr. f. Agr. u. Wasserr. **6**, 291.

7. **Schutz der Realberechtigten.** Die Vorschrift des Abs. 2 Satz 1 entspricht wörtlich der gleichen Bestimmung des § 148 Abs. 2 AllgBergG. Den Hypotheken-, Grund- und Rentenschuldgläubigern ist durch diese Bestimmung ein Pfandrecht an der Entschädigungsforderung gegeben. In Betracht kommen die §§ 1128 Abs. 1 Satz 2, 1273, 1123, 1124 BGB. Das Nähere s. Nieder, EGBGB. zu Art. 52 und 53.

8. **Gesamtschuldner.** Der Abs. 3 ist dem § 149 Abs. 1 des AllgBergG. nachgebildet. Der Geschädigte kann alle oder einzelne der schädigenden Unternehmer auf das Ganze verklagen. Er braucht also den Schadensersatz nicht anteilig zu bemessen. Exkulpiert sich einer von den gemeinsam verklagten Unternehmern gemäß Abs. 1 Satz 2, so ist die Klage gegen ihn abzuweisen. Die übrigen haften für den durch sie verursachten Schaden als Gesamtschuldner. Die in Anm. 7 der ersten Auflage vertretene weitergehende Ansicht (Haftung auf das Ganze) schränke ich ein (Holtz-Kreutz Anm. 19 zu § 24; Werneburg in Ztschr. f. Agr. u. Wasserr. **68**, 292; Lenhard-Reichau S. 90).

9. **Haftung der Unternehmer untereinander.** Abs. 4 und 5 beziehen sich ausschließlich auf das Rechtsverhältnis mehrerer beteiligter Unternehmer untereinander oder zu einem mitbeteiligten Dritten, welcher nicht Unternehmer im Sinne dieser Vorschrift ist. Sie regeln also die Haftung der an der Schädigung Beteiligten untereinander.

Abs. 4 Satz 1 bestimmt die anteilige Haftung der an der Verunreinigung beteiligten Unternehmer. Diese Haftung untereinander ist unabhängig davon, ob der Geschädigte sämtliche Unternehmer oder nur einen oder einige von ihnen auf das Ganze verklagt hat. Der Rückgriff der verurteilten Unternehmer auf die vom Geschädigten nicht mitverklagten, aber an der Verunreinigung Beteiligten, bleibt unberührt. Der den Rückgriff nehmende Unternehmer muß den Anteil des Gegners an der Verunreinigung beweisen. So auch Werneburg in Ztschr. f. Agr. u. Wasserr. 7, 23; abweichend Holtz-Kreutz Anm. 13 zu § 24.

Ist wohl die Beteiligung, nicht aber der Anteil der zur Ausgleichung herangezogenen Unternehmer festzustellen, so haften sie untereinander zu gleichen Teilen.

10. Allein. Die Vorschrift ist wichtig, wenn nicht alle Unternehmer vom Geschädigten in Anspruch genommen sind.

Der vom Geschädigten nicht mitverklagte, aber an der Verunreinigung Beteiligte und deshalb zur Ausgleichung herangezogene Unternehmer kann gegenüber dem ihn in Anspruch nehmenden Mitschädiger den Exkulpationsbeweis gemäß Abs. 1 Satz 2 führen (L. II 8007, teilweise dort abweichend, aber unzutreffend).

Einem in der Klage gegen mehrere an der Verunreinigung Beteiligte mitverurteilten Unternehmer steht in der Klage der Unternehmer untereinander gemäß Abs. 4 nicht nur der Beweis offen, daß er zu einem geringeren Teil an der Verunreinigung beteiligt sei als die anderen — er haftet nach Abs. 4 ja nur im Zweifel zu gleichem Teil —, sondern es steht ihm auch der Beweis offen, daß er überhaupt nicht an der Verunreinigung beteiligt sei oder ihn kein Verschulden treffe. Insoweit schafft also das im Prozeß des Geschädigten gegen die mehreren Unternehmer ergangene Urteil keine Rechtskraft für die Ausgleichungsklage der Unternehmer untereinander (RGZ. 69, 422ff.).

11. Unberührt. In Betracht kommen Betriebsbeamte und Arbeiter, sowie auch Dritte, welche unabhängig von der Anlage und dem Unternehmer, aber ebenso wie diese den Wasserlauf verunreinigen. Sie haften nach §§ 823ff. BGB.

12. Haftung eines dritten Unternehmers. Ist neben dem Unternehmer eine dritte Person an der Verunreinigung durch eine unerlaubte Handlung beteiligt, so haften beide nach § 840 Abs. 2 BGB., der hier entsprechende Anwendung findet, als Gesamtschuldner, also jeder auf das Ganze (vgl. Anm. 13). Ist der Dritte nach §§ 823ff. BGB. zum Schadensersatz verurteilt, so kann er vom Unternehmer Ausgleichung fordern. Dieser kann sich jedoch nach Abs. 1 Satz 2 exkulpieren.

13. Mit dem wirklichen Verschulden des Geschädigten. § 254 BGB. betrifft das mitwirkende Verschulden des Geschädigten und (hierzu vgl. JW. 1914, 827) § 840 BGB. behandelt die gesamtschuldnerische Haftung, wenn auch nicht sämtliche Schädiger Unternehmer sind. Ist für die Haftung des Unternehmers neben § 24 auch der Tatbestand des § 831 BGB. erfüllt, so hat er gegen seine Angestellten Regreßansprüche.

§ 825 setzt die dreijährige Verjährung, beginnend mit dem Zeitpunkte der Kenntnis des Schadens und der Person des Ersatzpflichtigen fest (vgl. JW. **1913**, 686; **1917**, 39 und RG. in Gruchot **61**, 316).

II. Gemeingebrauch.

§ 25[1]).

(1) Die natürlichen[2]) Wasserläufe erster Ordnung darf jedermann zum Baden[3]), Waschen[4]), Schöpfen mit Handgefäßen[5]), Viehtränken, Schwemmen[6]), Kahnfahren und Eislaufen[7]) sowie zur Entnahme von Wasser und Eis[8]) für die eigene Haushaltung und Wirtschaft benutzen, wenn dadurch andere nicht benachteiligt werden. Mit derselben Beschränkung ist jedem gestattet, in die natürlichen Wasserläufe[9]) erster Ordnung Wasser, sowie die in der Haushaltung und Wirtschaft entstehenden Abwässer[10]) einzuleiten. Hierunter fällt jedoch nicht die Einleitung von Abwässern mittels gemeinsamer Anlagen.

(2) Das Gleiche gilt mit Ausnahme der Eisentnahme für die natürlichen Wasserläufe zweiter und dritter Ordnung; jedoch ist das Kahnfahren und Eislaufen nur insoweit gestattet, als es bisher gemeinüblich gewesen ist[11]). Im Streitfalle entscheidet der Regierungspräsident, ob und in welchem Umfange das Kahnfahren und Eislaufen bisher gemeinüblich gewesen ist. Der Eigentümer ist vorher zu hören.

(3) Für künstliche teichartige Erweiterungen von Wasserläufen zweiter und dritter Ordnung gelten vorstehende Bestimmungen nicht[12]). Der Gemeingebrauch ist ferner, unbeschadet der Vorschriften der §§ 26, 35, an solchen Teilen von Wasserläufen ausgeschlossen, die in

Hofräumen, Gärten und Parkanlagen liegen und im Eigentume der Anlieger stehen[12]). Die Vorschriften der Abs. 1, 2 gelten endlich nicht für Talsperren (§ 106) sowie für solche Seen, aus denen nur natürliche Wasserläufe zweiter oder dritter Ordnung abfließen. Ob und in welchem Umfange der an solchen Seen und Talsperren bisher übliche Gemeingebrauch auch fernerhin zulässig ist, bestimmt der Regierungspräsident. Der Eigentümer der Talsperre oder des Sees ist vorher zu hören. Der Regierungspräsident kann die Bestimmung jederzeit widerrufen[12]).

(4) Als Wirtschaft gelten der landwirtschaftliche Haus- und Hofbetrieb, mit Ausschluß der landwirtschaftlichen Nebenbetriebe und kleingewerbliche Betriebe von geringem Umfange[13]).

(5) Die Beeinträchtigung des Gemeingebrauchs anderer gilt als Benachteiligung nur, wenn sie gegen die Vorschrift des § 37 verstößt[14]).

(6) Der Oberpräsident kann für künstliche Wasserläufe und zwar für Wasserläufe zweiter und dritter Ordnung nach Anhörung der Schauämter, bestimmten, ob und in welchem Umfange der in Abs. 1, 2, 4 vorgesehene Gemeingebrauch[15]) auch an ihnen zulässig ist.

Ent. § 25; B. 16ff.; KBA. 53ff.; L. II 8031; L. III 8537; KBH. 26ff.; LH. 1010.

1. **Gemeingebrauch** ist die jedermann zustehende, an keine besondere Erlaubnis gebundene Benutzung des fließenden Wassers zu bestimmten, im Gesetz einzeln aufgeführten Zwecken. Das Reichsgericht bezeichnet ihn als das „gleiche Recht aller, welche sich in der Lage befinden, von dem Objekt des Rechtes Gebrauch zu machen" (RG. **16**, 146). Der Gemeingebrauch wurzelt im öffentlichen Recht. Er ist ein öffentliches Recht der Allgemeinheit und stellt sich dar als eine „Vergönnung", welche obrigkeitlichen Schutz genießt. Der Gemeingebrauch ist stets subsidiärer Natur und muß hinter Privatrechten zur Benutzung

des Wasserlaufs zurückstehen. Solche Privatrechte, mögen sie beim Inkrafttreten des Gesetzes bereits bestehen und aufrechterhalten sein oder ihren Grund in den Bestimmungen dieses Gesetzes selbst finden, brauchen auf den Gemeingebrauch nur insoweit Rücksicht zu nehmen, als sie denselben nach § 36 „nicht unnütz erschweren oder ohne erheblichen Grund unmöglich machen" dürfen. Andererseits aber dürfen auch die auf dem Gemeingebrauch beruhenden Rechte des einzelnen nicht durch die Ausübung des Gemeingebrauchs anderer gehindert werden (§ 36; Begr. 16). Der Gemeingebrauch gibt keinen privatrechtlichen Anspruch. Ein widerrechtlicher Eingriff in die auf dem Gemeingebrauch beruhenden Rechte eines anderen, insbesondere durch Störung des Gemeingebrauchs, gibt keinen zivilrechtlichen Anspruch, weder auf Einstellung der Störung noch auf Schadensersatz.

Es ist Aufgabe der Wasserpolizeibehörde, den Gebrauch zu schützen, evtl. einen Ausgleich zwischen den mehreren Berechtigten herbeizuführen (§ 39; vgl. RG. in Gruchot **38**, 1045; **56**, 1118).

2. **Natürliche Wasserläufe.** Als Regel ist der Gemeingebrauch ausschließlich an den natürlichen Wasserläufen aller Ordnungen gestattet. Die künstlichen Wasserläufe sind vom Gemeingebrauch im allgemeinen ausgeschlossen. Dies gilt auch für die kleineren künstlichen Wasserläufe, die Gräben (vgl. Begr. 76; vgl. jedoch wegen der Gestattung des Gemeingebrauchs an „künstlichen Wasserläufen" Abs. 6 dieses Paragraphen).

3. **Baden.** Die Zulässigkeit des Badens schließt den Erlaß polizeilicher Vorschriften im Interesse der Sicherheit und öffentlichen Sittlichkeit nicht aus (ALR. II 17 § 10; G. über die Polizeiverwaltungen v. 11. 3. 1850, § 6).

Das Halten von Bade- und Waschanstalten gehört nicht zum Gemeingebrauch (RGZ. **64**, 142).

4. **Waschen** umfaßt sowohl die Reinigung des menschlichen Körpers, wie die Reinigung von Wäsche, sowie allgemein das Waschen zu häuslichen, landwirtschaftlichen und gewerblichen Zwecken.

5. **Schöpfen mit Handgefäßen.** Hiernach ist zulässig außer der weiter unten (s. Anm. 9) erörterten Entnahme von Wasser auch eine Entnahme mittels Gefäßen zum Zwecke der Bewässerung von Feldfrüchten, Weinbergen, Tränken von Vieh usw. Hierher gehört also die Entnahme mittels Kannen, in fahrbaren Tonnen usw. (KBA. 55).

6. **Viehtränken und Schwemmen**, d. h. das Zutreiben von großem und kleinem Vieh an und in das Wasser zum Trinken und Reinigen. Das Halten von Enten und Gänsen auf Wasserläufen geht über den Begriff des Viehtränkens und Schwemmens hinaus und gehört deshalb nicht zum Gemeingebrauch (KBA. 54). Eine Beschränkung auf bestimmte Stellen des Wasserlaufs zum Tränken und Schwemmen ist im Gesetz nicht vorgesehen, wird aber dadurch ersetzt, daß eine Benachteiligung anderer durch die Ausübung des Gemeingebrauchs nicht erfolgen darf und der Gemeingebrauch auch nicht das Betreten fremder Ufergrundstücke in sich schließt (vgl. § 38).

7. **Kahnfahren und Eislaufen** ist auf Wasserläufen erster Ordnung im weitesten Maße gestattet (Abs. 1), auf Wasserläufen zweiter und dritter Ordnung dagegen nur soweit, als es bisher gemeinüblich war (Abs. 2). Ob und in welchem Umfange letzteres der Fall gewesen ist, entscheidet im Streitfalle der Regierungspräsident nach Anhörung des Eigentümers. Diese Entscheidung ist gemäß § 27 LVG. mit der Beschwerde an den Oberpräsidenten anzufechten, gegen dessen Entscheidung Klage beim Oberverwaltungsgericht gegeben ist. Soweit das Eislaufen hiernach auf Wasserläufen zweiter und dritter Ordnung gestattet ist, ist der Eigentümer des Wasserlaufs, welcher z. B. in die Eisdecke mit Rücksicht auf die Fischzucht Eislöcher schlägt, verpflichtet, diese Löcher als solche kenntlich zu machen, da er für Unfälle, die sonst dadurch entstehen, haftbar ist (vgl. auch Feld- und ForstpolizeiG. § 29 Nr. 2; vgl. ferner §§ 38 und 333 des Gesetzes).

Das Furtrecht fällt nicht unter den Gemeingebrauch, es sei denn, daß es nach allgemeinem Verkehrsbegriff als eine Art des öffentlichen Verkehrs aufgefaßt werden kann und deshalb gemäß § 26 unter den Gemeingebrauch fällt (L. II 8039).

8. **Entnahme von Wasser und Eis.** Das Wasser kann mit Saugpumpen, auch mittels Leitungen, soweit der Entnehmer es für die eigene Haushaltung und Wirtschaft benutzt, entnommen werden, jedoch nur soweit, als die Entnahme des Wassers nicht in solchem Umfange erfolgt, daß andere, zum Gemeingebrauch Berechtigte dadurch benachteiligt werden (Begr. 76). Die Entnahme zur „Bewässerung" landwirtschaftlicher Grundstücke fällt nicht unter den Gemeingebrauch (Begr. 77), ebenso nicht die Entnahme zu gewerblichen Zwecken zur Speisung von Lokomotiven oder Wasserleitungen (RG. in Gruchot **42**, 1015).

Eisentnahme ist nur bei Wasserläufen erster Ordnung gestattet, bei den anderen Wasserläufen ist sie untersagt.

9. **Begriff des Wassers** s. Anm. 1 zu § 23. Durch die Zuleitung solcher Abwässer darf auch eine Verunreinigung des Wasserlaufs herbeigeführt werden. Sie darf aber nicht schädlich sein. Man wird hier auf den Begriff des Gemeinüblichen zurückgehen müssen. Die Zuleitung solcher Abwässer aus Haushalt und Wirtschaft unterliegt nicht der Anzeigepflicht des § 23, soweit sie das gemeingebräuchliche Maß nicht übersteigt.

10. **Abwässer.** Die Einleitung von Bergwerksabwässern liegt nicht innerhalb der Grenzen des Gemeingebrauchs. Für die Erlangung des besonderen Rechtstitels zur Einleitung steht dem Bergwerksbesitzer sowohl das bergrechtliche Enteignungs- als auch das wassergesetzliche Verleihungsverfahren zur Verfügung (Voelkel in Ztschr. f. Bergr. 54, 397).

Auch die Einleitung der Niederschlagswässer städtischer Straßen gehört nicht zum Gemeingebrauch (LWA. 1, 11, woselbst auch die Einleitung auf Grund des Eigentümerrechts zutreffend versagt wird).

11. **Bisher üblicher Gemeingebrauch.** Darunter ist nicht etwa nur der schon nach früherem Recht zulässig gewesene Gemeingebrauch zu verstehen, sondern jede Benutzung, die unter den Begriff des Gemeingebrauchs im Sinne des § 25 Abs. 1 und 2 fällt. Der früher bestehende Gemeingebrauch ist durch den des Wassergesetzes ersetzt. Dieser geht über das, was nach früherem Recht jedem erlaubt ist, in mehrfacher Beziehung hinaus (OVG. 79, 165).

12. **Ausschluß des Gemeingebrauchs.** Ausgeschlossen ist der Gemeingebrauch:

a) an künstlichen teichartigen Erweiterungen von Wasserläufen zweiter und dritter Ordnung;

b) an solchen Teilen von Wasserläufen aller Ordnungen, die in — nicht auch an — Hofräumen, Gärten und Parkanlagen liegen und im Eigentum der Anlieger stehen;

c) an Talsperren;

d) an solchen Seen, aus denen nur natürliche Wasserläufe zweiter und dritter Ordnung abfließen.

Während aber an künstlichen teichartigen Erweiterungen von Wasserläufen zweiter und dritter Ordnung der Gemeingebrauch überhaupt ausgeschlossen ist, desgleichen an solchen Teilen von Wasserläufen aller Ordnungen, die in Hofräumen, Gärten und

Parkanlagen liegen (mit Ausnahme des öffentlichen **Verkehrs**, der Schiffahrt und Flößerei an Wasserläufen erster Ordnung), kann bezüglich der unter c und d genannten Talsperren und Seen der Regierungspräsident bestimmen, ob bisher ein Gemeingebrauch an ihnen bestanden hat und ob dieser auch in Zukunft zulässig sein soll. Der Regierungspräsident kann also hier einen bisher bestandenen Gemeingebrauch für die Zukunft untersagen (KBH. 4 ff.). Über die Rechtsmittel s. Anm. 7 und 8.

Die Aufgabe, die dem Regierungspräsidenten als nach § 25 Abs. III Satz 4 erwächst, ist eine doppelte:

a) die Feststellung einer vor Inkrafttreten des Wassergesetzes tatsächlich bestehenden Übung,

b) der Ausspruch, daß der tatsächlichen Übung der vom Gesetz dem Gemeingebrauch gewährte Schutz zuteil werden sollte.

Daraus folgt, daß eine bestehende tatsächliche Übung dieses Schutzes so lange entbehrt, als nicht der Regierungspräsident ihr ihn beigelegt hat, und daß bis zu diesem Zeitpunkte der Eigentümer des Wasserlaufs eine lediglich auf die Behauptung des Bestehens eines Gemeingebrauchs gestützte Benutzung zu verwehren in der Lage ist, da jede, vom Wassergesetz nicht besonders zugelassene, den Gemeingebrauch des § 25 überschreitende, durch unbefugte Dritte erfolgende Betätigung eine rechtswidrige Störung des Eigentums darstellt (vgl. OVG. 79, 165 und RGZ. **94**, 35).

13. Wirtschaft. Die Definition des Begriffes Wirtschaft schließt die Einführung industrieller und bergbaulicher Abwässer auf Grund des Gemeingebrauchs vollständig aus, auch dann, wenn diese Abwässer keine stärkere Verunreinigung des Wasserlaufs zur Folge haben würden, als sie die aus Haushalt und Wirtschaft eingeleiteten Abwässer mit sich bringen (vgl. Wulff in „Glückauf" **48**, 356). Was unter „kleingewerblichem Betrieb von geringem Umfange" zu verstehen ist, ist Tatfrage. Es kommt dabei nicht allein auf die „Art" oder den „Umfang" des Betriebes an, sondern auf beides. Die sog. Hausindustrie wird im allgemeinen unter den Begriff fallen. Im übrigen s. über den Begriff des „Kleingewerbes" Staub Bd. 1 Anm. 18 zu § 4; über „Hausindustrie" Herders Staatslexikon 2, 1113 (s. auch Begr. 77).

14. Beeinträchtigung des Gemeingebrauchs. Der Gemeingebrauch des einzelnen gilt als Benachteiligung nur dann, wenn durch die Art oder den Umfang seiner Ausübung anderen, zum Gemeingebrauch Berechtigten derselbe unmöglich gemacht oder erheblich erschwert wird. Durch den Gemeingebrauch darf aber der Eigentümergebrauch nicht geschädigt werden.

15. **Gemeingebrauch der künstlichen Wasserläufe.** Von besonderer Wichtigkeit ist Abs. 6 für das Einlassen von Drainagewasser in künstliche Wasserläufe, da der Nichteigentümer, solange der Gemeingebrauch nicht nach Abs. 6 zugelassen ist, zu Einleitungen nicht befugt ist (LWA. 2, 53).

§ 26[1]).

Die Wasserläufe erster Ordnung können von jedermann für den öffentlichen Verkehr[2]), namentlich zur Schiffahrt und zur Flößerei mit verbundenen Hölzern[3]), benutzt werden.

Ent. § 26; B. 76; KBA. 56; L. II 8048; L. 8538; KBH. 26ff.; LH. 1012.

1. **Vorbemerkung.** Zu den im § 25 zugelassenen Arten des Gemeingebrauchs für private Interessen tritt bei den natürlichen und künstlichen Wasserläufen erster Ordnung die Benutzung für den öffentlichen Verkehr.

2. **Öffentlicher Verkehr** ist derjenige, welcher jedem unter Beobachtung der zu seiner Regelung erlassenen Bestimmungen offensteht (Begr. 78; vgl. RG. in Gruchot **49**, 722; Hartmann in PVBl. **37**, 565).

Die Benennung der Schiffahrt und Flößerei im § 26 ist keine erschöpfende Aufzählung der Arten des öffentlichen Verkehrs auf den Wasserläufen, sondern sie sind nur als die wichtigsten im Gesetz hervorgehoben (Begr. 78). Nicht hierher gehört das Fährregal, für welches die bisherigen Bestimmungen des ALR. II, 11 §§ 50, 51 aufrechterhalten sind (vgl. § 379). Ebensowenig werden durch § 26 die bestehenden Vorschriften der Wegegesetze über den Bau von Brücken im Zuge öffentlicher Wege berührt (KBA. 520 zu § 361; v. Bitter I, 337). Zum öffentlichen Verkehr gehört auch die besonders auf den ostpreußischen Seen vorkommende Benutzung der sog. Eiswege (KBA. 56).

3. **Flößerei.** Gestattet ist nur die Flößerei mit verbundenen Hölzern. Die sog. wilde Flößerei gehört nicht zum Gemeingebrauch an Wasserläufen erster Ordnung. Wegen der privatrechtlichen Verhältnisse der Flößerei vgl. das G. v. 15. 6. 1895.

§ 27[1]).

(1) An natürlichen Wasserläufen erster Ordnung haben die Eigentümer der Ufergrundstücke und, soweit erforderlich, auch die Eigentümer der dahinter liegenden Grundstücke[2]), die Benutzung der Grundstücke als Leinpfad[3]) zur Fortbewegung von Schiffen und Flößen durch Menschen oder Tiere[4]) zu gestatten. Auch haben sie den zweckentsprechenden Ausbau und die Unterhaltung des Leinpfads durch den Staat zu dulden[5]).

(2) Wird ein Wasserlauf zweiter oder dritter Ordnung nach § 3 Abs. 1 zu einem Wasserlauf erster Ordnung, so hat für die Verpflichtung zum Dulden des Leinpfads nach dem aufzustellenden Plane der Staat die Eigentümer zu entschädigen[6]). Dasselbe gilt für solche Strecken von natürlichen Wasserläufen erster Ordnung, an denen bisher kein Leinpfad bestanden hat.

(3) Die Wasserpolizeibehörde kann bestimmen, daß an einzelnen Strecken natürlicher Wasserläufe erster Ordnung ein Leinpfad nicht freigehalten zu werden braucht[7]).

Ent. § 27; B. 76; KBA. 57; L. II 8048; L. III 8538; KBH. 26; LH. 1012.

1. § 27 bezieht sich nur auf Wasserläufe erster Ordnung.

2. **Leinpfad** ist derjenige Teil eines Grundstücks, von dem aus die auf einem Strom verkehrenden Schiffe oder Flöße gezogen werden. Die Verpflichtung zur Hergabe des Leinpfades ist öffentlich-rechtlicher Natur, daher im ordentlichen Rechtsweg nicht verfolgbar (OVG. 37, 289). Sperrung des Leinpfades durch den Eigentümer ist daher nicht zulässig, wohl polizeiliche Sperrung (OVG. **41**, 256). Die Verpflichtung der Anlieger beschränkt sich auf die Hergabe des für den Leinpfad erforderlichen Grund und Bodens, die Duldung eines zweckentsprechenden Ausbaues und der Unterhaltung des Leinpfades durch den Staat. Der Leinpfad ist lediglich Schiffahrtsanlage (OVG. **26**, 231). Soweit der Leinpfad sich äußerlich als Weg darstellt, ist er ein sog. beschränkt

öffentlicher Weg (OVG. 26, 233). Soweit er im Zuge eines öffentlichen Weges liegt, untersteht er der Wegepolizei.

3. **Grundstücke.** Die Verpflichtung erstreckt sich auch auf die hinter dem Ufergrundstück liegenden Grundstücke, soweit ihre Inanspruchnahme erforderlich ist.

4. **Durch Menschen oder Tiere,** nicht also auch für die Einrichtung eines mechanischen Schiffszuges. Zu letzterem ist evtl. die Enteignung erforderlich.

5. **Ausbau durch das Reich.** Bei Reichswasserstraßen hat das Reich die Entschädigung nach Abs. 2 Satz 2 zu zahlen.

6. **Entschädigung.** Die Entschädigung wird nur für die Gestattung des Leinpfades, nicht also für etwaige durch die Benutzung des Leinpfades herbeigeführte Schäden gewährt (s. jedoch Anm. zu § 30).

7. **Fürsorge für den Leinpfad.** Der Wasserpolizeibehörde obliegt die Fürsorge für den Leinpfad. Sie bestimmt insbesondere nach den Bedürfnissen des Schiffs- oder Floßverkehrs seine Breite, Befestigung und sonstige Einrichtung.

§ 28.

Die Anlieger an natürlichen Wasserflächen erster Ordnung haben das Landen und Befestigen[1]) von Schiffen und Flößen zu gestatten, soweit nicht einzelne Strecken von der Wasserpolizeibehörde auf Grund eines Antrags der Anlieger ausgeschlossen[2]) sind. Dieselbe Verpflichtung besteht an privaten Ein- und Ausladestellen, an diesen jedoch nur in Notfällen[3]). Die Anlieger haben in Notfällen auch das zeitweilige Aussetzen der Ladung, des Schiffes oder des Floßes zu dulden[4]).

Ent. § 28; B. 80; KBA. 57 ff.; L. II 8048; L. III 8538; KBH. 26; LH. 1013.

1. **Landen und Befestigen von Schiffen.** Die Vorschrift gestattet das Landen, d. h. das Anlegen am Ufergrundstück und das Befestigen von Schiffen und Flößen ganz allgemein.

2. **Ausschluß einzelner Strecken.** Die Ausschlußverfügung bedarf keiner besonderen Form. Eine öffentliche Bekanntmachung derselben ist nicht erforderlich. Bei Ablehnung des Antrages auf Ausschluß steht dem Antragsteller die Beschwerde im Dienstaufsichtswege zu.

3. **Notfälle.** Das zeitweilige Aussetzen der Ladung des Schiffes und Floßes auf das Ufergrundstück, wie auch die Benutzung privater Ein- und Ausladestellen muß der Anlieger nur in Notfällen dulden. Wann solche vorliegen, ist Tatfrage. Durch die Bestimmung des § 28 Satz 3 ist auch in solchen Notfällen entgegen dem § 38 das Betreten fremder Ufergrundstücke gestattet.

4. **Schadensersatzpflicht** vgl. § 30.

§ 29[1]).

Soweit beim Inkrafttreten dieses Gesetzes Bestimmungen zur näheren Regelung der im § 27 Abs. 1 und im § 28 bezeichneten Verpflichtungen von den zuständigen Behörden[2]) erlassen sind, bleiben sie maßgebend. Neue Bestimmungen dieser Art kann die Wasserpolizeibehörde durch Polizeiverordnung[3]) treffen.

Ent. § 29; B. 80; KBA. 58; L. II 8048; L. III 8638; KBH. 26; LH. 1013.

1. Vgl. B. v. 16. 6. 00 betr. das Betreten von Flußufern in Ausübung des Leinzuges bei der Schiffahrt, sowie MinErl. v. 10. 3. 81; ferner §§ 342 ff. WegeG., §§ 137 ff. LBG.

2. **Zuständige Behörde.** Zuständig war die Strompolizeibehörde (OBG. 30, 287).

3. **Polizeiverordnung** (vgl. §§ 348, 350).

§ 30.

(1) Für den Schaden[1]), der durch die bestimmungswidrige[4]) Benutzung des Leinpfads oder durch das Landen, Befestigen oder Aussetzen entsteht[3]), ist der Schiffseigner oder Eigentümer des Floßes verantwortlich. Der Schadensersatzanspruch verjährt in einem Jahre. Die Verjährung beginnt mit Ablauf des Jahres, in dem der Schaden entstanden ist.

(2) Diese Vorschriften gelten nicht in den Fällen, für welche die Verantwortlichkeit der im Abs. 1 bezeichneten Personen durch besondere, neben dem Bürgerlichen Gesetzbuch geltende Reichsgesetze[4]) geregelt ist. Auch bleiben die Vorschriften unberührt, nach denen

diese Personen in weiterem Umfang oder nach denen andere für den Schaden haften.

Ent. § 30; B. 80; KBA. 58; L. II 8048; L. III 8538; KBH. 26; LH. 1013.

1. **Schadensersatzpflicht.** Ein Verschulden ist nicht Voraussetzung für die Schadensersatzpflicht und zwar weder des Schiffseigentümers oder eines anderen. Der Schiffseigentümer haftet persönlich mit seinem ganzen Vermögen.

2. **Bestimmungswidrige Benutzung.** Ob eine Benutzung bestimmungswidrig ist, läßt sich nur von Fall zu Fall beurteilen. Da das Leinpfadrecht eine öffentlich-rechtliche Eigentumsbeschränkung bezüglich der anliegenden Ufergrundstücke ist, wird man bei der Beurteilung, ob eine Benutzung bestimmungswidrig ist, einen strengen Maßstab anlegen müssen.

Ein durch die bestimmungsgemäße Benutzung und ordnungsmäßige Ausübung des Leinpfades entstehender Schaden gibt keinen Ersatzanspruch. Nur die bestimmungswidrige Benutzung des Leinpfades macht schadensersatzpflichtig.

3. **Landen, Befestigen und Aussetzen** gemäß § 28, also auch in Notfällen, begründet stets die Ersatzpflicht für den dadurch dem Eigentümer des Ufergrundstücks entstehenden Schaden. Ein Verschulden ist nicht erforderlich (vgl. Begr. 80). Haftbar ist der Schiffseigner oder der Eigentümer des Floßes, nicht also der Urheber des Schadens persönlich.

Der Entlastungsbeweis gemäß § 831 BGB. ist daher nicht zugelassen.

4. **Verhältnis zu anderen Gesetzen.** Die im Abs. 1 getroffenen Bestimmungen haben gegenüber den konkurrierenden reichsrechtlichen Vorschriften mit Ausnahme derjenigen des BGB. zurückzutreten (a. M. die erste Auflage). Der Entlastungsbeweis aus § 81 BGB. ist ausgeschlossen.

Die Bestimmung des Abs. 2 schließt die Anwendbarkeit der Bestimmungen der §§ 823 ff. BGB. über die Verpflichtung zum Schadensersatz aus, läßt aber alle übrigen reichsrechtlichen Vorschriften neben den Bestimmungen des § 30 Abs. 1 unberührt. Hierhin gehört insbesondere die Bestimmungen des § 4 Abs. 2 des BinnenschaffahrtsG. v. 15. 6. 95 in der Fassung der Bek. v. 20. 5. 98 und § 23 Abs. 2 des FlößereiG. v. 15. 6. 95 (vgl. auch § 3 BinnenschiffahrtsG. und § 22 des FlößereiG. bezüglich der Frage des Verschuldens der Besatzung). Zuzustimmen ist Lenhard-

Reichau, daß § 823 BGB. Anwendung findet, wenn es sich um andere, als die im § 30 Abs. 1 des Gesetzes bezeichneten Schäden handelt.

§ 31[1]).

(1) Auf den Wasserläufen zweiter oder dritter Ordnung bleibt die Flößerei da, wo sie beim Inkrafttreten dieses Gesetzes gemeinüblich[2]) oder besonders zugelassen[3]) ist, im bisherigen Umfange gestattet. Sie kann ferner im öffentlichen Interesse oder aus Gründen eines überwiegenden wirtschaftlichen Bedürfnisses[4]) nach Anhörung der beteiligten Schauämter[5]) und des Wasserbeirats[6]) durch den Minister für Landwirtschaft, Domänen und Forsten neu zugelassen oder in erweitertem Umfange gestattet werden.

(2) Auf die Flößerei mit verbundenen Hölzern sind die Vorschriften der §§ 28—30 über das Landen und Befestigen an den Ufergrundstücken und über den Ersatz von Schäden entsprechend anzuwenden.

Ent. § 31; B 81, 82; KBH 58.

1. **Vorbemerkung.** Die §§ 31—34 gelten anders als § 26 auch für das Flößen mit unverbundenen Hölzern (wilde Flößerei). Soweit das Flößen mit verbundenen Hölzern erfolgt, finden die Vorschriften der §§ 28—30 entsprechende Anwendung.

2. **Gemeinüblich.** Zum Begriff des Gemeinüblichen gehört, daß die Flößerei tatsächlich allgemein ausgeübt wird, ohne daß ein durch Rechtsgeschäft oder auf andere Weise erworbenes, privates Recht dazu besteht (Holtz-Kreutz Anm. 1 zu § 31).

3. **Besonders zugelassen,** d. h. die Flößerei ist landesherrlich gestattet oder beruht auf besonderen Lokalstatuten (vgl. § 8 des PrivatflußG. v. 28. 2. 43, sowie §§ 42, 43 II, 15 ALR.).

4. **Gründe eines überwiegenden, wirtschaftlichen Bedürfnisses.** Hierher sind, wie sich aus der Gegenüberstellung mit dem öffentlichen Interesse im gleichen Satze ergibt, private Interessen zu verstehen (KBA. 58).

5. **Schauämter,** vgl. §§ 356 ff.

6. **Wasserbeirat,** vgl. §§ 367 ff.

§ 32.

(1) Im Falle des § 31 Abs. 1 Satz 2 hat der Staat für nachteilige Wirkungen[1]) der Flößerei, die nicht durch besondere Einrichtungen ausgeschlossen werden, Entschädigung zu leisten[2]).

(2) Über die Entschädigung beschließt im Streitfalle der Bezirksausschuß. Der Beschluß kann binnen drei Monaten nach der Zustellung im Rechtsweg angefochten werden. Auf die Auszahlung und Hinterlegung der Entschädigung sind die bei der Enteignung maßgebenden Vorschriften anzuwenden.

(3) Der Minister für Landwirtschaft, Domänen und Forsten hat eine Flößereiordnung[3]) zu erlassen. Sie muß enthalten:

1. die näheren Bestimmungen über die Art und die Ausübung der Flößerei;
2. die dem Eigentümer des Wasserlaufs, den Anliegern und den Stauberechtigten aufzuerlegenden Verpflichtungen und Beschränkungen[4]), soweit sie sich nicht aus § 31 Abs. 2 ergeben.

Ent. 32; B. 82, 83;

1. Die Bestimmung bezieht sich auf die Entschädigungspflicht des Staates für die nach § 31 neu zugelassene Flößerei. Für Schäden aus aufrechterhaltener Flößerei ist § 31 nicht anwendbar.

Nachteilige Wirkungen. Hierher gehören nicht solche Schäden, die durch das Landen und Befestigen des Floßes an dem Ufergrundstück entstehen, soweit es sich § 31 Abs. II den Flößern gestattet ist (Holtz-Kreutz Anm. 1 zu § 32).

2. **Entschädigung.** Ein Entschädigungsanspruch gegen den Staat ist stets dann gegeben, wenn die Flößerei auf Wasserläufen zweiter oder dritter Ordnung neu zugelassen oder über den bisherigen Umfang hinaus erweitert wird.

3. **Flößereiordnung.** Dieses ist keine Polizeiverordnung und bedarf also auch nicht der für eine solche vorgeschriebene Form und Bekanntmachung (Holtz-Kreutz Anm. 6 zu § 32).

4. Beschränkungen. Hierzu kann auch die Leinpfadlast gehören (OVG. 53, 212).

§ 33.

Der Minister für Landwirtschaft, Domänen und Forsten kann in den Fällen des § 31 Abs. 1 zur Deckung der Verwaltungs- und Unterhaltungskosten, im Falle des § 31 Abs. 1 Satz 2 auch zur Deckung der Kosten der Einrichtungen und der Entschädigungen (§ 32 Abs. 1) die Erhebung einer Flößereiabgabe[1]) anordnen[2]).

Ent. § 33, B. 82, 83.

1. **Flößereiabgabe.** Bei der Erhebung einer Abgabe sind diejenigen Einschränkungen zu beobachten, die sich aus dem Bundes-G. über die Abgabe von der Flößerei v. 1. 6. 70 und aus Art. 99 der Reichsverfassung ergeben.

2. **Anordnung.** Diese kann in der Flößerei erfolgen oder auch selbständig für sich ohne Beachtung einer besonderen Form.

§ 34.

Die nach § 31 Abs. 1 zulässige Flößerei kann auf dem dort angegebenen Wege aufgehoben oder beschränkt werden[1]).

Ent. §§ 31, 32, 33, 34; B. 81ff.; KBA. 58ff.; L. II 8049; L. III 8538; KBH. 26; LH. 1013.

1. **Aufhebung oder Beschränkung der Flößerei.** Eine solche kann nur durch Anordnung des Landwirtschaftsministers nach Anhörung der beteiligten Schauämter und des Wasserbeirats, nicht auch der Wasserpolizeibehörde erfolgen.

35.

Auf die sonstige Benutzung von Wasserläufen zweiter und dritter Ordnung für den öffentlichen Verkehr[1]) sind die §§ 28 bis 30, der § 31 Abs. 1 und der § 34 anzuwenden.

Ent. § 35; B. 83; KBA. 59; L. II 8049; L. III 8538; KBH. 26; LH. 1013.

1. **Öffentlicher Verkehr.** Die natürlichen Wasserläufe zweiter und dritter Ordnung sind nach § 25 nur in beschränktem Maße für den öffentlichen Verkehr freigegeben. Dahin gehört in der

Hauptsache das Kahnfahren, soweit es bisher gemeinüblich gewesen ist und das Eislaufen (vgl. Anm. 7, 8, 9, 11 zu § 25). Darüber hinaus ist eine Benutzung von Wasserläufen zweiter und dritter Ordnung für den öffentlichen Verkehr nicht gegeben, soweit er nicht beim Inkrafttreten dieses Gesetzes besteht und nach §§ 379, 381 aufrechterhalten wird (vgl. LWA. 4, 31). Die Begründung erwähnt insbesondere die Benutzung von Mündungsarmen der Wasserläufe zweiter und dritter Ordnung, welche in eine Schiffahrtsstraße einmünden und bisher als öffentliche Schiffsliegeplätze benutzt sind. Derartige, an sich über den Gemeingebrauch hinausgehende Benutzungsrechte bleiben dort, wo sie bisher gemeinüblich waren, bestehen (vgl. insbesondere § 379 Abs. 2). Soweit ein solcher öffentlicher Verkehr zulässig ist, unterliegt er den Bestimmungen der §§ 28—30, 31 Abs. 2 und § 34 (vgl. aber auch § 36).

§ 36.

(1) Der Eigentümer des Wasserlaufes sowie derjenige, dem beim Inkrafttreten dieses Gesetzes ein Recht zur Benutzung des Wasserlaufs zusteht, das nach den §§ 379 bis 381 aufrechterhalten bleibt, darf den Gemeingebrauch nicht unnütz erschweren oder ohne erheblichen Grund unmöglich machen. Im übrigen darf den Gemeingebrauch der Wasserläufe niemand hindern[1]).

(2) Die Wasserpolizeibehörde hat die Beachtung dieser Bestimmungen zu überwachen.

Ent. § 36; B. 83; KBA. 59; L. II 8059 ff.; KBH. 26; LH. 1013.

1. **Hinderung des Gemeingebrauchs.** § 36 bezweckt, den Gemeingebrauch gegenüber den weitergehenden Rechten der Eigentümer und sonstigen Berechtigten zu schützen. Die aus dem Gemeingebrauch resultierenden Rechte sind im Wege der Zivilklage nicht verfolgbar. Bei einer Beeinträchtigung des Gemeingebrauchs besteht kein Anspruch auf Entschädigung (RG. 52, 379, 384).

§ 37.

Durch den Gemeingebrauch darf anderen der Gemeingebrauch nicht unmöglich gemacht oder erheblich erschwert werden[1]).

Ent. § 37; B. 83; KBA. 60; L. II 8067; L. III 8541; KBH. 26: LH. 1013.

1. Verhältnis mehrerer Gemeingebrauchberechtigter. Aus dem Wesen des Rechts des Gemeingebrauchs als dem gleichen Recht aller, welche sich in der Lage befinden, von dem Objekt des Rechts Gebrauch zu machen, muß man die Folgerung ziehen, daß das Recht eines jeden einzelnen seine Grenze findet in dem gleichen Rechte aller übrigen. Deshalb darf der einzelne Mitberechtigte die Benutzung nicht in solcher Weise für seine Zwecke ausbeuten, daß er dadurch den übrigen die Mitausübung ihres Gemeingebrauchs unmöglich macht (RG. **16**, 146).

Jeder zum Gemeingebrauch Berechtigte hat also auf die anderen ihm Gleichberechtigten die aus der Natur seines Rechtes, als eines öffentlichen sich ergebende entsprechende Rücksicht zu nehmen. Eventuell hat die Wasserpolizeibehörde gemäß § 39 einzugreifen (vgl. auch RGZ. **52**, 384, PVBl. **42**, 127).

§ 38.

Der Gemeingebrauch enthält, unbeschadet der Vorschriften des § 27 Abs. 1, der §§ 28, 29, des § 31 Abs. 2 und des § 32 Abs. 3 Nr. 2, nicht die Befugnis, fremde Ufergrundstücke zu betreten oder sonst zu benutzen oder Anlagen im Wasserlaufe zu errichten.

Ent. § 38; B. 84; KBA. 60; L. II 8067; L. III 8541; KBH. 26; LH. 1013.

Benutzung fremder Ufergrundstücke. § 38 stellt als Grundsatz auf, daß der Gemeingebrauch nur insoweit zulässig ist, als er ohne rechtswidrige Benutzung fremden Eigentums erfolgen kann. Daraus folgt, daß, abgesehen von den im Gesetz ausdrücklich genannten Fällen nur derjenige den Gemeingebrauch ausüben kann, welcher entweder Eigentümer des anliegenden Ufergrundstücks ist oder von einem öffentlichen Wege aus an das Wasser gelangen kann oder auf Grund besonderer privatrechtlicher Vereinbarungen zu diesem Zweck fremde Ufergrundstücke betreten darf. Auch fremde Nutzungsrechte am Ufergrundstück dürfen durch den Gemeingebrauch nicht beeinträchtigt werden.

Ein Notwegerecht zum Wasserlauf zur Ausübung des Gemeingebrauchs besteht nicht.

§ 39.

Die Wasserpolizeibehörde kann den Gemeingebrauch regeln[1]), beschränken oder verbieten[2]). Solche Verfügungen sind mit Gründen[3]) zu versehen.

Ent. § 39; B. 84; KBA. 61; L. II 8067; L. III 8541; KBH. 26; LH. 1014.

1. **Regelung des Gemeingebrauchs.** Die Wasserpolizeibehörde kann den Gemeingebrauch nicht erweitern, wie sich aus dem Wortlaut ergibt. Der Hauptanwendungsfall des § 39 ist die Regelung des Verkehrs. Sie erfolgt durch Polizeiverfügung oder Polizeiverordnung (OVG. 66, 337). Das Recht der Wasserpolizeibehörde, den Gemeingebrauch zu regeln, zu beschränken oder zu verbieten, beschränkt sich nicht auf Fälle, in denen dies aus Gründen des öffentlichen Wohles erforderlich ist, vielmehr kann die Wasserpolizeibehörde auch zum Schutze von Privatinteressen in den Gemeingebrauch eingreifen (vgl. KBA. 61).

Gegenüber der im § 32 Abs. 2, 3 vorgesehenen Flößereiordnung kann die Wasserpolizeibehörde nach § 39 nichts unternehmen.

2. **Gründe der Polizeiverfügung,** vgl. OVG. 76, 383ff.

III. Benutzung durch den Eigentümer.

§ 40.

(1) Das dem Eigentümer als solchem zustehende Recht, den Wasserlauf zu benutzen[1]), unterliegt, unbeschadet der §§ 19 bis 23, den in den §§ 41 bis 45 vorgesehenen Beschränkungen[2]).

(2) Dies gilt insbesondere von dem Rechte:

1. das Wasser zu gebrauchen und zu verbrauchen[3]), namentlich auch es oberirdisch oder unterirdisch, unmittelbar oder mittelbar abzuleiten.
2. Wasser oder andere flüssige[5]) Stoffe oberirdisch oder unterirdisch, unmittelbar oder mittelbar einzuleiten[6]).
3. den Wasserspiegel zu senken oder zu heben[7]), namentlich durch Hemmung des Wasserablaufs eine dauernde Ansammlung von Wasser herbeizuführen.

Ent. § 40; B. 84; KBA. 52.

1. **Benutzungsrecht des Eigentümers.** Das Recht des Eigentümers eines Wasserlaufs zu dessen Benutzung ist der Ausfluß seines Eigentums am Wasserlauf. Dieses Eigentum ist nach dem Gesetze ein privatrechtliches im Sinne des BGB. (vgl. Vorbem. vor § 7). Dem Eigentümer steht deshalb grundsätzlich jede Art der Benutzung des Wasserlaufs, d. h. also sowohl des Bettes wie des darin befindlichen Wassers frei, soweit das Gesetz ihn nicht in der Ausübung dieses Rechtes beschränkt. Das Recht des Eigentümers beschränkt sich nicht auf den Ge- und Verbrauch des Wassers für die Ufergrundstücke, sondern es steht ihm eine Benutzung für alle seine Zwecke frei (vgl. § 43 Abs. 1 Satz 1). Die einzelnen Benutzungsrechte kann der Eigentümer an anderen, gegen Entgelt oder kostenlos, auch durch Bestellung entsprechender dinglicher Rechte abtreten, jedoch ist eine Abtretung des Benutzungsrechts als Ganzes ohne gleichzeitige Übertragung des Eigentums nicht zulässig. Die Nutzungsrechte als Ganzes sind grundsätzlich an das Eigentum am Wasserlauf gebunden (Enneccerus-Wolff S. 327). Eine Ausnahme von diesem Grundsatz macht § 2 des Staatsvertrages v. 31. 3. und 26. 9. 21, indem gewisse Nutzungen an bestimmten in das Reichseigentum übergegangenen Wasserflächen — nicht an allen Wasserläufen — den Ländern verbleibt. Also Trennung der Nutzung vom Eigentum.

Welche Rechte sich im einzelnen aus dem Eigentum ergeben, wird vom Gesetz nicht erschöpfend aufgezählt und geregelt. Es beschränkt sich im Abs. 1 auf die Feststellung, daß dem Eigentümer als solchen das Recht zusteht, den Wasserlauf zu benutzen. Bezüglich dreier Benutzungsarten, und zwar der in erster Linie und am häufigsten in Betracht kommenden, sieht das Gesetz jedoch erhebliche Beschränkungen des Eigentümers vor. Mit der Benennung dieser drei Benutzungsarten soll nicht etwa eine erschöpfende Aufzählung der dem Eigentümer zustehenden einzelnen Befugnisse gegeben werden, vielmehr greift das Gesetz lediglich diese drei Arten aus dem Kreis der gesamten Befugnisse heraus, um bezüglich dieser Sondervorschriften zu geben. Neben den drei genannten Benutzungsarten kommen als Befugnisse des Wasserlaufseigentümers unter anderem in Betracht die Entnahme von Steinen, Sand, Schlamm, Erde, Eis, Rohr, Schilf, überhaupt aller im Wasserlauf befindlichen Materialien; ferner das Recht, Anlegestellen oder ähnliche Anlagen für die Zwecke der eigenen

Haushaltung und Wirtschaft am Wasserlauf anzulegen (vgl. dagegen §§ 22, 46 Nr. 3 und § 333.

2. **Beschränkungen.** Zu den speziell für den Eigentümergebrauch in den §§ 41—45 vorgesehenen Beschränkungen treten die allgemeinen Bestimmungen der §§ 19—23, denen der Eigentümer gleichfalls unterworfen ist. Bei Überschreitung der Beschränkungen durch den Eigentümer besteht für die Benachteiligten ein Anspruch auf Unterlassung, Herstellung von Schutzeinrichtungen und unter Umständen auf Schadensersatz (RGZ. 90, 47, 49; 93, 100, 104), Ztschr. f. d. ges. Wasserw. 61, 316).

3. **Gebrauch und Verbrauch.** Hierunter fällt jede nur mögliche Verwendung der Substanz des Wassers, jedoch mit der Beschränkung des § 43. Der Gebrauch und Verbrauch erschöpft sich nicht in der ausdrücklich als besonders wichtig ausgeführten Ableitung, sondern umfaßt auch alle sonstigen Arten der Verfügung über die Substanz des Wassers zu bestimmten wirtschaftlichen Zwecken. Dazu muß auch die Verwendung des mittels vorhandener Stauanlage einer Mühle zufließenden Wassers einer neuen Turbine gerechnet werden (OVG. in Ztschr. f. Agr. u. Wasserr. 6, 332).

Bei dem Gebrauch oder Verbrauch handelt es sich um eine Benutzung der Substanz des Wassers selbst (LWA. 1, 63), nicht aber um die Nutzungen des Wasserlaufs, wie namentlich die Entnahme von Sand, Kies und sonstigen Erden, den Schilf- und Rohrschnitt oder das Recht, das Anlegen fremder Schiffe zu untersagen, weil der Gebrauch des Wassers dadurch beeinträchtigt wird (LWA. 4, 117; PVBl. 44, 79). Die Eisentnahme stellt gleichfalls keinen Gebrauch oder Verbrauch des fließenden Wassers dar. Bei Wasserläufen erster Ordnung bildet sie, soweit sie für die eigene Haushaltung und Wirtschaft erfolgt, einen Ausfluß des jedermann gestatteten Gemeingebrauchs. Im übrigen gehört sie grundsätzlich zu den dem Eigentümer des Wasserlaufs kraft seines Eigentums zustehenden Nutzungen (LWA. 3, 105).

Das Recht auf einen bestimmten Wasserzufluß ist ebenfalls kein Recht zum Gebrauch oder Verbrauch des Wassers, denn der Begriff des Gebrauchs oder Verbrauchs bedingt irgendeine Einwirkung seitens des Nutzers. Ein ungeschmälerter Wasserzufluß muß unter Umständen den die Voraussetzung dafür bilden, daß das Wasser im bestimmten Umfange gebraucht oder verbraucht werden kann. Er selbst ist aber, da er sich ohne menschliches Zutun nach den natürlichen Verhältnissen des Wasserlaufs vollzieht, kein

Gebrauch oder Verbrauch des Wassers (LWA. **2**, 2; PVBl. **36** 469).

Das Lagern von Holz stellt eine über den bloßen Gebrauch des Wassers hinausgehende Benutzung des aus Bett und Wasser bestehenden Wasserlaufs dar (LWA. **1**, 62; PVBl. **38**, 497).

4. **Ableitung.** Die Ableitung und zwar sowohl die oberirdische wie unterirdische gehört zu den wichtigsten Eigentumsrechten. Sie kann erfolgen durch Rohrleitungen, Stichkanäle usw. Sie kann unmittelbar oder mittelbar erfolgen; mittelbar z. B. durch Ableitung aus einem Teich, der mit dem Wasserlauf in Verbindung steht. Auch die unterirdische Entnahme von Wasser aus einem Flußbett gehört zu den Rechten des Eigentümers. Dieselbe kann z. B. erfolgen durch die Anlage von Brunnen in der Nähe des Wasserlaufs, in welche das Wasser durch die durchlässigen Bodenschichten eintritt. Eine solche Wasserentnahme erfolgt jetzt vielfach zur Erlangung von Trinkwasser, wobei der Boden gleichsam als Filter benutzt wird. Auch eine derartige mittelbare unterirdische Wasserentnahme ist ein Recht des Eigentümers, unterliegt aber den Beschränkungen der §§ 41—45.

Unter den Begriff der mittelbaren Ableitung von Wasser aus einem Wasserlauf fällt nicht die Entnahme von Wasser, das sich überhaupt noch nicht im Wasserlauf befunden hat (OVG. in Ztschr. f. Agr. u. Wasserr. 7, 225). Das in einem Quellschacht gewonnene Wasser, das nicht mehr in einen Wasserlauf gelangt, sondern vorher unterirdisch abgefangen wird, kann deshalb nicht abgeleitet werden (LWA. **3**, 43). Keine Ableitung ist die Verlegung eines Grabens (LWA. **40**, 1).

5. **Wasser oder andere flüssige Stoffe** (vgl. § 19 und Anm. 1 zu § 23).

6. **Einleitung.** Einleiten ist nicht identisch mit Einbringen. Es gehört deshalb nicht hierher, z. B. wenn flüssige Stoffe in den Erdboden einsickern und von dort durch Vermittlung unterirdischer Wasseradern in den Wasserlauf eindringen. Unter Einleiten ist vielmehr zu verstehen die Zuführung mittels offener oder geschlossener Leitungen (Rohrleitungen oder Gräben) oder auch das Abfließenlassen über die Erdoberfläche (s. Begr. 85). Die Einleitung des Niederschlagswassers städtischer Straßen mittels eines Regenwasserkanals geht über das Benutzungsrecht des Eigentümers des Wassers hinaus (LWA. **1**, 11; PVBl. **39**, 278).

7. **Senken und Heben des Wasserspiegels.** Zu welchem

Zwecke dieses erfolgt und durch welche Maßnahmen solche Veränderungen des Wasserlaufs herbeigeführt werden, ist gleichgültig. Das Nähere über Veränderungen des Wasserlaufs s. in den Anmerkungen zu § 41. Das Staurecht gewährt dem Unternehmer nicht etwa den Anspruch auf einen bestimmten Wasserzufluß, zu dem mit der Stauanlage verbundenen Triebwerke, sondern nur die Befugnis, den Wasserspiegel durch Anstau des jeweils zufließenden Wassers bis zu einer bestimmten Höhe zu heben (vgl. LWA. 1, 145, 170; 2, 1, 4; 3, 43; 4, 54, 58; OVG. in Ztschr. f. Agr. u. Wasserr. 5, 218).

Sollte der ordnungsmäßige Betrieb von einem möglichst gleichmäßigen Zufluß des Betriebswassers abhängen und dieser durch Ausübung anderer Wasserbenutzungsrechte gehindert werden, so muß gegebenenfalls im Wege des Ausgleichungsverfahrens nach den §§ 87ff. dagegen Abhilfe gesucht werden (LWA. 4, 25).

§ 41.

(1) Durch die Benutzung darf:

1. zum Nachteil anderer weder die Vorflut verändert[1]), noch das Wasser verunreinigt[2]);
2. der Wasserstand nicht derart verändert werden, daß andere in der Ausübung ihrer Rechte am Wasserlauf beeinträchtigt oder fremde Grundstücke beschädigt werden[3]);
3. die einem anderen obliegende Unterhaltung von Wasserläufen oder ihrer Ufer nicht erschwert werden[4]).

(2) Geringfügige Nachteile kommen nicht in Betracht.

(3) Eine Veränderung des Wasserstandes (Abs. 1 Nr. 2), durch die der Grundwasserstand zum Nachteil anderer verändert wird, ist dann gestattet, wenn sie durch Einleitung von Wasser oder durch Senkung des Wasserspiegels zum Zwecke der gewöhnlichen Bodenentwässerung[5]) von Grundstücken bewirkt wird, für die der Wasserlauf der natürliche Vorfluter ist[6]).

Ent. § 41; B. 85ff.; KBA. 63ff.; LH. 1015ff.

1. **Vorflut.** Zum Begriff der Vorflut vgl. Anm. 11 zu § 1.

Bei der Befugnis, mittels einer Öffnung in einem Stauwehr dem dadurch abgesperrten Teil des Wasserlaufs Wasser zuzuführen, handelt es sich nicht um eine Ableitung von Wasser und eine Veränderung der Vorflut, sondern nur um eine teilweise Wiederherstellung der natürlichen, durch ein Wehr unterbrochenen Vorflut (LWA. 4, 108).

2. **Verunreinigung.** Das Verbot der Verunreinigung bedeutet nicht, daß nur reines und klares Wasser eingeleitet werden darf, denn sonst hätte die Gestattung der Einleitung flüssiger Stoffe (§ 40 Nr. 2) keinen Sinn. Man kann darunter nur verstehen, daß keine schädliche, den Gemeingebrauch und die Rechte der übrigen Wasserlaufeigentümer erheblich beeinträchtigende Zuführung unreiner Flüssigkeiten erfolgen darf. Auch durch die nach dem Gemeinverbrauch (§ 25 Abs. 1 Satz 2) gestattete Zuführung von Abwässern aus Haushaltung und Wirtschaft findet stets eine gewisse Verunreinigung des Wassers statt. Der Eigentümer soll aber nicht schlechter gestellt sein, wie der zum Gemeinverbrauch Berechtigte, vielmehr darf der Eigentümer auch durch eine Verunreinigung des Wasserlaufs sowohl den übrigen Wasserlaufseigentümern, wie den zum Gemeingebrauch Berechtigten „geringfügige Nachteile" zufügen (Abs. 2).

Entstehen nachteilige Wirkungen erst dadurch, daß mehrere Eigentümer das Wasser verunreinigen, so gebührt dem Oberlieger der Vorrang (LWA. 1, 23, 31; PVBl. 41, 330; Rekursbescheid in HMBl. 1916, 138; RG. 99, 172, 180, 181).

Die Vorschrift des § 41 Abs. 1 Nr. 1 ist nicht dazu bestimmt, Einleitungsrechte am Unterlaufe gegen vermehrte Verschmutzungen im Oberlauf zu schützen. Sie ist geschaffen, um der wachsenden Verunreinigung der Wasserläufe vorzubeugen und nur aus dieser Erwägung zu verstehen und auszulegen. Sie hat allein solche Schäden im Auge, die durch das verunreinigte Wasser selbst entstehen und spricht daher nicht von einer Verunreinigung des Wasserlaufs, sondern des Wassers. Ihr Zweck ist, das Wasser dem auf seine unmittelbare Benutzung Angewiesenen möglichst in reinem Zustande zuzuführen und deshalb die Einleitung verunreinigender Zuflüsse besonderer amtlicher Prüfung zu unterwerfen. Sie schützt aber nicht gegen die Beschränkung der Möglichkeit, den verunreinigten Wasserlauf durch eigene Einleitung selbst zu verunreinigen (LWA. 1, 31; PVBl. 39, 236).

3. **Veränderung des Wasserstandes.** Grundsätzlich ist der

Eigentümer berechtigt, den Wasserstand durch Aufstau, Einleitung von Wasser oder auf andere Art zu heben, oder durch Ableitung, Vertiefung der Sohle oder dgl. zu senken. Durch § 41 Nr. 2 wird aber dieses Recht dahin beschränkt, daß durch eine derartige Benutzung seitens des Eigentümers andere in der Ausübung ihrer Rechte am Wasserlauf nicht beeinträchtigt werden dürfen. Es ist ihm jede Veränderung des Wasserstandes untersagt, durch welche fremde Grundstücke beeinträchtigt werden. Er darf also z. B. weder durch Hebung des Wasserspiegels eine Überschwemmung oder Versumpfung fremder Grundstücke herbeiführen, noch fremden Grundstücken nützliche Überflutungen bei Winter- oder Frühjahrshochwasser entziehen. Insbesondere ist ihm auch eine Veränderung des Grundwasserstandes, durch welche fremde Grundstücke trockengelegt, oder fremden Brunnen das Wasser entzogen wird, untersagt (s. jedoch unten Anm. 5).

Einen Schutz gegen Wasserableitung bieten nur die §§ 42, 43, sofern nicht kraft besonderen Titels ein Recht auf einen bestimmten Wasserzufluß begründet ist (LWA. 2, 134; PVBl. 36, 469). Dies gilt auch gegenüber gewerbepolizeilich genehmigten Stauanlagen für Wassertriebwerke (LWA. 1, 115; PVBl. 40, 472). Wenn die Art, wie das Wasser abgeleitet und benutzt wird, in die Gerechtsame der Zwischenlieger eingreift und diese sich damit nicht einverstanden erklärt haben, so ist diese Handlungsweise rechtswidrig. § 26 GewO. schützt denjenigen, dem eine solche Erlaubnis erteilt ist, zwar gegen solche Ansprüche, die eine Beseitigung der genehmigten Anlage zur Folge haben würden, und setzt an ihre Stelle einen Anspruch auf Schadloshaltung, greift aber im übrigen nicht in die privatrechtlichen Verhältnisse ein (vgl. LWA. 1, 145, 146; **2**, 21, 25, 50, 51, 59, 60; **3**, 64, 67, 136, 142; PVBl. **37**, 618; **40**, 472; LWA. in Ztschr. f. Agr. u. Wasserr. **4**, 52, 59; Schlegelberger in PVBl. **40**, 194; **42**, 98 und in Gruchot **63**, 529, 532).

4. **Erschwerung der Unterhaltung.** Begrenzt sind die Rechte des Eigentümers auch durch die Verpflichtung der zum Unterhalt des Wasserlaufs und seiner Ufer Verpflichteten. Die Ausübung der Eigentümerrechte darf diese Unterhaltspflicht anderer nicht erschweren.

5. **Gewöhnliche Bodenentwässerung** ist „die Entwässerung, die zur wirtschaftlichen Benutzung eines Grundstücks nach den örtlichen Verhältnissen bei Grundstücken dieser Art gewöhnlich

ist, bei landwirtschaftlich benutzten Grundstücken insbesondere die Entwässerung, die eine bessere Ausnutzung der Grundstücke in der bisherigen Kulturart mit den üblichen Mitteln (Drains, offene Gräben) bezweckt" (KBA. 65).

Es könnten Zweifel entstehen, wann der Fall einer notwendigen „gewöhnlichen Bodenentwässerung" vorliegt, insbesondere z. B. ob man von gewöhnlicher Bodenentwässerung sprechen kann, wenn dieselbe notwendig wird infolge Senkungen, die durch Bergbautrieb auf einem Gelände eingetreten sind oder wenn ein Grundstücksbesitzer ein Grundstück ausgeziegelt hat und nun im ersteren Falle infolge Ansammlung von Tages- usw. Wasser, im letzteren Falle infolge des natürlichen Standes des Grundwassers eine Entwässerung vorzunehmen ist. Dazu ist folgendes zu bemerken:

Bei der Beratung des Entwurfs ist die Anschauung hervorgetreten (KBA. 262), daß bei Entwässerungen, die aus solchen Gründen notwendig werden, von einer gewöhnlichen Bodenentwässerung nicht gesprochen werden könne. Das erscheint jedoch verfehlt. Das Gesetz sagt nichts davon, aus welcher Ursache eine solche Entwässerung notwendig geworden ist. Die Begründung führt aus, daß der Zweck dieser gewöhnlichen Bodenentwässerung der sein müsse, den auf oder in einem Grundstück für die landwirtschaftliche Benutzung oder für die Bebauung verwendbar zu machen und zwar in einem Umfange und in einer Weise, wie es bei Grundstücken der in Frage kommenden Art gewöhnlich ist (Begr. 87). Der Ausdruck „gewöhnlich" soll sich also auf den Umfang und die Art und Weise der Entziehung des Wassers beziehen, nicht aber auf den Grund, aus dem sie notwendig geworden ist. Es fallen deshalb auch Entwässerungen unter den Begriff der „gewöhnlichen Bodenentwässerung", die durch Einwirkungen des Eigentümers selbst oder Dritter auf das Grundstück eine Entwässerung desselben notwendig machen. Bezüglich der Wasserentziehung und Senkung des Wasserspiegels durch Bergbaubetrieb vgl. Anm. zu §§ 197 und 396.

6. **Änderung des Grundwasserstandes.** Die Beschränkung, die durch § 41 Nr. 2 dem Eigentümer auferlegt ist, erfährt zugunsten „der gewöhnlichen Bodenentwässerung" (Begr. s. Anm. 6) einen Vorbehalt.

Abs. 3 gestattet dem Eigentümer eines Wasserlaufs die Einleitung von Wasser oder die Senkung des Wasserspiegels zum Zwecke der gewöhnlichen Bodenentwässerung der ihm gehörenden Grundstücke, für welche der Wasserlauf der natürliche Vorfluter ist. Durch eine derartige, zum Zwecke der gewöhnlichen Bodenentwässerung vorgenommene Änderung des Grundwasserstandes, durch welche andere einen Nachteil haben, ist auch eine Entschädigungspflicht des Wasserlaufseigentümers nicht gegeben. Der Grundeigentümer darf also auf Grund seines Eigentumsrechts am Wasserlauf auf seinem eigenen Grund und Boden die Entwässerung seiner Grundstücke durch Veränderung des Wasserlaufs und eine damit zusammenhängende Veränderung des Grundwasserstandes vornehmen, ohne daß gegen ihn ein Anspruch auf Unterlassung oder Schadensersatz gegeben ist, vorausgesetzt, daß der von ihm dazu benutzte Wasserlauf der natürliche Vorfluter der zu entwässernden Grundstücke ist (KBA. 65ff., jedoch abweichend 65 unten). Nicht zu Abs. 3 gehört der Fall, wenn ein fremder Wasserlauf benutzt oder neue Entwässerungszüge durch fremde Grundstücke geführt werden sollen (s. Anm. zu §§ 331 und 332).

§ 42[1]).

Hat im bisherigen Geltungsbereiche des Privatflußgesetzes v. 28. Februar 1843 (Gesetzessamml. S. 41) bei dessen Verkündung (4. März 1843) an einem Wasserlaufe zweiter oder dritter Ordnung ein Triebwerk rechtmäßig bestanden, so darf ihm durch die Benutzung nicht das Wasser entzogen werden, das zum Betriebe der Anlage in dem damaligen Umfange[2]) notwendig ist. Bestand damals[3]) bereits auf Grund eines besonderen Titels das Recht zu einer Erweiterung des Betriebs, so darf ihm auch das zum Betriebe der Anlage in diesem erweiterten Umfange notwendige Wasser nicht entzogen werden[4]).

Ent. § 42; B. 88; KBA. 69; LH. 1018ff.

1. **Vorbemerkung.** Das PrivatflußG. vom Jahre 1843 enthält in den §§ 16 und 17 Vorschriften zum Schutze bestehender Mühlenrechte, deren Aufrechterhaltung notwendig ist. Die Bestimmung des § 16 Abs. 1 zu a, die den Besitzern von Mühlen (und anderen Triebwerken), welche bei Publikation des Privatflußgesetzes rechtmäßig (rechtskräftig) bestanden haben, ein Widerspruchsrecht

gegen eine Benutzung des Wasserlaufs gibt, „wenn dadurch ein auf spezielleren Rechtstiteln beruhendes Recht zur ausschließlichen Benutzung des ganzen Wassers oder eines bestimmten Teiles desselben ($^1/_3$, $^1/_4$ usw.) beeinträchtigt wird", ist bereits durch § 41 Nr. 2 ersetzt, da die Schädigung des einem Müller (oder sonstigen Triebwerksbesitzer) zustehenden Rechtes am Wasserlauf in anderer Weise als durch Veränderung des Wasserstandes oberhalb oder unterhalb der Stauanlage nicht in Frage kommen kann. Der Inhalt des § 16 Abs. 1 zu b und des § 17 a. a. O. ist im § 42 wiedergegeben (Begr. 88 zu § 42).

2. **Anlagen in dem damaligen Umfange.** Vgl. Rekursbescheid in HMBl. 1916, 138; RGZ. 89, 216, 220; 90, 47, 52; PVBl. 18, 505).

3. **„bestand damals bereits".** Durch die Fassung „bestand damals bereits" ist zum Ausdruck gebracht, daß es sich nur um solche Erweiterungen des Betriebes handelt, welche bereits durch einen vor dem 4. 3. 43 geschaffenen Titel zugelassen sind (KBA. 69).

4. **Entziehung von Wasser.** Eine solche kann auch bei zeitweiliger Vorenthaltung von Wasser vorliegen, soweit dieses für den Betrieb des berechtigten Triebwerks in dem maßgebenden Umfange erheblich ist (LWA. 3, 50).

§ 43.

(1) Gehört der Wasserlauf nach § 8 den Anliegern[1]), so haben diese das aus ihm abgeleitete Wasser, das nicht auf ihren Ufergrundstücken und ihren dahinterliegenden Grundstücken, soweit sie zusammen eine wirtschaftliche Einheit bilden, verbraucht wird, in den Wasserlauf zurückzuleiten, bevor er auf der Seite, wo die Ableitung stattfindet, ein fremdes Ufergrundstück berührt[2]). Gehören die gegenüberliegenden Ufergrundstücke verschiedenen Eigentümern, so ist jeder von beiden nur zur Ableitung der Hälfte des vorüberfließenden Wassers berechtigt[3]).

(2) Auch sind die Anlieger zum Rückstau über die Grenzen ihrer Ufergrundstücke hinaus nicht befugt[4]).

Ent. § 43; B. 88ff.; KBA. 70.

1. Es kommen für diese Bestimmung also nur Wasserläufe zweiter und dritter Ordnung in Betracht.

2. **Ableitung von Wasser.** Die Bestimmung stellt die nach früherem Recht bestehende Pflicht des Eigentümers fest, das auf Grund seines Eigentumsrechts aus dem Wasserlauf abgeleitete Wasser in denselben wieder zurückzuführen, bevor der Wasserlauf das fremde angrenzende Nachbargrundstück berührt. Die Anwendung des Wortes „verbraucht“ stellt klar, daß der Eigentümer nicht nur zum Gebrauch, sondern auch zum Verbrauch des abgeleiteten Wassers befugt ist und nur das nicht verbrauchte Wasser zurückzuleiten hat. Der Verbrauch ist nicht beschränkt auf das Ufergrundstück selbst, sondern auch ausgedehnt auf die dahinterliegenden, mit dem Ufergrundstück eine wirtschaftliche Einheit bildenden, dem Anlieger gehörigen Grundstücke (vgl. RGZ. **47**, 291).

Die Beschränkung des § 41 wird durch dieses Recht nicht aufgehoben. Es dürfen daher durch die Ableitung die im § 41 untersagten Nachteile nicht herbeigeführt werden. Als Anlieger auf dem einen Ufer eines Wasserlaufs steht der Eisenbahnverwaltung kraft Gesetzes ein Recht zur Wasserentnahme, insbesondere als Lokomotivspeisewasser, nicht zu (LWA. **4**, 11; OVG. in Ztschr. f. Agr. u. Wasserr. **6**, 251 und in Ztschr. f. Eisenbahn- u. Verkehrsr. **44**, 289).

3. **Hälfte des vorüberfließenden Wassers.** Darunter ist die Hälfte desjenigen Wassers zu verstehen, das jeweilig zwischen den beiderseitigen Ufern dahinfließt (Begr. 89; vgl. im übrigen Obertribunalplenarbeschluß v. 16. 1. 54; Entsch. **27**, 23; Strieth-Arch. **12**, 337; Entsch. v. 14. 10. 76, Striecht-Arch. **96**, 221; RG. **49**, 85; Nieberding-Frank S. 253.)

4. **Rückstauverbot.** Die Bestimmung des Abs. 2 fällt schon unter das Verbot des § 41. Es wird durch Abs. 2 aber festgestellt, daß dem durch den Rückstau Benachteiligten, auch wenn er keinen direkten Schaden hat oder nachweisen kann, doch der negatorische Anspruch auf Unterlassung zusteht. Außerdem kann die Wasserpolizeiverwaltung auf Grund des § 21 einschreiten.

Wegen Ersitzung eines Rückstaurechts vgl. LWA. 1, 163; 2, 66).

§ 44.

Sind die Eigentümer mehrerer aneinander grenzender Teile eines Wasserlaufs über die Ausübung der ihnen zustehenden Benutzungsrechte einig oder zwecks

solcher Ausübung zu einer Gemeinschaft vereinigt, so gelten ihre Grundstücke hinsichtlich der Zulässigkeit der Ausübung als ein einziges Grundstück[1]).

Ent. § 44; B. 89ff.; KBA. 70.

1. **Benutzung eines Wasserlaufs im Einverständnis mehrerer Eigentümer.** Als Gemeinschaften kommen unter anderem in Betracht Wassergenossenschaften, Auseinandersetzungsgenossenschaften und die hannoverschen Realgemeinschaften. Macht eine Wassergenossenschaft Rechte auf Benutzung eines den Anliegern gehörigen Wasserlaufs geltend, die über die ihr hinsichtlich ihrer genossenschaftlichen Grundstücke gemäß §§ 40—44 zustehenden Benutzungsrechte hinausgehen, so bedarf sie dazu eines besonderen Rechtstitels. Darunter fällt insbesondere das Recht auf Ableitung von Wasser zur Bewässerung solcher Grundstücke, die nicht im Eigentum von Anliegern stehen oder, wenn sie diesen gehören, nicht mit ihren Ufergrundstücken oder ihren dahinterliegenden Grundstücken eine wirtschaftliche Einheit bilden. Im § 44 ist ausdrücklich nur gesagt, daß „ihre Grundstücke", d. h. die Ufergrundstücke dieser Anlieger und deren dahinterliegende Grundstücke, soweit sie mit jenen eine wirtschaftliche Einheit bilden (§ 43), als ein einziges Grundstück gelten sollen. Unter „dem ganzen zur Gemeinschaft gehörenden Gebiet" ist nach dem Wortlaute des § 44 nicht das ganze Genossenschaftsgebiet, sondern nur derjenige Teil zu verstehen, der jene Grundstücke der Anlieger umfaßt. Derartige Gemeinschaften bedürfen im übrigen, wie jede andere Rechtsperson der Verleihung, wenn sie über die den Eigentümern eines Wasserlaufs zustehenden Benutzungsrechte hinausgehen wollen. Dies entspricht auch der grundsätzlichen Stellungnahme des Wassergesetzes, wonach der gesetzliche Machtbereich der Wassergenossenschaften, den sie durch ihre Begründung erhalten, mit wenigen Ausnahmen (§§ 236, 252) auf ihre Mitglieder und die zum Genossenschaftsgebiete gehörenden Grundstücke beschränkt bleibt (vgl. LWA. 4, 121, 124, 125; PVBl. 45, 14). A. M. die erste Auflage und Lenhard-Reichau S. 146.

§ 45.

In den Fällen des § 3 Abs. 2, der §§ 10, 11, des § 32 Abs. 1, der §§ 50, 51, des § 82 Abs. 1, der §§ 156, 157, des § 200 Abs. 1 Nr. 3 und des § 331 Abs. 1 ist für die dem

Eigentümer entzogene oder beeinträchtigte Möglichkeit, den Wasserlauf in einer der im § 40 Abs. 2 bezeichneten Arten zu benutzen, insoweit Entschädigung zu gewähren, als die Billigkeit nach den Umständen eine Schadloshaltung[1]) erfordert. Soweit es sich um den Ersatz entgangenen Gewinns handelt, ist der § 252 des Bürgerlichen Gesetzbuchs anzuwenden.

Ent. § 45; B. 90; KBA. 70; L. II 8082; KBH. 29; LH. 1019ff.

1. Schadloshaltung. Die Vorschrift entscheidet die Frage, ob der Eigentümer eines Wasserlaufs für Maßnahmen, welche auf Grund der im § 45 genannten Gesetzesbestimmungen ausgeführt werden, auch dann eine Entschädigung beanspruchen kann, wenn er von seinem Recht, den Wasserlauf gemäß § 40 zu benutzen, noch keinen Gebrauch gemacht hat, und dieses ihm an sich zustehende Recht durch die fraglichen Maßnahmen in Zukunft beeinträchtigt oder ganz unmöglich gemacht wird. An und für sich steht dem Eigentümer kraft seines Eigentumsrechts ein Widerspruchsrecht und demgemäß ein klagbarer Anspruch zu gegen jegliche Eingriffe und Einschränkungen der ihm auf Grund des § 40 zustehenden Benutzungsbefugnisse. Der § 45 versagt nun dem Eigentümer für das abstrakte, noch nicht ausgeübte Wassernutzungsrecht einen Entschädigungsanspruch in unbeschränktem Maße, wenn auf Grund der im § 45 zitierten Vorschriften ein Eingriff in dieses Wassernutzungsrecht erfolgt. Das Gesetz gewährt also dem Eigentümer nicht schlechthin einen Schadensersatzanspruch für die Beeinträchtigung oder Entziehung des von ihm bisher nicht ausgeübten Wasserbenutzungsrechts, gibt ihm vielmehr nur einen Entschädigungsanspruch, welcher „nach den Umständen jedes einzelnen Falles nach Billigkeitsrücksichten zu bemessen ist" (KBA. 73). Bezüglich des entgangenen Gewinns verweist das Gesetz auf § 252 BGB. Keine Berücksichtigung darf also bei der Bemessung der Entschädigung ähnlich wie nach § 150 AllgBergG. und § 13 EntschädigungsG. eine Rechtsausübung finden, welche lediglich den Zweck verfolgt, Ansprüche geltend zu machen. Nach § 252 BGB. handelt es sich nicht um rein abstrakte Gewinnmöglichkeiten, sondern nach seiner Fassung kommen als entschädigungspflichtig nur konkrete Gewinnmöglichkeiten in Betracht. Das ist auch für den Entschädigungsanspruch des Wasserlaufseigentümers maßgebend. Dagegen wird bei der

Entschädigung der volle Minderwert zu berücksichtigen sein, welcher dem Grundstück z. B. durch Entziehung oder Beschränkung des Wassernutzungsrechts bei seiner allgemeinen Bewertung im Verkaufsverkehr erwächst.

Zu der reichlich unklaren Bestimmung des § 45 vgl. auch Holtz-Kreutz Anm. 1—3, 5 zu § 45.

IV. Verleihung.

Vorbemerkung.

Die Verleihung ist ein öffentlich-rechtlicher Akt, durch welchen dem Antragsteller für ein bestimmtes Unternehmen ein besonderes Privatrecht gegeben wird, welches ihn zur Benutzung eines Wasserlaufs in den im § 46 unter Nr. 1—4 näher bezeichneten Arten berechtigt. Der Zweck der Verleihung ist, den Antragsteller von den Beschränkungen bei der Benutzung des Wasserlaufs zu befreien, welchen der Eigentümer gemäß §§ 41—44 unterworfen ist. Von den Beschränkungen der §§ 19—23 tritt aber durch die Verleihung eine Befreiung nicht ein, ebenso wie entgegenstehende überwiegende Interessen des öffentlichen Wohles nach wie vor in erster Linie zu berücksichtigen sind. Die Verleihung ist deshalb von Bedeutung sowohl für den Eigentümer, wie auch für den Nichteigentümer eines Wasserlaufs und zwar für den Eigentümer zwecks Sicherung oder Erweiterung seiner Rechte, für den Nichteigentümer zwecks Erwerb der einem Eigentümer nach § 46 Abs. 2 zustehenden Rechte. Innerhalb der dem Beliehenen durch den Verleihungsbeschluß und §§ 19—23 gesetzten Grenzen ist er gegen jede Beeinträchtigung seines Rechts geschützt. Das verliehene Recht ist im Rechtswege verfolgbar. Auch genießt der Beliehene selbst den Schutz der §§ 19—23. Die Verleihung ist jedem zugänglich, dem die Benutzung zu der das Recht nachgesucht wird, nicht schon nach den Bestimmungen über den Gemeingebrauch gestattet ist oder dem das Recht nicht bereits nach den sonstigen Vorschriften des Gesetzes zusteht (Begr. 21 Abs. 1). Unzulässig ist es, Rechte für Unternehmungen auf unbestimmte Möglichkeiten in der Zukunft hin zu verleihen (LWA. 3, 19). Die Verleihung hat aber nicht nur privatrechtliche, sondern auch öffentlich-rechtliche Wirkungen insofern, als in dem Verleihungsverfahren außer den Beziehungen des zu begründenden Rechts zu den besonderen Privatinteressen anderer auch die Forderungen des öffentlichen Wohles und die polizeilichen Gesichtspunkte abschließend berücksichtigt werden (Begr. 21 Abs. 2). Die Verleihung von Rechten ist an Wasserläufen aller Ordnungen und aller Kategorien möglich, also sowohl an natürlichen wie künstlichen Wasserläufen. Bei künstlichen Wasserläufen hat aber der Eigentümer desselben ein absolutes Widerspruchsrecht, dem gegenüber eine Verleihung unbedingt zu versagen ist (§ 49 Abs. 2). Ein beschränktes Widerspruchsrecht steht auch bei den natürlichen Wasserläufen erster Ordnung dem Staat zu (§ 49 Abs. 4).

Voraussetzung jedes Widerspruchs im Verleihungs- und Sicherstellungsverfahren ist, daß er seitens individuell bestimmter Personen erhoben wird. Ist ganz allgemein für Interessenten, also für einen individuell unbestimmten Kreis von Personen widersprochen, die nicht bestimmt bezeichnet und auch durch die näheren Umstände des Falles nicht bestimmt gekennzeichnet werden, so kann der Widerspruch höchstens als Widerspruch desjenigen gelten, der ihn erhoben hat, nicht aber als ein Widerspruch für bestimmte Personen, die jenem Kreis angehören (OVG. in Ztschr. f. Agr. u. Wasserr. 8, 188).

Der Entwurf sah auch die Möglichkeit einer Verleihung „unter Bedingungen" vor. Dies ist von der Kommission und im Plenum des Abgeordnetenhauses gestrichen. Trotzdem spricht das Gesetz wiederholt davon, daß die Verleihung von Bedingungen abhängig gemacht werden könne, so insbesondere in den §§ 49 Abs. 1 und 4, 50, 56 Abs. 1, 57, 58 Abs. 1 und 2. Unter diesen im Gesetze genannten Bedingungen sind keine Bedingungen im Sinne des bürgerlichen Rechts zu verstehen, denn eine Bedingung im letzteren Sinn ist stets ein Umstand, welcher in einem zukünftigen, ungewissen Ereignis besteht. Die Bestimmungen der §§ 158 ff. BGB. sind deshalb auch nicht anwendbar. Das, was das Gesetz als Bedingung bezeichnet, ist in Wirklichkeit nichts anderes, als eine fest umschriebene Beschränkung des Inhalts des verliehenen Rechts. Jedenfalls steht aber durch die Fassung des Gesetzes (im Gegensatz zum Entwurf) zweifelsfrei fest, daß die Verleihung nicht mit anderen als den im Gesetz ausdrücklich genannten und zugelassenen Bedingungen, Auflagen oder Beschränkungen belastet werden darf. Das Verleihungsverfahren ist gegenüber dem gewerbepolizeilichen Genehmigungsverfahren das Umfassendere (Begr. 21). Im Verleihungsverfahren werden nicht nur alle polizeilichen Gesichtspunkte erschöpfend und abschließend geprüft, sondern es wird auch über alle privatrechtlichen

Widersprüche einschließlich derjenigen, die auf besonderen privatrechtlichen Titeln beruhen und über die Entschädigungsansprüche entschieden. Ist die Verleihung erteilt, so wird das gewerbepolizeiliche Genehmigungsverfahren in der Regel nur noch formelle Bedeutung haben, soweit es sich auf die Benutzung des Wasserlaufs bezieht (Begr. 21).

Auch im gewerbepolizeilichen Verfahren sind die materiellen Vorschriften des Wassergesetzes zu beachten. Über den Genehmigungsantrag und den Verleihungsantrag ist in zwei besonderen Beschlüssen zu entscheiden. In der Regel wird die Entscheidung über den Verleihungsantrag derjenigen über den Genehmigungsantrag unmittelbar vorauszugehen haben und gegebenenfalls in dem Genehmigungsbeschlusse darauf hinzuweisen sein, daß hinsichtlich des für den Unternehmer beanspruchten Wasserbenutzungsrechts die Bestimmungen des Verleihungsbeschlusses maßgebend sind (vgl. AusfAnw. III Nr. 29—36; LWA. **1**, 92, 117, 133; **3**, 33; PVBl. **37**, 618; **38**, 651; **40**, 472).

Verschieden von dem Verfahren für Verleihung von Rechten ist das zur Begründung von Zwangsrechten, wenn auch das in diesem Verfahren erworbene Recht in seiner Wirkung dem verliehenen völlig gleichsteht (vgl. §§ 330ff.). Ferner können auch noch Rechte an Wasserläufen erworben werden:

a) durch Vereinbarung mit dem Eigentümer,
b) durch Ersitzung gemäß § 900 BGB.,
c) im Ausbauverfahren gemäß §§ 152ff.,
d) im Enteignungsverfahren.

Vgl. zu dem ganzen Titel Pelzer, Verleihung und Sicherstellung in Mitteilungen des Deutschen Wasserwirtschafts- und Wasserkraftverbandes 1926 Heft Nr. 14; Bochalli, Verleihung und Sicherstellung von Wassernutzungsrechten, Berlin 1923; Kisker, Grundsätze bei der Verleihung in „Deutsche Wasserwirtschaft", 20. Jahrgang, S. 106.

§ 46[1]).

(1) Durch Verleihung können an Wasserläufen folgende Rechte erworben werden[2]):

1. den Wasserlauf in einer der im § 40 Abs. 2 bezeichneten Arten zu benutzen[3]);
2. Häfen[4]) und Stichkanäle[5]) anzulegen, letztere,

soweit sie nicht selbständige Wasserstraßen bilden;

3. Anlegestellen[6]) mit baulichen Vorrichtungen von größerer Bedeutung herzustellen;

4. kommunale oder gemeinnützige Badeanstalten[7]) anzulegen.

(2) Eine Verleihung wird nicht erteilt, wenn sich diese Rechte aus anderen gesetzlichen Vorschriften ergeben oder wenn die Benutzung nach den Vorschriften über den Gemeingebrauch gestattet ist[8]).

(3) Die Verleihung kann auf Antrag in der Weise erteilt werden, daß das Recht mit dem Eigentum an einem Grundstück verbunden wird[9]).

Ent. § 46; B. 20ff.; KBA. 74ff.; L. II 8084—8127; KBH. 29ff.

1. **Vorbemerkung.** Die Vorschriften des § 46 gelten nur für Wasserläufe und zwar für natürliche wie künstliche. An anderen Gewässern ist eine Verleihung von Rechten nur nach § 203 zulässig (vgl. Holtz-Kreutz Anm. 1 zu § 46).

2. **Durch Verleihung zu erwerbende Rechte.** Die durch Verleihung zu erwerbenden Rechte sind im § 46 erschöpfend aufgezählt. Nach der Fassung der Nr. 1 kann eine Verleihung der im § 40 Abs. 2 aufgeführten drei Benutzungsarten gegeben werden, ohne daß diese den Beschränkungen der §§ 41—45 unterworfen sind. Es folgt daraus, daß auch der Eigentümer, um von den Beschränkungen der §§ 41—45 befreit zu werden, sich der Verleihung bedienen muß.

Die Verleihung steht dem Eigentümer des Wasserlaufs und jedem anderen offen, insbesondere kann auch das dem Eigentümer kraft Gesetzes zustehende Benutzungsrecht von anderen erworben werden (LWA. 1, 5; PVBl. 40, 215). Die Verleihung eines Rechts, das dem Eigentümer des Wasserlaufs gegenüber bereits durch Vereinbarung begründet ist, ist zulässig, auch wenn das Recht schon durch Eintragung einer entsprechenden Dienstbarkeit im Grundbuch gesichert ist. Erst das verliehene Recht wirkt gegen jedermann und verschafft eine gesicherte Rechtsstellung gegenüber den Behörden (LWA. 3, 33; 4, 26).

Der Eigentümer kann durch Vereinbarung einem Dritten nicht mehr Rechte einräumen, als er selbst besitzt. Im Wege der

Verleihung dagegen kann ein Unternehmer ein umfangreicheres Recht erwerben, als dem Eigentümer des Wasserlaufs kraft Gesetzes zusteht (LWA. **1**, 5).

3. Benutzung des Wasserlaufs. Das verliehene Recht kann nur den Wasserlauf als solchen einschließlich des Uferbettes umfassen, nicht aber das Recht, Anlagen auf fremden Grundstücken außerhalb des Wasserlaufs auszuführen. Sieht der Verleihungsplan solche Anlagen vor, so ist es Sache des Unternehmers, wie er sich die zur Herstellung erforderlichen Befugnisse beschafft (LWA. **1**, 72, 74; **2**, 70; PVBl. **41**, 369).

Zur Benutzung gehört auch nicht das Recht auf einen bestimmten Wasserzufluß (LWA. **1**, 170; **2**, 1; OVG. in Ztschr. f. Agr. u. Wasserr. **5**, 220).

4. Häfen. Unter Häfen sind nur solche Anlagen zu verstehen, die entweder im Wasserlauf selbst herzustellen sind oder durch Abgraben oder Ausbau der Ufer, also unter Erweiterung des Wasserlaufs (LWA. **3**, 117; **4**, 130).

Für den Begriff des Hafens spielt es keine Rolle, ob die zu den Hafenanlagen gehörenden Anlegestellen mit baulichen Vorrichtungen von größerer Bedeutung (vgl. Anm. 6) versehen sind oder ob sie in den Wasserlauf mehr oder minder hineinragen und eine Benutzung desselben in sich schließen (OVG. in Ztschr. f. Agr. u. Wasserr. **6**, 243). In Zweifelsfällen können nur solche Einrichtungen und Anlagen als Häfen gelten, die von den mit der Aufsicht über den Wasserlauf und der Sorge für den Schiffsverkehr bestimmten Behörden als solche ausdrücklich oder stillschweigend anerkannt sind (OVG. in Ztschr. f. Agr. u. Wasserr. **6**, 336).

5. Stichkanäle. Das Gesetz enthält nichts über den Begriff eines Stichkanals. Es handelt sich dabei immer nur um eine Durchbrechung der Uferwand. Ein Stichkanal liegt vor, wenn zwischen einem Hafen und einem Fluß eine Verbindung ganz in festem Grund und Boden hergestellt wird. An dem Begriff der Anlage wird dadurch nichts geändert, daß sie unter Benutzung eines vorhandenen künstlichen Wasserlaufs ausgeführt ist. Wesentlich ist es, daß die Verbreiterung und Vertiefung des Grabens an der Mündung in den Wasserlauf ohne Eingriff in das Bett dieses Wasserlaufs nicht möglich war und daß es auch jetzt in das Belieben des Wasserlaufseigentümers gestellt sein würde, einen solchen Eingriff zuzulassen oder zu untersagen, wenn das Recht dazu nicht gemäß § 46 Abs. 1 Nr. 2 durch Verleihung erworben werden dürfte (LWA. 2, 68; PVBl. 39, 349).

Die Anwendbarkeit des § 50 auf Stichkanäle setzt voraus, daß diese keine selbständige Wasserstraßen bilden (vgl. Born S. 59).

6. **Anlegestellen.** Wie die übrigen im § 46 aufgeführten Rechte erfordert das Recht auf eine Anlegestelle gleichfalls, daß es sich um ein Benutzungsrecht am Wasserlauf selbst handelt. Gegenstand des Rechts kann nur die Befugnis bilden, mit den baulichen Vorrichtungen in den Wasserlauf selbst einzugreifen. Anlegevorrichtungen, die nur das Ufergrundstück in Anspruch nehmen, kann der Eigentümer herstellen, ohne einer Verleihung zu bedürfen. In welchem Umfange die Baulichkeiten der Anlegestellen den Wasserlauf benutzen, ist an und für sich nicht entscheidend, auch Unternehmungen, die wenig in den Wasserlauf hineinragen, erfüllen die Anforderungen des Gesetzes. Auch Holzschleifen mit Einrichtungen zum Festlegen und Aufziehen des Flößholzes können ihrem Wesen nach Anlegestellen mit baulichen Vorrichtungen von größerer Bedeutung sein (PVBl. 40, 193; 41, 447; LWA. 1, 15). Der Zweck der Bestimmung war, für die Herstellung und Unterhaltung solcher Anlagen — insbesondere an den Wasserläufen erster Ordnung, — dem Unternehmer ein von dem Belieben des Eigentümers des Wasserlaufs unabhängiges Recht zu gewähren. Für die Annahme, daß man dabei nur solche Fälle im Auge gehabt habe, in denen die baulichen Vorrichtungen ganz oder doch in erheblichem Umfange sich auf den Wasserlauf erstrecken, bieten die Verhandlungen keinen Anhalt. Das Gesetz will mit dem Begriff der Anlegestelle mit baulichen Vorrichtungen von größerer Bedeutung die Gesamtanlage als eine einheitliche kennzeichnen, ohne Rücksicht darauf, in welchem Umfange sie das Ufergrundstück oder den Wasserlauf beansprucht (LWA. 2, 73). Das Recht, eine solche Anlegestelle herzustellen, beschränkt sich auf die Befugnis, mit den baulichen Vorrichtungen der Anlegestelle in den Wasserlauf einzugreifen (LWA. 2, 39; PVBl. 39, 428).

Für den Begriff der Anlegestelle im Sinne dieser Bestimmung kommt es nicht auf die wirtschaftliche Bedeutung der Anlage für den Berechtigten an, sondern darauf, ob die zu den Anlegestellen gehörigen baulichen Vorrichtungen für sich betrachtet nach Umfang, Schwierigkeit und Kostspieligkeit der Ausführung und ähnlichen objektiven Merkmalen sich als solche bedeutenderer Art darstellen (OVG. in Ztschr. f. Agr. u. Wasserr. 6, 188).

Das Recht zum Halten eines Hafens und das zum Halten

einer Anlegestelle sind zwei verschiedenartige Rechte, von denen das erstere das letztere mitumfassen kann, wenn die Anlegestelle ein Bestandteil oder Zubehör der gesamten Hafenanlage bildet (OVG. in Ztschr. f. Agr. u. Wasserr. **4**, 243). Wegen Anlagen einfacherer Art vgl. § 333.

7. **Badeanstalten.** Das Recht auf Errichtung von Badeanstalten ist grundsätzlich nicht verleihbar (vgl. § 33). Für die gemeinnützigen und kommunalen Anstalten macht das Gesetz eine Ausnahme. Zur Umschreibung des Begriffs der Gemeinnützigkeit kann in gewissem Umfange die Rechtsprechung zu § 1 der GewO. herangezogen werden, soweit sie die Grenze zwischen gemeinnützigem Unternehmen und Gewerbebetrieb behandelt. Ein Unternehmen, das auch gemeinnützige Zwecke verfolgt, bildet nur dann einen Gewerbebetrieb, wenn der Zweck der Gewinnerzielung dem gemeinnützigen Zweck gegenüber überwiegt. Eine Badeanstalt ist daher gemeinnützig, wenn bei ihrem Betriebe die Absicht der Gewinnerzielung dem gemeinnützigen Zweck gegenüber zurücktritt (JW. **1921**, 1642). Eine gewerbsmäßig betriebene Badeanstalt ist somit regelmäßig keine gemeinnützige (LWA. **3**, 851; PVBl. **43**, 11; vgl. auch § 22 WasserG.).

Badeanstalten des Reichs oder des Staates, insbesondere militärische Schwimmanstalten, sind dagegen als gemeinnützige Anstalten anzusehen (LWA. **3**, 120, 121).

8. **Unzulässigkeit der Verleihung.** Ein Recht, das bereits besteht, kann nicht mehr verliehen werden. Hierunter fällt nicht der Fall, daß das Recht dem Eigentümer des Wasserlaufs gegenüber bereits vertraglich begründet ist (vgl. Anm. 2). Dem Eigentümer des Wasserlaufs kann ein ihm bereits kraft Gesetzes zustehendes Benutzungsrecht nicht noch besonders verliehen werden (LWA. **1**, 11; PVBl. **39**, 278). § 46 Abs. II sagt nur, daß niemandem ein Recht verliehen werden darf, daß er selbst schon auf Grund einer sonstigen im Gesetz gegebenen Vorschrift besitzt. Die Auffassung der 1. Auflage, daß es unzulässig ist, daß die dem Eigentümer eines Wasserlaufs kraft Gesetzes zustehenden Benutzungsrechte von einem Dritten im Wege der Verleihung erworben werden, kann nicht mehr aufrecht erhalten werden (LWA. **1**, 5; PVBl. **40**, 275; vgl. Holtz-Kreutz I Vorbem. zu § 46, Born S. 55; Lenhard-Reichau S. 157). Natürlich ist auch die Verleihung von Rechten unzulässig, die bereits nach Abs. 1 nicht verleihungsfähig sind, z. B. des Rechts zum Lagern von Holz in einem Wasserlauf (LWA. **1**, 62; PVBl. **38**, 497), des Rechts, Schiffswerften, auch

solche für Luftschiffe herzustellen und zu unterhalten, sowie von Ufer zu Ufer über oder unter Wasser elektrische Leitungen zu führen (LWA. 4, 116; PVBl. 44, 79), des Rechts, ein fremdes Grundstück als Staubecken für den Mühlenbetrieb zu benutzen (LWA. 3, 134), des Rechts auf Eisentnahme (LWA. 3, 104), des Rechts zum Flößen (LWA. 1, 133; PVBl. 42, 201), des Rechts zur Verlegung eines Wasserlaufs (LWA. 4, 5, PVBl. 39, 428). Ferner können Verbotsrechte nicht verliehen werden (LWA. 4, 116).

Endlich können Rechte zur Benutzung eines nicht in Preußen belegenen Wasserlaufs oder Wasserlaufsteils nach den Vorschriften des Wassergesetzes gleichfalls nicht verliehen werden (LWA. 3, 4). Die Verleihung von nichtverleihungsfähigen Rechten ist nichtig (LWA. 1, 133; PVBl. 42, 201).

9. **Verbindung des verliehenen Rechts mit dem Eigentum.** Nur die Verbindung des verliehenen Rechts mit dem Eigentum an einem Grundstück gemäß § 46 Abs. 3 setzt voraus, daß der Unternehmer zugleich auch Eigentümer dieses Grundstücks ist (LWA. 1, 71). Ein so verliehenes Recht ist auf Antrag auf dem Grundbuchblatt des Grundstücks zu vermerken (§ 81 Abs. 2 Satz 2).

§ 47.

(1) Die Verleihung darf nur aus den in diesem Gesetze bezeichneten Gründen versagt werden[1]).

(2) Sie kann dauernd oder auf Zeit erteilt werden[2]).

(3) Ist von der beabsichtigten Benutzung eine Verunreinigung des Wasserlaufs zu erwarten, so darf die Verleihung nur unter Vorbehalt erhöhter Anforderungen in bezug auf Reinigung der Abwässer erteilt werden[3]).

(4) Wird die Verleihung auf Zeit erteilt, so kann der Unternehmer die Verlängerung der Verleihung mit den inzwischen erforderlich gewordenen Veränderungen[4]) beanspruchen[5]), soweit nicht überwiegende Rücksichten des öffentlichen Wohles oder Rücksichten von überwiegender wirtschaftlicher Bedeutung entgegenstehen.

Ent. § 47; B. 91ff.; KBA. 81ff.; L. II 8133, 8135ff.; L. III 8542; KBH. 31.

1. **Versagung der Verleihung.** Wer eine Verleihung be-

antragt, hat einen öffentlich-rechtlichen Anspruch darauf, daß über den Verleihungsantrag in einem gesetzlich geordneten Verfahren verhandelt und entschieden wird (LWA. 4, 46, 67, 69, 81). Wird ein Verleihungsantrag gestellt, so ist die baldige Prüfung der gesetzlichen Voraussetzungen Pflicht der Verleihungsbehörde (LWA. 1, 27; PVBl. 39, 230). Das Verfahren darf nicht ohne sachlich ausreichenden Grund ausgesetzt werden (LWA. 1, 75).

Der Umfang des einmal gestellten Verleihungsantrages ist für das Verfahren in allen Instanzen maßgebend. Eine Ausdehnung des Antrages bedarf eines neuen Verfahrens (LWA. 1, 78). Die Verleihung muß jedem gewährt werden, wenn die für die Verleihung im Gesetz festgesetzten Voraussetzungen gegeben sind und wenn nicht einer der Gründe vorliegt, welche im Wassergesetz selbst als Versagungsgründe genannt sind; andere im Wassergesetz nicht genannten Gründe dürfen niemals zu einer Versagung der Verleihung führen (LWA. 3, 39; 4, 6).

Die Fälle, in denen sie versagt werden kann oder muß, ergeben sich aus §§ 48, 49 Abs. 1 und 2, 50 Abs. 2 Satz 1, 61, 62. Gegen den die Verleihung versagenden Beschluß ist Beschwerde binnen zwei Wochen beim Landeswasseramt zulässig (vgl. § 76). Außer den vorangeführten Fällen kann aber die Verleihung in zahlreichen weiteren Fällen von der Erfüllung gewisser Bedingungen abhängig gemacht werden, evtl. auch von ministerieller Genehmigung, falls der Verleihung private Interessen oder Rücksichten des öffentlichen Wohls entgegenstehen und diese Bedenken durch Erfüllung gewisser Bedingungen ausgeräumt oder vermindert werden können. Hier kommen vorwiegend in Betracht die §§ 47 Abs. 3, 49 Abs. 1, 3, 4, 50, 51, 56, 57, 58. Auch kann nach § 59 vom Unternehmer die Stellung einer Sicherheit verlangt werden.

Eine Bedingung, die dem Unternehmer die Verzichtleistung auf Schadensersatz auferlegt, die ihm wegen Beeinträchtigung seines verliehenen Rechts gegenüber erst später zu begründenden Wasserbenutzungsrechten zustehen könnte, ist unzulässig (OVG. in Ztschr. f. Agr. u. Wasserr. 7, 320).

2. **Verleihung auf Zeit und auf Widerruf.** Zweck der Verleihung ist, dem Berechtigten ein Benutzungsrecht zu gewähren, daß eine sichere Grundlage für das darauf angewiesene Unternehmen bietet. Der Berechtigte soll nicht nur gegen Eingriffe von Behörden und Privatpersonen, sondern auch in der Dauer

des Rechts soweit gesichert sein, daß er daraufhin sein Unternehmen wirtschaftlich begründen und betreiben kann. Doch macht das Gesetz die Verleihung **dauernder** Rechte nicht zur Regel, sondern stellt es in das Ermessen der Verleihungsbehörde, ob sie Rechte dauernd oder auf Zeit verleihen will. Sie soll von Fall zu Fall unter Berücksichtigung der Art des Unternehmens, seines Wasserbedarfs und seiner Ertragsfähigkeit, der Verhältnisse des Wasserlaufs und der sonst an ihm beteiligten Interessenten die Entscheidung treffen (LWA. **1**, 84; PVBl. **39**, 479). Vgl. im übrigen auch bezüglich der Verleihungsdauer LWA. **1**, 6, 10, 38, 78, 80, 87, 89, 90; **2**, 184, 192; **4**, 23, 82; PVBl. **39**, 230; **41**, 80; LWA. in Ztschr. f. Agr. u. Wasserr. **4**, 62, 64, 66.

Wird in Abweichung von dem Verleihungsantrage die Verleihung nur auf Zeit oder unter Bedingungen erteilt, so muß der Verleihungsbeschluß mit einer Begründung versehen sein (LWA. **4**, 17).

Die Vorschrift des Abs. II ist gegeben, um späteren Veränderungen der Verhältnisse, wie sie bei Erteilung der Verleihung zugrundegelegt wurden, Rechnung zu tragen und nach Ablauf der Frist die Möglichkeit einer Berücksichtigung anderer Benutzungszwecke unter der Voraussetzung zu haben, daß hierfür abweichende Rücksichten des öffentlichen Wohles oder Rücksichten von überwiegender wirtschaftlicher Bedeutung sprechen. Sie darf aber nicht dazu benutzt werden, um die Feststellung wesentlicher Vorbedingungen der Verleihung hinauszuschieben und etwa die endgültige Stellungnahme von dem Ergebnis eines Probebetriebes abhängig zu machen. Eine Verleihung auf Probe oder auf Widerruf ist nicht zulässig (LWA. **1**, 56, 57, 86; **4**, 17, 18, 42; PVBl. **40**, 35; **44**, 33).

3. **Reinigung der Abwässer.** Die Vorschrift des Abs. 3 enthält zwingendes Recht (LWA. **1**, 15, 84; vgl. im übrigen hierzu auch LWA. **1**, 23, 39, 103, 106; **4**, 17; PVBl. **42**, 489 sowie MinErl. v. 25. 11. 16 in MBl. f. Landwirtsch. 1917, 28). Nach Abs. 4 muß dem Unternehmer in Fällen, in denen durch die Ausübung des verliehenen Rechts eine größere Verunreinigung des Wasserlaufs, sei es direkt oder indirekt, zu erwarten ist, die Verpflichtung auferlegt werden, auf die Reinigung der Abwässer erhöhte Sorgfalt zu verwenden. Es kann deshalb von ihm, je nach dem Stand der Technik, die Anlegung gewisser Klär- oder Reinigungsanlagen verlangt werden. Das LWA. sieht in einer gut durchgebildeten und betriebenen biologischen Kläranlage nach dem

heutigen Stand von Wissenschaft und Klärtechnik außer der Reinigung auf genügend großen, geeigneten Landplätzen das weitestgehende und gründliche Mittel, um Abwässer unschädlich zu machen und Mißstände in der Vorflut zu vermeiden (LWA. 3, 6; PVBl. 42, 489).

4. **Veränderungen.** Was unter den inzwischen erforderlich gewordenen Veränderungen zu verstehen ist, ist bereits in der Kommission und im Plenum des Abgeordnetenhauses streitig gewesen. Als Zweck und Sinn dieser Bestimmung erscheint folgendes:

Der Gesetzgeber hat dem Unternehmer nicht einen Anspruch darauf geben wollen, das verliehene Recht, wie es ursprünglich unter Berücksichtigung der damaligen technischen und wirtschaftlichen Verhältnisse verliehen war, nach Ablauf der Verleihungsperiode in dem ursprünglichen Umfange und der ursprünglichen Weise wieder verliehen zu erhalten. Vielmehr sollen, wenn z. B. in der Zwischenzeit durch veränderte wirtschaftliche Verhältnisse oder die Fortschritte der Technik erhebliche Verbesserungen möglich oder wünschenswert geworden sind, und der Unternehmer derartige Veränderungen und Verbesserungen ohne übermäßige finanzielle Belastung seines Unternehmens ausführen kann, ihm soche Veränderungen oder Verbesserungen als Bedingung auferlegt werden können (vgl. L. II 8133ff.).

Ob unter diesen Veränderungen auch solche zu verstehen sind, welche durch verliehene jüngere Rechte am Wasserlauf hervorgerufen sind, ob also auf die Ansprüche auf Wasserbenutzung Rücksicht genommen werden muß, die jüngeren Datums sind, als das Recht, dessen Verlängerung beantragt wird, ist nicht zweifelsfrei. Bei der II. Lesung im Plenum ist von einem Mitglied der Kommission der Standpunkt vertreten, daß nach Ansicht der Kommission „das verliehene Recht, welches verlängert wird, als das der Zeit nach ältere unbedingt dem jüngeren, verliehenen Rechte vorzugehen hat“ (L. II 8134; L. III 8542). Diese letztere Ansicht erscheint auch richtig, denn grundsätzlich wird kein neues Recht erteilt, sondern ein bereits bestehendes nur als fortbestehend erklärt, wenn auch unter Umständen unter gewissen Änderungen oder Einschränkungen. Daran ändert auch nichts, daß formell ein neuer Antrag und ein neuer Verleihungsbeschluß notwendig ist. Im Ergebnis übereinstimmend Lenhard-Reichau S. 168 (a. M. Bitta und von Kries S. 92).

5. **Anspruch auf Verlängerung.** Mit dem Ablauf der in der

Verleihungsurkunde festgesetzten Zeit erlischt das verliehene Recht ipso jure. Es bedarf deshalb eines neuen Antrags auf Verleihung des bisher ausgeübten Rechts. Abs. 4 gibt dem Unternehmer einen Anspruch auf eine solche Verlängerung der Verleihung, ohne auch hier nähere Bestimmungen über die Dauer zu treffen (LWA. 1, 23, 84). Dieser Anspruch auf Verlängerung besteht jedoch nur dann, wenn der Verlängerung nicht Interessen des öffentlichen Wohls (Begriff s. § 19 Anm. 9) oder überwiegende privatwirtschaftliche Interessen entgegenstehen und wenn außerdem der Unternehmer sich den von der Verleihungsbehörde als notwendig erachteten „inzwischen erforderlich gewordenen Veränderungen" unterwirft.

Rücksichten sind überwiegende, wenn ihnen nicht auf der anderen Seite Gesichtspunkte entgegenstehen, die als gewichtige angesprochen werden müssen.

Die Verlängerung der Verleihung erfordert einen Antrag und einen neuen Verleihungsbeschluß. Auch wird eine Wiederholung des gesamten Verfahrens, wie es in den §§ 63ff. geordnet ist, notwendig sein. Auf die neue Verleihungsurkunde finden die Bestimmungen des § 80 unbeschränkt Anwendung.

§ 48.

Die Verleihung darf nur für ein Unternehmen[1]) erteilt werden, dem ein bestimmter Plan[2]) zugrunde liegt.

Ent. § 48; B. 93.

1. **Unternehmen.** Den Gegenstand des Unternehmens kann auch die Benutzung des Wasserlaufs selbst bilden (LWA. 2, 184; PVBl. 40, 418). Zum Begriff des Unternehmens vgl. im übrigen LWA. 2, 174, 184.

2. **Plan.** Die Bestimmung verfolgt einen doppelten Zweck. Einmal soll sie verhindern, daß der Antragsteller gleichsam auf Vorrat oder zu Spekulationszwecken die Verleihung beantragt, ohne die Ausnutzung der Verleihung für ein bestimmtes Unternehmen im Augenblick oder doch wenigstens in absehbarer Zeit zu beabsichtigen (LWA. 4, 34). Der gleichen Tendenz dient die Bestimmung des § 60. Weiter bezweckt der § 48, der Verleihungsbehörde die notwendigen Unterlagen für eine zuverlässige Beurteilung des Unternehmens, seiner Bedeutung, seines Wasserbedarfs und seiner voraussichtlichen Einwirkung auf die

Verhältnisse des Wasserlaufs zu geben (Begr. 93). Der Plan bildet die Grundlage des Unternehmens. Er soll einen zuverlässigen Anhalt bieten für die Beurteilung des gesamten Unternehmens (LWA. 4, 73, 90). Wegen der Abänderung des Planes während des Verfahrens vgl. LWA. 1, 42, 71, 72.

§ 49.

(1) Soweit der beabsichtigten Benutzung des Wasserlaufs überwiegende Rücksichten des öffentlichen Wohles[1]) entgegenstehen, ist die Verleihung zu versagen oder nur unter Bedingungen[4]) zu erteilen, durch welche diese Rücksichten gewahrt werden. Solche Rücksichten sind insbesondere auch dann für gegeben zu erachten, wenn ein in Angriff genommener oder in Aussicht stehender Ausbau des Wasserlaufs durch die beabsichtigte Benutzung gehindert oder wesentlich erschwert werden würde[3]).

(2) Bei Seen, aus denen nur natürliche Wasserläufe zweiter oder dritter Ordnung abfließen, sowie bei künstlichen Wasserläufen und bei den durch Talsperren (§ 106) gebildeten Sammelbecken ist die Verleihung ferner zu versagen, wenn der Eigentümer des Sees oder des künstlichen Wasserlaufs oder der Unternehmer der Talsperre der Verleihung widerspricht[4]).

(3) Widerspricht bei natürlichen Wasserläufen zweiter oder dritter Ordnung die Wasserpolizeibehörde der Verleihung, weil durch die Ausübung des verliehenen Rechtes die Wirkung einer aus Gründen des öffentlichen Wohles errichteten Talsperre (§ 106) wesentlich beeinträchtigt werden würde, so darf die Verleihung nur mit Zustimmung des Ministers für Landwirtschaft, Domänen und Forsten oder unter den von ihm im öffentlichen Interesse gestellten besonderen Bedingungen erteilt werden.

(4) Widerspricht bei natürlichen Wasserläufen erster Ordnung, die in der Anlage besonders bezeichnet sind, die Wasserpolizeibehörde[5]) der Verleihung, weil der beabsichtigten Benutzung überwiegende Rücksichten des öffentlichen Wohles entgegenstehen (Abs. 1), so darf die Verleihung nur mit Zustimmung der Minister für Handel und Gewerbe und der öffentlichen Arbeiten oder unter den von ihnen aus solchen Rücksichten gestellten Bedingungen erfolgen. Die Erklärung ist mit Gründen zu versehen[6]).

Ent. § 49; B. 93; KBA. 84; L. II 8089—8127; L. III 8543ff.; KBH. 32ff.; LH. 1022.

1. **Öffentliches Wohl.** Der Begriff des öffentlichen Wohls kann nicht allgemein gültig bestimmt werden. Es läßt sich nicht ein für allemal feststellen, inwieweit das Enteignungsgesetz und die Auslegung, die es im Laufe der Jahre in der Verwaltungspraxis erfahren hat, in denjenigen Fällen herangezogen werden könnte, in denen dieses im Hinblick auf die Beteiligung des öffentlichen Wohls eine Beeinträchtigung fremder Rechte zuläßt. In erster Linie wird aus den Vorschriften des Wassergesetzes selbst heraus nach den Umständen des Einzelfalls zu prüfen sein, wie weit die Rücksichten des öffentlichen Wohls zu erstrecken sind unter besonderer Berücksichtigung des das Wassergesetz beherrschenden Grundsatzes, eine weitgehende wirtschaftliche Ausnutzung der Wasserkräfte unter gerechtem Ausgleich aller in Betracht kommenden Interessen zu ermöglichen (Begr. 21; LWA. 1, 97; 4, 36; vgl. auch § 19 Anm. 12). Die Prüfung, ob Rücksichten des öffentlichen Wohls entgegenstehen, ist von Amts wegen vorzunehmen (LWA. 2, 177; PVBl. 38, 42). Nur die dazu berufenen Behörden und Verbände des öffentlichen Rechts, nicht aber private Vereine sind berechtigt, im Verleihungsverfahren aus Gründen des öffentlichen Wohls Widerspruch zu erheben (LWA. 1, 23, 28, 29; PVBl. 39, 230).

Die Wahrung des öffentlichen Wohls behält das Gesetz unbeschadet der etwaigen Zuständigkeit der Reichsbehörden grundsätzlich den eigenen Staatsbehörden vor. Die Behörden anderer reichsdeutscher Länder sind nicht berechtigt, zur Wahrung von Rücksichten des öffentlichen Wohls im Verleihungsverfahren aufzutreten. Widersprüche sind nur insoweit zugelassen, als ihr Tatbestand in den preußischen Hoheitsbereich fällt (LWA. 1, 23, 46, 92, 95; 3, 4; 4, 90; RGZ. 88, 386; PVBl. 37, 618; 41, 330). Hieran ist durch die neue Reichsverfassung nichts geändert (LWA. 1, 46). Nur ausnahmsweise sind die Interessen nichtpreußischer Länder zu berücksichtigen, z. B. wenn es sich um die Verunreinigung von Wasserversorgungsanlagen handelt (LWA. 1, 23, 29, 45; 3, 15, 17, 19, 22; 4, 33, 35; PVBl. 39, 230).

Über das Vorliegen von Gründen des öffentlichen Wohls vgl.

1. bei der kommunalen Trinkwasserversorgung und der Versorgung mit Wirtschafts- und Industriewasser LWA. 1, 5, 68; 3, 15, 19, 23; 4, 33; LWA. in Ztschr. f. Agr. u. Wasserr. 4, 70;

2. bei der Beschaffung einer nach den örtlichen Verhältnissen erheblichen Arbeitsgelegenheit für die Bevölkerung LWA. 1, 97, 97, 99, 100, 133, 137; LWA. in Ztschr. f. Agr. u. Wasserr. 4, 46;

3. bei der Reinhaltung von Quellen und Gewässern LWA. 1, 23, 32; 4, 7;

4. bei der landwirtschaftlichen Bodenbenutzung LWA. 1, 23; 32; 4, 7;

5. bei der Fischerei LWA. 1, 23, 32;

6. bei der öffentlichen Gesundheitspflege LWA. 1, 15, 18; 3, 64, 69;

7. bei der Gewinnung von Licht- und Kraftanlagen LWA. 1, 5; 4, 51, 67;

8. bei städtischen Kanalisationsanlagen LWA. 4, 23; PVBl. 44, 33;

9. bei der Förderung volkswirtschaftlich wichtiger Industrien, z. B.

a) Braunkohlen (LWA. 4, 5);

b) Papier (LW. 4, 47;

c) Kali (LWA. 1, 23, 32, 45, 52; 3, 15, 19 31; 4, 47; LWA. in Ztschr. f. Agr. u. Wasserr. 4, 27);

d) Schwerspat (LWA. 4, 54);

e) Kalziumkarbid (LWA. 1, 100).

Unter die Rücksichten des öffentlichen Wohles fällt nicht die Hebung der Steuerkraft einer Gemeinde (LWA. 1, 96, 99) oder die fiskalische Ausnutzung großer Wasserläufe (LWA. in Ztschr. f. Agr. u. Wasserr. 4, 30, 38).

Soweit Rücksichten des öffentlichen Wohls der Verleihung entgegenstehen, kommt es darauf an, daß diese Rücksichten überwiegen. Kann das Unternehmen, für das eine Verleihung nachgesucht wird, selbst für sich Gründe des öffentlichen Wohls in Anspruch nehmen, stehen ihm aber andere Gründe dieser Art entgegen, so muß abgewogen werden, welchen von ihnen nach den besonderen Umständen des gegebenen Falles größere Bedeutung zukommt (LWA. 1, 68; 4, 46; OVG. in Ztschr. f. Agr. u. Wasserr. 7, 130, 224). Sind für mehrere gleichartige Unternehmungen Rücksichten des öffentlichen Wohles geltend gemacht, so ist dem der Vorzug zu geben, dem die größere Bedeutung zukommt (LWA. 4, 57). Ob das Gemeinwohl in der Hand einer Gemeinde oder in der eines Privatunternehmens besser gewahrt ist, ist nach Lage des Einzelfalls zu entscheiden (LWA. 1, 123). Daß das Recht, dessen Verleihung beantragt ist, demnächst den Zwecken eines privaten Gewerbebetriebs dient, schließt nicht aus, daß Gründe des öffentlichen Wohls für dieses geltend gemacht werden (LWA. 1, 97). Nur für Unternehmungen, auf deren Durchführung in absehbarer Zeit gerechnet werden kann, können Rücksichten des öffentlichen Wohles in Frage kommen (LWA. 4, 33, 51; Ztschr. f. Agr. u. Wasserr. 4, 27). Einer Verleihung entgegenstehende Rücksichten des öffentlichen Wohles sind auch dann für gegeben zu erachten, wenn ein in Angriff genommener oder in Aussicht stehender Ausbau durch die vom Unternehmer beabsichtigte Benutzung gehindert oder wesentlich erschwert werden würde (OVG. in Ztschr. f. Agr. u. Wasserr. 7, 231).

2. **Verleihungsbedingungen.** Die Beifügung solcher, das verliehene Recht beschränkenden Bestimmungen hat den Zweck, die weitgehenden Rechtswirkungen der Verleihung im Interesse des öffentlichen Wohles einzuschränken. Der Gesetzgeber hat dabei insbesondere künftige, aus Gründen des Gemeinwohls gebotene Veränderungen des Wasserlaufs im Auge gehabt (vgl. KBA. 89ff.; L. II 8119ff.).

Dem Unternehmer dürfen aber Bedingungen nur nach Maßgabe der gesetzlichen Vorschriften auferlegt werden (OVG. in Ztschr. f. Agr. u. Wasserr. 5, 218).

Die Verleihungsbehörde ist bei der Auferlegung der Bedingungen an Vereinbarungen der Beteiligten, abgesehen von den Fällen, in denen die Verleihung zu versagen ist, wenn der Eigentümer widerspricht, nicht gebunden (LWA. in Ztschr. f. Agr. u. Wasserr. 5, 26). Die Bedingungen sind auf das notwendige Maß zu beschränken (LWA. 4, 17, 22). Sie dürfen nur

Auflagen zu Lasten des Unternehmers, nicht etwa anderer Personen enthalten (LWA. 4, 23, 25; Ztschr. f. Agr. u. Wasserr. 4, 62, 67). Bei der Verleihung von Benutzungsrechten an künstlichen Wasserläufen kann der Eigentümer des Wasserlaufs, statt zu widersprechen, auch beliebige Bedingungen für den Verzicht auf das Widerspruchsrecht stellen (OVG. in Ztschr. f. Agr. u. Wasserr. 6, 216).

Wird über die zu stellenden Bedingungen eine Vereinbarung zwischen dem Unternehmer und dem zum Widerspruch Berechtigten getroffen, so erhält der Unternehmer, wenn diese Vereinbarung in den Verleihungsbeschluß aufgenommen wird, dadurch statt des aus ihr sich ergebenden nur obligatorischen Anspruchs ein absolutes, auch von den Behörden zu achtendes Recht (LWA. in Ztschr. f. Agr. u. Wasserr. 4, 21, 25, 31, 37).

Ein allgemeiner Vorbehalt der Abänderung und Ergänzung für den Fall des Bedürfnisses, wie er bei der gewerbepolizeilichen Genehmigung üblich ist, ist unzulässig (LWA. 3, 64, 78; 4, 57; LWA. in PVBl. 42, 489; LWA. in Ztschr. f. Agr. u. Wasserr. 4, 22, 62, 65; a. M. AusfAnw. IV Nr. 24 Abs. 4). Nur insoweit sind Bedingungen zulässig, als ein verliehenes Recht in seinen Wirkungen über ein bisher unbestritten bestehendes Recht hinausgeht (LWA. 4, 91, 99). Eine Vorschrift, wie in einem späteren Verfahren der Schaden festgestellt werden soll, ist unzulässig (OVG. in Ztschr. f. Agr. u. Wasserr. 5, 218), ebenso ein Vorbehalt unbeschadet der Rechte Dritter (LWA. 1, 135). Für die Stellung der Bedingungen ist Voraussetzung, daß zunächst die zur Gewinnung eines zutreffenden Urteils erforderlichen tatsächlichen Grundlagen vorhanden sind (OVG. in Ztschr. f. Agr. u. Wasserr. 5, 307). Über die Zulässigkeit von Bedingungen:

1. für die Einleitung von Kaliabwässern vgl. LWA. 1, 23, 45, 52; 3, 9, 13, 15, 19, 23, 29, 41; LWA. in Ztschr. f. Agr. u. Wasserr. 4, 25, 29;

2. für die Einleitung von Kanalisationsabwässern LWA. 1, 11, 14, 15, 22, 103, 106, 107; 3, 6, 8, 42; 4, 5, 11; Ztschr. f. Agr. u. Wasserr. 4, 45; 5, 19, 25;

3. für die Einleitung von Fabrikabwässern vgl. LWA. 1, 90;

4. für die Gewährung eines Staurechts und Wasserablieferungsrechts vgl. LWA. 1, 101; 3, 64, 70; LWA. in Ztschr. f. Agr. u. Wasserr. 4, 45;

5. für die Gewährung eines Ableitungsrechts zur Anlegung von Fischdeichen LWA. 3, 59;

6. für die Anlegung einer Talsperre vgl. OVG. in Ztschr. f. Agr. u. Wasserr. 5, 320;

7. für die Zutageförderung unterirdischen Wassers LWA. in Ztschr. f. Agr. u. Wasserr. 4, 67;

8. für die Verlegung eines Wasserlaufs LWA. 4, 7.

3. **Ausbau des Wasserlaufs.** Als in Aussicht stehend wird ein Ausbau nur dann anerkannt, wenn der Plan des Ausbaues bereits eine greifbare Gestalt angenommen hat, oder mindestens die Absicht, den Wasserlauf überhaupt einmal auszubauen, wirklich feststeht (OVG. in Ztschr. f. Agr. u. Wasserr. 7, 232). Es liegt nicht im Interesse der Allgemeinheit, nützliche und wirtschaftlich berechtigte Unternehmungen, die auf Benutzung eines Wasserlaufs angewiesen sind, auch wenn sie private Interessen verfolgen, nur deshalb zurückzustellen, weil die Möglichkeit besteht, daß der Wasserlauf vielleicht später einmal ausgebaut wird (LWA. 4, 36).

4. **Widerspruch des Eigentümers.** Der Widerspruch setzt eine vorher erfolgte Bekanntmachung des Verleihungsantrages voraus; vor der Bekanntmachung erhobene Einwendungen fallen nicht unter diese Vorschrift (LWA. in Ztschr. f. Agr. u. Wasserr. 4, 16).

Die Verleihung ist überhaupt zu versagen, wenn der Eigentümer des Sees, des künstlichen Wasserlaufs oder der Unternehmer der Talsperre widerspricht (LWA. in Ztschr. f. Agr. u. Wasserr. 4, 19, 25, 37; 5, 320). Die Verleihung bedarf aber nicht der ausdrücklichen Zustimmung des Eigentümers (LWA. in Ztschr. f. Agr. u. Wasserr. 4, 17).

Ein Widerspruch gegen die Einleitung von Abwässern in Seen ist nur berechtigt, wenn die Einleitung unmittelbar in den See selbst erfolgt (LWA. 1, 15, 16). Der Widerspruch des Eigentümers kann nur durch eine Vereinbarung mit ihm, dessen Gegenstand auch die Zahlung eines Wasserzinses sein kann, beseitigt werden (LWA. in Ztschr. f. Agr. u. Wasserr. 4, 26; MinErl. v. 22. 2. 16 in MBl. f. Landwirtsch. 116).

§ 226 BGB., der nur privatrechtliche Geltung zu beanspruchen hat, kann bei dem im öffentlichen Rechte wurzelnden Widerspruchsrechte des Eigentümers nicht zur Anwendung kommen (OVG. in Ztschr. f. Agr. u. Wasserr. 6, 209).

5. **Widerspruch der Wasserpolizeibehörde.** Wird der Widerspruch der Wasserpolizeibehörde erst in der Beschwerdeinstanz erhoben, so kann der Verleihungsbeschluß zuungunsten des Unter-

nehmers jedenfalls dann geändert werden, wenn ein Widersprechender Beschwerde erhoben hat (LWA. in Ztschr. f. Agr. u. Wasserr. 4, 30).

6. **Zustimmung der Minister.** Bei Reichswasserstraßen sind an die Stelle der preußischen Minister für Handel und Gewerbe und der öffentlichen Arbeiten in der Wahrnehmung der ihnen nach § 49 Abs. 4 zustehenden Befugnisse auf Grund des Staatsvertrags v. 31. 3./26. 9. 21 der Reichsverkehrsminister und die preußischen Minister für Handel und Gewerbe und für Landwirtschaft (G. v. 15. 8. 21, Gesetzsamml. S. 487) getreten. Die von Holtz-Kreutz, Handausgabe, in der Anmerkung zu § 49 vertretene Auffassung, daß bei Reichswasserstraßen der Reichsverkehrsminister allein zuständig sei, ist unzutreffend. Einigen sich die drei Minister nicht auf eine einheitliche Erklärung, so ist der Kreis der für die Verleihung maßgebenden Bedingungen nach dem aus der weitestgehenden Erklärung sich ergebenden Umfange zu bemessen (LWA. in Ztschr. f. Agr. u. Wasserr. 4, 30). Bei anderen Wasserläufen erster Ordnung ist nur die Zustimmung des Handelsministers und des hier an die Stelle des Ministers für öffentliche Arbeiten getretenen Landwirtschaftsministers erforderlich (G. v. 15. 8. 21, Gesetzsamml. S. 487). Die Wasserpolizeibehörde hat jeweils unverzüglich unter Darlegung des Sachverhalts an den Minister zu berichten (AusfAnw. III Nr. 15). Die Verleihungsbehörde ist zur Nachprüfung der Gesetzmäßigkeit der von den Ministern festgestellten Bedingungen dahin befugt, daß darin Ansprüche rein fiskalischer Art, insbesondere auf Erhebung eines Entgelts für Benutzung des Wasserlaufs nicht enthalten sind (LWA. in Ztschr. f. Agr. u. Wasserr. 4, 30).

§ 50[1]).

(1) Sind von der beabsichtigten Benutzung des Wasserlaufs nachteilige Wirkungen[2]) zu erwarten, durch die das Recht eines anderen beeinträchtigt[3]) werden würde, und lassen sie sich durch Einrichtungen[4]) verhüten, die mit dem Unternehmen vereinbar und wirtschaftlich gerechtfertigt sind, so ist die Verleihung nur unter der Bedingung zu erteilen, daß der Unternehmer diese Einrichtungen trifft. Auch ist ihm deren Unterhaltung aufzuerlegen, soweit diese Unterhaltungslast über den Um-

fang einer bestehenden Verpflichtung zur Unterhaltung vorhandener, demselben Zwecke dienender Einrichtungen hinausgeht[5]). Bei nachteiligen Wirkungen der im § 41 Abs. 1, 2 bezeichneten Art gelten diese Vorschriften, auch wenn dadurch ein Recht nicht beeinträchtigt wird.

(2) Sind solche Einrichtungen nicht möglich, so ist die Verleihung zu versagen, wenn derjenige, der von der nachteiligen Wirkung betroffen werden würde, der Verleihung widerspricht[6]). Dies gilt jedoch nicht, wenn einerseits das Unternehmen anders nicht zweckmäßig oder doch nur mit erheblichen Mehrkosten durchgeführt werden kann, andererseits der daraus zu erwartende Nutzen den Schaden des Widersprechenden erheblich übersteigt und, wenn diesem ein auf besonderem[7]) Titel beruhendes Recht zur Benutzung des Wasserlaufs zusteht, außerdem Gründe des öffentlichen Wohles vorliegen; ein nach dem 1. Januar 1912 durch Rechtsgeschäft mit dem Eigentümer begründetes Recht kommt hierbei nicht in Betracht.

(3) Als nachteilige Wirkung gilt nicht die Veränderung des Grundwasserstandes[8]), wenn sie durch Einleitung von Wasser oder durch Senkung des Wasserspiegels zum Zwecke der gewöhnlichen Bodenentwässerung[9]) von Grundstücken bewirkt wird, für die der Wasserlauf der natürliche Vorfilter ist.

Ent. § 50; B. 94; KBA. 93 ff.

1. **Vorbemerkung.** Die nach § 50 dem Unternehmer aufzuerlegenden Verpflichtungen sind öffentlich-rechtlicher Natur, die allerdings eine notwendige Einwirkung auf die zivilrechtliche Entschädigungsfrage haben müssen. Diese zivilrechtliche Entschädigungsfrage ist unabhängig im § 51 geregelt. Hieraus folgt, daß die Verpflichtungen des Unternehmers, die ihm im § 50 auferlegt sind, im Rechtswege nicht verfolgt werden können. Die öffentlich-rechtliche Anlagepflicht gemäß § 50 und die zivilrechtliche Entschädigungspflicht nach § 51 stehen an sich

selbständig nebeneinander und berühren sich nicht. Es ist deshalb auch eine Erzwingbarkeit derartiger Anlagen, wenn sie durch die Verleihungsbehörde im Verleihungsbeschluß nicht festgestellt ist, im ordentlichen Rechtsweg ausgeschlossen, es sei denn, daß die Pflicht zu derartigen Anlagen auf Grund privatrechtlicher Vereinbarungen, abgesehen von dem Enteignungsbeschluß, beruht (RG. in JW. **1890**, 170; in Strieth-Arch. **83**, 57; **81**, 33; RG. in Eisenb. **2**, 169; Gruchot **45**, 154).

Der Rechtsweg ist innerhalb des Verleihungsverfahrens nur in dem Falle des § 70 Abs. 2 und des § 76 Abs. 2 gegeben.

2. **Nachteilige Wirkungen.** Bei der Prüfung, ob von der beabsichtigten Benutzung nachteilige Wirkungen für das Recht eines anderen zu erwarten sind, kommt es auf die Gesamtwirkung an, wobei die etwaigen Vorteile gegenüber den Nachteilen mit in Rechnung zu ziehen sind (OVG. in Ztschr. f. Agr. u. Wasserr. **7**, 51). Nachteilige Wirkungen außerhalb des preußischen Hoheitsbereichs bleiben unberücksichtigt (LWA. **1**, 28, 95; PVBl. **39**, 230).

3. **Beeinträchtigung eines Rechts.** Die aus der Benutzung eines Wasserlaufs entspringenden Nachteile können sich auf einen Wasserlauf selbst oder auf die benachbarten Grundstücke beziehen. Was den Wasserlauf selbst anbelangt, so ist nicht nur die Beeinträchtigung von Nutzungen, sondern auch die Erschwerung der Unterhaltslast von Bedeutung. Bei Grundstücken kommt, abgesehen von nachteiligen Veränderungen des Grundwasserstandes, namentlich auch die Überstauung und die Entziehung nützlicher Überschwemmungen in Betracht (Begr. 95). Es muß aber immer ein Recht vorliegen. Anlieger, denen der Wasserlauf nicht gehört, haben keinen Anspruch auf die Vorteile, die ihnen der Wasserlauf bringt, ebensowenig, wie einem Anlieger ein Anspruch darauf zusteht, daß eine ihm nützliche Stauanlage bestehen bleibt (RGZ. **64**, 24). Ein Widerspruch gegen die Verleihung des Rechts, Abwässer in einen Wasserlauf einzuleiten, kann nicht darauf gegründet werden, daß durch die Einleitung ein am Unterlauf bestehendes Einleitungsrecht beeinträchtigt werden könnte (LWA. **1**, 23; **3**, 40; PVBl. **39**, 230). Der Gemeingebrauch kann als Grundlage des Widerspruchs gemäß § 50 überhaupt nicht verwertet werden. Er kann nur in den Grenzen des § 57 Berücksichtigung finden. Das Vorhandensein einer Stauberechtigung enthält noch nicht das Recht auf einen bestimmten Wasserzufluß und berechtigt daher für sich allein

nicht zum Widerspruch gegen eine Wasserableitung (LWA. **1**, 145; **3**, 43, 50, 51, 54, 58; **4**, 16, 23; OVG. in Ztschr. f. Agr. u. Wasserr. **5**, 218). Dagegen fallen die einem Triebwerksbesitzer gemäß § 42 zustehenden Rechte unter § 50, so daß eine Beeinträchtigung dieses Rechts den Gegenstand eines Widerspruchs bilden kann (LWA. **3**, 54, 58; **4**, 43; OVG. in Ztschr. f. Agr. u. Wasserr. **5**, 307; Bochalli, Verleihung und Sicherstellung, § 7 S. 22).

Wegen Beeinträchtigung einer nach § 16 GewO. genehmigten Anlage können ohne weiteres Schutzvorrichtungen nicht verlangt werden, wenn nicht auch ein der Verleihung zugrunde liegendes materielles Recht beeinträchtigt wird. Daß einem bestehenden Unternehmen die gewerbepolizeiliche Genehmigung erteilt ist, steht der Verleihung anderer Rechte, durch die in jenes Unternehmen eingegriffen wird, an sich nicht entgegen. Die gewerbepolizeiliche Genehmigung schützt nur die genehmigten Anlagen, gibt aber kein Recht zur Aufrechterhaltung der natürlichen Verhältnisse, unter denen sie erteilt worden ist (LWA. **1**, 23, 30, 115, 46; **2**, 21, 25, 51, 60; **3**, 67, 136, 142; PVBl. **37**, 618; **40**, 472; LWA. in Ztschr. f. Agr. u. Wasserr. **4**, 52, 59; RGZ. **64**, 117; **90**, 52, 63, 64). Der gewerbepolizeilichen Genehmigung steht die bergpolizeiliche gleich (LWA. **1**, 146). Die bloße Möglichkeit von Beeinträchtigungen kann die Versagung nicht rechtfertigen, sondern nur den Anspruch auf Entschädigung begründen (LWA. **1**, 23, 41, 80, 82).

4. Einrichtungen. Die Verleihungsbehörde ist verpflichtet, von Amts wegen und unter Berücksichtigung aller in Betracht kommenden Umstände nach ihrem pflichtgemäßen Ermessen die erforderlichen Anlagen festzustellen. Sie ist hierbei nicht auf die Erklärungen oder Anträge der Parteien beschränkt (vgl. RG. in Eisenbahn E. **4**, 430). Die schadenverhütenden Einrichtungen müssen in erster Linie mit dem Unternehmen vereinbar und auch wirtschaftlich gerechtfertigt sein (RGZ. **90**, 172, 179; LWA. **3**, 43). Die Geltendmachung des Anspruchs auf Einrichtungen im Verleihungsverfahren während eines schwebenden Rechtsstreits steht § 50 Abs. 1 nicht im Wege. Inwieweit der Rechtsstreit mit Rücksicht auf das Verleihungsverfahren auszusetzen ist, bleibt dem Ermessen des Gerichts vorbehalten (LWA. **1**, 16; PVBl. **40**, 72; RGZ. **91**, 148).

Die Entstehung des Verleihungsrechts braucht nicht von der Herstellung der Einrichtungen abhängig zu sein (RG. in Ztschr. f. d. ges. Wasserw. **1915**, 103).

5. **Unterhaltung der Einrichtungen.** Die Einrichtungspflicht obliegt dem Unternehmer stets und in vollem Umfange, die Unterhaltungspflicht dagegen nicht unbedingt. Er kann ganz oder teilweise von der Unterhaltung der von ihm zu errichtenden Anlage befreit sein. Voraussetzung für diese ganze oder teilweise Befreiung ist aber, daß die vom Unternehmer anzulegenden Einrichtungen an die Stelle vorhandener, denselben Zwecken dienender Anlagen treten. Einrichtungen, deren Zweck ein anderer ist, als der etwa bereits vorhandener, letztere also weder ersetzen, noch ergänzen oder verbessern sollen, muß der Unternehmer ganz und allein unterhalten (OVG. in PVBl. **29**, 368). Weitere Voraussetzung zu einer ganzen oder teilweisen Befreiung des Unternehmers ist ferner das Bestehen einer Verpflichtung zur Unterhaltung derartiger bereits vorhandener, denselben Zwecken dienender Anlagen seitens eines Dritten. Dieser Dritte kann eine Privatperson oder auch eine juristische Person sein, auch Staat oder Gemeinde.

6. **Widerspruch des Benachteiligten.** Bei begründetem Widerspruch der Benachteiligten ist die Verleihung grundsätzlich zu versagen (LWA. **4**, 45).

Doch darf nicht außer acht gelassen werden, daß das Wassergesetz von dem Grundsatz beherrscht wird, eine weitgehende wirtschaftliche Ausnutzung der Wasserläufe unter gerechtem Ausgleich aller in Betracht kommenden Interessen zu ermöglichen. Es liegt nicht in der Absicht des Gesetzes, durch § 50 Abs. 2 die Benutzung der Wasserkraft durch Privatunternehmungen zu hindern, für deren Förderung allgemeine Rücksichten bedeutsamer Art sprechen (LWA. **1**, 98).

7. **Besonderer Titel,** vgl. § 379 Anm. 3. Benutzungsrechte, die durch Rechtsgeschäfte mit dem Eigentümer des Wasserlaufs begründet sind, gehören zwar zu den auf besonderem Titel beruhenden Rechten (OVG. in Ztschr. f. Agr. u. Wasserr. **6**, 219). Der Erwerber erlangt aber keine stärkeren Rechte als der Eigentümer selbst hatte (LWA. **4**, 26).

Vgl. hierzu auch LWA. in Ztschr. f. Agr. u. Wasserr. **4**, 81.

8. **Veränderung des Grundwasserstandes.** Falls durch das verliehene Recht der Wasserstand verändert werden sollte, sind dem Unternehmer auch dann entsprechende Einrichtungen aufzuerlegen, wenn lediglich nachteilige Wirkungen durch diese Veränderung eintreten können. Es ist nicht erforderlich, daß andere

in der Ausübung ihrer Rechte am Wasserlauf dadurch beeinträchtigt oder fremde Grundstücke geschädigt werden können.

9. **Gewöhnliche Bodenentwässerung.** Zum Begriff der gewöhnlichen Bodenentwässerung vgl. § 41 Anm. 5 und 6. Im Falle der gewöhnlichen Bodenentwässerung sind weder Widersprüche noch Schadensersatzansprüche gegeben.

§ 51.

(1) Soweit die im § 50 bezeichneten nachteiligen Wirkungen nicht durch Einrichtungen verhütet werden, hat der Unternehmer den davon Betroffenen Entschädigung[1]) zu gewähren.

(2) Die Entschädigung kann in wiederkehrenden[2]) Leistungen bestehen. Die Verleihungsbehörde kann die Nachprüfung und anderweite Festsetzung in bestimmten Zeiträumen vorbehalten[3]).

Ent. § 51; B. 97; KBA. 97.

1. **Entschädigung.** Diese Vorschrift regelt die zivilrechtlichen Entschädigungsansprüche des Geschädigten gegenüber dem Unternehmer. Der Entschädigungsanspruch ist gegeben, sofern die im § 50 vorgesehenen Einrichtungen nicht getroffen werden können oder, weil mit dem Unternehmen nicht vereinbar und unwirtschaftlich, im Verleihungsbeschluß dem Unternehmer nicht auferlegt sind.

Über die Berechnung der Entschädigung, insbesondere über ihren Umfang und die Anrechnung von Vorteilen, welche auf der anderen Seite dem Geschädigten durch das Unternehmen erwachsen, bestimmt das Gesetz nichts. Es gelten hier die allgemeinen Grundsätze des bürgerlichen Rechts, insbesondere auch sofern evtl. Anrechnung von Vorteilen, auf den Schaden in Frage kommt. Der im Gemeingebrauch Geschädigte hat keinen Anspruch auf Entschädigung. Es sind ihm nur die im § 57 genannten Ansprüche gegeben. Über die Verpflichtung zur Entschädigung entscheidet vorab die Verleihungsbehörde. Erst gegen deren Festsetzung steht dem Geschädigten wie auch dem Unternehmer nach § 76 Abs. 2 binnen 3 Monaten der ordentliche Rechtsweg offen.

Sind einem Unternehmer schadenverhütende Einrichtungen auferlegt, so wird er von der Auflage frei, wenn der begünstigte Grundstückseigentümer die Vornahme der notwendigen Arbeiten auf seinem Grundstück ablehnt. In solchem Falle tritt an die Stelle der auferlegten Einrichtungen nicht der Anspruch auf Entschädigung (OVG. in Ztschr. f. Agr. u. Wasserr. 8, 325).

2. **Wiederkehrende Leistungen.** Die Entschädigung kann in Form einer Rente gewährt werden und es ist Sache der Verleihungsbehörde, auch ohne Antrag von Amts wegen zu prüfen, ob nach Lage der Sache die Entschädigung in Form einer einmaligen Abfindung oder in Form einer Rente zu zahlen ist. Die Bestimmung ist vor allen Dingen von Bedeutung, wenn die Verleihung auf Zeit gegeben wird und von vornherein feststeht, daß das Recht nur eine bestimmte kürzere Zeit ausgeübt werden soll.

3. **Vorbehalt der Nachprüfung.** Ein Vorbehalt späterer Nachprüfung und anderweiter Festsetzung stellt keine die Entschädigung unmittelbar betreffende Entscheidung dar und kann deshalb auch nur mit der Beschwerde, nicht aber im ordentlichen Rechtsweg angefochten werden (LWA. 3, 41, 43, 47).

§ 52.

(1) Wegen nachteiliger Veränderung der Vorflut oder des Wasserstandes sowie wegen Erschwerung der Unterhaltung des Wasserlaufs oder seiner Ufer ist insoweit keine Entschädigung zu gewähren, als der Nachteil vermieden worden wäre, wenn der Geschädigte die ihm obliegende Verpflichtung zur Unterhaltung ordnungsmäßig erfüllt hätte[1]).

(2) Dasselbe gilt bei nachteiliger Veränderung des Grundwasserstandes[2]). Der dadurch entstehende Schaden ist ferner nur insoweit zu ersetzen, als die Billigkeit nach den Umständen eine Entschädigung erfordert[3]).

Ent. § 52; B. 98; KBA. 99; LH. 1023.

1. **Mitwirkendes Verschulden des Geschädigten.** Konkurrierendes eigenes Verschulden des Geschädigten beim Eintritt von Schädigungen durch die Ausübung des verliehenen Rechts beseitigt den Anspruch auf Schadensersatz dann, wenn dieses Verschulden in einem Unterlassen der ihm obliegenden Verpflichtung zur Unterhaltung des Wasserlaufs liegt.

2. **Nachteilige Veränderung des Grundwasserstandes.** Schon der Eigentümer eines Wasserlaufs ist nicht berechtigt, in Aus-

übung der ihm zustehenden Benutzungsrechte den Grundwasserstand in nachteiliger Weise zu verändern. Auch ein verliehenes Nutzungsrecht umfaßt dieses Recht zu einer nachteiligen Veränderung des Grundwasserstandes grundsätzlich nicht.

3. **Entschädigung nach Billigkeit.** Unter Entschädigung nach Billigkeit ist zu verstehen, daß der durch eine Veränderung des Grundwasserstandes Geschädigte keinen Schadensersatzanspruch oder nur einen geringeren geltend machen kann, wenn eine nach Lage der Verhältnisse angängige Änderung in der wirtschaftlichen Verwertung des geschädigten Grundstücks möglich ist und dadurch der Schaden abgewendet oder verringert wird. Es sollen bei der Abwägung der Umstände auch die Vorteile mit gewürdigt werden, die dem Geschädigten mittelbar oder unmittelbar aus dem Unternehmen erwachsen. Nicht berücksichtigt werden dürfen aber dabei die persönlichen, mehr oder weniger günstigen wirtschaftlichen Verhältnisse des Geschädigten und des Unternehmers, wie dies z. B. nach § 829 BGB. zu geschehen hat. Die persönlichen Verhältnisse der Beteiligten dürfen vielmehr nicht in Betracht gezogen werden. Das Affektionsinteresse ist gleichfalls nicht zu berücksichtigen (vgl. dagegen § 337).

§ 53.

(1) Ist zu besorgen, daß fremde Grundstücke oder Anlagen[1]) durch die Benutzung des Wasserlaufs so beschädigt werden, daß sie nach ihrer bisherigen Bestimmung[2]) nicht mehr zweckmäßig benutzt[3]) werden können, so kann der Eigentümer verlangen, daß der Unternehmer das Eigentum an den Grundstücken oder Anlagen gegen Entschädigung erwirbt[4]).

(2) Wenn in der Folge ein abgetretenes Teilgrundstück ganz oder teilweise für den Zweck des Unternehmens nicht weiter notwendig ist und veräußert werden soll, so finden die Bestimmungen des § 57 des Enteignungsgesetzes vom 11. Juni 1874 (Gesetzsamml. S. 221) über das gesetzliche Vorkaufsrecht entsprechende Anwendung[5]).

Ent. § 53; B. 99; KBA. 100; KBH. 35.

1. **Grundstücke oder Anlagen.** Der Begriff „Anlagen" umfaßt

nicht nur Gebäude, sondern auch alle sonstigen Vorrichtungen, die sich auf oder in dem Grundstück befinden. Unter „Grundstück“ ist hier nicht die katastermäßig bezeichnete Parzelle, sondern jeder im wirtschaftlichen Zusammenhang stehende Grundbesitz desselben Eigentümers zu verstehen.

2. **Nach ihrer bisherigen Bestimmung**, d. h. der gegenwärtig bereits verwirklichte oder in der Verwirklichung begriffene wirtschaftliche Zweck, zu welchem der Geschädigte bis jetzt sein Grundstück tatsächlich benutzt hat. Künftige, mögliche oder in Aussicht genommene Bestimmungs- oder Benutzungsarten kommen nicht in Betracht. Nicht zu berücksichtigen ist auch, was der Geschädigte bei dem Erwerb des Grundstücks mit demselben beabsichtigte (vgl. RG. in Gruchot 35, 1102).

3. **Zweckmäßige Benutzung.** Wann dies der Fall ist, ist nach Lage des konkreten Falles zu entscheiden. Man wird jedoch davon ausgehen müssen, daß ein Grundstück dann nicht mehr nach seiner bisherigen Bestimmung zweckmäßig benutzt werden kann, wenn „dessen weitere Nutzbarmachung in der bisherigen Weise mit unverhältnismäßigen Kosten, Aufwendungen und Müheleistungen verbunden und dadurch gemindert ist, überhaupt im wesentlichen Beziehungen den Zweck nicht mehr erfüllen kann, welchen es . . . bisher zu erfüllen vermochte“ (vgl. Eger, EG. 1, 295ff.). Gänzlich unbenutzbar braucht aber das Grundstück nicht geworden zu sein, auch ist es nicht notwendig, daß es in der bisherigen Weise überhaupt gar nicht zu benutzen ist.

4. **Erwerb gegen Entschädigung.** Dieser Anspruch gegen den Unternehmer steht nur dem Eigentümer zu. Dritte am Grundstück Berechtigte können die Übernahme desselben nicht verlangen. Das Eigentum soll lastenfrei auf den Unternehmer übergehen. Die Realberechtigten sind deshalb gemäß § 78 Abs. 2 auf die Rechte in den Art. 52 und 53 Abs. 1 EGBGB., sowie § 47 EnteignungsG. angewiesen. Daraus folgt, daß der Unternehmer die Entschädigungssumme mit Wirkung gegen die dinglich Berechtigten erst zahlen kann, wenn er oder der Eigentümer den Eintritt des Entschädigungsfalles den dinglich Berechtigten angezeigt hat und seit dem Empfang der Anzeige ein Monat verstrichen ist (vgl. im übrigen Anm. zu § 78). Der Antrag auf Erwerb des Eigentums kann bis zum Schluß der nach § 70 Abs. 1 vorgeschriebenen mündlichen Erörterung zwischen den Beteiligten und der Verleihungsbehörde gestellt werden. Nach

Schluß dieses mündlichen Verhandlungstermins ist der Antrag nicht mehr zulässig (vgl. § 70 Abs. 4; Begr. 108/109).

In dem Verleihungsbeschluß ist, falls dem Antrag des Geschädigten auf Erwerb des Eigentums an bestimmten Grundstücken oder Anlagen seitens des Unternehmers stattgegeben wird, die genaue Bezeichnung der Grundstücke und Anlagen sowie die Höhe der zu leistenden Entschädigung anzugeben (§ 72 Nr. 7 und 8). Bezüglich des Zeitpunktes des Eigentumsüberganges und der für die Sicherung desselben im Grundbuch vorzunehmenden Vormerkung, desgleichen das Nähere über die Sicherung der Realgläubiger vgl. Anm. zu §§ 74, 77, 78, ferner § 336 Abs. 2.

5. **Vorkaufsrecht.** Der vom Herrenhaus beschlossene Abs. 2 begründet ein gesetzliches Vorkaufsrecht für denjenigen, welcher seinerzeit Grundstücke oder Teile von Grundstücken oder Anlagen an den Unternehmer gemäß Abs. 1 abgetreten hat. Dabei ist es gleichgültig, ob dem Unternehmer die Pflicht zum Erwerb dieser Grundstücke oder Anlagen gemäß § 72 Nr. 7 im Verleihungsbeschluß auferlegt ist, also der Erwerb gewissermaßen ein zwangsweiser war oder durch einen freien Vertrag mit dem Eigentümer erfolgt. Im letzteren Falle muß aber der Grund zu diesem Vertrag die im Abs. 1 bezeichnete „Besorgnis" gewesen sein. Die Bestimmung des Abs. 2 wird bei der Entschädigungsfrage im Falle des § 82 von Bedeutung sein.

Das Vorkaufsrecht ist dinglicher Natur. Es bedarf gemäß Art. 22 Nr. 1 des Pr. AGBGB. zu seiner Wirksamkeit gegenüber Dritten nicht der Eintragung und ist trotz des öffentlichen Glaubens des Grundbuchs gegen Dritte, die Kenntnis von dem Vorkaufsrecht haben, mit der im § 1098 Abs. 2 BGB. bezeichneten Wirkung ausgestattet. Das Vorkausfrecht ist aber wohl eintragungsfähig (ebenso Lenhard-Reichau S. 186, 187; a. M. Holtz-Kreutz, Handausgabe, Anm. 2 zu § 53).

§ 54.

Ein Entgelt[1]) für die Benutzung des Wasserlaufs darf dem Unternehmer nicht auferlegt werden.

Ent. § 54; B. 99ff.; KBA. 100ff.; L. II 8137; LH. 1023ff.

1. **Entgelt.** § 54 ist auch durch § 3 des Staatsvertrags v. 31. 3./26. 9. 21 nicht geändert. Auch das Reich kann einen Wasserzins nicht einführen (LWA. in Ztschr. f. Agr. u. Wasserr. 4, 30). Durch § 54 wird § 104 nicht berührt. Es ist etwas anderes, wenn

der Staat kraft seines privaten Eigentums an einem Wasserlauf den Wasserzins im eigentlichen und engeren Sinne außerhalb des formellen Verleihungsverfahrens zum Ausgleich für die ihm zur Last fallenden Aufwendungen von denjenigen Unternehmern, denen er einen wirtschaftlichen Vorteil, eine Sondernutzung zukommen läßt, verlangt (vgl. Kisker, Die Erhebung von Wasserzins, Mitteilungen des Deutschen Wasserwirtschafts- und Wasserkraftverbandes 1927 Nr. 17 und RGZ. 64, 137).

§ 55.

Zu den Einrichtungen im Sinne des § 50 gehören auch Sammelbecken, Talsperren[1]), Reinigungsanlagen u. dergl. Dem Unternehmer kann die Verpflichtung als Bedingung auferlegt werden, sich an solchen Einrichtungen zu beteiligen.

Ent. § 55; B. 101; KBA. 110ff.

1. **Talsperren.** Vgl. §§ 100ff.

§ 56.

(1) Dem Unternehmer kann die Verpflichtung als Bedingung auferlegt werden, einen Wasserlauf oder seine Ufer zu unterhalten[1]) sowie die Kosten zu tragen, die durch die Aufsicht über die Ausübung des verliehenen Rechtes entstehen[2]).

(2) Ferner kann dem Unternehmer die Verpflichtung auferlegt werden, Maßnahmen (Pegelbeobachtungen, Grundwasserstandsbeobachtungen usw.) zu treffen, die geeignet sind, die Feststellung zu erleichtern, ob und in welchem Umfange Schäden[3]) entstanden sind.

KommBeschl. § 55a; KBA. 110ff.

1. **Unterhaltungspflicht.** Statt der Feststellung einer Entschädigung oder noch neben einer solchen kann dem Unternehmer die Verpflichtung auferlegt werden, den Wasserlauf oder seine Ufer zu unterhalten. Diese Bestimmung trifft diejenigen Fälle, in denen gewisse Schädigungen durch Einrichtungen seitens des Unternehmers nicht verhütet werden können, z. B. wenn durch Einleitung von Abwässern eine häufigere und umfangreichere

Räumung der Sohle des Wasserlaufs nötig wird oder wenn etwa durch eine Änderung des Wasserabflusses die Unterhaltung des Wasserlaufs oder seiner Ufer erschwert würde. Ist dem Unternehmer im Verleihungsbeschluß eine solche Unterhaltungspflicht auferlegt (§ 72 Nr. 2), so tritt der Unternehmer für die Dauer des verliehenen Rechts an die Stelle des bisher Unterhaltspflichtigen und kann von der Wasserpolizeibehörde zur Erfüllung dieser öffentlich-rechtlichen Unterhaltungspflicht gemäß § 83 angehalten werden (vgl. LWA. 1, 4; PVBl. 36, 728).

Eine Teilung der Unterhaltungslast zwischen Unternehmer und Unterhaltungspflichtigen ist nicht angängig. Gegebenenfalls ist nur ein Unterhaltungskostenbeitrag aufzuerlegen (LWA. 1, 22; 4, 5, 10; PVBl. 40, 72).

2. **Aufsicht über die Ausübung eines verliehenen Rechts.** Da die Ausübung eines verliehenen Rechts der Aufsicht der Wasserpolizeibehörde unterliegt, so kann, wenn durch diese Aufsicht besondere Kosten entstehen, der Unternehmer zur Tragung derselben herangezogen werden. Auch diese Verpflichtung muß ihm aber im Verleihungsbeschluß auferlegt sein. Die Beaufsichtigung durch die Wasserpolizeibehörde soll durch die Bestimmung des Abs. 2 erleichtert werden, wonach der Unternehmer verpflichtet werden kann, Pegel und Grundwasserstandsbeobachtungen zu machen. Die Bestimmung soll aber auch dazu dienen, eine Grundlage für die Feststellung von Veränderungen des bestehenden Zustandes und für die danach etwa zu bemessende Entschädigung zu schaffen, welche nach § 51 Abs. 2 Satz 2 in bestimmten Zeiträumen der Nachprüfung und evtl. anderweitigen Festsetzung durch die Verleihungsbehörde unterliegt.

3. **Maßnahmen zur Feststellung von Schäden.** Zu den Maßnahmen zur Feststellung von Schäden gehören auch regelmäßige Untersuchungen über die Einwirkung von Abwässereinleitungen (LWA. 1, 107; PVBl. 37, 474), sowie auch die Feststellung des Kulturzustandes landwirtschaftlicher Grundstücke (LWA. 1, 40).

§ 57.

Ist zu erwarten, daß die beabsichtigte Benutzung des Wasserlaufs den Gemeingebrauch[1]) unmöglich machen oder wesentlich erschweren würde, so ist, wenn diese Wirkung durch Einrichtungen, die mit dem Unternehmen vereinbar und wirtschaftlich gerechtfertigt sind, verhütet

werden kann, dem Unternehmer die Verpflichtung als Bedingung aufzuerlegen, solche Einrichtungen herzustellen und nach § 50 Abs. 1 Satz 2 zu unterhalten[3]).

KommBeschl. § 55b; KBA. 111.

1. **Gemeingebrauch.** Der Eigentümer eines Wasserlaufs darf nach § 36 Abs. 1 durch die Ausübung seines Eigentumsrechts den Gemeingebrauch nicht unnütz erschweren oder ohne erheblichen Grund unmöglich machen. Im übrigen darf den Gemeingebrauch der Wasserläufe niemand hindern. Durch die über den Eigentümergebrauch hinausgehende Verleihung von Rechten soll tunlichst gleichfalls eine Unmöglichmachung oder wesentliche Erschwerung des Gemeingebrauchs nicht eintreten. Es kann deshalb dem Unternehmer die Herstellung von Einrichtungen im Verleihungsbeschluß auferlegt werden, welche eine derartige, durch die Ausübung des verliehenen Rechts zu erwartende Schädigung des Gemeingebrauchs zu verhindern geeignet sind. Diese Einrichtungen dürfen aber nur dann dem Unternehmer auferlegt werden, wenn sie mit dem Unternehmen vereinbar und wirtschaftlich gerechtfertigt sind.

Ein privatrechtlicher Anspruch auf Duldung des Gemeingebrauchs ist nicht gegeben. Der im Gemeingebrauch Geschädigte kann keinen Widerspruch gegen die Verleihung erheben (LWA. 1, 101; 3, 49; 4, 32). Wegen Beeinträchtigung des Gemeingebrauchs ist auch kein Schadensersatzanspruch gegeben, denn wenn auch § 57 an und für sich eine den Schutz eines anderen bezweckende Rechtsnorm darstellt, durch deren Nichtbeobachtung der Unternehmer sich nach § 823 Abs. 2 BGB. schadensersatzpflichtig machen würde, so fällt dieser rechtliche Gesichtspunkt doch fort in dem Augenblick, in welchem die Verleihungsbehörde die Anlegung derartiger Einrichtungen im Verleihungsbeschluß rechtskräftig als mit dem Unternehmen nicht vereinbar und wirtschaftlich ungerechtfertigt dem Unternehmer nicht auferlegt hat. Da aber nur eine Verpflichtung zu derartigen Einrichtungen besteht, wenn sie im Verleihungsbeschluß dem Unternehmer zur Pflicht gemacht sind, so liegt auch, wenn letzteres nicht der Fall und infolgedessen eine Schädigung des Gemeingebrauchs eintritt, in der Handlung des Unternehmers kein Verstoß gegen § 823 BGB., da der Unternehmer alsdann weder widerrechtlich das Recht eines anderen verletzt, noch gegen eine, den Schutz eines anderen bezweckende Rechtsnorm verstößt. Aus anderen rechtlichen Gesichtspunkten aber läßt sich ein zivilrechtlicher Schadensersatz wegen Schädigung des Gemeingebrauchs nicht herleiten, da der Gemeingebrauch kein Privatrecht ist.

2. **Unterhaltungspflicht.** Vgl. § 5 Anm. 5.

§ 58[1]).

(1) In landschaftlich hervorragenden Gegenden[2]) ist dem Unternehmer, wenn durch Einrichtungen, die mit dem Unternehmen vereinbar und wirtschaftlich gerechtfertigt sind, eine gröbliche Verunstaltung des Landschaftsbildes[3]) verhütet werden kann, die Verpflichtung als Bedingung aufzuerlegen, solche Einrichtungen herzustellen und nach § 50 Abs. 1 Satz 2 zu unterhalten.

(2) Auch im übrigen ist durch entsprechende Bedingungen dafür zu sorgen, daß eine Verunstaltung landschaftlich hervorragender Gegenden vermieden wird, soweit dies mit dem Zwecke und der Wirtschaftlichkeit des Unternehmens vereinbar ist[4]).

KommBeschl. 55c; KBA. 111.

1. **Vorbemerkung.** Diese Bestimmung gehört eigentlich in das Gesetz betreffend die Verunstaltung von Ortschaften und landschaftlich hervorragenden Gegenden v. 15. 7. 07. Sie ist auch im wesentlichen jenem Gesetz nachgebildet, jedoch mit dem Unterschiede, daß „eine gröbliche Verunstaltung des Landschaftsbildes" nicht nur durch Hochbauten, wie in jenem Gesetz, sondern auch in anderen Anlagen erblickt werden kann.

2. **Landschaftlich hervorragende Gegend.** Ob es sich um eine landschaftlich hervorragende Gegend handelt, liegt in der allgemeinen Beurteilung der Verleihungsbehörde (vgl. die zu dem G. v. 15. 7. 07 ergangenen Entscheidungen OVG. **64**, 466; PVBl. **35**, 702; **36**, 639).

3. **Gröbliche Verunstaltung des Landschaftsbildes.** Es unterliegt der alleinigen Beurteilung der Verleihungsbehörde, was als gröbliche Verunstaltung anzusehen ist (OVG. **55**, 410, 425, 434; **56**, 410, 425, 434; **57**, 470; **59**, 431; **66**, 464).

4. **Entschädigung.** Bezüglich der Schadensersatzpflicht gilt das zu § 57 Anm. 1 Gesagte, d. h. es ist kein Schadensersatzanspruch

gegeben. Wenn in der Kommission des Abgeordnetenhauses speziell bezüglich der Verunstaltung des Landschaftsbildes als Beispiel der Fall herangezogen ist, daß durch die Verunstaltung eines Wasserfalles ein mit Rücksicht auf diesen Wasserfall erbautes Vergnügungsetablissement vollständig wertlos werden könne, so ist dazu zu bemerken, daß § 58 gegen eine derartige Schädigung keinen Schadensersatzanspruch begründet. § 58 ist eine rein polizeiliche Vorschrift und ist der ausdrückliche Antrag auf Begründung einer Entschädigungspflicht in der Kommission nicht zur Annahme gelangt (KBA. 95 und 98).

§ 59.

Der Unternehmer kann zur Leistung einer Sicherheit[1]) für die Einhaltung der ihm auferlegten Bedingungen nur für Schadensersatzansprüche angehalten werden, über welche die Entscheidung nach § 70 Abs. 3 einem späteren Verfahren vorbehalten wird. Die Sicherheit darf den Betrag des in den nächsten drei Jahren voraussichtlich entstehenden Schadens nicht übersteigen und ist in dieser Höhe durch jährliche Zuzahlungen zu erhalten. Der Staat und die Kommunalverbände sind von der Sicherheitsleistung frei.

Ent. § 56; B. 102; KBA. 111; L. II 8153; KBH. 35.

1. **Leistung einer Sicherheit.** § 59 konstruiert eine doppelte Pflicht zur Sicherheitsleistung:

a) eine Sicherheit für die Einhaltung der dem Unternehmer auferlegten Bedingungen,

b) für Schadensersatzansprüche, welche auf Grund der Anlage entsprechend den Bestimmungen des Gesetzes (§§ 51 bis 53) entstehen können, bei denen aber die Entstehung des Schadens selbst oder seiner Höhe nach unbestimmt ist.

Über die Höhe der zu leistenden Sicherheit, soweit sie für die Einhaltung der Bedingungen angeordnet wird, bestimmt das Gesetz nichts. Die Festsetzung derselben ist vielmehr in das Ermessen der Verleihungsbehörde gestellt. Dagegen darf die Sicherheit für Schadensersatzansprüche den Betrag des in den nächsten drei Jahren voraussichtlich entstehenden Schadens nicht übersteigen.

Die Bestimmung des § 59 ergänzt den § 77 Abs. 1, nach welchem mit der Ausübung des verliehenen Rechts erst begonnen werden darf, wenn die auf Grund der §§ 51—53 zu gewährende vereinbarte oder endgültig festgestellte Entschädigung gezahlt oder hinterlegt ist. Solange die Sicherheit nicht hinterlegt ist, oder die vorgeschriebene Höhe nicht erreicht ist, kann die Wasserpolizeibehörde den Unternehmer nötigenfalls durch Zwangsmaßregeln an der Benutzung des Gewässers hindern (AusfAnw. III Nr. 25; a. M. Holtz-Kreutz, Vorbem. zu § 59 und Lenhard-Reichau, S. 193). Die Hinterlegungsstelle ist im Verleihungsbeschluß anzugeben.

§ 60.

(1) Bei der Verleihung ist eine Frist zu bestimmen[1]), binnen deren das Unternehmen ausgeführt und in Betrieb gesetzt sein muß.

(2) Eine Verlängerung der Frist ist zulässig.

Ent. § 57; B. 102.

1. **Fristbestimmung.** § 60 verfolgt denselben Zweck wie § 48. Eine Verleihung auf Vorrat oder auf Kalkulation soll verhütet werden (LWA. 4, 33). Das Gesetz verlangt, daß die ernstliche Absicht einer alsbaldigen Ausführung des Unternehmens vorliegen muß (LWA. 4, 25).

2. **Fristverlängerung.** Die Fristverlängerung muß vor Ablauf der Frist erfolgen (RGZ. 77, 160; 96, 351).

§ 61.

(1) Ist über die Verleihung für mehrere Unternehmungen zu beschließen[1]), die auch bei Teilung der verfügbaren Wassermenge oder bei Festsetzung verschiedener Benutzungszeiten oder geeigneter Betriebseinrichtungen[2]) nicht nebeneinander bestehen können, so entscheidet für ihre Erteilung zuerst die Bedeutung der Unternehmungen für das öffentliche Wohl[3]) und demnächst ihre wirtschaftliche Bedeutung.

(2) Stehen hiernach mehrere Unternehmungen einander gleich, so gebührt zunächst bestehenden vor neuen, sodann an einen bestimmten Ort gebundenen vor den auch an einem anderen Orte möglichen und endlich

Unternehmungen des Eigentümers[4]) eines Wasserlaufs vor denen der Anlieger oder anderer Personen, Unternehmungen des Anliegers vor denen anderer Personen der Vorrang[5]).

Ent. § 58; B. 102; KBH. 111ff.; KBA. 35ff.

1. **Mehrere Verleihungsanträge.** Der § 61 bezieht sich ausschließlich auf den Fall, daß mehrere Anträge auf Verleihung gleichzeitig zur Entscheidung vorliegen. Es kommt also nicht auf den Zeitpunkt an, wann der Antrag eingegangen ist, sondern wann über den Antrag beschlossen wird. Damit scheidet das Gesetz die Priorität des Antrags für die Entscheidung aus. Die Ablehnung eines von zwei Verleihungsanträgen, die nicht nebeneinander bestehen können, muß in demjenigen Beschluß erfolgen, der dem anderen Antrag den Vorrang zuspricht und daraufhin die Verleihung erteilt. Die Ablehnung eines Antrags nur um deswillen, weil er mit einer gleichzeitig erbetenen Verleihung nach dem Grundsatze des § 61 nicht verträglich ist, kommt immer erst dann in Frage, wenn feststeht, daß die Verleihung auf diesen zweiten Antrag erfolgen kann. Solange es noch zweifelhaft ist, ob auf den im Wettbewerbe stehenden ferneren Antrag die Verleihung überhaupt erteilt werden kann, muß die Entscheidung über den ersten Antrag, sofern nicht sonstige Gründe, als die des § 61 entgegenstehen, offen bleiben. Allerdings nimmt AusfAnw. III Nr. 18 Abs. 1 an, daß ein Antrag von vornherein als offenbar unzulässig auch dann zurückgewiesen werden kann, wenn nach der im § 61 angegebenen Ordnung dem ersten Verleihungsantrag zweifellos der Vorrang gebührt (ebenso Lenhard-Reichau S. 201). Übersehen ist aber nicht nur die ausdrückliche Vorschrift des § 72 Nr. 4, sondern auch, daß einem Unternehmen nur dann vor einem anderen der Vorrang nach § 61 zweifellos zugesprochen werden kann, wenn bereits erhellt, daß nicht sonstige Gesichtspunkte zu seiner Ablehnung führen müssen. Diese Feststellung kann aber nur dadurch getroffen werden, daß auf jenen Antrag die Verleihung erteilt wird (LWA. **1**, 120, 123; **3**, 62; **4**, 72; PVBl. **41**, 146).

Bei Anwendung des § 61 kommt es auf eine vergleichende Gegenüberstellung der mehreren Unternehmungen an, für die die Verleihung nachgesucht wird (LWA. in Ztschr. f. Agr. u. Wasserr. **4**, 46).

Verleihungsanträge, die so unbestimmt gehalten sind, daß sie nicht Gegenstand des Verleihungsverfahrens sein können, bleiben hierbei unberücksichtigt (LWA. 4, 51). Es können vielmehr nur solche Unternehmungen berücksichtigt werden, für die Pläne vom Unternehmer selbst vorgelegt und unterschrieben sind. Die Bezugnahme auf den Plan des anderen Unternehmens ist unzulässig. Unternehmer, deren Verleihungsanträge zugunsten eines anderen Unternehmers zurückgewiesen sind, können von letzteren keine Entschädigung für entgangenen Gewinn oder für gehabte Aufwendungen verlangen (LWA. in Ztschr. f. Agr. u. Wasserr. 4, 52).

2. **Genehmigte Betriebseinrichtungen.** Unter den genehmigten Betriebseinrichtungen sind nur solche Einrichtungen zu verstehen, die sich unter grundsätzlicher Aufrechterhaltung der durch die Verleihungsanträge festgelegten Grenzen der Benutzung des Wasserlaufs in die Unternehmungen einfügen lassen (LWA. in Ztschr. f. Agr. u. Wasserr. 4, 46). Die Teilung des Gefälles gehört nicht dazu. Sie würde vielleicht in einem Ausgleichungsverfahren in Erwägung gezogen werden können, geht aber über den Rahmen des § 61 hinaus (OVG. in Ztschr. f. Agr. u. Wasserr. 6, 308).

3. **Öffentliches Wohl,** vgl. § 49 Anm. 1. Es ist nicht gesagt, daß das öffentliche Wohl in der Hand einer Kommune stets besser gewahrt sei, als in der Hand eines Privatunternehmers (LWA. 1, 123; PVBl. 41, 146).

Fiskalischen Unternehmungen als solchen gebührt deshalb nicht ohne weiteres der Vorrang vor privaten Unternehmungen (LWA. 1, 82; PVBl. 40, 275). Den Vorzug verdient, wer den wesentlichen Bedürfnissen zu genügen und tunlichst weite Kreise der Bevölkerung zu versorgen in der Lage ist (LWA. 4, 57 in Ztschr. f. Agr. u. Wasserr. 4, 52).

4. **Vorrang des Eigentümers.** Das Vorrecht des Eigentümers kann nur durch Stellung eines Verleihungsantrags geltend gemacht werden (LWA. 1, 6; PVBl. 40, 275).

5. **Priorität.** Die Zeitfolge mit der Vorbereitung oder Fällung gleichzeitig zur Entscheidung stehender Verleihungsanträge ist grundsätzlich nicht bestimmend (LWA. 4, 60). Erst in letzter Linie entscheidet die Priorität des Verleihungsantrags (Rieß in PVBl. 39, 487). Vergl. auch Nachtrag.

§ 62.

Auf Anweisung der zuständigen Minister ist die Verleihung zu versagen, wenn sie von einem Unter-

nehmer, der nicht die deutsche Reichsangehörigkeit besitzt, oder von einer Erwerbsgesellschaft nachgesucht wird, die ihre Hauptniederlassung nicht im Deutschen Reiche hat[1]).

KommBeschl. 112.

1. **Verleihung an einen Ausländer,** vgl. AusfAnw. III Nr. 7 und LWA. 3, 60.

§ 63.

Auf die Vorbereitung eines Unternehmens[1]), für das eine Verleihung nachgesucht werden kann, ist § 5 des Enteignungsgesetzes vom 11. Juni 1874 (Gesetzsamml. S. 221) entsprechend anzuwenden. Die dort vorgeschriebene öffentliche Bekanntmachung kann unterbleiben. Zuständig ist die Behörde, die über den Verleihungsantrag zu beschließen haben würde[2]).

Ent. § 59; B. 103; KBA. 112.

1. **Vorarbeiten.** Für die Vorbereitung eines Verleihungsantrags sind unter Umständen Vorarbeiten notwendig, z. B. Ausarbeitung der technischen Unterlagen, bei denen sich der Eingriff in fremdes Eigentum nicht ganz umgehen läßt, z. B. eine Begehung, Vermessung fremden Grund und Bodens, Nivellierung, geologische Untersuchung des für die Anlage in Frage kommenden Grund und Bodens. Um diese vorbereitenden Handlungen dem Unternehmer nicht unmöglich zu machen, da derselbe nach § 65 die erforderlichen Zeichnungen und Erläuterungen beizufügen hat, erklärt § 63 die Bestimmungen des § 5 EnteignungsG. für entsprechend anwendbar, jedoch kann die im § 5 Abs. 2 EnteignungsG. vorgesehene Bekanntmachung unterbleiben.

2. **Zuständige Behörde.** Die im § 5 EnteignungsG. vorgesehene Anordnung erfolgt hier durch den Bezirksausschuß, als diejenige Behörde, welche über den demnächstigen Verleihungsantrag zu beschließen hat. Wer über die Beschwerde gegen den Beschluß des Bezirksausschusses zu entscheiden hat, ist zweifelhaft. Richtiger Ansicht nach ist der Provinzialrat zuständig (so auch Holtz-Kreutz Anm. 6 zu § 63; vgl. LWA. 1, 125). Nach Schlegelberger (bei Gruchot 60, 184) würde der Wasserwirtschaftliche Senat des OVG. und nach Lenhard-Reichau S. 198 der gemäß G. v.

15. 8. 21 an die Stelle des Ministers der öffentlichen Arbeiten getretene Minister zuständig sein.

§ 64.

(1) Über den Antrag auf Verleihung beschließt der Bezirksausschuß (Verleihungsbehörde)[1]).

(2) Anträge auf Verleihung sind schleunig zu behandeln[1]).

Ent. § 60; B. 103; KBA. 112 ff.

1. **Verleihungsbehörde.** Einheitliche Verleihungsbehörde des ersten Rechtszuges ist der Bezirksausschuß. Er hat die gesamte Leitung des Verleihungsverfahrens (LWA. 3, 71). Es besteht also für jeden Regierungsbezirk eine besondere, erstinstanzliche Verleihungsbehörde. Örtlich zuständig ist der Bezirksausschuß, zu dessen Bezirk der Teil des Wasserlaufs gehört, an dem das zu verleihende Recht ausgeübt werden soll. Die örtliche Zuständigkeit für die Verleihung eines Wasserbenutzungsrechts richtet sich nach der Belegenheit der Benutzungsstelle, nicht nach der Belegenheit des Grundstücks, mit dessen Eigentum das zu verleihende Recht verbunden werden soll (OVG. in Ztschr. f. Agr. u. Wasserr. 6, 208). Weder das Wassergesetz noch die VO. betr. das LWA. v. 18. 3. 14 treffen eine erschöpfende Regelung des Verfahrens. Sie setzen vielmehr, wo sie keine Bestimmung enthalten, die Vorschriften des Landesverwaltungsgesetzes über das Beschlußverfahren als grundlegend voraus (LWA. 1, 104, 130, 139; PVBl. 36, 513; 37, 283, 474).

Für das Verfahren vor dem im zweiten und letzten Rechtszuge an die Stelle des LWA. getretenen wasserwirtschaftlichen Senats des Oberverwaltungsgerichts sind durch VO. v. 12. 3. 24 (Gesetzsamml. S. 130) mehrere Vorschriften des LVG. ausdrücklich für anwendbar erklärt. Eine Vorschrift, welche die Zustimmung des Kollegiums für den Fall der Erteilung einer Verleihung als erforderlich bezeichnet, ist nicht vorhanden. Das Wort „beschließen" enthält eine solche Bestimmung nicht, denn es schließt nach der üblichen Gesetzessprache eine Erledigung durch Vorbescheid des Vorsitzenden ein (LWA. 1, 104; PVBl. 37, 474 und AusfAnw. III Nr. 23). Mit dem Verleihungsantrag den Antrag auf Eintragung in das Wasserbuch zu verbinden, ist unzulässig, (LWA. 2, 51). Zulässig ist aber die Verbindung mit dem Sicherstellungsantrag. Hat die Verleihungsbehörde einen

Teil des Antrags unentschieden gelassen, so ist der Antragsteller befugt, die Ergänzung der Entscheidung bei der Verleihungsbehörde zu beantragen. An eine Frist ist dieser Antrag nicht gebunden (LWA. **1**, 109). Auf Grund des § 125 LVG. dürfen im Beschlußverfahren Beschwerden erhoben werden, die das Verfahren leitende Verfügungen betreffen. Eine Beschwerde, die einen Eingriff in der Entscheidung zur Sache begehrt, betrifft nicht die Leitung des Verfahrens. Eine solche Beschwerde ist ungesetzlich (LWA. **1**, 108).

Eine Zurücknahme des Verleihungsantrags ist auch in der Beschwerdeinstanz noch zulässig (LWA. **1**, 170; PVBl. **40**, 315).

2. **Behandlung der Verleihungsanträge.** Jeder, der eine Verleihung nachsucht, hat einen publizistischen Anspruch darauf, daß über den Verleihungsantrag in dem gesetzlich geordneten Verfahren verhandelt und entschieden wird. Eine förmliche Einleitung des Verleihungsverfahrens darf nur bei solchen Anträgen unterlassen werden, die offenbar unzulässig sind (LWA. **4**, 69). Die Prüfung der gesetzlichen Voraussetzungen des Antrags ist Pflicht der Behörde. Diese Prüfung aufzuschieben ist sie nur befugt, wenn ein hinreichender Grund vorliegt; denn die Verleihungsanträge sind schleunig zu behandeln (LWA. **1**, 27, 75; OVG. i. Ztschr. f. Agr. u. Wasserr. **5**, 16; 317, PVBl. **39**, 230).

§ 65.

(1) Dem Antrag auf Verleihung sind die erforderlichen Zeichnungen und Erläuterungen beizufügen[1]).

(2) Ist der Antrag offenbar unzulässig[2]), so kann er ohne weiteres[3]) durch einen mit Gründen versehenen Beschluß zurückgewiesen werden[4]).

(3) Andernfalls ist die beabsichtigte Benutzung des Wasserlaufs in ortsüblicher Weise[5]) in allen Gemeinden (Gutsbezirken) öffentlich bekanntzumachen[6]), auf deren Bezirk sich nach dem Ermessen der Verleihungsbehörde ihre Wirkung erstrecken kann. Die Bekanntmachung hat, soweit Landgemeinden beteiligt sind, auch in den Kreisblättern zu erfolgen.

(4) Daneben sollen alle bekannten Personen, die

nach dem Ermessen der Behörde von nachteiligen Wirkungen der Benutzung betroffen werden können, auf die öffentliche Bekanntmachung hingewiesen werden.

Ent. § 61; B. 104; KBA. 117.

1. **Erfordernisse des Verleihungsantrags.** Der Antrag hat bestimmt zu erklären, welches Wasserbenutzungsrecht verliehen werden soll und hat das Unternehmen, für das es erteilt werden soll, richtig und genau zu bezeichnen (LWA. 4, 35). Der Umfang des einmal gestellten Antrags ist für das Verfahren in allen Rechtszügen maßgebend. Eine Ausdehnung des Antrags bedarf eines neuen Verfahrens und ist in der Beschwerdeinstanz überhaupt unzulässig (LWA. 1, 78). Bei unklaren oder ungenauen Anträgen hat die Verleihungsbehörde auf die Beseitigung der Unklarheiten und eine genauere Fassung des Antrags durch Verhandlungen mit dem Antragsteller hinzuwirken (LWA. 3, 35, 75 und Ztschr. f. Agr. u. Wasserr. 4, 70). Ein Antrag ohne Planunterlagen und ohne Bezeichnung der Stelle, an denen die Benutzung des Wasserlaufs erfolgen soll, stellt keinen ordnungsmäßigen Verleihungsantrag dar (LWA. 4, 52 und Ztschr. f. Agr. u. Wasserr. 4, 54). Wegen der erforderlichen Zeichnungen und Erläuterungen im einzelnen vgl. AusfAnw. III Nr. 2—6.

2. **Offenbar unzulässige Anträge.** Offenbar unzulässig sind Anträge, deren Behandlung im Verleihungsverfahren gesetzlich überhaupt nicht zugelassen ist, die z. B. ohne Bezug auf ein bestimmtes Unternehmen gestellt sind, die Verleihung eines Rechts beanspruchen, das bereits besteht oder durch Verleihung nicht begründet werden kann, oder die der erforderlichen Zeichnungen und Erklärungen entbehren (LWA. 1, 113; 4, 73; PVBl. 37, 283; OVG. in Ztschr. f. Agr. u. Wasserr. 5, 16; vgl. auch Nachtrag). Eine Zurückweisung als offenbar unzulässig ist auf Grund rechtlicher Erwägungen über das Bestehen des für das Recht geltend gemachten besonderen privatrechtlichen Titels nur zulässig, wenn die Rechtslage so klar ist, daß auch im ordentlichen Rechtswege keine abweichende Entscheidung zu erwarten ist (LWA. 1, 155; 3, 90).

Nicht offenbar unzulässig ist ein Verleihungsantrag, weil durch die Ausübung des verliehenen Rechts die Benutzung einer gemäß §§ 16ff. GewO. genehmigten Anlage in Frage gestellt wird (LWA. 1, 115; PVBl. 40, 472) oder weil die Grundstücke nur mit ihrer Grundbuchbezeichnung, aber nicht mit Parzellen-Nr., Flur und Gemarkung bezeichnet sind (LWA. 4, 73) oder weil mit dem Widerspruch des Eigentümers des in Anspruch genommenen künstlichen Wasserlaufs zu rechnen ist (LWA. in Ztschr. f. Agr. u. Wasserr. **4**, 17) oder weil sich ohne weiteres ergibt, daß die Reinigungsanlage nicht genügt und die Einleitungsstelle ungünstig gewählt ist (LWA. **1**, 113).

3. **ohne weiteres.** Es bedarf also nicht der Einleitung eines förmlichen Verleihungsverfahrens, wie es die §§ 66ff. bestimmen.

4. **Mit Gründen versehener Beschluß.** Offenbar unzulässige Anträge sind also nicht durch formlose Verfügung zurückzuweisen, sondern durch einen mit Gründen versehenen Beschluß der Verleihungsbehörde, an dessen Stelle gemäß § 117 LVG. der Vorbescheid des Vorsitzenden treten kann (LWA. **4**, 69). Ein Anspruch auf Zurückweisung besteht nicht. Die Entscheidung der Verleihungsbehörde, durch die abgelehnt wird, einen Verleihungsantrag als offenbar unzulässig zurückzuweisen, unterliegt nicht der Nachprüfung der 2. Instanz. Das Gesetz stellt durch die Fassung „so kann der Antrag zurückgewiesen" die Entscheidung in das freie Ermessen der Verleihungsbehörde und gibt einen Rechtstitel zur sachlichen Nachprüfung der Entscheidung nur dann, wenn die Zurückweisung erfolgt (LWA. **1**, 114, 115; PVBl. **39**, 589). Gegen den zurückweisenden Beschluß des Bezirksausschusses findet die Beschwerde an den wasserwirtschaftlichen Senat des Oberverwaltungsgerichts statt (LWA. **4**, 69). Erfolgt die Zurückweisung durch einen mit Gründen zu versehenden Vorbescheid des Vorsitzenden, so ist dem Antragsteller zu eröffnen, daß er befugt sei innerhalb zwei Wochen Beschlußfassung des Kollegiums anzutragen oder die Beschwerde an das Oberverwaltungsgericht einzulegen (Begr. 104; AusfAnw. III Nr. 8; a. M. Bitta und von Kries S. 112).

5. **Ortsüblich,** vgl. § 5 Anm. 3.

6. **Das Vorverfahren, insbesondere die öffentliche Bekanntmachung.** Über alle nicht als offenbar unzulässig zurückgewiesenen Anträge hat der Bezirksausschuß ein besonderes Vorverfahren einzuleiten, dessen Leitung grundsätzlich ihm selbst obliegt, er kann es jedoch nach Prüfung der Vollständigkeit der Vorlagen einem seiner ernannten Mitglieder oder der Wasserpolizeibehörde übertragen (AusfAnw. III Nr. 9). Durch das Vorverfahren mit der anschließenden Erörterung etwaiger Widersprüche und anderer Ansprüche sollen die für die Verleihung in Betracht kommenden tatsächlichen und rechtlichen Verhältnisse klargestellt werden, insbesondere soll ermittelt werden, ob Versagungsgründe vorliegen

oder Schutzvorrichtungen und Entschädigungen zu verlangen sind (LWA. 4, 62). Sodann muß der Verleihungsantrag in ortsüblicher Weise in allen Gemeinden bekanntgemacht werden, auf deren Bezirke sich nach dem Ermessen der Verleihungsbehörde seine Wirkung erstrecken kann (LWA. 4, 169). Einer Bekanntmachung in außerpreußischen Ländern bedarf es nicht (LWA. 1, 92). Aus der öffentlichen Bekanntmachung muß klar und allen verständlich hervorgehen, welche bestimmten Wasserbenutzungsrechte verliehen werden sollen (OVG. in Ztschr. f. Agr. u. Wasserr. 5, 241).

Sie muß angeben, wo die ausgelegten Zeichnungen und Erläuterungen eingesehen und bei welcher Behörde Widersprüche gegen die Verleihung sowie Ansprüche auf Herstellung und Unterhaltung von Einrichtungen oder auf Entschädigung schriftlich oder mündlich zu Protokoll erhoben werden können. Sie muß ferner für die Erhebung von Widersprüchen eine Frist bestimmen. Die Einrückung von Fristen und Terminen in die Bekanntmachung kann der mit der Entgegennahme und Erörterung der Widersprüche und anderer Ansprüche beauftragten Behörde ebenso überlassen werden, wie die Auswahl der in Betracht kommenden Gemeinden und der besonders hinzuweisenden Personen, in solchen Fällen, in denen die beauftragte Behörde die dafür maßgebenden Verhältnisse besser zu übersehen vermag, als der Bezirksausschuß (LWA. 3, 83; 4, 3, 79). Die Verleihungsbehörde hat die Bekanntmachung selbst zu verfassen und so auszufertigen, daß sie für jeden Beteiligten als von ihr herrührend in die Erscheinung tritt (AusfAnw. III Nr. 9 Satz 1). Die Bekanntmachung muß auch durch den Bezirksausschuß erfolgen. Bekanntmachung durch die das Vorverfahren leitende Behörde genügt nicht und macht das ganze Verfahren nichtig (Beschl. des LWA. v. 19. 8. 21 II W 39/1921). Der Bezirksausschuß kann aber im Laufe des Verfahrens die Bekanntmachung in ordnungsmäßiger Form wiederholen oder ergänzen (LWA. 4, 64, 79; OVG. in Ztschr. f. Agr. u. Wasserr. 5, 241). Ein Recht, das in der Bekanntmachung nicht aufgeführt ist, darf nicht verliehen werden. Die Mängel der Bekanntmachung beeinträchtigen weniger die Ansprüche der Parteien, die sich trotzdem an dem Verfahren beteiligt haben, als vielmehr diejenigen solcher Personen, die vielleicht gerade infolge dieses Mangels dem Verfahren ferngeblieben sind und von den Rechtswirkungen der Entscheidung betroffen werden, ohne daß sie die rechtliche Möglichkeit haben, dagegen ein Rechtsmittel einzulegen.

Derartige wesentliche Mängel des Verfahrens sind daher ohne Rücksicht darauf, ob sie von einer Partei beanstandet werden, von Amts wegen zu berücksichtigen (OVG. in Ztschr. f. Agr. u. Wasserr. 5, 241; 7, 51). Eine Unterlassung der Bekanntmachung enthält einen so groben Verstoß gegen die Verfahrensvorschriften, daß auf Beschwerde die Aufhebung des Verleihungsbeschlusses erfolgen muß (LWA. 4, 4).

§ 66.

(1) Die Bekanntmachung muß angeben, wo die ausgelegten Zeichnungen und Erläuterungen eingesehen und bei welcher Behörde Widersprüche[1]) gegen die Verleihung sowie Ansprüche auf Herstellung und Unterhaltung von Einrichtungen oder auf Entschädigung schriftlich oder mündlich zu Protokoll erhoben werden können. Sie muß ferner für die Erhebung von Widersprüchen eine Frist bestimmen[2]). Diese beträgt mindestens zwei und höchstens sechs Wochen und beginnt mit Ablauf des Tages, an dem das letzte die Bekanntmachung enthaltende Blatt[3]) ausgegeben ist.

(2) Mitteilung über Betriebseinrichtungen oder Betriebsweisen, deren Geheimhaltung der Antragsteller für erforderlich hält, sind, getrennt von den zur öffentlichen Auslegung bestimmten Vorlagen, in besonderen Schriftstücken und Zeichnungen vorzulegen[4]).

Ent. § 62; B. 105; KBA. 117.

1. **Widersprüche.** Die Bestimmung der zur Entgegennahme von Widersprüchen zuständigen Behörde ist ganz in das Ermessen der Verleihungsbehörde gestellt (LWA. 2, 78). Ein Widerspruch, der innerhalb der in der Bekanntmachung bestimmten Frist bei der Verleihungsbehörde angebracht wird, ist auch dann zu berücksichtigen, wenn für die Anbringung der Widersprüche eine andere Behörde bestimmt ist (OVG. in Ztschr. f. Agr. u. Wasserr. 6, 115).

2. **Fristbestimmung.** Die Frist ist eine Ausschlußfrist. Bleibt die in der Bekanntmachung festgesetzte Widerspruchsfrist hinter der gesetzlichen Mindestfrist von zwei Wochen zurück, so macht das die Bekanntmachung nicht ungültig, sondern hat nur die

Wirkung, daß die innerhalb der von zwei Wochen nach Ablauf dieses Tages erhobenen Widersprüche noch als rechtzeitig anzusehen sind (LWA. in Ztschr. f. Agr. u. Wasserr. 4, 60). Die Fristversäumung hat ohne weiteres den endgültigen Ausschluß des Widerspruchs zur Folge. Eine Wiedereinsetzung in den vorigen Stand ist nicht gegeben (LWA. 1, 14, 126; 2, 78; PVBl. 38, 255; 39, 278). Widersprüche aus Rücksichten des öffentlichen Wohls können auch nach dem Ablauf der Widerspruchsfrist angebracht werden (LWA. 4, 51, 66).

Widersprüche der Wasserpolizeibehörde nach § 49 Abs. 4 sind an keine Frist gebunden (LWA. in Ztschr. f. Agr. u. Wasserr. 4, 35).

Die Frist bezieht sich nur auf die Erhebung von Widersprüchen gegen die Verleihung, während Ansprüche auf Schutzeinrichtungen und auf Entschädigung noch bis zum Schlusse des Verfahrens vor dem Bezirksausschuß erhoben werden dürfen (LWA. in Ztschr. f. Agr. u. Wasserr. 4, 61, 64).

3. **Das letzte, die Bekanntmachung enthaltende Blatt.** Unter dem letzten, die Bekanntmachung enthaltenden Blatte ist das von mehreren Blättern zuletzt ausgegebene zu verstehen. Ist das letzte Blatt der Bekanntmachung also z. B. am 15. 1. ausgegeben, so beginnt die Frist am 16. 1.

4. **Betriebsgeheimnisse.** Die Bestimmung des Abs. 2 ist der AusfAnw. zur GewO. v. 1. 5. 04 § 15 Abs. 1 entnommen. Vgl. AusfAnw. III Nr. 6, 22.

§ 67.

(1) Die Bekanntmachung ist unter der Verwarnung[1]) zu erlassen, daß diejenigen, die innerhalb der bestimmten Frist keinen Widerspruch gegen die Verleihung erheben, ihr Widerspruchsrecht verlieren und daß wegen nachteiliger Wirkungen der Ausübung des verliehenen Rechtes nur noch die im § 82 bezeichneten Ansprüche geltend gemacht werden können[2]).

(2) In der Bekanntmachung ist dieselbe Frist für andere Anträge auf Verleihung des Rechtes zu einer Benutzung des Wasserlaufs zu bestimmen, durch welche die von dem ersten Antragsteller beabsichtigte Benutzung

beeinträchtigt werden würde. Hierbei ist die Verwarnung zu erlassen, daß nach Ablauf der Frist gestellte Anträge auf Verleihung in demselben Verfahren nicht berücksichtigt werden[3]).

(3) Zur Beibringung der Unterlagen (§ 65) kann eine angemessene Nachfrist[4]) gewährt werden.

Ent. § 63; B. 105; KBA. 117ff.; KBH. 36.

1. **Verwarnung.** Nichtaufnahme der Verwarnung macht die Bekanntmachung wirkungslos und ein trotzdem auf Grund einer solchen Bekanntmachung durchgeführtes Verfahren nichtig.

2. **Ausschluß der Rechte.** Ansprüche auf Schutzeinrichtungen oder Entschädigung können nur noch bis zur Beendigung des ersten Rechtszuges erhoben werden (OVG. in Ztschr. f. Agr. u. Wasserr. 7, 221; vgl. § 66 Anm. 2).

3. **Anmeldung weiterer Anträge.** Anträge der bezeichneten Art unterscheiden sich wesentlich von der Erhebung von Widersprüchen; denn letztere wollen nur die Verleihung behindern, durch erstere will aber der Antragsteller das beanspruchte Recht erhalten, ohne Rücksicht darauf, ob der zuerst gestellte Antrag Erfolg hat oder nicht. Das Gesetz verbindet beide Anträge zu einer gemeinschaftlichen Verhandlung und Entscheidung nur deshalb, damit, ohne daß der Abschluß des Verfahrens in unerwünschter Weise verzögert wird, diejenigen Grundsätze gewahrt werden, die in § 61 für die Bewertung verschiedener einander ausschließender Verleihungsanträge aufgestellt sind. Der in einem schwebenden Verfahren angebrachte zweite Verleihungsantrag bleibt immer ein selbständiger Anspruch auf Verleihung, über den förmlich entschieden werden muß (LWA. 1, 129; PVBl. 38, 324). Über die Behandlung der Anträge hat sich die Verleihungsbehörde schlüssig zu machen. Unrichtige Auffassungen darüber können nur mit der Entscheidung zur Hauptsache im Beschwerdewege angegriffen werden (LWA. 1, 109; PVBl. 38, 550). Über den Vorrang unter mehreren geplanten Unternehmungen darf nicht schon vor der Einleitung des förmlichen Verleihungsverfahrens entschieden werden (LWA. 4, 71). Die Verhandlung sowie auch die Entscheidung über alle unter § 67 Abs. 2 fallenden Verleihungsanträge muß gemeinschaftlich erfolgen und der Verleihungsbeschluß muß die Entscheidung über denjenigen Antrag mitenthalten, der abgelehnt wird (LWA. 1, 120; 4, 53, 72).

Ist der zweite Antrag offenbar unzulässig, so ist er gemäß § 65 Abs. 2 zurückzuweisen, ohne daß es einer vorhergehenden öffentlichen Bekanntmachung bedürfte (LWA. in Ztschr. f. Agr. u. Wasserr. 4, 17). Entgegen der Ansicht der AusfAnw. III Nr. 18 kann der zweite Antrag zwar nicht als unzulässig, wohl aber als unbegründet angesehen werden, wenn nach § 61 dem ersten Antrag unzweifelhaft der Vorrang gebührt; in einem solchen Falle würde der zweite Antrag auch ohne vorher erfolgte Bekanntmachung zurückgewiesen werden dürfen (LWA. 1, 123; 4, 62, 72; OVG. in Ztschr. f. Agr. u. Wasserr. 5, 317).

Die gemäß § 67 Abs. 2 eingereichten Anträge müssen die beanspruchten Benutzungsrechte in ihren wesentlichen Einzelheiten deutlich beschreiben. Wird durch die geplante Benutzung eines Wasserlaufs eine andere Benutzung unmöglich gemacht, deren Bedeutung für die Allgemeinheit erheblich überwiegt, so kann die nachgesuchte Verleihung aus Rücksichten des öffentlichen Wohls versagt werden, vorausgesetzt, daß die wirtschaftlich erwünschtere Ausnutzung Aussicht auf Verwirklichung hat (OVG. in Ztschr. f. Agr. u. Wasserr. 7, 228).

4. **Nachfrist.** Die Bewilligung der Nachfrist steht im Ermessen der Verleihungsbehörde. Sie kann den Antrag auch als offenbar unzulässig ablehnen oder in ein gesondertes Verfahren verweisen (LWA. 1, 84). Sie soll aber die Frist gewähren, wo dies berechtigt ist und nicht wichtige Umstände entgegenstehen. Sie muß sich jedenfalls wegen der Frist schlüssig machen (LWA. 1, 130; 4, 70; LWA. in Ztschr. f. Agr. u. Wasserr. 4, 54; PVBl. 38, 328). Vgl. auch Nachtrag.

§ 68.

(1) Werden Verleihungsanträge, bei denen die Voraussetzungen des § 61 und des § 67 Abs. 2 vorliegen, bei verschiedenen Verleihungsbehörden gestellt, so entscheidet diejenige Behörde, welche für den ersten Antrag zuständig ist[1]).

(2) Sind derartige Anträge an ein und demselben Tage eingegangen, so ist der § 58 Abs. 1 Nr. 2 des Landesverwaltungsgesetzes vom 30. Juli 1883 (Gesetzsamml. S. 195) entsprechend anzuwenden.

KommBeschl. § 63a; KBA. 119.

1. Bei verschiedenen Behörden eingehende, gleichzeitige Anträge. Aus der Fassung des Abs. 2 geht hervor, daß bezüglich der Priorität verschiedener Anträge nicht die Stunde des Eingangs (wie z. B. in Grundbuchsachen), sondern ausschließlich der Tag entscheidend ist. Es gelten danach als gleichzeitig alle an demselben Tage, sei es vormittags oder nachmittags eingegangenen Anträge. Da hiernach bei verschiedenen Verleihungsbehörden Anträge gleichzeitig eingehen können, so genügt die Bestimmung des Abs. 1 nicht, um die Zuständigkeitsfrage zu entscheiden, es wird darum die zuständige Verleihungsbehörde gemäß § 58 Abs. 1 Nr. 2 LWG. entgültig bestimmt (vgl. LWA. 4, 63).

§ 69.

(1) Die Verleihungsbehörde hat von Amts wegen zu prüfen, ob die gesetzlichen Voraussetzungen[1]) für die Verleihung vorliegen. Sie hat ferner an Stelle der sonst zuständigen Polizeibehörden zu prüfen, ob die beabsichtigte Benutzung des Wasserlaufs den polizeilichen Vorschriften[2]) entspricht.

(2) Die Wasserpolizeibehörde und die sonst in Wahrnehmung öffentlicher Interessen beteiligten Behörden sollen gehört werden[3]).

(3) Ist von einem Bergwerksbesitzer ein Antrag auf Verleihung gestellt oder hat ein anderer eine Verleihung in einem Gebiete nachgesucht, in dem Bergbau umgeht, so ist die zuständige Bergbehörde in dem Verfahren zu hören[4]).

Ent. § 64; B. 106; KBA. 119.

1. Gesetzliche Voraussetzungen, vgl. §§ 47 ff.

2. Polizeiliche Vorschriften. Hierher gehören z. B. feuer-, bau-, wasser-, sicherheits-, berg-, verkehrs-, gesundheitspolizeiliche Vorschriften.

Hierunter fallen jedoch nicht:

a) die deichpolizeiliche Genehmigung (AusfAnw. III Nr. 26 Abs. 2);

b) die Genehmigung der Kleinbahnaufsichtsbehörde nach § 2 des KleinbahnG. v. 28. 7. 1892 (LWA. 1, 207);

c) die ministerielle Genehmigung nach § 4 des EisenbahnG. v. 3. 11. 1838 (LWA. 1, 202; OVG. in Ztschr. f. Agr. u. Wasserr. 5, 241);

d) die gewerbepolizeiliche Genehmigung nach §§ 16ff. GewO. (LWA. 4, 99). Diese Genehmigungen sind noch nebenher einzuholen.

3. **Anhörung der beteiligten Behörden.** Je nach den von diesen beteiligten Behörden geäußerten Bedenken oder für erforderlich erachteten Vorkehrungen ist die Verleihung zu versagen oder an entsprechende Bedingungen zu knüpfen.

Behörden, welche Widerspruch gegen die Verleihung erhoben haben, gelten im Verleihungsverfahren als Parteien (vgl. §§ 66, 71ff.). Sie können den Beschluß der Verleihungsbehörde mit den im § 76 angegebenen Rechtsmitteln anfechten, falls sie die von ihnen vertretenen öffentlichen Interessen nicht für ausreichend gewahrt erachten. Vor der Entscheidung über einen Antrag auf Verleihung von Benutzungsrechten an einem in ein Zusammenlegungsverfahren einbezogenen Wasserlauf, ist die zuständige Landeskulturbehörde zu beteiligen und die Entscheidung gegebenenfalls bis zur Feststellung des Auseinandersetzungsplans zu vertagen (LWA. 3, 72).

4. **Beteiligung der Bergbehörde.** Die zuständige Bergbehörde, d. i. das Oberbergamt ist zu hören, auch wenn der Bergwerksbesitzer selbst keinen Widerspruch erhoben hat. Vgl. im übrigen AusfAnw. III Nr. 10 Abs. 1, Nr. 13 Abs. 3, Nr. 19 Abs. 2.

§ 70.

(1) Die Verleihungsbehörde oder ein von ihr beauftragter Beamter hat die Widersprüche, die Anträge auf Verleihungen (§ 61, § 67 Abs. 2), die Ansprüche auf Herstellung und Unterhaltung von Einrichtungen sowie die Entschädigungsansprüche mit denen, die sie erhoben haben, mündlich zu erörtern[1]). Zu dieser Erörterung sind der Unternehmer sowie diejenigen, die Widersprüche oder Ansprüche erhoben haben, mit der Eröffnung vorzuladen, daß im Falle des Ausbleibens gleichwohl mit der Erörterung werde vorgegangen werden[2]).

(2) Wird ein Widerspruch oder ein Anspruch auf Grund eines besonderen privatrechtlichen Titels[3]) erhoben, so ist ein Streit über das Bestehen des Titels zur richterlichen Entscheidung zu verweisen[4]). Die Verleihungsbehörde kann die Entscheidung über den Verleihungsantrag bis zur Erledigung des Streites aussetzen. Sie muß dies tun, wenn das Bestehen des Titels glaubhaft gemacht wird[5]) und bei Anerkennung des Titels die Verleihung nach § 50 zu versagen sein würde. Bei Aussetzung der Entscheidung ist dem Unternehmer eine Frist zu bestimmen, binnen deren er die Klage zu erheben hat. Wird die Prozeßführung von dem Unternehmer[6]) ungebührlich verzögert, so kann das Verleihungsverfahren fortgesetzt werden.

(3) Läßt sich bei Entschädigungsansprüchen nicht voraussehen, ob oder in welcher Höhe ein Schaden entstehen wird, so ist die Entscheidung über diese Ansprüche einem späteren Verfahren nach § 82 vorzubehalten[7]). In den Fällen des § 53 ist auf Antrag des Unternehmers die Entscheidung über die erhobenen Ansprüche einem späteren Verfahren vorzubehalten, falls sich nicht bestimmt voraussehen läßt, daß die gesetzlichen Voraussetzungen vorliegen.

(4) Der Antrag auf Erwerbung des Eigentums (§ 53) ist bis zum Schlusse der nach Abs. 1 stattfindenden Verhandlungen zu stellen[8]).

Ent. § 65; B. 106ff.; KBA. 120; L. II 8138.

1. **Mündliche Erörterung.** Die Vorschrift, daß die Verleihungsbehörde oder ein von ihr beauftragter Beamter die Widersprüche, die Ansprüche auf Herstellung und Unterhaltung von Einrichtungen sowie die Entschädigungsansprüche mit denen, die sie erhoben haben, mündlich zu erörtern hat, ist zwingenden Rechts, so daß ihre Nichtbefolgung im zweiten Rechtszuge zu einer Nachholung der unterbliebenen Erörterung führen muß (OVG. in Ztschr. f. Agr. u. Wasserr. 6, 116).

Der Termin kann auch schon in der öffentlichen Bekanntmachung anberaumt werden (AusfAnw. III Nr. 12f.). Im Termin ist zunächst eine gütliche Einigung zu versuchen (AusfAnw. III Nr. 16).

2. **Ladung der Beteiligten.** Die Ladung der Beteiligten zur mündlichen Erörterung der auf die öffentliche Bekanntmachung des Verleihungsantrags erhobenen Widersprüche und Ansprüche kann durch Aufnahme in die öffentliche Bekanntmachung erfolgen, einer Ladung durch besondere Zuschrift bedarf es nicht (OVG. in Ztschr. f. Agr. u. Wasserr. 5, 359; a. M. Holtz-Kreutz, Handausgabe, Anm. 1 zu § 70). Wenn die öffentlichen Behörden Widerspruch erhoben haben, sind sie als beteiligte Parteien anzusehen (LWA. in Ztschr. f. Agr. u. Wasserr. 2, 366). Ist ein Bevollmächtigter bestellt, so steht es in dem Ermessen der Verleihungsbehörde, ob sie den Antragsteller oder in dessen Namen seinen Bevollmächtigten oder beide am Verfahren beteiligen will (LWA. 3, 209). Ob in einzelnen Fällen eine schriftliche Mitteilung der Widersprüche an den Unternehmer erfolgen soll, steht im Ermessen der Verleihungsbehörde (LWA. 3, 209). Nicht zugestimmt werden kann der Ansicht des LWA. a. a. O., daß es in das freie Ermessen der Verleihungsbehörde gestellt sei, ob sie den Antragsteller oder seinen Bevollmächtigten oder beide zum Verfahren zuziehen will. Wenn der Antragsteller einen Dritten mit schriftlicher, zu den Akten der Verleihungsbehörde eingereichter Vollmacht bevollmächtigt, so gibt er damit deutlich zu erkennen, daß er seine Interessen bei den Verhandlungen gerade durch diesen Dritten vertreten wissen will. Die Ansicht des LWA., daß es in das „freie Ermessen der Verleihungsbehörde gestellt ist, ob es den einen oder den anderen zulassen will, würde der Willkür Tür und Tor öffnen und außerdem für den Antragsteller, der sich auf die von ihm erteilte Vollmacht — mit Recht — verläßt, eine erhebliche Unsicherheit und u. U. auch Schädigung zur Folge haben.

Verlangt muß allerdings eine zweifelsfreie schriftliche Vollmacht werden. Der Bevollmächtigte wird dadurch natürlich nicht „Beteiligter", aber vollberechtigter Vertreter eines Beteiligten. Richtig ist, daß die Erklärungen des Antragstellers für den Bevollmächtigten maßgebend sind. Das ergibt sich aus dem Auftrags- und Vollmachtsverhältnis.

3. **Besonderer privatrechtlicher Titel.** Vgl. § 379 Anm. 3.

4. **Verweisung zur richterlichen Entscheidung.** Zur richter-

lichen Entscheidung zu verweisen ist lediglich der Streit über das Bestehen oder Nichtbestehen des in Anspruch genommenen privatrechtlichen Titels, wenn er bei rechtsgültigem Bestehen der Erteilung der Verleihung entgegenstehen würde. Ob letzteres der Fall ist oder ob der Widersprechende mit seinem Recht vor dem durch Verleihung beanspruchten Recht zurücktreten muß, ist durch die Verleihungsbehörde, nicht durch die ordentlichen Gerichte zu entscheiden. Es sind hier zwei Fälle zu unterscheiden:

a) Wird auf Grund eines besonderen privatrechtlichen Titels, über dessen Bestehen kein Streit herrscht, Widerspruch gegen die Verleihung erhoben, so hat die Verleihungsbehörde allein zu entscheiden.

b) Herrscht dagegen Streit, ob der Titel zu Recht besteht oder nicht, so ist dieser Streit zur richterlichen Entscheidung zu verweisen, da es sich um das Bestehen oder Nichtbestehen eines rein zivilrechtlichen Anspruchs handelt (Begr. 107; LWA. 3, 67).

5. **Aussetzung des Verfahrens.** Die Aussetzung kann bei Bestehen eines Streites über die Existenz eines privatrechtlichen Titels, welcher für die Genehmigung oder Versagung der Verleihung entscheidend ist, stets von Amts wegen oder auf Antrag beschlossen werden. Es muß ausgesetzt werden, wenn der beanspruchte privatrechtliche Titel glaubhaft gemacht ist. Wann dies der Fall ist, entscheidet die Verleihungsbehörde nach freiem richterlichen Ermessen. Sie braucht nicht zu begründen, weshalb sie die Existenz des behaupteten Titels für glaubhaft gemacht hält. Mittel der Glaubhaftmachung sind alle nach § 294 ZPO. zulässigen. Es können also eidesstattliche Versicherungen, Urkunden, auch rein privatschriftliche Erklärungen als Mittel zur Glaubhaftmachung dienen. Natürlich kann sich eine derartige Glaubhaftmachung nur auf Tatsachen erstrecken, aus welchen die Verleihungsbehörde die Existenz des Titels folgern kann.

Macht die Verleihungsbehörde von dem Recht, die Entscheidung bis zur Erledigung des Streites über den Titel auszusetzen, keinen Gebrauch, so ist der zur richterlichen Entscheidung verwiesene Streit nach § 72 Nr. 5 im Verleihungsbeschluß zu bezeichnen. Es ist ferner im Beschluß Bestimmung darüber zu treffen, welche Auflagen dem Unternehmer gemacht werden für den Fall, daß das Bestehen des Titels im Rechtswege festgestellt wird (Begr. 108). Würde aber ein im ordentlichen Rechtswege festgestellter Titel die Versagung der Verleihung zur Folge haben, so kann, falls nicht der Fall des Abs. 2 Satz 3 vorliegt, die Verleihungs-

behörde dahin entscheiden, daß die Verleihung für den Fall der Feststellung des Nichtbestehens des Titels im ordentlichen Rechtswege erteilt, für den entgegengesetzten Fall aber untersagt wird (Begr. 108; KBA. 120). Dadurch wird das Verleihungsverfahren zwar zum Abschluß gebracht, der Streit der Parteien über den zivilrechtlichen Titel aber nicht präjudiziert, auch der auf Grund des behaupteten Titels Widersprechende nicht geschädigt, da nach § 77 Abs. 1 die Ausübung des verliehenen Rechts erst nach rechtskräftiger Erledigung des Zivilrechtsstreits beginnen darf. Der Aussetzungsbeschluß ist nach § 76 Abs. 1 und § 125 LVG. mit der Beschwerde anfechtbar.

6. **Von dem Unternehmer.** Die Frist ist also nicht dem Widersprechenden, sondern dem Unternehmer zu stellen (LWA. 3, 134).

7. **Vorbehalt der Entscheidung.** Ein allgemeiner Vorbehalt unbeschadet der Rechte Dritter ist nicht zulässig (LWA. 1, 135; PVBl. 38, 651). Ein Vorbehalt nach Abs. 3 erübrigt sich, wenn der Eintritt von Schädigungen nicht als wahrscheinlich vorausgesehen werden kann; in einem solchen Falle gewährt § 82 auch ohne ausdrücklichen Vorbehalt ausreichenden Schutz (LWA. in Ztschr. f. Agr. u. Wasserr. 4, 59).

Ein Vorbehalt späterer Nachprüfung und anderweitiger Festsetzung von Räumungskosten stellt keine Entscheidung über die Entschädigung dar und ist daher der Anfechtung im Beschwerdeverfahren vor dem Oberverwaltungsgericht nicht entzogen (LWA. 3, 41, 47).

8. **Antrag auf Erwerb des Eigentums.** Der Antrag auf Erwerb des Eigentums an fremden Grundstücken oder Anlagen durch den Unternehmer gemäß § 53 muß zwar bis zum Schluß der mündlichen Erörterung nach § 65 Abs. 1 gestellt werden, die Entscheidung aber, ob der Unternehmer zum Erwerb verpflichtet ist, kann auf diesen Antrag ausgesetzt und einem späteren Verfahren vorbehalten werden. Der Antrag ist also auch in der Zwischenzeit zwischen dem Schluß des Erörterungstermins und dem Erlaß der Entscheidung durch die Verleihungsbehörde nicht mehr zulässig. Der Antrag auf Erwerb des Eigentums kann zurückgenommen werden (Lenhard-Reichau S. 211, 218; RG. 42, 225; JW. 1900, 192; a. M. Holtz-Kreutz Anm. 21 zu § 70).

§ 71.

Der Beschluß über den Verleihungsantrag ist dem

Unternehmer und allen Behörden und Personen, die Widersprüche oder Ansprüche (§ 70 Abs. 1) erhoben haben, zuzustellen[1]). Er muß mit Gründen versehen sein, wenn die Verleihung nicht dem Antrage gemäß oder unter Zurückweisung von Widersprüchen oder Ansprüchen erteilt wird[2]).

Ent. § 66; B. 109; KBA. 121.

1. **Zustellung des Beschlusses.** Satz 1 führt alle diejenigen Beteiligten auf, die als Parteien im Verleihungsverfahren zu gelten haben und denen gemäß § 76 Abs. 1 die Beschwerde gegen den die Verleihung erteilenden Beschluß zusteht. In dieser Bestimmung ist der Kreis derjenigen, denen er zuzustellen ist, fest umgrenzt. Wer keine Widersprüche oder Ansprüche geltend gemacht hat, kann nicht als Partei angesehen werden (LWA. **1**, 132).

Durch die Zustellung wird die Beschwerdefrist in Lauf gesetzt.

2. **Mit Gründen versehener Beschluß.** Nur in diesem Falle des Satz 2 ist der Beschluß mit Gründen zu versehen. Eine Begründung ist also in allen Fällen nicht erforderlich, in denen die Verleihung antragsgemäß erteilt wird.

Antragsgemäß ist auch eine Verleihung, wenn der Unternehmer sich selbst im Antrag zur Herstellung von Schutzvorrichtungen oder Einrichtungen bereit erklärt hat und dementsprechend die Verleihung erteilt wird. Es liegt dann kein Abweichen vom Antrag vor.

Nicht dem Antrag gemäß ist die Verleihung insbesondere, wenn sie unter einschränkenden Bedingungen oder Auferlegung von Verpflichtungen oder auf eine kürzere Zeit als beantragt, erteilt wird, oder die Ausübung von der Entscheidung eines Zivilrechtsstreits abhängig ist.

Der Mangel der Begründung in solchen Fällen stellt einen Verstoß gegen eine zwingende gesetzliche Vorschrift dar, die, bei Anfechtung des Beschlusses zu seiner Aufhebung führen muß (LWA. **4**, 18; PBBl. **44**, 33).

Soweit die entscheidende Behörde ihren Beschluß nicht in öffentlicher Sitzung verkündet hat, muß sie sich auch solche Schriftsätze berücksichtigen, die erst nach bereits erfolgter Beschlußfassung, aber noch vor Weitergabe zur Zustellung eingehen (LWA. in Ztschr. f. Agr. u. Wasserr. **4**, 64).

Der Antrag auf mündliche Verhandlung kann ohne Angabe von Gründen gestellt werden (LWA. 3, 29). Etwaige Unklarheiten und Mängel sind vom Amts wegen, nötigenfalls durch Verhandlung mit dem Antragsteller zu beseitigen (LWA. in Ztschr. f. Agr. u. Wasserr. 4, 21; 5, 21).

Die Verleihungsbehörde kann in entsprechender Anwendung von § 319 ZPO. Schreibfehler, Rechnungsfehler und andere offenbare Unrichtigkeiten jederzeit von Amts wegen berichtigen (LWA. 1, 109; PVBl. 38, 550). Sachliche, den ersten Beschluß abändernde Entscheidungen kann der Bezirksausschuß nicht mehr treffen (LWA. 4, 97). Ein Antrag auf Ergänzung des Beschlusses ist jederzeit möglich (LWA. 1, 123).

Offenbare Widersprüche zwischen Beschlußtenor und Begründung können nur im Beschwerdeverfahren beseitigt werden (LWA. 3, 74).

Die äußere Form des Beschlusses entspricht der auch für andere Beschlüsse des Bezirksausschusses vorgeschriebenen. Die Aufnahme einer Rechtsmittelbelehrung ist zwar nicht zwingend vorgeschrieben, aber empfehlenswert (LWA. 3, 213).

§ 72.

Der Verleihungsbeschluß hat zu enthalten:

1. die genaue Bezeichnung der verliehenen Rechte[1]) sowie der Unternehmungen, für die sie verliehen werden, und, wenn die Rechte mit dem Eigentum an Grundstücken verbunden werden sollen (§ 46 Abs. 3), auch die genaue Bezeichnung dieser Grundstücke;
2. die nach dem § 47 Abs. 2, 3, dem § 49 Abs. 1, 3, 4[2]), dem § 50 Abs. 1 und den §§ 55—60 getroffenen Bestimmungen;
3. den Ausschluß von Rechten nach Maßgabe der Verwarnung im § 67 Abs. 1;
4. die Entscheidung über Anträge nach § 61 und § 67 Abs. 2, wenn deren Ablehnung erfolgt[3]);
5. die Bezeichnung der Streitigkeiten, die nach § 70 Abs. 2 zur richterlichen Entscheidung verwiesen sind;

6. die Entscheidung über die Widersprüche und Ansprüche[4]) und im Falle des § 70 Abs. 3 den Vorbehalt der Entscheidung;
7. im Falle des § 53 die genaue Bezeichnung der Grundstücke oder Anlagen, deren Eigentum der Unternehmer zu erwerben verpflichtet ist;
8. die Festsetzung der von dem Unternehmer zu leistenden Entschädigungen.

1. **Die genaue Bezeichnung der verliehenen Rechte.** Nur das im Verleihungsbeschluß bezeichnete Recht darf der Unternehmer kraft der Verleihung ausüben, auch wenn der Plan des Unternehmers noch von anderen Rechten ausgeht (LWA. 1, 103; PVBl. 37, 474).

2. Vgl. LWA. in Ztschr. f. Agr. u. Wasserr. 4, 26.

3. **Mehrere, einander ausschließende Anträge.** Über mehrere, einander ausschließende Anträge, für welche die Voraussetzungen des § 61 und des § 67 Abs. 2 vorliegen, ist gemeinschaftlich zu entscheiden. Unzulässig ist es, einen davon unter Vorbehalt der Entscheidung über den anderen vorweg zurückzuweisen. Wird von zwei konkurrierenden Anträgen der erstgestellte abgelehnt, so ist auch über den anderen förmlich zu entscheiden, da er sich als selbständiger Antrag darstellt (LWA. 1, 127; PVBl. 38, 324).

4. **Entscheidung über Widersprüche und Ansprüche.** Auf Erteilung eines besonderen Bescheides auf seinen Widerspruch hat der Widersprechende keinen Anspruch. Es entspricht vielmehr dem Gesetze, daß in dem Verleihungsbeschluß zugleich über die Widersprüche entschieden wird (LWA. 3, 60).

Es ist nicht zulässig, zunächst über die Widersprüche zu entscheiden, obwohl zum Antrag auf Verleihung noch nicht Stellung genommen ist (OVG. in Ztschr. f. Agr. u. Wasserr. 6, 305).

§ 73.

Bei der Verleihung eines Staurechts hat der Beschluß ferner Bestimmungen zu enthalten[1]):
1. über die bauliche Einrichtung der Anlagen, welche die abfließende Wassermenge oder die Vorflut beeinflussen;

2. über die innezuhaltenden Stauzeiten;
3. über die festgesetzten Stauhöhen und zwar, wenn der Wasserstand auf einer bestimmten Mindesthöhe gehalten werden muß, auch über diese;
4. über die zu benutzende Wassermenge, wenn ihre Beschränkung erforderlich ist;
5. über die zum Schutze gegen nachteilige Wirkungen des Staues etwa erforderlichen Maßnahmen;
6. in geeigneten Fällen über die Länge der Zeit, für die sich der Unternehmer eine Betriebsstörung ohne Anspruch auf Entschädigung gefallen lassen muß (§ 102 Abs. 2);
7. in geeigneten Fällen und stets, wenn es sich um eine Talsperrre (§ 106) handelt, darüber, ob und unter welchen Bedingungen die Stauanlage dauernd außer Betrieb gesetzt oder beseitigt werden darf (§ 99 Abs. 3).

Ent. §§ 67; B. 109; KBA. 121 ff.

1. **Sonderbestimmungen für Verleihung von Staurechten.** Vgl. AufsAnw. III Nr. 3. § 73 ist lediglich eine Ergänzung des § 72 für den Sonderfall der Verleihung eines Staurechts.

§ 74.

Wird der Unternehmer durch den Verleihungsbeschluß verpflichtet, ein Grundstück nach § 53 zu erwerben, so hat die Verleihungsbehörde unverzüglich das Grundbuchamt um Eintragung eines Vermerkes über die Verpflichtung zu ersuchen[1]). Der Vermerk wirkt gegenüber dem öffentlichen Glauben des Grundbuchs wie eine Vormerkung zur Sicherung des Anspruchs des Unternehmers auf Übertragung des Eigentums.

Ent. § 69; B. 110.

1. **Vermerk im Grundbuch.** Der Eigentumsübergang vollzieht sich im Falle des § 53 mit der Eintragung im Grundbuch (§ 78

Abs. 1 Satz 1), die aber erst nach Eintritt der Voraussetzungen des § 77 erfolgen kann. § 74 sieht deshalb zum Schutze des Unternehmers die Eintragung einer Vormerkung im Grundbuch auf Antrag der Verleihungsbehörde vor, welche einer Vereitelung oder Erschwerung der Übernahme des Grundstücks durch den Unternehmer vorbeugen soll (Begr. 110). Die Eintragung des Vermerks ist gemäß § 55 GBO. dem Eigentümer und den übrigen aus dem Grundbuch ersichtlichen Betroffenen bekanntzumachen.

§ 75.

Die Kosten des Verleihungsverfahrens[1]) fallen dem Unternehmer zur Last. Die durch unbegründete Widersprüche oder Ansprüche erwachsenen Kosten können jedoch durch den auf den Verleihungsantrag ergehenden Beschluß demjenigen, der sie erhoben hat, auferlegt werden.

Ent. § 70; B. 110.

1. **Die Kosten des Verleihungsverfahrens.** Hinsichtlich der Kosten des Verleihungsverfahrens ist der § 75 bei allen Entscheidungen der Beschlußbehörden anzuwenden, auch bei solchen, die auf Grund eines Vorbehalts im Verleihungsbeschluß in einem Verfahren nach § 82 ergehen (LWA. 4, 839), sowie hinsichtlich der Kosten der Beschwerdeinstanz (LWA. 1, 1).

Unter den Kosten sind nur der Verleihungsbehörde erwachsene bare Auslagen zu verstehen, nicht aber die einer Partei entstandenen Kosten. Über letztere enthält das Wassergesetz keine Vorschriften, so daß im Verleihungsverfahren jede Partei ihre Kosten selbst zu tragen hat (LWA. 4, 783).

Die Beklagten haben kein Recht, den Ersatz ihrer baren Auslagen zu fordern. Auch die baren Auslagen der Widersprechenden fallen nicht unter die Kosten des Verleihungsverfahrens (LWA. in Ztschr. f. Agr. u. Wasserr. 4, 73).

Ein Kostenpauschquantum wird nicht erhoben (§ 124 Abs. 1, LVG.). Unter die baren Auslagen fallen die Kosten für Ortstermine, öffentliche Bekanntmachungen, die Gebühren für Zeugen und Sachverständige, für deren Berechnung die Deutsche Gebührenordnung für Zeugen und Sachverständige in der Fassung des Gesetzes v. 21. 12. 25 maßgebend ist (LWA. 1, 137), ferner die Tagegelder und Reisekosten des nach Nr. 10 der AusfAnw. III vom Bezirksausschusse zuzuziehenden Kulturbeamten (MinErl. v. 25. 8. 21).

Vgl. AusfAnw. III Nr. 27.

§ 76.

(1) Gegen den Beschluß über den Verleihungsantrag steht, soweit er nicht die von dem Unternehmer zu leistende Entschädigung betrifft, dem Unternehmer und, wenn eine Verleihung erteilt ist, auch den übrigen Parteien (§ 71) binnen zwei Wochen[1]) die Beschwerde[2]) bei dem Landeswasseramte[3]) zu.

(2) Soweit die Entscheidung über den Verleihungsantrag die von dem Unternehmer zu leistende Entschädigung betrifft, kann binnen drei Monaten der Rechtsweg[4]) beschritten werden. Die Frist beginnt für den Unternehmer mit dem Tage, an dem die Entscheidung über die Verleihung rechtskräftig geworden ist, für die übrigen Beteiligten mit dem Tage, an dem ihnen die Mitteilung der Verleihungsbehörde von der Rechtskraft der Entscheidung zugestellt ist[5]). Beschreitet der Unternehmer den Rechtsweg, so fallen ihm jedenfalls die Kosten der ersten Instanz zur Last[6]).

Ent. § 71; B. 110ff.; KAB. 121ff.; L. III 8546ff.

1. **Zwei Wochen.** Die Frist beginnt mit der im § 71 vorgesehenen Zustellung. Ihr Lauf und Ende braucht also nicht für die verschiedenen Parteien mit demselben Tage zu beginnen bzw. zu endigen.

2. **Beschwerde.** Auf die Einlegung und Behandlung der Beschwerde finden die Vorschriften des Landesverwaltungsgesetzes Anwendung (VO. v. 12. 3. 24 (Gesetzsamml. S. 130), OVG. in Ztschr. f. Agr. u. Wasserr. 5, 317). Die Beschwerde ist gemäß § 122 LVG. bei dem Bezirksausschuß einzulegen, dessen Beschluß angefochten wird. Auch § 125 LVG. findet Anwendung (LWA. 1, 75).

Gegen die Versäumung der Beschwerdefrist ist unter Anwendung der Vorschriften des LVG. die Wiedereinsetzung in den vorigen Stand zulässig (LWA. 1, 127, 139; PVBl. 36, 513; 38, 324).

Die Gegenpartei kann sich mit der Anschlußbeschwerde dem Rechtsmittel anschließen, selbst wenn die Frist verstrichen ist (LWA. 1, 126; 3, 213; LWA. in Ztschr. f. Agr. u. Wasserr. 4, 63; BO. v. 12. 3. 24, § 5). Nach Ablauf der Beschwerdefrist kann der Verleihungsbeschluß nicht mehr mit der Behauptung angefochten werden, daß die öffentliche Bekanntmachung nicht in einer dem Gesetz entsprechenden Weise erfolgt sei (OVG. in Ztschr. f. Agr. u. Wasserr. 8, 227; a. M. Lenhard in JW. 1921, 295).

Einer Begründung bedarf die Beschwerde nicht (LWA. 3, 20). Neue Anträge können in der Beschwerdeinstanz nicht mehr gestellt werden (LWA. 1, 78).

Auch weitergehende Ansprüche als vor dem Bezirksausschuß können nicht erhoben werden (LWA. 3, 9). Ein neuer Titel kann zur Begründung des früher erworbenen Widerspruchs nicht geltend gemacht werden (LWA. 3, 48; a. M. Lenhard-Reichau S. 221). Eine Abänderung der getroffenen Entscheidung zuungunsten des Unternehmers darf nicht vorgenommen werden, wenn keine darauf gerichteten Anträge vorliegen (LWA. in Ztschr. f. Agr. u. Wasserr. 4, 35, 66); Schultzenstein in VerwArch. 11, 429). Zulässig ist die Beschwerde erst nach ordnungsmäßig erfolgter Zustellung (LWA. 4, 5, 29).

Der Kreis der Beschwerdeberechtigten ist auf die in § 71 bezeichneten Beteiligten fest begrenzt (LWA. 1, 131; PVBl. 42, 201). Zu den Parteien sind alle diejenigen Personen zu rechnen, die der Bezirksausschuß als Partei behandelt hat (LWA. 4, 4, 24, 64). Daneben tritt das Beschwerderecht des Vorsitzenden gemäß § 384. (Vgl. auch LWA. 4, 80.)

Auf das Beschwerdeverfahren finden im übrigen die §§ 52, 60, 115, 118, 119, 120, 122, 124, 125 LVG. entsprechende Anwendung. Vgl. auch Coester, Die Rechtskraft der Staatsakte, S. 186.

3. **Landeswasseramt.** An die Stelle des Landeswasseramtes ist der wasserwirtschaftliche Senat des Oberverwaltungsgerichts getreten (VO. v. 12. 3. 24, Gesetzsamml. S. 130).

4. **Rechtsweg.** Der ordentliche Rechtsweg ist beschränkt auf die Entschädigungsansprüche. Nach der allgemeinen Fassung des Abs. 2 Satz 1 ist er auch zulässig, wenn eine Entschädigung entgegen dem gestellten Antrage überhaupt nicht im Verleihungsbeschluß festgesetzt ist.

5. **Dreimonatsfrist.** Der Beginn der dreimonatigen Frist ist verschieden bestimmt. Für den Unternehmer beginnt die Frist mit dem Tage, an welchem die Entscheidung über die Verleihung rechts-

kräftig geworden ist, für die übrigen Parteien mit dem Tage, an dem ihnen die Mitteilung der Verleihungsbehörde von der Rechtskraft der Entscheidung zugestellt ist. Es muß also außer der Zustellung des Beschlusses nach § 71 allen übrigen im Verfahren Beteiligten noch eine besondere Mitteilung darüber zugestellt werden, daß der Verleihungsbeschluß, sei es derjenige der I. oder II. Instanz, rechtskräftig ist. Die Dreimonatsfrist ist eine Ausschlußfrist. Wegen Wahrung der Frist vgl. RG. 85, 270; 94, 105; 97, 181).

6. **Kostenlast.** Die Vorschrift über die Kostenlast entspricht dem § 30 Abs. 5 EnteignG. Voraussetzung ist, daß vom Unternehmer der Rechtsweg beschritten wird. Wird die Klage von einer anderen am Verfahren beteiligten Person erhoben, so greifen die allgemeinen Bestimmungen über die Prozeßkosten der ZPO. (§§ 91ff.) unbeschränkt Platz. Über die Frage der Kostenlast, wenn der Unternehmer zwar den Rechtsweg beschritten, der Gegner aber Widerklage erhoben hat, s. RG. bei Bolze 2, Nr. 1267; JW. 94, 584; RG. 34, 194; Eger, EG. 2, Anm. 241. Nicht dem Unternehmer fallen zur Last die Kosten einer schuldbaren Versäumnis der Gegenpartei.

§ 77.

(1) Mit der Ausübung des verliehenen Rechtes darf erst begonnen werden[1]), wenn der nach § 76 Abs. 2 vorbehaltene Rechtsweg dem Unternehmer gegenüber[2]) durch Ablauf der Frist, Verzicht[3]) oder rechtskräftiges Urteil erledigt und wenn nachgewiesen ist[4]), daß die nach den §§ 51 bis 53 zu gewährende vereinbarte oder endgültig festgestellte Entschädigung gezahlt oder hinterlegt ist[5]). Besteht die Entschädigung in wiederkehrenden Leistungen (§ 51 Abs. 2), so genügt die Hinterlegung des Gesamtbetrags für die nächsten drei Jahre.

(2) Auf Antrag des Unternehmers kann in dem Verleihungsbeschluß oder in einem den Verleihungsbeschluß ergänzenden Beschluß, und zwar auch in der Beschwerdeinstanz angeordnet werden, daß noch vor der endgültigen Entscheidung über den Verleihungsantrag mit der beantragten Benutzung des Wasserlaufs

begonnen werden kann, sobald der Antragsteller eine von der Behörde festzusetzende Sicherheit geleistet hat[6]).

(3) Der Staat und die Kommunalverbände sind von der Sicherheitsleistung frei.

(4) Wird mit der Ausübung des Rechtes begonnen, bevor dies nach Abs. 1, 2 zulässig ist, so kann die Wasserpolizeibehörde die Ausübung hindern und die Beseitigung der errichteten Anlagen anordnen[7]).

Ent. § 72; B. 113; KBA. 132ff.; KBH. 36.

1. **Beginn der Ausübung des verliehenen Rechts.** Auch wenn der Verleihungsbeschluß rechtskräftig geworden ist, darf nur dann sofort mit der Ausübung des verliehenen Rechts begonnen werden, wenn die Verleihung bedingungslos und entschädigungsfrei erteilt ist. Andernfalls setzt die Ausübung des verliehenen Rechts voraus:

a) Erledigung der Entschädigungsansprüche durch Fristablauf, Verzicht oder rechtskräftiges Urteil.

b) Nachweis, daß die vereinbarte oder endgültig festgestellte Entschädigung gezahlt oder hinterlegt ist.

Beide Voraussetzungen müssen erfüllt sein.

2. **Dem Unternehmer gegenüber** muß die Frist zur Beschreitung des Rechtsweges abgelaufen sein. In der Regel wird dieselbe dem Unternehmer gegenüber später ablaufen, als diejenige des Unternehmers gegenüber den übrigen Parteien. Das folgt daraus, daß die Frist für die übrigen Parteien nach § 76 Abs. 2 Satz 2 erst durch die dort vorgeschriebene Zustellung in Lauf gesetzt wird (s. Anm. 5 zu § 76).

3. **Verzicht.** Er kann formlos erfolgen.

4. **Nachweis der Zahlung oder Hinterlegung.** Die Zahlung oder Hinterlegung muß der Verleihungsbehörde evtl. nach Abs. 4 der Wasserpolizeibehörde gegenüber nachgewiesen werden. Die Beweislast hat der Unternehmer. Wann der Nachweis als geführt anzunehmen ist, bestimmt das Gesetz nicht. Ob er durch öffentliche oder durch öffentlich beglaubigte Urkunden zu führen ist, ist zweifelhaft. Auf Verlangen der Verleihungsbehörde ist er jedenfalls in dieser Form zu führen. (So auch Lenhard-Reichau S. 225; a. M. Holtz-Kreutz Anm. 2 zu § 77).

5. **Gezahlt oder hinterlegt** bedeutet kein Wahlrecht des Unternehmers. „Zahlen" muß der Unternehmer in allen Fällen, in denen

die Entschädigung entweder vereinbart oder rechtskräftig festgestellt ist; „hinterlegen" darf bzw. muß er dann, wenn die Höhe der Entschädigung noch nicht rechtskräftig feststeht, ferner im Falle des § 51 Abs. 2, wonach er den dreifachen Gesamtjahresbetrag hinterlegen muß, sowie im Falle des § 53, evtl. auch des § 78 Abs. 2 und des § 37 EnteignG. Die Zahlung bzw. Hinterlegung muß an bzw. für alle im Verleihungsbeschluß bezeichneten Entschädigungsberechtigten erfolgen.

Für die Hinterlegung ist die Hinterlegungsordnung v. 21. 4. 13 (Gesetzsamml. S. 225) abgeändert durch G. v. 8. 7. 20 (Gesetzsamml. S. 385) maßgebend. Eine Parteivereinbarung über eine andere Art der Hinterlegung, insbesondere eine andere Hinterlegungsstelle, ist zulässig.

6. **Die einstweilige Verleihung.** Abs. 2 gibt der Verleihungsbehörde die Möglichkeit, die beantragte Benutzung des Wasserlaufs schon zu gestatten, bevor das Verleihungsverfahren endgültig erledigt ist. Es handelt sich bei dieser Bestimmung (abweichend vom Entwurf) nicht darum, schon vor Erledigung eines Rechtsstreits über die Entschädigung oder eines gemäß § 70 Abs. 2 zur richterlichen Entscheidung verwiesenen Streites eine Benutzung des Wasserlaufs in der beantragten Weise zu gestatten. Vielmehr soll eine einstweilige Verleihung gegeben werden können, während das Verleihungsverfahren noch schwebt. Voraussetzung ist aber, daß ein Verleihungsbeschluß auf den Antrag bereits ergangen ist, dieser aber noch nicht rechtskräftig ist. Es folgt dies aus der Fassung des Abs. 2, welcher bestimmt, daß diese einstweilige Verleihung entweder in dem Verleihungsbeschluß selbst, oder in einem den Verleihungsbeschluß ergänzenden Beschluß ausgesprochen wird. Daraus folgt, daß ein Verleihungsbeschluß vorliegen muß. Es genügt also auch nicht ein Aussetzungsbeschluß nach § 70 Abs. 2.

Der Bezirksausschuß ist zur Entscheidung über den Antrag solange zuständig, bis gegen den Verleihungsbeschluß Beschwerde eingelegt ist. Dann geht die Zuständigkeit auf das OVG. über. Die Beteiligten sollen über den Antrag auf einstweilige Verleihung gehört werden, wenn dies nicht schon in dem bisherigen Verfahren geschehen ist (AusfAnw. III Nr. 21).

7. **Verbotswidriger Beginn.** Die hier der Wasserpolizeibehörde gegebene Befugnis steht ihr schon nach § 21 zu.

§ 78.

(1) Im Falle des § 53 hat die Verleihungsbehörde

nach dem Eintritte der Voraussetzungen des § 77 Abs. 1 unverzüglich das Grundbuchamt um Eintragung des Überganges des Eigentums an dem Grundstück auf den Unternehmer zu ersuchen[1]). Der Übergang vollzieht sich mit der Eintragung[2]).

(2) Ist das in das Eigentum des Unternehmers übergehende Grundstück mit Rechten Dritter belastet oder steht es im Lehns-, Fideikommiß-, Stammguts- oder Leiheverband, so sind der Artikel 52 und der Artikel 53 Abs. 1 des Einführungsgesetzes zum Bürgerlichen Gesetzbuche sowie der § 47 des Enteignungsgesetzes vom 11. Juni 1874 (Gesetzsamml. S. 221) anzuwenden[3]).

Ent. § 73; B. 113ff.

1. **Das Ersuchen der Verleihungsbehörde.** Zuständig ist ausschließlich der Bezirksausschuß (Holtz-Kreutz Anm. 1 zu § 78; Lenhard-Reichau S. 228).

2. **Eigentumsübergang.** § 78 ergänzt den § 74, nach welchem die Verleihungsbehörde eine Vormerkung im Grundbuch eintragen lassen muß.

Der Eigentumsübergang vollzieht sich abweichend vom Pr. EnteignG. mit der Eintragung im Grundbuch.

3. **Lastenfreier Eigentumsübergang.** Die Bestimmung des Abs. 2 verfolgt den Zweck, dem Unternehmer lastenfreies Eigentum zu sichern, das ihn in die Lage versetzt, das Grundstück, zu dessen Erwerb er gezwungen ist, auch zu seinen Zwecken zu verwenden, ohne durch vorhandene Realberechtigte gehindert zu sein. Es erlöschen also die Realberechtigungen. Die Entschädigung der Realberechtigten ist in die dem Eigentümer des Grundstücks zu gewährende Entschädigung einbegriffen. Für den Schutz der Realberechtigten vor Schädigungen ist durch die Anwendbarkeit des Art. 52 EGBGB. Sorge zu tragen. Nach dieser Bestimmung tritt der Entschädigungsanspruch an die Stelle des Rechts. Aus Art. 53 EGBGB. in Verb. mit § 1128 BGB. folgt, daß der Unternehmer die Entschädigungssumme mit Wirkung gegen die dinglich Berechtigten erst zahlen kann, wenn er oder der Eigentümer den Eintritt des Entschädigungsfalles dem dinglich Berechtigten angezeigt hat und seit dem Empfang der Anzeige ein Monat verstrichen ist.

§ 79.

Dem Unternehmer ist eine Verleihungsurkunde[1]) auszufertigen, die das verliehene Recht und das Unternehmen, für welches es verliehen ist, zu bezeichnen hat. Soweit erforderlich, sind beglaubigte Erläuterungen und Zeichnungen beizufügen.

Ent. § 74; B. 114.

1. **Verleihungsurkunde.** Außer dem Verleihungsbeschluß ist dem Unternehmer von Amts wegen eine Verleihungsurkunde auszufertigen. Diese bildet die urkundliche Grundlage für den Nachweis des Umfanges seines Rechts. Die Urkunde kann erst ausgefertigt werden, wenn der Verleihungsbeschluß rechtskräftig ist, evtl. also auf Grund der in der Beschwerdeinstanz getroffenen Abänderungen. Von der Rechtskraft des Verleihungsbeschlusses ist den Beteiligten Mitteilung zu machen (LWA. in Ztschr. f. Agr. u. Wasserr. 4, 27). Die Verleihungsurkunde soll den Parteien und im Streitfalle den entscheidenden Behörden Klarheit über das verliehene Recht nach Inhalt und Umfang verschaffen.

Sie muß alle dem Unternehmer gemachten Auflagen enthalten, also insbesondere die ihm auferlegten Verpflichtungen zur Erhaltung des Wasserlaufs oder seiner Ufer oder von Einrichtungen zur Verhütung von Nachteilen, zur Beteiligung an Veranstaltungen im Sinne des § 55, desgleichen Bestimmungen über Entschädigungen, welche in wiederkehrenden Leistungen bestehen.

Die Ausfertigung der Verleihungsurkunde ist ein reiner Verwaltungsakt (LWA. 4, 81). Die zu Unrecht vorzeitig ausgefertigte Urkunde ist als Vorbescheid des Vorsitzenden aufzufassen und als solcher anfechtbar (LWA. 4, 81). Ist ein nicht verleihungsfähiges Recht verliehen, so braucht keine Verleihungsurkunde erteilt zu werden (LWA. 1, 133; PVBl. 42, 201; a. M. Lenhard in JW. 1921).

§ 80.

(1) Die Verleihungsurkunde unterliegt einer Stempelabgabe[1]) nach folgenden Sätzen:

wenn der Wert des verliehenen Rechtes beträgt

nicht mehr als 1000 M. . . . . 1 M.

mehr als 1000 M., aber nicht mehr als 5000 M. . . . . 5 M.
mehr als 5000 M., aber nicht mehr als 10000 M. . . . . 10 M.
mehr als 10000 M., aber nicht mehr als 20000 M. . . . . 20 M.
mehr als 20000 M., aber nicht mehr als 50000 M. . . . . 50 M.
mehr als 50000 M., aber nicht mehr als 75000 M. . . . . 75 M.
mehr als 75000 M., aber nicht mehr als 100000 M. . . . . 100 M.
und bei einem höheren Werte in Abstufungen von je 50000 M. für jede angefangene Stufe . . . . 50 M.

(2) Ist die Genehmigung einer Anlage, die für die Benutzung des Wasserlaufs erforderlich ist, nach Tarifstelle 22d des Stempelsteuergesetzes in der Fassung vom 30. Juni 1909 (Gesetzsamml. S. 535) stempelpflichtig, so wird nur eine der beiden Abgaben, und zwar die höhere, erhoben.

(3) Bei Bewilligungen von Fristverlängerungen (§ 60 Abs. 2) kommt $^1/_4$ der Sätze zu Abs. 1, 2 in Ansatz, mindestens aber 1 Mark.

(4) Dient das Unternehmen gemeinnützigen Zwecken, so bleibt die Stempelabgabe außer Ansatz. Durch diese Befreiung wird jedoch die Verpflichtung zur Entrichtung der Abgabe aus Tarifstelle 22d des Stempelsteuergesetzes nicht berührt.

(5) Die Bestimmungen des Stempelsteuergesetzes sind entsprechend anzuwenden.

Ent. § 75; B. 114ff.; KBA. 135.

1. **Stempelabgabe.** Die hier und in § 86 vorgesehenen Stempel-

abgaben werden nicht mehr erhoben, an ihre Stelle sind Verwaltungsgebühren getreten. Die Erhebung der Gebühr ist nicht, wie im Verwaltungsstreitverfahren und im Verfahren vor den ordentlichen Gerichten an die Mühewaltung der Behörden an sich, sondern wie bei den Gebühren der Verwaltungsbehörden an die Erreichung des vom Antragsteller erstrebten Erfolges geknüpft (vgl. MinErl. v. 23. 1. 25 in Preuß. Besoldungsblatt S. 19). Wegen der Höhe der Gebühren vgl. Verwaltungsgebührenordnung v. 30. 12. 26 (Gesetzsamml. S. 327).

§ 81.

(1) Das verliehene Recht ist im Rechtswege verfolgbar. Die für die Ansprüche aus dem Eigentume geltenden Vorschriften sind entsprechend anzuwenden[1]). Das Recht kann von dem Unternehmen, für das es verliehen ist, nicht getrennt werden, und geht mit ihm auf den Rechtsnachfolger über[2]).

(2) Ist das Recht mit dem Eigentum an einem Grundstücke verbunden (§ 46 Abs. 3), so kann es auch von diesem Eigentume nicht getrennt werden und geht nur mit dem Eigentume an dem Grundstück und dem Unternehmen zusammen auf den Rechtsnachfolger über[3]). Das Recht ist auf Antrag auf dem Grundbuchblatte des Grundstücks zu vermerken. Wird das Grundstück geteilt, so erlischt das verliehene Recht für die Teile, denen seine Ausübung nicht zum Vorteile gereicht[4]).

Ent. § 76; B. 115; KBA. 135.

1. **Begriff des verliehenen Rechts.** Das verliehene Recht ist ein reines Privatrecht und deshalb im ordentlichen Rechtsweg verfolgbar (vgl. RGZ. **91**, 150). Vor die ordentlichen Gerichte gehören daher alle Streitigkeiten über den Umfang des verliehenen Rechts und über andere aus der Verleihung hergeleiteten Rechte. Es sind nach Satz 2 die für die Ansprüche aus dem Eigentum geltenden Vorschriften entsprechend anzuwenden. Es folgt daraus, daß die dem Eigentümer im §§ 985 BGB. verliehenen Rechte, soweit sie überhaupt Anwendung finden können, auch dem Unternehmer zustehen. Bezüglich des Gerichtsstandes vgl. §§ 24 und 26 ZPO.

(So auch Lenhard-Reichau S. 232; a. M. Holtz-Kreutz Anm. 2 zu § 81.)

2. Übergang des Rechts auf den Rechtsnachfolger im Unternehmen. Die Bestimmung des Satzes 2 ist eine Konsequenz der Bestimmung des § 48. Da die Verleihung nur für ein Unternehmen gegeben werden darf, für welches ein bestimmter Plan vorliegt, eine Bestimmung, welche den Zweck hat, der Verleihungsbehörde die Möglichkeit zu geben, die Wirkungen des zu verleihenden Rechts nach Möglichkeit zu beurteilen und demgemäß die notwendigen Schutzmaßregeln dem Unternehmer zur Pflicht zu machen, folgt mit Notwendigkeit, daß ein dergestalt verliehenes Recht nicht von der Grundlage getrennt werden kann, auf welcher es aufgebaut ist. Diese Grundlage bildet aber das Unternehmen und der diesem zugrunde liegende Plan. Deshalb kann nach Satz 2 das verliehene Recht nur mit dem Unternehmen, für das es erteilt ist, veräußert oder vererbt werden.

3. Übertragung des verliehenen Rechts. Ein mit dem Eigentum an einem Grundstück verbundenes Recht kann nur mit dem Eigentum an diesem Grundstück und dem Unternehmen, für welches es verliehen ist, zusammen veräußert oder vererbt werden.

4. Teilung des herrschenden Grundstücks. Ein solches gemäß § 46 Abs. 3 verliehenes Recht kann auf dem Grundbuchblatt des Grundstücks auf Antrag eingetragen werden. Es erlischt aber, wenn dieses Grundstück geteilt wird, für diejenigen Teile, für welche seine Ausübung keinen Vorteil bietet (vgl. § 340 Abs. 5). Dieses Erlöschen erfolgt ipso jure. Es entsteht dadurch ein Anspruch auf Berichtigung des Grundbuches gemäß § 894 BGB. und demgemäß ein Anspruch auf Eintragung einer entsprechenden Vormerkung im Grundbuch (so auch Lenhard-Reichau S. 233; a. M. Holtz-Kreutz Anm. 8 zu § 81). Diese Berichtigung kann auch im Wege der Klage im dinglichen Gerichtsstande (§ 24 ZPO.) verfolgt werden. So auch Lenhard-Reichau S. 233; a. M. Holtz-Kreutz Anm. 8 zu § 81.

§ 82[1]).

(1) Wegen nachteiliger Wirkungen der Ausübung des verliehenen Rechtes kann der davon Betroffene nicht die Unterlassung der Ausübung oder die Beseitigung einer auf Grund des verliehenen Rechtes errichteten Anlage verlangen. Er kann aber nach den §§ 50 bis 55

fordern, daß Einrichtungen hergestellt und unterhalten werden, welche die nachteilige Wirkung ausschließen, und kann, wo solche Einrichtungen mit dem Unternehmen nicht vereinbar oder wirtschaftlich nicht gerechtfertigt sind, Entschädigung verlangen[2]). Die Ansprüche sind ausgeschlossen, wenn er schon vor Ablauf der im § 66 Abs. 1 bezeichneten Frist[3]) die nachteilige Wirkung vorausgesehen hat oder hätte voraussehen müssen und bis zum Ablaufe der Frist weder der Verleihung widersprochen noch einen Anspruch auf Herstellung von Einrichtungen oder auf Entschädigung erhoben hat[4]). Der Ablauf der Frist steht den Ansprüchen nicht entgegen, wenn der Geschädigte glaubhaft macht, daß er durch Naturereignisse oder andere unabwendbare Zufälle verhindert worden ist, die Frist einzuhalten[5]).

(2) Die Ansprüche verjähren in drei Jahren von dem Zeitpunkt an, in welchem der Geschädigte von dem Eintritte der nachteiligen Wirkung Kenntnis erlangt hat. Sie sind ausgeschlossen, wenn sie nicht binnen dreißig Jahren nach Ablauf des Jahres geltend gemacht sind, in dem der Unternehmer mit der Ausübung des verliehenen Rechtes begonnen hat[6]).

(3) Die Entscheidung trifft die Verleihungsbehörde; der § 70 Abs. 2 Satz 1, 2 und die §§ 71, 76 sind entsprechend anzuwenden. Dasselbe gilt in den Fällen des § 70 Abs. 3; in den Fällen des § 70 Abs. 3 Satz 2 ist auch § 78 anzuwenden[7]).

Ent. § 77; B. 115; KBA. 135ff.; L. III 8554.

1. Vorbemerkung. § 82 bestimmt die Ansprüche, die gegen den Unternehmer geltend gemacht werden können, wenn nach Rechtskraft des Verleihungsbeschlusses (RG. 2, 21, 152) und nach Ausführung des Unternehmens mit der Ausübung des verliehenen Rechts begonnen ist und sich herausstellt, daß diese noch andere oder umfangreichere Schäden im Gefolge hat, als im Verleihungsverfahren angenommen worden ist. Voraussetzung für die Anwendbarkeit des § 82 ist, daß es sich um eine Anlage handelt, die auf Grund eines nach den Vorschriften des Wassergesetzes verliehenen Rechts errichtet worden ist (LWA. 1, 140). Weiter müssen die Schäden infolge der Ausübung des verliehenen Rechts unter Beobachtung der Verleihungsbedingungen entstanden sein, Schäden, die infolge der Verletzung dieser Bedingungen entstanden sind, können nur durch Klage im ordentlichen Rechtsweg ohne Inanspruchnahme der Verleihungsbehörde geltend gemacht werden (LWA. 4, 83).

2. **Umfang der nachträglichen Ansprüche.** Ausgeschlossen ist der negatorische Anspruch, d. h. der Anspruch auf Unterlassung der Ausübung des verliehenen Rechts oder der Beseitigung einer auf Grund desselben errichteten Anlage.

Der Geschädigte kann lediglich die in §§ 50—55 vorgesehenen Ansprüche auf Herstellung von Einrichtungen und Unterhaltung derselben erheben, wenn durch dieselben die nachteilige Wirkung ausgeschlossen werden kann. Nicht verlangen kann er Einrichtungen, welche mit dem Unternehmen nicht vereinbar oder wirtschaftlich nicht gerechtfertigt sind. Im letzteren Falle bleibt ihm der Anspruch auf Entschädigung. Der Geschädigte kann aber nicht nur solche Einrichtungen verlangen, welche die nachteilige Wirkung ausschließen, sondern auch solche, welche diese Wirkungen nur vermindern (RG. in SeuffA. 47 Nr. 285). Im übrigen vgl. die Anm. zu §§ 50—55.

3. **Ausschlußwirkung der Bekanntmachung.** Die Ausschlußwirkung der Bekanntmachung erstreckt sich im gewerbepolizeilichen Verfahren auf alle Einwendungen, die nicht auf privatrechtlichen Titeln beruhen, im Verleihungsverfahren dagegen nur auf die eigentlichen Widersprüche, während Ansprüche auf Schutzeinrichtungen oder auf Entschädigung noch bis zum Abschluß des ersten Rechtszuges angebracht werden dürfen (LWA. 3, 67).

4. **Ausschluß der nachträglichen Ansprüche.** Der Anspruch des Geschädigten ist aber nicht ein unbedingter. Er kann dieselben nicht mehr erheben, wenn er dieselben bereits im Verleihungsverfahren hätte erheben können, d. h. wenn er die nachteilige Wirkung vorausgesehen hat oder hätte voraussehen müssen, d. h. schuldhafter- oder fahrlässigerweise nicht vorausgesehen hat und wenn er trotzdem im Verleihungsverfahren innerhalb der nach § 66 Abs. 1 Satz 3 vorgesehenen Frist weder widersprochen, noch einen

Anspruch auf Herstellung von Einrichtungen oder Entschädigung erhoben hat.

5. **Verhinderung an der Innehaltung der Frist.** Die Bestimmung des Abs. 1 Satz 4 bezieht sich nur auf die Geltendmachung von Ansprüchen, die nach Abschluß des Verleihungsverfahrens wegen nachteiliger Wirkungen infolge der Ausübung des verliehenen Rechts erhoben werden (LWA. 1, 14; PVBl. 39, 278).

6. **Verjährung und Ausschlußfrist.** Zu unterscheiden ist die kurze Verjährungsfrist von der Ausschlußfrist. Der Unterschied zwischen beiden Begriffen ist derselbe wie im bürgerlichen Recht. Die Ausschlußfrist wirkt von Rechts wegen unbedingt. Ihr Ablauf vernichtet den Anspruch. Die vollendete Verjährung dagegen gibt nur eine Einrede. Bei der Ausschlußfrist sind grundsätzlich Hemmung wie Unterbrechung des Fristlaufs ausgeschlossen, während bei der Verjährung das Gegenteil zutrifft (§§ 202ff.; 208ff. BGB.; vgl. auch RGZ. 48, 163; 88, 295 und Friedrichs in PVBl. 38, 125). Dort, wo das BGB. zur Unterbrechung der Verjährungsfrist die prozessuale Geltendmachung fordert (§ 209 BGB.), ist hier die Anmeldung bei dem Bezirksausschuß erforderlich (**Holtz-Kreutz** Anm. 11 zu § 82). Die Ausschlußfrist beginnt mit Ablauf des Jahres, in dem der Unternehmer mit der Ausübung des verliehenen Rechts begonnen hat. Die Verjährungsfrist läuft von dem Zeitpunkt an, in welchem der Geschädigte von dem Eintritt der nachteiligen Wirkung Kenntnis erlangt hat (vgl. § 852 BGB.). Die Kenntnis wird durch verschuldete Unkenntnis nicht ersetzt, es muß immer positives Kennen vorliegen (RGZ. 76, 61; JW. 1912, 38).

7. **Rechtsmittel.** Nach § 82 Abs. 3 in Verbindung mit § 76 Abs. 2 sind die auf Grund des § 82 ergehenden Entscheidungen der Verleihungsbehörde, soweit sie die vom Unternehmer zu leistende Entschädigung betreffen, nicht mit der Beschwerde an das OVG., sondern nur durch Klage im ordentlichen Rechtswege anzugreifen. Die Zuständigkeit des OVG. wäre nur dann begründet, wenn der Beschwerdeführer auf Grund des § 82, um nachteiligen Wirkungen der Ausübung des verliehenen Rechts vorzubeugen, die Herstellung oder Unterhaltung von Schutzeinrichtungen beantragt hätte oder wenn diese sonst in Frage gekommen wären (LWA. 4, 85).

§ 83.

Die Wasserpolizeibehörde hat den Unternehmer zur

Erfüllung der ihm im Verleihungsbeschluß auferlegten Bedingungen anzuhalten[1]).

Ent. § 78; B. 117ff.; KBA. 137; KBH. 36ff.; LH. 1025ff.

1. **Aufsicht der Wasserpolizei über die Ausübung des verliehenen Rechts.** Die nach §§ 50—55 im Verleihungsbeschluß dem Unternehmer auferlegten Bedingungen sind nicht lediglich zum Schutze von Privatinteressen, sondern auch im Interesse des öffentlichen Wohls und der Allgemeinheit vorgesehen. Mit Rücksicht hierauf und entsprechend der ganzen Auffassung des Gesetzes, welches der Wasserpolizeibehörde weitgehende Eingriffsrechte in das Privateigentum gestattet, ist im § 83 der Wasserpolizeibehörde die Pflicht auferlegt, von Amts wegen die Erfüllung der dem Unternehmer im Verleihungsbeschluß auferlegten Bedingungen zu kontrollieren und ihn zu derselben anzuhalten. Dieses Recht der Polizeibehörde ist aber nicht beschränkt auf die im Interesse des öffentlichen Wohls aufgestellten Bedingungen, sondern betrifft auch die zum Schutze der Privatinteressen gemachten Auflagen (KBA. zu § 78 S. 137).

Wiederholte Nichteinhaltung der dem Unternehmer auferlegten Bedingungen in wesentlichen Punkten gibt der Wasserpolizeibehörde das Recht, Antrag auf entschädigungslose Zurücknahme der Verleihung zu stellen, jedoch erst nach vorausgegangener Aufforderung (§ 85 Nr. 4).

Wegen einer Erzwingung einer Handlung oder Unterlassung durch Geldstrafen s. § 132 LVG. Die Befugnis der Verleihungsbehörde, sich bei Erteilung der Verleihung die Stellung anderer Bedingungen vorzubehalten und demgemäß zu prüfen, ob die entsprechenden Voraussetzungen eingetreten sind, wird durch § 83 nicht berührt (LWA. 4, 67; LWA. in Ztschr. f. Agr. u. Wasserr. 4, 69).

§ 84[1]).

(1) Wegen überwiegender Nachteile oder Gefahren für das öffentliche Wohl[2]) kann die Verleihung auf Antrag[3]) des Staates, eines Kommunalverbandes oder einer anderen öffentlich-rechtlichen Körperschaft oder der Wasserpolizeibehörde gegen Entschädigung[4]) des Unternehmers durch Beschluß der Verleihungsbehörde

jederzeit zurückgenommen oder beschränkt werden[5]). Soweit die Zurücknahme oder Beschränkung einer Körperschaft des öffentlichen Rechtes oder deren Angehörigen zum Vorteile gereicht[6]), hat sie nach Maßgabe dieses Vorteils die Entschädigung und die Kosten des Verfahrens aufzubringen; im übrigen hat der Staat[7]) die Entschädigung zu zahlen und die Kosten des Verfahrens zu tragen.

(2) Gegen den Beschluß, der mit Gründen zu versehen ist, stehen den Beteiligten die im § 76 bezeichneten Rechtsmittel zu[8]).

(3) Ist das verliehene Recht mit dem Eigentum an einem Grundstücke verbunden (§ 46 Abs. 3), so sind, wenn dieses mit Rechten Dritter belastet ist oder im Lehns-, Fideikommiß-, Stammguts- oder Leiheverbande steht, der Artikel 52 und der Artikel 53 Abs. 1 des Einführungsgesetzes zum Bürgerlichen Gesetzbuche sowie der § 47 des Enteignungsgesetzes vom 11. Juni 1874 (Gesetzsamml. S. 221) anzuwenden[9]).

(4) Der nach Abs. 1 Entschädigungspflichtige kann im Rechtsweg Erstattung der Entschädigung und der Kosten von demjenigen verlangen, der die Verleihung durch wissentlich unrichtige Nachweisungen erwirkt hat[10]).

Ent. § 79; B. 118; KBA. 137ff.; L. II 8140; L. III 8555; KBH. 37.

1. **Vorbemerkung.** § 84 entspricht dem § 51 GewO.; vgl. zu dem ganzen Paragraphen Werneburg in VerwArch. 28, 47 und in Ztschr. f. d. ges. Wasserw. 14, 25.

2. **Öffentliches Wohl.** Vgl. § 19 Anm. 12 und § 49 Anm. 1.

3. **Antragsberechtigt** ist der Staat, ein Kommunalverband, eine andere öffentlich-rechtliche Körperschaft und die Wasserpolizeibehörde. Es können Anträge von mehreren Behörden, die auch inhaltlich verschieden sein können, es kann also von der einen Behörde ein Antrag auf vollständige Zurücknahme, von einer

anderen nur ein solcher auf Beschränkung gestellt werden. Über beides hat die Verleihungsbehörde zu entscheiden.

Privatpersonen sind nicht antragsberechtigt, können aber bei den antragsberechtigten Organen Anträge stellen, um diese ihrerseits zu veranlassen, den Zurücknahme- oder Beschränkungsantrag zu stellen.

4. **Entschädigung.** Der erstattungspflichtige Schaden umfaßt nicht nur die Aufwendungen für Anlagen und Einrichtungen, welche zur Ausübung des verliehenen Rechts gemacht sind, mögen sie nun direkt oder indirekt der Ausübung dieses Rechts dienen, sondern auch den entgangenen Gewinn (§ 252 BGB.). Er umfaßt auch den Anspruch auf vollständige oder teilweise Erstattung der vom Unternehmer gezahlten einmaligen Entschädigung, nicht aber den Anspruch auf Erstattung der in der Vergangenheit gezahlten Entschädigung, soweit sie in wiederkehrenden Leistungen besteht. Er umfaßt ferner auch die für den Erwerb von Grundstücken oder Anlagen nach § 53 dem Unternehmer entstandenen Erwerbskosten. Zu ersetzen ist aber immer nur derjenige Schaden, welcher durch die Entziehung oder Beschränkung des den Gegenstand der Verleihung bildenden Rechts entsteht, nicht aber die schädigenden Wirkungen, die für das Unternehmen, dessen Zwecken die Benutzung des Wasserlaufs dient, durch die Entziehung oder Beschränkung der Verleihung herbeigeführt wird. Es wird im einzelnen Falle zu prüfen sein, wo dieser Schaden durch Entziehung des Rechts aufhört und derjenige für das Gesamtunternehmen anfängt.

5. **Umfang der Befugnis zur Zurücknahme und Beschränkung.** Die Befugnis der Verleihungsbehörde zur Zurücknahme oder Beschränkung geht naturgemäß nicht weiter, wie ihr Recht zur Verleihung. Sie ist deshalb auch lediglich auf die Benutzung des Wasserlaufs selbst beschränkt und kann niemals auf das Unternehmen ausgedehnt werden, dem das Recht verliehen ist. Beschränkungen können in Einschränkung der Benutzung der Wassermengen, Beseitigung von Anlagen im Wasserlauf, Herstellung von Schutzvorrichtungen, Auflagen über erhöhte Unterhaltung oder Reinigung des Bettes oder des Wasserlaufs bestehen. Die Zurücknahme oder Beschränkung erfolgt durch Beschluß der Verleihungsbehörde. Derselbe ist nach § 76 Abs. 1 in Verbindung mit § 71 dem Unternehmer und den antragstellenden Behörden zuzustellen. Ob auch die Zustellung an die übrigen Parteien des § 71 notwendig ist, kann zweifelhaft sein. Man wird sie aber

verlangen müssen, soweit es sich hierbei um Entschädigungsberechtigte handelt, deren Ansprüche durch eine Veränderung der Verleihung oder ihre Zurücknahme berührt werden können (vgl. Anm. 4). Dies gilt insbesondere für diejenigen Entschädigungsberechtigten, deren Entschädigung in wiederkehrenden Leistungen besteht, weil diese Leistungen durch eine Zurücknahme der Verleihung notwendig berührt werden müssen (a. M. Holtz-Kreutz Anm. 14 zu § 84).

6. **Nach Maßgabe dieses Vorteils.** Nicht Billigkeitsrücksichten, sondern lediglich der tatsächliche Vorteil ist entscheidend (KVH.). Den über diesen Vorteil hinausgehenden Schaden des Unternehmers zahlt der Staat. Die Kosten des Verfahrens trägt im gleichen Verhältnis die betreffende öffentliche Körperschaft und der Staat.

7. **Entschädigungspflichtig.** Entschädigungspflichtig sind

a) der Staat,

b) diejenige Körperschaft des öffentlichen Rechts, welche selbst oder deren Angehörigen durch die Zurücknahme der Beschränkung des verliehenen Rechts Vorteil haben.

Während der Staat stets ohne Rücksicht auf den Vorteil für die Allgemeinheit ersatzpflichtig ist, sind die beteiligten Körperschaften des öffentlichen Rechts es nur im Verhältnis der Größe ihres Vorteils. Es folgt daraus, daß sowohl der Staat wie auch die bevorteilte öffentliche Körperschaft ersatzpflichtig sind, letztere nach Maßgabe ihres Vorteils, der Staat für den Rest des dem Unternehmer entstehenden Schadens.

Regreßansprüche hat das Gesetz ausschließen wollen (im Gegensatz zum Entwurf vgl. KVA. 138ff.).

Zweifelhaft kann es sein, ob in einzelnen Fällen nicht doch eine Erstattungspflicht für die Bevorteilten in Frage kommen kann. Ist z. B. eine einmalige Kapitalentschädigung einem der von nachteiligen Wirkungen des verliehenen Rechts Betroffenen nach § 51 gezahlt und hören diese Wirkungen durch die Zurücknahme der Verleihung auf, so würde der Entschädigte für die Folge ohne Rechtsgrund bereichert sein. Er würde im Besitze einer Entschädigung sein, obwohl der rechtliche Grund später weggefallen ist. Die entsprechende Anwendung des § 812 BGB. erscheint deshalb wohl gegeben (a. M. Holtz-Kreutz Anm. 19 zu § 84 und Lenhard-Reichau S. 241).

8. **Beteiligte.** Den Beteiligten, das sind die im Abs. 1 Genannten, also der Unternehmer und die nach jener Bestimmung

Antragsberechtigten, soweit sie Anträge gestellt haben. Siehe aber auch Anm. 5 bezüglich der Entschädigungsberechtigten, die auch zu den Beteiligten zu rechnen sind.

Gegen den Beschluß, durch den die Verleihung zurückgenommen oder beschränkt wird, steht dem Unternehmer die Beschwerde zu, andernfalls den Antragstellern. Gegen die Feststellung der Entschädigung ist gemäß § 76 Abs. 2 der ordentliche Rechtsweg gegeben. Das Nähere s. in den Anm. zu § 76.

9. Vgl. § 78 Anm. 3.

10. **Regreßansprüche.** Abs. 4 ist erst in der III. Lesung des Abgeordnetenhauses aufgenommen. Er statuiert einen Regreßanspruch in dem Falle, daß eine Verleihung wegen überwiegender Nachteile oder Gefahren für das öffentliche Wohl zurückgenommen werden muß, weil die Verleihung durch wissentlich-unrichtige Nachweisungen erwirkt worden ist. Derjenige, welcher diese wissentlich unrichtigen Angaben gemacht hat, soll dem nach Abs. 1 Entschädigungspflichtigen regreßpflichtig sein für die von ihm dem Unternehmer zu zahlende Entschädigung und die Kosten. Der Regreßpflichtige ist hier also nicht identisch mit dem Unternehmer; er kann es sein, wenn der Unternehmer eine physische Person ist und selbst die Verleihung betrieben und dabei die wissentlich unrichtigen Angaben gemacht hat. Hat er aber die Verleihung durch einen Vertreter betreiben lassen und hat dieser durch die aus seiner Eigenheit gegebenen wissentlich unrichtigen Nachweisungen die Verleihung erwirkt, so haftet nicht der Unternehmer, sondern der Vertreter. Dasselbe gilt, wenn der Unternehmer eine juristische Person ist (Aktiengesellschaft, Gesellschaft mit beschränkter Haftung usw.). In diesem Falle trifft die Regreßpflicht nicht die Gesellschaft, sondern denjenigen, welcher als Vertreter (Geschäftsführer, Vorstandsmitglied, Direktor) die Verleihung betrieben und durch wissentlich unrichtige Nachweisungen erwirkt hat. Die Haftung trifft also im Falle des § 84 Abs. 4 stets diejenige Person, welche selbst wissentlich die unrichtigen Nachweisungen gegeben hat, nicht den Unternehmer als solchen. Anders im § 85 Abs. 1, in welchem stets der Unternehmer, also, falls dieser eine juristische Person ist, die sämtlichen Mitglieder, von dem Rücknahmebeschluß getroffen wird und den Schaden, der durch die Entziehung entsteht, ohne Entschädigungsanspruch tragen muß.

Es ist die Möglichkeit gegeben, daß nicht bloß eine Person, sondern mehrere, z. B. der Auftraggeber und der Vertreter oder eine Mehrheit von Vorstandsmitgliedern oder Geschäftsführern, wissentlich die unrichtigen Nachweisungen gegeben oder geduldet haben, daß sie gegeben worden sind. In diesem Falle würde, da es sich um eine unerlaubte Handlung im Sinne der §§ 823ff. BGB. handelt, eine gesamtschuldnerische Haftung im Sinne des § 840 Abs. 1 BGB. eintreten. Vgl. auch Lenhard-Reichau S. 241.

§ 85[1]).

(1) Ohne Entschädigung kann die Verleihung durch Beschluß der Verleihungsbehörde auf Antrag der Wasserpolizeibehörde[2]) zurückgenommen werden:

1. wenn die Verleihung auf Grund von Nachweisungen, die in wesentlichen Punkten[3]) unrichtig sind, erteilt ist und dargetan wird, daß deren Unrichtigkeit dem Unternehmer bekannt war, und wenn durch die Verleihung überwiegende Nachteile oder Gefahren für das öffentliche Wohl herbeigeführt sind; dem gutgläubigen Erwerber und dessen Nachfolgern gegenüber greift diese Vorschrift nicht Platz;
2. wenn der Unternehmer die Ausübung des verliehenen Rechtes aufgibt[4]), namentlich die auf Grund dieses Rechtes errichteten Anlagen entfernt oder eingehen läßt;
3. wenn das verliehene Recht für das Unternehmen unbrauchbar oder überflüssig geworden ist[5]);
4. wenn der Unternehmer trotz Aufforderung der Wasserpolizeibehörde die ihm auferlegten Bedingungen in wesentlichen Punkten wiederholt nicht erfüllt oder die ihm für die Ausführung oder Inbetriebsetzung des Unternehmens gesetzten Fristen nicht innehält[6]).

(2) Die Kosten des Verfahrens trägt der Unternehmer, wenn die Verleihung zurückgenommen wird, sonst der Antragsteller.

(3) Gegen den Beschluß der Verleihungsbehörde, der mit Gründen zu versehen ist, steht dem Unternehmer und, wenn ein Antrag abgelehnt ist, auch dem Antragsteller die Beschwerde nach § 76 Abs. 1 zu[7]).

(4) Wird die Verleihung zurückgenommen, so kann die Wasserpolizeibehörde den Unternehmer anhalten, ohne Anspruch auf Entschädigung geeignete Vorkehrungen gegen nachteilige Folgen der Anlagen zu treffen oder die Anlagen gänzlich zu beseitigen und den früheren Zustand wiederherzustellen.

Ent. § 80; B. 119; KBA. 140; L. II 8150ff.

1. **Vorbemerkung.** § 85 handelt von den Fällen, in welchen die Verleihung zurückgenommen werden kann, ohne daß dem Unternehmer ein Anspruch auf Entschädigung zusteht. In den Fällen des § 85 erfolgt stets nur eine vollständige Zurücknahme, niemals nur eine Beschränkung der Verleihung. Vgl. auch Werneburg in Ztschr. f. d. ges. Wasserw. 14, 25ff.

2. **Zurücknahme der Entschädigung.** Ein Erlöschen kraft Gesetzes findet nicht statt, erforderlich ist vielmehr ein ausdrücklicher Beschluß nach einem besonderen Verfahren. Antragsberechtigt ist ausschließlich die Wasserpolizeibehörde.

3. **Zurücknahme wegen Erschleichung.** Die Zurücknahme nach Abs. 1 Nr. 1 erfordert

a) Erwirkung der Verleihung auf Grund von Nachweisungen, welche in wesentlichen Punkten unrichtig sind. Nicht alle unrichtigen Angaben im Verleihungsverfahren bilden also einen Grund zur Zurücknahme;

b) Kenntnis des Unternehmers von der Unrichtigkeit seiner Nachweisungen. Bei juristischen Personen genügt die Kenntnis nur eines von mehreren Vertretern (RG. 53, 231; 57, 93; 59, 408; 81, 433; JW. 1911, 778; 1914, 399). Haben dagegen mehrere Personen die Verleihung für ein von ihnen gemeinsam zu betreibendes Unternehmen nachgesucht, so muß jeder die Unrichtigkeit der Nachweisungen gekannt haben. Sonst trifft § 84 Abs. 4 zu;

c) daß durch die Verleihung überwiegende Nachteile oder Gefahren für das öffentliche Wohl herbeigeführt sind.

Es genügt also nicht die Befürchtung, sondern es müssen bereits Nachteile oder Gefahren eingetreten sein.

Die unter a, b und c genannten Voraussetzungen müssen sämtlich vorhanden sein, um die Anwendung des Abs. 1 Nr. 1 zu begründen. Das Fehlen einer Voraussetzung macht die Bestimmung unanwendbar.

4. **Zurücknahme wegen Aufgabe.** Wann die Ausübung aufgegeben ist, ist Tatfrage. Vermutet wird das Aufgeben des Rechts, wenn die für seine Ausübung errichteten Anlagen dauernd entfernt oder nicht mehr in gebrauchsfähigem Zustande erhalten werden, so daß also die tatsächliche Ausübung des Rechts nicht möglich ist. Nicht fällt hierunter ein vorübergehendes Aufgeben der Ausübung aus Gründen, die im Unternehmen selbst, für welchen das Recht verliehen ist, ihren Grund haben, z. B. vorübergehendes Stillegen des Unternehmens infolge Streiks.

5. **Unbrauchbar- oder Überflüssigwerden des Rechts.** Wann dies der Fall ist, ist Tatfrage. Das Recht kann unbrauchbar geworden sein, z. B. dadurch, daß das Wasser des Wasserlaufs in einer seine Brauchbarkeit für das Unternehmen ausschließenden Weise verunreinigt ist oder z. B. die Entnahme des Wassers durch den Anschluß an ein Wasserwerk überflüssig geworden ist.

6. **Verstoß gegen die auferlegten Bedingungen.** Voraussetzung ist wiederholter Verstoß gegen die auferlegten Bedingungen in wesentlichen Punkten und nach vorausgegangener Aufforderung der Wasserpolizeibehörde, die Bedingungen zu erfüllen. Auch zur Innehaltung der Fristen muß die Wasserpolizeibehörde aufgefordert haben. Die Aufforderung ist nur dann wirksam, wenn sie nach Ablauf der Fristen erfolgt. Eine Aufforderung während des Laufes der Fristen ist bedeutungslos (vgl. auch LWA. 4, 33). Ein Verschulden bei der Nichterfüllung der Bedingungen ist nicht erforderlich.

7. **Rechtsmittel,** vgl. § 76 Anm. 1—3.

§ 86.

(1) Soweit das Recht, einen Wasserlauf in einer der im § 46 Abs. 1 bezeichneten Arten zu benutzen, nach den Vorschriften dieses Gesetzes dem Eigentümer des Wasserlaufs als solchem zusteht oder beim Inkrafttreten dieses Gesetzes besteht und nach den §§ 379 bis 381 aufrechterhalten bleibt, kann der Berechtigte ver-

langen, daß sein Recht durch Beschluß der Verleihungsbehörde sichergestellt werde[1]).

(2) Der § 46 Abs. 3, der § 47 Abs. 1, 3 und die §§ 48, 49, 60, 64 bis 73, 75, 76, 79 bis 85 sind entsprechend anzuwenden[2]), der § 80 Abs. 1 mit der Maßgabe, daß als Stempelabgabe[3]) nur $^1/_4$ der dort bestimmten Sätze, mindestens aber 1 Mark erhoben wird.

(3) Ein in dieser Weise sichergestelltes Recht steht einem verliehenen Rechte gleich[4]).

Ent. § 81; B. 120; KBA. 148.

1. **Sicherstellung von Rechten.** Nach § 46 Abs. 2 wird eine Verleihung nicht erteilt, wenn sich die dort im Abs. 1 genannten Rechte aus anderen gesetzlichen Vorschriften ergeben, oder wenn die Benutzung nach den Vorschriften über den Gemeingebrauch gestattet ist. Da der Eigentümer nach § 40 Abs. 2 grundsätzlich das Recht hat, das Wasser zu gebrauchen und zu verbrauchen, es oberirdisch oder unterirdisch, unmittelbar oder mittelbar abzuleiten, in den Wasserlauf Wasser oder andere flüssige Stoffe oberirdisch oder unterirdisch, unmittelbar oder mittelbar einzuleiten, den Wasserspiegel zu senken oder zu heben, namentlich durch Hemmung des Wasserlaufs dauernde Ansammlungen von Wasser herbeizuführen, Rechte, die ausschließlich dem Eigentümer zustehen, und von anderen nur durch Verleihung erworben werden können, sieht das Gesetz die Möglichkeit vor, diese nach § 46 Abs. 1 dem Eigentümer kraft Gesetzes zustehenden Rechte in der gleichen Weise sicherzustellen, wie dies durch die Verleihung zugunsten des Unternehmers geschieht. Das gleiche gilt von den bei Inkrafttreten des Gesetzes bestehenden und aufrechterhaltenen Rechten. Diesen zur Benutzung des Wasserlaufs auf Grund des Gesetzes schon Berechtigten soll daher die Befugnis gegeben werden, von der Verleihungsbehörde zu verlangen, daß ihr Recht durch Beschluß sichergestellt und damit einem verliehenen Rechte gleichgestellt werde (Begr. 120).

Der Unterschied zwischen Verleihung und Sicherstellung ist der, daß durch die Verleihung neue Rechte geschaffen werden, während durch die Sicherstellung nur die bereits vorhandenen, entweder unmittelbar aus gesetzlicher Vorschrift sich ergebenden, z. B. die dem Eigentümer als solchem zustehenden oder auch nach § 379 aufrecht erhaltenen Rechte (OVG. in Ztschr. f. Agr. u. Wasserr. 5, 22) mit einem besonderen Rechtsschutz ausgestattet werden. Bezüglich des Inhalts des sicherzustellenden Rechts und des Nachweises seines Bestehens vgl. OVG. in Ztschr. f. Agr. u. Wasserr. 8, 309.

Der Anspruch auf Sicherstellung bezieht sich nur auf die im § 46 Abs. 1 in Verbindung mit § 40 Abs. 2 bezeichneten Arten der Benutzung (vgl. LWA. in Ztschr. f. Agr. u. Wasserr. 4, 80). Rechte, die sichergestellt werden sollen, müssen dinglicher Natur sein (OVG. in Ztschr. f. Agr. u. Wasserr. 6, 253; Schlegelberger bei Gruchot 64, 551). Als dingliches Recht kann nur eine beschränkte persönliche Dienstbarkeit im Sinne des § 1090 BGB. in Frage kommen, nicht eine Grunddienstbarkeit, die zugunsten des jeweiligen Eigentümers eines anderen Grundstücks besteht (OVG. in Ztschr. f. Agr. u. Wasserr. 6, 253). Eine widerrufliche Erlaubnis auf Wasserentnahme begründet kein zur Sicherstellung geeignetes Recht (OVG. in Ztschr. f. Agr. u. Wasserr. 6, 251).

Auch noch nach Inkrafttreten des BGB. konnten bis zum Inkrafttreten des Wassergesetzes grunddienstbarkeitsähnliche Wasserbenutzungsrechte ersessen werden (RG. in Ztschr. f. Agr. u. Wasserr. 6, 336). Über zur Sicherstellung geeignete Rechte vgl. im übrigen Anm. zu §§ 46ff. und 379—381. Vgl. auch Schlegelberger in Gruchot 64, 545 und AusfAnw. III Nr. 28.

2. Entsprechende Anwendung der für die Verleihung gegebenen Vorschriften. Von der entsprechenden Anwendung sind also ausgeschlossen die §§ 46 Abs. 2, 47 Abs. 2, 4, 50—59, 61, 62, 63, 74 77, 78.

Voraussetzung ist dagegen, daß es sich um ein Unternehmen handelt, dem ein bestimmter Plan zugrunde liegt (§ 48). Der Antrag muß die Feststellung ermöglichen, welche Rechte sicherzustellen sind, es genügt z. B. nicht, darauf hinzuweisen, daß die Art der Benutzung allen Beteiligten bekannt sei. In ihm müssen Angaben über die Entstehung des Rechts, den Rechtsgrund und die Beweismittel enthalten sein; fehlt es hieran, so hat der Bezirksausschuß den Antrag samt seiner Begründung noch vor seiner Bekanntmachung zu klären und dessen Unterlage ergänzen lassen (LWA. 1, 145; 3, 72, 97; 4, 94; OVB. in Ztschr. f. Agr. u. Wasserr. 5, 21). Soll ein Recht im bisherigen Umfange sichergestellt werden, so muß der Umfang durch ausdrückliche Bezugnahme auf eine Beschreibung jenes Zustandes oder entsprechende Zeichnungen und Pläne festgelegt werden (LWA. 4, 86 und in Ztschr. f. Agr.

u. Wasserr. 4, 76). Änderungen an den der Ausübung eines sicherzustellenden Rechts dienenden Anlagen, die eine von dem Benutzungsrecht wesentlich abweichende Benutzung des Wasserlaufs zur Folge haben, stehen der Sicherstellung entgegen (OVG. in Ztschr. f. Agr. u. Wasserr. 9, 31). Zum Nachweise des Bestehens des sichergestellten Rechts kann der Antragsteller sich auf die durch die Eintragung des Rechts im Wasserbuch begründete Vermutung berufen, die für den vollen Umfang der Eintragung gilt, soweit nicht etwa ein Widerspruch eingetragen ist (LWA. in Ztschr. f. Agr. u. Wasserr. 4, 78). Es bedarf in jedem Sicherstellungsverfahren zunächst der Feststellung, an welchem Gewässer die sicherzustellenden Rechte bestehen sollen und ob dieses rechtlich die Eigenschaft eines Wasserlaufs hat (OVG. in Ztschr. f. Agr. u. Wasserr. 6, 221). Wie die Verleihung darf auch die Sicherstellung nur aus den im Gesetz bezeichneten Gründen versagt werden (LWA. in Ztschr. f. Agr. u. Wasserr. 4, 81).

Dem Unternehmer dürfen nicht Rücksichten des öffentlichen Wohls entgegenstehen. Zur Wahrung des öffentlichen Wohls können entsprechende Bedingungen auferlegt werden (LWA. in Ztschr. f. Agr. u. Wasserr. 4, 76; OVG. in Ztschr. f. Agr. u. Wasserr. 5, 14; 6, 315). Es muß sich um ein Unternehmen handeln, dessen alsbaldige Ausführung ernstlich beabsichtigt ist (LWA. in Ztschr. f. Agr. u. Wasserr. 4, 80). Offenbar unzulässige Anträge können von vornherein zurückgewiesen werden, ohne daß es einer Bekanntmachung bedarf. Bezüglich der Wahrung des öffentlichen Wohls vgl. OVG. in Ztschr. f. Agr. u. Wasserr. 8, 321. Wegen Sicherstellung eines Staurechts unter Verleihung eines höheren Staues OVG. a. a. O. 9, 38 (vgl. über solche im einzelnen LWA. 1, 157; 3, 87, 94, 97; 4, 43, 94; LWA. in Ztschr. f. Agr. u. Wasserr. 4, 79, 81, 83, 85 und OVG. in Ztschr. f. Agr. u. Wasserr. 5, 18, 221). Wird der Antrag nicht als offenbar unzulässig zurückgewiesen, so ist das vorgeschriebene Bekanntmachungsverfahren durchzuführen (LWA. in Ztschr. f. Agr. u. Wasserr. 4, 90), und zwar darf die Bekanntmachung nur durch den Bezirksausschuß selbst als Sicherstellungsbehörde erlassen werden (OVG. in Ztschr. f. Agr. u. Wasserr. 6, 221). Die Vorschrift über die Verweisung in den Rechtsweg, die sich im Verleihungsverfahren nur auf Ansprüche der Antragsgegner bezieht, ist im Sicherstellungsverfahren auch auf Ansprüche der Antragsteller zu beziehen (LWA. 1, 157, 164). Wird Sicherstellung und Verleihung miteinander verbunden, so können dem Antragsteller bei der Verleihung Bedingungen zur Verhütung von Nachteilen für andere nur insoweit auferlegt werden, als das verliehene Recht in seinen Wirkungen über das unbestritten bereits bestehende Recht hinausgeht (LWA. 4, 99). Wird ein Recht lediglich sichergestellt, so können dem Unternehmer weder Einrichtungen zur Verhütung von Nachteilen noch Entschädigungen auferlegt werden (OVG. in Ztschr. f. Agr. u. Wasserr. 5, 27). Der Sinn der Anwendung des § 49 auf die Sicherstellung liegt darin, daß die bevorzugte Stellung des sichergestellten Rechts nur unter den Voraussetzungen gewahrt werden soll, durch die das öffentliche Interesse gewahrt bleibt (OVG. in Ztschr. f. Agr. u. Wasserr. 6, 315; 8, 239).

3. **Stempelabgabe.** Die Stempelabgabe wird nicht mehr erhoben. An ihre Stelle ist die Verwaltungsgebühr getreten (vgl. § 80 Anm. 1). Der für die Berechnung der Verwaltungsgebühr maßgebende Wert des Gegenstandes ist im Sicherstellungsverfahren nicht der Wert des Rechts, dessen Sicherstellung begehrt wird, sondern der Wert des durch die Sicherstellung erzielten Rechtsvorteils (vgl. OVG. in Ztschr. f. Agr. u. Wasserr. 8, 242).

4. **Bedeutung der Sicherstellung.** Ein dergestalt sichergestelltes Recht, über welches gemäß § 79 auch eine Urkunde auszufertigen ist, steht einem verliehenen Rechte gleich. Es kann also insbesondere nicht die Unterlassung der Ausübung oder die Beseitigung der auf Grund des Rechts errichteten Anlagen verlangt werden. Auch ist die Wasserpolizeibehörde nicht befugt, besondere Anforderungen an den Berechtigten zu stellen (vgl. LWA. 4, 26). Im Falle der Versagung der Sicherstellung sind die Rechtsmittel des § 76 gegeben.

V. Ausgleichung.

Vorbemerkung.

Das in den §§ 87—90 geregelte Ausgleichungsverfahren soll die Möglichkeit bieten, unter bereits bestehenden Benutzungsrechten, bei deren Ausübung widerstreitende Interessen sich geltend machen, einen tunlichst allen gerecht werdenden Ausgleich herbeizuführen. Über die dabei zu beobachtenden Gesichtspunkte vgl. LWA. 1, 169; PVBl. 40, 315. Die Ausgleichung ist also ein Eingriff in bestehende wohlerworbene Rechte. Sie bezieht sich grundsätzlich nur auf bereits bestehende Rechte, ohne Rücksicht darauf, ob das einzelne Recht unmittelbar im Gesetz begründet ist oder auf besonderem Titel beruht, oder ob es beim Inkrafttreten des Gesetzes bereits bestand und nach §§ 379ff. aufrechterhalten ist. Es bezieht sich also auch auf alle durch Verleihung begründeten Rechte, auch auf Zwangsrechte. Eine Ausnahme machen hiervon nur diejenigen Benutzungsrechte an einem Wasserlauf, die nach den §§ 16—28 GewO. konzessioniert sind, da ein nach diesen Vorschriften konzessioniertes Recht nur nach Maßgabe des § 51 GewO. wieder beseitigt oder geändert werden kann und die landesgesetzlichen Vorschriften der §§ 87ff. die reichsgesetzlichen Bestimmungen der §§ 16—28 und 51 GewO. nicht beseitigen können, da das Reichsrecht dem Landrecht vorgeht. Auch der Vorbehalt des Art. 65 EGBGB. zugunsten der Landesgesetzgebung auf dem Gebiete des Wasserrechts ändert hieran nichts, da dieser Vorbehalt sich nur auf das Verhältnis der Landesgesetzgebung zum BGB. erstreckt, aber keine Möglichkeit zu einem Eingriff der Landesgesetzgebung in andere Reichsgesetze bietet.

Ein durch Enteignung — auch bergrechtliche — erworbenes Recht unterliegt der Ausgleichungspflicht ebensowenig, wie das auf Gemeingebrauch gestützte einen Ausgleichungsanspruch hat (s. jedoch § 87 Abs. 2 S. 1 und Anm. 6). Gegenstand des Ausgleichungsverfahrens können auch solche Benutzungsrechte werden, die nicht an einen Wasserlauf allein, sondern an mehreren zusammenhängenden Wasserläufen bestehen.

§ 87.

(1) Reicht das Wasser eines Wasserlaufs zur Benutzung in einer der im § 46 Abs. 1 bezeichneten Arten durch mehrere Berechtigte nicht aus, oder wird bei mehreren Benutzungsarten[1]) die eine durch die andere beeinträchtigt oder ausgeschlossen, so kann jeder Berechtigte[2]) verlangen, daß Maß, Zeit und Art der Benutzung im Ausgleichsverfahren[3]) geregelt werden. Die Regelung kann abgelehnt werden[4]), wenn der davon insgesamt zu erwartende Nutzen den Schaden nicht erheblich übersteigt.

(2) Die Regelung ist in einer den Interessen aller am Verfahren Beteiligten[5]) nach billigem Ermessen entsprechenden Weise unter Berücksichtigung der Be-

dürfnisse des Gemeingebrauchs vorzunehmen[6]). Der hierbei entstehende Schaden ist den Beteiligten insoweit zu ersetzen, als er nicht durch den sich für sie ergebenden Nutzen aufgewogen wird[7]). Zum Ersatze des Schadens sind sie nach Maßgabe ihres schätzungsweise zu ermittelnden Vorteils verpflichtet.

(3) Ein durch Enteignung begründetes Recht kann nur mit Zustimmung des Berechtigten zur Ausgleichung herangezogen werden[8]).

Ent. § 82; B. 125, 121; KBA. 148.

1. **Voraussetzungen der Ausgleichung.** Grundlegende Voraussetzung für eine Ausgleichung ist das Vorhandensein einer Mehrheit ihrer Art nach verleihungsfähiger Rechte und deren Feststellung nach Zahl, Inhalt und Umfang; weitere Voraussetzung ist, daß diese Rechte einander widerstreiten, indem entweder das Wasser des Wasserlaufs zu einer ihnen entsprechenden Benutzung nicht ausreicht oder bei mehreren Benutzungsarten die eine durch die andere beeinträchtigt oder ausgeschlossen wird (LWA. 1, 169; PVBl. 40, 315). Die Ausgleichung wird nicht dadurch ausgeschlossen, daß die Benutzungsstellen in weiter räumlicher Entfernung voneinander liegen, ebensowenig dadurch, daß der Wasserlauf zwischen den mehreren Benutzungsstellen durch nichtpreußisches Gebiet fließt (LWA. in Zschr. f. Agr. u. Wasserr. 4, 92).

2. **Berechtigte.** Die Ausgleichung beschränkt sich auf die bereits bestehenden Rechte der im § 46 Abs. 1 bezeichneten Arten. Auf welchen Rechtsgrund diese Rechte zurückzuführen sind, ist gleichgültig. Neben die Rechte des § 46 Abs. 1 sind noch gemäß § 104 des FischereiG. v. 11. 5. 16 (Gesetzsamml. S. 55) die Fischereirechte getreten.

3. **Ausgleichungsverfahren.** Auf das Ausgleichungsverfahren sind die Bestimmungen über das Verleihungsverfahren sinngemäß anzuwenden (AusfAnw. III Nr. 37). Eine Zurücknahme des Ausgleichungsantrags ist noch in der Beschwerdeinstanz zulässig (LWA. 1, 66).

4. **Ablehnung der Ausgleichung.** Den Zwecken der Ausgleichung entsprechend, welche eine tatsächliche Verbesserung des bestehenden Zustandes herbeiführen und nicht kleinlichen Wünschen

und insbesondere auch keinen schikanösen Zwecken dienen soll, kann eine Ausgleichung abgelehnt werden, wenn nicht „die Ausgleichung insgesamt einen Nutzen erwarten läßt, der den durch die aufzuerlegenden Beschränkungen insgesamt für die Betroffenen zu besorgenden Schaden erheblich übersteigt (Begr. 121).

5. **Beteiligte.** Das Ausgleichungsverfahren beschränkt sich auf einen bestimmten Kreis von Beteiligten, nämlich den Antragsteller und solche Berechtigte, gegen die der Antrag sich richtet (LWA. in Ztschr. f. Agr. u. Wasserr. 4, 62). Eine Ausdehnung des Verfahrens über diesen Kreis hinaus mit ausdrücklicher oder stillschweigender Zustimmung der Beteiligten ist jedoch zulässig (LWA. 1, 169).

6. **Interessenabwägung.** Bei dem Ausgleich kommt nur das Privatinteresse der Beteiligten in Betracht. Das öffentliche Interesse scheidet in diesem Verfahren aus. § 61 Abs. 1 ist deshalb auch nicht anwendbar. Nur der Gemeingebrauch erfährt durch die Bestimmung des Abs. 1 Satz 1 insofern einen Schutz, als mit Rücksicht auf seine Bedeutung für die Allgemeinheit auf die Bedürfnisse des Gemeingebrauchs Rücksicht genommen werden soll.

Das bedeutet aber nicht, daß der zum Gemeingebrauch Berechtigte am Ausgleichungsverfahren beteiligt werden kann. Das öffentliche Wohl ist nicht im Ausgleichungsverfahren, sondern im Verleihungsverfahren zu berücksichtigen, evtl. ist nach § 84 zu verfahren (a. M. Holtz-Kreutz Anm. 6 zu § 87 und Lenhard-Reichau S. 250).

7. **Schadensersatz.** Aus dem Grundsatz, daß es sich um den Ausgleich von Privatinteressen handelt, folgt, daß von der Ausgleichung der eine Nutzen, der andere Nachteil haben wird und daß beides auch wieder ausgeglichen werden muß. Der dem einzelnen durch die Regelung zugefügte Schaden ist ihm deshalb zu ersetzen.

„Verpflichtet zum Schadensersatz sind diejenigen, die von der Ausgleichung mehr Vorteil als Schaden haben, und zwar die einzelnen hiernach Verpflichteten nach Maßgabe ihres Vorteils" (Begr. 122). Dieser Schaden ist oft nicht mit absoluter Genauigkeit feststellbar und deshalb in solchen Fällen schätzungsweise zu ermitteln.

8. **Enteignung.** Bezüglich der durch Enteignung erworbenen Rechte bedurfte es einer besonderen Bestimmung. Da die Enteignung auf landesgesetzlicher Vorschrift beruht, würde die Heranziehung der durch die erworbenen Rechte zur Ausgleichung gemäß

§ 87 Abs. 1 an sich zulässig sein. Abs. 3 verlangt aber die Zustimmung des Berechtigten, wenn ein solches durch allgemeine oder bergrechtliche Enteignung erworbenes Recht zur Ausgleichung herangezogen werden soll. Gegen seinen Willen kann sein Recht also durch Ausgleichung nicht beeinträchtigt werden.

§ 88.

(1) Ist es möglich, einen Ausgleich durch Änderung der Betriebseinrichtung[1]) eines Berechtigten zu schaffen, so kann diesem auf Antrag eines Beteiligten im Ausgleichungsverfahren auferlegt werden, die Änderung entweder selbst vorzunehmen oder sich gefallen zu lassen, soweit sie nicht die Betriebsleistung beeinträchtigt.

(2) Der Antragsteller hat die Kosten der Änderung zu tragen. Er hat auch den Schaden zu ersetzen, der durch einen Betriebsstillstand entsteht. Dasselbe gilt für die Mehrkosten des Betriebs und der Unterhaltung, soweit sie nicht durch die Vorteile der Änderung aufgewogen werden.

Ent. § 83; B. 123.

1. **Ausgleich durch Änderung der Betriebseinrichtung.** Ausnutzung eines Rechts zur Benutzung des Wasserlaufs über das Maß des für das Unternehmen notwendigen hinaus, insbesondere durch unzweckmäßige Betriebseinrichtungen, gibt denjenigen Beteiligten, welche durch diese Art der Benutzung geschädigt werden, ein Recht, eine Änderung der Betriebseinrichtungen zu verlangen. Eine solche Auflage kann jedoch nur auf Antrag gemacht werden und hat der Antragsteller sowohl die Kosten der Änderung wie auch eines evtl. Schadens durch vorübergehende Betriebsstillegung zu tragen.

Etwa durch die Änderung und Unterhaltung des Betriebs entstehende Mehrkosten fallen dem Antragsteller nur zur Last, soweit ihr nicht Vorteile auf der anderen Seite gegenüberstehen. Veraltete, unrationell in bezug auf den Wasserverbrauch arbeitende Anlagen können auf Grund dieser Bestimmung umgeändert werden.

§ 89.

Für das Ausgleichungsverfahren[1]) gelten der § 64, der

§ 65 Abs. 1, 2 und die §§ 69 bis 71, 76, 77 mit folgenden Maßgaben:

1. für jeden Beteiligten sind die erforderlichen Feststellungen über die künftige Ausübung seines Benutzungsrechts zu treffen, namentlich über seinen Anteil an dem vorhandenen Wasser, die Zeit der Ausübung, die Stauhöhe und die zu beachtenden Einschränkungen und Auflagen;
2. ein Ausgleichungsverfahren, das mit einem schwebenden Verleihungsverfahren im Zusammenhange steht, kann mit diesem verbunden werden.

Ent. § 84; B. 123; L. II 8163.

1. **Ausgleichungsverfahren.** vgl. AusfAnw. III Nr. 37 und § 88 Anm. 3.

Zuständig für das Verfahren ist der Bezirksausschuß.

Ein Streit über das Bestehen eines besonderen privatrechtlichen Titels ist im Ausgleichungsverfahren auch wegen derjenigen Ansprüche zur richterlichen Entscheidung zu verweisen, die der Antragsteller selbst geltend macht (LWA. 1, 171; PVBl. 40, 315).

2. **Verbindung von Ausgleichungs- und Verleihungsverfahren.** Ist vorauszusehen, daß dem Verleihungsverfahren in Kürze das Ausgleichungsverfahren folgen wird, so ist mit diesem bereits das Ausgleichungsverfahren zu verbinden, wenn es sich um ein ebendasselbe Recht betreffendes Verleihungsverfahren handelt (vgl. im übrigen Rieß in PVBl. 39, 486).

§ 90.

Die Kosten[1]) des Ausgleichungsverfahrens fallen den Beteiligten nach Maßgabe ihres schätzungsweise zu ermittelnden Vorteils zur Last.

Ent. § 95; B. 124.

1. **Kosten.** Wird der Antrag zurückgewiesen, so ist § 124 LVG. anzuwenden.

VI. Stauanlagen.

1. Allgemeine Vorschriften.

Vorbemerkung.

Die §§ 91--112 enthalten nur Vorschriften über die Stauanlagen, also über die Ausübung des Staurechts, nicht aber über das Recht zum Stau. Dieses Recht beruht entweder auf dem § 40 Abs. 2 Nr. 3 mit den Beschränkungen der §§ 41—45 oder es beruht auf besonderen, aufrechterhaltenen Titeln oder endlich auf gewerbepolizeilicher Genehmigung oder Verleihung. Auch durch Ersitzung kann ein Recht zum Wasserstau erworben werden.

Das Staurecht gewährt dem Unternehmer nicht etwa den Anspruch auf den bestimmten Wasserzufluß zu dem mit der Stauanlage verbundenen Triebwerke, sondern gibt dem Berechtigten lediglich die Befugnis, das ihm in dem Wasserlaufe jeweils zufließende Wasser bis zu einer gewissen Höhe zu heben (anzustauen) (vgl. LWA. 1, 145, 170; 2, 1, 4; 3, 43, 51, 54, 58; 4, 54, 58; OVG. in Ztschr. f. Agr. u. Wasserr. 5, 218). Gegen Wasserentziehung bieten auch die §§ 91 ff. keinen Schutz, sondern nur die §§ 42, 43 WG., sofern nicht kraft besonderen Titels (z. B. Ersitzung) das Recht auf einen bestimmten Wasserzufluß begründet ist. Das Nähere vgl. bei Werneburg in Ztschr. f. Agr. u. Wasserr. 8, 97 ff.

§ 91.

Für Anlagen im Wasserlaufe, die durch Hemmung des Wasserabflusses eine Hebung des Wasserspiegels oder eine Ansammlung von Wasser bezwecken (Stauanlagen), gelten, wenn sie nicht nur vorübergehenden Zwecken dienen, folgende besondere Vorschriften.

Ent. § 86; B. 25 ff., 124 ff.; KBA. 149 ff., 152 ff.; KBH. 37.

1. **Stauanlagen** sind Bauwerke im Wasserlaufe, die durch künstliche Hemmung des natürlichen Wasserabflusses eine vorteilhafte Benutzung der aufgehaltenen Wassermenge bezwecken.

Der Begriff „Stauanlage" beschränkt sich nicht auf die einzelne Vorrichtung zum Stau (einschließlich der Schützen, deren Öffnen und Schließen den Wasserabfluß regelt), sondern er umfaßt alle Vorrichtungen, welche auf den Abfluß des Wassers von Einfluß sind, die Anlage in ihrer Gesamtheit, d. h. das Stauwerk und das gesamte System von Wasserläufen, denen das Stauwerk dient, nebst den zur Ausdehnung der Stauwirkung ausgeführten Anschlußanlagen. Auch Einrichtungen des Wassertriebwerks selbst, welche die Stauhöhe des Wassers beeinflussen, müssen zu der Stauanlage gerechnet werden. Für alle Stauanlagen, die nicht bloß vorübergehenden Zwecken dienen, gelten die besonderen Vorschriften der §§ 92ff., ohne daß es auf ihren wirtschaftlichen Zweck oder den Umfang ihrer Staukraft ankommt (vgl. RG. **49**, 89; OVG. **43**, 265; KG. in Ztschr. f. Agr. u. Wasserr. **5**, 53). Im einzelnen Falle kann es zweifelhaft sein, ob eine Vorrichtung unter den Begriff der Stauanlage fällt.

§ 92[1]).

(1) Jede auf Grund eines verliehenen Rechtes oder mit gewerbepolizeilicher Genehmigung[2]) errichtete Stauanlage muß mit mindestens einer Staumarke[3]) — Merk-, Pegel-, Spiegel-, Meß-, Eichpfahl, Eichmarke, Stauziel — versehen werden, an dem sowohl die während des Sommers, als auch die während des Winters innezuhaltenden Stauhöhen und, wenn der Wasserstand auf bestimmten Mindesthöhen gehalten werden muß, auch diese deutlich angegeben sind.

(2) Die Erhaltung der Höhenpunkte ist durch Beziehung auf möglichst unverrückbare und unvergängliche Festpunkte zu sichern.

(3) Die Staumarke wird von der Wasserpolizeibehörde[4]) gesetzt, die darüber eine Urkunde aufzunehmen hat. Der Unternehmer der Stauanlage und, soweit tunlich, auch die anderen Beteiligten sind zuzuziehen.

(4) Die Setzung der Staumarke kann nur durch Beschwerde im Aufsichtswege angefochten werden[5]).

(5) Die Oberkante der Schützen und schützenähnlichen Verschlußvorrichtungen[6]) darf bei geschlossener Stauanlage nicht über der höchsten, durch die Staumarke zugelassenen Stauhöhe liegen.

Ent. § 87; B. 125ff.; KBA. 153; L. II 8166; L. III 8560.

1. **Vorbemerkung.** Die Bestimmungen des § 92 beschränken sich auf diejenigen Staurechte, welche auf Grund einer Verleihung oder gewerbepolizeilicher Genehmigung beruhen. Es folgt daraus,

daß alle anderen Staurechte, insbesondere auch die auf § 40 Abs. 2 Nr. 3 beruhenden Staurechte des Wasserlaufseigentümers der Vorschrift des § 92 nicht unterworfen sind.

2. **Mit gewerbepolizeilicher Genehmigung errichtete Stauanlagen.** Die Stauanlagen für Wassertriebwerke im Sinne der §§ 16, 23 GewO. nehmen insofern eine besondere Stellung ein, als sie stets, selbst wenn dem Unternehmer schon eine Verleihung erteilt ist, der gewerbepolizeilichen Genehmigung bedürfen, die an die Stelle der wasserpolizeilichen Genehmigung tritt. Es braucht sich nicht um eigentlich gewerbliche Anlagen mit dem Zwecke geschäftsmäßiger Gewinnerzielung zu handeln, die Anlagen müssen nur nach ihrer technischen Natur zu den im § 16 GewO. aufgeführten Anlagen gehören (OVG. 71, 394).

Stauanlagen für andere Zwecke bedürfen dieser Genehmigung nicht (MinErl. v. 28. 8. 67 in MBl. 380). Über die Erteilung der Genehmigung beschließt der Bezirksausschuß (§ 386 in Verbindung mit § 110 ZuständigkeitsG.). Es ist jedoch nicht zulässig, Verleihung und gewerbepolizeiliche Genehmigung in einem Beschluß zu erteilen (LWA. 1, 133). Dagegen schließt die Erteilung der gewerbepolizeilichen Genehmigung die baupolizeiliche ein (OVG. 37, 309; PVBl. 21, 268). Durch das Erlöschen der gewerbepolizeilichen Genehmigung nach dreijähriger Betriebseinstellung geht das Staurecht nicht unbedingt unter (LWA. 2, 63; PVBl. 43, 44).

3. **Staumarke.** Die Setzung der Staumarke bedeutet nur die Anbringung eines äußeren Merkzeichens für die bei der Verleihung des Staurechts oder bei der gewerbepolizeilichen Genehmigung festgestellte Stauhöhe, dagegen nicht etwa, wie das nach dem Vorflutedikt v. 15. 11. 1811 der Fall war, auch die Feststellung der Stauhöhe. Solange die Stauhöhe nicht unstreitig feststeht, kann die Setzung der Staumarke nicht erfolgen. Ein etwa bestehender Streit hierüber muß, soweit nicht das Verfahren aus § 93 Abs. 2 oder § 105 Platz greift, im Wege des Zivilprozesses zwischen den Beteiligten ausgetragen werden, ehe zur Setzung der Staumarke übergegangen werden kann, wobei in dringenden Fällen § 93 Abs. 3 einstweilige Anordnungen ermöglicht (OVG. in Ztschr. f. Agr. u. Wasserr. 6, 154).

Die Staumarke hat nur den Zweck, die Anstauung des Wassers über das vorgeschriebene Maß zu verhindern, bietet aber keine Gewähr dafür, daß das Wasser den zulässigen Stand erreicht (RGZ. 89, 220). Welcher Art die Staumarke sein muß, ist in das Belieben der zuständigen Genehmigungsbehörde gestellt. Das Setzen mehrer Staumarken, z. B. oberhalb und unterhalb der Stauanlage ist nicht ausgeschlossen (KBA. 153).

Die Staumarke ist eine unter den Schutz des Strafgesetzes gestellte Urkunde, ein Grenzzeichen, und zwar, da es unter Leitung einer öffentlichen Behörde gesetzt wird, ein mit allgemeiner Glaubwürdigkeit und Beweiskraft ausgestattetes öffentliches Grenzzeichen.

4. **Wasserpolizeibehörde.** In allen Fällen hat die Setzung der Staumarke auf Kosten des Stauberechtigten selbst zu erfolgen. Die Bestimmungen des § 92 Abs. 3 und 4 finden auch auf die der gewerbepolizeilichen Genehmigung unterliegenden Stauanlagen Anwendung (OVG. in Ztschr. f. Agr. u. Wasserr. 6, 154; a. M. Holtz-Kreutz Anm. 3 zu § 92 und Lenhard-Reichau S. 263). Es hat deshalb in allen Fällen, in denen eine Staumarke ersetzt oder erneuert werden soll, dies durch die Wasserpolizeibehörde zu geschehen (OVG. a. a. O. 80, 269).

5. **Dienstaufsichtsbeschwerde.** Mit Rücksicht darauf, daß durch das Setzen der Staumarke seitens der Wasserpolizeibehörde kein materielles Recht bezüglich des Staurechts oder der Stauhöhe geschaffen wird, ist gegen die Staumarkensetzung lediglich die Beschwerde im Aufsichtswege, also an die nächstvorgesetzte Behörde des betreffenden Organs der Wasserpolizeibehörde gegeben.

6. **Schützen- und schützenähnliche Verschlußvorrichtungen.** Unter Schützen- und schützenähnlichen Verschlußvorrichtungen sind die beweglichen Teile der Stauanlage zu verstehen. Abs. 5 bezweckt eine Festlegung der Höhe der Oberkante dieser Verschlußvorrichtungen, durch die sowohl einer widerrechtlichen Erhöhung dieser Oberkante vorgebeugt, als auch ein gewisser Schutz gegen plötzlich hereinbrechendes Hochwasser geschaffen werden soll, wenn der Stauberechtigte es versäumt oder nicht mehr in der Lage ist, die Schleusen rechtzeitig zu ziehen. Liegt die Oberkante der Schützen nicht höher, als die zulässige Stauhöhe, so ist ein darüber hinausgehender Aufstau auch bei unerwortet hereinbrechendem Hochwasser nicht zu leicht zu befürchten, da das Wasser dann über die Schützen hinweg seinen Abfluß nehmen kann.

§ 93.

(1) Für die beim Inkrafttreten dieses Gesetzes bestehenden, mit einer Staumarke nicht versehenen so-

wie für solche nach dem Inkrafttreten des Gesetzes errichteten Stauanlagen, für die es keiner Verleihung oder gewerbepolizeilichen Genehmigung bedarf, ist, wenn das Staurecht und die zulässige Stauhöhe unstreitig sind[1]), die Staumarke nach § 92 auf Antrag eines Beteiligten[2]) zu setzen. Doch muß der Antragsteller, wenn er nicht der Stauberechtigte ist, glaubhaft machen, daß eine für ihn nachteilige Ausübung des Staurechts stattgefunden hat[3]). Die Staumarke kann auch von Amts wegen gesetzt werden.

(2) Sind bei einer Stauanlage, die keiner Verleihung bedarf und die auch nicht zu den Stauanlagen für Wassertriebwerke im Sinne des § 16 der Gewerbeordnung gehört, die Beteiligten darüber einig oder ist im Rechtswege festgestellt, daß zwar ein Staurecht besteht, über die zulässige Stauhöhe jedoch rechtsverbindliche und klare Bestimmungen nicht vorliegen, so ist auf Antrag eines Beteiligten der innezuhaltende Wasserstand durch Beschluß des Kreis- (Stadt-) Ausschusses derart festzusetzen, daß die Interessen des Stauberechtigten und die der beteiligten Grundeigentümer und anderen Stauberechtigten nach billigem Ermessen ausgeglichen werden.

(3) Während der Dauer eines vor den ordentlichen Gerichten anhängigen Rechtsstreits über die zulässige Stauhöhe oder eines Verfahrens nach Abs. 2 kann der Kreis- (Stadt-) Ausschuß auf Antrag eines Beteiligten den innezuhaltenden Wasserstand durch endgültigen Beschluß vorläufig festsetzen[4]). Diese Festsetzung ist maßgebend, bis in dem anhängigen Rechtsstreit oder in einem Verfahren nach Abs. 2 eine Entscheidung über den innezuhaltenden Wasserstand getroffen ist.

Ent. § 83; B. 126ff.; KBA. 154.

1. **Festsetzung des einzuhaltenden Wasserstandes.** Auch im Falle des § 93 ist das Recht der Wasserpolizeibehörde auf die äußere Kennzeichnung des zulässigen Wasserstandes beschränkt. Um eine solche Kennzeichnung vorzunehmen, muß das Staurecht selbst und die Stauhöhe feststehen. Steht das Staurecht selbst nicht fest, so muß es im ordentlichen Rechtswege festgestellt werden. Das gleiche gilt, wenn Streit über die zulässige Stauhöhe zwischen den Beteiligten besteht. Auch dann ist eine Feststellung im ordentlichen Rechtswege erforderlich. Hiervon macht jedoch Abs. 2 eine Ausnahme.

Ist das Recht zum Wasserstau an sich zwischen den Beteiligten unstreitig, die Stauhöhe dagegen streitig, so hat der Kreis- (Stadt-) Ausschuß auf Antrag des Beteiligten im Beschlußverfahren die zulässige Stauhöhe festzusetzen. Dabei sind, wie beim Ausgleichungsverfahren, die Anträge des Stauberechtigten, der beteiligten Grundeigentümer und anderer Stauberechtigten nach billigem Ermessen auszugleichen. Falls infolge der örtlichen Lage der Stauanlage mehrere Kreisausschüsse als zuständig in Frage kommen könnten, ist § 58 LVG. maßgebend.

2. **Beteiligte.** Dahin sind zu rechnen sowohl der Stauberechtigte selbst wie auch alle Personen, deren Rechte durch die Ausübung des Staurechts berührt werden.

3. **Nachteilige Ausübung des Staurechts.** Es genügt nicht schon eine bloße Gefährdung, sondern es muß für den Antragsteller eine tatsächlich schon eingetretene Schädigung durch die Ausübung des Staurechts glaubhaft gemacht werden.

4. **Vorläufige Festsetzung der Stauhöhe.** Abs. 3 ermöglicht eine vorläufige Festsetzung der Stauhöhe durch unanfechtbaren Beschluß des Kreisausschusses bis zur rechtskräftigen Entscheidung eines vor dem ordentlichen Gerichte schwebenden Streits über die Stauberechtigung als solche oder die zulässige Stauhöhe oder auch bis zur rechtskräftigen Entscheidung des Kreis- (Stadt-) Ausschusses gemäß Abs. 2.

§ 94.

(1) Der Stauberechtigte[1]) und derjenige, der die Stauanlage betreibt[2]), haben für Erhaltung, Sichtbarkeit und Zugänglichkeit der Staumarken und Festpunkte zu sorgen, jede Beschädigung oder Änderung der Staumarken und Festpunkte der Wasserpolizeibehörde

unverzüglich anzuzeigen und bei amtlichen Prüfungen unentgeltlich Arbeitshilfe zu stellen[3]).

(2) Eine die Beschaffenheit der Staumarken und Festpunkte beeinflussende Handlung darf nur mit Genehmigung der Wasserpolizeibehörde vorgenommen werden. Für die Erneuerung, Versetzung oder Berichtigung von Staumarken gilt § 92 Abs. 3, 4 entsprechend[4]).

Ent. § 89; B. 128; KBA. 155; KBH. 37.

1. **Der Stauberechtigte.** Stauberechtigt ist der, dem das Staurecht zusteht, nicht immer derjenige, der es benutzt (vgl. dazu OVG. 80, 276 und in Ztschr. f. Agr. u. Wasserr. 7, 146).

2. **Der die Stauanlage Betreibende.** Hierunter ist die Person zu verstehen, die das Staurecht tatsächlich auf Grund eines Vertragsverhältnisses mit dem Stauberechtigten ausübt. Dieses Vertragsverhältnis ist regelmäßig ein Pachtvertrag im Sinne der §§ 581 ff. BGB., kein Mietsvertrag (so auch zutreffend Werneburg in Ztschr. f. Agr. u. Wasserr. 8, 97; a. M. Holtz-Kreutz Anm. 1 zu § 94). Der Mühlenbesitzer, der das durch ein festes Wehr gestaute Wasser zum Antrieb seiner Mühle benutzt, ist nicht notwendig derjenige, der die Stauanlage betreibt (OVG. 80, 276 und in Ztschr. f. Agr. u. Wasserr. 7, 146).

3. **Haftung für die Erhaltung der Staumarke.** Nach § 94 ist eine doppelte Haftung für die Instandhaltung der Staumarke und der Festpunkte gegeben. Es haftet der Stauberechtigte als solcher und derjenige, der die Stauanlage betreibt. § 94 ist eine den Schutz eines anderen bezweckende gesetzliche Vorschrift. Es ist deshalb der Stauberechtigte und derjenige, der die Stauanlage betreibt, im Falle der Verletzung der ihnen nach § 94 obliegenden Pflichten dem Verletzten gemäß § 823 Abs. 2 BGB. schadensersatzpflichtig. Sie haften als Gesamtschuldner (§ 421 BGB.).

4. **Strafbestimmungen,** vgl. §§ 375 Abs. 1 und 376 Abs. 2.

§ 95.

(1) Die Kosten des Verfahrens zur Setzung oder Versetzung einer Staumarke hat der Stauberechtigte zu tragen. Die durch unbegründete Anträge oder Wider-

sprüche entstandenen Kosten können jedoch dem Antragsteller oder Widersprechenden auferlegt werden.

(2) Die Kosten der Erhaltung und Erneuerung der Staumarke fallen dem Stauberechtigten zur Last.

(3) Wegen der Festsetzung der Kosten ist nur die Beschwerde im Aufsichtswege zulässig.

Ent. § 90; B. 129; KBA. 155.

Kosten. Die Kosten für die Merkmalsetzungs- und Versetzungsverfahren hat der Stauberechtigte zu tragen, soweit sie nicht durch unbegründete Anträge oder Widersprüche entstanden sind. Letztere Kosten können, müssen aber nicht dem Antragsteller oder Widersprechenden auferlegt werden. Es ist dabei davon auszugehen, ob die Anträge oder Widersprüche zwar sachlich unbegründet, vom Standpunkt des Antragstellers oder Widersprechenden aber als erklärlich zu betrachten sind. Die Festsetzung der Kosten erfolgt durch die Wasserpolizeibehörde (vgl. Näheres Anm. zu § 75). Gegen die Kostenentscheidung ist ein Rechtsmittel nicht gegeben, sondern nur Beschwerde im Aufsichtswege zulässig.

§ 96.

Der Stauberechtigte und derjenige, der die Stauanlage betreibt, haben die Anlage, einschließlich aller Einrichtungen, die für den Wasserabfluß von Bedeutung sind, in ordnungsmäßigem Zustand, insbesondere auch so zu erhalten, daß kein Wasser zum Nachteil anderer Berechtigter verschwendet wird. Sie können hierzu von der Wasserpolizeibehörde angehalten werden.

Ent. § 91; B. 129; KBA. 155ff.

Haftung für die Erhaltung der Stauanlage. Die Bestimmung des § 96 konstruiert eine gesamtschuldnerische Haftung des Stauberechtigten und desjenigen, der die Stauanlage betreibt, falls sie die Anlage einschließlich aller zu ihrem Betriebe hergestellten Einrichtungen nicht in ordnungsmäßigem Zustande erhalten, insbesondere auch durch eine mangelhafte Instandhaltung eine Verschwendung des Wassers zum Nachteil anderer Berechtigter verursachen. Damit § 96 Anwendung finden kann, müssen alle Schutzvorrichtungen in der Verfügungsgewalt desselben Unternehmers stehen und insofern Teile eines einheitlichen Unternehmens bilden (OVG. in Ztschr. f. Agr. u. Wasserr. 7, 146).

§ 96 stellt eine den Schutz eines anderen bezweckende gesetzliche Bestimmung dar und begründet deshalb nach § 823 BGB. eine Schadensersatzpflicht gegenüber dem Verletzten, der im ordentlichen Rechtsweg zu verfolgen ist. Satz 2 gibt außerdem der Wasserpolizeibehörde das Recht, die nach Satz 1 zur Instandhaltung Verpflichteten zu dieser Pflicht anzuhalten. Vgl. auch OVG. 80, 270.

§ 97.

(1) Besteht die Gefahr, daß eine Stauanlage wegen ihrer Bauart durch Hochwasser beschädigt oder zerstört wird und daß hierdurch anderen Nachteile entstehen, und kann diese Gefahr durch einen Umbau oder eine Sicherung der Stauanlage beseitigt oder vermindert werden, ohne daß ihre Leistungsfähigkeit verringert wird, so kann der Stauberechtigte zum Umbau oder zur Sicherung der Stauanlage auf Antrag angehalten werden[1]).

(2) Antragsberechtigt sind die zur Unterhaltung des Wasserlaufs Verpflichteten[2]) sowie andere Beteiligte[3]).

(3) Die Kosten des Umbaues sind auf den Stauberechtigten, den zur Unterhaltung des Wasserlaufs Verpflichteten und auf alle anderen, die sonst an der Unterhaltung oder Sicherung der Stauanlage interessiert sind, nach Maßgabe ihres Vorteils zu verteilen.

(4) Den Kosten ist der dem Stauberechtigten durch den Betriebsstillstand während des Umbaues entstehende, nach billigem Ermessen zu schätzende Schaden hinzuzurechnen. Dasselbe gilt für die durch den Umbau etwa entstehenden Mehrkosten der Unterhaltung. Soweit die Unterhaltung der Stauanlage durch den Umbau oder die Sicherung erleichtert wird, oder andere Vorteile

für den Stauberechtigten entstehen, ist der darin liegende Vorteil von den Kosten abzurechnen.

(5) Über die Voraussetzungen und die Art des Umbaues oder der Sicherung, über die Höhe der Entschädigung und der Sicherheitsleistung, über die Zahlung der Baukosten insbesondere aus der geleisteten Sicherheit, über die Verteilung dieser Leistungen auf die Beteiligten sowie über die Frist, innerhalb deren der Umbau begonnen und durchgeführt sein muß, beschließt im Streitfalle der Bezirksausschuß unter billigem Ausgleich aller in Betracht kommenden Vorteile und Nachteile[4]).

(6) Gegen den Beschluß stehen den Beteiligten die im § 76 bezeichneten Rechtsmittel zu[5]).

(7) Die Wasserpolizeibehörde kann den Stauberechtigten zur Erfüllung der ihm in dem Beschlusse gemachten Auflage anhalten.

Ent. § 92; B. 129; KBA. 156.

1. **Umbau einer Stauanlage.** Die Bestimmung bezieht sich nur auf solche Verbesserungen einer Stauanlage, die über den Rahmen der Unterhaltungspflicht hinausgeht. Seine Anwendung setzt einen gegen den Stauberechtigten gerichteten Antrag eines Beteiligten voraus. Die selbständige Feststellung, daß eine Anlage keine Stauanlage sei, oder daß eine Unterhaltungspflicht nicht bestehe, kann nicht verlangt werden (LWA. 1, 171). Der Stauberechtigte selbst kann den Antrag nicht stellen. Die Verpflichtung des Stauberechtigten zum Umbau besteht bei allen Stauanlagen, gleichgültig, ob sie auf Grund einer Verleihung des Staurechts oder auf Grund gewerbepolizeilicher Genehmigung errichtet worden sind (Begr. 129; ebenso Werneburg in Ztschr. f. Agr. u. Wasserr. 8, 102; a. M. Holtz-Kreutz Anm. 1 zu § 97; doch spricht der Wortlaut des Gesetzes nicht für ihre Ansicht. Reichsgesetzliche Bestimmungen insbesondere der GewO. stehen nicht entgegen).

2. **Zur Unterhaltung des Wasserlaufs Verpflichtete.** Vgl. § 115.

3. **Beteiligte.** Antragsberechtigt ist nicht nur der Unterhaltungspflichtige des Unterlaufs, sondern auch derjenige des Oberlaufs. Ob die Unterhaltungspflichtigen der Ufer zu den Antragsberech-

tigten gehören, wird Tatfrage sein, evtl. werden sie zu den „anderen Beteiligten", welche nach Abs. 2 antragsberechtigt sind, gehören. Die Wasserpolizeibehörde ist nicht antragsberechtigt.

4. **Verfahren.** Der Antrag ist zu stellen beim Bezirksausschuß. Wird eine Einigung unter den Beteiligten herbeigeführt, so bedarf es eines besonderen Beschlusses des Bezirksausschusses nicht. Derselbe hat nur im Streitfalle zu ergehen, muß aber dann über die Voraussetzungen und die Art des Umbaues oder der Sicherung, über die Höhe der Entschädigung und der Sicherheitsleistung (s. § 59), über die Zahlung der Baukosten, insbesondere auch der geleisteten Sicherheit, über die Verteilung dieser Leistungen auf die Beteiligten, sowie über die Frist, innerhalb deren der Umbau begonnen und durchgeführt sein muß, Bestimmungen enthalten.

5. **Rechtsmittel.** Gegen den Beschluß des Bezirksausschusses, welcher über den Umbau oder die Sicherung der Stauanlage, sowie die Voraussetzungen und die Art derselben entscheidet, desgleichen gegen die Entscheidung über die Frist, innerhalb deren der Umbau begonnen und durchgeführt werden muß, steht den Stauberechtigten wie auch den Antragstellern die Beschwerde binnen zwei Wochen beim Oberverwaltungsgericht zu. Wegen der Höhe der Entschädigung und der Sicherheitsleistung sowie der Verteilung dieser Leistungen ist der ordentliche Rechtsweg gemäß § 76 Abs. 2 gegeben.

§ 98.

(1) Soweit im Falle des § 97 überwiegende Nachteile oder Gefahren für das öffentliche Wohl bestehen, kann die Wasserpolizeibehörde auf Anweisung der Aufsichtsbehörde den Umbau oder die Sicherung der Stauanlage fordern.

(2) Im übrigen wird nach § 97 verfahren, jedoch hat der Staat die Kosten zu tragen, soweit sie die Vorteile der Beteiligten übersteigen.

KommBeschl. § 92a; KB A. 160ff.

Kosten und Rechtsmittel. Da die Bestimmung ausschließlich im Interesse des öffentlichen Wohls gegeben ist, hat der Staat die Kosten zu tragen und können dieselben den Beteiligten nur insoweit auferlegt werden, als sie Vorteil von dem Umbau oder der Sicherung der Stauanlage haben. Diese Vorteile sind schätzungsweise festzustellen und danach der Anteil des einzelnen Beteiligten an den Kosten zu bestimmen.

Auch im Falle des § 98 sind die Rechtsmittel des § 76 gegeben.

§ 99.

(1) Eine Stauanlage, die mit einer Staumarke versehen ist, darf nur mit Genehmigung der Wasserpolizeibehörde dauernd außer Betrieb gesetzt oder beseitigt werden[1]).

(2) Die Genehmigung darf nur versagt werden[2]), wenn andere durch die Außerbetriebsetzung oder Beseitigung der Stauanlage geschädigt werden würden und sie sich dem Stauberechtigten und der Wasserpolizeibehörde gegenüber verpflichten, nach Wahl des Stauberechtigten die Kosten der Erhaltung der Stauanlage ihm zu ersetzen oder statt seiner die Stauanlage zu erhalten. Sie müssen sich auch verpflichten, dem Stauberechtigten andere Nachteile zu ersetzen und für Erfüllung ihrer Verpflichtung Sicherheit zu leisten. Über die Höhe der dem Stauberechtigten für die Erhaltung der Stauanlage zu ersetzenden Kosten sowie über die Ersetzung anderer Nachteile und die Sicherheitsleistung beschließt, wenn keine Einigung zustande kommt, der Bezirksausschuß[3]). Gegen den Beschluß des Bezirksausschusses steht den Beteiligten binnen zwei Wochen die Beschwerde an das Landeswasseramt zu. Die Wasserpolizeibehörde hat auf Antrag des Stauberechtigten eine Frist zu bestimmen, binnen deren die in den Sätzen 1 und 2 bezeichneten Verpflichtungen übernommen sein müssen, widrigenfalls die Genehmigung erteilt wird[4]). Die Fristbestimmung ist öffentlich bekanntzumachen. Die Art der Bekanntmachung bestimmt

die Wasserpolizeibehörde. Der Staat und die Kommunalverbände sind von der Sicherheitsleistung frei.

(3) Für Stauanlagen, die auf Grund eines verliehenen Rechtes errichtet werden, gelten die Vorschriften des Abs. 1, 2 nur, soweit im Verleihungsbeschlusse nichts anderes bestimmt ist.

Ent. § 93; B. 130ff.; KBA. 162; L. II 8168ff.; KBH. 37.

1. **Außerbetriebsetzung einer Stauanlage.** Die Bestimmung des § 99 enthält einen dem bisherigen Wasserrecht fremden Rechtssatz. Bisher gab es wohl ein Staurecht, aber keine Staupflicht. Der Stauberechtigte war jederzeit befugt, den Wasserstau aufzuheben, ohne Rücksicht auf dadurch etwa für andere entstehende Schäden und Nachteile (RG. **64**, 24). Die Bestimmung des § 99 gehört dem materiellen Recht an und ist deshalb gemäß § 25 GewO. auch auf die gewerbepolizeilich genehmigten Stauanlagen anwendbar. Sie ist aber nur anzuwenden auf diejenigen Stauanlagen, die mit einer Staumarke versehen sind, also auf diejenigen Anlagen, welche gemäß § 92 mit einer Staumarke versehen sein müssen und diejenigen, welche gemäß § 93 mit einer Staumarke versehen werden können und bei denen tatsächlich eine Staumarke gesetzt ist. Vorübergehende Außerbetriebsetzung oder Beseitigung z. B. zum Zwecke des Umbaues, bedarf nicht der wasserpolizeilichen Genehmigung.

2. **Versagung der Genehmigung.** Die Wasserpolizeibehörde darf der Beseitigung der Stauanlage Hindernisse durch Versagung der Genehmigung nur dann in den Weg legen, wenn der durch die Beseitigung der Stauanlage Geschädigte durch förmliche Erklärung die Verpflichtung übernimmt, dem Stauberechtigten Nachteile zu ersetzen, die er durch die weitere Aufrechterhaltung des Staues erleidet. Hierunter fallen auch Nachteile, die an Grundstücken des Stauberechtigten durch die Aufrechterhaltung eines zu hohen Grundwasserstandes verursacht werden. Im Streitfalle bestimmt der Bezirksausschuß, welche Nachteile zu ersetzen sind. Für die Wasserpolizei kommt es nur darauf an, ob derjenige, der im eigenen Interesse die Beseitigung der Stauanlage verhindern will, bereit und in der Lage ist, den Stauberechtigten schadlos zu halten. Er muß also zunächst die Erklärung abgeben, daß er die Verpflichtung übernimmt, für die Erhaltung der Stauanlage und für andere Nachteile der Stauberechtigten

aufzukommen, sowie abgesehen vom Staate und von den Kommunalverbänden, für die Erfüllung der Verpflichtung Sicherheit zu leisten (OVG. in Ztschr. f. Agr. u. Wasserr. 6, 150).

3. **Beschluß des Bezirksausschusses.** Der Rechtsweg ist für die Geltendmachung der dem Stauberechtigten gegenüber übernommenen Verpflichtungen, auch soweit sie rein privatrechtliche Ersatzansprüche sind, ausgeschlossen. Es entscheidet der Bezirksausschuß auch über die Höhe der Kostenentschädigung und der sonstigen Schadensersatzansprüche, wie auch über die Höhe der Sicherheitsleistung. Gegen den diesbezüglichen Beschluß des Bezirksausschusses ist nur die Beschwerde an das Oberverwaltungsgericht unter Ausschluß des Rechtsweges gegeben. Ein Verstoß gegen § 99 kann zivilrechtliche Schadensersatzansprüche nach §§ 823 ff. BGB. begründen.

4. **Fristbestimmung.** Die Verpflichtungen müssen innerhalb einer bestimmten, von der Wasserpolizeibehörde auf Antrag des Stauberechtigten festzusetzenden Frist sowohl dem Stauberechtigten wie der Wasserpolizeibehörde gegenüber übernommen sein. Eine besondere Form für die Übernahme ist nicht vorgeschrieben. Nach Ablauf der Frist muß die Genehmigung zur Außerbetriebsetzung oder Beseitigung der Stauanlage erteilt werden, wenn die vorgeschriebenen Verpflichtungen nicht übernommen sind. Die Frist kann aber erst dann bestimmt werden, wenn die Entscheidung des Bezirksausschusses oder Landeswasseramts rechtskräftig ist, denn erst durch diese Entscheidung wird dem die Fortsetzung des Betriebes Fordernden die Art und Höhe seiner Verpflichtungen gegenüber dem Stauberechtigten definitiv bekannt. Es kann deshalb auch erst dann von ihm verlangt werden, daß er sich bindend erklärt. Vgl. dazu Holtz-Kreutz Anm. 9 und Lenhard-Reichau Anm. B a zu § 99.

Über die Länge der Frist und die Art ihrer Bekanntmachung bestimmt das Gesetz nichts. Sie ist in das billige Ermessen der Wasserpolizeibehörde gestellt.

§ 100[1]).

Es ist verboten, unbefugt[2]) die aufgestauten Wassermassen plötzlich abzulassen, wenn dadurch für fremde Grundstücke oder Anlagen Gefahren oder Nachteile entstehen, die Ausübung von Wassernutzungsrechten beeinträchtigt oder die Unterhaltung des Wasserlaufs erschwert wird.

Ent. § 94; B. 131.

1. **Vorbemerkung.** Die Bestimmung des § 100 ist materiellrechtlicher Natur und auf gewerbepolizeilich genehmigte Stauanlagen anwendbar. § 100 ist ein Schutzgesetz im Sinne des § 823 Abs. 2 BGB.

2. **„Unbefugt".** Die Verbotsbestimmung untersagt dem Stauberechtigten oder demjenigen, der die Stauanlage betreibt, die unbefugte plötzliche Ablassung der gestauten Wassermassen. Sie ist nicht unbefugt im Falle des § 101 Abs. 2 Satz 2. Sie ist auch nicht unbefugt, wenn die plötzliche Ablassung zur Abwendung größerer Gefahren erfolgt, ohne daß die Wasserpolizeibehörde die Ablassung angeordnet hat. Bei Stauanlagen, die den Interessen der Landesverteidigung dienen, kann § 100 keine Anwendung finden, da bei ihnen das Ablassen der Wassermassen niemals als unbefugt im Sinne dieser Bestimmung bezeichnet werden kann (Begr. 32).

§ 101[1]).

(1) Das Wasser darf bei Stauanlagen nicht über die durch die Staumarke festgesetzte Höhe aufgestaut werden.

(2) Sobald das Wasser über diese Höhe wächst, muß der Unternehmer unter Beachtung der Vorschrift des § 100 durch Öffnen der beweglichen Teile der Stauanlage und durch Wegräumen aller Hindernisse (Treibzeug, Eis, Geschiebe und dergleichen), den Abfluß des Wassers ohne Anspruch auf Entschädigung sogleich und unausgesetzt solange befördern, bis das Wasser wieder auf die Höhe der Staumarke gesunken ist[2]). Die Wasserpolizeibehörde ist berechtigt[3]), wenn Hochwasser zu erwarten ist, dem Unternehmer, ohne daß diesem ein Anspruch auf Entschädigung zusteht, aufzugeben, unverzüglich durch dieselben Maßnahmen das aufgestaute Wasser unter die Höhe der Staumarke zu senken, soweit es für die Stauanlage im Verleihungs- oder Genehmigungs-

verfahren festgesetzt oder von der Polizeibehörde bestimmt ist, und den Wasserstand möglichst auf dieser Höhe zu erhalten, bis das Hochwasser fällt.

(3) Muß das Oberwasser auf einer bestimmten Höhe erhalten werden, so darf das aufgestaute Wasser nicht unter diese Höhe gesenkt werden. Sobald es darunter sinkt, ist der Wasserabfluß solange zu hemmen, bis das Wasser die bestimmte Höhe wieder erreicht hat.

(4) Die zur Durchführung dieser Vorschriften erforderlichen Anordnungen trifft die Wasserpolizeibehörde; in dringenden Fällen ist auch die Ortspolizeibehörde dazu befugt[4]).

Ent. § 95; B. 131; KBA. 163; KBH. 38.

1. **Vorbemerkung.** Die Bestimmungen geben im allgemeinen die Vorschriften der §§ 8, 9 des Vorflutedikts v. 15. 11. 1811 wieder. Sie stellen ein Schutzgesetz im Sinne des § 823 Abs. 2 BGB. dar.

2. **Senkung auf die Höhe der Staumarke.** Die Bestimmung des Abs. 2 Satz 1 kann naturgemäß nur Anwendung finden auf Stauanlagen, welche bewegliche Wehre haben. Bei Stauanlagen mit festen Wehren ist die Höhe des Staues von der Höhe des Wassers und dem Wasserzufluß abhängig und eine willkürliche Beeinflussung der Stauhöhe nicht möglich und daher Abs. 2 Satz 1 nicht anwendbar.

3. **Befugnisse der Wasserpolizeibehörde.** Die Aufsichtsbefugnisse der Wasserpolizeibehörde hinsichtlich der Einhaltung der durch eine ordnungsmäßige Staumarke gekennzeichneten Stauhöhe werden durch den § 101 fest umgrenzt. Außerhalb dieser Vorschrift ist gegenüber Stauanlagen, an welchen sich eine solche Staumarke befindet, kein Raum für eine auf § 21 gestützte Anordnung auf Einhaltung einer geringeren Stauhöhe als die Staumarke angibt (OVG. **80**, 264 und in Ztschr. f. Agr. u. Wasserr. 5, 355).

4. Bei einem Verstoß gegen § 101 kann der Geschädigte die Hilfe der Wasserpolizeibehörde anrufen. Außerdem stehen ihm aber die Rechte aus §§ 862, 907, 1004 BGB. zu (RGZ. **60**, 120; **59**, 326; JW. **1908**, 301).

§ 102.

(1) Wer die Stauanlage betreibt, ist auf Anordnung der Wasserpolizeibehörde verpflichtet, die beweglichen Teile der Stauanlage zu öffnen oder zu schließen, wenn dadurch die Unterhaltung des Wasserlaufs erheblich erleichtert wird[1]).

(2) Wird durch die angeordneten Maßnahmen der Betrieb der Anlage gestört, so kann Entschädigung verlangt werden, wenn die Störung über die im Verleihungsbeschlusse bestimmte Zeit hinaus dauert (§ 73 Nr. 6) oder, soweit der Verleihungsbeschluß eine Zeit nicht bestimmt hat, die Störung erheblich ist[2]).

(3) Die Entschädigung hat der Unterhaltungspflichtige zu leisten[3]).

Ent. § 96; B. 132; KBA. 163.

1. **Erleichterung der Unterhaltung des Wasserlaufs.** Die Bestimmung des § 102 bezweckt, eine Erleichterung in der Unterhaltung des Wasserlaufs zu ermöglichen. Durch die Schließung der Stauanlage wird die Räumung des Wasserlaufs unterhalb durch die Öffnung oberhalb erleichtert. Auch zur Vornahme einer Spülung des Wasserlaufs zwecks Erhaltung der Vorflut kann die Öffnung des Staues angezeigt werden. Die Anordnung erfolgt durch Verfügung der Wasserpolizeibehörde. Maßgebend für die Anordnung müssen die beiderseitigen Anträge des Stauberechtigten und des Unterhaltspflichtigen sein. Rechtsmittel gegen die Verfügung s. § 347 WasserG.

2. **Störungen.** Kleine Betriebsstörungen muß der Stauberechtigte sich ohne Anspruch auf Entschädigung gefallen lassen, auch hat er keinen Entschädigungsanspruch, wenn die Schädigung innerhalb der Grenzen des im § 73 Nr. 6 bezeichneten Umfangs sich hält. Voraussetzung ist aber, daß die Bestimmung des § 73 Nr. 6 in dem Verleihungsbeschluß aufgenommen ist. Für erhebliche Störungen hat der Unterhaltungspflichtige, in dessen Interesse die Öffnung oder Schließung der Stauanlage angeordnet ist, dem Stauberechtigten Schadensersatz zu leisten, welcher im ordentlichen Rechtswege verfolgbar ist (KBA. 164).

3. Entschädigungsanspruch ist im ordentlichen Rechtsweg zu verfolgen.

§ 103.

(1) Entstehen Überschwemmungen oder andere Nachteile für fremde Grundstücke oder Anlagen dadurch, daß trotz ordnungsmäßiger Ausübung des Staurechts[1]) der Wasserstand über die zulässige Stauhöhe steigt, so kann dem Stauberechtigten auf Antrag des Geschädigten[2]) auferlegt werden, sich Maßnahmen auf Grundstücken anderer oder am Wasserlaufe[3]), jedoch ohne Änderung der Stauanlage und ohne Beeinträchtigung seines Staurechts gefallen zu lassen, durch welche die nachteiligen Wirkungen verhütet werden können.

(2) Der Antragsteller hat die zur Verhütung einer Beeinträchtigung des Staurechts erforderlichen Maßnahmen[4]) zu treffen; er ist auf Verlangen des Stauberechtigten anzuhalten, eine Sicherheit dafür zu leisten. Der Staat und die Kommunalverbände sind von der Sicherheitsleistung frei.

(3) Auf das Verfahren sind der § 64, der § 65 Abs. 1, 2, die §§ 69, 71, der § 75 Satz 1 und der § 76 Abs. 1 entsprechend anzuwenden[5]).

Ent. § 97; B. 132.

1. **Ordnungsmäßige Ausübung des Staurechts.** Voraussetzung für die Anwendbarkeit des § 103 ist eine ordnungsmäßige Ausübung des Staurechts, d. h. also sowohl die Einhaltung der Stauhöhe, wie auch die ordnungsmäßige Instandhaltung der Anlage, insbesondere auch die Beobachtung der Vorschrift des § 101. Sobald ein Verschulden des Stauberechtigten oder des das Staurecht Ausübenden vorliegt, ist § 103 nicht anwendbar. Ein Verschulden liegt insbesondere nicht vor, wenn die dem Stauberechtigten genehmigten Anlagen, sei es, daß sie gewerbepolizeilich oder im Verleihungsverfahren genehmigt seien, sich beim Betrieb der Stauanlage nicht als ausreichend erweisen.

2. **Antragsberechtigt.** Ein Eingreifen der Wasserpolizeibehörde von Amts wegen ist unzulässig.

3. **Auf Grundstücken anderer oder am Wasserlauf.** Ausgeschlossen ist ein Eingriff in die Einrichtungen der Stauanlage

selbst seitens der Geschädigten oder eine Benutzung dem Stauberechtigten gehöriger Grundstücke. Die zur Abwendung der im § 103 bezeichneten Schädigungen möglichen Maßnahmen können nur auf den dem Stauberechtigten nichtgehörigen Grundstücken oder am Wasserlauf selbst vorgenommen werden. Es können also z. B. die Geschädigten durch Anlegung eines Umflutgrabens auf ihren Grundstücken das ausscheidende Wasser ableiten oder auf ihren Grundstücken Parallelgräben zu ihrem Wasserlauf ziehen und dadurch das überflüssige Wasser beseitigen. Es darf aber durch diese Maßnahmen keine Beeinträchtigung des Staurechts, insbesondere keine Verminderung der Betriebsleistung des Stauwerks herbeigeführt werden, also auch die zulässige Stauhöhe nicht herabgesetzt werden. Nur wenn sich die Maßnahmen innerhalb dieser Grenzen halten, muß der Stauberechtigte sie sich ohne Anspruch auf Entschädigung gefallen lassen, auch dann, wenn ihm tatsächlich ein Schaden dadurch entsteht, indem nämlich durch Entziehung der größeren Wassermengen die Betriebsleistung des Triebwerks herabgemindert wird. Denn auf diese über die Staumarke hinaus gestauten Wassermassen hat er keinen Anspruch. Durch ihre Entziehung wird ihm also nur ein Vorteil entzogen, der ihm nicht zustand.

4. **Erforderliche Maßnahmen.** Nicht der Stauberechtigte, sondern der Antragsteller hat die erforderlichen Maßnahmen zu treffen. Der Stauberechtigte kann verlangen, daß ihm dafür Sicherheit geleistet wird.

5. **Verfahren.** Für das Verfahren sind die Vorschriften des Verleihungsverfahrens, soweit sie zweckentsprechend erscheinen, für anwendbar erklärt, daher begründeter Beschluß des Bezirksausschusses, gegen den Beschwerde gemäß § 76 Abs. 1 WasserG. gegeben ist.

§ 104.

(1) Der Staat und andere öffentlich-rechtliche Verbände können als Unternehmer einer Stauanlage, bei der das Staubecken mehr als 100000 cbm Wasser faßt, einen angemessenen Zuschuß zu den Kosten der Unterhaltung und des Betriebs der Anlage, einschließlich einer angemessenen Verzinsung und einer Tilgung des Baukapitals, von den zur Benutzung eines Wasserlaufs

Berechtigten verlangen, die von der Änderung des Wasserabflusses Vorteil haben[1]). Der Zuschuß ist nach dem ausgenutzten Vorteile zu bemessen.

(2) Im Streitfall entscheidet der Bezirksausschuß im Verwaltungsstreitverfahren[2]).

(3) Wird die Stauanlage von einer Wassergenossenschaft betrieben, so gelten statt dieser Vorschriften die §§ 236, 242[3]).

(4) Die Vorschriften der Abs. 1 und 2 sind auf die Talsperren anzuwenden, die nach dem Gesetze, betreffend Maßnahmen zur Verhütung von Hochwassergefahren in der Provinz Schlesien, vom 3. Juli 1900 (Gesetzsamml. S. 171) errichtet worden sind oder errichtet werden.

Ent. § 98; B. 133; KBH. 38.

1. **Zuschüsse zu den Kosten.** Durch die Bestimmung des § 104 soll, abweichend vom Entwurf dem Staat und anderen öffentlich-rechtlichen Verbänden als Unternehmer einer Stauanlage, bei der das Staubecken mehr als 100000 cbm Wasser faßt, das Recht gegeben werden, Zuschüsse zu den Kosten der Unterhaltung und des Betriebes der Anlage einschließlich der Verzinsung und Tilgung des Baukapitals einzuziehen. Zur Zahlung dieses Zuschusses sind verpflichtet die zur Benutzung Berechtigten, sofern sie von der Änderung des Wasserabflusses durch das Stauunternehmen Vorteil haben. Es kann aber nicht jemand zu einem Zuschuß herangezogen werden, der nicht selbst den Vorteil ausnutzt, der ihm durch den veränderten Wasserabfluß erwächst. Also nicht die Tatsache eines abstrakten Nutzens oder einer abstrakten Vorteilsmöglichkeit genügt, sondern es muß die tatsächliche Ausnutzung des Vorteils erfolgen. Das folgt aus Abs. 1 Satz 2, der von dem tatsächlich a u s g e n u t z t e n Vorteil spricht. In welchem Maße diese Ausnutzung geschieht und wie hoch der ausgenutzte Vorteil ist, kann nur schätzungsweise festgestellt werden und demgemäß auch nur die Höhe des Zuschusses.

2. **Verwaltungsstreitverfahren.** Der ordentliche Rechtsweg ist ausgeschlossen. Der Bezirksausschuß entscheidet im Verwaltungsstreitverfahren sowohl darüber, ob ein Vorteil für den einzelnen Wasserlaufsberechtigten entstanden ist, ob er diesen Vorteil ausnutzt und wie hoch dementsprechend sein Zuschuß zu bemessen ist.

3. **Stauanlage einer Wassergenossenschaft.** Dieses Recht zur

Heranziehung der Wasserlaufsberechtigten steht aber nur dem Staat und anderen öffentlich-rechtlichen Verbänden (Stadt-, Landgemeinden) zu. Betreibt eine Genossenschaft eine der im Abs. 1 näher bezeichneten Stauanlagen, so findet Abs. 1 keine Anwendung. Es verbleibt dann bei den Bestimmungen der §§ 236 und 242, nach welchen Eigentümer der Grundstücke, Bergwerke oder gewerblichen Anlagen, Wassergenossenschaften oder andere Verbände, welche nicht Mitglieder der Genossenschaft sind, zu Beiträgen gemäß den für die Genossen geltenden Bestimmungen herangezogen werden können, wenn sie den Betrieb von Anlagen auf die Ausnutzung der durch die Genossenschaftsanlagen geschaffenen günstigeren Wasserverhältnisse eingerichtet und demgemäß von den Genossenschaftsanlagen Vorteil haben. Das Nähere s. zu §§ 236 und 242.

§ 105.

Bei Stauanlagen für gewerbliche Wassertriebwerke ist in dem Genehmigungsverfahren nach der Reichsgewerbeordnung der § 73 Nr. 2, 3 anzuwenden, wenn nicht eine Verleihung des Staurechts erforderlich ist[1]). Sind die Beteiligten darüber einig oder ist im Rechtswege festgestellt, daß zwar ein Staurecht besteht, über die zulässige Stauhöhe jedoch rechtsverbindliche und klare Bestimmungen nicht vorliegen, so ist der innezuhaltende Wasserstand von der Genehmigungsbehörde nach den Grundsätzen des § 93 Abs. 2 zu bestimmen[2]).

Ent. § 99; B. 133; KBA. 164.

1. **Stauanlagen für gewerbliche Wassertriebwerke.** Die Bestimmung des § 105 stützt sich auf die Bestimmung des § 23 der Reichsgewerbeordnung, nach welcher die landesgesetzlichen Vorschriften bei den Stauanlagen für Wassertriebwerke Anwendung finden sollen, jedoch nur soweit, als materiellrechtliche Bestimmungen in Frage kommen. Da Stauanlagen für gewerbliche Wassertriebwerke auch künftighin nicht der Verleihung bedürfen, sondern lediglich der gewerbepolizeilichen Genehmigung gemäß §§ 17ff. GewO., bestimmt der § 105 noch ausdrücklich, daß bei dem gewerbepolizeilichen Verfahren Bestimmungen über die innezuhaltenden Stauzeiten und über die einzuhaltenden Stauhöhen einschließlich der Mindeststauhöhen zu treffen sind.

2. Grundsätze des § 93 Abs. 2. Die Bestimmung des § 105 Abs. 2 Satz 2 ergibt sich auch aus § 398 des Gesetzes, da die bisher anzuwendende Bestimmung des § 5 des Vorflutedikts aufgehoben und durch § 93 Abs. 2 ersetzt ist.

2. Talsperren.

§ 106[1]).

Für Stauanlagen, bei denen die Höhe des Stauwerkes von der Sohle des Wasserlaufs bis zur Krone mehr als 5 m beträgt und das Sammelbecken, bis zur Krone des Stauwerkes gefüllt, mehr als 100000 cbm umfaßt (Talsperren), gelten die nachstehenden Vorschriften[2]).

Ent. § 100; B. 134ff.; KBA. 165, 166; KBH. 38ff.

1. Vorbemerkung. Unter den Stauanlagen nehmen die Talsperren eine besondere Stellung ein, sowohl wegen des Umfangs der Anlage selbst, wie auch der Menge des aufgestauten Wassers, besonders aber wegen der einschneidenden Wirkung, welche die Talsperren auf die Verhältnisse des Wasserlaufs ausüben und endlich wegen der durch die drohenden, sich auf weite Gebiete erstreckenden Gefahren. Das Gesetz hat deshalb in den §§ 106—112 besondere Vorschriften für die Talsperren aufgestellt; aber auch sonst finden sich im Gesetz zerstreut verschiedene Bestimmungen, welche sich auf die Talsperren beziehen oder auf sie speziell anwendbar sind, so in den §§ 73, 206 Nr. 9, 236, 238, 242, 342 Abs. 2, vgl im übrigen Werneburg in Ztschr. f. Agr. u. Wasserr. 8, 97.

2. Talsperren im Sinne der §§ 106ff. sind Stauanlagen, bei denen die Höhe des Stauwerks von der Sohle des Wasserlaufs bis zur Krone mehr als 5 m beträgt und das Sammelbecken, wenn es bis zur Krone des Stauwerks gefüllt ist, mehr als 100000 cbm umfaßt. Nur auf diese großen Stauanlagen sind die nachfolgenden Vorschriften der §§ 107—112 anwendbar. Vgl. jedoch die Ausnahme in § 110.

Auch das Reich ist den allgemeinen Vorschriften des Wassergesetzes über Anlage von Talsperren einschließlich der Bestimmungen über mögliche Gegenstände der Enteignung unterworfen. Die Anlage einer Talsperre, die für eine Reichswasserstraße das erforderliche Wasser liefert, kann nicht ohne weiteres als Bestandteil oder

Zubehör dieser Wasserstraße angesehen werden, vielmehr bedarf es eines besonderen Aktes der Gesetzgebung, die Talsperre an das gesetzlich begrenzte Netz der Reichswasserstraßen anzuschließen. Solange ein solches Gesetz fehlt, hat das Reich in bezug auf die Talsperre keine privilegierte Stellung (Staatsgerichtshof, RGZ. 112, Anhang S. 13).

§ 107.

(1) Talsperren dürfen nur auf Grund eines Planes[1]) errichtet werden, der genaue Angaben über die gesamte Anlage, deren Bau, Unterhaltung und Betrieb enthalten muß und auch alle Einrichtungen zu berücksichtigen hat, durch die Nachteile und Gefahren für andere verhütet werden können. Der Plan bedarf, sofern nicht für die Talsperre die Verleihung oder die gewerbepolizeiliche Genehmigung erforderlich ist, der Genehmigung des Regierungspräsidenten.

(2) Dasselbe gilt bei wesentlichen Veränderungen von Talsperren.

(3) Vorstehende Bestimmungen sind auf die Talsperren anzuwenden, die nach dem Gesetze, betreffend Maßnahmen zur Verhütung von Hochwassergefahren in der Provinz Schlesien, vom 3. Juli 1900 (Gesetzsamml. S. 171) errichtet worden sind oder noch errichtet werden.

Ent. § 101; B. 134 ff.; KBA. 166.

1. **Plan.** Zur Anlegung einer Talsperre ist stets ein genau ausgearbeiteter Plan erforderlich. Derselbe muß genaue Angaben über die gesamte Anlage, deren Bau, d. h. auch deren Bauausführung, ihre Unterhaltung und ihren Betrieb enthalten. Der Plan muß also „vom Standpunkte der Sicherheit erschöpfend alle Angaben enthalten, aus denen zu entnehmen ist, daß technisch ausreichende Vorsorge gegen Gefahren getraffen ist, die bei der Ausführung der Unterhaltung oder dem Betrieb der Talsperre für andere entstehen könnten" (Begr. 135).

Bei Talsperren, welche auf Grund eines Verleihungsverfahrens errichtet werden, unterliegt dieser Plan der Prüfung der zuständigen Behörde in dem betreffenden Verfahren. Wo ein solches nicht erforderlich ist, bedarf der Plan stets der Genehmigung des Regierungspräsidenten. Auch alle wesentlichen Veränderungen an Talsperren bedürfen derselben Prüfung und Genehmigung der Verleihungsbehörde, der Gewerbepolizei oder des Regierungspräsidenten.

Vgl. im übrigen die Anleitung für Bau und Betrieb von Talsperren im MBl. f. Landw. 1914, 148.

§ 108.

(1) Talsperren unterstehen der Aufsicht des Regierungspräsidenten[1]). Dieser hat besonders darauf zu achten, daß der Bau, die Unterhaltung und der Betrieb nach dem Plane geschehen; er ist befugt, dem Unternehmer auch nach Ausführung des Planes Sicherheitsmaßregeln aufzugeben, die er zum Schutze der unterhalb liegenden Grundstücke gegen Gefahren[2]) für notwendig hält.

(2) Zur Deckung der Kosten der Aufsicht können von dem Unternehmer Gebühren erhoben werden. Die Höhe bestimmt der Regierungspräsident.

Ent. § 102; B. 134 ff.; KBA. 167; L. II 8169 ff.; L. III 8561 ff.

1. **Aufsicht.** Die Talsperren sind der Aufsicht der regelmäßig zuständigen Wasserpolizeibehörde entzogen und ausnahmslos der Aufsicht des Regierungspräsidenten, in dessen Bezirk sie liegen, unterstellt. Diesem obliegt auch die Beaufsichtigung der Bauausführung, der Unterhaltung und des Betriebs und die Beobachtung des genehmigten Planes.

2. **Gefahren.** Gegen „Gefahren", nicht auch gegen Nachteile (wie im § 107), kann der Regierungspräsident dem Unternehmer zum Schutz der öffentlichen Interessen und des öffentlichen Wohls weitergehende Sicherheitsmaßregeln auch über den genehmigten Plan hinaus auflegen.

§ 109.

In den Fällen der §§ 107, 108 tritt an die Stelle des Regierungspräsidenten im Geltungsgebiete des Gesetzes vom 3. Juli 1900 der Oberpräsident.

KommBeschl. H. § 102a; KBH. 39.

§ 110.

(1) Die §§ 107, 108 gelten auch für andere als die im § 106 bezeichneten Stauanlagen, wenn der Regierungspräsident feststellt[1]), daß bei ihnen wegen der Gestaltung des Wasserlaufs oder seiner Umgebung im Falle eines Bruches des Stauwerkes erhebliche Gefahren zu befürchten sind. Gegen die Feststellung, die im Amtsblatt und in ortsüblicher Weise sowie, wenn Landkreise beteiligt sind, auch in den Kreisblättern bekanntzumachen[2]) ist, kann nur Beschwerde im Aufsichtsweg erhoben werden.

(2) Bei Stauanlagen, die erst nach Inbetriebsetzung auf Grund der Vorschriften des Abs. 1 den Bestimmungen über Talsperren unterworfen werden, können nur die im § 97 angegebenen Maßnahmen und diese nur nach den §§ 97, 98 gefordert werden[3]).

Ent. § 103; B. 134ff.; KBA. 168.

1. **Prüfungspflicht des Regierungspräsidenten.** Durch die Bestimmung des § 110 wird dem Regierungspräsidenten die Pflicht auferlegt, zu prüfen, ob Stauanlagen, welche an und für sich infolge ihrer Bauart und ihrer Größe nicht zu den Talsperren im Sinne des § 106 gehören, trotzdem den schärferen Bestimmungen der §§ 107 und 108 unterworfen werden sollen. Maßgebend für die Entscheidung des Regierungspräsidenten muß sein, ob im Falle eines Bruchs des Stauwerks erhebliche Gefahren wegen der Gestaltung des Wasserlaufs oder seiner Umgebung eintreten können. Es brauchen also noch keine Gefahren in die Erscheinung getreten zu sein, es genügt vielmehr schon die bloße Gefährdung.

2. **Rechtsmittel.** Das Vorliegen einer solchen Gefährdung muß festgestellt werden, d. h. der Regierungspräsident muß das Vorhandensein der Voraussetzungen des § 110 bei einer Stauanlage feststellen und diese Feststellung im Amtsblatt und in sonst ortsüblicher Weise bekannt zu machen. Gegen diese Feststellung und die Unterwerfung einer nicht unter § 106 fallenden Stauanlage unter die Bestimmungen der §§ 107 und 108 ist ein Rechtsmittel nicht gegeben, sondern lediglich Beschwerde im Aufsichtswege zulässig. § 112 ist nicht anwendbar.

3. Anwendung der Vorschriften über Talsperren auf andere Stauanlagen. Die Vorschrift des Abs. 1 ist bei allen Stauanlagen anwendbar, mögen dieselben nur auf Grund eines Verleihungsverfahrens, eines gewerbepolizeilichen Genehmigungsverfahrens errichtet sein oder zu denjenigen Stauanlagen gehören, welche keiner Verleihung oder Genehmigung bedürfen. Bei Stauanlagen jedoch, welche erst nach Inbetriebsetzung den Vorschriften der §§ 107 und 108 unterworfen werden, können Einrichtungen und Sicherheitsmaßregeln über den Umfang der §§ 97 und 98 hinaus nicht verlangt werden. Es beschränkt sich also bei solchen in Betrieb befindlichen Stauanlagen das Recht des Regierungspräsidenten darauf, die Aufsicht zu führen, und den Umbau oder die Sicherung der Stauanlage zu fordern, wenn die Gefahr besteht, daß die betreffende Stauanlage wegen ihrer Bauart durch Hochwasser geschädigt oder zerstört werden und dadurch anderen Nachteile (§ 97) oder auch Gefahren für das öffentliche Wohl (§ 98) entstehen können. Siehe auch Anm. zu § 106.

§ 111.

(1) Erstreckt sich das Unternehmen auf mehrere Regierungsbezirke, so bestimmt der Oberpräsident und, wenn mehrere Provinzen beteiligt sind, der Minister für Landwirtschaft, Domänen und Forsten den Regierungspräsidenten, der die in den §§ 107, 108 bezeichneten Aufgaben wahrzunehmen hat.

(2) Soll die Talsperre durch eine Wassergenossenschaft ausgeführt werden, so ist stets der Regierungspräsident zuständig, der die Aufsicht über die Genossenschaft führt (§ 217 Abs. 3)[1]).

Ent. § 104; B. 134; KBA. 168.

1. Örtliche Zuständigkeit. Nach § 217 Abs. 3 steht die Aufsicht über eine Wassergenossenschaft demjenigen Regierungspräsidenten zu, in dessen Bezirk die Genossenschaft ihren Sitz hat. Da der Sitz der Genossenschaft nicht im selben Regierungsbezirk zu liegen braucht, in welchem sich die Talsperre befindet, ist, um keine doppelte Aufsichtsbehörde zu schaffen, durch Abs. 2 derjenige Regierungspräsident für die Aufsicht und Anordnungen gemäß §§ 107 und 108 für zuständig erklärt, der die Aufsicht über die Genossenschaft führt, welche das Talsperrenunternehmen betreibt.

§ 112.

Gegen die Entscheidungen des Regierungspräsidenten auf Grund der §§ 107, 108 ist nur binnen zwei Wochen die Beschwerde[1]) bei Wasserläufen erster Ordnung an den Minister der öffentlichen Arbeiten, sonst an den Minister für Landwirtschaft, Domänen und Forsten zulässig.

Ent. § 105; B. 134ff.; KBA. 168.

1. **Beschwerde.** Die hier gegebene Beschwerde bezieht sich nicht auf die gemäß § 110 Satz 2 vom Regierungspräsidenten getroffene Feststellung. Letztere kann lediglich mit Beschwerde im Aufsichtswege angefochten werden.

Zuständig für die Entscheidung auf die Beschwerde sind bei Reichswasserstraßen jetzt die preußischen Minister für Handel und Gewerbe und für Landwirtschaft, Domänen und Forsten, bei sonstigen Wasserläufen erster Ordnung der Minister für Landwirtschaft allein (G. v. 15. 8. 21, Gesetzsamml. S. 487).

Bei den Reichswasserstraßen ist der Reichsverkehrsminister an der Entscheidung über die Beschwerde nicht beteiligt (§ 12b des Staatsvertrags v. 31. 3./26. 9. 21).

Vierter Titel.

Unterhaltung der Wasserläufe und ihrer Ufer.

Vorbemerkung.

Die Unterhaltung der Wasserläufe und ihrer Ufer regelt das Gesetz in wesentlichen Punkten abweichend von dem früheren Recht.

Bei den natürlichen Wasserläufen erster Ordnung ist die Unterhaltungspflicht ohne Rücksicht auf die Eigentumsverhältnisse dem Staate auferlegt. Bei den natürlichen Wasserläufen zweiter Ordnung sieht das Gesetz grundsätzlich als Träger der Unterhaltungspflicht Wassergenossenschaften vor, welche aus den Eigentümern aller Grundstücke, Bergwerke und gewerblichen Anlagen, sowie den Verbänden, die von der ordnungsmäßigen Unterhaltung des Wasserlaufs Vorteil haben, gebildet werden sollen und zwar im allgemeinen nicht für die ganzen Flußläufe, sondern für einzelne

Flußabschnitte, deren Grenzen tunlichst mit den Kreisen zusammenfallen sollen (KBA. 189). Das Gesetz läßt jedoch hiervon aus Zweckmäßigkeitsgründen Ausnahmen zu (§§ 126, 128 und 129).

Die Unterhaltung der natürlichen Wasserläufe dritter Ordnung sowie aller künstlichen Wasserläufe ist dem Eigentümer zugewiesen und, wenn dieser nicht zu ermitteln ist, dem Anlieger. Die Pflicht zur Unterhaltung der Wasserläufe ist nach dem Gesetz entsprechend dem bisherigen Rechtszustande eine öffentlich-rechtliche Verpflichtung, also eine dem Staate gegenüber zu erfüllende Verbindlichkeit und polizeilich erzwingbar (PVBl. 39, 553).

Die Aufgabe der Unterhaltung der Wasserläufe ist „den von Natur bestehenden oder künstlich herbeigeführten Zustand zu erhalten oder nötigenfalls so, wie er seit längerer Zeit bestanden hat, wiederherzustellen, soweit es zu der „ungestörten Abführung des dem Wasserlauf zufließenden Wassers" und bei den natürlichen Wasserläufen erster Ordnung zur Erhaltung ihrer Schiffbarkeit nötig ist (Begr. 108). Es fallen daher gewöhnlich Veränderungen eines Wasserlaufs nicht unter den Begriff der Unterhaltung. Es fallen auch nicht hierunter, insbesondere soweit das Schiffahrtsinteresse in Betracht kommt, Arbeiten, durch welche den jeweiligen Bedürfnissen der Schiffahrt Rechnung getragen werden soll. Lediglich die Sicherung des hergebrachten, bestehenden Zustandes fällt unter den Begriff der Unterhaltung. Alles, was darüber hinaus an Veränderungen am oder im Wasserlauf erforderlich oder zweckentsprechend ist, fällt unter den weiteren Begriff des Ausbaues und unterliegt den Bestimmungen der §§ 152ff., vgl. insbesondere § 154.

Von der „Unterhaltung des Wasserlaufs" ist zu unterscheiden die „Uferunterhaltung", welche gleichfalls in diesem Titel geregelt ist (vgl. §§ 119ff.).

§ 113.

(1) Die durch dieses Gesetz begründete Verpflichtung zur Unterhaltung der Wasserläufe und ihrer Ufer ist eine öffentlichrechtliche Verbindlichkeit, die, abgesehen von den in diesem Gesetze bestimmten Fällen, weder aufgehoben noch geändert werden kann[1]). Beim Inkrafttreten dieses Gesetzes bestehende öffentlichrechtliche Verbindlichkeiten zur Unterhaltung eines Wasserlaufs oder

seiner Ufer erlöschen, soweit sie nicht in diesem Gesetz aufrechterhalten sind[2]).

(2) Vereinbarungen über die Unterhaltungspflicht[3]) können mit privatrechtlicher Wirkung getroffen werden.

Ent. § 107; B. 136ff.; KBA. 169ff.; KBH. 42.

1. **Unabänderlichkeit der öffentlich-rechtlichen Unterhaltungsverbindlichkeit.** Wegen der rechtlichen Natur der Unterhaltungspflicht vgl. Vorbemerkung. Die öffentlich-rechtliche Verbindlichkeit zur Unterhaltung der Wasserläufe und ihrer Ufer kann mit Ausnahme derjenigen Fälle, in denen dies ausdrücklich im Gesetz vorgesehen ist (§§ 115 Abs. 3, 116 Abs. 2, 121, 124, 125, 126 Abs. 1 Nr. 4, 5, 129 Abs. 3), weder aufgehoben noch geändert werden, und zwar weder durch besondere Titel des öffentlichen Rechts, Provinzialgesetze (OVG. **36**, 332), noch durch lokale Gewohnheitsrechte (OVG. **30**, 296), noch durch Polizeiverordnungen (OVG. **71**, 364), noch durch privatrechtliche Vereinbarungen (PVBl. **38**, 56).

Die Bestimmung des § 397, wonach die bestehenden Vorschriften über die Verleihung des Rechts zur Erhebung von Verkehrsabgaben usw. unberührt bleiben, ändert nichts an der in den §§ 113, 115 ausgesprochenen Regel, daß bei natürlichen Wasserläufen erster Ordnung der Staat Träger der öffentlich-rechtlichen Unterhaltungspflicht ist (OVG. **70**, 380).

2. **Aufrechterhaltene Unterhaltungsverbindlichkeiten.** Der Umfang der Unterhaltungspflicht bleibt stets der in den §§ 114, 119, 120 umgrenzte, mag auch eine von der Regel abweichende Ordnung hinsichtlich des Trägers der Unterhaltungspflicht durch die im Gesetz bezeichneten Ausnahmefälle eintreten (OVG. **72**, 348).

3. **Vereinbarungen über die Unterhaltungspflicht.** Derartige Vereinbarungen können nicht in das Wasserbuch eingetragen werden.

Die Wirkung derartiger Vereinbarungen beschränkt sich auf die vertragschließenden Parteien selbst und hat keinerlei Wirkung und Einfluß auf die nach dem Gesetze zur Unterhaltung verpflichteten Personen. Dem Staate gegenüber bleibt trotz abweichender privatrechtlicher Vereinbarungen stets der zur Unterhaltung gesetzlich Verpflichtete haftbar und auch gegen ihn allein kann die Wasserpolizeibehörde im Falle einer Vernachlässigung seiner Unterhaltungspflicht einschreiten. Es bleibt ihm überlassen, denjenigen, der an seiner Stelle die gesetzliche Unterhaltungspflicht durch privatrechtliche Vereinbarungen übernommen hat, haftbar zu machen und zur Erfüllung seiner privatrechtlichen Verpflichtungen im ordentlichen Rechtswege anzuhalten (vgl. PVBl. 38, 56).

§ 114.

(1) Die Unterhaltung umfaßt bei Wasserläufen erster Ordnung die Erhaltung der Schiffbarkeit[1]) und der Vorflut[2]), bei den übrigen Wasserläufen die Erhaltung der Vorflut.

(2) Künstliche Wasserläufe erster Ordnung sind nur insoweit im Vorflutinteresse zu erhalten, als sie der Vorflut zu dienen bestimmt sind[3]).

(3) Die Erhaltung der Schiffbarkeit erstreckt sich nur auf das dem öffentlichen Schiffsverkehre dienende Fahrwasser[4]). Sie umfaßt nicht die besonderen Zufahrtsstraßen zu den Häfen[5]).

(4) Ist ein Wasserlauf nach einem behördlich festgestellten Plane ausgebaut[6]), so erstreckt sich die Unterhaltung auf die Erhaltung des Zustandes, in den der Wasserlauf durch den Ausbau versetzt ist, es sei denn, daß bei Wasserläufen erster Ordnung der Minister der öffentlichen Arbeiten, sonst der Minister für Landwirtschaft, Domänen und Forsten, nach Anhörung des Wasserbeirats die Erhaltung dieses Zustandes nicht mehr für erforderlich erklärt[7]).

Ent. § 108; B. 137ff.; KBA. 170ff.; KBH. 43.

1. **Erhaltung der Schiffbarkeit.** Diese Pflicht deckt sich im wesentlichen mit der nach § 79 II 15 ALR. dem Staate schon früher obliegenden, nämlich, für die zur Sicherheit und Bequemlichkeit der Schiffahrt nötigen Anstalten zu sorgen. „Die Schiffbarkeit besteht darin, daß der Wasserlauf für den Verkehr, also den Transport von Gütern und Personen als Wasserstraße benutzt werden kann (OVG. 28, 285). Die Erhaltung der Schiffbarkeit erstreckt sich nur auf das Fahrwasser und geht auf Erhaltung einer ausreichenden Fahrtiefe und die Instandhaltung der einheitlichen Fahrrinne. Sie begreift nur die Erhaltung eines bestehenden ordnungsmäßigen Zustandes des Wasserlaufs, nicht seine Ver-

besserung in sich. Soweit letztere in Frage kommt, greifen die Bestimmungen über den Ausbau (§§ 152—171) Platz (AusfAnw. VIII A II). Die Verbesserung und Vergrößerung einer Schleusenanlage gehört nicht zur Unterhaltung (LWA. 1, 273).

Soweit Wasserläufe zweiter und dritter Ordnung der Schiffahrt dienen, gehört die Unterhaltung des Fahrwassers nicht zur Aufgabe des Unterhaltungspflichtigen. Die Unterhaltung dieser Wasserläufe beschränkt sich vielmehr auch dann lediglich auf die Erhaltung der Vorflut, wenn auf ihnen ein gewisser Schiffsverkehr stattfindet. Die Schiffahrt auf solchen Wasserläufen kann nur soweit erfolgen, als der Zustand des Wasserlaufes es gestattet. Der Unterhaltungspflichtige ist aber verpflichtet, einen solchen, zurzeit vielleicht vorhandenen, die Möglichkeit der Schiffahrt zulassenden Zustand zu erhalten (vgl. RG. **40**, 296; **53**, 131).

2. **Erhaltung der Vorflut.** Wegen des Begriffes der Vorflut vgl. § 11.

Bei den natürlichen Wasserläufen zweiter und dritter Ordnung erstreckt sich die Unterhaltungspflicht lediglich auf die Erhaltung der Vorflut. Auch bei den künstlichen Wasserläufen I. Ordnung gehört die Erhaltung der Vorflut mit zur Unterhaltungspflicht, jedoch mit der Beschränkung, daß die Erhaltung der Vorflut nur dann und soweit erforderlich ist, als diese Wasserläufe der Vorflut tatsächlich zu dienen bestimmt sind.

Was unter der Erhaltung der Vorflut zu verstehen ist, ist im Gesetz nicht näher gesagt. Soweit nicht das Gesetz bezüglich der Unterhaltung der Ufer in den §§ 119 und 120 besondere Vorschriften enthält, beschränken sich die vorzunehmenden Arbeiten grundsätzlich auf Arbeiten im Wasserlauf selbst (s. jedoch bezüglich der „Uferunterhaltungspflicht" §§ 119, 120, 121). Insoweit wird die bisherige Rechtsprechung des Oberverwaltungsgerichts über die Räumung des Flußbettes, wie sie sich auf § 7 des Privatflußgesetzes und § 10 des Vorflutediktes aufgebaut hat, auch in Zukunft maßgebend bleiben. Hervorzuheben ist, daß der Begriff der Unterhaltung sich nicht ohne weiteres mit dem Begriff der Reinhaltung deckt, wenn auch in vielen Fällen die Unterhaltung ohne die Reinhaltung nicht möglich sein wird. Als Grundlage für die Unterhaltungspflicht gilt, daß sich dieselbe beschränkt auf die Erhaltung bzw. „Wiederherstellung des Zustandes, wie er bis dahin bestanden hat" (OVG. **2**, 280; **3**, 210; **5**, 253; **8**, 229, 237; **9**, 259; **21**, 311; **35**, 302; **46**, 319).

Hindernisse der Vorflut im Wasserlaufe und zur Erhaltung der Vorflut zu beseitigen (vgl. OVG. 72, 342).

Die Vorflut ist durch die Verhinderung von Anlandungen (OVG. 35, 301) und Verstrauchungen (PVBl. 21, 518; OVG. 46, 318) zu schützen (vgl. auch LWA. 2, 125).

3. Unterhaltung von künstlichen Wasserläufen erster Ordnung. Durch die dem Eigentümer des Kanals nach §§ 113—115 obliegende Pflicht zu seiner Unterhaltung soll die Unterhaltung der Schiffbarkeit als eine Art des jedem zustehenden Gemeingebrauchs gesichert werden Es handelt sich dabei um eine öffentlich-rechtliche Last, die ähnlich der Wegebaulast im Interesse der Allgemeinheit festgelegt ist. Dadurch soll nicht der einzelne gegen eine Erschwerung des Gemeingebrauchs gesichert werden. Die Vorschrift hat nur den Schutz der Allgemeinheit im Auge und soll nur im öffentlichen Interesse liegende Zwecke, nicht aber unmittelbar dem Schutz des einzelnen Verkehrsunternehmers dienen, obwohl sie ihm wirtschaftlich zugute kommt.

4. Erhaltung des Fahrwassers. Nach Abs. 3 erstreckt sich die Erhaltung der Schiffbarkeit nur auf das dem öffentlichen Schiffsverkehr dienende Fahrwasser der Fahrrinne. Bei mehreren Fahrrinnen erstreckt sich die Unterhaltungspflicht auf alle, und zwar nicht nur auf die Fahrrinne für den durchgehenden Verkehr mit Personenschiffen, sondern auch für den Frachtschiffverkehr, desgleichen auf die Erhaltung der Flößbarkeit. Nicht fällt jedoch darunter die Erhaltung einer Fahrrinne für den lokalen Schiffahrtsverkehr, ebensowenig die Unterhaltung von Angestellten zwischen bzw. an den Buhnen. Wenn auch in der Kommission sowohl des Abgeordnetenhauses wie des Herrenhauses seitens der Regierungsvertreter ausgeführt ist, daß seitens der Staatsregierung in den Grenzen des § 133 „auch dem Lokalverkehr und der Möglichkeit, zwischen den Buhnen Anlegestellen herzustellen, tunlichst Rechnung getragen werden solle", so ist eine solche Verpflichtung aus dem Wortlaut des Gesetzes jedenfalls nicht zu entnehmen (KBA. 177).

5. Zufahrtsstraßen. Ausdrücklich ausgeschlossen ist die Verpflichtung zur Erhaltung der Fahrrinne in den besonderen Zufahrtsstraßen zu den Häfen. Unter Zufahrtsstraßen zu den Häfen ist zu verstehen „der Raum zwischen dem Hafenmund und dem gewöhnlichen Fahrwasser", unter Hafenmund die Einmündung des Hafens entweder in den Wasserlauf selbst oder in den oben erwähnten Zwischenraum. Die Unterhaltung des eigentlichen Hafenmundes und der Strecke zwischen ihm und dem Fahrwasser liegt vielmehr demjenigen ob, der Eigentümer des Hafens ist oder in dessen Interesse der Hafen angelegt ist (KBA. 180). Der in der Begr. (S. 140) enthaltene Satz, daß, wenn die Häfen dazu dienen, bei Hochwasser und Eisgefahr den Schiffen eine Unterkunft zu sichern, der Staat wie bisher, so auch in Zukunft verpflichtet sei, für die Unterhaltung dieser Häfen gemäß ALR. II 15 § 79 zu sorgen, findet im Gesetz keine Stütze, denn II 15 § 79 ist im § 379 Abs. 2 Nr. 1b ausdrücklich aufgehoben.

6. **Ausgebaute Wasserläufe.** Es macht keinen Unterschied, ob die Arbeiten von Geltung des Wassergesetzes oder unter seiner Herrschaft vorgenommen sind. Ein Ausbau nach einem behördlich festgelegten Plan ist nicht nur dann anzunehmen, wenn die Behörde vor dem Ausbau den Plan förmlich genehmigt hat, sondern schon dann, wenn ein planmäßiger Ausbau des Wasserlaufs unter ausdrücklicher oder stillschweigender Billigung der zuständigen Behörden stattgefunden hat (AusfAnw. VIII H I 1a). Da nach §§ 96, 97 ALR. I, 8 Wasserbauten an öffentlichen Flüssen unter Aufsicht des Staates ausgeführt werden mußten und der Aufsicht des Staates bedurften, da ferner angenommen werden muß, daß gesetzliche Bestimmungen befolgt worden sind, so ist im Zweifel davon auszugehen, daß ein vorgenommener Ausbau die Zustimmung der zuständigen Behörden durch Feststellung des Planes gefunden hat (AusfAnw. VIII H I, 1a).

Es muß sich aber immer um einen wirklichen Ausbau, d. h. eine Verbesserung des Wasserlaufes handeln, die über die bloße Unterhaltung hinausgeht (OVG. 74, 387; 78, 306).

7. **Zuständige Minister.** Zuständige Minister sind jetzt bei Reichswasserstraßen der Reichsverkehrsminister und die preußischen Minister für Handel und Gewerbe und Landwirtschaft gemeinsam, bei den nicht auf das Reich übergegangenen Wasserläufen erster Ordnung der Landwirtschaftsminister allein (vgl. § 12b des Staatsvertrages v. 31. 3./26. 9. 21 und G. v. 15. 8. 21 Gesetzsamml. S. 487).

§ 115[1]).

(1) Die Unterhaltung des Wasserlaufs liegt ob:

1. bei natürlichen Wasserläufen erster Ordnung dem Staate[2]);
2. bei natürlichen Wasserläufen zweiter Ordnung

den für diesen Zweck zu bildenden Wassergenossenschaften[3]);

3. bei natürlichen Wasserläufen dritter Ordnung sowie

4. bei künstlichen Wasserläufen, dem Eigentümer und, wenn sich dieser nicht ermitteln läßt, dem Anlieger[4]).

(2) Bis eine Wassergenossenschaft gebildet ist, sind natürliche Wasserläufe zweiter Ordnung von dem bisher dazu Verpflichteten zu unterhalten[5]).

(3) Ist ein Wasserlauf von einem anderen als dem zu seiner Unterhaltung Verpflichteten nach einem behördlich festgestellten Plane ausgebaut, so liegt die fernere Unterhaltung nach § 114 Abs. 4 dem Unternehmer des Ausbaues ob[6]). Sie kann aber von dem bisher Verpflichteten durch Vereinbarung[7]) mit dem Unternehmer unter Zustimmung der Wasserpolizeibehörde übernommen werden[8]).

Ent. § 109; B. 141ff.; KBA. 181ff.; KBH. 43.

1. **Vorbemerkung.** Während die §§ 114, 133 allgemein von der rechtlichen Natur und dem Umfange der Unterhaltung sprechen, bestimmt § 115 die Träger der Unterhaltungslast (vgl. OVG. 74, 381).

2. **Unterhaltung der natürlichen Wasserläufe erster Ordnung.** Die Unterhaltung der natürlichen Wasserläufe erster Ordnung ist Pflicht des Staates ohne Rücksicht darauf, ob der Wasserlauf in seinem Eigentum steht oder nicht (§ 9 Abs. 1 Satz 1). Alle bisher auf besonderen Titeln beruhenden Unterhaltungspflichten sind den bisherigen Trägern zu Lasten des Staates abgenommen (OVG. 70, 380). Eine Ausnahme besteht nur in den Fällen der §§ 115 Abs. 3, 126 Abs. 1 Nr. 4, 5. Auch die Krautung liegt dem Staate ob (OVG. 71, 355). Bei den Reichswasserstraßen gewordenen Wasserläufen erster Ordnung hat das Reich die Unterhaltung übernommen (§ 1 Abs. 2 des Staatsvertrages v. 31. 3./26. 9. 21).

3. **Unterhaltung der natürlichen Wasserläufe zweiter Ordnung.** Das Wassergesetz steht auf dem Standpunkt, daß die Be-

deutung der natürlichen Wasserläufe zweiter Ordnung für die Wasserwirtschaft ihre einheitliche und planmäßige Unterhaltung erfordert. Um diese zu sichern, hält es die Schaffung leistungsfähiger Träger der Unterhaltungslast, wo diese fehlen für geboten und überhaupt daher grundsätzlich die Unterhaltung der natürlichen Wasserläufe zweiter Ordnung den für diesen Zweck zu bildenden Wassergenossenschaften, wenn nicht einer der Ausnahmefälle der §§ 115 Abs. 2, 3 oder 116—118, 125, 126 Abs. 1, 132 Abs. 2 vorliegt (OVG. in Ztschr. f. Agr. u. Wasserr. 5, 24; LWA. 4, 176; AusfAnw. VII Nr. 3 und MinErl. v. 16. 12. 19 in MinBl. f. Landw. 1920, 19).

4. **Unterhaltung der natürlichen Wasserläufe dritter Ordnung und der künstlichen Wasserläufe.** Im Sinne des § 115 Abs. 1 Ziff. 4 ist auch der Erbpächter als Eigentümer anzusehen (OVG. in Ztschr. f. Agr. u. Wasserr. 6, 134). Verpflichtet zur Unterhaltung einer den Zufluß mit einem Triebwerkskanal regelnden Einlaßschleuse ist nicht der zur Unterhaltung des Wasserlaufs Verpflichtete, sondern der Eigentümer oder Nutzungsberechtigte des Werkes, zu dessen Gunsten das Recht der Ableitung von Wasser aus dem Wasserlauf ausgeübt wird (OVG. 79, 191).

5. **Unterhaltung durch die bisher Verpflichteten.** Unter den bisher zur Unterhaltung Verpflichteten sind diejenigen zu verstehen, denen nach dem bei Inkrafttreten des Wassergesetzes bestehenden Rechtszustande die öffentlich-rechtliche Unterhaltungspflicht oblag (OVG. 79, 202).

Bisher verpflichtet waren grundsätzlich die Anlieger, wo nicht Provinzialgesetze (OVG. 36, 332), Lokalstatuten (OVG. 5, 155), ununterbrochene Gewohnheit (OVG. 30, 296) oder besondere Rechtstitel wie Vertrag und Verjährung (PVBl. 21, 245) etwas anderes bestimmen. Wo ein ausschließliches Eigentum am Wasserlauf bestand, traf die Unterhaltungspflicht den Eigentümer und nicht den Anlieger (OVG. 24, 276). Waren observanzmäßig mehrere zur gemeinschaftlichen Unterhaltung eines Wasserlaufes verpflichtet, so zieht der Wegfall eines der Verpflichteten den Wegfall der ganzen Observanz nach sich (OVG. 79, 219). Der Umfang der Pflicht zur Unterhaltung des natürlichen Wasserlaufes zweiter Ordnung und seiner Ufer bestimmt sich auch in den in § 115 Abs. 2 und § 116 vorgesehenen Fällen nach § 114 und § 120 Abs. 1—4 WG. (OVG. 72, 348).

6. **Unterhaltung ausgebauter Wasserläufe,** vgl. § 114 Anm. 6. Der Abs. 3 ist auch in jenen Fällen anzuwenden, wo nach Inkrafttreten des Wassergesetzes eine sachlich als Ausbau sich darstellende

Maßnahme, d. h. eine über die Unterhaltung hinausgehende Verbesserung des Ausbauverfahrens durchgeführt ist (OVG. 79, 175).

Der Abs. 3 gilt gleichfalls dann, wenn bereits vor dem Inkrafttreten des Gesetzes ein Wasserlauf nach einem behördlich festgestellten Plane ausgebaut ist, und zwar auch dann, wenn der Ausbau in diesem Falle von einem anderen als den gesetzlich Unterhaltungspflichtigen ausgeführt ist (OVG. 70, 388 und in Ztschr. f. Agr. u. Wasserr. 6, 24, 234).

7. **Vereinbarung.** Eine solche Vereinbarung kann sowohl nach wie vor dem Inkrafttreten des Wassergesetzes getroffen sein. Ist dem Satz 1 des Abs. 3 rückwirkende Kraft auf Ausbauunternehmungen aus der Zeit vor Inkrafttreten des Wassergesetzes beizumessen, so ist nicht minder die weitere Gültigkeit der in früherer Zeit mit öffentlich-rechtlicher Wirkung getroffenen Vereinbarungen anzuerkennen. Bei ihnen wird, wenn nichts Gegenteiliges erhellt, aus der Kenntnis der Wasserpolizeibehörde auf ihre Zustimmung zu derartigen Vereinbarungen ebenso zu schließen sein, wie die Ausf.-Anw. VIII aus dem unter stillschweigender Billigung der zuständigen Behörde ausgeführten planmäßigen Ausbau auf die Tatsache der behördlichen Feststellung des Planes schließt. Daraus folgt, daß, von Ausnahmefällen abgesehen, der Abs. 3 des § 115 im ganzen genommen, keine Änderung in der beim Inkrafttreten des Wassergesetzes tatsächlich bestehenden Unterhaltung ausgebauter Wasserläufe oder Wasserlaufstrecken herbeiführt, da einer von dem Satze 1 des Abs. 3 abweichenden Regelung der Unterhaltung regelmäßig eine Sonderfestsetzung zugrunde liegen wird und im Zweifel anzunehmen ist, daß eine, die früher bestehende gesetzliche Unterhaltungspflicht aufrecht erhaltende Vereinbarung die Billigung der Wasserpolizeibehörde gefunden haben wird (OVG. 79, 776).

§ 116.

(1) Kann ein natürlicher Wasserlauf zweiter Ordnung ebenso zweckmäßig wie durch eine Wassergenossenschaft durch die bisher dazu Verpflichteten unterhalten werden oder besteht kein öffentliches Interesse für die Bildung der Genossenschaft, so hat ihre Bildung zu unterbleiben[1]).

(2) Kann ein solcher Wasserlauf ebenso zweckmäßig wie durch eine Wassergenossenschaft durch eine Gemeinde (Gutsbezirk) oder eine andere Körperschaft des

öffentlichen Rechtes unterhalten werden, so kann ihr mit ihrer Zustimmung die Unterhaltung von dem Regierungspräsidenten übertragen werden[2]).

KommBeschl. § 109a; KBA. 200ff.

1. **Unterbleiben der Genossenschaftsbildung.** Zu den Voraussetzungen des § 116 gehört das Vorhandensein eines bisher zur Unterhaltung des Wasserlaufes Verpflichteten, jedoch nicht schon für sich allein, sondern nur dann, wenn die Unterhaltung durch diese ebenso zweckmäßig wie durch eine andere Wassergenossenschaft erfolgen kann. Das Vorhandensein eines Pflichtigen kann daher allein für sich die Bildung einer Wassergenossenschaft niemals ausschließen, selbst wenn, was ohnehin regelmäßig der Fall sein wird, diese Verpflichtung ursprünglich als eine dauernde begründet war (OVG. in Ztschr. f. Agr. u. Wasserr. 7, 34). Die imperative Form „hat . . . . zu unterbleiben" ist nur eine scheinbare, da die Entschließung in Wahrheit von einem Ermessen abhängig gemacht wird, nämlich darüber, ob ein natürlicher Wasserlauf zweiter Ordnung ebenso zweckmäßig wie durch eine Wassergenossenschaft durch die bisher dazu Verpflichteten unterhalten werden kann, oder ob kein öffentliches Interesse vorliegt (OVG. in Ztschr. f. Agr. u. Wasserr. 6, 231). Dem Verwaltungsrichter steht eine Nachprüfung, ob das Vorliegen der Voraussetzungen des § 116 Abs. 1 zu Recht oder Unrecht verneint ist, insbesondere, ob kein öffentliches Interesse für die Bildung der Genossenschaft besteht, nicht zu, wie er auch nicht befugt ist, die Rechtmäßigkeit der von der Wasserpolizeibehörde erlassenen Verfügungen deshalb zu verneinen, weil der Regierungspräsident zu der Frage der Genossenschaftsbildung auch keine Stellung genommen hat. Wenn nach § 116 Abs. 1 von der Bildung einer Genossenschaft abgesehen wird, so beweist § 115 Abs. 2 dauernd die Unterhaltungspflicht (OVG. 79, 201).

Nur auf die Bildung von Zwangsgenossenschaften nach § 245 findet § 116 Abs. 1 Anwendung, nicht aber auch auf die Bildung einer Genossenschaft durch freiwilligen Zusammenschluß oder durch Zustimmung der Mehrheit unter Anwendung des Beitrittszwanges gegen die Minderheit (LWA. 2, 123; PVBl. 39, 330).

2. **Übertragung der Unterhaltung auf eine Gemeinde usw.** Der Abs. 2 räumt dem Regierungspräsidenten lediglich die Befugnis ein, wenn ein natürlicher Wasserlauf zweiter Ordnung ebenso zweckmäßig wie durch eine Wassergenossenschaft durch eine Gemeinde unterhalten werden kann, dieser unter der Voraussetzung

ihrer Zustimmung die Unterhaltung zu übertragen. Ein Recht, die Übertragung zu verlangen, gewährt sie weder der Gemeinde noch den Anliegern (LWA. 4, 174).

§ 117.

(1) In der Provinz Hessen-Nassau liegt die Unterhaltung der natürlichen Wasserläufe zweiter und dritter Ordnung den Gemeinden ob, durch deren Gemarkung sie fließen[1]).

(2) Im Bezirke des vormaligen Herzogtums Nassau gilt dasselbe von den künstlichen Wasserläufen zweiter und dritter Ordnung, die zur Bewässerung oder Entwässerung größerer Gemarkungsteile dienen[2]). Die zur Bewässerung oder Entwässerung einzelner Grundstücke oder für Triebwerke bestimmten künstlichen Wasserläufe zweiter und dritter Ordnung sind von den Eigentümern der Grundstücke oder Triebwerke zu unterhalten, zu deren Vorteil sie angelegt sind.

(3) Die Vorschriften des Abs. 2 gelten auch für den Kreis Biedenkopf, jedoch sind dort die zur Bewässerung dienenden künstlichen Wasserläufe zweiter und dritter Ordnung stets von den Eigentümern der Grundstücke zu unterhalten, zu deren Vorteil sie angelegt sind.

KommBeschl. § 109 b; KBA. 201 ff.

1. **Sonderbestimmungen für Hessen-Nassau.** Für die Provinz Hessen-Nassau ist der bisher bestehende Rechtszustand bezüglich der Unterhaltung der natürlichen Wasserläufe zweiter und dritter Ordnung im wesentlichen aufrechterhalten. Die Bestimmung des § 117 Abs. 1 steht im Zusammenhang mit der Bestimmung des § 9 Abs. 3, § 117 Abs. 1 legt die Unterhaltungspflicht den Gemeinden auf, durch deren Gemarkung die betreffenden Wasserläufe fließen. Soweit die Gemeinden mit dieser Unterhaltungspflicht belastet sind, werden sie auch Eigentümer der betreffenden Flußteile (§ 9 Abs. 3).

2. **Sonderbestimmungen für das vormalige Herzogtum Nassau.** Bezüglich künstlicher Wasserläufe zweiter und dritter Ordnung im Bezirk des vormaligen Herzogtums Nassau, die zur Ent- und Be-

wässerung größerer Gemarkungsteile dienen, ist gleichfalls den Gemeinden die Unterhaltungspflicht auferlegt (vgl. auch OVG. 70, 397). Eine Ausnahme hiervon machen nur die künstlichen Wasserläufe zweiter und dritter Ordnung, die lediglich zur Bewässerung oder Entwässerung einzelner Grundstücke oder für Triebwerke angelegt sind. Die Unterhaltungspflicht dieser, bestimmten Privatinteressen dienenden künstlichen Wasserläufe fällt nicht den Gemeinden zur Last, sondern den Eigentümern der betreffenden Grundstücke oder Triebwerke und zwar ohne Rücksicht darauf, ob sie zurzeit noch dem Vorteile der betreffenden Grundstücks- oder Triebwerkseigentümer dienen oder nicht, maßgebend ist vielmehr lediglich die Tatsache, welchen Grundstücks- oder Triebwerkseigentümern sie bei ihrer Anlegung zum Vorteil gereichen sollten.

§ 118.

(1) Den Gutsherrschaften, denen das Eigentum an einem Wasserlaufe zweiter oder dritter Ordnung auf Grund des schlesischen Auenrechts zusteht, verbleibt die Unterhaltungslast in dem bisherigen Umfange; soweit beim Inkrafttreten dieses Gesetzes eine gegenteilige Observanz besteht, behält es dabei sein Bewenden.

(2) Zur Unterhaltung eines natürlichen Wasserlaufs zweiter oder dritter Ordnung im Gebiete des schlesischen Auenrechts[1]) ist eine Wassergenossenschaft zu bilden, wenn der nach Abs. 1 zur Unterhaltung Verpflichtete es beantragt oder den Wasserlauf nicht ordnungsmäßig unterhält. Antragsberechtigt ist in letzterem Falle auch die Wasserpolizeibehörde. Die Wassergenossenschaft kann den Verpflichteten, auch wo er nicht Anlieger ist, zu den Genossenschaftslasten heranziehen. Die Höhe der Beitragspflicht ist unter Berücksichtigung der bisherigen Unterhaltungslast des Verpflichteten nach billigem Ermessen festzustellen. Der hiernach zu leistende Beitrag kann von dem dazu Verpflichteten zum 25fachen Betrag abgelöst werden[2]).

(3) Vorstehende Bestimmungen gelten auch, wenn der Auenberechtigte auf sein Eigentum verzichtet[3]).

KommBeschl. § 109c; KBA. 202ff.; L. II 8175ff.; KBH. 43.

1. **Das schlesische Auenrecht.** Das schlesische Auenrecht bezieht sich nur auf Flüsse und Bäche, nicht auf Wasserläufe erster Ordnung. Es sind aber, da das Gesetz hier lediglich von einem Wasserlauf spricht, darunter sowohl die natürlichen wie die künstlichen Wasserläufe zu verstehen. Auf Grund des schlesischen Auenrechts steht die Aue in dem Eigentum der betreffenden Grundherrschaft. Auf Grund dieses Eigentums ist die Unterhaltungspflicht des Wasserlaufs des Auenberechtigten stets angenommen (OVG. **24**, 280; **36**, 306). Diese Unterhaltungspflicht ist auch hier eine öffentlich-rechtliche Verbindlichkeit, „welche mit Rücksicht auf die Zugehörigkeit der Aue zur Grundherrschaft auf dem ganzen Gute haftet" (Sonderbericht der Subkommission 54). Vgl. Rißmann, Das schlesische Auenrecht.

2. **Genossenschaftsbildung.** Die Bestimmungen des Abs. 2 lassen die Bildung einer Wassergenossenschaft auf Antrag des Berechtigten zu, desgleichen auf Antrag der Wasserpolizeibehörde oder eines Beteiligten, falls der zur Unterhaltung Verpflichtete einen Wasserlauf nicht ordnungsmäßig unterhält. Die Gründung einer Wassergenossenschaft in diesem Falle befreit den bisher Verpflichteten jedoch nicht von der Unterhaltungslast, vielmehr hat er zu derselben nach billigem Ermessen beizutragen.

3. **Verzicht auf die Aue.** Aus der rechtlichen Konstruktion, daß die eigentümliche Zugehörigkeit der Aue zu der betreffenden Grundherrschaft auf dem ganzen Gute als solchem hafte, folgt an sich schon, daß ein Verzicht der Gutsherrschaft auf die Aue allein nicht die Befreiung von den Unterhaltungslasten zur Folge hat. Das Gesetz spricht aber im Abs. 3 noch ausdrücklich aus, daß der Verzicht des Auenberechtigten auf sein Aueneigentum an seiner Unterhaltungspflicht nichts ändert.

§ 119.

(1) Der zur Unterhaltung des Wasserlaufs Verpflichtete hat, unbeschadet der Vorschriften des § 120, diejenigen Arbeiten im Wasserlauf, an den Ufergrundstücken und den dahinter liegenden Grundstücken auszuführen, die erforderlich sind, um einer zukünftigen

Behinderung der Vorflut durch Uferabbrüche vorzubeugen oder die infolge der Schiffahrt oder von Strombauten an den Ufergrundstücken und den dahinter liegenden Grundstücken entstandenen Schäden zu beseitigen und solche Schäden für die Zukunft zu verhindern[1]). Die Eigentümer dieser Grundstücke haben zu den Kosten dieser Arbeiten nach dem Maße der Vorteile beizutragen, die ihnen durch die Sicherung des Bestandes ihrer Grundstücke erwachsen[2]); an Stelle des Beitrags in Geld steht es ihnen frei, in geeigneten Fällen Arbeiten zu leisten, auch Baustoffe zu liefern. Beiträge können nicht verlangt werden, soweit Arbeiten erforderlich sind, um die infolge der Schiffahrt oder von Strombauten an den Ufergrundstücken und den dahinter liegenden Grundstücken entstandenen Schäden zu beseitigen und solche Schäden für die Zukunft zu verhindern.

(2) Die Eigentümer sind vor Anordnung der Arbeiten unter Erläuterung des Planes und des voraussichtlich auf sie entfallenden Beitrags zu hören[3]).

Ent. § 110; B. 142ff.; KBA. 205ff.; L. II 8178ff.; L. III 8563ff.; KBH. 43ff.

1. **Uferunterhaltungspflicht.** Die Unterhaltungspflicht beschränkt sich in bestimmten gesetzlich festgestellten Fällen nicht auf Unterhaltungsarbeiten im Wasserlauf selbst, sondern ist, abweichend vom bisherigen Recht, auf eine Unterhaltung der Ufergrundstücke und sogar auf die dahinterliegenden Grundstücke ausgedehnt. Zu den Vorschriften des § 119 Abs. 1 ist der Umfang der Verpflichtung des zur Unterhaltung des Wasserlaufs unbeschadet der Vorschriften des § 120 klar umgrenzt und abschließend geregelt. Daß das Ufergrundstück ein öffentlicher Weg ist, ändert an der Verpflichtung des Stromunterhaltungspflichtigen zur Beseitigung der entstandenen Uferschäden nichts (OVG. 70, 380). Nicht greift dagegen § 119 Abs. 1 Platz, wenn, wie im Ebbe- und Flutgebiete, die Vorflut durch die Uferabbrüche nicht gehindert

wird (OVG. 72, 359). Über den Zusammenhang der §§ 114, 119, 120 vgl. auch OVG. 74, 377; 77, 371.

Die Uferunterhaltungspflicht schneidet nach unten grundsätzlich mit der Uferlinie (§ 12) ab. Die Unterhaltung des Uferfußes gehört deshalb nicht zur Uferunterhaltung, sondern zur Wasserlaufunterhaltung. Oberhalb der Uferlinie setzt die Uferunterhaltung ein (KBA. 209, vgl. auch OVG. 76, 389). Nach § 119 Abs. 1 Satz 1 hat der zur Unterhaltung des Wasserlaufs Verpflichtete auch solche Arbeiten an den Ufergrundstücken und den dahinter liegenden Grundstücken auszuführen, wenn dieselben erforderlich sind, entweder:

a) um für die Zukunft einer Behinderung der Vorflut durch Uferabbrüche vorzubeugen oder

b) um die infolge der Schiffahrt oder von Strombauten an den Ufergrundstücken entstandenen Schäden für die Zukunft zu verhindern.

Unter „Strombauten" sind hier vor allem die unter den Begriff des „Ausbaues" (§§ 152ff.) fallenden Arbeiten zu verstehen. Der Unterhaltungspflichtige kann wegen solchen durch Strombauten notwendig werdender Unterhaltungsarbeiten sowohl am Wasserlauf wie am Ufer, vom Unternehmer gemäß § 159 Ersatz fordern, wenn der Schaden erheblich ist.

2. **Beitragspflicht der Uferbesitzer.** Soweit die Arbeiten an den Ufergrundstücken und den dahinter liegenden Grundstücken den Zweck haben, einer Behinderung der Vorflut durch Uferabbrüche vorzubeugen, haben sie aber auch mittelbar eine Sicherung des Bestandes der Ufergrundstücke und der dahinter liegenden Grundstücke zur Folge. Soweit diese Folge eintritt, können die Eigentümer dieser Grundstücke nach dem Maße des Vorteils, den sie durch eine solche Sicherung haben, zu den Kosten herangezogen werden. Statt der Beiträge in Geld können sie in geeigneten Fällen Arbeiten leisten, auch Baustoffe liefern. Es steht das aber in ihrem freien Belieben, gezwungen werden können sie zu solchen Arbeiten und Lieferungen nicht. Eine Verpflichtung des Staates, alle Beteiligten zu den Kosten der Unterhaltung heranzuziehen, besteht nicht. Für die Höhe des Betrages sind nicht nur die dem bisherigen Unterhaltungspflichtigen tatsächlich erwachsenen, sondern überhaupt alle diejenigen Aufwendungen maßgebend, die in dem fraglichen Zeitraum zur laufenden Unterhaltung notwendig gewesen sind (LWA. 3, 99, 103; 4, 174).

3. **Verfahren.** Über die vorzunehmenden Unterhaltungsarbeiten

entscheidet bei Wasserläufen erster Ordnung die vom Staate dazu bestimmte Behörde (§ 133 Abs. 1), bei den anderen Wasserläufen die Wasserpolizeibehörde durch Polizeiverfügung (§ 133 Abs. 2), über die von dem Ufereigentümer zu leistenden Beiträge der Bezirksausschuß.

§ 120.

(1) Die Eigentümer der Ufergrundstücke und der dahinter liegenden Grundstücke haben ihre Grundstücke von solchen Bäumen, Sträuchern, Einfriedigungen und anderen Gegenständen freizuhalten, die bei bordvollem[1]) Wasserlauf den Wasserabfluß wesentlich beeinträchtigen[2]).

(2) Sie haben ferner oberhalb der Uferlinie einfache, eine besondere Fachkenntnis nicht voraussetzende und nicht mit unverhältnismäßig hohen Kosten verbundene Einebnungs- und Berasungsarbeiten[3]) auszuführen, soweit die Arbeiten erforderlich sind, um Uferabbrüchen vorzubeugen, durch welche die Vorflut im Wasserlaufe beeinträchtigt werden würde[4]).

(3) Soweit der Erfolg der im Abs. 2 bezeichneten Arbeiten durch die vorherige Befestigung des Uferfußes unterhalb der Uferlinie bedingt ist, tritt die Verpflichtung zu ihrer Vornahme erst ein, nachdem der Uferfuß in der erforderlichen Weise befestigt ist. Die Wasserpolizeibehörde entscheidet darüber, ob diese Voraussetzung vorliegt.

(4) Sind die Ufer eines Wasserlaufs nach einem behördlich festgestellten Plane ausgebaut, so hat sie der Unternehmer des Ausbaues, unbeschadet der Bestimmung des Abs. 1, in dem Zustande zu erhalten, in den sie durch den Ausbau versetzt sind, es sei denn, daß bei Wasserläufen erster Ordnung der Minister der öffentlichen Arbeiten, sonst der Minister für Landwirtschaft,

Domänen und Forsten[5]) die Erhaltung dieses Zustandes nicht mehr für erforderlich erklärt.

(5) Wird das Ufer durch Gebäude, Mauern, Bollwerke oder dergleichen gebildet oder ragen diese Bauwerke in den Wasserlauf hinein, so hat deren Eigentümer für die Unterhaltung zu sorgen[6]).

Ent. § 111; B. 142ff.; KBA. 205ff.; L. II 8178ff.

1. **Bordvoller Wasserlauf.** Über den Begriff „bordvoll" sind seitens der Regierung in der Kommission folgende Erklärungen abgegeben. „Bordvoll" sei ein Wasserlauf in dem Augenblick, in welchem er zwar dem Ausufern nahe, doch noch ein durchgehend erkennbares Gerinne habe; sobald das Gerinne nicht mehr erkennbar sei, sowie wenn der Fluß allenthalben überlaufe, könne man nicht mehr von bordvollem Zustande sprechen. Ein Übertreten von Wasser an einzelnen Stellen könne auch bei bordvollem Zustande vorkommen; da der Wasserlauf an diesen Stellen den Bord schon überschritten habe, könnten hier die in § 110 (= § 111 des Gesetzes) angegebenen Arbeiten nicht mehr gefordert werden.

Bordvoll ist derjenige Zustand, bei welchem die Wassermenge eines Wasserlaufs noch in dem geschlossenen Gerinne ohne Ausuferung oder Überschwemmung auf einem großen Teil der in Betracht kommenden Strecke abfließe" (Begr. 211). (Vgl. auch Ausf.-Anw. VII Nr. 4a).

2. **Uferunterhaltung durch Ufereigentümer.** Während § 119 die Pflichten der zur Unterhaltung der Wasserläufe Verpflichteten bezüglich der Uferunterhaltung regelt, enthält § 120 Bestimmungen über die dem Ufereigentümer und dem dahinter liegenden Grundstückseigentümer obliegenden Unterhaltungspflichten. Die im Abs. 1 genannten Uferarbeiten sind nur dann auszuführen, wenn sie zur Erhaltung der Vorflut im Wasserlauf erforderlich sind. Verzicht auf das Eigentum am Ufergrundstück beseitigt nicht die nach § 120 obliegenden Pflichten (OVG. **33**, 321).

3. **Einebnungs- und Berasungsarbeiten.** Unter „Einebnung" ist nicht die Beseitigung großer Uferbrüche zu verstehen, sondern im wesentlichen Planierungsarbeiten, durch welche eine planmäßige Berasung mit Erfolg durchgeführt werden kann (KBA. 210). Unter „Berasung" ist nicht nur ein Einsäen des Ufers mit Rasen, sondern auch das Hinlegen von Plaggen und Rasensoden (KBA. 210), d. h. ausgestochene bzw. losgetrennte Rasenstücke.

4. Beeinträchtigung der Vorflut. Die Verpflichtung zu diesen Arbeiten hat immer zur Voraussetzung, Uferabbrüchen vorzubeugen, wenn durch sie die Vorflut im Wasserlauf beeinträchtigt wird. Es genügt hier also auch eine geringe Beeinträchtigung, während sie im Abs. 1 eine *wesentliche* sein muß.

5. Zuständige Minister. Jetzt ist bei Reichswasserstraßen das Reichsverkehrsministerium und sonst auch bei Wasserläufen erster Ordnung der Preußische Landwirtschaftsminister zuständig (Staatsvertrag v. 31. 3./26. 9. 21 und G. v. 15. 8. 21 Gesetzsamml. S. 487).

6. Unterhaltung von Bauwerken. Die Unterhaltung der im Abs. 5 genannten Bauwerke unterliegt ausschließlich deren Eigentümer. Dies ist, soweit sie auf dem Ufergrundstück stehen, der Eigentümer des Ufergrundstücks, soweit sie im Wasserlauf stehen, der Eigentümer des Wasserlaufs (§ 94 BGB.). *Deiche* gehören nicht zu den Bauwerken im Sinne des Abs. 5, auch nicht Uferdeckungen zum Schutze von Deichen (LWA. 1, 174; PVBl. **41**, 602; OVG. **74**, 381).

Unter die Unterhaltung von Bollwerken fallen nur solche Unterhaltungsarbeiten, bei welchen ein über den Zweck des bloßen Uferschutzes hinausgehendes besonderes Interesse des Eigentümers, wie z. B. an der Herstellung von Anlande-, Lösch- und Ladeplätzen vorhanden ist (OVG. **70**, 380).

§ 121.

Die Verpflichtung zur Uferunterhaltung kann durch Vereinbarung zwischen den beteiligten Grundstückseigentümern und dem zur Unterhaltung des Wasserlaufs Verpflichteten mit Zustimmung der Wasserpolizeibehörde abweichend von den §§ 119, 120 geregelt werden[1]). Auf Verlangen des zur Uferunterhaltung Verpflichteten hat statt seiner der zur Unterhaltung des Wasserlaufs Verpflichtete die im § 120 bezeichneten Uferarbeiten gegen angemessene Vergütung auszuführen[2]).

Ent. § 112; B. 145; KBA. 222 ff.

1. Abweichende Regelung durch Vereinbarung. Die Bestimmung läßt eine anderweitige Regelung der Uferunterhaltungspflicht zwischen den Ufereigentümern auf der einen Seite und den zur Unterhaltung des *Wasserlaufs* Verpflichteten auf der anderen

Seite zu. Eine solche, von den §§ 119, 120 abweichende privatrechtliche Regelung erhält öffentlich-rechtliche Wirkung, wenn die Wasserpolizeibehörde ihr zustimmt. Die übernommene Last ist keine unter die §§ 6, 91 des AblösungsG. v. 2. 3. 1850 fallende privatrechtliche Last, sondern eine öffentlich-rechtliche. Sie ist der Eintragung in das Grundbuch fähig. Eine Eintragung in das Wasserbuch kommt dagegen nicht in Frage (Kammergericht in Ztschr. f. Agr. u. Wasserr. 7, 324).

2. **Übertragung der Uferunterhaltung auf den Wasserlaufunterhaltungsverpflichteten.** Der Uferunterhaltungspflichtige und der Wasserlaufunterhaltungspflichtige können verschiedene Personen sein, bei den natürlichen Wasserläufen erster und zweiter Ordnung wird dies sogar die Regel sein. Nach § 121 Satz 2 muß der Wasserlaufsunterhaltungspflichtige auf Verlangen des Uferunterhaltungspflichtigen die diesem nach § 120 obliegenden Uferarbeiten gegen angemessene Vergütung übernehmen. Die Höhe der Vergütung bestimmt gemäß § 148 im Streitfalle der Bezirksausschuß.

§ 122.

Sind Vorfluthindernisse im Wasserlaufe von einem anderen als dem Unterhaltungspflichtigen verursacht worden, so hat die Wasserpolizeibehörde, soweit tunlich, diesen zur Beseitigung anzuhalten[1]). Dasselbe gilt von solchen Hindernissen auf den Ufergrundstücken, die bei bordvollem Wasserlauf den Wasserabfluß wesentlich beeinträchtigen[2]).

KommBeschl. § 112a; KBA. 223; L. III 8565.

1. **Beseitigung von Vorfluthindernissen im Wasserlaufe.** Diese Vorschrift hat den Zweck, die Wasserpolizeibehörde zu zwingen, bei Vorflutstörungen, die durch dritte Personen verursacht sind, nicht einfach den Unterhaltungspflichtigen zur Beseitigung derselben anzuhalten, sondern denjenigen, der diese Vorfluthindernisse verursacht hat, ausfindig zu machen und diesen, soweit tunlich, zur Beseitigung anzuhalten. Der Unterhaltungspflichtige wird also von seiner Verpflichtung durch § 122 in solchem Falle nicht frei, er ist aber erst in zweiter Linie verpflichtet, wenn nämlich der eigentliche Störer nicht zu ermitteln oder aus in seiner Person liegenden Gründen zur Beseitigung nicht in der Lage ist.

Das Vorhandensein eines Vorfluthindernisses bildet stets einen polizeiwidrigen Zustand und berechtigt die Polizei zum Einschreiten, ohne daß es darauf ankommt, inwieweit durch die Störung öffentliche oder mehr oder minder erhebliche Privatinteressen beeinträchtigt werden (OVG. 77, 382). § 122 kommt auch zur Anwendung, wenn ein Fahrzeug im Wasserlauf versinkt, oder wenn durch Einleitung von Abwässern, die Sinkstoffe enthalten, eine Vorflutstörung eintritt (LWA. 1, 22).

2. **Beseitigung von Hindernissen auf dem Ufergrundstück.** Denselben Schutz soll nach Satz 2 der Ufereigentümer bezüglich der ihm nach § 120 Abs. 1 obliegenden Uferarbeiten genießen, wenn die dort bezeichneten Hindernisse durch einen anderen (z. B. Mieter, Pächter) verursacht sind.

§ 123.

Die Anlieger an einem Wasserlaufe sind, auch wenn sie nicht dessen Eigentümer sind, unbeschadet der Vorschrift des § 22, berechtigt, im Wasserlaufe die zur Befestigung der Ufer dienenden Arbeiten vorzunehmen. Dasselbe Recht steht dem nach § 120 Abs. 4 zur Unterhaltung der Ufer Verpflichteten zu[1]).

Ent. § 113, B. 145ff., KBA. 223, KBH. 44ff.

1. **Vornahme von Uferbefestigungsarbeiten.** Wasserlaufanlieger, die nicht Eigentümer des Wasserlaufs sind (also regelmäßig die Anlieger an Wasserläufen erster Ordnung), können ein Interesse haben, Uferbestigungsarbeiten selbst vorzunehmen. Es steht ihnen aber an sich ein Recht nicht zu, solche Uferschutzwerke bis unter die Uferlinie in dem Bett des Wasserlaufs anzulegen. Dieses Recht gibt ihnen § 123, sie bedürfen aber der Genehmigung der Wasserpolizeibehörde gemäß § 22. Handelt es sich um Arbeiten, die dem Ufer- oder Wasserlaufsunterhaltungspflichtigen gesetzlich obliegen, so wird dem Anlieger ein Ersatzanspruch wegen der Kosten nach allgemeinen Rechtsgrundsätzen zustehen (Begr. 146).

Dasselbe Recht hat der Unternehmer, welcher die Ufer eines Wasserlaufs nach einem behördlich festgestellten Plan ausgebaut und zu unterhalten hat.

§ 124.

(1) Ist ein natürlicher Wasserlauf nach einem be-

hördlich festgestellten Plane ausgebaut, so ist der zur Unterhaltung des Wasserlaufs Verpflichtete befugt, durch Erklärung gegenüber der Wasserpolizeibehörde die den Grundstückseigentümern nach § 120 Abs. 2 obliegende Uferunterhaltung an ihrer Stelle zu übernehmen. Er kann die Grundstückseigentümer mit Beiträgen in Höhe der ihnen nach § 120 Abs. 2 obliegenden Lasten zu den Kosten dieser Uferarbeiten heranziehen[1]).

(2) Dasselbe gilt, wenn die Ufer eines natürlichen Wasserlaufs nach einem behördlich festgestellten Plane ausgebaut sind und die Unterhaltung sowohl des Wasserlaufs als auch der Ufer, soweit sie ausgebaut sind, demselben Verpflichteten obliegt[2]).

Ent. § 114; B. 146; KBA. 223ff.

1. Beitragspflicht bei ausgebauten Wasserläufen. Abs. 1 spricht vom Ausbau eines natürlichen Wasserlaufs. Nach dieser Bestimmung hat der zur Unterhaltung des Wasserlaufs Verpflichtete das Recht, vom Uferunterhaltungspflichtigen einen angemessenen Beitrag zu verlangen, wenn er die diesem nach § 120 Abs. 2 obliegenden Arbeiten selbst übernimmt. Eine solche, der Wasserpolizeibehörde gegenüber übernommene Unterhaltungspflicht hat öffentlich-rechtliche Wirkung. Abs. 1 findet auch dann Anwendung, wenn außer dem Wasserlauf auch seine Ufer ausgebaut sind. Voraussetzung ist aber immer der Ausbau des Wasserlaufs selbst.

2. Unterhaltung bei ausgebauten Ufern. Sind nur die Ufer ausgebaut, nicht aber der Wasserlauf, und liegt die Unterhaltungspflicht für die ausgebauten Ufer und den nicht ausgebauten Wasserlauf demselben Verpflichteten ob, so kann er nach Abs. 2 auch die dem Eigentümer der Ufergrundstücke nach § 120 Abs. 2 obliegenden Arbeiten übernehmen.

Sind nur die Ufer ausgebaut und sind sie ausnahmsweise von einem anderen als dem zur Unterhaltung des Wasserlaufs Verpflichteten zu unterhalten, so kann weder der eine noch der andere von den Rechten aus § 124 Gebrauch machen, es verbleibt vielmehr bei der Unterhaltung durch die drei verschiedenen Verpflichteten, nämlich dem Ausbauunternehmer, dem zur Wasserlaufunterhaltung Verpflichteten und dem Eigentümer der Ufergrundstücke (Begr. 147).

§ 125.

(1) Die Unterhaltung eines Wasserlaufs zweiter Ordnung und seiner Ufer kann, wenn sie wegen Hochwassergefahr besonders schwierig oder kostspielig ist, mit Zustimmung des Provinziallandtags dem Provinzialverbande durch den Minister für Landwirtschaft, Domänen und Forsten übertragen werden, in der Provinz Hessen-Nassau und in den Hohenzollernschen Landen mit Zustimmung des Kommunallandtags dem Bezirks und dem Landeskommunalverbande[1]).

(2) In diesem Falle regelt sich die Aufbringung und Unterverteilung der aus der Unterhaltung des Wasserlaufs erwachsenden Kosten sowie die Vorausbelastung einzelner Beteiligter nach den §§ 21, 27 des Kreis- und Provinzialabgabengesetzes vom 23. April 1906 (Gesetzsamml. S. 159)[2]).

(3) Der Provinzial- (Bezirks-, Landeskommunal-) Verband hat durch Statut für den von ihm zu unterhaltenden Wasserlauf eine Vertretung der Beteiligten einzusetzen, die bei der Unterhaltung des Wasserlaufs und seiner Ufer mitzuwirken, insbesondere an den Schauen teilzunehmen hat. Zusammensetzung, Wahl und Befugnisse dieser Vertretung sind in dem Statute zu regeln[3]).

Ent. § 115; B. 147; KBA. 224 ff.

1. **Unterhaltung durch Provinzial- oder sonstige Kommunalverbände.** Die Bestimmung des Abs. 1 gibt die Möglichkeit, für einzelne Wasserläufe zweiter Ordnung und ihre Ufer die Unterhaltungspflicht den Provinzialverbänden aufzuerlegen, wenn die Unterhaltung wegen der Hochwassergefahr besonders schwierig oder kostspielig ist. Ein Zwang zur Übernahme dieser Unterhaltungspflicht kann jedoch, abweichend vom Entwurf, nicht ausgeübt werden. Es bedarf vielmehr stets der Zustimmung des Provinziallandtags, in der Provinz Hessen-Nassau des Kommunallandtags.

2. **Aufbringung und Unterverteilung der Unterhaltungskosten.**

Nach Abs. 2 stellt sich die Unterhaltung derartiger Wasserläufe als eine Veranstaltung des betreffenden Provinzialverbandes im Sinne des § 27 des Kreis- und Provinzialabgabengesetzes dar und ist deshalb die Heranziehung der Beteiligten zu den Kosten der Unterhaltung möglich. Der Provinzial-(Kommunal-)Landtag ist aber berechtigt, eine ausschließliche Belastung oder eine nach Umfang und Maßstab näher zu bestimmende Mehr- oder Minderbelastung derjenigen Kreise zu beschließen, welchen die Übernahme der Unterhaltungspflicht ausschließlich oder in besonders hervorragendem Maße zustatten komme (§ 27 a. a. O.).

3. Vertretung der Beteiligten. Abs. 3 bezweckt die Einsetzung einer Interessenvertretung durch Statut gemäß §§ 8 und 35 der Provinzialordnung. Die Interessenten sollen Gelegenheit haben „bei der Unterhaltung des Wasserlaufes mitzuwirken, damit nicht nur ihre Wünsche dabei gehört und berücksichtigt werden, sondern auch ihre praktische Erfahrung verwertet und dadurch zweckmäßiger und billiger gewirtschaftet wird" (Begr. 147).

§ 126[1]).

(1) An die Stelle der nach diesem Gesetze zur Unterhaltung Verpflichteten treten:

1. wenn bis zum 1. Januar 1912 der Staat einen natürlichen Wasserlauf zweiter oder dritter Ordnung oder dessen Ufer unterhalten hat oder zu unterhalten verpflichtet war, der Staat[2]);
2. wenn beim Inkrafttreten dieses Gesetzes ein anderer auf Grund einer Observanz[3]) oder eines besonderen Titels[4]) zur Unterhaltung eines natürlichen Wasserlaufs dritter Ordnung oder seiner Ufer öffentlichrechtlich verpflichtet ist, dieser;
3. wenn beim Inkrafttreten dieses Gesetzes ein anderer auf Grund einer Observanz[3]) oder eines besonderen Titels zur Unterhaltung eines künstlichen Wasserlaufs oder seiner Ufer öffentlichrechtlich verpflichtet ist, dieser;
4. wenn in einem Verleihungsbeschluß oder in einem Beschlusse, durch den ein Zwangsrecht be-

gründet wird (§§ 330ff.), oder im gewerbepolizeilichen Genehmigungsverfahren[5]) dem Unternehmer die Verpflichtung zur Unterhaltung eines Wasserlaufs oder seiner Ufer auferlegt ist, der Unternehmer für die Dauer der Verpflichtung;

5. wenn der Staat eine Wassergenossenschaft oder eine andere Körperschaft des öffentlichen Rechtes die Verpflichtung zur Unterhaltung eines Wasserlaufs oder seiner Ufer durch Vereinbarung mit dem Unterhaltungspflichtigen unter Zustimmung der Wasserpolizeibehörde mit öffentlichrechtlicher Wirkung übernimmt, diese[6]).

(2) Im Sinne des Abs. 1 Nr. 5 stehen den Körperschaften des öffentlichen Rechtes diejenigen einer öffentlichen Aufsicht unterstehenden Gemeinschaften Unterhaltungspflichtiger gleich, die auf Grund der bisherigen Gesetzgebung oder statutarischer oder regulativmäßiger Bestimmungen vor dem Inkrafttreten dieses Gesetzes gebildet sind oder nach dem Inkrafttreten dieses Gesetzes gebildet werden.

(3) Der Umfang der Pflicht zur Unterhaltung des Wasserlaufs und der Ufer bestimmt sich auch in den Fällen der Abs. 1, 2 nach § 114 und § 120 Abs. 1 bis 4[7]).

Ent. § 116; B. 148; KBA. 226ff.; L. II 8200; L. III 8566ff.; KBH. 44.

1. **Vorbemerkung.** § 126 enthält Ausnahmevorschriften, nach denen die Unterhaltungspflicht anderen als den nach der allgemeinen gesetzlichen Regel der §§ 115ff. Verpflichteten obliegen soll und zwar, sowohl bezüglich der Unterhaltung des Wasserlaufs wie der Ufer.

Bei natürlichen Wasserläufen erster Ordnung werden auf Grund historischer Entwicklung grundsätzlich keine Ausnahmen zugelassen. Die Unterhaltungspflicht geht mit dem Inkrafttreten des Gesetzes bei diesen Wasserläufen ohne weiteres auf den Staat über, auch dann, wenn er nicht Eigentümer des betreffenden Wasserlaufs ist. Nur Nr. 3 und 4 lassen Ausnahmen von dieser Regel zu, die aber im Wassergesetz selbst wieder ihre Begründung finden. Wegen der Heranziehung zu den Kosten der Unterhaltung eines Wasserlaufs erster Ordnung s. jedoch § 128.

2. **Unterhaltung durch den Staat.** Der Staat wird nur dort zur Unterhaltung eines natürlichen Wasserlaufs zweiter oder dritter Ordnung verpflichtet, wo er bis zum 1. 1. 12 Arbeiten zur Erhaltung der Vorflut im Wasserlaufe vorgenommen hat oder vorzunehmen verpflichtet war (OVG. 78, 321).

3. **Unterhaltungspflicht auf Grund einer Observanz.** Bei natürlichen Wasserläufen erster und zweiter Ordnung sind frühere Observanzen und besondere Titel, abgesehen von dem Falle des § 115 Abs. 2 grundsätzlich beseitigt (OVG. 70, 342). Bezüglich der Bildung von Observanzen vgl. OVG. **15**, 230; **30**, 296; **46**, 327; PVBl. **24**, 296; **25**, 336; **31**, 129, 769.

Die ersichtlich in Ausübung eines besonderen Rechtes vorgenommene langjährige Räumung begründet nicht ohne weiteres eine observanzmäßige Verpflichtung (OVG. 78, 321).

4. **Unterhaltungspflicht auf Grund eines Titels.** Nicht jeder Vertrag zwischen zwei Grundbesitzern über die Unterhaltung eines Wasserlaufs hat öffentlich-rechtliche Wirkung. Vielmehr bekommt er eine solche nur, wenn er auf die Regelung der öffentlich-rechtlichen Unterhaltungspflicht abzielt und erst dann, wenn die Wasserpolizeibehörde diese Regelung genehmigt (PVBl. **21**, 245). Da für eine solche Genehmigung eine bestimmte Form nicht vorgeschrieben ist, genügt es, daß die Regelung von der Wasserpolizeibehörde stillschweigend gebilligt wird. Liegt eine solche stillschweigende Genehmigung vor und hat der Vertrag dadurch öffentlich-rechtliche Wirkung erlangt, so wohnt ihm auch die Eigenschaft eines besonderen Titels im Sinne des § 126 Abs. 1, 2, 3 inne (OVG. **79**, 227). Ein Rezeß, der nur das bestehende Recht wiedergibt, begründet hinsichtlich der Unterhaltungspflicht der Anlieger keinen besonderen Titel im Sinne des § 126 Abs. 1, 2 (OVG. **78**, 321).

Wegen der besonderen Titel vgl. auch noch OVG. **18**, 259; PVBl. **21**, 245.

5. **Im gewerbepolizeilichen Genehmigungsverfahren auferlegte Unterhaltungspflicht.** Die so begründete Unterhaltungspflicht geht der gesetzlichen Unterhaltungspflicht vor, insbesondere der des § 120 Abs. 5. Die Erfüllung dieser Unterhaltungspflicht ist von der Wasserpolizeibehörde zu prüfen (OVG. **78**, 326).

6. **Unterhaltung durch Körperschaften.** Gemeinschaften Unter-

haltungspflichtiger sind namentlich Auseinandersetzungsgenossenschaften. Vgl. Holzapfel in PVBl. 36, 18ff.

7. **Umfang der Unterhaltungspflicht.** Auch der nichtangeführte § 119 ist anzuwenden (OVG. 72, 348; 78, 326).

Soweit in früherer Zeit durch Observanz oder besonderen Titel eine sachliche Teilung der Unterhaltungslast zwischen mehreren Pflichtigen eingetreten war, besteht eine Teilung der Unterhaltung des Wasserlaufs auch unter der Herrschaft des Wassergesetzes mit der Maßgabe fort, daß der Gesamtumfang der Unterhaltungslast der jetzt im Wassergesetz bestimmten Unterhaltungspflicht gleichkommt (OVG. 79, 181).

§ 127.

(1) Besteht beim Inkrafttreten dieses Gesetzes eine observanzmäßige oder auf besonderem Titel beruhende Pflicht zur Unterhaltung eines natürlichen Wasserlaufs zweiter Ordnung, so kann derjenige, dem die Unterhaltung nach § 115 Abs. 1 Nr. 2, § 116 Abs. 2 oder § 125 übertragen wird, den bisher Verpflichteten in Höhe seiner bisherigen Verpflichtung zu den Kosten der Unterhaltung heranziehen[1]). Der Kostenbeitrag darf den Durchschnitt der in den letzten zehn Jahren vor dem Inkrafttreten dieses Gesetzes für den bisherigen Unterhaltungspflichtigen notwendig gewordenen laufenden Aufwendungen nicht übersteigen.

(2) Der hiernach zu leistende Beitrag kann von dem dazu Verpflichteten zum 25fachen Betrage bar abgelöst werden.

KommBeschl. § 116a; KBA. 237; KBH. 45.

1. **Heranziehung zu den Unterhaltungslasten bei einem Wasserlauf zweiter Ordnung.** Kostenbeiträge, die eine zur Unterhaltung eines Wasserlaufs zweiter Ordnung gebildete Wassergenossenschaft auf Grund der im § 127 begründeten Befugnis observanzmäßig oder auf Grund besonderen Titels bisher zur Unterhaltung Verpflichteten in Höhe seiner bisherigen Verpflichtung zu den Kosten der Unterhaltung heranzuziehen von einem bisher unterhaltungspflichtigen Genossen fordert, können nicht wie Genossenschafts-

beiträge einseitig vom Genossenschaftsvorstande festgesetzt und beigetrieben werden.

„Heranziehen" im § 127 bedeutet abweichend vom Sprachgebrauch des Abgaberechts nicht die Betätigung einer obrigkeitlichen oder quasi obrigkeitlichen Forderungsgewalt, sondern ist weiter nichts als eine Umschreibung des Begriffs Verlangen oder Beanspruchen. Lehnt der angeblich Verpflichtete einen solchen Anspruch ab, so muß der Anspruchserheber auf dem im § 148 vorgeschriebenen Wege seine Forderung durchzusetzen versuchen und erst durch die im Beschlußverfahren erfolgende Festsetzung des Betrages wird der Anspruch rechtlich wirksam und vollstreckbar. Vgl. OVG. 80, 291.

§ 128.

(1) Ist beim Inkrafttreten dieses Gesetzes ein anderer als der Staat zur Unterhaltung eines natürlichen Wasserlaufs erster Ordnung öffentlichrechtlich verpflichtet, so kann der Staat denjenigen, dem die Unterhaltung des Wasserlaufs abgenommen wird, in Höhe seiner bisherigen Verpflichtung zu den Kosten der Unterhaltung heranziehen. Der Kostenbeitrag darf den Durchschnitt der in den letzten 10 Jahren vor dem Inkrafttreten dieses Gesetzes für den bisherigen Unterhaltungspflichtigen notwendig gewordenen laufenden Aufwendungen nicht übersteigen[1]).

(2) Der § 127 Abs. 2 ist anzuwenden.

Ent. § 117; B. 148ff.; KBA. 239ff.

1. **Beitragspflicht des früheren Unterhaltungspflichtigen bei Wasserläufen erster Ordnung.** Mit Rücksicht auf die dem Staate zufallenden Unterhaltungskosten bei den natürlichen Wasserläufen erster Ordnung muß derjenige, der bis zum Inkrafttreten des Gesetzes unterhaltungspflichtig war und dem diese öffentlichrechtliche Last jetzt abgenommen wird, auch fernerhin nach Maßgabe des § 128 zu den Unterhaltungskosten beitragen. Von dieser dauernden Beitragspflicht kann er sich mit der einmaligen Zahlung des kapitalisierten Betrages befreien, den er in Durchschnitt der letzten 10 Jahre vor dem Inkrafttreten des Gesetzes an laufenden Aufwendungen für die Unterhaltung verausgabt hat. Dabei sind nicht nur die bar ausgegebenen Beträge, sondern auch die evtl. geleisteten Arbeiten

und Lieferungen zu berücksichtigen. Die Verpflichtung zur Beitragsleistung ist eine dauernde und unabhängig von den dem Staate tatsächlich für die Unterhaltung entstandenen Kosten (LWA. 3, 99). Maßgebend sind vielmehr nicht nur die dem bisherigen Unterhaltungspflichtigen tatsächlich erwachsenen, sondern überhaupt alle diejenigen Aufwendungen, die in dem fraglichen Zeitraum zur laufenden Unterhaltung notwendig gewesen wären (LWA. 3, 100). Der Berechnung sind diejenigen Aufwendungen zugrundezulegen, die zur ordnungsmäßigen Erfüllung der Unterhaltspflicht erforderlich wären, auch wenn sie in der Tat nicht gemacht sind. In Betracht kommen nur die laufenden, d. h. die gewöhnlichen zur Erfüllung der Unterhaltungslast erforderlichen Aufwendungen, nicht aber außergewöhnliche Leistungen (LWA. 1, 188). Darüber, ob beim Inkrafttreten des Gesetzes ein anderer als der Staat zur Unterhaltung eines Wasserlaufes erster Ordnung verpflichtet war (§ 128), ist gemäß § 130 Abs. 1 im Verwaltungsstreitverfahren zu entscheiden (OVG. 71, 355; aM. LWA. 1 178). Bei Reichswasserstraßen ist mit der Übernahme der Unterhaltung auch das Recht zur Heranziehung der früheren Verpflichteten auf das Reich übergegangen (§ 1 Abs. 2 des Staatsvertrages v. 31. 3./26. 9. 21).

§ 129.

(1) Wo die Flößerei auf Wasserläufen zweiter oder dritter Ordnung gemeinüblich oder besonders zugelassen ist, hat der Staat die zur Erhaltung der Flößbarkeit erforderlichen Maßnahmen zu treffen.

(2) War beim Inkrafttreten dieses Gesetzes ein anderer hierzu verpflichtet, so behält es dabei sein Bewenden.

(3) Der zur Unterhaltung des Wasserlaufs und der zur Erhaltung der Flößbarkeit Verpflichtete können mit Zustimmung der Wasserpolizeibehörde vereinbaren, daß einer von ihnen auch die Verpflichtung des anderen übernimmt.

Ent. § 118; B. 149; KBA. 240.

Erhaltung der Flößbarkeit vgl. § 31. Ein klagbarer Anspruch auf Erhaltung der Flößbarkeit besteht nicht. Es handelt sich hier um eine öffentlichrechtliche Verbindlichkeit, die nur von der zuständigen Behörde erzwungen, aber deren Verletzung einen Schadensersatzanspruch nach § 823 Abs. 2 BGB. begründen kann.

§ 130.

(1) Streitigkeiten der Beteiligten[1]) darüber, wem von ihnen die öffentlichrechtliche Verpflichtung zur Unterhaltung eines Wasserlaufs[2]) oder seiner Ufer obliegt, werden im Verwaltungsstreitverfahren entschieden[3]).

(2) Ebenso ist über Ansprüche von Beteiligten auf Erstattung des Geleisteten gegen einen aus Gründen des öffentlichen Rechtes zur Unterhaltung eines Wasserlaufs oder seiner Ufer Verpflichteten im Verwaltungsstreitverfahren zu entscheiden, ohne Rücksicht darauf, ob auf Anordnung der Wasserpolizeibehörde oder ohne eine solche geleistet worden ist[4]). Doch steht, soweit nach § 133 Abs. 1 die dort bezeichnete Behörde über vorzunehmende Unterhaltungsarbeiten entscheidet, dieser Behörde bei Klagen gegen den Staat die Vorentscheidung[5]) darüber zu, ob und in welchem Umfange die vorgenommenen Arbeiten zur Erfüllung der Unterhaltungspflicht erforderlich waren.

(3) Zuständig ist der Bezirksausschuß[6]).

Ent. § 119; B. 149ff.; KBA. 241.

1. **Beteiligter.** Beteiligter ist nur, wer nach Lage der gesetzlichen Bestimmungen als Träger der öffentlichrechtlichen Unterhaltungspflicht in Betracht kommen konnte. Kläger kann nur sein, wer die öffentlichrechtliche Unterhaltungspflicht für sich abwehren will (OVG. 79, 232).

2. **Wasserlauf.** Die zur Beseitigung der häuslichen und Straßenabwässer angelegten, in gedeckten Kanälen oder Rohrleitungen bestehenden Kanalisationsanlagen der Gemeinden sind keine Wasserläufe im Sinne des § 130. Dies gilt auch für den Fall, daß ein Wasserlauf in einen Stadtkanal einbezogen und seinen ursprünglichen Zwecken, der Vorflut zu dienen, entzogen wird (OVG. 78, 317).

3. **Feststellung der Unterhaltungspflicht.** Es handelt sich hier

um eine Feststellungsklage darüber, wem die öffentlichrechtliche Unterhaltungspflicht eines Wasserlaufs oder seiner Ufer obliegt. Streitigkeiten über Verpflichtungen auf Grund privatrechtlicher Vereinbarungen (§ 113 Abs. 2) gehören vor die ordentlichen Gerichte. Das Gesetz verlangt nicht, daß immer die Unterhaltungspflicht am Wasserlaufe selbst streitig sein müsse. Es genügt, daß um die abstrakte Unterhaltungspflicht nur bezüglich einer für die Unterhaltung der Schiffbarkeit des Wasserlaufs nötigen Anstalt gestritten wird (OVG. 79, 185).

Dagegen ist die Klage nicht gegeben bei einem Streit zwischen Staat und Unterhaltungspflichtigen über die Unterhaltung des Deich- und Uferfußes (OVG. 72, 365; 74, 383), auch nicht zur Feststellung, daß ein Gewässer ein Wasserlauf im Sinne des Wassergesetzes und deshalb eine Unterhaltungspflicht begründet sei (OVG. 75, 371).

4. **Ansprüche auf Erstattung des Geleisteten.** Es handelt sich hierum eine Leistungsklage dessen, der, obwohl zur Unterhaltung nicht verpflichtet, Unterhaltungsarbeiten ausgeführt hat. Kläger kann hier jedoch nur der sein, der als öffentlichrechtlicher Unterhaltungspflichtiger in Betracht kommen kann, sei es, daß er als solcher von der Polizei in Anspruch genommen war, sei es, daß er in Erfüllung einer ihm vermeintlich oder möglicherweise obliegenden öffentlich-rechtlichen Unterhaltungspflicht das zu Erstattende geleistet hat. Die Zuständigkeit der Verwaltungsgerichte ist nicht gegeben, wenn nicht die öffentlichrechtliche Unterhaltungspflicht als solche, sondern nur die Verpflichtung zur Erstattung des Geleisteten streitig ist (OVG. 80, 282 und in Ztschr. f. Agr. u. Wasserr. 7, 135). Auch für den Anspruch auf Ersatz des Schadens, der durch die Vernachlässigung der nach dem Wassergesetz bestehenden öffentlichrechtlichen Verpflichtung zur Instandhaltung eines Wassergrabens entstanden ist, ist der Rechtsweg zulässig, sofern unstreitig dem Kläger selbst die Unterhaltungspflicht nicht obliegt (RG. in Juristische Rundschau 1925 Rechtsprechung 817). Anders als bei der Feststellungsklage des Abs. 1 ist die Erstattungsklage auch im Verhältnis von Staat und Deichunterhaltungspflichtigen zulässig (OVG. 74, 390). Die Leistungsklage gegen die Wasserpolizeibehörde und die Feststellungsklage zwischen Beteiligten können nicht miteinander verbunden werden (OVG. 78, 306). Abweichend die erste Aufl.

5. **Vorentscheidung.** Durch die Vorschrift des Abs. 2 Satz 2 wird der Verwaltungsrichter bei der Entscheidung über Erstat-

tungsklagen gegen den Staat hinsichtlich der Frage, ob und in welchem Umfange die vorgenommenen Arbeiten zur Erfüllung der Unterhaltungspflicht erforderlich waren, an die Vorentscheidung der im § 133 Abs. 1 Satz 1 bezeichneten Behörde gebunden (Begr. 150).

Einer Vorentscheidung bedarf es jedoch nicht, wenn die Unterhaltungsarbeiten auf Anordnung der Strandverwaltungsbehörde selbst ausgeführt sind (OVG. 74, 390).

6. **Verfahren.** Zuständig ist der Bezirksausschuß: gegen seine Entscheidung ist binnen zwei Wochen Berufung an das Oberverwaltungsgericht gegeben. Die Berufung ist beim Bezirksausschuß — nicht beim Berufungsgericht — anzubringen (§§ 83, 85, 86 LVG.).

§ 131.

Wird ein Wasserlauf zweiter oder dritter Ordnung nach § 3 Abs. 1 zu einem Wasserlauf erster Ordnung und wird dadurch die Last der Uferunterhaltung[1]) für die dazu Verpflichteten vermehrt, so ist ihnen Entschädigung aus der Staatskasse zu leisten. Auf die Entschädigung ist der Vorteil anzurechnen, der dem zur Uferunterhaltung Verpflichteten durch den Übergang der Unterhaltung des Wasserlaufs auf den Staat erwächst, soweit dieser Vorteil nicht bereits nach § 3 Abs. 2 Satz 4 oder § 11 Satz 3 angerechnet worden ist[2]).

Ent. § 120; B. 150; KBA. 241.

1. **Versetzung eines Wasserlaufs in die erste Ordnung.** Die Bestimmung betrifft nur die Uferunterhaltung. Die Unterhaltungslast kann dadurch vermehrt werden, daß ein schiffbarer Wasserlauf erster Ordnung infolge der Schiffbarkeit größere Unterhaltungskosten verursacht, als ein bisher zur zweiten oder dritten Ordnung gehörender Wasserlauf. Entschädigungsberechtigt sind die nach §§ 119, 120 Abs. 1 und 2 zur Uferunterhaltung Verpflichteten.

2. **Festsetzung der Entschädigung.** Sie erfolgt durch Beschluß des Bezirksausschusses. Die Rechtsmittel siehe § 76 und § 148.

§ 132.

(1) Geht bei der Versetzung eines Wasserlaufs

zweiter oder dritter Ordnung in die erste Ordnung die Unterhaltung auf den Staat über[1]), so können diejenigen, denen die Unterhaltung des Wasserlaufs abgenommen wird, in Höhe ihrer bisherigen Verpflichtung zu den Kosten der Unterhaltung herangezogen werden. Lag die Unterhaltung bisher einer Wassergenossenschaft oder Gemeinde ob, so hat diese den Beitrag zu den Kosten aufzubringen. Der § 127 Abs. 1 Satz 2, Abs. 2 ist entsprechend anzuwenden[2]).

(2) Bei der Versetzung eines Wasserlaufs erster Ordnung in die zweite oder dritte Ordnung verbleibt die Unterhaltung des Wasserlaufs dem Staate.

Ent. § 121; B. 150; KBA. 241ff.; KBH. 45.

1. Der Übergang der Unterhaltungslast auf den Staat erfolgt durch die Aufnahme eines Wasserlaufs zweiter und dritter Ordnung in das Verzeichnis der Wasserläufe gemäß § 2 Abs. 1 Nr. 1 und § 3 Abs. 1 (vgl. § 115 Abs. 1 Nr. 1).

2. Satz 3 gibt dem bisher Unterhaltungspflichtigen das Ablösungsrecht durch einmalige Zahlung der nach § 127 zu berechnenden Ablösungssumme. Die Festsetzung erfolgt durch den Bezirksausschuß. Rechtsmittel siehe §§ 76, 148.

§ 133.

(1) Soweit die Unterhaltung der Wasserläufe erster Ordnung oder ihrer Ufer dem Staate oder dem Reich obliegt[1]), entscheidet unter Beobachtung der Vorschriften des § 114 Abs. 1 und des § 119 die mit ihrer Verwaltung beauftragte Behörde über die vorzunehmenden Unterhaltungsarbeiten[2]). Dasselbe gilt für die zur Erhaltung der Flößbarkeit an Wasserläufen zweiter oder dritter Ordnung vom Staate zu treffenden Maßnahmen[3]).

(2) In allen übrigen Fällen[4]) stellt erforderlichenfalls die Wasserpolizeibehörde durch polizeiliche Verfügung Art und Maß der zur Unterhaltung des Wasserlaufs und seiner Ufer nach den §§ 114, 119, 120 aus-

zuführenden Arbeiten sowie die Zeit zu ihrer Ausführung fest. Diese Feststellungen können allgemein durch Polizeiverordnungen (Unterhaltungsordnungen), für bereits bestehende Gemeinschaften der im § 126 Abs. 2 bezeichneten Art nach ihrer Verfassung getroffen werden[5]).

(3) Ist ein anderer als der Staat oder das Reich zur Unterhaltung eines künstlichen Wasserlaufs erster Ordnung verpflichtet, so kann[6] er über die Unterhaltung allgemeine Bestimmungen aufstellen, ie der Genehmigung der mit der Aufsicht über den künstlichen Wasserlauf erster Ordnung betrauten Behörde unterliegen. Die allgemeinen Bestimmungen haben sich auch auf die Unterhaltung der Ufer zu erstrecken, soweit sie dem zur Unterhaltung des künstlichen Wasserlaufs erster Ordnung Verpflichteten obliegt.

(4) Für Wasserläufe, deren Unterhaltung einem Provinzial- (Bezirks-, Landeskommunal-) Verband übertragen ist (§ 125), können allgemeine Bestimmungen über die Unterhaltung auch durch Reglement nach den Provinzialordnungen getroffen werden. Das Reglement bedarf der Genehmigung des Ministers für Landwirtschaft, Domänen und Forsten[7]).

(5) Soweit nach Abs. 3 oder 4 eine allgemeine Ordnung erfolgt, kann daneben keine polizeiliche Unterhaltungsordnung mehr erlassen werden; bereits erlassene polizeiliche Unterhaltungsordnungen treten außer Kraft. Die im einzelnen Falle zu treffende polizeiliche Verfügung darf mit der allgemeinen Ordnung nicht im Widerspruche stehen.

Ent. § 122; B. 150; KBA. 242; KBH. 45ff.

1. Durch den Staatsvertrag v. 31. 3. und 26. 9. 21 sind in Abs. 1 und 3 hinter den Worten „Staat" die Worte „oder dem (das) Reich)" einzufügen.

2. Durch die Bestimmung des Abs. 1 ist die Möglichkeit, den Staat oder das Reich zu Unterhaltungsarbeiten, die sie nicht ausführen wollen, zu zwingen, ausgeschlossen. Der Umfang der Unterhaltungsarbeiten an Wasserläufen erster Ordnung und ihrer Ufer wird durch den Staat bzw. das Reich, d. h. durch die von ihm beauftragten, nach seinen Weisungen handelnden Behörden, bestimmt. An die Entscheidung dieser Behörden sind die Verwaltungs- wie die ordentlichen Gerichte gebunden (vgl. auch Anm. 5 zu § 130; OTr. in Strieth-Arch. 10, 85; OVG. 24, 250). Schadensersatzansprüche aus einer Vernachlässigung der Unterhaltungspflicht konnten gegen den Staat bisher überhaupt nicht geltend gemacht werden (RG. 40, 296). Durch die Einfügung der Worte „unter Beobachtung der Vorschriften des § 114 Abs. 1 und des § 119" in § 133 Abs. 1 ist zum Ausdruck gebracht, daß die betreffenden staatlichen Behörden nicht willkürlich darüber entscheiden können, ob und in welchem Umfang der Staat bzw. das Reich Unterhaltungsarbeiten an Wasserläufen erster Ordnung vorzunehmen hat, daß sie vielmehr an die in den §§ 114 Abs. 1 und 119 enthaltenen Grundsätze gebunden sind. Bezüglich der Haftung des Staates für eine Vernachlässigung der ihm obliegenden Unterhaltungspflicht ist seitens der Regierung in der Kommission des Abgeordnetenhauses eine Erklärung folgenden Inhalts abgegeben: „Es würde, obwohl hier die Entscheidung darüber, ob eine Unterhaltungsarbeit vorgenommen werden solle, in das Ermessen der Behörde gelegt sei, grundsätzlich nicht ausgeschlossen sein, daß das Gericht eine Nachprüfung darüber anstelle, ob ein Fall vorliege, wo auch bei Ausübung dieses Ermessens pflichtmäßig hätte eingegriffen werden müssen. In solchem Falle sei zunächst nach dem BGB. ein Anspruch gegen den Beamten begründet, wenn das Gericht zu der Auffassung gelange, daß nach den Umständen von einem Eingreifen nicht hätte abgesehen werden dürfen. Wenn aber der Beamte haftbar sei, ergebe sich aus dem BGB. auch eine Haftung des Staates, denn es handle sich hier um eine Verpflichtung des Staates als Fiskus, und für Vernachlässigung solcher Pflichten hafte der Fiskus nach dem BGB., wenn ein verfassungsmäßiger Vertreter seine Pflicht versäume" (KBA. 243f.).

3. Siehe § 31.

4. D. h. bezüglich aller Unterhaltungsarbeiten an Wasserläufen zweiter und dritter Ordnung, mit Ausnahme der zur Unterhaltung der Flößbarkeit erforderlichen (Abs. 1 Satz 2).

5. Durch die Worte „für bereits bestehende Gemeinschaften der

im § 126 Abs. 2 bezeichneten Art nach ihrer Verfassung" ist zum Ausdruck gebracht, daß die Wasserpolizeibehörde nicht berechtigt ist, durch Unterhaltungsordnungen Art, Maß und Zeit der Unterhaltungsarbeiten in einer der Verfassung dieser alten Gemeinschaften widersprechenden Weise einzugreifen (LH. 1028; vgl. OVG. 74, 377; 76, 392; 77, 382).

6. Eine Verpflichtung zur Aufstellung solcher Bestimmungen besteht nicht. Sind allgemeine Bestimmungen erlassen, so ist ihre Durchführung polizeilich erzwingbar (Begr. 151).

7. Neben den allgemeinen Bestimmungen, die von den zur Unterhaltung eines künstlichen Wasserlaufs erster Ordnung verpflichteten oder von dem Provinzial- (Kommunal-) Landtag getroffen werden, darf eine polizeiliche Unterhaltungsordnung nicht mehr erlassen werden (Begr. 152).

§ 134.

Bei natürlichen Wasserläufen erster und zweiter Ordnung gelten für das Rechtsverhältnis zwischen den Unterhaltungspflichtigen[2]) und den Grundstückseigentümern die §§ 135 bis 144[1]).

Ent. § 123; B. 152; KBA. 244.

1. **Vorbemerkung.** Die §§ 134, 135, 136, 138 bis 143 sind dem durch § 399 Abs. 2 Ziff. 13 aufgehobenen StrombauverwaltungsG. v. 20. 8. 83 und 31. 5. 84 nachgebildet.

§ 134 bezieht sich ausschließlich auf Wasserläufe erster und zweiter Ordnung. Bezüglich der Wasserläufe dritter Ordnung s. die Sonderbestimmung im § 145.

2. Die Bestimmungen der §§ 135—144 haben ihren Grund darin, daß in Zukunft die Unterhaltung der natürlichen Wasserläufe zweiter Ordnung nicht durch die Anlieger, sondern in der Regel durch Wassergenossenschaften und Gemeinden erfolgen wird.

3. **Unterhaltungspflichtige.** Wo in den §§ 135—144 von den Unterhaltungspflichtigen die Rede ist, sind damit sowohl die zum Unterhalt des Wasserlaufs wie auch der Ufer Verpflichteten zu verstehen, soweit sich nicht aus der Fassung der einzelnen Bestimmungen ein anderes ergibt (Begr. 152; vgl. auch OVG. 77, 367).

Bezüglich der Wasserläufe dritter Ordnung s. § 145.

§ 135.

(1) Dem Unterhaltungspflichtigen sowie seinen Be-

amten und mit Berechtigungsausweis versehenen Beauftragten ist gestattet, bei der Vorbereitung und Ausführung der Unterhaltungsarbeiten die Ufergrundstücke, Anlandungen und Inseln zu betreten.

(2) Entstehen durch diese Handlungen Beschädigungen, so hat der Beschädigte auf Ersatz des Schadens Anspruch. Geringfügige Nachteile kommen jedoch nicht in Betracht.

Ent. § 124; B. 152; KBA. 244 ff.; KBH. 46.

§ 136.

(1) Gegen Entschädigung haben die Anlieger zur Herstellung von Deckwerken[1]), Buhnen, Sperrwerken[2]) (Kupierungen)[3]) oder zu anderen Unterhaltungsarbeiten den erforderlichen Grund und Boden, einschließlich der Arbeits- und Lagerplätze, zur Benutzung einzuräumen und den Anschluß der Werke an das Ufer zu gestatten[4]).

(2) Ebenso müssen die Anlieger gegen Entschädigung[5]) die Ausführung der für die Unterhaltungsarbeiten nötigen Hilfsanlagen am und im Wasserlaufe, die Ablagerung des Aushubs von Erde, Kies, Sand, Hölzern und dergleichen auf den Ufergrundstücken[6]), die An- und Abfuhr solcher Materialien sowie die An- und Abfuhr der Baustoffe dulden, auch einen bestimmten Zugang für die Arbeiter und Aufsichtspersonen einräumen.

Ent. § 125; B. 152 ff.; KBA. 245 ff.

Vorbemerkung zu §§ 135 und 136. In den §§ 135 und 136 ist das Betretungs- und Benutzungsrecht fremder Grundstücke seitens der Unterhaltungspflichtigen und der sich daraus evtl. ergebende Entschädigungsanspruch geregelt. Bei Streitigkeiten entscheidet die zuständige Wasserpolizeibehörde (§§ 342 und 147 Abs. 2). Über die Entschädigungen entscheidet der Bezirksausschuß (§ 148). Rechtsmittel s. § 76. Der ordentliche Rechtsweg ist ausgeschlossen, doch ist unter Umständen eine Klage aus §§ 862, 1004 BGB. gegeben. Vgl. Lendard-Reichau Anm. 2 zu § 135.

1. **Deckwerke** sind Anlagen zum Schutze der Ufer, wo die gewöhn-

lichen Mittel, wie Berasung, Bepflanzung, Abböschung usw. nicht ausreichen.

2. **Buhnen** sind vom Ufer in den Wasserlauf einspringende Bauten, welche der Flußregulierung dienen.

3. **Sperrwerke** bezwecken die Beseitigung von Stromspaltungen. Sie schließen den Seitenarm derartig ab, daß die Durchströmung durch ihn abgehalten wird (v. Bitter 2, 674).

4. Eine Pflicht zur Vornahme der im § 136 bezeichneten Maßnahmen besteht für den Unterhaltungspflichtigen nicht. Er kann deshalb auch von der Wasserpolizeibehörde nicht dazu angehalten werden. Soweit die im Abs. 1 genannten Maßnahmen zum Zwecke der Erhaltung der Vorflut und bei natürlichen Wasserläufen erster Ordnung auch der Erhaltung der Schiffahrt dienen sollen, sind sie Unterhaltungsarbeiten und nicht als Ausbau des Wasserlaufs zu betrachten (Begr. 153).

5. Die Entschädigung kann auch nachträglich festgestellt werden. Im übrigen s. § 148.

6. Ufergrundstück im Sinne des § 136 ist eine Fläche, die im Grundbuch eine Einheit bildet und die zugleich auf der einen Seite die Uferlinie eines Wasserlaufs zur Grenze hat. Wenn also eine schmale Katasterparzelle ein grundbuchmäßiges, selbständiges Grundstück ausmacht, so ist nur diese Katasterparzelle im Sinne des § 136 das Ufergrundstück. Alles andere ist „dahinter liegendes Grundstück" (KBA. 246).

§ 137.

Die §§ 135, 136 gelten auch für die hinter den Ufergrundstücken liegenden Grundstücke und deren Eigentümer.

Ent. § 126; B. 152ff.; KBA. 246.
Siehe § 147 und Anm. 6 zu § 136.

§ 138.

Gegen Entschädigung müssen die Anlieger ferner die Entnahme der zur Unterhaltung erforderlichen Feld- und Bruchsteine, von Kies, Rasen, Sand, Lehm und anderer Erde[1]) aus den Ufergrundstücken und den dahinter liegenden Grundstücken, soweit sie land- oder forstwirtschaftlich genutzt werden oder Unland[2]) sind, gestatten, wenn der Unterhaltungspflichtige diese Materialien anderweit nur mit unverhältnismäßigen Kosten gewinnen kann[3]).

Ent. § 127; B. 152ff.; KBA. 246; KBH. 46.

1. **Baumaterialien.** Die Verpflichtungen aus § 138 erstrecken sich nur auf die Anlieger am Wasserlauf, also die Eigentümer der Ufergrundstücke, soweit ihr Eigentumsrecht reicht, also auch die hinter den Ufergrundstücken liegenden Grundstücke, soweit sie mit dem Ufergrundstück zusammenhängen (a. M. Lenhard-Reichau).

2. **Unland** ist dasjenige Land, das weder land- noch forstwirtschaftlich genutzt werden kann und auch sonst keinen Ertrag abwirft, z. B. also auch nicht als Steinbruch, Sand-, Kies- oder Tongruben einen Wert hat.

3. Für Streitigkeiten und Entschädigungsansprüche gilt §§ 147, 148, s. auch Anm. zu § 135.

§ 139.

Durch die Inanspruchnahme der Grundstücke in den Fällen der §§ 136 bis 138 darf der Abfluß von Wasserläufen[1]) nur mit Zustimmung der Beteiligten[2]) gehindert werden. Auch darf in den Fällen des § 138 die bestehende Uferhöhe nur mit Zustimmung der Anlieger verringert werden, wenn dadurch das Übertreten des Hochwassers auf die angrenzenden Ländereien früher als bisher herbeigeführt wird.

Ent. § 128; B. 152ff.; KBA. 247.

1. Verboten ist jede Erschwerung des Abflusses.

2. **Die erforderliche Zustimmung der Beteiligten,** das sind sowohl die Eigentümer sowie alle Nutzungsberechtigten, kann durch die Wasserpolizeibehörde nicht ersetzt werden.

§ 140.

(1) Anlandungen, die infolge der Unterhaltungsarbeiten entstehen, gehören in der aus § 8 Abs. 2 Nr. 2 sich ergebenden Begrenzung den Anliegern.

(2) Der zur Unterhaltung des Wasserlaufs Verpflichtete ist jedoch befugt, die Anlandungen auszubilden und so weit zu befestigen, daß sie ohne Nachteil für den Wasserlauf zur Grasnutzung verwendet werden können (reif sind)[1]. Zu diesem Zwecke tritt er kraft Gesetzes[2]) in den Besitz und die Nutzung der Anlandungen. Den Anliegern ist von dem Vorhaben des Unterhaltungspflichtigen, die Anlandung auszubilden und zu befestigen, schriftlich Kenntnis zu geben.

(3) Die Anlieger dürfen die Anlandungen nur mit Zustimmung des Unterhaltungspflichtigen in Besitz und Nutzung nehmen. Sie können die Zustimmung verlangen[3]), sobald die Anlandungen reif oder die zur Erreichung dieses Zieles erforderlichen Arbeiten eingestellt sind oder wenn der Unterhaltungspflichtige die Befugnis, sie reif zu machen, nicht ausübt, jedoch nur gegen Erstattung des Wertes der Anlandungen, soweit er die von dem Unterhaltungspflichtigen aufgewendeten Kosten nicht übersteigt.

(4) Diese Vorschriften gelten auch für nicht reife Anlandungen, die infolge von Unterhaltungsarbeiten vor dem Inkrafttreten dieses Gesetzes entstanden sind. Bei natürlichen Wasserläufen erster Ordnung bleiben die nach dem Strombauverwaltungsgesetze vom 20. August 1883 (Gesetzsamml. S. 333) erworbenen Rechte unberührt[4]).

Ent. § 129; B. 153; KBN. 247.

Vorbemerkung. Die Bestimmungen der §§ 140—143 beziehen sich ausschließlich auf Anlandungen, die infolge von Unterhaltungsarbeiten entstehen. Die Eigentumsrechte an solchen Anlandungen gemäß § 8 bleiben unberührt. Die Anlieger werden Eigentümer, sind aber im weitesten Maße in der tatsächlichen Verfügung durch den Unterhaltungspflichtigen beschränkt. Dieser erhält kraft Gesetzes Besitz und Nutzungen der Anlandungen (OVG. 41, 261; s. jedoch auch RGZ. 33, 331).

Zur Ausübung des Jagdrechts auf diesen Anlandungen ist der Eigentümer vorbehaltlich der Bestimmungen der Jagdordnungen berechtigt. Dasselbe gilt von der Ausübung der Fischerei (vgl. jedoch § 142).

1. **Reif sind**, d. h. wenn die Anlandungen so ausgebildet und so weit befestigt sind, daß sie ohne Nachteil für den Wasserlauf zur Grasnutzung verwendet werden können (OVG. 41, 261; 43, 274).

2. **Kraft Gesetzes.** Es bedarf keiner besonderen Besitzübergabe oder Besitzergreifung. Die Bestimmung des Abs. 2 Satz 1 ist dem § 5 des StrombauverwaltungsG. v. 20. 8. 83 nachgebildet. Aus Abs. 3 folgt, daß Besitz und Nutzung stets auf den Unternehmer übergeht, auch bei solchen Anlandungen, die er nicht „reif machen" will, denn nach Abs. 3 bedürfen die Anlieger zur Inbesitznahme und Nutzung aller unter den § 140 fallenden Anlandungen stets der Zustimmung des Unterhaltungspflichtigen, auch dann, wenn dieser sein Recht, sie reif zu machen, nicht ausübt (vgl. auch RG. 33, 332).

3. Das dem Unterhaltungspflichtigen nach § 140 zustehende Recht ist ihm lediglich aus Rücksichten der Unterhaltung und des Ausbaues gegeben. Sobald das mit der Reifmachung erstrebte Ziel erreicht ist, hat der Eigentümer gegen Erstattung der von dem Unterhaltungspflichtigen aufgewendeten Kosten einen Anspruch auf Besitz und Nutzung. Zweck des in § 140 Abs. 2ff. geregelten Verfahrens ist die Herausgabe von Anlandungen an den Eigentümer. Diese Herausgabe wird wesentlich von Gesichtspunkten öffentlich-rechtlicher Natur beherrscht. Die Voraussetzung, nämlich die Reife oder die Einstellung weiterer Ausbildung der Anlandungen gehört dem Gebiet des strombaupolizeilichen Interesses an und ist dementsprechend der Entscheidung der Strompolizei und des Verwaltungsrichters unterstellt (OVG. in Ztschr. f. Agr. u. Wasserr. 6, 227).

4. Zuständig ist bei Streitigkeiten die Wasserpolizeibehörde (§ 147 Abs. 2), für die Entschädigungsansprüche der Bezirksausschuß (§ 148), gegen dessen Entscheidung der ordentliche Rechtsweg gemäß § 76 Abs. 2 gegeben ist.

§ 141.

(1) Solange der Unterhaltungspflichtige die Anlandungen in Besitz hat, muß er dem Eigentümer oder Nutzungsberechtigten des Ufergrundstücks, soweit es

dessen wirtschaftliche Interessen erfordern, vorbehaltlich der Bestimmung des § 142, die Verbindung mit dem Wasserlauf und dessen Benutzung gestatten.

(2) Liegen die Anlandungen vor Fähren, Landeplätzen und dergleichen, so hat der Unterhaltungspflichtige ihre Ausbildung möglichst zu beschleunigen, auch Fürsorge für zweckentsprechenden Zugang zu treffen.

(3) Im Falle einer Verpachtung ist bei gleichem Gebote dem Eigentümer oder Nutzungsberechtigten des Ufergrundstücks der Vorzug zu geben.

Ent. § 130; B. 153; KBA. 247.

Die §§ 147 und 148 finden Anwendung.

§ 142.

Solange die in Erfüllung der Unterhaltungspflicht ausgeführten Anlagen als Unterhaltungsanlagen von dem Verpflichteten unterhalten werden, ist dieser berechtigt, jede Benutzung der anstoßenden Anlandungen[1]), die den Anlagen schädlich werden könnte, zu verbieten.

Ent. § 131; B. 153; KBA. 248.

1. **Der anstoßenden Anlandungen.** Es kommen also nur solche Anlandungsflächen in Frage, die mit den betreffenden Unterhaltungswerken in räumlichem Zusammenhang stehen (OVG. 77, 367). Bezüglich der Rechtsbehelfe gelten die §§ 147—148.

§ 143.

(1) Wird eine Berasung oder Bepflanzung reifer[1]), vom Anlieger in Besitz genommener Anlandungen erforderlich, so kann der zur Unterhaltung des Wasserlaufs Verpflichtete[2]) den Anlieger auffordern, sie binnen einer bestimmten Frist[3]) auszuführen. Kommt der Anlieger der Aufforderung nicht nach, so ist der Unterhaltungspflichtige berechtigt, die Berasung oder Bepflanzung selbst auszuführen[4]), die Nutzung davon zu

ziehen und zu diesem Zwecke die Ufergrundstücke zu betreten oder zu befahren.

(2) Dem Anlieger ist die Nutzung überlassen, wenn er die bisher durch die Nutzung nicht gedeckten Aufwendungen erstattet und die Unterhaltung der Anlandungen, nötigenfalls unter Sicherstellung, übernimmt.

Ent. § 132; B. 153; KBA. 248.

1. **Berasung und Bepflanzung.** Die Bestimmung ist nur auf reife Anlandungen anwendbar (vgl. § 140 Abs. 2).

2. **Berechtigter** ist nur der Unterhaltungspflichtige, der Belastete ist der Anlieger.

3. **Frist.** Sie muß angemessen sein, d. h. die erforderlichen Arbeiten müssen in der gestellten Frist ohne Schwierigkeiten ausführbar sein. Bei Streitigkeiten hierüber entscheidet die Wasserpolizeibehörde, die auch die Frist verlängern kann, wenn die Umstände dies als berechtigt erscheinen lassen (§ 147).

4. Wegen Beschädigung findet § 135 Abs. 2 Anwendung.

§ 144.

Dem Unterhaltungspflichtigen sowie seinen Beamten und mit Berechtigungsausweis versehenen Beauftragten ist das Setzen von Stations- und Festpunktmarken, desgleichen von Schiffahrtzeichen und sonstigen Merkzeichen auf Anlandungen aller Art und Inseln sowie auf den Ufergrundstücken, und, soweit erforderlich, auch den dahinter liegenden Grundstücken jederzeit gestattet. Wenn diese Marken und Merkzeichen wenig sichtbar sind und daraus Gefahren bei der Bewirtschaftung entstehen können, sind sie angemessen zu kennzeichnen. Die Grundstückseigentümer oder Nutzungsberechtigten haben Anspruch auf Ersatz des Schadens, den sie dadurch erleiden.

Ent. § 133; B. 154; KBA. 248; L. II 8200; KBH. 46.

Ersatzanspruch. Der Schadensersatzanspruch aus § 144 setzt kein Verschulden voraus. Er ist nicht im ordentlichen Rechtsweg verfolgbar. Zuständig ist vielmehr der Bezirksausschuß (§ 148).

Weitergehende Schadensersatzansprüche, welche sich auf im Gesetz nicht begründete Rechtseingriffe stützen, können im ordentlichen Rechtswege verfolgt werden.

§ 145.

(1) Bei Wasserläufen dritter Ordnung, die nicht von den Anliegern zu unterhalten sind, haben diese die Ablagerung des Ausbubs von Erde, Kies, Sand, Hölzern und dergleichen auf den Ufergrundstücken zu dulden und für die Beseitigung des Ausbubs zu sorgen[1]), soweit es zur Erhaltung eines ungehinderten Wasserabflusses erforderlich ist und ohne ungebührliche Belastung der Anlieger möglich ist. Der Ausbub geht in das Eigentum des Anliegers über. Soweit eine ungebührliche Belastung stattfindet, ist der Unterhaltungspflichtige zur Beseitigung des Ausbubs verpflichtet[2]).

(2) Bei künstlichen Wasserläufen dritter Ordnung, die gewerblichen Unternehmungen dienen, hat der Unterhaltungspflichtige auf Verlangen des Anliegers den Ausbub zu entfernen und für Beschädigungen Ersatz zu leisten[4]).

(3) Dem Unterhaltungspflichtigen sowie seinen Beamten und mit Berechtigungsausweis versehenen Beauftragten ist gestattet, bei der Vorbereitung und Ausführung der Unterhaltungsarbeiten die Ufergrundstücke zu betreten und dort vorübergehend Materialien niederzulegen. Für die hierdurch verursachten Beschädigungen ist Ersatz zu leisten[3]).

(4) Besondere Titel und Observanzen[4]), die eine von den Vorschriften dieses Paragraphen abweichende Regelung enthalten, bleiben aufrechterhalten.

Ent. § 134; B. 154; KBA. 248ff.

Vorbemerkung. § 145 enthält eine Spezialbestimmung für Wasserläufe dritter Ordnung. Unterhaltungspflichtig für Wasserläufe dritter Ordnung ist in erster Linie der Eigentümer (§ 115 Nr. 3), der zwar meistens, aber nicht immer, auch der Anlieger sein wird. Soweit letzteres nicht der Fall sein wird, muß der Anlieger die Benutzung seiner Ufergrundstücke zu den im Abs. 1 Satz 1 bezeichneten Zwecken in dem Umfang dulden, in welchem die Unterhaltungsarbeiten dies erfordern. Die Pflicht ist auf die Ufergrundstücke beschränkt und nicht auch auf „die dahinter liegenden Grundstücke" ausdehnbar (Begr. 154).

Die Frage, wer für die Beseitigung des Aushubs an Erde, Kies usw. zu sorgen und wann eine solche zu erfolgen hat, ist nur für die Wasserläufe dritter Ordnung geregelt. Da bei den Wasserläufen erster und zweiter Ordnung den Anliegern eine Pflicht zur Beseitigung des Aushubs nicht auferlegt ist, sie vielmehr nur die Abfuhr über ihre Grundstücke zu dulden haben, so hat das Gesetz offenbar vorausgesetzt, daß hier die Beseitigung des Aushubs, soweit sie erforderlich ist, den Unterhaltspflichtigen allein obliegen soll (OVG. in Ztschr. f. Agr. u. Wasserr. VI, 236).

1. **Verpflichtung der Anlieger.** Ihre Verpflichtung ist eine doppelte, einmal die Pflicht zur Duldung der Lagerung und ferner die eigene Beseitigungspflicht, soweit sie zur Erhaltung eines ungehinderten Wasserabflusses erforderlich ist. Ist sie das nicht, so kann der Aushub liegen bleiben. Bei ungebührlicher Belastung des Anliegers durch Lagern des Aushubs hat der Unterhaltungspflichtige die Beseitigungspflicht. Abgesehen vom Falle des § 146 hat der Anlieger keinen Entschädigungsanspruch für das Lagern und die Beseitigung.

2. **Rechtsbehelfe.** Zuständig ist die Wasserpolizeibehörde (§ 147). Wegen des Anspruchs nach Abs. 1 Satz 3 ist der ordentliche Rechtsweg zulässig.

3. **Der Schadensersatzanspruch wegen Beschädigungen** setzt kein Verschulden voraus.

4. Vgl. § 126 Abs. 1.

§ 146.

Soweit nicht in diesem Titel eine Entschädigungspflicht ausdrücklich festgestellt ist, kann für einen durch Unterhaltungsarbeiten verursachten Schaden nur insoweit Ersatz verlangt werden, als der Schaden bei

Beobachtung der erforderlichen Sorgfalt vermieden worden wäre.

Ent. § 135; B. 154; KBA. 251.

Für Schäden, die durch die Unterhaltungsarbeiten entstanden sind, ist Ersatz zu leisten, ohne daß irgendein Verschulden auf Seiten des Unterhaltungsverpflichteten oder seiner Gehilfen vorliegt. Über diese Ersatzansprüche entscheidet der Bezirksausschuß. Andere Schäden, die nicht durch, sondern bei Gelegenheit der Unterhaltungsarbeiten durch rechtswidriges Verhalten verursacht sind, ist der ordentliche Rechtsweg gegeben. Die Beweislast liegt beim Geschädigten; der Entlastungsbeweis aus § 831 BGB. ist zulässig.

§ 147.

(1) In den Fällen der §§ 136 bis 145 sind, soweit nicht Gefahr im Verzuge ist, die Eigentümer oder Nutzungsberechtigten der betroffenen Grundstücke vor der Inangriffnahme der geplanten Maßnahmen zu hören.

(2) Im Falle von Streitigkeiten, auch von solchen nach § 135, verfügt die Wasserpolizeibehörde.

Ent. § 136; B. 155; KBA. 251ff.

Der Unterhaltungspflichtige soll nicht beliebig und ohne Kenntnis des Eigentümers oder Nutzungsberechtigten die Grundstücke betreten und auf ihnen Arbeiten in Angriff nehmen können, es sei denn, daß Gefahr im Verzuge ist.

Die Wasserpolizeibehörde hat nach Abs. 2 nur im Falle von Streitigkeiten über die in den §§ 135—145 begründeten gesetzlichen Rechte und Pflichten zu verfügen. Im Falle von Streitigkeiten über durch Vertrag begründete Rechte und Pflichten ist sie zu einer Verfügung nicht berechtigt (OVG. 79, 234).

§ 148.

(1) Die nach den §§ 131, 135 bis 146 den Grundstückseigentümern oder Nutzungsberechtigten zustehenden Entschädigungen, die nach den §§ 119, 121, 124, 127, 128, 132 zu leistenden Beiträge und Vergütungen sowie die nach § 140 Abs. 3 und § 143 Abs. 2 zu erstattenden Be-

träge werden im Streitfalle durch Beschluß des Bezirksausschusses festgesetzt.

(2) Die Vorschriften des § 76 sind anzuwenden.

Ent. § 137; B. 155; KBA. 252.

Diese Bestimmung regelt einheitlich die Frage der Behördenzuständigkeit für den ganzen Titel „Unterhaltung der Wasserläufe und ihrer Ufer". Alle nach diesem Titel zu leistenden Entschädigungen Beiträge und Vergütungen werden im Streitfalle durch Beschluß des Bezirksausschusses festgestellt. Soweit es sich bei diesen Beträgen um „Entschädigungen" handelt — was nicht zutrifft bei den §§ 119, 124, 127, 128, 132, 140 Abs. 3, 143 Abs. 2 —, ist gegen den Beschluß des Bezirksausschusses binnen drei Monaten der ordentliche Rechtsweg gegeben. Gegen die Festsetzung der übrigen Beiträge und Vergütungen ist nach § 76 Abs. 1 die Beschwerde beim OberverwGer. binnen zwei Wochen zulässig. Alle Schadensersatzansprüche jedoch, welche ihre Begründung in rechtswidrigen, d. h. nach §§ 131, 135—146 nicht gegebenen Rechten, finden, sind nach bürgerlichem Recht zu beurteilen und im ordentlichen Rechtsweg zu verfolgen (z. B. Rechte aus §§ 823, 862, 1004 BGB.).

Im Falle der Festsetzung des bei der Herausgabe von Anlandungen zu erstattenden Wertes durch Beschluß des Bezirksausschusses, unterliegt der Beschluß hinsichtlich der Frage, ob die förmlichen Voraussetzungen für eine Beschlußfassung überhaupt vorlagen, der Anfechtung im Beschwerdewege (OVG. in Ztschr. f. Agr. u. Wasserr. VI, 225ff.).

§ 149[1]).

(1) Im Falle des § 119 wird nach Beendigung der Arbeiten eine Liste der auf die einzelnen Eigentümer entfallenden Beiträge auf Antrag[2]) des zur Unterhaltung des Wasserlaufs Verpflichteten von dem Regierungspräsidenten (Oberpräsidenten), bei Wasserläufen zweiter und dritter Ordnung von dem Landrat öffentlich ausgelegt[3]). Die Auslegung ist in ortsüblicher Weise und, wenn Landkreise beteiligt sind, auch durch die Kreisblätter bekanntzumachen. Innerhalb einer Frist von vier Wochen nach der letzten Bekanntmachung können

Einwendungen gegen die Liste erhoben werden[4]). Die Frist und die Stelle, bei der die Einwendungen anzubringen sind, ist in der Bekanntmachung anzugeben. Neben der öffentlichen Bekanntmachung sind die Eigentümer auf diese durch besondere Mitteilung hinzuweisen.

(2) Über die rechtzeitig erhobenen, erforderlichenfalls mit den Beteiligten zu erörternden Einwendungen entscheidet der Bezirksausschuß.

(3) Die Vorschriften des § 76 Abs. 1 sind anzuwenden.

(4) Nach Erledigung der Einwendungen oder fruchtlosem Ablaufe der Frist stellt der Regierungspräsident (Oberpräsident), bei Wasserläufen zweiter und dritter Ordnung der Landrat die Liste endgültig fest[5]) [6]).

KommBeschl. § 137a; KBH. 46 ff.

1. § 149 sieht ein besonderes Verfahren für die nachträgliche Verteilung der Beiträge vor, welche nach § 119 die Eigentümer der Ufergrundstücke und der dahinter liegenden Grundstücke dem zur Unterhaltung des Wasserlaufs Verpflichteten zu leisten haben.

2. **Auf Antrag.** Das Verfahren tritt nur auf Antrag des Unterhaltungspflichtigen ein, kann also weder von Amts wegen noch auf Antrag der Grundstückseigentümer eingeleitet werden.

3. **Die Verteilung der Kosten** auf die einzelnen Grundstückseigentümer erfolgt bei Wasserläufen erster Ordnung durch den Regierungs- (Ober-) Präsidenten, bei Wasserläufen zweiter und dritter Ordnung durch den Landrat.

Bei der Verteilung sind die evtl. von einzelnen Grundstückseigentümern geleisteten Arbeiten und Lieferungen zu berücksichtigen.

4. Über die rechtzeitig erhobenen Einwendungen gegen diese Liste entscheidet der Bezirksausschuß, gegen dessen Entscheidung binnen zwei Wochen die Beschwerde an das Landeswasseramt zulässig ist. Nach Erledigung des Instanzenzuges oder fruchtlosem Fristablauf erfolgt die endgültige Festsetzung der Beiträge gemäß Abs. 4 unter Beobachtung der vom Bezirksausschuß oder Landeswasseramt getroffenen Entscheidung.

5. Gegen diese Festsetzung ist ein Rechtsmittel nicht mehr gegeben.

6. Die gemäß § 149 festgestellten Beiträge unterliegen der Beitreibung im Verwaltungszwangsverfahren (KVH. 47). Vgl. § 60 LVG.; kgl. VO. v. 15. 11. 99 und Anweisung dazu v. 28. 11. 99 (Gesetzsammlung S. 545).

§ 150.

(1) Die §§ 135 bis 138, der § 140 Abs. 2, 3, Abs. 4 Satz 1 und die §§ 141 bis 144 sind auf Grundstücke, die Bestandteile von Festungen, Eisenbahnen oder öffentlichen Wegen sind, nicht anzuwenden, wenn Gründe des öffentlichen Wohles entgegenstehen. Ob dies der Fall ist, entscheidet auf Anrufen des Grundstückseigentümers der Regierungspräsident.

(2) Gegen die Entscheidung des Regierungspräsidenten ist nur Beschwerde im Aufsichtswege zulässig.

(3) Im Falle des Abs. 1 ist der Grundstückseigentümer verpflichtet, die erforderlichen Unterhaltungsarbeiten nach näherer Bestimmung der Wasserpolizeibehörde selbst auszuführen.

Ent. § 138; B. 155; KBA. 255; KVH. 47.

§ 151.

Soweit nicht Staatsverträge oder sonstige mit anderen Staaten getroffene Abreden entgegenstehen, können die Vorschriften dieses Gesetzes über die Unterhaltung für solche Wasserläufe, die nicht ausschließlich dem preußischen Staatsgebiet[1]) angehören, zeitweilig außer Kraft gesetzt werden. Zuständig sind bei Reichswasserstraßen[2]) der Minister für Handel und Gewerbe und für Landwirtschaft, Domänen und Forsten, sonst der Minister für Landwirtschaft, Domänen und Forsten.

Ent. § 139; B. 155ff.; KBA. 256.

1. Die Bestimmung ist anzuwenden auch auf Wasserläufe, die nur zum Teil in Preußen liegen, ebenso auf Grenzflüsse. Die Außerkraftsetzung braucht sich nicht auf alle Bestimmungen über

die Unterhaltung von Wasserläufen zu erstrecken, es können auch einzelne Bestimmungen herausgegriffen werden. Die Außerkraftsetzung ist nicht anfechtbar.

§ 151 gibt den zuständigen Stellen zwar wohl das Recht, alle oder einzelne Bestimmungen außer Kraft zu setzen, nicht aber an ihre Stelle andere Bestimmungen zu setzen.

2. Siehe G. v. 15. 8. 21 (Gesetzsamml. S. 487) und § 12b des Staatsvertrags v. 31. 3. und 26. 9. 21.

Fünfter Titel.

Ausbau der Wasserläufe und ihrer Ufer.

Vorbemerkung.

Während die Unterhaltung der Wasserläufe die Aufgabe verfolgt, den von Natur bestehenden oder künstlich herbeigeführten Zustand der Wasserläufe zu erhalten (vgl. Vorbem. vor § 113), soll durch den Ausbau der bestehenden Zustand der Wasserläufe oder ihrer Ufer verändert und verbessert werden. Was unter den Ausbau fällt und zu welchen Zwecken er vorgenommen werden kann, ist im Gesetz nicht näher angegeben. Nur nach einer Seite hin, gegenüber der Unterhaltung, ist eine feste Grenze gezogen durch die Bestimmung des § 153 Abs. 1, nach der der Ausbau nur über die Unterhaltung hinausgehende Verbesserungen zum Gegenstand haben kann. Entsprechend dem hauptsächlichsten Zweck der Wasserläufe, der Vorflut und bei Wasserläufen erster Ordnung auch der Schiffahrt zu dienen, wird es sich in erster Linie darum handeln, den Wasserläufen und deren Ufern eine solche Beschaffenheit zu geben, daß sie diesem Zwecke besser als bisher dienen können. Doch sind hiermit die Gründe, aus denen ein Ausbau stattfinden kann, nicht erschöpft. Durch positivrechtliche Vorschrift ist dann ferner bestimmt, daß das Ausbauunternehmen auch die künstliche Schaffung von Neuland an Ufergrundstücken zum Gegenstand haben kann (§ 153 Abs. 2).

Durch die §§ 152—175 ist beim Vorliegen der nötigen Voraussetzungen nur ein Recht, nicht eine Pflicht zum Ausbau gegeben (vgl. aber § 196 Abs. 2). Wenn aber der Ausbau stattfindet, so hat er nach diesem besonders geordneten Verfahren vor sich zu gehen. Wird ohne dieses Verfahren der Ausbau begonnen, so stehen den Beteiligten, in deren Rechte eingegriffen wird, die allgemeinen Rechtsmittel des bürgerlichen Rechts zur Seite. Die Ausbaugenossenschaften (§ 206 Nr. 1, 2, 6, 7, § 238 Abs. 1) können aber ihren Mitgliedern gegenüber den Ausbau innerhalb des Rahmens ihrer Satzungen durchführen (vgl. § 155 Anm. 2).

Der Ausbau findet nur bei natürlichen Wasserläufen erster und zweiter Ordnung statt. Doch sind im § 175 eine Reihe dieser Bestimmungen für die Herstellung und Veränderung künstlicher Wasserläufe sinngemäß für anwendbar erklärt. Größere praktische Bedeutung werden diese Bestimmungen aber deshalb nicht haben, weil bei derartigen Anlagen wohl meistens Sondergesetze erlassen werden, die dann die Rechtsverhältnisse regeln. Soll ein Wasserlauf dritter Ordnung ausgebaut werden, so ist dies nur dadurch zu erreichen, daß eine Wassergenossenschaft gegründet wird, die dann nach ihren Satzungen den Ausbau vornimmt. Ist das nicht zu erreichen, weil zu diesen Zwecken keine Zwangsgenossenschaften gegründet werden können (§ 245), so ist ein Ausbau nur dadurch möglich zu machen, daß der Wasserlauf zu einem solchen zweiter Ordnung gemacht wird (§§ 4—6). Einer Verleihung bedarf der Ausbauunternehmer nicht (§ 155 Abs. 3).

Die Vorschriften über den Ausbau sind derart gegliedert, daß § 155 die Ausbauberechtigten angibt und die §§ 156—162 das Verhältnis zu den Beteiligten regeln. §§ 162—176 betreffen das Verfahren. Es gibt zwei Verfahrensarten. Das sog. große Ausbauverfahren, das in den Fällen des § 153 Abs. 1 Ziff. 1 erforderlich ist, und das vereinfachte kleine Ausbauverfahren, das in den übrigen Fällen (§ 153 Abs. 1 Ziff. 2) stattfinden kann, aber nicht unbedingt stattfinden muß. § 173 regelt die Kostenbeitragspflicht der Anlieger und Unterhaltspflichtigen. Die Vorschriften über den Ausbau gelten nur für solche Bauten, die nach dem Inkrafttreten des Wassergesetzes ausgeführt worden sind.

§ 152.

Natürliche[1]) Wasserläufe erster oder zweiter Ordnung und ihre Ufer[2]) können[3]) nach den folgenden Bestimmungen aus Gründen des öffentlichen Wohles[4]) ausgebaut werden.

Ent. § 140; B. 31ff.; 156ff., KBA. 256ff.; L. II 8201; L. III 8569; KBH. 47; LH. 1029.

1. Die Vorschriften über den Ausbau gelten nur für natür-

liche Wasserläufe erster und zweiter Ordnung, doch sind im § 175 eine Reihe der Bestimmungen dieses Titels für die Anlegung und Veränderung von künstlichen Wasserläufen für anwendbar erklärt.

2. Es können sowohl der Wasserlauf und die Ufer zusammen wie auch der Wasserlauf für sich allein und die Ufer für sich allein ausgebaut werden. A. M. Lenhard-Reichau Anm. 1 zu § 155.

3. **Können.** Die im § 155 Benannten sind grundsätzlich nur zum Ausbau berechtigt. Diesem Rechte steht nicht die Pflicht zum Ausbau gegenüber. Nur ist im § 176 Abs. 2 vorgesehen, daß bei natürlichen Wasserläufen zweiter Ordnung der zur Unterhaltung Verpflichtete, wenn überwiegende Rücksichten des öffentlichen Wohls dieses erfordern, durch Verfügung der Wasserpolizeibehörde zum Ausbau des Wasserlaufs und seiner Ufer angehalten werden kann.

4. Vgl. § 19 Anm. 12.

§ 153.

(1) Das Ausbauunternehmen kann

1. die Einlegung von Stauwerken[1]), eine die Befahrung der Wasserstraße mit größeren Fahrzeugen bezweckende Vertiefung, die Herstellung eines neuen Bettes[2]), die Durchführung einer Hochwasserregulierung oder
2. andere über die Unterhaltung hinausgehende Verbesserungen

zum Gegenstande haben[3]).

(2) Den Ausbauunternehmungen im Sinne des Abs. 1 Nr. 2 wird gleichgestellt die künstliche Schaffung von Neuland an Ufergrundstücken[4]).

Ent. § 141; B. 156 ff.; KBA. 259 ff., 278 ff.; L. II 8202; L. III 8570, 8539 ff.; KBH. 47; LH. 1029.

1. **Stauwerke.** Der Begriff der Stauwerke ist weiter als der der Stauanlage im § 91. Der Unterschied zwischen beiden wird durch den Zweck der Anlagen gegeben. Für die Stauanlage ist wesentlich, daß sie den Zweck verfolgt, durch Hemmung des Wasserlaufs eine Hebung des Wasserspiegels oder eine Ansammlung von Wasser zu schaffen. Dieser Zweck besteht bei den Stauwerken nicht. Zu ihnen gehören also alle Anlagen, die eine Hemmung des Wasser-

abflusses herbeiführen, also z. B. Buhnen, Grundschwellen usw. (vgl. § 91 Anm. 1).

2. **Herstellung eines neuen Bettes** umfaßt auch die Verlegung des Wasserlaufs, ohne daß dadurch der neue Lauf den rechtlichen Charakter eines künstlichen erhält.

3. **Begriff des Ausbaues.** Das Gesetz gibt nicht näher an, was unter Ausbau zu verstehen ist. Es setzt nur nach einer Seite hin eine Grenze, indem es bestimmt, daß das Ausbauunternehmen nur über die Unterhaltung hinausgehende Verbesserungen zum Gegenstand haben kann (vgl. Vorbem. vor § 152). In Nr. 1 nennt das Gesetz mehrere Ausbauunternehmungen, die einen besonders tiefen Eingriff in den Wasserlauf und die rechtlich geschützten Interessen anderer zur Folge haben. Diese gewinnen eine besondere Bedeutung dadurch, daß auf sie das große Ausbauverfahren der §§ 163—170 Anwendung finden muß, während alle anderen Ausbauunternehmungen nach dem vereinfachten Verfahren des § 173, dem sog. kleinen Ausbauverfahren, vorgenommen werden können.

4 **Neuland.** Die planmäßige Schaffung von Neuland — Gegensatz zu den natürlichen Anlandungen (§ 17) — kann durch Anschüttung bewirkt werden und durch Bauten, durch die planmäßig künstliche Anlandungen hervorgerufen werden, z. B. durch den Einbau von Buhnen in Wasserläufe (vgl. § 17). Auf diese Weise geschaffenes Neuland fällt in das Eigentum des Unternehmers (RVH. 47). Der Gemeingebrauch am Wasserlauf wird durch § 156 Abs. 4 in Verbindung mit § 57 geschützt.

§ 154.

Die Wasserpolizeibehörde entscheidet im Streitfall, ob Arbeiten über die Unterhaltung hinausgehen und den Vorschriften dieses Titels unterstehen. Die Entscheidung kann nur mit der Beschwerde im Aufsichtsweg angefochten werden.

L. II § 141a; S. 8202; L. III 8569; KVH. 47; LH. 1029.

Über das Verhältnis des § 154 zu § 147 Abs. 2 s. Holtz-Kreutz Anm. 2 und Lenhard-Reichau Anm. 1 zu § 154.

Der Fall des § 154 wird meistens nur eintreten bei Streitigkeiten darüber, ob eine Arbeit als Unterhaltung oder als Ausbau zu beurteilen ist.

§ 155.

Ausbauberechtigt sind:

1. bei Reichswasserstraßen das Reich, bei anderen natürlichen Wasserläufen erster Ordnung der Staat[1]),
2. bei Wasserläufen zweiter Ordnung der Staat, Wassergenossenschaften oder andere Körperschaften des öffentlichen Rechtes sowie die diesen im § 126 Abs. 2 gleichgestellten Gemeinschaften Unterhaltungspflichtiger für die von ihnen zu unterhaltende Strecke, ferner eine den Ausbau des Wasserlaufs bezweckende Wassergenossenschaft für die innerhalb des Genossenschaftsgebiets gelegene Strecke[2]).

(2) Durch Verordnung des Staatsministeriums[3]) kann das Recht zum Ausbau eines Wasserlaufs und in Verbindung damit auch das Recht zum Ausbau der Ufer[4]) dem Reiche, einem fremden Staate oder einer nicht schon nach Abs. 1 ausbauberechtigten öffentlichrechtlichen Körperschaft mit ihrer Zustimmung übertragen werden[5]).

(3) Der Ausbauberechtigte bedarf zum Ausbau keiner Verleihung[6]).

Ent. § 142; B. 158ff.; KBH. 260ff.; L. II 8202; L. III 8570; KBH. 47; LH. 1029.

1. Änderung gemäß Staatsvertrag v. 31. 3./26. 9. 21 und Art. 97 Abs. 2 der Reichsverfassung v. 11. 8. 19. In Nr. 1 und 2 sind die Ufer nicht besonders erwähnt. Es ergibt sich aber aus der Fassung sowie aus dem Zusammenhang mit § 152, daß sich die Berechtigung zum Ausbau auch auf die Ufer bezieht. Vgl. Anm. 2 zu § 152.

2. **Reich, Staat, Wassergenossenschaften.** Die genannten Körperschaften haben also nur für die Strecke, für die sie unterhaltspflichtig sind, das Recht zum Ausbau. Außerdem ist dann noch das Ausbaurecht den Wassergenossenschaften gegeben, die satzungsgemäß den Ausbau des Wasserlaufs bezwecken. Hier

steht Wasserlauf im Gegensatz zu den Ufern. Die Sachlage ist also folgende: Ist eine Wassergenossenschaft gegründet zur Unterhaltung des Wasserlaufs, so kann diese gegen Mitglieder und Nichtmitglieder nach den in den §§ 152ff. gegebenen Vorschriften den Wasserlauf und dessen Ufer ausbauen. Ist eine Genossenschaft gegründet zum Zwecke des Ausbaues des Wasserlaufs (nicht der Ufer), so ist diese zum Ausbau des Wasserlaufs (nicht der Ufer) innerhalb des Rahmens ihrer Satzungen nach den §§ 206ff. ihren Mitgliedern gegenüber berechtigt, den Nichtmitgliedern gegenüber und den Mitgliedern gegenüber, soweit es über den Rahmen der Satzungen hinausgeht, also insbesondere soweit es sich um den Ausbau der Ufer handelt, ist das Verfahren nach §§ 152ff. einzuschlagen. Wassergenossenschaften, die den Ausbau der Ufer bezwecken, können nur auf Grund der §§ 206ff. gegen ihre Mitglieder vorgehen. Darüber hianus sind sie nicht zum Ausbau berechtigt.

3. Vgl. preußische Verfassung Art. 7.

4. Es kann also das Recht zum Ausbau der Ufer nicht allein übertragen werden.

5. Mit dieser Übertragung gehen dann alle öffentlich-rechtlichen Befugnisse über. Es kann auch sonst der Ausbauberechtigte die Ausführung des von ihm geplanten Ausbaues einem anderen übertragen. Doch hat dies nur eine privatrechtliche Wirkung. Die öffentlich-rechtlichen Befugnisse gehen dadurch nicht über.

6. In der Regel wird jede zum Ausbau eines Wasserlaufs vorzunehmende Maßnahme ein Eingreifen in die Verhältnisse des Wasserlaufs bedeuten. Soweit eine dieser Maßnahmen sich als Benutzung des Wasserlaufs im Sinne des § 40 Abs. 2 darstellt, würde daher regelmäßig die Verleihung für den Ausbau nachgesucht werden müssen. Dieses macht Abs. 3 entbehrlich.

§ 156.

(1) Dem Unternehmer des Ausbaues liegt die Herstellung derjenigen Einrichtungen[1]) ob, die zur Sicherung von Grundstücken und Anlagen gegen Gefahren und Nachteile notwendig sind, wenn solche Einrichtungen mit dem Unternehmen vereinbar und wirtschaftlich gerechtfertigt sind. Er hat auch die im öffentlichen Interesse erforderlichen Einrichtungen zu treffen. Zu diesen

gehören die durch den Ausbau bedingten Änderungen an öffentlichen Wegen und den in ihrem Zuge belegenen Brücken. Der Wege- oder Brückenunterhaltungspflichtige hat, unbeschadet auf besonderem Titel beruhender Verpflichtungen, zu den Kosten soviel beizutragen, als ihm durch die Änderung Kosten erspart werden, die er sonst zur Erfüllung seiner Unterhaltungspflicht hätte aufwenden müssen[2]).

(2) Sind von dem Ausbau nachteilige Wirkungen zu erwarten, durch die das Recht[3]) eines anderen beeinträchtigt werden würde, so kann der davon Betroffene die Herstellung von Einrichtungen fordern, welche die nachteiligen Wirkungen ausschließen. Von nachteiligen Wirkungen der im § 41 Abs. 1, 2 bezeichneten Art gilt dasselbe, auch wenn dadurch kein Recht beeinträchtigt wird.

(3) Als Nachteil gilt nicht die Veränderung des Grundwasserstandes, wenn der Ausbau zur Beschaffung der Vorflut für die gewöhnliche[4]) Bodenentwässerung von Grundstücken erfolgt, für die der auszubauende Wasserlauf der natürliche Vorfluter ist.

(4) Der § 57 ist auf den Ausbau sinngemäß anzuwenden[5]).

(5) Nehmen der Staat oder das Reich[6]) zum Ausbau eines Leinpfades oder zu sonstigen Zwecken eine Anschüttung vor der Uferlinie vor, so haben sie den früheren Anliegern oder Nutzungsberechtigten, soweit es deren wirtschaftliche Interessen erfordern, die Verbindung mit dem Wasserlauf und dessen Benutzung in dem bisher geübten Umfange zu gestatten[7]) [8]).

Ent. § 143; B. 159ff.; KBH. 262ff.; L. II 8202; L. III 8570; KBH. 47f.; LH. 1029.

1. **Einrichtungen.** Dazu gehören auch die Schaffung von Zuwegen zum Wasserlauf für diejenigen Interessenten, die durch

den Ausbau und die damit in Zusammenhang stehenden Arbeiten vom Wasserlauf abgeschnitten werden (KBA. 270). Sind die für erforderlich erachteten Einrichtungen mit dem Unternehmen nicht vereinbar oder wirtschaftlich nicht gerechtfertigt, so fällt die Pflicht zur Herstellung zwar fort, an ihre Stelle tritt aber die Entschädigungspflicht (vgl. §§ 157, 163, 164). Sobald der Plan gemäß § 168 festgestellt ist, ist die Beschwerde aus § 163 nicht mehr zulässig.

2. Was die vielfach bestehenden alten Privilegien anbetrifft, die unter der Bedingung erteilt sind, daß der Berechtigte sich allen vom Staate kraft Hoheitsrechts vorgenommenen Veränderungen des Wasserlaufs ohne Anspruch auf Entschädigung unterwerfen muß, so wird an diesem Zustand nichts geändert. Es wird also, soweit in früheren Privilegien und besonderen Titeln auf Beschränkungen und Hoheitsrechte Bezug genommen wird, an Stelle dieser Beschränkungen die Beschränkung durch das Recht des Staates bzw. Reiches zum Ausbau treten (KBA. 265; RGZ. 54, 260; RG. bei Gruchot 56, 1112).

3. Es kommen hier sowohl Rechte am Wasserlauf als auch andere Rechte in Betracht im Gegensatz zu § 157 Abs. 1 Satz 2, wo es sich nur um Rechte am Wasserlauf handelt.

4. Vgl. § 41 Anm. 6.

5. Hierdurch wird der Gemeingebrauch, der kein besonderes Recht ist, geschützt.

6. Änderung gemäß Staatsvertrag vgl. Anm. 1 zu § 155.

7. Nach § 27 Abs. 1 Satz 2 haben die Eigentümer der Ufergrundstücke den Ausbau und die Unterhaltung des Leinpfades durch den Staat zu dulden. Würde der Staat nun in Ausübung dieses Rechts oder zu sonstigen Zwecken Anschüttungen vor der Uferlinie vornehmen, so würden die Anlieger, da diese Anschüttungen Eigentum des Staates sind, vom Wasserlauf abgeschnitten. Dieses wird durch Abs. 5 ausgeschlossen.

8. Wegen der Entschädigung für die dem Eigentümer entzogene oder beeinträchtigte Möglichkeit den Wasserlauf in einer der im § 40 Abs. 2 bezeichneten Arten zu benutzen vgl. § 45.

§ 157.

(1) Soweit in den Fällen des § 156 Abs. 2 Einrichtungen der dort bezeichneten Art mit dem Unternehmen nicht vereinbar oder wirtschaftlich nicht gerechtfertigt sind, kann der von der nachteiligen Wirkung Betroffene

Entschädigung[1]) fordern. Wegen Beeinträchtigung eines Rechtes kann er, sofern es sich nicht um ein Recht am Wasserlaufe handelt, auch dem Ausbau widersprechen.

(2) Die Entschädigung kann in wiederkehrenden Leistungen bestehen; dabei kann die Nachprüfung und anderweite Festsetzung in bestimmten Zeiträumen vorbehalten werden. Auf die Entschädigung ist der Vorteil anzurechnen, der dem Berechtigten aus dem Unternehmen erwächst[2]).

Ent. § 144; B. 159f.; KBA. 267; L. II 8202; L. III 8570; KBH. 48; LH. 1030.

1. Vgl. § 45.

2. Ist der fristgerecht eingelegte Widerspruch erfolglos geblieben, sind auch Einrichtungen gemäß § 156 Abs. 1 untunlich, so entsteht der vom Verschulden unabhängige Entschädigungsanspruch. Dieser Anspruch ist beschränkt auf den tatsächlichen Schaden, der durch den Ausbau entsteht. Es ist volle Entschädigung zu gewähren, aber unter Anrechnung der entstandenen mittelbaren und unmittelbaren Vorteile (ebenso Holtz-Kreutz und Lenhard-Reichau).

Wegen der Beeinträchtigung eines Rechts am Wasserlauf kann dem Ausbau nicht widersprochen werden, wohl dagegen wegen der Beeinträchtigung eines anderen Rechts. Im letzteren Falle ist der Unternehmer darauf angewiesen, den Widerspruch durch gütliche Vereinbarung zu beseitigen oder den Weg der Enteignung zu beschreiten, soweit nicht die Voraussetzungen für die Anwendbarkeit des § 331 vorliegen. Der Erlangung des Enteignungsrechts werden allerdings in der Regel keine Schwierigkeiten entgegenstehen, da der Ausbau nur aus Gründen des öffentlichen Wohles (vgl. § 1 EnteignungsG.) erfolgen kann. In einer Reihe unbedeutender Fälle ist aber von der Notwendigkeit der Enteignung Abstand genommen (vgl. §§ 160—162).

§ 158.

Dem Unternehmer liegt auch die Unterhaltung der im § 156 bezeichneten Einrichtungen ob, soweit diese Unterhaltungslast über den Umfang einer bestehenden Ver-

pflichtung zur Unterhaltung vorhandener, demselben Zwecke dienender Einrichtungen hinausgeht.

Ent. § 145; B. 160; KBA. 267; L. II 8202; L. III 8570; KBH. 48; LH. 1030.

Dazu vgl. Eger, Enteignungsgesetz zu § 14.

§ 159.

(1) Wegen nachteiliger Veränderung der Vorflut oder des Grundwasserstandes, wegen Erschwerung der Unterhaltung des Wasserlaufs oder seiner Ufer und wegen vorübergehender Beeinträchtigung von Wassernutzungsrechten[1]) kann Entschädigung nur verlangt werden, wenn der Schaden erheblich[2]) ist.

(2) Der durch Veränderung des Grundwasserstandes entstehende Schaden ist ferner nur insoweit zu ersetzen, als die Billigkeit[3]) nach den Umständen eine Entschädigung erfordert.

Ent. § 146; B. 159; KBA. 267ff.; L. II 8202; L. III 8570; KBH. 48; LH. 1030.

1. **Wassernutzungsrechte** sind alle auf die Benutzung des Wassers bezüglichen Rechte. Dazu gehören nicht die auf den Gemeingebrauch beruhenden Rechte.

2. **Erheblich** ist hier objektiv aufzufassen. Eine Berücksichtigung der persönlichen Vermögensverhältnisse findet demnach nicht statt.

3. Vgl. § 52 Abs. 2.

§ 160.

(1) Der Unternehmer ist berechtigt, Anlandungen aller Art[1]), Felsen, Inseln und Ufervorsprünge abzutreiben oder sonst zu beseitigen, wenn dies nach dem Plane (§ 163) erforderlich ist. Entschädigung kann nur verlangt werden, wenn der Schaden erheblich ist.

(2) Bei Ausführung der Arbeiten hat der Unternehmer dafür zu sorgen, daß eine Verunstaltung[2]) landschaftlich hervorragender Gegenden vermieden wird, so-

weit dies mit dem Zwecke und der Wirtschaftlichkeit des Unternehmens vereinbar ist[3]).

Ent. § 147; B. 160f.; KBA. 269f.; L. II 8202; L. III 8570; KBH. 48; LH. 1030.

1. **Anlandungen aller Art.** Gemeint sind nicht allein die im § 17 behandelten, durch allgemeine Anspülung entstandenen. Auch die Beseitigung von Sandbänken muß geduldet werden, da diese Teile des Wasserlaufs sind und die im § 153 bezeichneten Verbesserungen ihre Beseitigung zum Gegenstande haben können. Die Beseitigung von Sandbänken, die weder zu den Inseln noch zu den Anlandungen gehören, da sie bei gewöhnlichem Wasserstande mit Wasser bedeckt sind, ist sogar dann, wenn die Sandbänke der Vorflut, bei Wasserläufen erster Ordnung auch wenn sie der Schiffahrt hinderlich sind, eine Pflicht desjenigen, dem die Unterhaltung des Wasserlaufs obliegt (B. 160f.).

2. Vgl die entsprechende Bestimmung bei der Verleihung (§ 58); eine Entschädigungspflicht wegen der Verunstaltung besteht nicht.

3. Siehe Anm. zu § 170.

§ 161[1]) [2]).

Die Bepflanzung, Berasung oder anderweite Befestigung der im § 160 Abs. 1 bezeichneten Grundstücke bedarf der Zustimmung des Unternehmers, soweit sie nach dem Plane (§ 163) beseitigt werden sollen. Dasselbe gilt für die gänzliche oder teilweise Beseitigung dieser Grundstücke, soweit der Plan ihre Beseitigung oder Erhaltung vorsieht.

Ent. § 148; B. 161; KBA. 270; L. II 8202; L. III 8570; KBH. 48; LH. 1030.

1. § 161 gibt den Inhalt des § 10 Abs. 1 Satz 1 des StrombauverwaltungsG. v. 20. 8. 83 wieder. Ein Entschädigungsanspruch wegen dieser Beschränkungen besteht nicht, jedoch kann bei Verstoß gegen § 161 Schadensersatz nach § 823 Abs. 2 BGB. im ordentlichen Rechtswege verlangt werden.

2. Siehe Anm. hinter § 170.

§ 162[1]).

(1) Die für das Rechtsverhältnis zwischen dem

Unterhaltungspflichtigen und den Grundstückseigentümern geltenden Vorschriften der §§ 135 bis 144 sind entsprechend auf das Rechtsverhältnis zwischen dem Ausbauunternehmer und den Grundstückseigentümern anzuwenden.

(2) Die Anlieger sind ferner ohne Anspruch auf Entschädigung verpflichtet, wildwachsende Bäume und Sträucher[2]), welche die Durchführung des Unternehmens wesentlich beeinträchtigen und die nach dem Plane (§ 163) beseitigt werden müssen, auf Erfordern des Unternehmers nach ihrer Wahl entweder selbst zu beseitigen oder die Beseitigung zu dulden[3]).

Ent. § 149; B. 161; KBA. 270f.; L. II 8202; L. III 8571; KBH. 48; LH. 1030.

1. Siehe Anm. zu § 170 und zu §§ 135—144.

2. **Unter wildwachsenden Bäumen und Sträuchern** werden solche Bäume und Sträucher verstanden, die nicht durch Saat, Pflanzung oder natürliche Verjüngung eines geordneten Forstbetriebes entstanden sind. Vgl. die entsprechende im Interesse des Hochwasserschutzes im § 284 Abs. 1 C gegebene Bestimmung.

3. Beseitigt der Unternehmer die Bäume und Sträucher, so fallen diesem auch die Kosten der Beseitigung zur Last. Das Eigentum an den beseitigten Bäumen und Sträuchern geht aber nicht auf den Unternehmer über.

§ 163[1]).

Der Unternehmer hat den Plan für den Ausbau dem örtlich zuständigen Regierungspräsidenten, bei natürlichen Wasserläufen erster Ordnung, mit deren Verwaltung ein Oberpräsident oder ein anderer Regierungspräsident beauftragt ist, diesem einzureichen. Der Regierungspräsident (Oberpräsident) hat zu prüfen, ob Gründe des öffentlichen Wohles vorliegen und, wenn dies nicht der Fall ist, den Ausbau für unzulässig zu erklären. Die Entscheidung kann nur mit der Beschwerde im Aufsichtsweg angefochten werden, und zwar, wenn es sich um den Ausbau einer Reichswasserstraße handelt, bei dem Reichsverkehrsministerium[2]), sonst bei dem Minister für Landwirtschaft, Domänen und Forsten.

Ent. § 150; B. 161; KBA. 271; L. II 8202; L. III 8571; KBH. 48; LH. 1030.

1. Vgl. Anm. zu § 170.

2. Änderung gemäß Staatsvertrag v. 31. 3. und 26. 9. 21 § 12 B.

§ 164[1]).

(1) Mit dem Plane ist ein Auszug daraus einzureichen, der eine kurze Darstellung des Unternehmens und die herzustellenden Einrichtungen enthalten muß.

(2) Der Auszug ist in den Gemeinden (Gutsbezirken), auf die sich nach dem Ermessen des Regierungspräsidenten (Oberpräsidenten) die Wirkung des Unternehmens erstrecken kann, während eines Zeitraums von mindestens zwei Wochen zu jedermanns Einsicht auszulegen. Zeit und Ort der Auslegung des Auszugs sowie die Stelle, bei welcher der Plan selbst eingesehen werden kann, sind in ortsüblicher Weise und, wenn Landgemeinden beteiligt sind, auch in den Kreisblättern bekanntzumachen. Daneben sollen alle bekannten Personen, die nach dem Ermessen des Regierungspräsidenten (Oberpräsidenten) von nachteiligen Wirkungen des Ausbaues betroffen werden können, auf die öffentliche Bekanntmachung hingewiesen werden.

Ent. § 151; B. 161ff.; KBH. 271; L. II 8202; L. III 8551; KBH. 48; LH. 1030.

1. Siehe Anm. zu § 170.

§ 165[1]).

(1) Die Bekanntmachung muß angeben, bei welcher Behörde Widersprüche gegen den Ausbau und An-

sprüche auf Herstellung und Unterhaltung von Einrichtungen oder auf Entschädigung schriftlich oder mündlich zu Protokoll erhoben werden können. Sie muß ferner für die Erhebung von Widersprüchen eine Frist bestimmen. Diese beträgt mindestens vier Wochen und beginnt mit Ablauf des Tages, an dem das die letzte Bekanntmachung enthaltende Blatt ausgegeben ist. Widerspruch kann auch die Wasserpolizeibehörde erheben.

(2) Auch die Gemeinde-(Guts-)vorstände können Ansprüche auf Herstellung und Unterhaltung von Einrichtungen erheben.

Ent. § 152; B. 161 f.; KBH. 271 f.; L. II 8202; L. III 8571; KBH. 48; LH. 1030.

1. Siehe Anm. zu § 170.

§ 166[1]).

Die Bekanntmachung ist unter der Verwarnung zu erlassen, daß diejenigen, die innerhalb der im § 165 Abs. 1 bezeichneten Frist keinen Widerspruch gegen den Ausbau erheben, ihr Widerspruchsrecht verlieren und daß nach Feststellung des Planes (§ 168) nur noch die im § 172 bezeichneten Ansprüche geltend gemacht werden können.

Ent. § 153; B. 161 f.; KBA. 272; L. II 8202; L. III 8571; KBH. 48; LH. 1030.

1. Siehe Anm. zu § 170.

§ 167[1]).

Nach Ablauf der Frist (§ 165 Abs. 1) hat ein Beauftragter des Regierungspräsidenten (Oberpräsidenten) die Widersprüche und Ansprüche (§ 165) mit den Beteiligten, nötigenfalls unter Zuziehung von Sachverständigen, mündlich zu erörtern und sodann die Verhandlungen der Planfeststellungsbehörde (§ 168) vorzulegen. Zu der Erörterung sind der Unternehmer sowie diejenigen, die Widersprüche oder Ansprüche erhoben haben, mit der Eröffnung vorzuladen, daß im Falle des Ausbleibens gleichwohl mit der Erörterung werde vorgegangen werden.

Ent. § 154; B. 161; KBA. 271; L. II 8202; L. III 8571; KBH. 48; LH. 1030.

1. Siehe Anm. zu § 170.

§ 168[1]).

(1) Der örtlich zuständige Bezirksausschuß beschließt über die Widersprüche und Ansprüche und stellt danach den Plan fest. Der § 70 Abs. 2 Satz 1, 2, 4, 5 ist entsprechend anzuwenden. Soweit begründete Widersprüche erhoben sind, wird der Plan unter dem Vorbehalte festgestellt, daß mit der Ausführung erst nach Beseitigung der Widersprüche begonnen werden darf.

(2) Läßt sich bei Entschädigungsansprüchen nicht voraussehen, ob oder in welcher Höhe ein Schaden entstehen wird, so ist die Entscheidung über diese Ansprüche einem späteren Verfahren vorzubehalten. Der Bezirksausschuß kann dem Unternehmer hierbei auferlegen, Maßnahmen (Pegelbeobachtungen, Grundwasserstandsbeobachtungen usw.) zu treffen, die geeignet sind, die Feststellung, ob und in welchem Umfange Schäden entstanden sind, zu erleichtern.

(3) Die Kosten des Verfahrens fallen dem Unternehmer zur Last.

Ent. § 155; B. 161 f.; KBA. 273 f.; L. II 8202; L. III 8571; KBH. 48; LH. 1030.

1. Siehe Anm. zu § 170.

§ 169[1]).

Der Beschluß ist mit Gründen zu versehen und dem Unternehmer sowie allen zuzustellen, die Widersprüche oder Ansprüche erhoben haben.

Ent. § 165; B. 161 f.; KBA. 274; L. II 8202; L. III 8571; KBH. 48; LH. 1030.

1. Siehe Anm. zu § 170.

§ 170[1] [2] [3] [4] [5] [6].

(1) Gegen den Beschluß steht, soweit er nicht die von dem Unternehmer zu leistende Entschädigung betrifft, den Beteiligten binnen zwei Wochen die Beschwerde zu.

(2) Über die Beschwerde entscheidet bei natürlichen Wasserläufen erster Ordnung der Minister der öffentlichen Arbeiten, sonst der Minister für Landwirtschaft, Domänen und Forsten.

(3) Für die Anfechtung der Entscheidung über die Entschädigungsansprüche und für den Beginn des Ausbaues gelten der § 76 Abs. 2 und der § 77 entsprechend.

Ent. § 157; B. 161 f.; KBA. 274 ff.; L. II 8202; L. III 8571; KBH. 48 f.; LH. 1030.

Das Ausbauverfahren. In den §§ 163—170 ist das behördliche Verfahren geregelt, welches beim Ausbau eines Wasserlaufs zu beobachten ist. Die §§ 164—170 bilden das sog. große Ausbauverfahren, daß unbedingt in den Fällen des § 153 Abs. 1 Nr. 1 zur Anwendung kommen muß. Bei dem sog. kleinen Ausbauverfahren (§ 173) brauchen diese Bestimmungen keine Anwendung zu finden (vgl. § 153 Anm. 2). Ist nach § 163 das Verfahren für zulässig erklärt, so ist der mit dem Plan einzureichende Auszug zur Erhebung von Widersprüchen und Ansprüchen innerhalb einer bestimmten Frist öffentlich auszulegen (§§ 164 ff.). Widersprüche können allerdings nur dann erhoben werden, wenn es sich um die Beeinträchtigung von Rechten handelt, die keine Rechte am Wasserlauf sind (§ 157 Abs. 1 Satz 2). Nach Ablauf der Frist findet Termin zur Besprechung der geltend gemachten Widersprüche und Ansprüche statt (§ 167) und danach die Feststellung des Planes durch die Planfeststellungsbehörde, den Bezirksausschuß (§ 168). Die Rechtsmittel gibt § 170.

1. **Planeinreichung** (§ 163). Diese ist für jeden Ausbau vorgeschrieben, ohne Rücksicht darauf, ob das große oder kleine Ausbauverfahren zur Anwendung kommt (s. § 173). Über den Inhalt vgl. II. AusfAnw. Die Prüfung des Planes durch die

im § 163 genannten Behörden erfolgt vom Gesichtspunkte des öffentlichen Wohls.

2. **Planauszug und Bekanntmachung** (§§ 164, 165, 166). Außer dem Ausbauplan (§ 163) ist ein kurzer Auszug aus ihm einzureichen, aus dem kurz der Inhalt und Zweck des Unternehmens und die herauszustellenden Einrichtungen hervorgehen müssen. Dieses Auszug dient zur öffentlichen Bekanntmachung in den betreffenden Gemeinden. Frist mindestens zwei Wochen. Als Sollvorschrift enthält Abs. 2 die Anweisung, auch alle bekannten, von dem Ausbau nachteilig betroffenen Personen auf die Bekanntmachung hinzuweisen. Unterlassung macht das Verfahren nicht nichtig. Wird dagegen eine der Vorschriften der §§ 165, 166 außer Acht gelassen, so ist das Verfahren nichtig und muß die Bekanntmachung von neuem erfolgen (vgl. auch §§ 66, 67).

3. **Mündliche Erörterung** (§ 167). Diese darf erst nach Ablauf der Frist erfolgen, die in der Bekanntmachung festgesetzt ist. Nicht rechtzeitig eingereichte Widersprüche oder Anträge sind unbeachtlich und von der mündlichen Erörterung ausgeschlossen. Dem Unternehmer ist von den eingegangenen Widersprüchen Kenntnis zu geben, auch von dem Erörterungstermin. Die im § 167 Satz 2 vorgeschriebene Ladung wird nicht dadurch ersetzt, daß der Erörterungstermin in der öffentlichen Bekanntmachung bereits mitgeteilt ist. Es bedarf trotzdem der besonderen Ladung. Satz 2 ist eine Mußvorschrift. Vgl. auch Anm. zu § 70.

4. **Planfestsetzung** (§§ 168, 169). Sie erfolgt durch den Bezirksausschuß durch mit Gründen zu versehenden Beschluß, in dem auch über die Widersprüche und Ansprüche zu entscheiden ist. Vgl. im übrigen Anm. zu § 70.

5. **Rechtsmittel** (§ 170). Gegen die Planfestsetzung ist Beschwerde binnen 2 Wochen, wegen der Entschädigung Klage im ordentlichen Rechtsweg binnen drei Monaten gegeben. Über den Beginn der Fristen, die Einlegung der Rechtsmittel usw. vgl. Anm. zu §§ 76 und 77.

6. **Beginn der Ausführung des festgestellten Planes** (§ 168 Abs. 2 Satz 3). Sind in dem Planfeststellungsbeschluß Widersprüche für begründet erklärt, so darf der Beschluß nur unter dem Vorbehalt ergehen, daß die Ausführung erst nach Beseitigung der Widersprüche beginnen darf. Sind im Beschluß Widersprüche oder Ansprüche übergangen, so ist der Beschluß auf Antrag zu ergänzen. Sind keine Widersprüche erhoben, so ist die Planfestsetzung sofort rechtskräftig und der Unternehmer kann sofort mit der Ausführung

beginnen. Sind Widersprüche oder Ansprüche für unbegründet erklärt, so ist der Ablauf der dreimonatlichen Ausschlußfrist abzuwarten. Im übrigen vgl. die Anm. zu § 77.

§ 171.

(1) In dringlichen Fällen[1]) kann der Bezirksausschuß Abweichungen von dem endgültig festgestellten Plane gestatten.

(2) Die Entscheidung hierüber erfolgt durch unanfechtbaren Beschluß[2]).

(3) Das Verfahren zwecks endgültiger Feststellung des neuen Planes ist ohne Verzug durchzuführen[3]).

L. II § 157a; S. 8202; L. III 8571; KBH. 49; LH. 1030.

Vorbemerkung. Die Vorschrift will verhindern, daß infolge einer während der Bauausführung, jedenfalls nach endgültiger Planfestsetzung sich ergebenden, dringlich nötigen Änderung die ganze Ausführung des festgestellten Planes verhindert oder ungebührlich verzögert wird. Das würde eintreten, weil der Unternehmer unbedingt an den festgestellten Plan gebunden ist.

Abweichungen von demselben würden die dadurch Betroffenen mit der Besitzstörungsklage abwehren können. Deshalb gibt § 171 die Möglichkeit einer Änderung durch den Bezirksausschuß, um die der Planausführung drohende Gefahr abzuwenden. Der Bezirksausschuß darf nicht nur unbedeutende, sondern auch wesentliche Abweichungen beschließen.

1. **Dringliche Fälle.** Wann ein solcher Fall vorliegt, ist Tatfrage. Es sind alle Gesichtspunkte, also das öffentliche Interesse am Ausbau, technische und wirtschaftliche Gesichtspunkte, auch etwaige, den beantragten Änderungen entgegenstehende Interessen Dritter zu berücksichtigen.

2. **Rechtsmittel.** Gegen den Beschluß des Bezirksausschusses ist kein Rechtsmittel gegeben, mag den Abänderungsanträgen stattgegeben werden oder nicht.

3. **Unanfechtbare, aber nur vorläufige Entscheidungen.** Die Entscheidung des Bezirksausschusses ist zwar eine unanfechtbare, mit keinem Rechtstitel angreifbare Entscheidung, aber trotzdem nur eine vorläufige, denn nach Abs. 3 muß das endgültige Planfestsetzungsverfahren folgen und zwar mit Beschleunigung. Welche Bedeutung dieses endgültiges Verfahren hat, ist nicht

zweifelsfrei und umstritten. Jedenfalls ist es keine nur formelle Bestätigung des vorläufigen, nach Abs. 1 ergangenen Beschlusses des Bezirksausschusses. Deshalb sind meines Erachtens in diesem endgültigen Verfahren nach Abs. 3 auch Widersprüche und sonstige Anträge zulässig, aber nur soweit beachtlich, als sie die in dem Abänderungsbeschluß des Bezirksausschusses zugelassenen Abweichungen nicht wieder illusorisch machen. Sonst wäre § 171 zwecklos. Es können deshalb in dem neuen, endgültigen Verfahren nur solche Änderungen des in Ausführung begriffenen oder schon ausgeführten Ausbaues erfolgen, die sich auf Herstellung von Einrichtungen und Entschädigungen beziehen. Nicht aber kann der in diesem Verfahren ergehende Planfestsetzungsbeschluß die nach Abs. 1 erfolgte Planfestsetzung wieder aufheben. Der nach Abs. 3 ergehende Beschluß ist also die Bestätigung des nach Abs. 1 ergangenen, mit der Möglichkeit, Härten oder Schäden, die infolge des Beschlusses des Bezirksausschusses nach Abs. 1 sich herausgestellt haben, durch Auferlegung der Verpflichtung, Einrichtungen zu beseitigen oder Entschädigungen festzusetzen (im Endergebnis übereinstimmend Holtz-Kreutz Anm. 5 zu § 171; a. M. Lenhard-Reichau Anm. 2 Abs. 5 zu § 171.)

§ 172.

(1) Auch nach Feststellung des Planes (§ 168) kann wegen nachteiliger Wirkungen des Ausbaues der davon Betroffene die Herstellung und Unterhaltung von Einrichtungen oder Entschädigung nach den §§ 156 bis 159 fordern[1]), es sei denn[2]), daß er schon vor Ablauf der im § 165 Abs. 1 bezeichneten Frist die nachteilige Wirkung vorausgesehen hat oder hätte voraussehen müssen[3]) und bis zum Ablaufe der Frist weder dem Ausbau widersprochen noch Ansprüche auf Herstellung von Einrichtungen oder auf Entschädigung erhoben hat[4]). Der Ablauf der Frist steht den Ansprüchen nicht entgegen, wenn der Beschädigte glaubhaft[5]) macht, daß er durch Naturereignisse oder andere unabwendbare Zufälle[6]) verhindert worden ist, die Frist einzuhalten. Die Ansprüche verjähren in drei Jahren von dem Zeitpunkt

an, in welchem der Geschädigte von dem Eintritte der nachteiligen Wirkung Kenntnis erlangt hat. Sie sind ausgeschlossen, wenn sie nicht binnen dreißig Jahren nach der Fertigstellung des Teiles des Unternehmens, durch den der Schaden verursacht worden ist, geltend gemacht werden.

(2) Dem Zeitpunkt der Fertigstellung der einzelnen Teile des Unternehmens hat der Regierungspräsident (Oberpräsident) in den beteiligten Gemeinden (Gutsbezirken) in ortsüblicher Weise und, wenn Landgemeinden beteiligt sind, auch in den Kreisblättern bekannt zu machen.

(3) Die Entscheidung trifft die Planfeststellungsbehörde[7]). Der § 70 Abs. 2 Satz 1, 2 und die §§ 169, 170 sind entsprechend anzuwenden. Dasselbe gilt im Falle des § 168 Abs. 2.

Ent. § 158; B. 161; KBA. 176ff.; L. II 8202; L. III 8571; KBH. 49; LH. 1030.

Die Bestimmung entspricht der des § 82 für das Verleihungsverfahren.

1. **Kein Widerspruch mehr.** Dem Ausbau kann nachträglich nicht mehr widersprochen werden.

2. **Nur Einrichtung oder Entschädigung.** Der Beschädigte kann also auch noch nach Feststellung des Planes Entschädigung fordern. Diese entfällt nur, wenn der Unternehmer den Nachweis erbringt, daß der Beschädigte die nachteilige Wirkung vorausgesehen hat oder hätte voraussehen müssen.

3. **Voraussetzung des Anspruchs.**

a) Nachteilige Wirkungen des Ausbaues, die innerhalb der Frist des § 165 Abs. 1 nicht hätten vorausgesehen werden müssen, oder

b) der Beteiligte hat im Planfestsetzungsverfahren zwar widersprochen, ist aber nicht oder nur teilweise durchgedrungen und es ergibt sich nunmehr die Berechtigung seines damaligen Widerspruchs.

Der Begriff des Voraussehenmüssens entspricht dem des Kennenmüssens im BGB. (vgl. § 122 Abs. 2 BGB.). Das Voraussehenmüssen ist das auf Fahrlässigkeit beruhende Nichtvoraussehen. Diese Fahrlässigkeit braucht keine grobe zu sein, sondern es genügt jede, auch die leichte Fahrlässigkeit. Fahrlässig handelt, wer die im Verkehr erforderliche Sorgfalt außer acht läßt (vgl. § 276 Abs. 1 BGB.). Das Voraussehenmüssen ist nicht nach der subjektiven Veranlagung, sondern objektiv nach dem zu bestimmen, was ein verständiger, normal veranlagter Mensch unter gleichen Umständen vorausgesehen haben würde (vgl. Entsch. des RG. v. 16. 3. 03 in DJZ. 1903, 322 Nr. 67).

4. **Lediglich die Tatsache,** daß der Geschädigte innerhalb der Frist Widerspruch erhoben oder Ansprüche angemeldet hat, sichert ihm die Geltendmachung seiner Rechte. Er kann auch dann Ansprüche auf Herstellung von Einrichtungen oder auf Entschädigung stellen, wenn er vorher zwar diese Ansprüche nicht gestellt, aber dem Ausbau widersprochen hat. Wie in dem Ausbauverfahren über die geltend gemachten Ansprüche oder Widersprüche entschieden ist, ist ohne Bedeutung.

5. **Zur Glaubhaftmachung** kann sich der Geschädigte aller Beweismittel, auch der Versicherung an Eidesstatt bedienen (vgl. § 294 ZPO.).

6. **Unabwendbarer Zufall** ist ein Ereignis, daß unter den gegebenen, nach der Besonderheit des Falles zu berücksichtigenden Umständen auch durch die äußerste diesen Umständen angemessene und vernünftigerweise zu erwartende Sorgfalt weder abzuwehren noch in seinen schädlichen Folgen zu vermeiden ist (RG. 48, 409; JW. 1909, 72).

7. **Verfahren.** Zuständig ist der Bezirksausschuß. Das Verfahren der §§ 163ff. ist nur so weit einzuhalten, als sich aus der ganzen Lage ergibt. Öffentliche Bekanntmachung ist aber jedenfalls notwendig. Der endgültige Beschluß ist mit Gründen zu versehen.

Rechtsmittel s. §§ 170 und 76.

§ 173.

(1) Bei Ausbauunternehmungen der im § 153 Abs. 1 Nr. 2 bezeichneten Art[1]) kann nach dem Ermessen des nach § 163 zuständigen Regierungspräsidenten (Oberpräsidenten) auf Antrag des Unternehmers davon abgesehen werden, das in den §§ 164 bis 170 geregelte Ver-

fahren mit den daselbst bestimmten Wirkungen einzuschlagen[2]).

(2) Die Beteiligten sind vor der Ausführung in geeigneter Weise zu hören[3]). Ihre Ansprüche auf Grund des § 156, des § 157 Abs. 1 Satz 1 Abs. 2 und der §§ 158 bis 162 bleiben unberührt[4]) [5]).

Ent. § 159; B. 32, 162; KBA. 278—281; L. II 8202; L. III 8571; KBH. 49; LH. 1030.

1. **Kleines Ausbauverfahren,** s. auch Vorbem. vor § 152 und Anm. 3 zu § 153. § 173 regelt das sog. kleine Ausbauverfahren. Dieses kann, aber muß nicht unbedingt in den Fällen des § 153 Abs. 1 Nr. 2 stattfinden. Es hängt vielmehr von dem Ermessen des Regierungspräsidenten (Oberpräsidenten) ab, ob er es zulassen will. Hiermit ist aber dem Regierungspräsidenten (Oberpräsidenten) nicht das Recht gegeben, ganz nach Belieben zu verfahren, sondern er ist zur Zulassung stets dann verpflichtet, wenn der Ausbau keine umfassenderen Änderungen des Wasserlaufs oder der Ufer zur Folge hat.

2. § 163 gilt auch für dieses Verfahren. Es haben also bei dem Regierungspräsidenten (Oberpräsidenten) zwei Verfahren stattzufinden. In dem einen wird darüber entschieden, ob Gründe des öffentlichen Wohls für den Ausbau vorliegen, in dem anderen, ob das Verfahren nach § 173 oder das nach §§ 164—170 stattfinden soll. Diese beiden Verfahren können aber miteinander verbunden und es kann gleichzeitig über die Zulässigkeit des vereinfachten Ausbauverfahrens entschieden werden.

3. Eine besondere Form für die Anhörung ist nicht vorgeschrieben, insbesondere nicht die mündliche Erörterung der Widersprüche, doch erscheint sie mindestens zweckmäßig.

4. Die den Beteiligten nach §§ 156ff. zustehenden Ansprüche auf Herstellung von Einrichtungen oder Entschädigung gelten auch für dieses Verfahren. Sie können jederzeit geltend gemacht werden. Dies hat vor den ordentlichen Gerichten zu geschehen. Sie unterliegen der Verjährung nur nach den Vorschriften des bürgerlichen Rechts (Begr. 162). Ist das Verfahren aber einmal genehmigt, so können auf Grund der Bestimmung des bürgerlichen Rechts keine Widersprüche gegen den Ausbau mehr erhoben werden, auch dann nicht, wenn es sich um andere Rechte als um Rechte am Wasserlauf handelt; denn § 157 Abs. 1 Satz 2 findet keine Anwendung.

5. **Rechtsmittel.** Es ist nur Beschwerde im Aufsichtswege gegeben. § 163.

§ 174.

(1) Die Anlieger[1]) eines Wasserlaufs haben zum Ausbau der Ufer, soweit er nach dem festgestellten Plane zur Erhaltung, Sicherung oder Verbesserung der Vorflut im Wasserlauf erforderlich ist, dem Unternehmer einen angemessenen Kostenbeitrag[2]) zu leisten. Der Beitrag darf die Vorteile nicht übersteigen, die den Anliegern durch Sicherung des Bestandes ihrer Ufergrundstücke erwachsen.

(2) Die Vorschriften des Abs. 1 sind entsprechend anzuwenden, wenn der Ausbau unter der Uferlinie ausgeführt werden muß, um einer künftigen Behinderung der Vorflut durch Uferabbrüche vorzubeugen.

(3) Wird durch den Ausbau eines Wasserlaufs der Unterhaltungspflichtige von der Unterhaltungslast befreit (§ 115 Abs. 3), so hat er dem Unternehmer einen Kostenbeitrag in Höhe des Vorteils zu leisten, der ihm aus der Befreiung von der Unterhaltungslast erwächst[3]). Dieser Kostenbeitrag darf den zehnjährigen Durchschnitt der vor dem Ausbau für den bisherigen Unterhaltungspflichtigen notwendig gewordenen laufenden Aufwendungen nicht übersteigen und kann durch Zahlung des 20fachen Betrags abgelöst werden.

(4) Kommt in den Fällen der Abs. 1 bis 3 keine Einigung zustande, so entscheidet auf Antrag des Unternehmers der Bezirksausschuß durch Beschluß. Wegen des Verfahrens zur Feststellung der Beitragspflichtigen und der auf sie entfallenden Beiträge findet die Vorschrift des § 149 Anwendung. Auf die Anfechtung des Beschlusses ist der § 76 Abs. 1 entsprechend anzuwenden.

Ent. § 160; B. 162ff.; KBA. 281ff.; L. II 8202; L. III 8571; KBH. 49f.; LH. 1030.

1. **Nur Anlieger**, also die Eigentümer der Ufergrundstücke an Wasserläufen erster und zweiter Ordnung. Der Ausbau muß nach festgesetztem Plan (§§ 164ff.) erfolgen, die Ufer betreffen und zur Erhaltung, Sicherung oder Verbesserung der Vorflut dienen, oder künftige Behinderung der Vorflut durch Uferabbrüche bezwecken und unter der Uferlinie (§ 12) ausgeführt werden. Ferner muß der Ausbau dem Anlieger Vorteil bringen. Die Sicherung des bestehenden Zustandes durch Ausbau begründet keine Beitragspflicht. Vgl. jedoch Abs. 3. Es kann nur dann und insoweit ein Kostenbeitrag verlangt werden, als es sich um tatsächlich gemachte Aufwendungen und um die Erhaltung, Sicherung oder Verbesserung der Vorflut handelt. Die Beitragspflicht fällt fort, wenn der Ausbau zur Verbesserung der Schiffahrt oder aus anderen Gründen erfolgt ist.

2. **Angemessener Kostenbeitrag.** Die Angemessenheit hat sich nach dem Maße des Vorteils zu richten, der dem Anlieger durch die Unterhaltung, Sicherung oder Verbesserung der Vorflut erwächst. Rein persönliche Verhältnisse der Anlieger scheiden bei der Bemessung der Beiträge aus.

Ebenso wie im Falle des § 9 des KommunalabgabenG. kann der Gesamtbetrag der Kosten nicht gefordert werden, selbst dann nicht, wenn derselbe niedriger sein sollte, als die Vorteile sind, welche der Ausbau für die Anlieger gebracht hat.

Der Beitrag ist eine öffentliche Last und nach Beendigung der Arbeiten festzustellen.

3. Abs. 3 bezieht sich nur auf die natürlichen Wasserläufe erster und zweiter Ordnung, was sich aus § 152 WasserG. ergibt (vgl. Holtz in Ztschr. f. Agr. u. Wasserr. 1, 160).

Bei Genossenschaften zum Ausbau von Wasserläufen sind die Genossen schon auf Grund des § 225 nach Maßgabe der Vorteile zu den Kosten des Ausbaues heranzuziehen. Gemeinden, welche den Ausbau vornehmen (§ 155 Abs. 2), können von den Begünstigten auch nach den Bestimmungen des Kommunalabgabengesetzes (§ 9) Beiträge zu den Kosten des Ausbaues erheben.

§ 175.

(1) Für die Herstellung[1]) und Veränderung[2]) künstlicher Wasserläufe erster und zweiter Ordnung gelten

sinngemäß die §§ 156 bis 159, der § 163 Satz 1 und die §§ 164 bis 172.

(2) Wird ein künstlicher Wasserlauf dritter Ordnung hergestellt oder verändert, so gelten sinngemäß der § 156 Abs. 2, 3, die §§ 157 bis 159 und der § 172 Abs. 1 Satz 3, 4[3]).

L. II § 160 I, S. 8202 f.; 8238, L. III 8571; KBH. 50; LH. 1030.

Vorbemerkung. § 175 ist in der zweiten Lesung eingeschoben. Durch ihn werden für die Herstellung und Veränderung künstlicher Wasserläufe erster und zweiter Ordnung die Vorschriften des großen Ausbauverfahrens sinngemäß für anwendbar erklärt. Das kleine Ausbauverfahren ist nicht anwendbar.

Dem Regierungspräsidenten (Oberpräsidenten) steht das Recht nicht zu, den ihm eingereichten Plan zu prüfen und für unzulässig zu erklären. Die §§ 152 und 163 Satz 2 und 3 sind nicht für anwendbar erklärt.

1. **Herstellung** bedeutet vollständige Neuschaffung eines bisher nicht vorhandenen künstlichen Wasserlaufs. Kanalisierung eines natürlichen Wasserlaufs gehört nicht dazu.

Künstliche Nebenläufe eines natürlichen Wasserlaufs, die keinem selbständigen Sonderzweck dienen, teilen die rechtliche Eigenschaft des Hauptlaufs (OVG. 79, 149).

2. **Veränderung bedeutet Ausbau, nicht Unterhaltung.**

3. **Für die Herstellung oder Veränderung künstlicher Wasserstraßen dritter Ordnung** ist ein Verfahren nicht vorgesehen. Auch können keine Ansprüche auf Herstellung von Einrichtungen zur Sicherung von Grundstücken und Anlagen gegen Gefahren und Nachteile (§ 156 Abs. 1) gestellt werden. Etwaige Widersprüche oder Ansprüche, die aus der Beeinträchtigung eines Rechts herrühren, sind im ordentlichen Rechtsweg geltend zu machen.

Sechster Titel.

Beteiligung des Staates und der Provinzen an dem Ausbau der Wasserläufe zweiter Ordnung.

§ 176.

(1) Dem zur Unterhaltung eines natürlichen Wasserlaufs zweiter Ordnung Verpflichteten liegt, wenn über-

wiegende Rücksichten des öffentlichen Wohles dies erfordern, auch der Ausbau des Wasserlaufs und seiner Ufer ob.

(2) Er kann hierzu durch Verfügung der Wasserpolizeibehörde angehalten werden.

§ 177.

(1) Wenn der Ausbau dem Verpflichteten Lasten auflegt, die in keinem Verhältnisse zu dem ihm dadurch erwachsenden Vorteilen oder zu seiner Leistungsfähigkeit stehen, ist die Ausübung des Zwanges nur dann zulässig, wenn der Staat und die Provinz sich an der Aufbringung der Kosten angemessen beteiligen und der Verpflichtete hierdurch ausreichend entlastet wird.

(2) Gereicht der Ausbau auch einem anderen als dem Verpflichteten zum Vorteile, so kann der andere nach Maßgabe seines Vorteils herangezogen werden.

(3) Im Streitfalle beschließt der Bezirksausschuß über die Höhe der von dem Verpflichteten (Abs. 1) oder von dem anderen (Abs. 2) zu übernehmenden Kosten.

§ 178.

Der Beitrag des Staates muß den Beitrag des Provinzialverbandes mindestens erreichen.

§ 179.

Ein Rechtsanspruch an den Staat oder den Provinzialverband auf Beteiligung an der Aufbringung der Kosten besteht nicht.

§ 180.

In der Provinz Hessen-Nassau treten an die Stelle des Provinzialverbandes die Bezirksverbände, in den Hohenzollernschen Landen der Landeskommunalverband.

KBA. §§ 160a—d, S. 283ff.; L. II 8203; L. III 8571; KBH. 50f.; LH. 1030.

§ 181.

Hat infolge natürlicher Ereignisse ein natürlicher Wasserlauf zweiter Ordnung sein Bett verlassen und erfordern überwiegende Rücksichten des öffentlichen Wohles die Wiederherstellung des früheren Zustandes, so kann die Wasserpolizeibehörde die Wiederherstellung dem zur Unterhaltung des Wasserlaufs Verpflichteten aufgeben. Für die Aufbringung der Kosten gelten die §§ 177 bis 180 entsprechend.

KBH. § 160e, S. 51; LH. 1030.

Zu §§ 176—181:

1. **Pflicht und Zwang zum Ausbau.** Durch die Vorschriften über den Ausbau (§§ 152—175) ist den im § 155 Benannten nur ein Recht zum Ausbau gegeben, ohne daß mit diesem Rechte die Pflicht zum Ausbau verbunden ist. Von dieser Regel ist im § 176 für den zur Unterhaltung eines natürlichen Wasserlaufs zweiter Ordnung Verpflichteten abgewichen, indem dieser dann zum Ausbau des Wasserlaufs und der Ufer verpflichtet ist, wenn überwiegende Rücksichten des öffentlichen Wohls (vgl. § 19 Anm. 9) den Ausbau fordern. Kommt der Verpflichtete dieser Verpflichtung nicht nach, so kann er durch Verfügung der Wasserpolizeibehörde zum Ausbau angehalten werden. Gegen die polizeiliche Verfügung finden die Rechtsmittel der §§ 127ff. LVG. Anwendung. Es hat also in letzter Instanz stets das Oberverwaltungsgericht die Entscheidung darüber, ob überwiegende Rücksichten des öffentlichen Wohls vorliegen.

2. **Unverhältnismäßige Lasten.** Würde der Ausbau dem Verpflichteten aber Lasten auflegen, die in keinem Verhältnis zu den ihm dadurch erwachsenden Vorteilen oder zu seiner Leistungsfähigkeit stehen, so ist die Ausübung des Zwanges dadurch bedingt, daß Staat und Provinz einen angemessenen Teil der Kosten übernehmen und der Verpflichtete dadurch hinreichend entlastet wird. Wird zwischen dem Verpflichteten und Staat und Provinz eine Einigung über die Kostenverteilung nicht erzielt, so beschließt der Bezirksausschuß über die Höhe der vom Verpflichteten zu übernehmenden Kosten. Zahlt der Staat oder die Provinz nicht den

auf sie entfallenden Betrag, so fällt die Ausbaupflicht fort. Ein Zwang gegen Staat und Provinz kann nicht ausgeübt werden. Das Verhältnis, in dem Staat und Provinz beitragspflichtig sind, ist nicht festgesetzt; nur muß die Beteiligung des Staates mindestens so groß sein wie die der Provinz (§ 178). Mit dem Ausdruck „mindestens" soll nicht gesagt sein, daß der Beitrag des Staates für gewöhnlich höher sein soll (KBA. 287).

3. Verlassen des Flußbettes. Nach § 16 Abs. 2 sind die dort Genannten berechtigt, binnen Jahresfrist den früheren Zustand wieder herzustellen. Nach § 182 kann dem Unterhaltungspflichtigen eines natürlichen Wasserlaufs zweiter Ordnung die Pflicht zur Wiederrückführung des Wasserlaufs in sein altes Bett auferlegt werden, wenn überwiegende Rücksichten des öffentlichen Wohls dies erfordern. Die Wasserpolizeibehörde kann dies Verlangen auch noch nach Ablauf der im § 16 genannten einjährigen Frist stellen.

Siebenter Titel.

Wasserbücher.

Vorbemerkung.

Die Wasserbücher sind für Preußen eine Neuschöpfung des Gesetzes. Mit der Einführung dieser Wasserbücher verfolgt der Gesetzgeber den Zweck, eine möglichst große Klarheit über die Rechtsverhältnisse an den Wasserläufen zu schaffen, gleichzeitig aber auch den Berechtigten einen weiteren Schutz für ihre eintragungsfähigen Rechte zu gewähren. Die rechtliche Bedeutung der Wasserbücher liegt darin, daß für die eintragungsfähigen Rechte gemäß § 190 Abs. 1 eine Rechtsvermutung für ihre Richtigkeit geschaffen wird. Es wird also vermutet, daß der Inhalt der Wasserbücher richtig ist. Diese Vermutung kann aber durch Gegenbeweis entkräftet werden. Die Eintragung im Wasserbuch hat also keine konstitutive Wirkung, d. h. die Eintragung eines Rechts im Wasserbuch schafft nicht das betreffende Recht. Es gibt ihm keine Gültigkeit, wenn ihm die materiellrechtliche Unterlage fehlt. Die Eintragung hat vielmehr nur deklaratorische Wirkung, d. h. es schafft die Vermutung, daß dasjenige Recht, welches im Wasserbuch eingetragen ist, auch in materieller Beziehung zu Recht besteht (vgl. §§ 379, 380). Umgekehrt besteht aber nicht die Vermutung, daß ein im Wasserbuch gelöschtes Recht nun materiell auch erloschen sei, denn es besteht für die Eintragung im Wasserbuch, abgesehen von den Fällen des § 185, kein absoluter Zwang zur Eintragung, daher auch kein absoluter Zwang, materiell bestehende Rechte im Wasserbuch stehen zu lassen. So wenig also die Eintragung im Wasserbuch ein materielles Recht schafft, ebensowenig vernichtet seine Löschung ein materiell bestehendes Recht. Eine Ausnahme hiervon macht jedoch die Bestimmung des § 380 Abs. 1. Nach dieser Bestimmung erlischt ein Recht, einen Wasserlauf in einer der im § 46 bezeichneten Arten zu benutzen, das nach § 379 aufrechterhalten bleibt, mit dem Ablauf von 15 Jahren (früher 10) nach dem Inkrafttreten des Gesetzes, wenn nicht vorher seine Eintragung in das Wasserbuch beantragt ist. Es folgt daraus, daß, wenn ein derartiges aufrechterhaltenes Recht zwar innerhalb des fünfzehnjährigen Zeitraums (früher zehnjährigen) in das Wasserbuch eingetragen ist, vor Ablauf dieser 15 Jahre (früher 10 Jahre) aber wieder dort gelöscht und seine Eintragung nicht erneut beantragt ist, es auch materiell untergeht.

Die Eintragung verschafft eine Rechtsvermutung, aber keine praesumptio juris et de jure, vielmehr ist die Vermutung nach jeder Richtung hin widerlegbar. Diese Vermutung wird nicht begründet für Rechte, welche nach § 182 nicht eintragungsfähig sind. Ein irrtümlich eingetragenes, an sich nicht eintragungsfähiges Recht muß nicht nur gemäß § 192 von Amts wegen gelöscht werden, sondern es genießt auch für die Zeit seiner Eintragung nicht die Rechtsvermutung des § 190. Das gleiche gilt, wenn eine Eintragung im Grundbuch mit einer Eintragung im Wasserbuch in Widerspruch steht oder gegen eine Eintragung im Wasserbuch ein Widerspruch eingetragen ist. Auch sich widersprechende Eintragungen im Wasserbuch haben die Rechtsvermutung nicht für sich. Das Eintragungsverfahren bezüglich der unter der Geltung dieses Gesetzes begründeten oder sichergestellten Rechte regelt § 185, bezüglich der beim Inkrafttreten dieses Gesetzes bestehenden Rechte §§ 187, 188.

Vgl. die eingehenden Darstellungen von Bochalli in Ztschr. f. Agr. u. Wasserr. 2, 271 und von Pelzer in den Mitteilungen des Deutschen Wasserwirtschafts- und Wasserkraftsverbandes 1925 Nr. 7.

§ 182.

(1) Für die Wasserläufe sind zur Eintragung von

Rechten, die eine der im § 46 bezeichneten Arten der Benutzung betreffen, und von Zwangsrechten nach den §§ 331 bis 333 sowie zur Eintragung der von den Bestimmungen der §§ 115, 117 abweichenden Unterhaltungspflicht[1]) Wasserbücher anzulegen, für die Wasserläufe dritter Ordnung jedoch erst, wenn eine Eintragung vorzunehmen ist[2]) [3]).

(2) Die Einrichtung der Wasserbücher bestimmen die zuständigen Minister.

Ent. § 161; B. 32ff., 165; KBA. 289; L. II 8203.

1. Das Gesetz hat die eintragungsfähigen Rechte eng begrenzt, teilweise um Kollisionen mit den Eintragungen im Grundbuch zu vermeiden, teilweise um die Klarheit und Übersichtlichkeit der Wasserbücher nicht durch zu viele Eintragungen zu beeinträchtigen. Deshalb sind grundsätzlich alle sich auf das Eigentum an den Wasserläufen beziehenden Rechtsverhältnisse von der Eintragung im Wasserbuch ausgeschlossen. Es sollen nur „Benutzungsrechte", welche dem Eigentümer des Wasserlaufs nach §§ 40—41 als gesetzliche Rechte zustehen und bestimmte, sich gleichfalls nicht aus dem Gesetz ergebende Pflichten eingetragen werden (LWA. 4, 121).

Der Eintragung von Benutzungsrechten, die nach dem früher in Geltung gewesenen Rechte dem Eigentümer eines Wasserlaufs über die jetzigen gesetzlichen Benutzungsrechte hinaus zugestanden haben und durch § 349 Abs. 2 aufrechterhalten sind, steht jene Vorschrift nicht entgegen.

2. A. Eintragungsfähig sind nach § 182 folgende Rechte bzw. Pflichten:

a) das Recht, das Wasser zu gebrauchen und zu verbrauchen, namentlich es oberirdisch oder unterirdisch unmittelbar oder mittelbar abzuleiten (§ 40 Abs. 2 Nr. 1);

b) Wasser oder andere flüssige Stoffe oberirdisch oder unterirdisch, unmittelbar oder mittelbar einzuleiten; s. Anm. 2 zu § 186;

c) den Wasserspiegel zu senken oder zu heben, namentlich durch Hemmung des Wasserlaufs eine dauernde Ansammlung von Wasser herbeizuführen (§ 40 Abs. 2 Nr. 3);

d) Häfen und Stichkanäle anzulegen, letztere soweit sie nicht selbständige Wasserstraßen bilden (§ 46 Abs. 1 Nr. 2);

e) Anlegestellen und ähnliche Anlagen einzurichten, die über die Zwecke der eigenen Haushaltung und Wirtschaft hinausgehen (§ 46 Abs. 1 Nr. 3);

f) öffentliche und gewerbliche Badeanstalten anzulegen (§ 46 Abs. 1. Nr 4);

g) das Recht, zugunsten eines Unternehmens, das die Entwässerung von Grundstücken, die Beseitigung von Abwässern oder die besondere Ausnutzung einer Triebwerksanlage bezweckt, von den Eigentümern eines Wasserlaufs sowie von den Eigentümern der zur Durchführung des Unternehmens erforderlichen Grundstücke zu verlangen, daß sie zur Herbeiführung eines besseren Wasserabflusses dienenden Veränderungen des Wasserlaufs (Vertiefungen, Verbreiterungen, Durchstiche, Verlegungen) gegen Entschädigung dulden (§ 331 Abs. 1), sowie das Recht, zum Zwecke der gewöhnlichen Entwässerung von Grundstücken den Wasserspiegel auf der Strecke, für die das Recht festgestellt ist, zu senken oder durch Einleiten von Wasser in den Wasserlauf zu heben (§ 331 Abs. 2);

h) das Recht, zugunsten eines Unternehmens, das die Entwässerung oder Bewässerung von Grundstücken, die Wasserbeschaffung zu häuslichen oder gewerblichen Zwecken oder die Beseitigung von Abwässern bezweckt, von den Eigentümern der dazu erforderlichen Grundstücke oder von dem Eigentümer des Wasserlaufs zu verlangen, daß sie die oberirdische oder unterirdische Durchleitung und die Unterhaltung der Leitungen gegen Entschädigung dulden (§ 332 Abs. 1);

i) das Recht des Eigentümers oder Nutzungsberechtigten eines Ufergrundstücks, von dem Eigentümer eines natürlichen Wasserlaufs zu verlangen, daß er die Einrichtung von Treppen, Brücken, Badeanstalten, Bootshäusern, Wascheinrichtungen, Haltepfählen, Anlegestellen oder ähnlichen Anlagen einfacher Art für die Zwecke der eigenen Haushaltung und Wirtschaft gegen Entschädigung dulde (§ 333);

k) alle von der gesetzlichen Unterhaltungspflicht des § 115 abweichenden Unterhaltungspflichten, und zwar ohne Rücksicht darauf, ob diese Abweichungen auf privatrechtlichen Vereinbarungen mit ausschließlich privatrechtlicher Wirkung beruhen oder, wie z. B. gemäß § 115 Abs. 3, durch Zustimmung der Wasserpolizeibehörde auch einen öffentlich-rechtlichen Charakter erhalten haben (§ 115);

l) die von der gesetzlichen Unterhaltungspflicht für die natürlichen Wasserläufe zweiter und dritter Ordnung in der Provinz

Hessen-Nassau gemäß § 117 abweichenden anderweitig begründeten Unterhaltungspflichten (§ 117 Abs. 1);

m) die von der gesetzlichen Bestimmung des § 117 Abs. 2 für den Bezirk des vormaligen Herzogtums Nassau bestehende, abweichend geregelte Unterhaltungspflicht (§ 117 Abs. 2);

n) die von den gesetzlichen Bestimmungen für den Kreis Biedenkopf abweichende Regelung der Unterhaltungspflicht (§ 117 Abs. 3);

o) Fischereirechte nach §§ 4, 5 und 20 des FischereiG. (AusfAnw. zum FischereiG. § 11 Abs. 4).

Voraussetzung für die Eintragung aller dieser Rechte ist, daß sie entweder in einem behördlichen Verfahren nach Inkrafttreten des Gesetzes begründet oder sichergestellt sind (Verleihungs-, Sicherstellungs-, Ausgleichungs-, Merkmalsetzungs-, Ausbauverfahren oder Verfahren zur Begründung von Zwangsrechten) oder beim Inkrafttreten des Gesetzes bereits bestanden und aufrechterhalten sind (vgl. §§ 379, 380).

B. Nichteintragungsfähig sind:

a) alle sich auf die Belastung eines Wasserlaufs mit einer Hypothek, Grund- oder Rentenschuld, einem Erb-, Bau- oder Vorkaufsrecht beziehenden Ansprüche;

b) die Zugehörigkeit eines Wasserlaufs zu einer der im § 2 genannten Ordnungen;

c) die Feststellung der Person des Unterhaltungspflichtigen, soweit dieselbe nicht von §§ 115 und 116 abweicht;

d) das Bestehen von Wassergenossenschaften oder Deichverbänden an den einzelnen Wasserläufen;

e) Flößereirechte.

3. Über die Rechtsprechung des Landeswasseramts und des Oberverwaltungsgerichts bezüglich der Eintragungsfähigkeit gewisser Rechte und Pflichten s. Anm. 2 zu § 186.

§ 183.

(1) Für die Anlegung und Führung des Wasserbuchs ist der Bezirksausschuß[1]) zuständig (Wasserbuchbehörde).

(2) Soweit ein Wasserlauf mehrere Regierungsbezirke berührt, kann der zuständige Minister einen der Bezirksausschüsse mit der Anlegung und Führung des Wasserbuchs betrauen.

(3) Beglaubigte auszugsweise Abschriften des Wasserbuchs sind bei den Wasserpolizeibehörden niederzulegen[1]).

Ent. § 162; B. 166ff.; KBA. 292ff.; L. II 8208.

1. **Örtliche Zuständigkeit.** Vgl. AusfAnw. IV § 6.

Der „Bezirksausschuß" ist eine Kollegialbehörde (§ 28 LVG.) und deshalb naturgemäß in dieser Zusammensetzung nicht geeignet, die Wasserbücher zu führen. Es ist deshalb § 117 LVG. anzuwenden, nach welchem der Vorsitzende des Bezirksausschusses befugt ist, in Fällen, welche keinen Aufschub zulassen oder in welchen das Sach- und Rechtsverhältnis klarliegt, namens der Behörde Verfügungen zu erlassen und Bescheide zu erteilen, sofern nicht die Zustimmung des Kollegiums im Gesetz ausdrücklich als erforderlich bezeichnet wird (§ 117 Abs. 1 und 2 LVG.). Gegen die von dem Vorsitzenden des Bezirksausschusses demgemäß erlassenen Verfügungen und Bescheide kann innerhalb zwei Wochen die Beschlußfassung durch das Kollegium beantragt oder auch dasjenige Rechtsmittel eingelegt werden, welches zulässig wäre, wenn sofort das Kollegium Beschluß gefaßt hätte (§ 117 Abs. 3 LVG.). Anträge auf Eintragung müssen bei der Wasserbuchbehörde, nicht bei der Wasserpolizeibehörde gestellt werden. Eine Ausnahme hiervon läßt § 186 zu.

Außerdem können Anträge bei der Wasserpolizeibehörde gestellt werden, jedoch nur bezüglich solcher Rechte, welche beim Inkrafttreten des Gesetzes bestehen und aufrechterhalten bleiben.

2. Über das Recht auf Einsichtnahme der Abschriften s. § 193.

§ 184[1]).

Abgesehen von den Fällen des § 86[3]) ist das dem Eigentümer[2]) eines Wasserlaufs als solchem zustehende Benutzungsrecht sowie das daraus abgeleitete Benutzungsrecht[4]) eines anderen in das Wasserbuch nicht einzutragen.

Ent. § 163; B. 167ff.; KBA. 295; L. II 8203.

1. Vgl. Vorbem. vor § 182.

2. Die dem Eigentümer als solchem, also auf Grund der §§ 40—43 zustehenden Benutzungsrechte sind durch § 184 noch besonders von der Eintragung im Wasserbuch ausgeschlossen, um zu verhindern, daß auf diese Weise, der Absicht des Gesetzes ent-

gegen, auch Eigentumsrechte direkt oder indirekt mit zur Eintragung gelangen.

3. Will jemand innerhalb der Grenzen des ihm als Eigentümer zustehenden Benutzungsrechts ein wasserwirtschaftliches Unternehmen betreiben und ist die Eintragung aus diesem Grunde für ihn von Wert, so kann er sich das alsdann nach bestimmten Richtungen fest zu umgrenzende Recht gemäß § 86 des Gesetzes sicherstellen lassen. Das sichergestellte Recht ist alsdann auch nach § 185 des Gesetzes auf Ersuchen der Verleihungsbehörde im Wasserbuch einzutragen (Begr. 167).

4. Auch die vom Eigentumsrechte abgeleiteten Rechte, als welche die des Mieters (§§ 535ff. BGB.), Pächters (§§ 581ff. BGB.), Nießbrauchers (§§ 1030, 1068ff. BGB.) oder des zu einer Grunddienstbarkeit oder beschränkten persönlichen Dienstbarkeit Berechtigten (§§ 1018ff., 1090ff. BGB.) in Betracht kommen, können nicht ins Wasserbuch eingetragen werden. Eine Dienstbarkeit der genannten Art kann aber gemäß § 873 BGB. im Grundbuch eingetragen werden, vorausgesetzt, daß der mit ihr belastete Wasserlauf dort eingetragen ist. Andernfalls ist zunächst nach § 13 zu verfahren, d. h. die Eintragung des Wasserlaufs im Grundbuch zu bewirken.

§ 185[1]).

(1) Rechte, die nach den Vorschriften dieses Gesetzes durch eine Behörde begründet oder sichergestellt[2]) sind, sind auf Ersuchen der Behörde einzutragen, die in erster Instanz beschlossen hat[3]).

(2) In das Grundbuch werden diese Rechte, unbeschadet des § 81 Abs. 2 Satz 2, nicht eingetragen[4]).

Ent. § 164; B. 167ff.; KBA. 295; L. II 8203.

1. Siehe Vorbem. zu § 182.

2. **Begründet oder sichergestellt.** Alle unter der Herrschaft des Wassergesetzes und nach den Vorschriften dieses Gesetzes durch eine Behörde begründeten Rechte sind von Amts wegen zur Eintragung anzumelden, soweit sie nach § 182 überhaupt eintragungsfähig sind. Hierher gehören alle durch ein Verleihungs- (§§ 46ff.), Ausgleichungs- (§§ 87ff.) oder Merkmalsetzungsverfahren (§ 93 Abs. 2 und 3) begründeten Rechte, ferner die Rechte, die in einem Verfahren zum Ausbau eines Wasser-

laufs (§§ 157ff.) oder zur Begründung von Zwangsrechten (§§ 330ff.) erworben werden. Das gleiche gilt von den Rechten des § 46 Abs. 1, wenn sie dem Eigentümer als solchem zustehen oder zu den beim Inkrafttreten des Gesetzes bereits bestehenden und aufrechterhaltenen Rechten gehören, sofern der Berechtigte sich sein Recht gemäß § 86 hat sicherstellen lassen (vgl. LWA. 2, 19; PVBl. 39, 253).

Nicht hierher gehört das Recht zur Einrichtung und zum Betriebe einer Stauanlage für Wassertriebwerke, welches auf Grund eines gewerbepolizeilichen Verfahrens erworben ist. Ein solches Recht ist nicht nach den Vorschriften dieses Gesetzes durch eine Behörde begründet, sondern nach den Vorschriften der §§ 17ff. GewO., wenn auch einzelne materiellrechtliche Bestimmungen des Wassergesetzes dabei zu beobachten sind (§ 105). Ist ein derartiges Recht aber gemäß § 86 sichergestellt, was zulässig ist, so ist es auch einzutragen.

Ist ein Recht verliehen, das als nicht verleihungsfähig nicht hätte verliehen werden dürfen und das deshalb nach § 182 auch nicht eintragungsfähig ist, so hat der Bezirksausschuß von dem Eintragungsersuchen abzusehen (LWA. 1, 131/134; PVBl. 42, 201).

3. Die Eintragung ist von Amts wegen von der Beschlußbehörde erster Instanz zu beantragen, also je nachdem, um welches Verfahren es sich handelt, vom Bezirks- oder Kreis- (Stadt-) Ausschuß.

4. Die nach § 185 Abs. 1 von Amts wegen einzutragenden Rechte dürfen nicht in das Grundbuch eingetragen werden. Es bleibt jedoch die Bestimmung des § 81 Abs. 2 Satz 2 unberührt, nach welcher ein verliehenes Recht, welches mit dem Eigentum am Grundstück verbunden ist, was nach § 46 Abs. 3 möglich ist, auf Antrag auf dem Grundbuchblatt des betreffenden Grundstücks zu vermerken ist.

§ 186.

(1) Rechte, die beim Inkrafttreten dieses Gesetzes bestehen und nach den §§ 379, 380 aufrechterhalten bleiben, sind nach den §§ 187, 188 auf Antrag des Berechtigten einzutragen[1]) [2]). Der Antrag ist bei der Wasserbuch- oder bei der Wasserpolizeibehörde schriftlich

oder zu Protokoll zu stellen. Dem Antrage sind die zum Nachweise des Rechtes dienenden Urkunden[3]) sowie ein vollständiges Verzeichnis der dem Antragsteller bekannten Personen, die in der Geltendmachung von Rechten durch die im § 190 Abs. 1 bestimmte Wirkung der Eintragung beeinträchtigt werden würden, beizufügen. Ist das Recht im Grundbuch eingetragen, so hat der Antragsteller eine das Recht betreffende beglaubigte auszugsweise Abschrift des Grundbuchblattes einzureichen[4]).

(2) Offenbar unbegründete[5]) Anträge sind durch einen mit Gründen versehenen Bescheid des Vorsitzenden zurückzuweisen. Gegen den Bescheid ist binnen zwei Wochen der Antrag auf Beschlußfassung durch das Kollegium und gegen dessen Beschluß die Beschwerde an das Landeswasseramt oder unmittelbar die Beschwerde an letzteres zulässig[6]).

Ent. § 165; B. 167ff.; KBA. 295; L. II 8203.

1. Alle beim Inkrafttreten des Gesetzes bestehenden Rechte können von Amts wegen nicht eingetragen werden. Um aber wenigstens allmählich den Wasserbüchern die beabsichtigte Bedeutung zu geben, übt das Gesetz einen mittelbaren Zwang zur Eintragung aus, indem es bestimmt:

a) daß alle beim Inkrafttreten des Gesetzes bestehenden und nach §§ 379, 380 aufrechterhaltenen Rechte auf Grund eines bestimmten in den §§ 187, 188 geregelten Verfahrens auf Antrag des Berechtigten einzutragen sind;

b) daß alle Rechte, welche nach § 379 Abs. 1 Nr. 1 aufrechterhalten bleiben, mit dem Ablauf von 15 (früher 10) Jahren nach dem Inkrafttreten dieses Gesetzes erlöschen, wenn nicht vorher ihre Eintragung in das Wasserbuch beantragt ist (§ 380 Abs. 1).

Auf grundbuchlich eingetragene Rechte findet diese letztere Vorschrift keine Anwendung (§ 380 Abs. 1 Satz 2). Nach Ablauf der gesetzlich bestimmten 15 Jahre kann sich niemand mehr zum Nachweise des Bestehens eines Rechts darauf berufen, daß es schon beim Inkrafttreten des Gesetzes bestanden habe, wenn nicht der Antrag auf Eintragung im Wasserbuch gestellt ist (Begr. 168).

2. **Aus der Rechtsprechung des Landeswasseramts und des Oberverwaltungsgerichts.**

Nicht eintragungsfähig sind:

das Recht auf einen bestimmten Wasserzufluß (LWA. 2, 1, 31; PVBl. 36, 469);

das Recht, das Überlaufwasser eines von einer Quelle gespeisten Brunnens mit einer Rohrleitung einem anderen Brunnen zuzuführen (LWA. 2, 6);

das Recht, Hanf und Flachs in einem Wasserlauf zu röten (LWA. 2, 5);

Verkehrsrechte auf einem Stichkanal (LWA. 2, 7);

das Recht auf Anlegestellen von Handkähnen (LWA. 2, 8);

ein Zwangsrecht aus § 330 (Aufnahme frei abfließenden Wassers durch den Unterlieger; LWA. 2, 10);

Eintragung des Eigentums (LWA. 2, 12; PVBl. 37, 806);

die Befugnis, einen Mühlengraben für den Schiffsverkehr zu benutzen und mit Fahrzeugen an dem Ufergrundstück anzulegen (LWA. 3, 43; PVBl. 39, 428);

die Uferunterhaltungspflicht (LWA. 2, 96, 98), wohl aber die Pflicht zur Unterhaltung des Wasserlaufs selbst;

das Recht, aus einem Wasserlauf zweiter Ordnung Eis zu entnehmen (LWA. 3, 104);

das Recht, ein fremdes Grundstück als Staubecken für den Mühlenbetrieb zu benutzen (LWA. 3, 134);

Rechte zur Benutzung eines nicht zu dem Wasserlauf gehörenden Gewässers (LWA. 4, 106; vgl. auch LWA. 4, 108);

Nutzungsrechte im Sinne des § 382, z. B. das Recht zur Entnahme von Sand, Schilf- und Rohrschnitt, zur Eisgewinnung, zum Halten nicht gemeinnütziger privater Badeanstalten, zur Führung elektrischer Leitungen von Ufer zu Ufer über oder unter dem Wasserlauf oder zur Verlegung von Kabeln in diesen (LWA. 4, 116; PVBl. 44, 79);

Rechte, die dem Eigentümer des Wasserlaufs als solchen zustehen, abgesehen von den sichergestellten (LWA. ebenda);

Verbotsrechte (LWA. ebenda);

das Recht auf Hafenanlagen und Anlegestellen mit baulichen Vorrichtungen von größerer Bedeutung im Wasserlauf (LWA. ebenda und LWA. 2, 17);

Eintragung des Rechts zur Ableitung von Wasser aus einem

Wasserlauf erster Ordnung im Gebiete des allgemeinen Landrechts (LWA. 2, 46; PVBl. 39, 269);

im Gebiete des rheinischen Rechts (LWA. 2, 47; PVBl. 42, 271);

Eintragung des Rechts zur Einleitung von Abwässern in einen künstlichen Wasserlauf (LWA. 2, 51);

über die Eintragungsfähigkeit der Rechte zur Einleitung von Abwässern (Fabrik-, Kanalisations- und Grubenabwässer), sowie aus städtischen Kanalisationen und ländlichen Siedlungsanlagen (vgl. LWA. 2, 26, 51, 54, 57, 59, 61; 3, 106, 107, 108; 4, 125);

über die Eintragungsfähigkeit des Rechts, Wasser für gewerbliche Zwecke aus dem Wasserlauf zu entnehmen (LWA. 2, 46, 47);

über Eintragung eines Staurechts (LWA. 4, 121);

über Eintragung eines Staurechts nach Erlöschung der gewerbepolizeilichen Genehmigung (LWA. 2, 63; PVBl. 37, 491; LWA. 2, 64);

wenn das frühere Wasserrad durch eine Turbine ohne gewerbepolizeiliche Genehmigung ersetzt ist (LWA. 2, 64);

über Rechte auf einen Stichkanal (LWA. 2, 68; PVBl. 39, 394);

über Rechte auf eine Anlegestelle (LWA. 2, 39; PVBl. 39, 428; LWA. 2, 70);

das Recht auf Viehtränken, soweit es auf besonderen privatrechtlichem Titel beruht, ist eintragungsfähig (LWA. 2, 44). Von der Regel abweichende, von der Wasserpolizeibehörde genehmigte Vereinbarungen über die Uferunterhaltungspflicht sind der Eintragung in das Grundbuch fähig (KG. in Ztschr. f. Agr. u. Wasserr. 7, 322).

Bezüglich der Eintragung von Fischereirechten vgl. LWA. 2, 103, 104, 106, 107, 108, 109; PVBl. 39, 515; 40, 356; LWA. 3, 156, 158; 4, 122; PVBl. 45, 14; LWA. 4, 152.

Das Recht auf Einleitung von Abwässern, auch Grubenabwässern, ist nur eintragungsfähig unter bestimmter Bezeichnung von Herkunft, Beschaffenheit und Menge (OVG. in Ztschr. f. Agr. u. Wasserr. 8, 322, 330).

3. **Öffentliche oder private Urkunden.** § 186 verlangt stets den Nachweis des Bestehens des Rechts, § 187 Abs. 2 die Glaubhaftmachung.

4. Die Tatsache, daß das Recht im Grundbuch eingetragen ist, muß mit Rücksicht auf § 981 BGB. stets genügen, um den Nachweis seines Bestehens zu erbringen. Die Wasserbuchbehörde hat nur das Recht, die tatsächliche Eintragung im Grundbuch nach-

zuprüfen, nicht aber ihre Richtigkeit bzw. Berechtigung (vgl auch § 187 Abs. 1).

5. Offenbar unbegründete Anträge sind solche, bei denen sich schon aus dem Antrag selbst ergibt, daß das Recht nicht besteht oder nicht eintragungsfähig ist oder, wenn nicht ersichtlich ist, ob es auf Grund eines besonderen Titels (gegebenenfalls welches) oder auf Grund einer früher in Geltung gewesenen Rechtsnorm, in Anspruch genommen wird und welchen Inhalt und Umfang die beanspruchten Rechte haben (LWA. 2, 36; 4, 101).

Nicht nachgewiesene oder in ihrer Ausübung noch nicht glaubhaft gemachte Rechte machen den Antrag noch nicht ohne weiteres offenbar unbegründet (LWA. 2, 32, 34, 35, 36, 63; PVBl. 37, 491; 40, 356, 380).

Ebensowenig sind formell mangelhafte Anträge noch nicht offenbar unbegründet. Die Behörde muß auf ihre Ergänzung hinwirken (LWA. 4, 102), wohl aber liegt offenbare Unbegründetheit vor, wenn das Recht auch nur teilweise nicht eintragungsfähig ist. Vgl. LWA. 2, 33, 36, 47, 51, 63, 109; PVBl. 42, 271; 41, 230; 37, 491.

Der Eintragungsantrag hat das beanspruchte Recht nach Art, Inhalt und Umfang zu bezeichnen. Bei Mängeln nach dieser Richtung ist das Fragerecht auszuüben, bevor eine endgültige Zurückweisung des Antrags erfolgt (LWA. 2, 27; 2, 36; PVBl. 38, 72; LWA. 4, 102; 3, 152).

6. **Rechtsmittel.** Der Antragsteller kann entweder gegen den Bescheid des Vorsitzenden einen Kollegialbeschluß verlangen und gegen diesen Beschwerde an den wasserwirtschaftlichen Senat des Oberverwaltungsgerichts einlegen oder er kann auf den Kollegialbeschluß verzichten und sofort gegen den Bescheid des Vorsitzenden die Beschwerde an das Oberverwaltungsgericht einlegen. Das Beschwerderecht steht nur dem Antragsteller zu, da in dem Verfahren nach § 186 Dritte überhaupt nicht beteiligt sind, für sie also auch ein Beschwerderecht nicht bestehen kann.

Die zweiwöchentliche Frist beginnt mit der Zustellung des Bescheides bzw. mit der Zustellung des Kollegialbeschlusses (§ 52 LVG.). Gegen unverschuldete Fristversäumnis ist die Wiedereinsetzung in den vorigen Stand möglich (§ 52 Abs. 2).

Unrichtige Bezeichnung eines fristgerecht eingelegten Rechtsmittels ist unerheblich (LWA. 2, 21; PVBl. 38, 311).

In der Beschwerdeinstanz kann der Eintragungsantrag nicht mehr geändert werden, dagegen können die in erster Instanz zur

Begründung gemachten Ausführungen in der Beschwerdeinstanz ergänzt und berichtigt werden.

Der Bezirksausschuß kann auch ohne vorherigen Bescheid des Vorsitzenden sogleich durch Kollegialbeschluß über die Unbegründetheit von Anträgen entscheiden (LWA. 2, 117). Das Verfahren bei der Eintragung von Rechten ist ein förmliches Verfahren. Der Bezirksausschuß hat nicht die Pflicht, in eine eingehende Würdigung und Entscheidung sich erhebender rechtlicher Zweifelsfragen einzutreten (LWA. 2, 77; PVBl. 38, 575).

Auch solche Rechte, die nicht nachgewiesen, sondern nur hinsichtlich ihrer Ausübung oder der zu ihrer Ausübung vorhandenen Anlagen in bestimmter Weise glaubhaft gemacht werden, sind nach § 87 Abs. 2 einzutragen (LWA. 3, 32).

Ein Antrag, ein auf keinen besonderen Titel beruhendes Recht zur Einleitung von Grubenwasser in einen Wasserlauf in das Wasserbuch einzutragen, ist dann offenbar unbegründet, wenn nach Lage der Sache unzweifelhaft ist, daß durch die Einleitung der Wasserlauf über das Maß des Gemeinüblichen hinaus verunreinigt wird (LWA. 4, 110).

Die Tatsache, auf die ein Recht gestützt wird, bedarf keines Beweises, wenn sie offenkundig ist. Gerichtskundigkeit genügt aber nicht, Gemeinkundigkeit ist erforderlich (LWA. 2, 31; PVBl. 38, 72).

Über die Ersitzung vgl. LWA. 2, 34; 2, 50, 52, 64, 66; PVBl. 42, 271; 37, 491; OVG. in Ztschr. f. Agr. u. Wasserr. 4, 336ff.

Über die Ersitzung eines Fischereirechts vgl. LWA. 2, 110, 111.

Die Eintragung von Rechten im Wasserbuch muß den Rechtsgrund erkennen lassen, auf den das Recht im Eintragungsantrag gestützt ist, dazu genügt unter Umständen die Bezugnahme auf den Eintragungsantrag (LWA. 2, 38, 41; PVBl. 39, 428); evtl. sind die mehreren Rechtstitel zu vermerken.

§ 187.

(1) Ist das Recht im Grundbuch eingetragen, so ist es in Übereinstimmung mit diesem in das Wasserbuch einzutragen. Im übrigen wird das Recht eingetragen, wenn sein Bestehen nachgewiesen ist[1]).

(2) Ohne den Nachweis des Bestehens ist ein Recht, das auf Grund eines besonderen Titels in Anspruch ge-

nommen wird, einzutragen, wenn glaubhaft[2]) gemacht wird, daß es zehn Jahre lang vor dem 1. Januar 1912 von dem Antragsteller und seinen Rechtsvorgängern ohne Widerspruch ausgeübt worden ist. Ein Recht, das auf keinen besonderen Titel gestützt wird, ist einzutragen, wenn glaubhaft gemacht wird, daß die zu seiner Ausübung vorhandene Anlage rechtmäßig[3]) ist oder daß sie vor dem 1. Januar 1912 schon mehr als zehn Jahre bestanden hat.

(3) Urkunden, auf die eine Eintragung sich gründet oder Bezug nimmt, sind in Urschrift oder beglaubigter Abschrift von der Wasserbuchbehörde aufzubewahren[4]).

Ent. § 166; B. 169 ff.; KBA. 297, 298; L. II 8203.

Vorbemerkung. Die §§ 187 und 188 regeln das Eintragungsverfahren bezüglich der beim Inkrafttreten des Gesetzes bestehenden und aufrechterhaltenen Rechte. Unter Rechten, die im Grundbuch eingetragen sind, sind nur solche zu verstehen, deren Eintragung auf dem Grundbuchblatt des belastteten Grundstücks erfolgt ist (OVG. in Ztschr. f. Agr. u. Wasserr. 8, 326).

1. **Nachweis.** Als regelmäßige Voraussetzung für die Eintragung im Wasserbuch verlangt das Gesetz den Nachweis des Bestehens des angemeldeten Rechts. Die Tatsache, daß das Recht im Grundbuch eingetragen ist, genügt stets, um den Nachweis dieses Bestehens zu erbringen. Die Wasserbuchbehörde hat nur das Recht, die tatsächliche Eintragung im Grundbuch nachzuprüfen, nicht aber ihre Richtigkeit bzw. Berechtigung. Die durch die Eintragung im Grundbuch begründete Vermutung für das Bestehen des Rechts ist aber trotz § 891 BGB. widerlegbar.

Ist das Recht nicht im Grundbuch eingetragen, so unterliegt es der freien, richterlichen Beweiswürdigung, ob der Nachweis durch andere Beweismittel erbracht ist.

Die Wasserbuchbehörde ist berechtigt, jeden über das Bestehen des Rechts angetretenen Beweis, auch Zeugenbeweis zu erheben, um sich die Überzeugung vom Bestehen des Rechts zu verschaffen. Das Gesetz enthält jedoch keine Bestimmung darüber, daß die Wasserbuchbehörde auch zur Erhebung solcher angebotenen Beweise verpflichtet sei. Im Gegenteil sagt die Begründung, daß eine dahingehende Verpflichtung ihr nicht auferlegt werden solle, vielmehr solle es ihrem Ermessen überlassen bleiben, ob sie statt der Erhebung des Zeugenbeweises das Aufgebotsverfahren nach § 188 einleiten wolle (Begr. zu § 166 S. 169).

2. Glaubhaftmachung. Ist der geschlossene Nachweis des Bestehens eines angemeldeten Rechts nicht erbracht, so muß trotzdem die Eintragung erfolgen, wenn die Ausübung des Rechts, für einen bestimmten Zeitraum glaubhaft gemacht ist. Das Gesetz unterscheidet hier zwei Fälle:

a) Das angemeldete Recht wird auf Grund eines besonderen (öffentlich-rechtlichen oder privatrechtlichen) Titels in Anspruch genommen. Dann hat der Antragsteller nicht diesen Titel glaubhaft zu machen, sondern lediglich die Tatsache, daß das Recht, dessen Eintragung verlangt wird, 10 Jahre lang vor dem 1. 1. 12 von ihm und seinen Rechtsvorgängern ohne Widerspruch ausgeübt ist. Er hat auch nicht einen Nachweis über die Entstehung des Rechts zu führen, lediglich ungestörte, d. h. widerspruchslose Ausübung seit dem 31. 12. 01 ist glaubhaft zu machen.

Über die Mittel der Glaubhaftmachung bestimmt das Gesetz nichts. Es sind alle Mittel zulässig, welche die Wasserbuchbehörde für ausreichend erachtet.

Aus der Fassung „von dem Antragsteller und seinen Rechtsvorgängern" ergibt sich, daß die ungestörte Ausübungszeit eines Rechtsvorgängers zugunsten des Antragstellers diesem angerechnet werden muß.

b) Das angemeldete Recht wird nicht auf einen besonderen Titel gestützt. Dann verlangt das Gesetz stets das Vorhandensein einer besonderen Anlage zur Ausübung des Rechts. Bezüglich dieser Anlage wird weiter verlangt entweder:

α) die Glaubhaftmachung, daß die vorhandene Anlage rechtmäßig ist oder

β) daß diese Anlage vor dem 1. 1. 12 mehr als 10 Jahre bestanden hat.

Nach § 379 Abs. 3 wird die Rechtmäßigkeit einer Anlage vermutet, wenn sie am 1. 1. 12 schon mehr als 10 Jahre bestanden hat. Die Glaubhaftmachung der Rechtmäßigkeit einer Anlage (s. oben unter α) steht also der Glaubhaftmachung eines mehr als zehnjährigen Bestehens einer Anlage vor dem 1. 1. 12 gleich. Es genügt nicht, daß das mehr als zehnjährige Bestehen seit dem 1. 1. 12 glaubhaft gemacht wird, sondern es muß ferner glaubhaft gemacht werden, daß innerhalb dieser 10 Jahre kein Widerspruch gegen die Rechtmäßigkeit bei einer zuständigen Behörde erhoben ist (AusfAnw. IV zu § 11).

3. **Rechtmäßigkeit der Anlage.** Vgl. Anm. 6, 7, 8 und 9 zu § 379 (LWA. 2, 21, 26; **3**, 136ff.; PVBl. **38**, 311; **43**, 263).

4. Der Berechtigte kann die Originalurkunde zurückverlangen. Die Wasserbuchbehörde hat, soweit es sich lediglich um die Aufbewahrung handelt, nur einen Anspruch auf eine von ihr selbst beglaubigte Abschrift.

§ 188.

(1) Liegen die Voraussetzungen des § 187 nicht vor[1]), so ist der Antrag öffentlich bekanntzumachen[2]). Die Bekanntmachung hat in dem für die amtlichen Bekanntmachungen der Wasserbuchbehörde bestimmten Blatte sowie in ortsüblicher Weise in allen Gemeinden (Gutsbezirken) zu erfolgen, auf deren Bezirk sich nach dem Ermessen der Wasserbuchbehörde die Wirkung des angemeldeten Rechtes erstrecken kann, soweit Landgemeinden beteiligt sind, auch in den Kreisblättern. Die Wasserbuchbehörde ist befugt, noch andere Bekanntmachungen zu veranlassen. Daneben sollen der Eigentümer des Wasserlaufs und alle anderen Beteiligten, soweit sie der Behörde bekannt sind, auf die öffentliche Bekanntmachung hingewiesen werden[3]).

(2) Die Bekanntmachung muß die Stelle bezeichnen, wo die zum Nachweise des Rechtes beigebrachten Urkunden eingesehen werden können, und die Frist[4]) bestimmen, binnen deren Widersprüche bei der Wasserbuchbehörde anzubringen sind. Die Frist beträgt mindestens einen Monat und beginnt mit Ablauf des Tages, an dem das im Abs. 1 bezeichnete Blatt ausgegeben ist. Die Bekanntmachung ist unter der Verwarnung zu erlassen, daß die Eintragung des Rechtes mit der gesetzlichen Wirkung (§ 190) erfolgen werde, wenn in der bestimmten Frist niemand widerspricht[5]) [6]).

(3) Nach Ablauf der Frist ist das Recht einzutragen. Offenbar unbegründete Widersprüche sind durch einen mit Gründen versehenen Bescheid des Vorsitzenden zurückzuweisen. Der Bescheid kann nach § 186 Abs. 2 Satz 2 angefochten werden. Die übrigen innerhalb der Frist erhobenen Widersprüche sind im Wasserbuche zu vermerken.

Ent. § 167; B. 169ff.; KBA. 296, 299; L. II 8203.

1. **Voraussetzungen des Verfahrens.** „Liegen die Voraussetzungen des § 187 nicht vor", d. h. ist das Bestehen des beantragten Rechts weder nachgewiesen noch glaubhaft gemacht (s. Anm. 4 zu § 187), so muß die Wasserbuchbehörde ein Aufgebotsverfahren einleiten. „Der Zweck dieses Verfahrens ist, alle diejenigen, die durch die Eintragung eines tatsächlich nicht oder nicht in dem angemeldeten Umfange bestehenden Rechts und die aus der Eintragung folgende Vermutung der Richtigkeit beeinträchtigt werden könnten, auf den Antrag aufmerksam zu machen und ihnen Gelegenheit zu geben, durch Erhebung eines Widerspruchs zwar nicht die Eintragung, wohl aber den Eintritt der Rechtsvermutung ihnen gegenüber zu hindern (Begr. 170).

2. **Öffentliche Bekanntmachung.** Dieselbe muß erfolgen durch den Bezirksausschuß. Bekanntmachung durch eine andere Behörde hat ebenso, wie Mängel im Inhalt der Bekanntmachung die Nichtigkeit des Verfahrens zur Folge. Veröffentlichung im Amtsblatt und Kreisblatt reicht nicht aus; in mindestens einer Gemeinde muß die Bekanntmachung in ortsüblicher Weise erfolgen (OVG. in Ztschr. f. Agr. u. Wasserr. 8, 21).

3. **Besonderer Hinweis.** Die Vorschrift ist nur eine Sollvorschrift, deren Nichtbeobachtung keine Rechtsfolgen nach sich zieht. Eine Verpflichtung der Wasserbuchbehörde zur besonderen Nachforschung nach etwa Beteiligten besteht nicht (AusfAnw. IV zu § 12).

4. **Frist.** Sie ist eine Präklusivfrist. Gegen ihre Versäumnis ist Wiedereinsetzung in den vorigen Stand nicht gegeben (OVG. in Ztschr. f. Agr. u. Wasserr. 5, 248). In dem Verfahren aus § 188 kann ein verspäteter Widerspruch nicht berücksichtigt werden, jedoch bleibt dem verspätet Widersprechenden die Möglichkeit, eine Berichtigung des Wasserbuchs gemäß § 192 Abs. 2 zu verlangen (LWA. 2, 93, 95; 4, 140; LWA. 2, 77).

5. Widersprüche. Sind dagegen Widersprüche angemeldet, so sind auch sie ohne weitere Prüfung (s. jedoch Anm. 6) im im Wasserbuche zu vermerken mit der Wirkung, daß denjenigen gegenüber, für die ein Widerspruch eingetragen ist, die gedachte Rechtsvermutung so lange nicht eintritt, als der Widerspruch nicht gelöscht ist. Die Löschung herbeizuführen ist Sache desjenigen, der das beanstandete Recht angemeldet hat. Zu diesem Zwecke muß er nachweisen, daß der Widerspruch unbegründet ist, sei es, indem er gegen den Widersprechenden im ordentlichen Rechtsweg eine Feststellungsklage auf Anerkennung des Bestehens des von ihm angemeldeten Rechtsverhältnisses erhebt und das darauf ergehende rechtskräftige Urteil der Wasserbuchbehörde vorlegt, sei es, daß er nachträglich den Nachweis seines Rechts im Sinne des § 187 durch urkundliche Belege oder auf andere Weise erbringt Wird daraufhin der Widerspruch gelöscht, so greift nunmehr die Rechtsvermutung des § 190 Platz, und zwar auch gegenüber demjenigen, der den Widerspruch erhoben hatte; es bleibt diesem aber, wie jedem anderen durch die Eintragung Beeinträchtigten unbenommen, nunmehr seinerseits, soweit es etwa ein zwischen ihm und dem eingetragenen Berechtigten ergangenes rechtskräftiges Urteil entgegensteht, den „Beweis des Gegenteils“ zu erbringen, d. h. der Wasserbuchbehörde nachzuweisen, daß das eingetragene Recht nicht oder nicht in dem eingetragenen Umfange besteht, daß also „die Eintragung mit der wirklichen Rechtslage nicht übereinstimmt, und daraufhin gemäß § 192 Abs. 2 Berichtigung des Wasserbuchs zu beantragen“ (Begr. 170/171). Widersprüche sind nur bei der Wasserbuchbehörde oder derjenigen Stelle anzubringen, die in der Bekanntmachung ausdrücklich als zur Entgegennahme von Widersprüchen befugt bezeichnet worden ist (LWA. 2, 77; PVBl. 35, 255). Widersprüche können nur innerhalb der bestimmten Frist erhoben werden. Vor Beginn der Frist erhobene Widersprüche sind wirkungslos (LWA. in Ztschr. f. Agr. u. Wasserr. 1, 55; LWA. 3, 123; 4, 114).

Zum Widerspruch gegen die Eintragung eines Rechts ins Wasserbuch ist in der Regel jeder befugt, der ein Recht in Anspruch nimmt an dem Wasserlauf, auf den sich die Eintragung bezieht (LWA. 2, 39; PVBl. 39, 428; LWA. 2, 87; PVBl. 38, 270).

Es genügt zur Begründung des Widerspruchs, daß der Widersprechende ein berechtigtes Interesse daran darlegt, das Bestehen des angemeldeten Rechts ganz oder in dem angemeldeten Umfange zu bestreiten (LWA. 2, 81).

Die erforderliche Begründung eines Widerspruchs kann auch nach Ablauf der Widerspruchsfrist und selbst in der Beschwerdeinstanz nachgeprüft werden (LWA. 2, 85, 91; PVBl. 38, 270).

6. **Offenbar unbegründete Widersprüche.** Nach Ablauf der Frist muß das angemeldete Recht unbedingt eingetragen werden, gleichgültig, ob Widersprüche erhoben sind oder nicht.

Offenbar unbegründete Widersprüche werden nicht eingetragen, sondern sind durch einen mit Gründen versehenen Bescheid seitens des Vorsitzenden des Bezirksausschusses zurückzuweisen.

Gegen diesen Bescheid des Vorsitzenden ist Antrag auf Beschlußfassung durch das Kollegium oder direkte Beschwerde an den wasserwirtschaftlichen Senat des Oberverwaltungsgerichts zulässig (§ 186 Abs. 2 Satz 2).

Ein fristgemäß angebrachter Widerspruch darf nicht deshalb als offenbar unbegründet zurückgewiesen werden, weil er nicht innerhalb der Widerspruchsfrist begründet ist (LWA. 2, 89, 90). Zur Wahrung privatrechtlicher Ansprüche angebrachte Widersprüche gegen die Eintragung von Rechten sind nicht offenbar unbegründet, wenn der Widersprechende auf Grund der bei Erhebung des Widerspruchs obwaltenden rechtlichen und tatsächlichen Verhältnisse ein berechtigtes Interesse hat, die Vermutung der Richtigkeit des einzutragenden Rechts gegen sich auszuschließen (LWA. 2, 83; PVBl. 38, 270).

Jedoch ist das Widerspruchsrecht abzulehnen, wenn zur Begründung nichts Weiteres angeführt werden kann, als daß der Widerspruch in Zukunft möglicherweise Bedeutung gewinnen könnte (LWA. 2, 86; PVBl. 38, 270).

Vgl. wegen offenbar unbegründeter Widersprüche ferner LWA. 2, 110; 3, 164, die beiden letzteren insbesondere wegen Fischereirechten.

Ferner LWA. 2, 81, 86; 2, 91, OVG. in Ztschr. f. Agr. u. Wasserr. 6, 242 und 7, 317; LWA. 3, 162, 169; 4, 104.

§ 189.

Unterhaltungspflichten (§ 182 Abs. 1) sind auf Antrag der Wasserpolizeibehörde oder der Beteiligten einzutragen, wenn ihr Bestehen nachgewiesen ist.

KommBeschl. 167a; KBA. 299; L. II 8203.

Während, abgesehen von § 185 eine Eintragung im Wasserbuch

nur auf Antrag des Berechtigten erfolgt, bestimmt § 189, daß die Eintragung der von den gesetzlichen Bestimmungen abweichenden Unterhaltungspflichten (vgl. §§ 115 Abs. 3, 116, 118) auch seitens der Wasserpolizeibehörde beantragt werden kann und, sofern ihr Bestehen nach Ansicht der Wasserbuchbehörde nachgewiesen ist, ihre Eintragung erfolgen muß. Beschlüsse der Wasserbuchbehörde über Eintragung von Unterhaltungspflichten in das Wasserbuch sind endgültig und mit der Beschwerde nicht anfechtbar (LWA. 2, 98; PVBl. 38, 239).

§ 190.

(1) Die Eintragungen im Wasserbuche gelten bis zum Beweise des Gegenteils[2]) als richtig[1]).

(2) Dies gilt nicht für Eintragungen, die mit dem Grundbuch im Widerspruche stehen[3]), sowie gegenüber denjenigen, für welche ein Widerspruch im Wasserbuche vermerkt ist.

Ent. § 168; B. 171ff.; KBA. 168; L. II 8203.

Vorbemerkung. Der Schutz des § 190 erstreckt sich nur auf eintragungsfähige Rechte und Pflichten. Unter Verletzung gesetzlicher Vorschriften eingetragene Rechte fallen nicht unter § 190. Vgl. Vorbem. vor § 182.

1. **Gesetzliche Vermutung.** Die Eintragung im Wasserbuch begründet lediglich eine jederzeit widerlegbare Vermutung für die Richtigkeit des Inhalts der Eintragung. Den Eintragungen im Wasserbuch ist kein öffentlicher Glaube beigelegt, also auch der gutgläubige Erwerber eines im Wasserbuch eingetragenen Rechts genießt keinen Schutz, wie ihn § 892 BGB. gibt. Es kann vielmehr auch dem gutgläubigen dritten Erwerber eines im Wasserbuch eingetragenen Rechts gegenüber stets die Rechtsvermutung widerlegt werden (Begr. 172 Nr. 2).

Das Wort „richtig" ist gleichbedeutend mit „rechtmäßig". Die Vermutung erstreckt sich also über die „formelle Richtigkeit" hinaus auf die „materielle Rechtmäßigkeit" des eingetragenen Rechts.

Die Vermutung wird nicht begründet gegenüber demjenigen, für den ein Widerspruch eingetragen ist.

Ein im Wasserbuch bereits eingetragenes Wasserbenutzungsrecht kann nicht nochmals für einen anderen Berechtigten eingetragen werden (OVG. in Ztschr. f. Agr. u. Wasserr. VI, 318).

2. **Widerlegung der Vermutung.** Die Anfechtung einer Eintragung kann nur durch denjenigen erfolgen, der ein berechtigtes Interesse an der Änderung der Eintragung hat, sei es, daß er die Richtigkeit des eingetragenen Rechts überhaupt oder in dem eingetragenen Umfange oder der eingetragenen Art bestreitet. Die Anfechtung oder der Widerspruch gegen eine Eintragung muß gegenüber den im Wasserbuch eingetragenen Berechtigten erfolgen, und dieser Widerspruch muß evtl. im ordentlichen Rechtsweg durch eine Feststellungsklage ausgetragen werden. Die Eintragung eines Widerspruchs, nachdem ein Recht im ordnungsmäßigen Verfahren eingetragen ist, kennt das Gesetz nur in einem Fall, nämlich auf Ersuchen der ordentlichen Gerichte (§ 192 Abs. 4). Für andere Fälle ist nur eine Berichtigung des Wasserbuchs auf Grund eines Berichtigungsverfahrens zulässig (§ 192 Abs. 1, 2 und 3). Der Widersprechende oder Anfechtende hat der Wasserbuchbehörde den Nachweis zu führen, daß die Eintragung unrichtig ist, eine Glaubhaftmachung genügt nicht. Im Falle des § 188 ist die Beweislast umgekehrt (s. Anm. 5 zu § 188).

3. **Widerspruch zum Grundbuch.** Bezüglich des Verhältnisses der Eintragungen im Wasserbuch zu denen im Grundbuch ist zu unterscheiden zwischen:

a) Rechten, die auf Grund der Bestimmungen des Wassergesetzes und in einem in diesem Gesetz geregelten Verfahren neu begründet worden und gemäß § 185 seitens der Beschlußbehörde erster Instanz zur Eintragung im Wasserbuch anzumelden und einzutragen sind. „Für Rechte dieser Art kommt die den Eintragungen im Wasserbuch beigelegte Vermutung der Richtigkeit praktisch überhaupt nicht in Frage, da sie selbst erst durch ein von einer öffentlichen Behörde geleitetes, mit allen Rechtsgarantien ausgestattetes Verfahren begründet und auf Ersuchen eben dieser Behörde eingetragen werden, mithin der Eintragungsvermerk, abgesehen von offenbaren auf einem Versehen der ersuchenden oder ersuchten Behörde beruhenden, jederzeit von Amts wegen zu berichtigenden Unrichtigkeiten, mit der wirklichen Rechtslage notwendig übereinstimmen muß" (Begr. 172);

b) Rechten, die beim Inkrafttreten des Wassergesetzes bestehen und aufrechterhalten sind und gemäß §§ 186 und 189 auf Antrag ins Wasserbuch einzutragen sind. Hier können Kollisionen zwischen den Eintragungen im Wasserbuch und im Grundbuch entstehen.

Seit dem 1. 1. 00 stehen von den hier in Betracht kommenden Rechten nur die Grunddienstbarkeiten (§§ 1018ff. BGB.) und die beschränkten persönlichen Dienstbarkeiten (§§ 1090ff. BGB.) in Frage, denn nur diese können nach dem BGB. noch ins Grundbuch eingetragen werden. Wasserrechtliche Dienstbarkeiten der genannten Art sind aber „vom Eigentumsrecht abgeleitete Benutzungsrechte" im Sinne des § 184 und können deshalb nach dieser Bestimmung im Wasserbuch nicht eingetragen werden. Bezüglich solcher Dienstbarkeiten kann daher eine Kollision zwischen Wasserbuch und Grundbuch nicht eintreten. Es bleiben also lediglich die vor dem 1. 1. 00 im Grundbuch eintragungsfähigen und eingetragenen, gleichzeitig aber auch nach dem Wassergesetz im Wasserbuch eintragungsfähigen Rechte übrig. Bei solchen Rechten ist die Möglichkeit vorhanden, daß sie vor 1900 im Grundbuch eingetragen sind und jetzt auch im Wasserbuch eingetragen werden. Kollidiert bei solchen Rechten die Eintragung im Grundbuch mit derjenigen im Wasserbuch, so geht nach § 190 Abs. 2 die Eintragung im Grundbuch derjenigen im Wasserbuch unbedingt vor. Für solche Rechte gilt daher die Rechtsvermutung des § 190 Abs. 1 nicht, daß die Eintragung im Wasserbuch richtig sei (Begr. 171 zu § 168). Vgl. auch § 380 Abs. 1 Satz 2, nach welcher Bestimmung aufrechterhaltene Rechte, die im Grundbuch eingetragen sind, auch dann nicht erlöschen, wenn sie nach § 380 Abs. 1 Satz 1 innerhalb zehn (fünfzehn) Jahren nach Inkrafttreten des Wassergesetzes nicht zur Eintragung im Wasserbuch angemeldet sind.

§ 191.

Wird ein im Wasserbuch eingetragenes Recht nach den Vorschriften dieses Gesetzes durch eine Behörde beseitigt oder verändert, so ist auf Ersuchen der Behörde, die in erster Instanz beschlossen hat, das Wasserbuch zu berichtigen[1]).

Ent. § 169; B. 172ff.; KBA. 299; L. II 8203.

1. **Berichtigung auf Ersuchen.** Die Vorschrift des § 191 entspricht derjenigen des § 185. Sie hat Fälle im Auge, wie die Beseitigung eines verliehenen Rechts durch Zurücknahme der Verleihung oder durch Entziehung oder Beschränkung eines Staurechts nach Maßgabe des § 338, d. h. also gegen Entschädigung (Begr. 172/173). Vgl. AusfAnw. IV § 14 zu 3.

§ 192.

(1) Ergibt sich, daß die Wasserbuchbehörde unter

Verletzung gesetzlicher Vorschriften[2]) ein Recht oder einen Widerspruch eingetragen hat, so hat sie die Berichtigung[1]) des Wasserbuchs von Amts wegen zu beschließen[3]).

(2) Die Wasserbuchbehörde hat ferner die Berichtigung auf Antrag[4]) zu beschließen, wenn nachgewiesen[5]) wird, daß eine Eintragung nicht mit der wirklichen Rechtslage übereinstimmt oder daß ein eingetragener Widerspruch unbegründet ist. Antragsberechtigt sind diejenigen, zu deren Gunsten die Eintragung erfolgt ist oder die Berichtigung erfolgen soll.

(3) Der Beschluß der Wasserbuchbehörde ist mit Gründen zu versehen und dem Antragsteller sowie den von der Berichtigung Betroffenen zuzustellen. Gegen den Beschluß ist binnen zwei Wochen Beschwerde an das Landeswasseramt zulässig. Die Berichtigung des Wasserbuchs ist erst auf Grund des rechtskräftigen Beschlusses zu bewirken.

(4) Widersprüche[6]) sind auch auf Ersuchen der ordentlichen Gerichte einzutragen.

Ent. § 170; B. 172ff.; KBA. 299ff.; L. II 8203; KBH. 51.

1. **Berichtigung.** Unter Berichtigung des Wasserbuchs versteht das Gesetz jede Änderung in Ansehung der eingetragenen Rechtsverhältnisse und Widersprüche, insbesondere auch die völlige oder teilweise Löschung. Es macht dabei keinen Unterschied, ob der Grund zur Berichtigung erst nach erfolgter Eintragung eingetreten ist, z. B. durch Übertragung eines eingetragenen Rechts auf einen anderen, Verzicht auf das Recht u. dgl., oder ob die Eintragung bereits von Anfang an objektiv unrichtig war. Auch derjenige, der es versäumt hat, im Aufgebotsverfahren (§ 188) gegen einen Eintragungsantrag rechtzeitig Widerspruch zu erheben, soll einen Berichtigungsantrag stellen können. Ihm liegt jedoch der Nachweis ob, daß die Eintragung mit der wirklichen Rechtslage nicht übereinstimmt. Diesen Nachweis wird er beispielsweise durch einen Auszug aus dem Grundbuch führen können, aus dem sich ergibt, daß im Grundbuch ein entgegenstehendes Recht früher auch eingetragen war, dort aber später gelöscht ist, weil diese

Löschung nach § 891 Abs. 2 BGB. die Vermutung begründet, daß das Recht nicht bestehe, der gegenüber auch der im Wasserbuch Eingetragene seinerseits den Gegenbeweis erbringen müßte (Begr. 173 Nr. 3).

2. **Von Amts wegen.** Wenn ein Recht unter Verletzung gesetzlicher Vorschriften, d. h. wenn ein überhaupt nicht eintragungsfähiges Recht eingetragen ist oder die Vorschriften über das Verfahren verletzt sind, z. B. das Aufgebotsverfahren nicht ordnungsmäßig durchgeführt oder ein erst nach Ablauf der Aufgebotsfrist erhobener Widerspruch eingetragen wird. Solche Versehen sind, wenn sie später ermittelt werden, von Amts wegen zu berichtigen (LWA. **2**, 96; **3**, 130, 134, 169; OVG. in Ztschr. f. Agr. u. Wasserr. **4**, 102).

3. **Beschluß.** Es ist ein Kollegialbeschluß erforderlich. Der Vorsitzende des Bezirksausschusses kann eine Berichtigung nicht auf Grund des § 117 des LandesverwaltungsG. veranlassen (a. M. Holtz-Kreutz Anm. 2 zu § 192 und Lenhard-Reichau Anm. 4 zu § 192, die einfache Berichtigung durch den Vorsitzenden zulassen). Es widerspricht das dem Wortlaut des Gesetzes. Die Berichtigung darf nicht, wie im Falle des § 191, ohne weiteres erfolgen. Es muß ein rechtskräftiger Beschluß entweder der I. oder der II. Instanz vorliegen.

4. **Auf Antrag.** Abgesehen von dem Falle des Abs. 1 ist stets ein Berichtigungsantrag erforderlich. Antragsberechtigt ist jeder, der ein rechtliches Interesse an der Berichtigung hat (AusfAnw. IV § 14 Z. 1).

Auch die Wasserpolizeibehörde kann einen Berichtigungsantrag stellen, wenn sie ein rechtliches Interesse hat, eine durch die Vermutung des § 190 Abs. 1 geschützte Eintragung, die mit der wirklichen Rechtslage nicht im Einklang steht, zu beseitigen (OVG. in Ztschr. f. Agr. u. Wasserr. **9**, 36).

5. **Nachweis,** nicht nur Glaubhaftmachung. In der Wahl des Beweismittels ist der Antragsteller frei. Die Behörde entscheidet nach freier Beweiswürdigung. Sie ist nicht genötigt, auf übereinstimmende Willenserklärung des Beteiligten eine Eintragung ohne weiteres zu löschen, soweit darin nicht ein rechtsgültiger Verzicht auf das Recht zu sehen ist. Es bleibt immer zu prüfen, ob die Eintragung der wirklichen Rechtslage entspricht (OVG. in Ztschr. f. Agr. u. Wasserr. **8**, 45; vgl. auch LWA. **3**, 131, 140, 170; **4**, 130; LWA. in Ztschr. f. Agr. u. Wasserr. **4**, 121).

6. **Widersprüche aber keine Berichtigungen.** Zu einem Antrag

auf Berichtigung sind die ordentlichen Gerichte nicht berechtigt, zur Berichtigung ist stets ein Beschluß der Wasserbuchbehörde notwendig. Vgl. RGZ. **112**, 271.

§ 193.

Die Einsicht der Wasserbücher und ihrer Abschriften[1]) sowie derjenigen Urkunden, auf die in den Eintragungen Bezug genommen ist, ist jedem gestattet[2]). Ferner kann jeder eine auf Verlangen zu beglaubigende Abschrift fordern[3]).

Ent. § 171; B. 175; KBA. 3002; L. II 8203.

1. Auch der bei der Wasserbuchbehörde niedergelegten auszugsweisen Abschriften.

2. Der im Entwurf geforderte Nachweis eines „berechtigten Interesses" ist in der Kommission des Abgeordnetenhauses gestrichen, da ein Grund zur Geheimhaltung des Inhalts der Wasserbücher nicht bestehe (KBA. 300). Im Verfahren vor der Wasserbuchbehörde besteht für den Erheber eines Widerspruchs kein Recht auf Kenntnisnahme von der Begründung des Widerspruchs eines anderen Widersprechenden (OVG. in Ztschr. f. Agr. u. Wasserr. 8, 41).

3. Bezüglich der Kosten s. § 195.

§ 194.

(1) Zur Förderung der Gewässerkunde sollen für die Wasserläufe erster und zweiter Ordnung Beschreibungen angelegt werden, die einen Überblick über die Beschaffenheit, den Abflußvorgang und die Wasserwirtschaft der Wasserläufe geben. Über die Anlegung der Beschreibungen haben der Minister der öffentlichen Arbeiten und der Minister für Landwirtschaft, Domänen und Forsten eine Anweisung zu erlassen.

(2) Eine Abschrift der Beschreibung des ganzen Wasserlaufs soll den Wasserbüchern, die den Wasserlauf betreffen, sowie den nach § 183 Abs. 3 niederzulegenden Abschriften beigefügt werden.

Ent. § 173; B. 176; KBA. 301; L. II 8203.

Ein Anspruch auf Erteilung von Abschriften dieser „Beschreibungen“ gemäß § 193 Satz 2 besteht nicht, wohl aber ein Anspruch auf Einsichtnahme gemäß § 193 Satz 1, da sonst der Zweck des § 194 verfehlt wäre.

§ 195.

Die Verhandlungen vor der Wasserbuchbehörde und die Eintragungen sind kostenfrei. Jedoch sind die durch öffentliche Bekanntmachungen, durch Erteilung und Beglaubigung von Abschriften oder durch offenbar unbegründete Anträge und Widersprüche erwachsenden Kosten dem Antragsteller oder dem Widersprechenden aufzuerlegen.

Ent. § 174; B. 176; KBA. 301; L. II 8203.

Die Gebühren- und Kostenfreiheit erstreckt sich sowohl auf die erstmaligen Verhandlungen und Eintragungen, wie auch auf spätere Berichtigungen (Begr. 176).

Zweiter Abschnitt.

Gewässer, die nicht zu den Wasserläufen gehören.

Vorbemerkung.

Der zweite Abschnitt behandelt die Rechtsverhältnisse an denjenigen Gewässern, die nicht zu den Wasserläufen im Sinne des § 1 des Gesetzes gehören. Grundsätzlich beläßt das Gesetz dem Eigentümer eines Grundstücks, auf oder unter dessen Oberfläche sich Gewässer befinden, das freie Verfügungsrecht über sie. Während aber nach dem bisher geltenden Recht ein absolut unbeschränktes Verfügungsrecht mit geringen Ausnahmen, wie sie in den §§ 103 bis 105 I 8 ALR. enthalten sind, bestand, unterwirft das Wassergesetz den Eigentümer der im zweiten Abschnitt behandelten Gewässer einer Reihe dem bisherigen Recht unbekannter Beschränkungen.

Zu den hier behandelten Gewässern gehören oberirdische Quellen, welche nicht alsbald in einem sichtbaren Gerinne abfließen oder welche gar keinen Abfluß haben; das in Gräben, die nicht der Vorflut der Grundstücke verschiedener Eigentümer dienen (§ 1 Abs. 3), abfließende Wasser, ferner alles oberirdisch wildabfließende Wasser, also das Niederschlags-, Regen-, Schneewasser, auch das Dachtraufenwasser gehört hierher; alle unterirdischen Gewässer, soweit sie nicht Teile eines Wasserlaufs sind, also nicht die unterirdisch verlaufenden Strecken eines Wasserlaufs; endlich das sog. Grundwasser, d. i. „das in der Erde enthaltene und dort frei bewegliche, d. h. nicht kapillar gebundene Wasser“ (Kegel im „Glückauf“, Jahrg. 49 Nr. 7). Hierher gehören auch die in den Bergwerken erschrotenen Grubenwasser. Dieselben würden an sich den Vorschriften der §§ 196ff. unterliegen. Deshalb hatten die bergbaulichen Vereine die Aufnahme eines Zusatzes zu § 196 beantragt, „daß die in den Bergwerken erschrotenen Wasser dem freien Verfügungsrecht des Bergwerksbesitzers unterliegen“. Dieser Zusatz ist als unnötig mit Rücksicht auf die Bestimmungen des § 396 in das Gesetz nicht aufgenommen. Tatsächlich finden auch auf die erschrotenen Wasser die Bestimmungen der §§ 196ff. keine Anwendung, weil durch § 396 Satz 1 das preußische allgemeine Berggesetz im vollen Umfange aufrechterhalten ist. Da das freie Verfügungsrecht des Bergwerksbesitzers über die erschrotenen Wasser auf §§ 54 und 57 des Allgem. BergG. sich gründet, diese Bestimmungen aber unberührt bleiben, bleiben es auch die Rechte an den erschrotenen Wassern von den Bestimmungen der §§ 196ff. Die Bestimmung des § 396 Satz 2, nach welcher bei widersprechenden Bestimmungen des Berg- und des Wassergesetzes die Vorschriften des Wassergesetzes vorgehen, bezieht sich nur auf die Benutzung der Wasserläufe im Sinne des § 1, nicht auf die Gewässer der §§ 196ff. (vgl. Anm. 4 zu § 396). Bezüglich der Anwendung der Bestimmungen des Gesetzes über die unterirdischen Gewässer auf den Bergbau ist in der Kommission des Abgeordnetenhauses bei der Beratung der §§ 179—201 des Gesetzes regierungsseitig folgende Erklärung abgegeben:

„Die Geltung der Bestimmungen des Wassergesetzentwurfs über unterirdische Gewässer für den Bergbau hängt davon ab, ob es sich handelt:

a) um Bergbau, der auf Grund einer Bergwerksverleihung oder eines anderen bergrechtlichen Titels oder

b) um Bergbau, der auf Grund des Grundeigentümerrechts oder eines aus diesem abgeleiteten Abbaurechts auf Mineralien, die dem Verfügungsrechte des Grundeigentümers nicht entzogen sind, betrieben wird (z. B. der Kalisalzbergbau in der Provinz Hannover).

Zu a. Wenn auch das Allgem. BergG. v. 24. 6. 65 keine ausdrücklichen Bestimmungen über das Verhältnis des Bergbaues zum Wasser enthält, so ist doch — wie auch in der Begr. zu § 360 (jetzt § 396) des Wassergesetzentwurfs hervorgehoben ist — aus §§ 54, 57 des BergG. ein Recht des Bergwerkseigentümers herzuleiten über die in seinem Bergwerksbetriebe erschrotenen Wasser, solange sie unter Tage sind, zu seinen Betriebszwecken frei zu verfügen. Dies Recht der Bergwerkseigentümers ist bisher niemals in Zweifel gezogen worden. Es wird, da die §§ 54, 57 des BergG. durch § 360 des Wassergesetzentwurfs ausdrücklich aufrechterhalten werden, auch durch diesen Entwurf nicht berührt. Überdies richten sich die in den §§ 178, 179 des Entwurfs (§§ 200, 201 des Gesetzes) festgesetzten Beschränkungen in der Benutzung unterirdischer Gewässer gegen den Eigentümer des Grundstücks, also nicht gegen den Bergwerkseigentümer, der die unterirdischen Gewässer kraft seines Bergwerkseigentums nutzt.

Zu b. Auf den Bergbau, den der Grundeigentümer als solcher oder ein anderer auf Grund eines auf dem Grundeigentum abgeleiteten Abbaurechts betreibt, finden die §§ 54, 57 des BergG. keine Anwendung. Das Recht eines solchen Bergbautreibenden an den unterirdischen Gewässern bestimmt sich also danach, welches Recht dem Grundeigentümer an diesen zusteht. Daher kommen auf den sog. Grundeigentümerbergbau die §§ 178, 179 des Wassergesetzentwurfs (§§ 200, 201 des Gesetzes) an sich zur Anwendung. Die Maßnahmen zur Beseitigung der Grubenwässer sind aber als ein „Gebrauch" oder „Verbrauch" im Sinne des § 178 a. a. O. (§ 200 des Gesetzes) nicht anzusehen. Unberührt bleibt nach § 396 des Gesetzes die Geltung der §§ 148ff. Allgem. BergG. für den Grundeigentümerbergbau, wonach der Bergbautreibende verpflichtet ist, den Schaden, der in Gestalt einer Wasserentziehung durch Bergwerksbetrieb dem Grundeigentümer auch ohne vertretbares Verschulden zugefügt wird, vollständig zu ersetzen" (KBA. 310/311). Die Rechtslage für den Bergbaubesitzer ist also folgende:

Durch das Wassergesetz werden nur die Rechte des Bergwerksbesitzers berührt, die sich auf das Allgem. BergG. stützen. Der Bergwerksbesitzer kann also nach wie vor über die im Bergwerk erschrotenen Grubenwasser zu seinen Betriebszwecken verfügen. Soweit er über dieses Wasser aber zu anderen Zwecken verfügt, z. B. also zur Trinkwasserversorgung, tut er dieses nicht kraft seines Rechts als Bergbautreibender, sondern als Grundeigentümer. Als solcher unterliegt er aber im Gegensatz zum früheren Recht wie jeder andere Grundeigentümer den durch das Wassergesetz in den §§ 196ff. aufgestellten Beschränkungen, ebenso auch der Bestimmung des § 379 Abs. 4b. Das Nähere s. bei § 379, außerdem § 360 Anm. 4 und Anm. zu § 396.

Im übrigen vgl. Westhoff, Wasserrechtliches Gutachten (1908), S. 127; Westhoff, Bergbau und Grundbesitz 2, 38; Brassert, Kommentar S. 188; Arndt, Z. Bergr. 36, 74; Wulff im „Glückauf" 48 (Nr. 9), 353; Kegel im „Glückauf" 49, 237ff.; Peltzer in Mitteilung des Deutschen Wasserwirtschafts- und Wasserkraftverbandes 1926 Nr. 14 S. 75; RG. 12, 183; 16, 229; 36, 187; außerdem RG. 27, 330; 30, 301; ferner § 905 BGB. in Verb. mit Art. 67 EGBGB. (vgl. Anm. zu § 360).

Wo in den §§ 175ff. vom „Eigentümer" die Rede ist, ist auch derjenige denselben Bestimmungen unterworfen, der sein Recht vom Eigentümer herleitet, soweit nicht, wie z. B. im § 177 Abs. 2 Satz 2 eine besondere Ausnahme gemacht ist (vgl. Bericht des Herrenhauses 53).

§ 196.

Der Eigentümer eines Grundstücks kann über das auf oder unter der Oberfläche[1]) befindliche Wasser verfügen, soweit sich nicht aus diesem Gesetz, insbesondere aus den Vorschriften über die Wasserläufe und ihre Benutzung, ein anderes ergibt oder Rechte Dritter entgegenstehen.

Ent. § 175; B. 36, 177ff.; KBA. 303ff.

Siehe die Vorbemerkung zu diesem Abschnitt.

1. **Unter der Oberfläche.** Nicht alles Wasser, das sich unter der Oberfläche befindet, gehört hierher. Wenn, was sehr häufig der Fall sein kann, das Wasser unter der Oberfläche, also unterirdisches Wasser, aus einem oberirdisch laufenden Wasserlauf stammt, hat der Eigentümer nicht ohne weiteres die Rechte aus § 196. Die meisten oberirdischen Wasserläufe haben einen sog. Grundwasserstrom, der aus dem Wasserlauf in den Grund und Boden dauernd einsickert und einen unterirdischen Wasserstrom, der den Grundwasserstrom bildet. Entnahme von Wasser aus diesem Grundwasserstrom, z. B. durch Niederbringen von Brunnen auf den Ufergrundstücken, ist nicht Entnahme unterirdischen Wassers, sondern mittelbare Wasserentnahme aus dem oberirdischen Wasserlauf und den Beschränkungen des § 41 unterworfen.

§ 197.

(1) Der Eigentümer[3]) eines Grundstücks darf den Ablauf des oberirdisch außerhalb eines Wasserlaufs[1]) abfließenden Wassers nicht künstlich so verändern[2]), daß die tieferliegenden Grundstücke belästigt werden[4]) [5]).

(2) Unter dieses Verbot fällt nicht eine Veränderung des Wasserablaufs infolge veränderter wirtschaftlicher Benutzung des Grundstücks[6]).

Ent. § 176; B. 178ff.; KBA. 304ff.

1. **Oberirdisch außerhalb eines Wasserlaufs.** „Unter dem oberirdisch außerhalb eines Wasserlaufs abfließenden Wasser ist alles Wasser zu verstehen, das aus dem Boden herausquellend oder aus der Atmosphäre niedersinkend oberirdisch abfließt, ohne einen Wasserlauf im Sinne des § 1 zu bilden. In der Regel wird es sich um Wasser handeln, das ohne festes Bett dem natürlichen Gefälle folgt" (Begr. 178 zu § 176; vgl. auch Vorbem. vor § 196).

2. **Künstliche Veränderung.** Die Veränderung darf nicht durch künstliche Vor- oder Einrichtungen herbeigeführt werden, welche den Erfolg haben, den Wasserabfluß zu ändern. Nur Einrichtungen, die unmittelbar auf den Wasserabfluß einwirken, gehören hierher (Nieberding-Frank S. 91), also z. B. künstliche Änderung der Leitung oder des natürlichen Laufes, Herbeiführung einer größeren Stärke des Abflusses (vgl. Eymann 1, 291; Schenkel S. 241). Verboten ist daher z. B. auch, wildabfließendes Wasser künstlich zu sammeln und es dann dem Unterlieger zuzuführen (KBA. 304 zu § 176).

3. **Veränderung seitens des Eigentümers.** Nur diese ist verboten. Natürliche Veränderungen oder solche durch unbefugte Dritte fallen nicht unter § 197 Abs. 1. Wohl aber fallen Veränderungen, welche auf Grund eines vom Eigentümerrecht abgeleiteten Rechts (also z. B. vom Pächter, Nießbraucher) künstlich herbeigeführt werden, mit unter das Verbot des Abs. 1 (s. Vorbem.).

4. **Belästigung.** Es ist keine Benachteiligung, insbesondere kein zahlenmäßig nachweisbarer Schaden notwendig. Es genügt z. B. eine Erschwerung in der Bearbeitung des unterliegenden Grundstücks (vgl. jedoch § 226 BGB., Schikaneverbot).

5. **Rechtsfolgen bei Verstoß gegen § 197.** Dem Belästigten steht ein im ordentlichen Rechtswege verfolgbarer Anspruch auf Beseitigung der vom Eigentümer (s. Anm. 3) herbeigeführten

künstlichen Veränderung zu, also auf Beseitigung der getroffenen Vor- und Einrichtungen, außerdem auf Schadensersatz nach den allgemeinen Rechtsgrundsätzen. Dagegen hat der Belästigte oder auch selbst geschädigte Unterlieger diese Ansprüche nicht und ebensowenig ein Recht auf Wiederherstellung des früheren Zustandes, wenn die Veränderung durch natürliche Ereignisse herbeigeführt ist. Das Gesetz hat im bewußten Gegensatz zu anderen außerpreußischen Wassergesetzen dem Unterlieger einen solchen Anspruch nicht gegeben (Begr. 179 oben).

6. **Infolge veränderter wirtschaftlicher Benutzung** bedeutet nicht nur eine Änderung in der Bodenkultur, z. B. also Übergang vom Ackerbau zur Forstwirtschaft oder zur Gartenkultur oder umgekehrt, sondern darüber hinaus jede von der bisherigen Benutzung des Grundstücks abweichende anderweitige Ausnutzung, insbesondere auch zur Errichtung von Gebäuden. Es folgt dies auch mittelbar aus den im § 198 Abs. 2 für landwirtschaftlich benutzte Grundstücke in einzelnen Gebietsteilen gemachten Ausnahmen (Eymann 1 zu Art. 17; Selcher zu § 12).

§ 198.

(1) Der Eigentümer eines Grundstücks ist berechtigt, das oberirdisch außerhalb eines Wasserlaufs von einem anderen Grundstück abfließende Wasser von seinem Grundstück abzuhalten[1]).

(2) In den Hohenzollernschen Landen, in der Provinz Hessen-Nassau, in denjenigen Gebietsteilen der Rheinprovinz, in denen bisher das französische oder das gemeine Recht galt, und in der Provinz Schleswig-Holstein ist diese Vorschrift nur mit der Maßgabe anzuwenden, daß der Eigentümer eines landwirtschaftlich benutzten Grundstücks verpflichtet ist, den infolge der natürlichen Bodenverhältnisse stattfindenden Wasserablauf von einem anderen landwirtschaftlich benutzten Grundstücke zu dulden[2]).

KommBeschl. § 176a; KBA. 305ff.; L. II 8204ff.; L. III 8571ff.; KBH. 51ff.

1. **Abwehrrecht.** Bezüglich des oberirdisch wildabfließenden Wassers war der Rechtszustand in Preußen bisher ein verschiedener. Im Gebiete des ALR. war der Unterlieger zur Aufnahme dieses Wassers grundsätzlich nicht verpflichtet, es konnte sich dagegen durch Anlagen auf seinem Grundstück schützen (ALR. I, 8 § 102). Im Gebiet des gemeinen Rechts (actio aquae pluviae arcendae) und des Code civil (Art. 640) dagegen war er verpflichtet, das von dem oberliegenden Grundstück ablaufende Wasser stets aufzunehmen. Das Wassergesetz hat sich grundsätzlich auf den Standpunkt des ALR. gestellt, also eine allgemeine Verpflichtung zur Aufnahme nicht begründet, im Abs. 2 aber Ausnahmen für einzelne Gebietsteile in beschränktem Umfange zugelassen (s. darüber Anm. 3 im übrigen vgl. §§ 330ff.). Die Vorschrift des Abs. 1 ist rein privatrechtlicher Natur. „Das Recht des Eigentümers eines tieferliegenden Grundstücks, sein Grundstück gegen das wildabfließende Wasser zu schützen, kann daher ebenso wie der Anspruch des Oberliegers, für dieses Wasser auf Grund eines besonderen Rechtstitels freie Vorflut zu verlangen, im Streitfalle nur im Wege des Prozesses vor dem ordentlichen Gericht verfolgt werden. Das Gericht wird hierbei zu prüfen haben, ob die allgemeine Bestimmung des Gesetzes dadurch in Wegfall gekommen ist, daß der Oberlieger auf Grund eines vor dem Inkrafttreten des Gesetzes erworbenen, nach den §§ 379, 380, 381 aufrechterhaltenen Rechts die Aufnahme des wildabfließenden Wassers vom Unterlieger verlangen kann, oder daß dieser nach Maßgabe der §§ 330 und 340 zur Aufnahme des Wassers für verpflichtet erklärt ist (Begr. 229).

2. **Sonderbestimmungen.** Die Bestimmung des Abs. 2 trägt dem in Anm. 1 erwähnten, im Gebiet des gemeinen und französischen (rheinischen) Rechts bestehenden, vom ALR. abweichendem, dort eingebürgerten Rechtszustand Rechnung, indem es für die im Abs. 2 genannten Gebietsteile die Pflicht des Eigentümers eines landwirtschaftlich benutzten Grundstücks zur Aufnahme des von einem gleichfalls landwirtschaftlich benutzten Grundstück wildabfließenden Wassers bestehen läßt. Für anders benutzte Grundstücke ist die Bestimmung nicht anwendbar. Es fällt deshalb die Pflicht des Unterliegers fort, wenn gemäß § 197 Abs. 2 eine Veränderung in der wirtschaftlichen Benutzung des ober- oder unterliegenden Grundstücks eintritt (vgl. für diesen Fall jedoch § 330).

§ 199.

(1) Der Eigentümer[1]) eines nicht zu den Wasser-

läufen gehörenden Sees[2]) ist nicht befugt, den See abzulassen[3]) oder seinen Wasserspiegel erheblich zu senken, wenn dadurch der Grundwasserstand zum Nachteil anderer verändert wird, es sei denn, daß es zur gewöhnlichen Bodenentwässerung[4]) erforderlich ist.

(2) Es ist ihm ferner nicht gestattet, Wasser oder andere flüssige Stoffe[5]) in den See einzuleiten oder feste oder schlammige Stoffe[6]) in den See einzubringen[7]), durch die das Wasser zum Nachteil anderer verunreinigt wird. Der § 23 Abs. 1, 3 und 4 ist entsprechend anzuwenden, auf den Eigentümer jedoch nur dann, wenn einem anderen ein Recht an dem See zusteht oder wenn durch die Einleitung andere Gewässer verunreinigt werden können[8]).

(3) Ob und in welchem Umfange der an Seen bisher übliche Gemeingebrauch im Falle des Bedürfnisses auch fernerhin zulässig ist, bestimmt der Regierungspräsident. Der Eigentümer des Sees ist vorher zu hören. Der Regierungspräsident[9]) kann die getroffene Bestimmung jederzeit wiederrufen. Die §§ 36 bis 39 sind entsprechend anzuwenden.

Ent. § 177; B. 181; KBA. 306ff.; L. III 8574; KBH. 52ff.

1. **Eigentum an Seen.** Über das Eigentum an Seen s. § 205. Die dem Eigentümer im Abs. 1 untersagten Handlungen standen ihm nach bisherigen Recht unbeschränkt zu, da er in seinem Verfügungsrecht über den See in keiner Weise beschränkt war.

2. Siehe Anm. 5 und 6 zu § 1. Unter die Vorschrift des § 199 fallen also nur Seen, Teiche, Weiher und ähnliche Wasseransammlungen, wenn sie keinen sichtbaren natürlichen Abfluß haben, also z. B. nur künstlich abgelassen werden können.

3. Das Verbot des Ablassens soll keine Anwendung auf „künstliche Fischteiche" finden (KBH. 52).

4. Zur gewöhnlichen Bodenentwässerung s. Anm. 5 zu § 41.

5. **Wasser oder andere flüssige Stoffe.** Begriff s. Anm. 1 zu § 23.

6. **Feste oder schlammige Stoffe.** Begriff s. Anm. 2 zu § 19.

7. **Einzubringen** s. Anm. 4 zu § 19.

8. Die Bestimmung des Abs. 2 Satz 1 wird bezüglich des Eigentümers durch die Bestimmung des Abs. 2 Satz 2 eingeschränkt. Danach ist die Rechtslage des Eigentümers eines Sees der in Anm. 2 bezeichneten Art folgende:

Der Eigentümer kann Wasser oder andere flüssige Stoffe über die Grenzen des Gemeingebrauchs hinaus, ebenso feste und schlammige Stoffe — deren Einbringung in Wasserläufe sonst allgemein verboten ist (§ 19 Abs. 1) — in seinen See mit Genehmigung der Wasserpolizeibehörde einbringen, ebenso Lenhard-Reichau S. 433; a. M. Holtz-Kreutz Anm. 9 zu § 199 (§ 23). Er bedarf dieser Genehmigung jedoch nicht:

a) wenn an dem See einem anderen keinerlei Rechte, also weder Eigentums- noch Benutzungsrechte zustehen. Solche Rechte werden stets auf besonderen Titeln beruhen (Vertrag, Ersitzung, Miteigentum).

In Betracht kommen auch hier Fischereirechte, Rechte auf Wasserentnahme, Tränkrechte, ferner Rechte zum Baden, Waschen, Schwemmen;

b) wenn es ausgeschlossen ist, daß durch die Einbringung der genannten Stoffe andere Gewässer verunreinigt werden können.

Diese von der wasserpolizeilichen Genehmigung unabhängigen Rechte hat aber nur der Eigentümer. Jeder andere, zur Benutzung oder Mitbenutzung des Sees Berechtigte, darf eine solche Einleitung über den Gemeingebrauch hinaus nicht vornehmen, ohne die vorherige Genehmigung der Wasserpolizeibehörde (vgl. jedoch Anm. zu § 379 Abs. 6). Beruhen solche Benutzungsrechte eines Dritten auf Vertrag oder anderen privatrechtlichen Titeln, so kann auch die Wasserpolizeibehörde eine Einleitung über die Grenzen dieser Titel hinaus nicht genehmigen, denn zu Eingriffen in Privatrechte ist die Wasserpolizeibehörde nur in denjenigen Fällen berechtigt, in denen dies ausdrücklich im Gesetz bestimmt ist.

9. Nach ALR. ist ein Gemeingebrauch an solchen im freien Eigentum stehenden Seen ausgeschlossen und damit auch die Ersitzung eines solchen Rechts an Seen im Geltungsbereich des ALR. Die Bestimmung hat deshalb nur Bedeutung für solche Rechtsgebiete, in welchen ein Gemeingebrauch an derartigen im Privateigentum stehenden Seen überhaupt möglich ist.

Die Bestimmung des § 199 ist ein Schutzgesetz im Sinne des § 823 Abs. 2 BGB. Daraus ergibt sich als Rechtsfolge bei schuldhaftem Verstoß gegen § 199 Schadensersatzanspruch des Geschädigten, der im ordentlichen Rechtsweg zu verfolgen ist.

§ 200.

(1) Der Eigentümer[1]) eines Grundstücks darf das unterirdische Wasser zum Gebrauch oder Verbrauche[2]) nicht dauernd[3]) in weiterem Umfang als für eine eigene Haushaltung und Wirtschaft[4]) (§ 25 Abs. 4) zutage fördern[5]), wenn dadurch

1. der Wassergewinnungsanlage[6]) oder der benutzten[7]) Quelle eines anderen das Wasser entzogen oder wesentlich geschmälert oder
2. die bisherige Benutzung des Grundstücks eines anderen erheblich beeinträchtigt[8]) oder
3. der Wasserstand eines Wasserlaufs oder eines Sees (§ 199) derart verändert wird, daß andere in der Ausübung ihrer Rechte daran beeinträchtigt werden[9]).

(2) Den Geschädigten steht kein Anspruch auf Unterlassung zu, wenn der aus der Zutageförderung zu erwartende Nutzen den ihnen erwachsenden Schaden erheblich übersteigt oder wenn das Unternehmen, für das die Zutageförderung erfolgt, dem öffentlichen Wohle dient. Sie können jedoch die Herstellung von Einrichtungen fordern, durch die der Schaden verhütet oder ausgeglichen wird, wenn solche Einrichtungen mit dem Unternehmen vereinbar und wirtschaftlich gerechtfertigt sind. Soweit der Schaden nicht verhütet oder ausgeglichen werden kann, ist insofern Schadensersatz zu leisten, als die Billigkeit nach den Umständen eine Entschädigung erfordert[10]) [11]) [12]).

(3) Die Entschädigung kann, wenn der Unternehmer dies beantragt, auch in wiederkehrenden Leistungen bestehen. Der § 51 Abs. 2 Satz 2 ist entsprechend anzuwenden[13]) [14]).

Ent. § 178; B. 181ff.; KBA. 307ff.; L. II 8210ff.

1. Der Grundstückseigentümer darf ohne Rücksicht auf die Rechte anderer das unterirdische Wasser zutage fördern.:

a) dauernd für seinen eigenen Haus- und Wirtschaftsbedarf zum Ge- und Verbrauch,

b) vorübergehend auch in weiterem Umfange, also über den eigenen Haus- und Wirtschaftsgebrauch hinaus.

Untersagt ist ihm das dauernde Zutagefördern über den eigenen Haus- und Wirtschaftsbetrieb hinaus, wenn die im Abs. 1 Nr. 1—3 näher bezeichneten Schädigungen und Beeinträchtigungen dadurch entstehen. Es genügt hier nicht lediglich die Befürchtung, daß Schäden entstehen können, sondern es wird gefordert, daß ein solcher Schaden tatsächlich entstanden ist. Aus dem Wortlaut des § 200 Abs. 1 ist zwar nicht ohne weiteres zu entnehmen, daß der Schaden schon entstanden sein muß. Aus der Natur der Sache erfolgt aber, daß die Schädigung oder Beeinträchtigung erst dann feststellbar ist, wenn sie entstanden ist.

2. Gebrauch oder Verbrauch s. Anm. 3 zu § 40.

„Keiner Einschränkung ist die Zutageförderung unterirdischen Wassers unterworfen, die nicht zum Zwecke des Gebrauchs und Verbrauchs des Wassers erfolgt." Insbesondere ist es daher dem Grundeigentümer unbenommen, dem Boden zum Zwecke der Entwässerung, z. B. auch durch Drainierung, nach Belieben Wasser zu entziehen, mögen dadurch auch benachbarte Grundstücke in Mitleidenschaft gezogen werden (Begr. 183).

3. „**Nicht dauernd**", also nur zu vorübergehenden Zwecken, das sind solche, von denen mit Sicherheit anzunehmen ist, daß sie nach verhältnismäßig kurzer Zeit wieder wegfallen (Eymann 1, 306). Über die Länge der Zeit lassen sich keine allgemein gültigen Regeln aufstellen. Es wird auch darauf ankommen, was die Verkehrssitte als dauernd oder vorübergehend ansieht. Vorübergehend kann eine Benutzung auch dann sein, wenn sie für ein Unternehmen oder für die Ausführung einer großen Arbeit erfolgt, deren Beendigung nach Ablauf einer bestimmten, wenn auch längeren Reihe von Jahren, mit Sicherheit bevorsteht.

4. **Eigene Haushaltung.** Der Begriff der eigenen Haushaltung und Wirtschaft schließt die Zutageförderung unterirdischen Wassers für landwirtschaftliche oder industrielle Zwecke nicht grundsätzlich aus; sondern nur dann, wenn eine der in Abs. 1 unter Nr. 1, 2 und 3 genannten schädigenden Wirkungen eintritt.

Es kann also der Eigentümer auch für landwirtschaftliche und industrielle Zwecke unterirdisches Wasser auf seinem Grundstück zutagefördern. Nur der Umfang ist durch Satz 1 beschränkt.

5. **Zutage fördern,** das heißt an die Erdoberfläche mittels Stollen oder maschinellen Einrichtungen. Erforderlich ist aber immer, daß die Absicht des Eigentümers auf eine Zutageförderung gerichtet ist. Es gehört also nicht hierher, wenn bei Gelegenheit anderer Arbeiten unterirdische Wasseradern angeschlagen und die so hervorquellenden Wassermengen zur Erdoberfläche abgeleitet werden. Der Eigentümer ist aber verpflichtet, für die Abschließung bzw. Abdämmung derartiger angeschlagener Wasseradern Sorge zu tragen. Unterhält er den Wasserlauf zur Erdoberfläche, um ihn sich in irgendeiner Weise später nutzbar zu machen, so ist seine Absicht zwar nicht beim Anschlagen, wohl aber nachträglich auf eine unerlaubte Zutageförderung gerichtet.

6. Die Wassergewinnungsanlage des anderen muß eine gesetzlich erlaubte sein.

7. **Die Quelle** (Begr. s. Anm. 4 zu § 1) muß tatsächlich benutzt werden. Die Bestimmungen des § 178 wollen einen anderen Berechtigten vor Nachteil schützen. Benutzt der Eigentümer oder ein Dritter, der dies Recht vom Eigentümer ableitet, eine Quelle nicht, liegt also die Quelle gleichsam brach, so erleidet auch niemand Schaden, wenn ihre unterirdischen Wasseradern abgeschnitten oder verringert werden.

8. Z. B. durch Trockenlegung infolge Senkung des gewöhnlichen Grundwasserspiegels.

9. **Veränderung des Wasserstandes.** Nr. 3 verbietet, den Wasserstand eines Wasserlaufs oder eines nicht zu den Wasserläufen gehörenden Sees durch die Zutageförderung unterirdischen Wassers mittelbar derart zu verändern, daß andere in der Ausübung ihrer Rechte an dem Wasserlaufe oder See beeinträchtigt werden . . . Nicht selten wird jedoch die Zutageförderung unterirdischen Wassers durch die daraus folgende Veränderung des Grundwasserstandes mittelbar auf den Wasserstand eines Wasserlaufs nachteilig einwirken, ohne daß von einer Ableitung von Wasser aus dem Wasserlauf gesprochen werden kann. Dies wird dann vorliegen, wenn durch die Herausförderung von Wasser aus einem Grundstücke der Grundwasserstand auf anderen Grundstücken gesenkt und hierdurch ein Nachströmen des Wassers aus dem Wasserlaufe herbeigeführt wird, ohne daß letzteres Wasser auf jenem Grundstücke zutage gefördert wird. Denn hier kann man nicht von

einem durch Ableitung des Wassers erfolgenden Gebrauch oder Verbrauch im Sinne des § 40 Nr. 1 sprechen. Ein weiterer Fall würde gegeben sein, wenn oberhalb eines Wasserlaufs durch Zutageförderung des Grundwassers der Grundwasserstand gesenkt und dadurch mittelbar eine Senkung des Wasserstandes im Wasserlaufe herbeigeführt wird, indem diesem nunmehr weniger Wasser zufließt, als früher. Insbesondere kann die Entnahme unterirdischen Wassers in den Quellgebieten eines Wasserlaufs diese Folgen haben (Begr. 182).

10. Rechtsfolgen. Die Bestimmung des § 200 Abs. 2 ist ihrem Charakter nach eine Verbotsbestimmung. Die Rechtsfolgen der Verletznng sind aber abweichend vom bürgerlichen Recht eingeschränkt. Dies gilt insbesondere vom Unterlassungsanspruch, an dessen Stelle, wo er versagt ist, ein Anspruch auf Herstellung von Einrichtungen tritt. Der Schadensersatzanspruch ist gleichfalls eingeschränkt. Die Ansprüche des Geschädigten gestalten sich daher wie folgt:

Es stehen ihm grundsätzlich drei Ansprüche zu:

a) entweder der negatorische Anspruch auf Unterlassung einer weiteren Zutageförderung, oder

b) der Anspruch auf Herstellung von Einrichtungen, durch die der Schaden verhütet oder ausgeglichen wird,

c) Anspruch auf Schadensersatz.

Diese Ansprüche sind aber kumulativ und nicht unbedingt gegeben, sondern an Voraussetzungen geknüpft.

Zu a. Der Anspruch auf Unterlassung besteht dann nicht, wenn der aus der Zutageförderung zu erwartende Nutzen den dem Geschädigten erwachsenden Schaden erheblich übersteigt oder die Zutageförderung des Wassers dem öffentlichen Wohle dient. Wann das erstere der Fall ist, wird stets eine Frage sein, die evtl. durch Sachverständige zu ermitteln ist. Dem öffentlichen Wohle dienen durchweg alle kommunalen Wasserversorgungsanstalten, welche in weitem Umfange das Grundwasser zu Wasserversorgungszwecken benutzen. Solchen Unternehmungen gegenüber besteht also ein Anspruch auf Einschränkung oder Einstellung der Entnahme unterirdischen Wassers nicht. Dem Geschädigten verbleiben jedoch die Ansprüche unter b und c.

Zu b. Ist ein Anspruch auf Unterlassung nicht gegeben, so besteht ein solcher auf Herstellung von Einrichtungen, durch die der Schaden verhütet oder ausgeglichen wird, jedoch mit der Einschränkung, daß solche Einrichtungen mit dem Unternehmen vereinbar und wirtschaftlich gerechtfertigt sein müssen. Sind solche Einrichtungen nicht möglich, so verbleibt dem Geschädigten lediglich der Anspruch auf Schadensersatz. Er kann denselben mit dem Anspruch auf Herstellung solcher Einrichtungen verbinden, wenn die Herstellung solcher Einrichtungen zwar möglich, aber nicht vollständig ausreichend ist, um seinen Schaden zu beseitigen.

Zu c. Dieser Anspruch ist immer nur soweit gegeben, als der Schaden nicht durch Einrichtungen verhütet oder ausgeglichen werden kann (KBA. 310).

Es ist auch kein Anspruch auf vollen Schadensersatz gegeben, sondern der Geschädigte muß sich diejenigen Vorteile auf seinen Schaden anrechnen lassen, die er durch die Entziehung des Grundwassers oder das dieses Wasser entziehende Unternehmen selbst hat und die ihm nach den Umständen billigerweise deshalb angerechnet werden müssen. Welcher Art diese Vorzüge oder Vorteile, die er sich anrechnen lassen muß, sind, ist Tatfrage. Nicht dahin gehört aber z. B. die Annehmlichkeit, die ein Grundbesitzer dadurch hat, daß eine Gemeinde sich auf Kosten seiner unterirdischen Wasserquellen eine Wasserleitung anlegt und er nun in der Zukunft als Gemeindeangehöriger auch die Vorteile und die Annehmlichkeiten dieser Wasserleitungsanlage genießt (KBA. 307 ff.).

Der Schadensersatz nach „Billigkeit" umfaßt nicht auch den Ersatz von mittelbaren oder unvorhergesehenen Schäden (KBA. 308).

11. Die dem Geschädigten nach Abs. 2 zustehenden Ansprüche sind im ordentlichen Rechtswege zu verfolgen.

12. Die dem Eigentümer nach §§ 199—202 nicht zustehenden Rechte kann derselbe im Wege der Verleihung erwerben. Das Nähere s. in den Anm. zu § 203.

13. Auf eine Entschädigung in Form von wiederkehrenden Leistungen statt einer Kapitalabfindung kann nur auf Antrag des Unternehmers, dem allein das Wahlrecht zusteht, erkannt werden. Hat der Unternehmer die Form der wiederkehrenden Leistungen gewählt, so kann der Geschädigte sowohl wie der Unternehmer später eine Änderung (Erhöhung oder Ermäßigung) der Leistung verlangen, wenn die Verhältnisse eine solche Änderung als billig erscheinen lassen. Eine solche Änderung wird aber im Urteil vorzubehalten sein (§ 51 Abs. 2 Satz 2). Bei vertraglicher Festsetzung der Entschädigung können die Beteiligten auf das Recht einer späteren Änderung der Leistungen verzichten.

14. Die Ansprüche auf Schadensersatz setzen ein Verschulden des Grundeigentümers nicht voraus (Begr. 183 Abs. 3). Vgl. im übr. Werneburg in Ztschr. f. Agr. u. Wasserr. 5, 297.

§ 201.

Dem Eigentümer eines Grundstücks ist nicht gestattet, den Grundwasserstrom eines Tales durch unterirdische Anlagen aufzustauen[1], [2])

Ent. § 179; B. 181 ff.; KBA. 310 ff.; KBA. 53.

1. Auch bei unterirdischen Anlagen, die zur Aufstauung und Zurückhaltung des Grundwasserstromes eines Tales zukünftig bei vermehrten Anforderungen in Frage kommen können, sind erhebliche Schädigungen sowohl der oberhalb wie der unterhalb gelegenen Grundstücke nicht ausgeschlossen. Dem Grundeigentümer ist daher das Recht zur Errichtung solcher Anlagen nicht zugestanden (Begr. 184).

2. Bezüglich der unterirdischen Gewässer im Bergbaubetriebe vgl. Anm. 3 u. 4 zu § 396.

§ 202[1]).

(1) Der Eigentümer eines Grundstücks ist nicht befugt, Stoffe in den Boden einzubringen oder einzuleiten, durch die das unterirdische Wasser, ein Wasserlauf oder ein See (§ 199) zum Nachteil anderer[2]) verunreinigt wird[3]).

(2) Auf die Düngung von Grundstücken ist die Vorschrift des Abs. 1 nicht anzuwenden[4]).

Ent. § 180; B. 181 ff.; KBA. 311; L. II 8213; L. III 8575.

1. Die Bestimmung des § 202 berücksichtigt den „Zusammenhang der unterirdischen Wasseradern untereinander und ihre nicht selten bestehende Verbindung mit dem im Wasserlauf oder See oberirdische vorhandenen Wasser" (Begr. 184).

2. Die Einbringung oder Einleitung von solchen Stoffen oder in solchem Umfange, daß durch sie ein Nachteil für andere nicht entsteht, ist dem Eigentümer gestattet.

3. **Rechtsfolgen.** Die Unterlassungs- wie auch die Schadensersatzklage im ordentlichen Rechtswege ist bei Verstoß gegen § 202 unbeschränkt gegeben, jedoch ist Verschulden Voraussetzung des

Schadensersatzanspruchs. Bei Wasserläufen ist § 24 anzuwenden, ebenso kann die Wasserpolizeibehörde nach § 23 eingreifen.

4. Abs. 2 wird selten praktisch werden, weil derartige Stoffe in solchen Mengen kaum zu Düngzwecken Verwendung finden werden. Aber selbst wenn derartige zur Düngung verwendete Stoffe eine schädigende Wirkung auf das unterirdische Wasser, einen Wasserlauf oder einen See ausüben sollten, ist ihre Verwendung trotzdem gestattet. Es wird dadurch weder ein Schadensersatzanspruch, noch ein Eingriff der Wasserpolizeibehörde begründet.

§ 203.

(1) Die dem Grundstückseigentümer nach den §§ 199 bis 202 nicht zustehenden Rechte können von ihm[1]) und mit seiner Zustimmung auch von einem anderen[2]) durch Verleihung erworben werden. Ferner kann der Gebrauch oder Verbrauch von Wasser sowie die Einleitung von Wasser oder anderen flüssigen Stoffen durch mehrere Berechtigte im Ausgleichungsverfahren geregelt werden[3]).

(2) Die §§ 47 bis 52, 55 bis 73, 75 bis 77, 79 bis 85 und 87 bis 90 sind entsprechend anzuwenden[4]). Handelt es sich bei der Verleihung um den Erwerb eines dem Grundeigentümer nach § 200 nicht zustehenden Rechtes, so gelten die §§ 51, 82 mit der Maßgabe, daß der entstehende Schaden nur zu ersetzen ist, soweit die Billigkeit den Umständen nach eine Entschädigung erfordert[5]).

(3) Soweit das Recht, über das Wasser eines Sees (§ 199) oder über das unterirdische Wasser zu verfügen, dem Grundstückseigentümer nach den §§ 196 bis 202 zusteht oder beim Inkrafttreten dieses Gesetzes besteht und nach § 379 aufrechterhalten bleibt, kann dessen Sicherstellung nach § 86 verlangt werden[6]).

Ent. § 181; B. 184 ff.; KBA. 312 ff.; L. II 8213.

Vergleiche hierzu Pelzer, Verleihung und Sicherstellung in den Mitteilungen des Deutschen Wasserwirtschafts- und Wasserkraftverbandes 1926 Nr. 14 S. 75.

1. Verleihungsfähige Rechte. Die dem Grundstückseigentümer in bezug auf die unterirdischen Gewässer auferlegten Beschränkungen kann er durch Verleihung beseitigen. Diese Möglichkeit erstreckt sich auf die ihm in folgenden Paragraphen auferlegten Beschränkungen:

§ 199 Abs. 1 und 2 (LWA. in Ztschr. f. Agr. u. Wasserr. 4, 13, 16; 4, 87; ferner LWA. 1, 15).

§ 200 Abs. 1, sofern die dort unter Nr. 1, 2 oder 3 genannten Nachteile eintreten.

§ 201.

§ 202 Abs. 1 (LWA. 1, 52).

2. Berechtigten. Der Grundstückseigentümer ist lediglich den für die Verleihung (§§ 46ff.) gegebenen Bestimmungen unterworfen. Beantragt jedoch ein Dritter (nicht Grundstückseigentümer) die vorgenannten Rechte im Wege der Verleihung zu erwerben, so ist die Verleihung von der Zustimmung des Grundstückseigentümers abhängig, im Gegensatz zur Verleihung von Rechten an Wasserläufen.

Es wird also vor Einleitung eines Verleihungsverfahrens stets die vorherige Zustimmung des Grundstückseigentümers eingeholt werden müssen. Eine Form hierfür ist nicht vorgeschrieben.

3. Ausgleichung. Der Gebrauch und Verbrauch von Wasser und die Einleitung von Wasser und anderen flüssigen Stoffen ist, wenn das Recht hierzu von mehreren in Anspruch genommen bzw. ihnen verliehen wird, im Ausgleichungsverfahren zu regeln. Diese Berechtigung ist aber auf diese beiden Gebrauchsfälle beschränkt und kann nicht auf andere Fälle ausgedehnt werden. Eine Ausgleichung findet also nicht statt in den Fällen des § 199 Abs. 1, es sei denn, daß man die Senkung des Seewasserspiegels als einen Ge- bzw. Verbrauch des Wassers ansehen kann. Das wird Tatfrage sein (Holtze-Kreutz Anm. 3 und Lenhard-Reichau Anm. 2 zu § 203 sprechen sich für diese Auffassung aus). Ferner kommt keine Ausgleichung in Frage im Falle des § 202 Abs. 1. Es wird deshalb überhaupt eine Verleihung dieses Rechts an eine Mehrzahl von Berechtigten praktisch ausgeschlossen. Die Bestimmung bezweckt, daß kein Unternehmen zur Ausführung gelangt, dem überwiegende Rücksichten des öffentlichen Wohles entgegenstehen und daß eine Schädigung fremder Interessen nur dann zugelassen wird, wenn das Unternehmen nicht anders zweckmäßig oder doch nur mit erheblichen Mehrkosten durchgeführt werden kann und der daraus zu erwartende Nutzen den Schaden der Betroffenen erheblich übersteigt. Für nachteilige Wirkungen, die nicht durch zweckentsprechende Einrichtungen verhütet werden können, ist Entschädigung zu leisten (Begr. 184, 185).

4. **Entschädigung.** Grundsätzlich sind für die Entschädigung maßgebend die §§ 51, 82 WG. Der Abs. 2 Satz 2 schränkt jedoch noch ausdrücklich den Entschädigungsanspruch auf Anlagen der im § 200 genannten Art dahin ein, daß auch hier wie im § 52 Abs. 2 WG. die Entschädigung nur unter dem Gesichtspunkt der Billigkeit gefordert werden kann.

5. **Sicherstellung.** Die Rechte zur Verfügung über unterirdisches Wasser und über das Wasser eines Sees können sichergestellt werden, soweit sie nach § 379 aufrechterhalten sind. Die §§ 197 und 198, die im Abs. 3 gleichfalls genannt werden, gehören nicht hierher, da sich dieselben ausschließlich auf oberirdisches Wasser beziehen, Abs. 3 1. Teil aber ausdrücklich die Sicherstellungsmöglichkeit auf unterirdisches Wasser und das Wasser eines Sees beschränkt. Ebenso Holtz-Kreutz Anm. 10 und Lenhard-Reichau Anm. 3 zu § 204. (Vgl. LWA. **1**, 141, 144; **3**, 79; **4**, 12; ferner in Agr. u. Wasserr. **4**, 90 und OVG. in Zeitschr. f. Agr. u. Wasserr. 5, 19ff.)

§ 204.

(1) Wer unterirdisches Wasser zum Gebrauch oder Verbrauch[2]) über die Grenzen seines örtlich oder wirtschaftlich zusammenhängenden Grundbesitzes hinaus fortleiten will[1]), bedarf der polizeilichen Genehmigung[3]). Zuständig ist, wenn das Unternehmen der Versorgung von Ortschaften oder größeren Ortsteilen mit Trink- oder Nutzwasser dient, der Regierungspräsident, sonst der Landrat, in Stadtkreisen die Ortspolizeibehörde. Gegen die Entscheidung steht dem Unternehmer nur die Beschwerde im Aufsichtswege zu[4]).

(2) Ist das Recht zur Zutageförderung des unterirdischen Wassers durch Verleihung erworben, so bedarf es keiner polizeilichen Genehmigung nach Abs. 1[5]).

Ent. § 192; B. 185ff.; KBA. 313; L. II 8213.

Vorbemerkung. Die Bestimmung des § 204 hat lediglich polizeilichen Charakter. Sie berührt die zivilrechtlichen Ansprüche evtl. Geschädigter gemäß § 200 Abs. 2 nicht.

1. **Fortleiten.** Die Genehmigung beschränkt sich lediglich auf das Recht zur Fortleitung des zutagegeförderten Wassers.

2. **Zum Gebrauch und Verbrauch.** Es fällt unter den § 204 also nicht auch die „Fortleitung vom gebrauchten Wasser zum Zwecke der Beseitigung" (Begr. 186). Aber auch die Fortleitung ungebrauchten Wassers, dessen sich der Grundstückseigentümer nur entledigen will, unterliegt nicht der polizeilichen Genehmigung (s. Anm. 10, 11, 12, zu § 200).

3. **Polizeiliche Genehmigung.** Zuständig ist die Ortspolizeibehörde.

4. D. h. an die nächstvorgesetzte Aufsichtsbehörde.

5. Im Falle der Verleihung werden bereits alle polizeilichen Rücksichten im Verleihungsverfahren von Amts wegen erschöpfend geprüft (§ 69 Abs. 1). Als Verleihung ist die Sicherstellung gleichzusetzen; ebenso Holtz-Kreutz und Lenhard-Reichau.

§ 205.

An Seen, die nicht zu den Wasserläufen gehören, steht, soweit das Eigentum an ihnen nicht anderweit geordnet ist, den Anliegern das Eigentum anteilig zu. Der § 8 Abs. 2, 3 und der § 13 Abs. 2 sind sinngemäß anzuwenden.

Ent. § 183; B. 186; KBA. 313ff.

„Über das Eigentum an den nicht zu den Wasserläufen gehörenden Seen ist eine besondere Vorschrift erforderlich. Im landrechtlichen Gebiete gehören die „Landseen", soweit nicht besondere Titel es anders bestimmen, den Anliegern nach der Ausdehnung des Uferbesitzes und bis zur Mitte des Gewässers. Dies ist aber lediglich eine Folgerung aus den bisherigen gesetzlichen Bestimmungen, insbesondere des ALR. I, 9 §§ 267, 268 (RG. 3, 246) . . . Mit diesen gesetzlichen Bestimmungen, die durch § 399 Abs. 2 Nr. 1 aufgehoben werden, fällt auch die Folgerung, da der Fortbestand des nur auf gesetzlichen Vorschriften beruhenden Eigentums den Fortbestand dieser Vorschriften voraussetzt (OVG. 48, 179). Es würde also künftig in allen Fällen, in denen das Eigentum nicht grundbuchlich feststeht oder sonst eine besondere Regelung getroffen ist, an einer Gesetzesnorm fehlen, die das Eigentum an den nicht zu den Wasserläufen gehörenden Seen regelt. Das allgemeine bürgerliche Recht enthält keine Bestimmungen darüber. Der Entwurf schließt sich im wesentlichen dem geltenden Rechte an" (Begr. zu § 183 S. 186).

Dritter Abschnitt.

Wassergenossenschaften.

Erster Titel.

Allgemeine Vorschriften.

Vorbemerkung.

Die Bestimmungen des Gesetzes über die Wassergenossenschaften sind in weitem Umfange dem Gesetz, betr. die Bildung von Wassergenossenschaften v. 1. 4. 79, in geringerem Umfange dem Gesetz v. 19, 5. 91 entnommen. Die grundlegende Änderung, welche dieses Gesetz gegenüber dem preußischen Wassergenossenschaftsgesetz bringt, ist die, daß es Vorschriften über die sog. freien (d. h. lediglich auf privatrechtlicher Grundlage beruhenden) Genossenschaften des Wassergenossenschaftsgesetzes von 1879 nicht kennt. Das Wassergesetz kennt nur öffentliche Genossenschaften, d. h. Genossenschaften mit dem Charakter der öffentlich-rechtlichen Korporation (OVG. **71**, 364, 368, 369).

Es unterscheidet hierbei drei Arten:

1. die Genossenschaften auf Grund Übereinkunft aller Be-Beteiligten (§ 207 Abs. 2 Nr. 1).
2. Genossenschaften mit Zulässigkeit des Beitrittszwangs einer widersprechenden Minderheit durch Mehrheitsbeschluß (§ 207 Abs. 2 Nr. 2, §§ 238ff.).
3. Zwangsgenossenschaften, d. h. Genossenschaften, die ohne Zustimmung der Mehrheit oder gegen den Widerspruch aller Beteiligten gebildet werden können (§ 207 Abs. 2 Nr. 3; § 245).

Nach dem Wassergesetz können nur Genossenschaften zu wasserwirtschaftlichen Zwecken, nicht zur Durchführung von Meliorationen und dergleichen gebildet werden. Vgl. Gesetz über die Bildung von Bodenverbesserungsgenossenschaften v. 5. 5. 20, Gesetzsamml. S. 351. Zu den im § 206 angegebenen Zwecken können auch Erwerbs- und Wirtschaftsgenossenschaften nach dem Gesetze v. 1. 5. 89 — 20. 5. 89 (RG. Bl. 810) gebildet werden (KG. bei Johow **46**, 166).

§ 206.

Nach den Vorschriften dieses Gesetzes können Wassergenossenschaften gebildet werden[1]):

1. zur Unterhaltung[2]) von Wasserläufen zweiter oder dritter Ordnung und zum Ausbau solcher Wasserläufe zwecks Verbesserung der Vorflut oder des Hochwasserabflusses;
2. zur Unterhaltung der Ufer von Wasserläufen sowie zum Ausbau der Ufer[3]) zwecks Verbesserung der Vorflut oder des Hochwasserabflusses oder zum Schutze der Ufergrundstücke und der dahinter liegenden Grundstücke;
3. zur Reinhaltung von Gewässern;
4. zur Entwässerung und Bewässerung von Grundstücken und zur Unterhaltung von Entwässerungs- oder Bewässerungsanlagen[4]);
5. zur Verfehnung[5]) von Grundstücken und zur Unterhaltung von Verfehnungsanlagen;
6. zur Anlegung und zum Ausbau von Wasserläufen zweiter und dritter Ordnung und ihrer Ufer zu anderen als den unter Nr. 1 bis 5 bezeichneten Zwecken;
7. zur Unterhaltung und zum Ausbau von natürlichen Wasserläufen erster Ordnung sowie zum Ausbau ihrer Ufer zu anderen als den unter Nr. 2 bezeichneten Zwecken;
8. zur Herstellung und Unterhaltung der Schiffbarkeit oder Flößbarkeit von Wasserläufen sowie zur Herstellung und Unterhaltung neuer Schiffahrtsstraßen und anderer Schiffahrtsanlagen;
9. zur Anlegung, Unterhaltung und Ausnutzung von Stauanlagen;
10. zur Anlegung, Unterhaltung und Ausnutzung von

Wasserversorgungsanlagen[6]), soweit sie nicht unter Nr. 9 fallen;

11. zur Beseitigung von Hindernissen des Hochwasserabflusses;
12. zur Zurückhaltung von Wasser in den Niederschlagsgebieten von Wasserläufen;
13. zur Aufbringung von Beiträgen in den Fällen des § 174 Abs. 1, 2;
14. zur Aufhöhung und Aufspülung von Grundstücken im Interesse der Bodenkultur;
15. zur Verwertung städtischer Abwässer[7]) im Interesse der Bodenkultur und der Förderung der landwirtschaftlichen Erzeugung.

Ent. § 184; B. 37, 187; KBA. 316, 318; L. II 8216ff.

1. **Vorbemerkung.** Zu den nachfolgend unter 1—15 genannten Zwecken können in den Fällen der Nr. 1—5, 9, 11, 12, 14 und 15 Genossenschaften mit Beitrittszwang gebildet werden (§ 238). In den Fällen Nr. 1 und 2 können, soweit es sich lediglich um die Unterhaltung natürlicher Wasserläufe zweiter oder dritter Ordnung handelt, desgleichen in den Fällen Nr. 3 und 11, auch Zwangsgenossenschaften gebildet werden (§ 245).

2. **Aufgabe der Unterhaltungsgenossenschaften.** Vgl. LWA. 2, 123; PVBl. 25, 253; 28, 730; 38, 157; 39, 330; 46, 19.

3. **Ausbaugenossenschaften.** Hier kommen Wasserläufe aller Ordnungen in Frage. Der Unterschied zwischen Unterhaltungsgenossenschaften und Ausbaugenossenschaften besteht im übrigen darin, daß der Zweck der ersteren auf die Erhaltung des bisherigen Zustandes des Wasserlaufs, der Zweck der letzteren auf die Verbesserung des Zustandes gerichtet ist. Die Unterhaltungsgenossenschaft kann im Wege der Satzungsänderung sich zur Ausbaugenossenschaft erweitern. (Vgl. Bochalli, Wassergenossenschaftsrecht S. 13.)

4. **Entwässerung und Bewässerung.** Vgl. LWA. 4, 121. Bewässerung ist jede Zuleitung von Wasser, die zu dem Zweck erfolgt, den Boden zu befruchten oder die im Wasser befindlichen Stoffe für die Bodenkultur nutzbar zu machen. Entwässerung ist jede Wegleitung von Wasser, die zu dem Zweck erfolgt, dem auf einem Grundstück stehenden oder im Boden stauenden Wasser

einen Abfluß zu verschaffen oder den bestehenden zu verbessern (vgl. § 331 Anm. 1).

5. **Verfehnung.** Unter Verfehnung versteht man eine Kultivierung von Hofmoor, die darin besteht, daß das Moor durch eine bis in den mineralischen Boden einschneidende Entwässerung trockengelegt, die Torfsubstanz entnommen und der mineralische Untergrund durch Vermischung mit dem Rückstande des Moores, insbesondere mit der zurückzuhaltenden obersten Schicht (Bunkerde) zu Kulturland gemacht wird (Begr. 187).

Die zur Verfehnung erfolgende Entwässerung geht also über eine gewöhnliche, nur die Trockenlegung der oberen Bodenschicht bezweckende Entwässerung hinaus.

6. **Wasserversorgungsanlage.** Hier kann ein Beitrittszwang nicht ausgeübt werden. Es braucht nicht notwendig eine Genossenschaft überhaupt gebildet zu werden. Es ist auch eine andere Organisation, wie z. B. Aktiengesellschaft u. dgl. möglich (KG. in Johow **46**, 166).

7. **Verwertung städtischer Abwässer.** Die Ziffer 15 ist durch Gesetz vom 14. 3. 24 (Gesetzsamml. S. 137) hinzugefügt.

§ 207.

(1) Die Bildung der Genossenschaft erfordert den Nachweis, daß das Unternehmen dem öffentlichen Wohle dient oder einen gemeinwirtschaftlichen Nutzen bezweckt[1]).

(2) Sie erfolgt[2]):

1. durch Genehmigung der Satzung auf Grund eines einstimmigen Beschlusses der Beteiligten;
2. durch Genehmigung der Satzung auf Grund eines Beschlusses der Mehrheit unter zwangsweiser Heranziehung der Minderheit;
3. durch Erlaß der Satzung ohne Zustimmung der Mehrheit.

1. **Gemeinwirtschaftlicher Nutzen.** Vgl. AusfAnw. V Nr. 5. Die Genossenschaft muß entweder dem öffentlichen Wohle dienen (Begr. s. § 19 Anm. 12) oder einen gemeinwirtschaftlichen

Nutzen haben. Der Begriff des gemeinwirtschaftlichen Nutzens ist enger als der des öffentlichen Wohles.

Auf die Zahl derjenigen, welche einen Nutzen haben würden, kommt es weniger an. Das Unternehmen, dem die Genossenschaft dienen soll, muß aber nicht lediglich dem Vorteil einzelner oder einer größeren Anzahl von Personen dienen, sondern es muß dem wirtschaftlichen Nutzen der Allgemeinheit zu dienen bestimmt sein.

Unzulässig ist die Bildung einer Genossenschaft, die ausschließlich — wenn auch verschleiert — den Zweck verfolgt, den Mitgliedern eine Krediterleichterung zu verschaffen. (So Bochalli, „Wassergenossenschaftsrecht" S. 18; Lenhard-Reichau S. 458; a. A. Holtz-Kreutz Anm. 1 zu § 207, die Handausgabe von Holtz jedoch zustimmend.)

Rein fiskalische Interessen genügen gleichfalls nicht. Über das Vorhandensein der Voraussetzungen entscheiden die Verwaltungsbehörden bei Genehmigung oder Erlaß der Satzungen nach freiem Ermessen. Der in Abs. 1 geforderte Nachweis gehört zu den allgemeinen Voraussetzungen für die Anwendung des Beitrittszwanges (LWA. 2, 138). Im Falle der Zwangsbildung entscheidet im Streitfalle der Bezirksausschuß im Verfahren nach § 270 Abs. 1 (LWA. 2, 130, 136, 138).

2. Entstehung der Genossenschaft. Nach ihrer Entstehung zerfallen die Wassergenossenschaften in

a) die freiwilligen Genossenschaften,

b) die Genossenschaften mit Beitrittszwang, §§ 238 ff.

c) die Zwangsgenossenschaften, §§ 245 ff.

Mit der Genehmigung der Satzung wird die Genossenschaft begründet (OVG. 79, 343).

§ 208.

Ist die Satzung genehmigt oder erlassen, so kann nicht mehr geltend gemacht werden, daß eine Voraussetzung für ihre Genehmigung oder ihren Erlaß nicht vorgelegen habe.

Ent. §§ 185 und 186; B. 188; KBA. 319.

Wirkung der Genossenschaftsbildung. Nach Erlaß oder Genehmigung der Satzung kann also nicht mehr geltend gemacht werden, daß das Unternehmen dem öffentlichen Wohle oder einem gemeinwirtschaftlichen Nutzen nicht diene oder daß andere Voraussetzungen für die Genehmigung oder den Erlaß der Satzungen gefehlt haben. Es werden deshalb auch durch die Genehmigung oder den Erlaß der Satzung etwaige Mängel des Verfahrens sowohl Genossen wie auch Behörden und Dritten gegenüber geheilt (Begr. 188; OVG. **22**, 84; **30**, 301, 302; **56**, 371; **66**, 361; **73**, 378, 387; PVBl. **32**, 301; AusfAnw. V, 5).

§ 209.

(1) Die Genossenschaft ist rechtsfähig[1]).

(2) Sie muß ihren Sitz in Preußen haben.

Ent. § 187; B. 189; KBA. 319.

1. **Rechtsfähigkeit der Genossenschaft.** Die Genossenschaft ist eine Körperschaft des öffentlichen Rechts (OVG. **59**, 343). Sie verliert ihre Rechtsfähigkeit nur durch Auflösung gemäß §§ 278ff., nicht durch Konkurseröffnung. Ihr Sitz muß in der Satzung angegeben werden (vgl. Bochalli, Wassergenossenschaftsr. S. 20).

§ 210.

Der Genossenschaft können außer den jeweiligen Eigentümern der bei den Unternehmen beteiligten Grundstücke, Bergwerke[1]) und gewerblichen Anlagen nur diejenigen Wassergenossenschaften sowie Kommunal-, Deich- und Fischereiverbände, die an dem Unternehmen ein Interesse haben, als Genossen[2]) angehören. Den Eigentümern stehen die Erbbauberechtigten gleich.

Ent. § 188; B. 189.

1. **Bergwerkseigentümer.** Vgl. OVG. **53**, 340. Bergwerke und gewerbliche Anlagen können also nicht nur mit ihrem Grundeigentum beteiligt sein. Es ist dies von Bedeutung bei der Abmessung des Stimmrechts im Falle des § 238 Abs. 2, sowie bei bei der Verteilung der Umlage nach § 225. Der Bergwerkseigentümer ist also stimmberechtigt sowohl als Eigentümer der beteiligten Grundstücke wie auch als Bergwerksbesitzer. Eigentümer eines Bergwerks im Sinne des § 210 ist nicht nur der Bergwerkseigentümer des Allgemeinen Berggesetzes, sondern auch derjenige, welcher aus einem vom Grundeigentum abgeleiteten Abbaurecht Eigentümerbergbau betrieben hat (KBA. 319).

2. **Mitgliedschaft.** Die Wassergenossenschaften sind grundsätzlich Realgenossenschaften. Bei einem Eigentumswechsel tritt der Erwerber ohne weiteres an Stelle des früheren Eigentümers in die Genossenschaft ein und ist an die Erklärungen seines Rechtsvorgängers gebunden (OVG. 30, 301; 53, 340; PVBl. 20, 38).

Eine Ausnahme vom Realprinzip besteht insofern, als den Eigentümern der Grundstücke diejenigen Wassergenossenschaften sowie Verbände des öffentlichen Rechts gleichstehen, die an dem Unternehmen ein so beschaffenes Interesse haben, daß ihr Zutritt zur Genossenschaft praktischen Zweck hat (LWA. 2, 139, 152; PVBl. 38, 520, 523).

Eine Genossenschaft kann auch ausschließlich aus Verbänden bestehen (LWA. 2, 140, 152; PVBl. 38, 520, AusfAnw. V Nr. 6). Die Genossenschaftsbildung muß sich auf das preußische Staatsgebiet beschränken (LWA. 3, 181). Zur Vereinigung von ir. Preußen gelegenen Grundstücken mit solchen benachbarter deutscher Länder ist ein Staatsvertrag erforderlich (LWA. a. a. O.).

§ 211.

(1) Für den Beitritt[1]) von Körperschaften, Stiftungen und Anstalten des öffentlichen Rechtes ist die Genehmigung des Staates nicht erforderlich.

(2) Lehns- und Fideikommißbesitzer sind befugt, ohne Zustimmung der Anwärter der Genossenschaft beizutreten.

Ent. § 189; B. 189; KBA. 320.

1. **Beitritt** (vgl. AusfAnw. V Nr. 7). Bezüglich des Beitritts geschäftsunfähiger oder in der Geschäftsunfähigkeit beschränkter Personen und nicht allein verfügungsberechtigter Ehegatten gilt folgendes:

Geschäftsunfähige oder in der Geschäftsfähigkeit beschränkte Personen bedürfen der Zustimmung ihres gesetzlichen Vertreters. Dieser bedarf aber nicht der Genehmigung des Vormundschaftsgerichts. Auch bedarf ein Ehegatte nicht der Zustimmung des anderen Ehegatten. Es folgt dies daraus, daß in dem Beitritt eines Grundstückseigentümers zu einer Genossenschaft eine Verfügung über das Grundstück nicht zu erblicken ist, denn durch den Beitritt wird keine Rechtsänderung bezüglich des Grundstücks unmittelbar herbeigeführt. Es kann höchstens in Frage kommen, ob durch den Beitritt zu einer Genossenschaft die Verpflichtung zu einer Verfügung über das Grundstück eingegangen wird. Eine solche Verpflichtung würde, wenn sie überhaupt vorliegt, keine Verfügung über das Grundstück bedeuten. Eine vormundschaftsgerichtliche Genehmigung oder Genehmigung des anderen Ehegatten ist aber nur dann erforderlich, wenn es sich um eine Verfügung über das Grundstück handelt. Dieser Standpunkt ist auch von der Regierung in der Kommission zutreffend vertreten.

Dasselbe gilt auch für den nachträglichen Eintritt in eine bestehende Genossenschaft. Die AusfAnw. V Nr. 7 spricht dagegen, sondern dafür Holtzapfel in Preußisches Verwaltungsblatt 434, 157; a. M. Holtz-Kreutz 3 zu § 211.

§ 212.

(1) Die Genossenschaft muß einen Vorstand[1]) haben. Dieser kann aus einer Person oder aus mehreren Personen bestehen, von denen eine den Vorsitz führt.

(2) Der Vorstand vertritt die Genossenschaft gerichtlich und außergerichtlich. Er hat die Stellung eines gesetzlichen Vertreters. Der Umfang seiner Vertretungsmacht kann durch die Satzung mit Wirkung gegen Dritte beschränkt werden. Er führt die Verwaltung der Genossenschaft, sofern nicht einzelne Geschäfte durch Gesetz oder Satzung dem Vorsitzenden des Vorstandes oder der Mitgliederversammlung überwiesen sind.

(3) Der Vorsitzende des Vorstandes, der sich als solcher ausweist[2]), bedarf zur Vertretung des Vorstandes vor den Prozeßgerichten und den Verwaltungsgerichten keiner besonderen Vollmacht.

(4) Abgesehen von den Fällen des § 275 Abs. 1, 2 und des § 278 Abs. 1 Nr. 1 kann durch die Satzung bestimmt werden, daß an die Stelle der Mitgliederversammlung ein von den Genossen zu wählender Ausschuß tritt.[3])

Ent. § 190; B. 189; KB. 321.

1. **Vorstand.** Das Amt des Vorstandes ist ein Ehrenamt. Die Vorstandsmitglieder haben die rechtliche Stellung von mittel-

baren Staatsbeamten. Es gelten mithin für die Haftung der Vorstandsmitglieder die für die Beamtenhaftung maßgebenden Grundsätze (Bochalli, Kommentar S. 69ff.; RG. in PVBl. 8, 182; RG. in Gruchow 30, 390).

Die Wahl des Vorstandes erfolgt für die in der Satzung bestimmte Wahlzeit. Es wird nicht durch stillschweigende Zustimmung der Genossen und der Aufsichtsbehörde verlängert (vgl. Bochalli, „Wassergenossenschaftsr." S. 24, Entsch. OLG. 24, 241). Die Vertretungsbefugnis des Vorstandes erstreckt sich auf alle innerhalb des Rechtskreises der Genossenschaft liegenden Rechtsgeschäfte, auch auf den Erwerb von Grundstücken für die Genossenschaft (OLG. Köln in Johow 19, 357).

Auch im Prozeß ist der Vorstand der gesetzliche Vertreter der Genossenschaft, es sei denn, daß dieser nur aus einer Person besteht, und diese selbst Partei ist (RGZ. 66, 243). Der Vorstand ist im Zweifel für alle Verwaltungsgeschäfte zuständig. Er hat auch polizeiliche Befugnisse. Zum Einschreiten gegen Nichtgenossen ist er nicht berechtigt (OVG. 20, 217; 26, 449). Die Vorstandsmitglieder brauchen nicht Mitglieder der Genossenschaft zu sein. Die Genossen können durch die Satzung zur Übernahme des Vorstandsamtes verpflichtet werden. (So Bochalli, „Genossenschaftsrecht" S. 23; Lenhard-Reichau S. 464, 477).

Die Genossenschaft ist nicht befugt, ein Vorstandsmitglied seines Amtes zu entsetzen. Dies ist gemäß § 231 nur Sache der Aufsichtsbehörde (Holtz-Kreutz Anm. 1 zu § 121; a. A. Lenhard-Reichau S. 466).

2. Vgl. § 214 Nr. 8.

3. **Ausschuß.** Vgl. AusfAnw. V Nr. 9 Abs. 4 ist von einschneidender Bedeutung, indem er zuläßt, daß durch die Satzung die Mitgliederversammlung als Organ ausgeschaltet und an ihre Stelle ein von den Genossen zu wählender Ausschuß gesetzt wird. Dieser Ausschuß hat, wo er satzungsgemäß eingeführt ist, über alle nach dem Gesetz oder der Satzung der Mitgliederversammlung vorbehaltenen Gegenstände zu entscheiden. Dieser Beschlußfassung entzogen sich jedoch:

a) eine Änderung der Satzungen, durch welche ein neuer Genossenschaftszweck eingeführt wird (§ 275 Abs. 1 2);

b) die Entscheidung über die Auflösung der Genossenschaft (§ 278 Abs. 1 Nr. 1).

Für beide Beschlüsse ist stets nur die Mitgliederversammlung zulässig.

§ 213.

Die Rechtsverhältnisse der Genossenschaft und der Genossen richten sich, soweit sie nicht in diesem Gesetze geregelt sind, nach der Satzung[1]).

Ent. § 191; B. 189; KBA. 322.

1. **Natur der Satzung.** Die Bestimmungen der Satzung haben die Natur vertraglicher, durch höhere Genehmigung bestätigter Festsetzungen und damit öffentlich-rechtlichen Charakter. Sie haben die Eigenschaft von Rechtsnormen (RG. 31, 235; 42, 307; Gruchow 53, 1084; JW. 1909, 117; PVBl. 32, 186; LWA. 1, 186).

Dritten Personen steht die Genossenschaft ebenso gegenüber wie jeder andere Unternehmer. Sie ist deshalb auch Unterlassungs- und Schadensersatzansprüchen ausgesetzt (JW. 1916, 142).

§ 214.

(1) Die Satzung[1]) muß Bestimmungen enthalten über:

1. den Namen und Sitz der Genossenschaft;
2. den Genossenschaftszweck unter Bezugnahme auf den Plan des Unternehmens;
3. etwaige Änderungen des Planes;
4. die Benutzung und Unterhaltung der genossenschaftlichen Anlagen;
5. die von den Genossen zu übernehmenden Beschränkungen des Grundeigentums und die ihnen sonst obliegenden Verpflichtungen;
6. das Verhältnis der Teilnahme an den Nutzungen und Lasten sowie am Stimmrechte;
7. die Aufstellung des Haushaltsplans und die Feststellung und Entlastung der Rechnung;
8. die Zusammensetzung und die Wahl des Vorstandes, die Befugnisse des Vorstandes und, wenn der Vorstand aus mehreren Mitgliedern besteht, auch die seines Vorsitzenden, die Formen für den Ausweis der Vorstands-

mitglieder und die Beurkundung ihrer Beschlüsse;

9. die Voraussetzungen und die Form für die Zusammenberufung der Mitgliederversammlung oder des an ihre Stelle tretenden Ausschusses und die Beurkundung ihrer Beschlüsse;
10. die Gegenstände, die der Beschlußfassung der Mitgliederversammlung oder des Ausschusses unterliegen sollen;
11. die Zusammensetzung und die Wahl der Schaukommissionen (§ 237);
12. die Form für die Bekanntmachungen der Genossenschaft;
13. die öffentlichen Blätter, in welche die Bekanntmachungen aufzunehmen sind, soweit sie nach dem Gesetze, der Satzung oder den Beschlüssen der Genossenschaftsorgane durch öffentliche Blätter zu ergeben haben.

(2) Der Satzung ist ein Verzeichnis[3]) der beteiligten Grundstücke, Bergwerke und gewerblichen Anlagen mit Angabe der jeweiligen Eigentümer sowie der beteiligten Verbände beizufügen. Das Verzeichnis ist auf dem laufenden zu erhalten.

Ent. § 192; B. 190; KBA. 322.

1. Inhalt der Satzung. Durch § 214 wird zwingend der notwendige Inhalt der Satzung bestimmt. Die Satzung muß einen bestimmten Ort als Sitz angeben; die Bestimmung, daß die Genossenschaft ihren Sitz am Wohnorte des jeweiligen Vorstehers habe, genügt nicht (Lenhard-Reichau S. 468).

Der Plan ist ein Teil der Satzung und kann nur auf demselben Wege wie die Satzung geändert werden, wenn diese nicht etwas anderes bestimmt (OVG. 68, 374). Der Inhalt des Plans entscheidet in erster Linie über die Frage, was jeweils als gemeinschaftliche Anlage anzusehen ist (OVG. 11, 250; 38, 267; PVBl. 32, 186).

Die Genossen können durch Bezugnahme auf den Plan im Satzungsentwurf nicht zu besonderen Verpflichtungen gezwungen werden. Hierzu ist eine ausdrückliche Bestimmung der Satzung erforderlich (LWA. 4, 169). Die der V. AusfAnw. als Anlage beigefügten Muster I und II der Satzungen sind durch die dem Erlasse des Landwirtschaftsministers beigefügten Anlagen in einigen Punkten geändert worden. Sie sollen nur als Anhalt dienen. Eine Ergänzung der Mustersatzung z. B. durch Aufnahme von Sonderbestimmungen über Folgeeinrichtungen oder durch Durchführung der gemeinschaftlichen Anlagen ist zulässig (vgl. AusfAnw. V, 25).

2. **Teilnehmerverzeichnis.** Dieses ist nicht Bestandteil der Satzung und kann daher formell geändert werden. Erb- und Miteigentümer müssen nach Namen, Stand und Wohnort eingetragen werden (vgl. Bochalli S. 30).

§ 215.

Durch die Satzung können Vorschriften über die Bildung eines Schiedsgerichts[1]) getroffen werden, das bei Streitigkeiten über genossenschaftliche Angelegenheiten auf Anrufen beider Parteien zu entscheiden hat.

Ent. § 193; B. 190; KBA. 323; L. II 8219.

1. **Schiedsgericht.** Das satzungsgemäß vorgesehene Schiedsgericht kann nur im Einverständnis beider Parteien in Tätigkeit treten. In der Satzung kann nicht bestimmt werden, daß die Genossen sich der Entscheidung des Schiedsgerichts unterwerfen müssen (vgl. AusfAnw. V Nr. 10).

Abweichende Bestimmungen der bisherigen Satzungen bleiben jedoch gemäß § 283 Abs. 2 in Kraft. Durch die Fassung des § 215 ist auch für genossenschaftliche Angelegenheiten stets der Rechtsweg offengelassen, falls auch nur eine der Parteien den Rechtsweg vorzieht.

Das Schiedsgericht kann nur über Streitigkeiten zwischen den Genossen und der Genossenschaft oder zwischen den Genossen untereinander über genossenschaftliche Angelegenheiten entscheiden. Es kann nicht in Streitigkeiten der Genossenschaft mit außenstehenden Dritten angerufen werden (OVG. 21, 82; 27, 45; 32, 301).

Das Schiedsgerichtsverfahren richtet sich nach den §§ 1026 ff. ZPO. Die Wahl der Beisitzer des Schiedsgerichts soll gleich in der ersten Mitgliederversammlung erfolgen (MinErl. v. 27. 3. 11 im MinBl. f. Landw. 1911 S. 108).

§ 216.

In Genossenschaften mit mehr als zwei Mitgliedern darf kein Genosse mehr als zwei Fünftel aller Stimmen führen[1]).

Ent. § 194; V. 190.

1. **Höchststimmzahl.** Die Vorschrift ist zwingend. Es soll ausgeschlossen werden, daß ein Stimmverhältnis eintritt, das dazu führen könnte, die Genossenschaft für Privatinteressen auszubeuten. Es ist aber zulässig, daß ein Genosse mehr als $^2/_5$ der im Abstimmungstermin vertretenen Stimmen führt. Über die Art der Stimmberechnung vgl. **Holtz-Kreutz** Anm. 2 zu § 216.

§ 217.

(1) Die Genossenschaft steht unter der Aufsicht des Staates[1]).

(2) Die Aufsicht beschränkt sich auf die ordnungsmäßige Ausführung, Unterhaltung und Wiederherstellung der genossenschaftlichen Anlagen sowie darauf, daß die Angelegenheiten der Genossenschaft in Übereinstimmung mit den Gesetzen und der Satzung verwaltet werden.

(3) Die Aufsicht wird bei den Genossenschaften, die ausschließlich zu einem der im § 206 Nr. 1—6 bezeichneten Zwecke gebildet werden sowie im Falle des § 206 Nr. 9, wenn es sich nicht um eine Talsperre (§ 106) und im Falle des § 206 Nr. 13, wenn es sich nicht um einen Wasserlauf erster Ordnung handelt, durch den Landrat als Vorsitzenden des Kreisausschusses, in Stadtkreisen durch die Ortspolizeibehörde, in zweiter Instanz durch den Regierungspräsidenten, bei den übrigen Genossenschaften durch den Regierungspräsidenten, in zweiter Instanz durch den Oberpräsidenten geführt. Zuständig ist diejenige Behörde, in deren Bezirk die Genossenschaft ihren Sitz hat.

(4) Die Aufsichtsbehörde ist berechtigt, ihre Anordnungen unmittelbar durchzusetzen.

Ent. § 196; B. 190; KBA. 323.

1. **Staatsaufsicht.** Der Aufsichtsbehörde steht nur eine überwachende Tätigkeit zu. Ihre Befugnisse sind durch das Wassergesetz erschöpfend geregelt (vgl. §§ 218—221, 231, 247).

Die Bestimmung des § 217 Abs. 4 stellt klar, daß die Aufsichtsbehörde befugt ist, ihre Anordnungen mit den im § 132 LVG. gegebenen Zwangsmitteln durchzusetzen, ohne auf den Umweg der Zwangsetatisierung gemäß § 219 WG. angewiesen zu sein (AusfAnw. V Nr. 11). Vgl. im übrigen OVG. **11**, 255; **23**, 240; **33**, 321; **38**, 268; **44**, 307; **47**, 300; und Bochalli, „Wassergenossenschaftsr." S. 34 und 35). Als Rechtsmittel ist nur die Aufsichtsbeschwerde gegeben.

§ 218.

Kommt die durch die Satzung vorgeschriebene Wahl des Vorstandes oder einzelner Mitglieder trotz der Aufforderung der Aufsichtsbehörde nicht zustande, so ist diese befugt, für die fehlenden Mitglieder Vertreter zu bestellen[1]), die bis zur ordnungsmäßigen Wahl der fehlenden Mitglieder deren Obliegenheiten wahrzunehmen haben. Die Aufsichtsbehörde kann eine angemessene Entschädigung für sie festsetzen.

Ent. § 196; B. 191; KBA. 324.

1. **Bestellung von Vertretern durch die Behörde.** Die Bestimmung hat den Zweck, die ordnungsmäßige Fortführung der genossenschaftlichen Geschäfte zu sichern. Eine Verpflichtung zur Übernahme des Amtes als Vorstandsmitglied besteht nur, wenn die Satzung dies vorsieht (Begr. 191; OVG. **33**, 316; Bochalli, „Wassergenossenschaftsr." S. 46; scheinbar a. A. Holtz-Kreutz, Handausgabe Anm. zu § 218). Die im Satz 2 vorgesehene Entschädigung ist von der Genossenschaft zu tragen.

§ 219.

(1) Unterläßt oder verweigert es die Genossenschaft, die ihr gesetz- und satzungsmäßig obliegenden, von einer

Behörde innerhalb der Grenzen ihrer Zuständigkeit festgestellten Leistungen und Ausgaben in den Haushaltsplan aufzunehmen oder außerordentlich zu genehmigen, so kann die Aufsichtsbehörde unter Anführung der Gründe die Aufnahme in den Haushaltsplan oder die Feststellung der außerordentlichen Ausgabe und die Einziehung der erforderlichen Beiträge verfügen[1]).

(2) Gegen die Verfügung steht der Genossenschaft binnen zwei Wochen die Klage beim Bezirksausschuß zu. Ist der Regierungspräsident Aufsichtsbehörde, so hat er für das Verwaltungsstreitverfahren einen Kommissar zu bestellen, der ihn in allen Rechtshandlungen zu vertreten hat.

Ent. § 198; B. 191.

1. **Zwangsetatisierung.** Über die Voraussetzungen der Zwangsetatisierung vgl. OVG. **13**, 57; **16**, 216; **19**, 119; **20**, 67; **25**, 116; **29**, 108; **45**, 103; **47**, 300; **61**, 277. Die Zwangsetatisierung ist nur zulässig zur Erzielung einer auf Grund eines öffentlich-rechtlichen Titels gebotenen Leistung. Privatrechtliche Ansprüche können nur im ordentlichen Rechtswege verfolgt werden.

§ 220.

(1) Zur Veräußerung von Grundstücken oder zur Aufnahme von Anleihen[1]), mit Ausnahme solcher, durch die der Schuldenbestand nicht vermehrt wird, bedarf die Genossenschaft der Genehmigung des Kreis- (Stadt-) Ausschusses und, wenn die Genossenschaft in erster Instanz der Aufsicht des Regierungspräsidenten untersteht, des Bezirksausschusses.

(2) Durch die Satzung kann eine Genehmigung auch für andere Fälle vorgeschrieben werden.

Ent. § 198; B. 191.

1. **Grundstücksveräußerungen und Anleihen.** Vgl. AusfAnw. V Nr. 12 und vor allem Barocka in Ztschr. f. Agr. u. Wasserr. Bd. 8, S. 1ff.

Gegenstand der Genehmigung ist nur der Beschluß des Genossenschaftsvorstandes über die Darlehensaufnahme. Die Wassergenossenschaft kann also vor der Erteilung der Genehmigung zwar einen Darlehensvorvertrag abschließen, aber die Erfüllung des Vertrages ist erst nach der Erteilung der Genehmigung möglich. Die Genehmigung ist eine obrigkeitliche, rechtsgeschäftliche Willenserklärung. Ihre Unwirksamkeit bestimmt sich nach dem Grundsatze über die Nichtigkeit, Anfechtbarkeit und Widerruflichkeit fehlerhafter Verwaltungsakte. Sie ist nicht frei widerruflich. Die Beschlußbehörde kann sie nur zurücknehmen, wenn sie erschlichen oder wenn sie nicht rechtmäßig erteilt wurde. Auch der Darlehensvertrag, der auf Grund eines genehmigten Vorstandsbeschlusses abgeschlossen worden ist, kann nicht wegen mangelnder Genehmigung nach den Grundsätzen des bürgerlichen Rechts angefochten werden, sondern nur wegen etwaiger eigener Mängel. Die Aufsichtsbehörde kann der Genossenschaft die Aufgabe einer Anleihe nur nahelegen, jedoch keinen unmittelbaren Zwang, etwa im Wege der Zwangsetatisierung auf sie ausüben (vgl. OVG. 46, 15).

Die Genehmigung des Vorstandsbeschlusses kann unter einer als Maßgabe, Bedingung oder Anordnung zum Ausdruck gebrachten Einschränkung erteilt werden. Die versagte Genehmigung macht den Beschluß des Vorstandes im Innenverhältnis nicht rechtsungültig, aber der Beschluß ist im Außenverhältnis rechtmäßig nicht vollziehbar. Auch der auf Grund des genehmigungsbedürftigen, aber noch nicht genehmigten Vorstandsbeschlusses abgeschlossene Darlehensvertrag entbehrt nicht der Wirksamkeit und die ohne Genehmigung ausgestellte Schuldurkunde ist nicht nichtig. Die Aufnahme einer Anleihe zu anderen Zins- und Tilgungsvereinbarungen oder zu anderen Verwaltungszwecken ist, wie die Aufnahme einer nicht genehmigten Anleihe anzusehen. Bei Versagung der Genehmigung des Vorstandsbeschlusses können die Parteien vom Vertrage zurücktreten. Evtl. kann auf Schadensersatz wegen Nichterfüllung geklagt werden. Die bereits aufgenommene Anleihe kann mangels Genehmigung rückgängig gemacht werden.

Der Landrat bzw. der Regierungspräsident kann als Vorsitzender des Kreisausschusses bzw. Bezirksausschusses die Genehmigung gemäß § 117 LVG. ohne Zuziehung des Kollegiums erteilen. Gegen die Versagung der Genehmigung ist die Beschwerde gemäß § 121 LVG. gegeben. Der Antrag auf Genehmigung kann trotz Ablehnung wiederholt werden und bedarf dann erneut der

Prüfung. Keine Genehmigung ist erforderlich zum Erwerb von Grundstücken, ausgenommen, wenn es sich um unentgeltlichen Erwerb eines Grundstückes im Werte von mehr als 5000 Mark handelt (RG. 75, 406).

§ 221.

Der Aufsichtsbehörde[1]) muß auf Verlangen Einsicht in die Akten der Genossenschaft gewährt und Abschrift des Haushaltsplans und des Rechnungsabschlusses sowie der Niederschriften der Schaukommission und der Verhandlungen des Vorstandes und der Mitgliederversammlung (des Ausschusses) überreicht werden. Sie ist befugt, außerordentliche Prüfungen der Genossenschaftskasse und der gesamten Genossenschaftsverwaltung zu veranlassen und an den Schauen und an den Versammlungen des Vorstandes sowie an den Sitzungen der Mitgliederversammlung (des Ausschusses) persönlich oder durch Beauftragte teilzunehmen.

Ent. § 199; B. 191; KBA. 325.

Vgl. § 217 Abs. 3.

Die Befugnisse des § 221 können gemäß § 217 Abs. 4 mit den Zwangsmitteln des § 132 LVG. durchgesetzt werden.

§ 222.

(1) Die Genossenschaft ist berechtigt, auf den zu ihr gehörenden Grundstücken die zur Erfüllung des Genossenschaftszwecks erforderlichen Anlagen herzustellen und zu erhalten[1]).

(2) Im Streitfalle beschließt die Aufsichtsbehörde[2]), ob eine Anlage zur Erfüllung des Genossenschaftszwecks erforderlich ist. Gegen den Beschluß ist binnen zwei Wochen die Beschwerde an die Aufsichtsbehörde zweiter Instanz zulässig.

(3) Die Genossen können von der Genossenschaft Ersatz verlangen für den Nachteil, der für ihre Grund-

stücke, Bergwerke oder gewerblichen Anlagen unter Berücksichtigung der ihnen aus den Anlagen erwachsenden Vorteile entsteht. Beträgt die Ersatzsumme mehr als einhundert Mark, so sind der Artikel 52 und der Artikel 53 Abs. 1 des Einführungsgesetzes zum Bürgerlichen Gesetzbuch sowie der § 47 des Enteignungsgesetzes vom 11. Juni 1874 (Gesetzsamml. S. 221) anzuwenden[3]).

(4) Den Pächtern und anderen Nutzungsberechtigten stehen solche Entschädigungsansprüche gegen die Genossenschaft nicht zu.

Ent. § 200; B. 181; KBA. 326.

1. **Duldung von Genossenschaftsanlagen.** § 222 bezieht sich nur auf das Rechtsverhältnis der Genossenschaft zu den Grundstücken ihrer Genossen, nicht aber zu solchen Grundstücken, die nicht der Genossenschaft angehören, so daß den Eigentümern dieser letzteren aus der Satzung keinerlei Pflichten erwachsen (AusfAnw. V Nr. 13; RG. **36**, 236; PVBl. **32**, 301).

Welche Grundstücke zur Genossenschaft gehören, wird einmal durch den Plan nachgewiesen, sodann durch das der Satzung gemäß § 214 Abs. 2 beizufügende Verzeichnis der beteiligten Grundstücke (OVG. **78**, 343). Über die Frage, was im Einzelfalle als Genossenschaftsanlage anzusehen ist, entscheidet in erster Linie der Inhalt des Planes. Es besteht für die Genossen keine Verpflichtung zur Errichtung von Anlagen, die im Plan nicht vorgesehen sind (OVG. **38**, 270; **47**, 303; PVBl. **32**, 187). Dagegen müssen sie sich die Errichtung der nach dem Plan in Aussicht genommenen Anlagen gefallen lassen und dürfen keine Einrichtungen treffen, die ihren Bestand oder ihre Unterhaltung gefährden (OVG. **31**, 751). Schäden der Anlage, die durch Dritte verursacht sind, kann die Genossenschaft selbst gegen diese Dritten geltend machen, insbesondere auch Bergschäden (Entsch. des OLG. **33**, 202).

2. Vgl. § 219 Anm. 3.

3. **Entschädigung.** Die Genossen können nur Entschädigung, nicht das Ausscheiden der betreffenden Grundstücke verlangen (PVBl. **27**, 45).

Der Entschädigungsanspruch ist ein rein privatrechtlicher und deshalb im ordentlichen Rechtswege verfolgbar.

Art. 52 und 53 EGBGB. bezwecken den Schutz Dritter, welchen

Rechte an dem Grundstück zustehen. § 47 EnteignGes. betrifft die Verfügungsbeschränkungen in Ansehung der Entschädigungssumme, denen der Fideikommiß- und Lehenseigentümer zugunsten der Fideikommiß- und Lehnsberechtigten unterworfen ist.

§ 223.

Für die Verbindlichkeiten der Genossenschaft haftet ihr Vermögen[1]). Soweit daraus Gläubiger der Genossenschaft nicht befriedigt werden können, muß der Schuldbetrag durch Beiträge[2]) aufgebracht werden, die von dem Vorstande nach dem in der Satzung festgesetzten Teilnahmemaßstab umzulegen sind.

Ent. § 201; B. 191; KBA. 326.

1. **Haftung für die Genossenschaftsschulden.** Die einzelnen Genossen haften dem Gläubiger nicht, sondern nur die Genossenschaft.

2. **Beiträge, Umlegung.** Dritte können die Umlegung der Beträge auf die einzelnen Genossen nicht vornehmen, das ist Sache des Vorstandes. Die Gläubiger können aber die Zwangsetatisierung bei der Aufsichtsbehörde beantragen und so den Vorstand zur Umlegung veranlassen, wenn die Leistungen im öffentlichen Interesse liegen, auf Gesetz oder dergleichen beruhen und von der zuständigen Behörde festgesetzt sind (OVG. 61, 27).

§ 224.

(1) Die Genossenschaftslasten[1]) sind öffentliche Lasten. Sie haften auf den bei dem Unternehmen beteiligten Grundstücken und Bergwerken in dem durch das Teilnahmeverhältnis (§ 214 Nr. 6) festgesetzten Umfange.

(2) Die ausgeschiedenen Genossen bleiben für die bis zu ihrem Austritt umgelegten Beiträge verhaftet.

Ent. § 202; B. 191; KBA. 326.

1. **Genossenschaftslasten.** Die Genossenschaftslasten beruhen kraft Gesetzes dinglich auf den zur Genossenschaft gehörenden Grundstücken. Sie werden gemäß Art. 11 des AGBGB. ins Grundbuch nicht eingetragen.

Rückständige Beträge können auch im Wege der Zwangsversteigerung beigetrieben werden. Sie gehen den übrigen Grundschulden wegen der laufenden und der aus den letzten 2 Jahren rückständigen Beiträge vor.

Vgl. im übrigen über die Behandlung der Genossenschaftsbeiträge in der Zwangsversteigerung OVG. **17**, 180; **19**, 292. Wegen des Vorrechts im Konkurse vgl. § 61 Nr. 3 KO.

Die im Eigentum des Reichs oder des Staates stehenden Grundstücke sind von den Genossenschaftslasten nicht befreit (OVG. **44**, 304).

§ 225.

(1) Die Teilnahme an den Genossenschaftslasten[1]) ist nach dem Maßstabe des für die Genossen aus den Genossenschaftsanlagen erwachsenden Vorteils zu regeln. Bei Genossenschaften zur Reinhaltung eines Gewässers bestimmt sich die Teilnahme an den Genossenschaftslasten vorzugsweise[2]) nach dem Maßstabe der von den einzelnen Genossen hervorgerufenen Verunreinigung und der zur Beseitigung dieser Verunreinigung dienenden Aufwendungen der Genossenschaft[3]).

(2) Das Stimmrecht[4]) der Genossen ist nach dem Verhältnis ihrer Teilnahme an den Genossenschaftslasten festzustellen. Jeder beitragspflichtige Genosse muß mindestens eine Stimme haben.

(3) Durch einstimmigen Beschluß der zur Abstimmung erschienenen Beteiligten kann ein anderer als der in den Vorschriften des Abs. 1 und des Abs. 2 Satz 1 festgestellte Maßstab bestimmt werden.

Ent. § 203; B. 192; KBA. 326.

1. **Teilnahmemaßstab.** Die Vorschrift des § 225 Abs. 1 Satz 2 ist, da bei einstimmig begründeten Genossenschaften volle Übereinstimmung zwischen allen Beteiligten erzielt ist, nur bei solchen Genossenschaften von Bedeutung, die unter Anwendung des Beitrittszwangs zustandekommen (AusfAnw. V Nr. 14). Zur Einführung eines anderen als des Vorteilsmaßstabes, der regelmäßig nach einer Verteilung nach dem Flächenraume der beteiligten Grundstücke vorhanden sein wird, bedarf es, abgesehen von der Sonderbestimmung des § 225 Abs. 1 Satz 2 zwingend des ein-

stimmigen Beschlusses der zur Abstimmung Erscheinenden (vgl. Bochalli, Wassergenossenschaftsrecht S. 46).

2. **Vorzugsweise**, aber nicht ausschließlich. Bei den Genossenschaften zur Reinhaltung sollen hauptsächlich diejenigen Genossen mit Beiträgen herangezogen werden, welche die Verunreinigung des Gewässers verursachen. Durch die Bestimmung des Abs. 1 Satz 2 sollen aber andere, die von der Reinhaltung Nutzen haben, nicht ohne weiteres befreit werden. Von Bedeutung ist dies besonders in Fällen von Verunreinigung, die auf Grund eines verliehenen oder aufrechterhaltenen Rechts erfolgt, oder wenn die Verunreinigung sich im Rahmen des Gemeinüblichen hält (§ 379 Abs. 4). In diesen Fällen, in welchen es sich nicht um eine unzulässige, sondern um eine zulässige Verunreinigung handelt, haben auch andere als die Urheber der Verunreinigung Vorteil aus den Genossenschaftsanlagen (s. aber Abs. 3).

3. Wegen der Veranlagung und Heranziehung zu den Genossenschaftslasten s. § 226 Abs. 2.

4. **Stimmrecht.** Der Entwurf der Stimmliste ist Sache des Vorstandes (vgl. § 5 der Mustersatzung).

Jeder beitragspflichtige Genosse muß mindestens eine Stimme haben. Miteigentümer können ihr Stimmrecht nur gemeinschaftlich ausüben. Einigen sie sich nicht, so wird ihre Stimme nicht gezählt. (So Holtz-Kreutz Anm. 4 zu § 225; Anm .3 zu § 259; a. M. Lenhard-Reichau S. 485.) Je größer die Lasten des einzelnen Genossen sind, je mehr Stimmen müssen ihm zukommen.

Es ist zulässig, daß die Genossen nach der Satzung auch in verschiedene Beitragsklassen nach dem Maßstabe des ihm aus der Genossenschaftsanlage erwachsenen Vorteils zu den Genossenschaftslasten herangezogen werden (LWA. 3, 177).

§ 226.

(1) Streitigkeiten[1]) über die Zugehörigkeit zur Genossenschaft werden im Verwaltungsstreitverfahren entschieden.

(2) Gegen die Heranziehung und Veranlagung zu den Genossenschaftslasten steht den Inanspruchgenommenen binnen 4 Wochen der Einspruch zu. Über den Einspruch beschließt der Vorstand[2]). Gegen den Beschluß kann binnen zwei Wochen die Klage im Ver-

waltungsstreitverfahren erhoben werden, sofern nicht das Schiedsgericht (§ 215) von beiden Parteien angerufen wird. Die Klage hält die Vollstreckung des Beschlusses nicht auf.

(3) Zuständig ist der Bezirksausschuß.

Ent. § 204; B. 192; KBA. 327; L. II 8220; L. III 8576.

1. **Streitigkeiten über die Zugehörigkeit zur Genossenschaft.** Das Verwaltungsstreitverfahren behandelt nur die Frage der Zugehörigkeit zu einer Wassergenossenschaft im Sinne des § 206. Die Klage kann nicht darauf gestützt werden, daß die Zugehörigkeit zur Genossenschaft bei der Gründung zu Unrecht angenommen worden sei (vgl. PVBl. **9**, 135, 389; **32**, 301; OVG. **44**, 308; **59** 345; **74**, 391; **78**, 343).

Es kann geltend nur gemacht werden, daß ein Grundstück usw. nach der Satzung und dem Plan nicht zur Genossenschaft gehört. Die Klage über die Zugehörigkeit ist gegen die Genossenschaft zu richten (OVG. **72**, 365). Der ordentliche Rechtsweg ist ausgeschlossen (PVBl. **13**, 498; **26**, 374; **28**, 81).

Zur Klageerhebung ist grundsätzlich nur der Eigentümer und nur ausnahmsweise der Pächter berechtigt (OVG. **59**, 345).

2. **Rechtsbehelfe gegen die Heranziehung zu den Lasten.** Im Sinne des Abs. 2 ist die Veranlassung, die Ermittlung und Feststellung des zu zahlenden Betrages, die Heranziehung und Aufforderung zur Zahlung. Wie beide erfolgen, ist im Gesetz nicht geordnet, sondern durch die Satzungen oder durch das berufene Organ der Genossenschaft zu bestimmen (OVG. in Ztschr. f. Agr. u. Wasserr. **6**, 41). Nicht nur die Verpflichtung zur Teilnahme an den Genossenschaftslasten überhaupt, sondern auch die Verpflichtung zur Leistung eines einzelnen von einem Genossen geforderten Betrages fällt unter den Begriff der Heranziehung und Veranlagung (OVG. **56**, 371; **59**, 346).

Der § 226 Abs. 2 betrifft nur die Rechtsmittel gegen die Heranziehung, nicht die Form, in der diese erfolgt. Gegen die einzelne Beitragsforderung gibt diese Bestimmung dem in Anspruch Genommenen die Rechtsmittel des befristeten Einspruchs mit der nachfolgenden, ebenfalls befristeten Klage gegen den auf den Einspruch ergehenden Beschluß des Vorstandes. Mit der Klage kann auch geltend gemacht werden, daß der Klagende nicht oder nicht mehr Genosse sei.

Die darüber inzidenter ergehende Entscheidung beschränkt sich jedoch in ihrer Wirkung auf den einzelnen Heranziehungsfall, für den der Verwaltungsrichter angerufen wurde (OVG. 74, 391).

Im übrigen ist die Möglichkeit des Klagevorbringens beschränkt durch die Vorschriften, welche die Art der Verteilung der Genossenschaftslasten auf die Genossen regeln (§ 214 Abs. 1 Nr. 6, 223, 225 Abs. 1, 239. Vgl. auch OVG. in Ztschr. f. Agr. u. Wasserr. 6, 33).

Die Ansicht, daß die Verfolgung des Anspruchs auf Erlaß der Genossenschaftsbeiträge wegen fehlenden Vorteils (§ 239) nur im Wege des Einspruchs gegen eine bereits erfolgte Heranziehung und Veranlagung erfolge (OVG. 6, 72, 365; PVBl. 42, 55) und eine Freistellung von zukünftigen Beiträgen nicht erzielen könne, ist vom OVG. aufgegeben (OVG. in Ztschr. f. Agr. u. Wasserr. 6, 35).

Für zuviel erhobene und zurückzuzahlende Beträge kann eine Zinsvergütung nicht verlangt werden. Der Genossenschaft steht kein Klagerecht gegen den Genossen zu (OVG. 72, 369).

Der Beschluß des Genossenschaftsvorstandes über den Einspruch gegen eine Heranziehung und Veranlassung von den Genossenschaftslasten bedarf keiner förmlichen Zustellung zur Eröffnung der Klagefrist (OVG. in Ztschr. f. Agr. u. Wasserr. 6, 139; OVG. 80, 293).

Der Beschluß des Genossenschaftsvorstandes über den Einspruch gegen eine Heranziehung und Veranlagung zu den Genossenschaftslasten bedarf keiner f ö r m l i c h e n Zustellung zur Eröffnung der Klagefrist, es genügt einfache Einhändigung, z. B. auch durch einfachen Brief (OVG. 80, 293 und in Ztschr. f. Agr. u. Wasserr. 2, 139). Die Entscheidung erscheint nicht unbedenklich. Wenn der Einspruch gegen die Heranziehung nicht nur abgewiesen, sondern der anfänglich geforderte Betrag von dem Vorstand sogar erhöht wird, kann die Klage auch auf die Erhöhung des Beitrages erstreckt werden, ohne daß es des vorherigen Einspruchs gegen die Erhöhung bedarf (OVG. 66, 140).

Vgl. bez. Einzelfälle OVG. 79, 242, 247; OVG. in Ztschr. f. Agr. u. Wasserr. VI, 17, 33.

§ 227.

(1) Der Vorstand und, wenn dieser aus mehreren Personen besteht, auch sein Vorsitzender sind berechtigt, Anordnungen, die sie in Ausübung der ihnen zustehenden

Befugnisse gegen einzelne Genossen richten, durch folgende Zwangsmittel[1]) durchzusetzen:

1. Ist eine Handlung zu erzwingen, die ein Dritter ausführen kann, so können sie die Ausführung veranlassen und den vorläufig zu bestimmenden Kostenbetrag im Zwangswege von dem Verpflichteten einziehen.
2. Steht es fest, daß der Verpflichtete nicht imstande ist, die aus der Ausführung durch einen Dritten entstehenden Kosten zu tragen, oder ist eine nicht durch einen Dritten ausführbare Handlung oder eine Unterlassung zu erzwingen, so können sie Geldstrafen bis zu 30 Mark festsetzen. Die Strafgelder fließen in die Genossenschaftskasse.

(2) Der Anwendung der Zwangsmittel muß eine schriftliche Androhung vorausgehen; in dieser ist, wenn eine Handlung erzwungen werden soll, eine Frist zu bestimmen, innerhalb deren die Handlung auszuführen ist.

Ent. § 205; B. 192; KBA. 328.

1. **Zwangsmittel des Vorstandes.** Der Vorstand ist zum Einschreiten gegen Nichteigentümer nicht berechtigt (PVBl. 20, 217; 26, 449). Auch gegenüber den Genossen darf er nur solche Anordnungen treffen, die auf Erfüllung der nach Gesetz und Satzung obliegenden genossenschaftlichen Pflichten abzielen (vgl. im übrigen Brauchitsch, Preuß. VerwGes. Anm. zu § 132 LVG. und die dort angeführte Rechtsprechung.

§ 228.

(1) Gegen die Anordnungen des Vorstandes und seines Vorsitzenden und gegen die Androhung[1]) eines Zwangsmittels ist die Beschwerde an die Aufsichtsbehörde, gegen deren Bescheid die weitere Beschwerde an die höhere Aufsichtsbehörde[2]) und gegen deren Be-

scheid die Klage[3]) bei dem Oberverwaltungsgerichte zulässig. Die Klage kann nur darauf gestützt werden:

1. daß die angefochtene Anordnung durch Nichtanwendung oder unrichtige Anwendung des bestehenden Rechtes, insbesondere auch der von den Behörden innerhalb ihrer Zuständigkeit erlassenen Verordnungen, den Kläger in seinen Rechten verletze;
2. daß die tatsächlichen Voraussetzungen nicht vorhanden seien, die den Vorstand oder seinen Vorsitzenden zum Erlaß der Anordnung oder zur Androhung des Zwangsmittels berechtigt haben würden.

(2) Das gegen die Androhung eines Zwangsmittels gerichtete Rechtsmittel erstreckt sich zugleich auf die Anordnung, um deren Ausführung es sich handelt, wenn sie nicht bereits Gegenstand eines besonderen Beschwerdeverfahrens geworden ist[4]).

(3) Die Beschwerde gegen den Vorstand oder seinen Vorsitzenden ist bei diesem, die weitere Beschwerde bei der Behörde, gegen deren Bescheid sie sich richtet, anzubringen.

(4) Die Frist zur Einlegung der Beschwerde und der weiteren Beschwerde, sowie zur Erhebung der Klage gegen den auf die Beschwerde erlassenen Bescheid beträgt zwei Wochen.

(5) Wird die Beschwerde oder die weitere Beschwerde der Vorschrift des Abs. 3 zuwider innerhalb der gesetzlichen Frist bei der Behörde angebracht, die zur Beschlußfassung darüber zuständig ist, so gilt die Frist als gewahrt.

(6) Gegen die Festsetzung und Ausführung eines Zwangsmittels ist nur die Beschwerde im Aufsichtsweg innerhalb zwei Wochen zulässig[5]).

Ent. § 206; B. 192; KBA. 328.

1. **Androhung.** Es muß eine wirkliche Androhung vorliegen. Eine Bemerkung der Verwaltungsbehörde, z. B. „es werde in Erwägung gezogen werden", ob ein bestimmtes Zwangsmittel zur Anwendung gebracht werden würde, ist als Androhung im Sinne des § 205 Abs. 2 nicht zu betrachten (OVG. **30**, 423).

2. Vgl. § 217 Abs. 3.

3. **Klage.** Die Klage steht nur dem abgewiesenen Beschwerdeführer, nicht aber dem abgewiesenen Genossenschaftsvorstande oder der Aufsichtsbehörde erster Instanz zu (OVG. **61**, 218; vgl. im übrigen OVG. **78**, 336 und von Brauchitsch, PVG. Anm. zu den §§ 127, 129, 133 LVG.

4. OVG. **10**, 350.

5. Vgl. auch §§ 127, 129, 132, 133 LVG.

§ 229.

(1) Rückständige Beiträge[1]) sowie die im § 227 erwähnten Strafen und Kosten können im Verwaltungszwangsverfahren beigetrieben werden. Die zuständige Vollstreckungsbehörde[2]) wird durch die Aufsichtsbehörde[3]) bestimmt. Das Beitreibungsverfahren kann auch gegen die Pächter und anderen Nutzungsberechtigten der einer Genossenschaft angehörenden Grundstücke, Bergwerke und gewerblichen Anlagen gerichtet werden[4]).

(2) Zu den Nutzungsberechtigten gehören auch die Mieter der an die Genossenschaft angeschlossenen gewerblichen Anlagen sowie der gesonderten Arbeitsstellen[5]) in diesen Anlagen. Gegen den Mieter gesonderter Arbeitsstellen ist das Verwaltungszwangsverfahren nur wegen des auf seine Arbeitsstelle entfallenden Beitrags zulässig.

Ent. § 207; B. 192; KBA. 328.

1. **Rückständige Beträge.** Hierunter sind nur fällige, also bereits ausgeschriebene Beträge zu verstehen (OVG. **19**, 300).

2. **Vollstreckungsbehörde.** Der Genossenschaftsvorsteher ist zur Anordnung und Leitung des Zwangsverfahrens zuständig, ohne

daß es seiner besonderen Bestallung zur Vollstreckungsbehörde bedarf (KG. 15, 130; PVBl. 17, 394; Holtz-Kreutz Anm. 3 zu § 229).

Als Rechtsmittel ist nur Beschwerde im Aufsichtswege gegeben (OVG. 51, 38, 159).

3. **Aufsichtsbehörde**, nicht Bezirksregierung abweichend vom § 4 Abs. 3 der VO. betr. das Verwaltungszwangsverfahren vom 15. 11. 99 (Gesetzsamml. S. 545; vgl. auch § 60 LVG.).

4. **Beitreibung gegen andere Nutzungsberechtigte.** Die Pächter und andere Nutzungsberechtigte, gegen die gleichfalls rückständige Beträge beigetrieben werden können, haben einen Erstattungsanspruch gegen die eigentlich Verpflichteten im ordentlichen Rechtswege (OVG. 13, 326; PVBl. 35, 365).

5. **Gesonderte Arbeitsstellen** sind solche, die gesondert vermietet werden, z. B. also, wenn in einem größeren Raume eine größere Anzahl von Werkzeugen (Maschinen, Schleifsteinen usw.) aufgestellt und diese einzelnen Werkzeuge an selbständige Mieter abgegeben sind.

§ 230.

(1) Der Vorstand hat die Mitgliederversammlung (den Ausschuß) einzuberufen[1]), sobald das Interesse der Genossenschaft es erfordert oder ein Drittel der Genossen es unter Angabe des Zweckes schriftlich beantragt.

(2) Wenn der Vorstand dem Antrage binnen zwei Monaten nicht stattgegeben hat, so liegt die Einberufung der Aufsichtsbehörde ob.

Ent. § 208; B. 192; KBA. 329.

1. **Einberufung der Mitgliederversammlung.** Diese Vorschrift ist zwingenden Rechtes und kann durch die Satzung nicht ausgeschlossen oder geändert werden (vgl. im übrigen § 214 Abs. 1 Nr. 9).

§ 231.

Die Aufsichtsbehörde ist befugt, Mitglieder des Vorstandes, die sich einer groben Pflichtverletzung schuldig machen, ihres Amtes zu entsetzen[1]). Die auf Amtsentsetzung lautende Verfügung kann binnen zwei Wochen durch Klage bei dem Oberverwaltungsgericht angefochten werden. Bis zur Entscheidung über die Klage bleibt das Vorstandsmitglied von den Amtsgeschäften enthoben.

Ent. § 209; B. 192; KBA. 329.

1. **Amtsentsetzung von Vorstandsmitgliedern.** Die Aufsichtsbehörde ist nicht befugt, eine andere Persönlichkeit mit der Führung der Vorstandsgeschäfte zu beauftragen. Es ist vielmehr nach § 214 Abs. 1 Nr. 8 bzw. nach dem Inhalt der Satzung zu verfahren. Erst, wenn die Ersatzwahl nicht zustandekommt, kann gemäß § 218 von der Aufsichtsbehörde ein Vertreter bestellt werden. Die Verfügung der Aufsichtsbehörde, durch die die Amtsenthebung ausgesprochen wird, kann von dem betreffenden Vorstandsmitglied durch Klage beim OVG. angefochten werden.

§ 232.

Im Einverständnis mit der Genossenschaft können neue Mitglieder eintreten oder bisherige ausscheiden[1]). Es bedarf jedoch hierzu der Genehmigung der Aufsichtsbehörde; diese hat beim Ausscheiden von Mitgliedern auch das Interesse der Gläubiger zu berücksichtigen.

Ent. § 210; B. 193.

1. **Eintritt und Ausscheiden.** Im Falle des § 232 ist ein Rechtsstreit auch im Wege des Verwaltungsstreitverfahrens ausgeschlossen (RG. in PVBl. 8, 54; RG. in Gruchot 31, 433).

Abgesehen von dem Falle der Aufnahmeverpflichtung ist Aufnahme und Ausscheiden der Vereinbarung der Beteiligten und der Genossen freigegeben (RGZ. **92,** 22).

Zum Einverständnis genügt die Mehrheit der Genossen.

Die Genossenschaft wird hierbei durch den Vorstand vertreten, es bedarf keines Beschlusses der Mitgliederversammlung oder des Ausschusses (a. M. Lenhard-Reichau S. 494).

Zum Beitritt geschäftsunfähiger Personen ist die Genehmigung des Vormundschaftsgerichts, zum Beitritt eines Ehegatten ist die Zustimmung des anderen Ehegatten auf Grund des ehelichen Güterrechts nicht erforderlich. (So AusfAnw. V im PVBl. **43,** 156; a. A. Holtz-Kreutz Anm. 3 Abs. 3 zu § 211; vgl. auch Anm. zu § 211 in diesem Kommentar.)

§ 233.

(1) Die Genossenschaft ist verpflichtet, Eigentümer von Grundstücken, Bergwerken und gewerblichen Anlagen sowie Wassergenossenschaften oder andere Verbände (§ 210) auf ihr Verlangen in die Genossenschaft aufzunehmen, wenn der von der Genossenschaft verfolgte Zweck auch für sie nur durch Anschluß an die genossenschaftlichen Anlagen und deren Mitbenutzung erreichbar ist und die Anlagen, nötigenfalls nach entsprechendem Ausbau, den gemeinsamen Bedürfnissen genügen[1]).

(2) Der neu hinzutretende Genosse hat jedoch die besonderen Kosten der zum Anschluß an die genossenschaftlichen Anlagen und zu ihrer Mitbenutzung herzustellenden Einrichtungen zu tragen[2]).

Ent. § 211; B. 193.

1. **Anspruch auf Entnahme.** Eine von den Vorschriften des § 233 abweichende Bestimmung der Satzung ist unzulässig. Es handelt sich um eine öffentlich-rechtliche Verbindlichkeit. Der Umstand, daß der Genossenschaft wirtschaftliche Unbequemlichkeiten oder Nachteile aus der Aufnahme erwachsen, bildet keinen gesetzlichen Grund zur Weigerung der Aufnahme (OVG. 38, 267).

Über Streitigkeiten entscheidet der Bezirksausschuß im Verwaltungsstreitverfahren.

2. **Anschlußkosten.** Auch die Kosten eines notwendigen Ausbaues gemäß Abs. 1 fallen hierher (OVG. 28, 291; 38, 268).

§ 234.

(1) Das Ausscheiden von Grundstücken, Bergwerken oder gewerblichen Anlagen kann von der Genossenschaft gegen den Willen der Eigentümer verlangt werden, wenn sonst die Erreichung des Genossenschaftszwecks gefährdet werden würde[1]).

(2) Dem Ausscheidenden ist Entschädigung[2]) zu leisten; eine Werterhöhung, die das Grundstück, das

Bergwerk oder die gewerbliche Anlage erst infolge des genossenschaftlichen Unternehmens gewinnen würden, kommt jedoch bei der Bemessung der Entschädigung nicht in Anschlag.

Ent. § 212; B. 193.

1. **Austrittszwang.** Über Streitigkeiten entscheidet der Bezirksausschuß gemäß § 235. Die Entsch. RG. **92**, 22 trifft m. E. gar nicht den Fall des § 234 Abs. 1.

2. **Anspruch auf Entschädigung.** Für Streitigkeiten über die Entschädigung sind die ordentlichen Gerichte zuständig. Bezüglich der Höhe der Entschädigung vgl. RGZ. **28**, 271; **49**, 317; **53**, 133; PBBl. **24**, 499.

§ 235.

Über Streitigkeiten in den Fällen des § 233 und des § 234 Abs. 1 entscheidet der Bezirksausschuß[1]) im Verwaltungsstreitverfahren.

Ent. § 213; B. 193.

Bezirksausschuß. Zuständig ist der Bezirksausschuß, in dessen Bezirk das aufzunehmende bzw. ausscheidende Grundstück liegt (OVG. **47**, 296, 300).

§ 236.

Haben Eigentümer von Grundstücken, Bergwerken oder gewerblichen Anlagen sowie Wassergenossenschaften oder andere Verbände (§ 210), ohne Genossen zu sein, dadurch Vorteil, daß sie den Betrieb von Anlagen auf die Ausnutzung der durch die Genossenschaftsanlagen geschaffenen günstigeren Wasserverhältnisse einrichten, so ist die Genossenschaft befugt, ihnen die durch das genossenschaftliche Unternehmen ermöglichte bessere Benutzung zu untersagen[1]), wenn infolge dieser Benutzung die genossenschaftlichen Anlagen für die Bedürfnisse der Genossenschaft nicht mehr ausreichen. Dasselbe gilt, wenn Genossen die günstigeren Wasserverhältnisse für andere als die zur Genossenschaft gehörenden Grundstücke, Bergwerke oder gewerblichen Anlagen nutzbar machen.

Ent. § 214; B. 193.

1. **Untersagung der Benutzung durch Nichtgenossen.** Die Bestimmung soll verhüten, daß Nichtmitglieder der Genossenschaft Vorteile aus den Genossenschaftsanlagen genießen, wenn durch eine solche Benutzung die in erster Linie für die Bedürfnisse der Genossenschaft geschaffenen Anlagen hierzu nicht ausreichen (Begr. zum Entw. des G. v. 19. 5. 91 zu Art. 3 § 2, Anlage zu den stenographischen Berichten des Abgeordnetenhauses 17. Leg.-Per. III. Session 2, 1060). Der Anspruch ist im ordentlichen Rechtsweg geltend zu machen. (Vgl. im übrigen das Wuppertalsperrengesetz v. 19. 5. 91; Gesetzsamml. S. 97; sowie OVG. 47, 299; PVBl. 31, 802.)

§ 237.

Die Genossenschaftsanlagen sind mindestens einmal im Jahre zu schauen. Der Schaukommission[1]) sollen außer dem Vorstand oder einzelnen seiner Mitglieder auch noch andere Genossen angehören.

Ent. § 215; B. 193.

1. **Schaukommission.** Die Zusammensetzung der Schaukommission ist gemäß § 214 Abs. 1 Nr. 11 durch die Satzung zu regeln. Die Schauen nach § 237 haben den Zweck, festzustellen, ob die genossenschaftliche Anlage in einen der Satzung entsprechenden Zustand gebracht sind, während die nach den §§ 346 ff. abzuhaltenden Schauen feststellen sollen, ob polizeiliche Bedenken gegen den Zustand der Wasserläufe zu erheben sind. Beide Schauen können nach § 365 vereinigt werden (AusfAnw. V Nr. 15).

Zweiter Titel.

Genossenschaften mit Zulässigkeit des Beitrittszwanges.

Vorbemerkung.

Während im § 206 die Zwecke genannt sind, zu deren Erfüllung überhaupt Wassergenossenschaften gebildet werden können, sind in den §§ 238 ff. für alle diejenigen Fälle besondere Vorschriften gegeben, in welchen durch einen Mehrheitsbeschluß der Beteiligten eine Genossenschaft gebildet und die widersprechende Minderheit der Beteiligten zum Beitritt gezwungen werden kann. Im Gegensatz zu dem früheren Recht läßt § 238 die Ausübung des Beitrittszwanges in einer größeren Reihe von Fällen zu und macht ihn auch von anderen Voraussetzungen abhängig (AusfAnw. V Nr. 16). Die Bildung einer solchen Genossenschaft kann auf Antrag, aber auch von Amts wegen seitens des Regierungspräsidenten eingeleitet werden (§ 244). Vgl. hinsichtlich des Verfahrens auf Ausübung des Beitrittszwanges auch § 270 nebst zugehörigen Anmerkungen. Eine Genossenschaft mit Beitrittszwang kann gebildet werden:

a) zur Unterhaltung von Wasserläufen zweiter oder dritter Ordnung und zum Ausbau solcher Wasserläufe zwecks Verbesserung der Vorflut oder des Hochwasserabflusses;
b) zur Unterhaltung der Ufer von Wasserläufen sowie zum Ausbau der Ufer zwecks Verbesserung der Vorflut oder des Hochwasserabflusses oder zum Schutze der Ufergrundstücke und der dahinter liegenden Grundstücke;
c) zur Reinhaltung von Gewässern;
d) zur Entwässerung und Bewässerung von Grundstücken und zur Unterhaltung von Entwässerungs- oder Bewässerungsanlagen;
e) zur Verfehnung von Grundstücken und zur Unterhaltung von Verfehnungsanlagen;
f) zur Anlegung, Unterhaltung und Ausnutzung von Stauanlagen;
g) zur Beseitigung von Hindernissen des Hochwasserabflusses;
h) zur Zurückhaltung von Wasser in den Niederschlagsgebieten von Wasserläufen;
i) zur Aufhöhung und Aufspülung von Grundstücken im Interesse der Bodenkultur;
k) zur Verwertung städt. Abwässer im Interesse der Bodenkultur und der Forderung der landwirtschaftlichen Erzeugung.

§ 238.

(1) Soll eine Genossenschaft zu einem der im § 206 Nr. 1 bis 5, 9, 11, 12, 14 oder 15 bezeichneten Zwecke gebildet werden, so können widersprechende Eigentümer der bei ihr zu beteiligenden Grundstücke, Bergwerke und gewerblichen Anlagen sowie Wassergenossenschaften

und andere Verbände (§ 210) zum Beitritte gezwungen werden[1]), wenn

1. das Unternehmen zweckmäßig nur auf genossenschaftlichem Wege[2]) durchgeführt werden kann;
2. die Mehrheit[3]) der Beteiligten der Genossenschaftsbildung zustimmt und
3. das Unternehmen unter Berücksichtigung der Genossenschaftslasten für die Grundstücke, Bergwerke und gewerblichen Anlagen der Widersprechenden sowie für die widersprechenden Wassergenossenschaften und anderen Verbände (§ 210) Vorteile[4]) in Aussicht stellt, bei einer Genossenschaft zur Reinhaltung auch, wenn das Unternehmen zur Beseitigung der von ihnen hervorgerufenen Verunreinigung dient.

(2) Die Mehrheit berechnet sich, wenn nur Grundstücke beteiligt sind, sowohl nach der Fläche als auch nach dem Grundsteuerreinertrag oder, wenn die Grundstücke sämtlich einem Auseinandersetzungsverfahren unterliegen und in diesem besonders abgeschätzt sind, nach dem so ermittelten Werte oder Ertrage. Sind Bergwerke, gewerbliche Anlagen, Wassergenossenschaften oder andere Verbände (§ 210)[5]) allein oder neben Grundstücken beteiligt, so berechnet sich die Mehrheit nach dem vorläufig festgestellten Vorteile (§ 252); soll in diesem Falle ein Beitrittszwang gegen widersprechende Eigentümer von Grundstücken ausgeübt werden, so bedarf es außerdem der Mehrheit der beteiligten Grundstückseigentümer, berechnet nach Satz 1.

(3) Als Vorteil im Sinne des Abs. 1 Nr. 3 gilt auch die Möglichkeit, das Unternehmen durch zweckent-

sprechende und wirtschaftlich gerechtfertigte Anlagen oder Einrichtungen auszunutzen.

(4) Eigentümer von Grundstücken, für die das Unternehmen keinen Vorteil[6]) in Aussicht stellt, können zum Beitritte gezwungen werden, soweit es im Interesse der Beschaffung oder Erhaltung der Vorflut oder zur Durchleitung von Entwässerungs- oder Bewässerungsanlagen erforderlich ist. Solche Grundstücke sind von allen Genossenschaftslasten befreit. Erleiden sie Schaden, so ist er von der Genossenschaft zu ersetzen. Über die Entschädigungsansprüche beschließt der Bezirksausschuß. Gegen dessen Beschluß kann binnen drei Monaten der Rechtsweg beschritten werden.

Ent. § 216; B. 193; KBA. 329ff.; L. II 8221ff.

1. **Voraussetzungen des Beitrittszwanges.** Die Voraussetzungen zur Bildung einer Genossenschaft mit Beitrittszwang sind genannt im Abs. 1 Nr. 1—3. Diese drei Voraussetzungen müssen sämtlich vorhanden sein, andernfalls die Bildung der Genossenschaft nicht zulässig ist. Es findet aber § 208 Anwendung, nach welchem das Fehlen einer dieser Voraussetzungen vor Genehmigung oder Erlaß der Satzung geltend gemacht werden muß. Ist trotz rechtzeitiger Geltendmachung dieses Einwandes die Satzung genehmigt oder erlassen, so findet § 226 Abs. 1 Anwendung, d. h. Klage im Verwaltungsstreitverfahren (s. aber die Ausnahme vom Abs. 1 Nr. 3 im Abs. 4).

Neben den besonderen Voraussetzungen des § 238 für die Anwendung des Beitrittszwanges muß auch die des § 207 (öffentl. Wohl oder gemeinwirtschl. Nutzen) gegeben sein (LWA. 2, 130, 138; PVBl. 38, 91).

2. **Zweckmäßigkeit des genossenschaftlichen Weges.** Das durch die Genossenschaft erstrebte Ziel muß nur im Wege eines gemeinschaftlichen Vorgehens aller Beteiligten erreichbar sein (LWA. 2, 139, 148; PVBl. 38, 520).

Die Notwendigkeit des genossenschaftlichen Zusammenschlusses zur Unterhaltung eines Wasserlaufs liegt dann nicht vor, wenn der Wasserlauf ebenso zweckmäßig von den bisher dazu Verpflichteten unterhalten werden kann (LWA. 2, 124; PVBl. 39, 330). Das Wassergesetz verlangt nicht, daß zur Bildung einer Genossenschaft von vornherein alle Grundstücke zugezogen werden, die vielleicht für eine Beteiligung in Frage kommen können (LWA. 2, 120, 122).

Das Genossenschaftsgebiet kann auch nach der Bildung der Genossenschaft erweitert werden (§§ 233—242; LWA. 2, 122).

Die zwangsweise Zuziehung von Grundstücken ist nicht mehr davon abhängig, daß das Unternehmen nur bei Ausdehnung auf die im Eigentum der Widersprechenden stehenden Grundflächen zweckmäßig ausgeführt werden kann (LWA. 2, 114).

3. Zustimmung der Mehrheit. Abs. 2 bestimmt die Art, wie die Mehrheit zu berechnen ist. In dem Verfahren zur Bildung einer Wassergenossenschaft ist über das Vorhandensein der Voraussetzungen für die Anwendung des Beitrittszwanges auf Grund desjenigen Plans zu entscheiden, dem die Mehrheit der Beteiligten zugestimmt hat. Der Einwand, daß dieser Plan gegenüber einem früheren, umfangreicheren Plane eingeschränkt worden sei, ist nicht erheblich (LWA. 3, 175).

4. Vorteil. Was als Vorteil anzusehen ist, bestimmt das Gesetz nicht im einzelnen. Es kommt jeder Vorteil in Frage, der dem Grundstücke durch das genossenschaftliche Unternehmen in Aussicht gestellt wird (OVG. in Ztschr. f. Agr. u. Wasserr. 7, 227).

Maßgebend ist allein aber der reine Vorteil (Nettovorteil) (Bochalli S. 59), das ist der Vorteil, der nach Abzug der Genossenschaftslasten verbleibt (vgl. LWA. 3, 179). Es sind daher die in Frage kommenden Lasten in dem Beschlusse nach § 270 Abs. 1 sowie die dem ihm zugrunde liegenden Gutachten unter Angabe der notwendigsten Zahlenunterlagen zu erörtern (LWA. 2, 155; PVBl. 42, 309). Weiter sind die von den Genossen nach der Satzung zu übernehmenden Beschränkungen des Grundeigentums usw. zu berücksichtigen (LAW. 4, 165; PVBl. 44, 339). Stellt sich später heraus, daß ein Vorteil nicht vorhanden ist, wobei dann allerdings die Genossenschaftslasten unberücksichtigt bleiben müssen (vgl. § 241), so tritt Beitragsfreiheit ein (§ 239, B. 196).

Es genügt nach Abs. III auch der mittelbare Vorteil (AusfAnw. V Nr. 16; OVG. 53, 314; 65, 315). Als Vorteil gilt auch die verbesserte Ausnutzungsmöglichkeit (LWA. 4, 165).

Es genügt, wenn die Genossenschaft den Anschluß der Grundstücke der Genossen an ihre allgemeinen Einrichtungen möglich und vorteilhaft macht. Ob der jeweilige Eigentümer sich tatsächlich der Einrichtungen bedient oder bedienen kann, spielt keine Rolle. Entscheidend ist nur, ob das Grundstück selbst an sich Vorteil hat (LWA. 2, 116, 131; PVBl. 38, 91; OVG. 50, 334; 65, 317). Mit einer gemeinschaftlichen Bewirtschaftung der Genossenschaftsgrundstücke darf nicht gerechnet werden (LWA. 2, 131; PVBl. 38, 91).

Wegen mangelnden Vorteils dürfen Teile von Parzellen nur dann ausgeschieden werden, wenn nach Umfang und Lage eine selbständige Behandlung gerechtfertigt ist (LWA. 2, 118; PVBl. 41, 413). Unterschiede in der Höhe des Vorteils können nur durch eine verschiedene Bemessung der Genossenschaftsbeiträge ausgeglichen werden (LWA. 2, 115, 123, 129). Dem herangezogenen Grundstückseigentümer muß der Nachweis geführt werden, daß für sein Grundstück Vorteile in Aussicht stehen (LWA. 4, 165; PVBl. 44, 339). Jedoch beschränkt sich die nach § 270 vorzunehmende Prüfung grundsätzlich auf die Frage, ob die für die Zulässigkeit des Beitrittszwanges aufgestellten Voraussetzungen vorliegen, soweit deren Vorhandensein streitig ist (LWA. 2, 134; 4, 164, 165).

Zum Nachweise eines Vorteils kann nicht die Befreiung von einer etwaigen Ausbaupflicht, wohl aber die Befreiung von einer Unterhaltungslast herangezogen werden (LWA. 4, 174, 176). Die im § 238 Abs. 1 Nr. 3 aufgestellten beiden Voraussetzungen brauchen für die Anwendung des Beitrittszwanges bei Reinhaltungsgenossenschaften nicht gleichzeitig nebeneinander vorzuwiegen. Es genügt eine von beiden (LWA. 2, 140; PVBl. 38, 520; OVG. 73, 378). Die Befreiung des Grundstückseigentümers von der Unterhaltungslast ist als Vorteil für das Grundstück anzusehen (LAW. 4, 117; OVG. in Ztschr. f. Agr. u. Wasserr. 7, 227).

5. **Bergwerks- oder andere Verbände.** „Sind Bergwerke — oder andere Verbände beteiligt", so soll „da es an einem allgemein anwendbaren anderen Maßstabe fehlt, der rechnerisch in jedem Falle zu ermittelnde tatsächliche Vorteil in Übereinstimmung mit dem Gesetz v. 19. 5. 91 in Ansatz gebracht werden; für Grundstücke kann es bei dem Maßstabe der Fläche und des Grundsteuerreinertrages bewenden. Wenn Grundstücke allein beteiligt sind, ist nur der letztere Maßstab in Anwendung zu bringen, wenn Bergwerke, gewerbliche Anlagen oder Verbände beteiligt sind, der erstere. Wenn beide Arten beteiligt sind und nicht alle Grundstücke zustimmen, bedarf es zu deren zwangsweiser Zuziehung einer besonderen Abstimmung unter den Eigentümern der Grundstücke nach dem Maßstabe der Fläche und des Grundsteuerreinertrages, damit nicht die Grundstücke von Bergwerken, gewerblichen

Anlagen oder Verbänden, die vielleicht ein sehr hohes Interesse an der Genossenschaftsbildung haben, überstimmt werden können" (Begr. 196). Die Anziehung des in Klammern hinter dem Worte „Verbände" eingefügten § 210 gibt nur einen Hinweis auf die verschiedenen Arten von Verbänden, deren Beitritt außer dem im § 238 Abs. 2 Satz 2 besonders erwähnten Wassergenossenschaften in Betracht kommen kann, also auch bei Kommunalverbänden, Deich- und Fischereiverbänden. Es sollte durch die Anziehung des § 210 nicht noch eine weitere Voraussetzung für die Anwendung des Beitrittszwanges aufgestellt werden, derzufolge sie auch an dem Unternehmen ein Interesse haben müßten (LWA. 2, 150; PVBl. 38, 520).

6. **Grundstücke ohne Vorteil.** Abs. 4 enthält eine Ausnahme von der Bestimmung des Abs. 1 Nr. 3, nach der als Voraussetzung „Vorteile" für die Grundstücke durch das Unternehmen in Aussicht stehen müssen. Abs. 4 gilt nur für Eigentümer von Grundstücken, nicht auch für Bergwerke, gewerbliche Anlagen, Wassergenossenschaften und andere Verbände, soweit sie nicht auch als Grundstückseigentümer Mitglieder der Genossenschaft sind. Im Falle des Abs. 4 braucht sich die Genossenschaft mit der freiwilligen Hergabe der erforderlichen Flächen oder der Duldung der Anlagen nicht zu begnügen. Sie kann die förmliche Einbeziehung in die Genossenschaft verlangen (LAW. 2, 118). Die Beitragsfreiheit dieser Grundstücke ist sowohl im Teilnehmerverzeichnis, als auch in dem Tenor des Beschlusses über die Zuziehung auszusprechen (LWA. 2, 117). Jeder Schaden, den die Grundstücke durch die Zuziehung erleiden, ist von der Genossenschaft zu ersetzen (vgl. Holtz-Kreutz Anm. 8, zu § 238). Die Zuziehung eines Grundstücks, das dem Betriebe einer unter das Eisenbahngesetz fallenden Eisenbahn gewidmet ist, zu einer Genossenschaft nach § 238 Abs. 4 ist unzulässig (PVBl. 42, 344; OVG. 78, 343; OVG. in Ztschr. f. Agr. u. Wasserr. 6, 299).

§ 239.

(1) Ergibt sich, daß das ausgeführte Unternehmen[1]) einem Grundstück, einem Bergwerk, einer gewerblichen Anlage, einer Wassergenossenschaft oder einem anderen Verbande (§ 210) keinen Vorteil[2]) gewährt, so kann der Genosse für die Dauer des Zustandes der Genossenschaft gegenüber den Erlaß der Genossenschaftsbeiträge ver-

langen[3]), bei Genossenschaften zur Reinhaltung von Gewässern jedoch nur, soweit die Heranziehung wegen des ihm aus den Genossenschaftsanlagen erwachsenden Vorteils erfolgt ist. Soweit bei letzteren Genossenschaften ein Genosse wegen der von ihm hervorgerufenen Verunreinigung zu Beiträgen herangezogen ist, kann er den Erlaß der Beiträge verlangen, wenn sich ergibt, daß er zu der Verunreinigung nicht beiträgt.

(2) Werden die Ansprüche vom Vorstande nicht als berechtigt anerkannt, so sind sie im Wege des Einspruchs[4]) gegen die Heranziehung zu den Genossenschaftslasten nach § 226 Abs. 2 geltend zu machen, doch kann die Entscheidung über den Einspruch nicht in der Satzung einem Schiedsgericht übertragen werden.

Ent. § 217; B. 197; KBA. 338.

1. **Das ausgeführte Unternehmen.** Es kommt nur darauf an, ob die Ausführung des Unternehmens im großen und ganzen zum Abschluß gekommen ist, nicht aber darauf, ob einzelne Nachbesserungen noch vorzunehmen sind (OVG. **68**, 374).

2. **Der mangelnde Vorteil.** Hier ist der Rohvorteil gemeint. Ein auch noch so geringer Rohvorteil schließt den Beitragserlaß aus (OVG. **50**, 332; **53**, 340; **65**, 315; PVBl. **21**, 82; **22**, 167; **23**, 375; **38**, 92; **44**, 339; LWA. **4**, 170).

Es ist nur der Fall gemeint, wo die Genossenschaftsveranstaltungen einem zur Genossenschaft gehörigen Grundstücke den vorher erwähnten Vorteil nicht gebracht hat, oder wo nachträglich der ursprünglich eingetretene Vorteil durch Umstände, die von der Genossenschaft zu vertreten sind, in Wegfall gekommen ist (OVG. **79**, 245 und in Ztschr. f. Agr. u. Wasserr. **6**, 18). Ein auch nur zeitweiliges Ausbleiben des Vorteils begründet den Anspruch auf Beitragserlaß (PVBl. **20**, 333; OVG. **11**, 250).

Ob der einzelne Genosse den Nutzen der Genossenschaftseinrichtungen seinem Grundstücke zugute kommen läßt, oder dazu aus in seiner Person liegenden Gründen nicht imstande ist, ist unerheblich (LWA. **2**, 131).

3. **Anspruch auf Beitragserlaß.** Zur Erhebung des Anspruchs ist nur der Genosse selbst, nicht der Pächter befugt (OVG. **13**, 226).

Vorbehaltslos gezahlte Beträge können nicht zurückgefordert werden (OVG. 11, 250). Ungenügende Unterhaltung der Genossenschaftsanlagen begründet einen Anspruch auf Beitragserlaß nur, wenn mit einer ordentlichen Unterhaltung und Anwendung der Anlage nicht mehr gerechnet werden kann (PVBl. 42, 55). Bei gewerblichen Anlagen kann im Falle der Beseitigung der Anlage stets Beitragserlaß verlangt werden (OVG. 50, 334; 53, 340; PVBl. 30, 577; 32, 586).

4. **Einspruch.** Der Einspruch richtet sich gegen die Geltendmachung der Beitragspflicht für die Zukunft. Unter Heranziehung ist hier die Geltendmachung der Beitragspflicht, nicht wie im Falle des § 226 Abs. 2 zu einer bestimmten einzelnen Beitragsforderung zu verstehen. Die Klage aus § 239 Abs. 2 hat die Aufgabe, für den Fall, daß der Anspruch des § 236 Abs. 1 auf Beitragserlaß abgelehnt wird, die abstrakte Beitragspflicht bei Anmeldung des Anspruchs für die Zukunft zu beseitigen, ohne daß es einer vorherigen Beitragsforderung seitens der Genossenschaft bedarf (OVG. 79, 247 und in Ztschr. f. Agr. u. Wasserr. 6, 34; anders die bisherige Rechtsprechung OVG. 72, 365; PVBl. 42, 55).

5. **Schiedsgericht** vgl. § 215.

§ 240.

(1) Ergibt sich, daß ein Grundstück, abgesehen von dem Falle des § 238 Abs. 4, oder ein Bergwerk oder eine gewerbliche Anlage dauernden Nachteil von dem ausgeführten Unternehmen hat, so kann der Genosse deren Ausscheiden aus der Genossenschaft verlangen[1]).

(2) Soweit der Erwerb des ausscheidenden Grundstücks zur Durchführung der Genossenschaftszwecke erforderlich ist, kann der Genossenschaft das Recht zur Enteignung nach dem Enteignungsgesetz vom 11. Juni 1874 (Gesetzsamml. S. 221) gewährt werden. Über die Gewährung des Enteignungsrechts[2]) entscheidet der Bezirksausschuß durch einen mit Gründen versehenen Beschluß. Der Beschluß kann binnen zwei Wochen durch Beschwerde bei dem Minister[3]) für Handel und Gewerbe angefochten werden. Die Gewährung des Enteignungs-

rechts durch den Vorsitzenden nach § 117 des Landesverwaltungsgesetzes vom 30. Juli 1883 (Gesetzsamml. S. 195) ist nicht zulässig.

Ent. § 218; B. 197; KBA. 338.

1. **Anspruch auf Ausscheiden.** Der Anspruch auf Ausscheiden ist ein öffentlich-rechtlicher Anspruch, der nicht durch Privatvertrag ausgeschlossen werden kann (OVG. 38, 268). Die Erhebung der Klage ist nicht davon abhängig, daß der Anspruch zunächst bei dem Genossenschaftsvorstande geltend gemacht und von diesem abgelehnt wird (OVG. 72, 365; PVBl. 32, 586). Nur den Genossen steht diese Klage zu, nicht der Genossenschaft selbst (OVG. 72, 369). Die Klage kann nicht darauf gestützt werden, daß ein nicht in das Genossenschaftsgebiet einbezogenes Grundstück des Genossen von dem Unternehmen Nachteil hat. Insoweit können nur Entschädigungsansprüche im ordentlichen Rechtswege geltend gemacht werden (OVG. 27, 45; 32, 301). Die Klagen auf Beitragserlaß (§ 239) und auf Ausscheiden können miteinander verbunden werden (OVG. 72, 365).

2. **Gewährung des Enteignungsrechts.** Der Erlaß eines Vorbescheids des Vorsitzenden genügt nicht (§ 117 LVG.).

3. Jetzt Minister für Handel und Gewerbe (G. v. 15. 8. 21, Gesetzsamml. S. 487).

§ 241.

In den Fällen der §§ 239, 240 bleiben bei der Ermittelung, ob ein Grundstück, ein Bergwerk oder eine gewerbliche Anlage keinen Vorteil oder Nachteil von dem Unternehmen hat, die darauf entfallenden Genossenschaftsbeiträge unberücksichtigt[1]).

Ent. § 219; B. 197.

1. **Nichtberücksichtigung der Genossenschaftslasten.** Der Berechnung ist nur der Rohvorteil zugrunde zu legen, da sonst im Falle des Mißlingens des Unternehmens sämtliche Genossen Beitragserlaß oder Ausscheiden aus der Genossenschaft zum Schaden der Genossenschaftsgläubiger verlangen könnten (PVBl. 21, 82). Der § 241 bezieht sich allein auf Grundstücke, Bergwerke und gewerbliche Anlagen. Er kommt nicht zur Anwendung, wenn von Wassergenossenschaften oder sonstigen Verbänden der Anspruch auf

Beitragserlaß geltend gemacht wird. Bei letzteren ist der Nettovorteil festzustellen (vgl. Lenhard-Reichau S. 509; Holtz-Kreutz Anm. 2 zu § 241).

§ 242.

(1) Haben Eigentümer von Grundstücken, Bergwerken oder gewerblichen Anlagen, Wassergenossenschaften oder andere Verbände (§ 210), ohne Genossen zu sein, oder haben Genossen mit anderen als den zur Genossenschaft gehörenden Grundstücken, Bergwerken oder Anlagen von den ausgeführten Genossenschaftsanlagen Vorteil oder tragen sie zur Verunreinigung eines Gewässers bei, zu dessen Reinhaltung die Genossenschaft gebildet ist, so können sie vom Genossenschaftsvorstande nach Anhörung zu Beiträgen gemäß den für die Genossen geltenden Bestimmungen herangezogen werden[1]). Die Beiträge dürfen, soweit sie wegen des den Herangezogenen aus den Genossenschaftsanlagen erwachsenden Vorteils erhoben werden, diesen Vorteil nicht übersteigen.

(2) Die Genossenschaft ist in diesem Falle verpflichtet, die herangezogenen Eigentümer und Verbände auf ihr Verlangen in die Genossenschaft aufzunehmen.

Ent. § 220; B. 197ff.; KBH. 54.

1. **Nachträgliche Heranziehung zu Beiträgen.** Eine Wassergenossenschaft kann gegen Nichtgenossen, die von den ausgeführten Genossenschaftsanlagen Vorteil haben, Beitragsforderungen erst erheben, und im Wege des Verwaltungsstreitverfahrens durchsetzen, wenn vorher die grundsätzliche Beitragspflicht durch Einigung oder durch Richterspruch begründet worden ist. (So OVG. 80, 297 und in Ztschr. f. Agr. u. Wasserr. 6, 39; in Abweichung von der bisherigen Rechtsprechung OVG. 72, 369.) Die Bestimmung des § 242 beruht darauf, daß mit Rücksicht auf die Möglichkeit nachträglicher Heranziehung zu Beiträgen es nicht erforderlich ist, daß von vornherein alle Grundstücke zur Genossenschaft zugezogen werden, die dafür in Betracht kommen können (LWA. 2, 120, 122; 4, 170). Voraussetzung der nachträglichen Heranziehung ist, daß die

Genossenschaftsanlagen ausgeführt sind und daß sich nach ihrer Ausführung für die nicht herangezogenen Grundstücke Vorteile herausstellen. Auch den beim Inkrafttreten des Wassergesetzes schon bestehenden öffentlich-rechtlichen Wassergenossenschaften steht das Recht aus § 242 zu (AusfAnw. V Nr. 17).

§ 243.

Über Streitigkeiten in den Fällen des § 240 Abs. 1, § 242 entscheidet der Bezirksausschuß im Verwaltungsstreitverfahren[1]).

Ent. § 221; B. 197ff.

1. **Verwaltungsstreitverfahren.** Das Schiedsgericht kann nicht angegangen werden (OVG. 38, 267).

Die Klage setzt weder einen Vorbescheid des Genossenschaftsvorstandes (PVBl. 32, 586) noch die Einhaltung einer Frist (PVBl. 31, 802) voraus. Vgl. im übrigen §§ 83, 85, 92 Abs. 1 LVG.).

§ 244.

(1) Liegen die Voraussetzungen des § 233 Abs. 1 für mehrere Grundstücke, Bergwerke, gewerbliche Anlagen, Wassergenossenschaften oder andere Verbände (§ 210) vor, wollen aber nicht alle Eigentümer oder Verbände in die Genossenschaft eintreten, so können die Widersprechenden für verpflichtet erklärt werden, der Genossenschaft beizutreten[1]), wenn der Beitritt unter Berücksichtigung der dadurch entstehenden Kosten und der Genossenschaftsbeiträge Vorteile für sie in Aussicht stellt und wenn die Aufnahme aller beteiligten Eigentümer und Verbände in die Genossenschaft von der Mehrheit dieser Eigentümer und Verbände, nach § 238 Abs. 2 berechnet, beantragt wird.

(2) Auf das Verfahren sind die Vorschriften der §§ 248ff. über das Verfahren zur Bildung von Genossenschaften entsprechend anzuwenden.

(3) Die nach § 254 zu wählenden Bevollmächtigten

haben die Gesamtheit der Beteiligten bei den Verhandlungen mit der Genossenschaft oder in einem etwaigen Verwaltungsstreitverfahren nach den §§ 233, 235 zu vertreten.

Ent. § 222; B. 198; KBA. 339.

1. **Nachträglicher Beitrittszwang.** Wenn Grundstückseigentümer nachträglich gemäß § 233 einer Genossenschaft beitreten wollen, kann gegen andere Widersprechende ein Beitrittszwang ausgeübt werden, wie dies bei der Bildung der Genossenschaft möglich ist. Das Interesse des einzelnen muß hier hinter dem Interesse der Mehrheit zurücktreten.

Das Verfahren richtet sich nach § 248 ff. (vgl. LWA. 3, 178).

Dritter Titel.

Zwangsgenossenschaften.

Vorbemerkung.

Zwangsgenossenschaften sind solche, die ohne Zustimmung der Mehrheit und auch gegen den Willen aller Beteiligten gebildet werden können (vgl. LWA. 2, 123, 127). Solche Zwangsgenossenschaften können gebildet werden:

a) zur Unterhaltung natürlicher Wasserläufe zweiter Ordnung, wenn nicht nach § 116 die Bildung einer Genossenschaft wegen Mangel eines öffentlichen Interesses, oder weil die Unterhaltung eines Wasserlaufs zweiter Ordnung ebenso zweckmäßig durch die bisher dazu Verpflichteten erfolgen kann, unterbleiben muß (§ 245 Abs. 1 Nr. 1);

b) wenn die nach dem schlesischen Auenrecht bei Wasserläufen zweiter und dritter Ordnung unterhaltungspflichtige Gutsherrschaft es beantragt oder den Wasserlauf nicht ordnungsmäßig unterhält (§ 245 Abs. 1 Nr. 2 und 3);

c) zur Verhütung von Hochwassergefahr (vgl. dazu bezüglich der Beteiligung des Staates und der Provinzen § 293);

d) zur Reinhaltung von Gewässern (§ 245 Abs. 1 Nr. 5), und zwar nicht nur aus gesundheitlichen, sondern auch wirtschaftlichen Gründen schwerwiegender Art. Die Fassung und ebenso die Begründung derselben in der Kommission des Abgeordnetenhauses (KBA. 342) ergibt, daß von dieser

Zwangsbefugnis nicht aus geringfügigem oder vorübergehendem Anlaß Gebrauch gemacht werden darf (vgl. auch AusfAnw. V Nr. 19).

§ 245.

(1) Genossenschaften können ohne Zustimmung der Beteiligten gebildet werden:

1. zur Unterhaltung[1]) natürlicher Wasserläufe zweiter Ordnung, wenn nicht die Voraussetzungen des § 116 vorliegen;
2. zur Unterhaltung natürlicher Wasserläufe zweiter Ordnung in den Fällen des § 118 Abs. 2;
3. zur Unterhaltung natürlicher Wasserläufe dritter Ordnung in den Fällen des § 118 Abs. 2;
4. zur Beseitigung von Hindernissen des Hochwasserabflusses, wenn sie zur Verhütung von Hochwassergefahr notwendig ist;
5. zur Reinhaltung[2]) von Gewässern, wenn schwerwiegenden Mißständen auf andere Weise nicht abgeholfen werden kann.

(2) Zu einer Genossenschaft der im Abs. 1 Nr. 1 bis 3 bezeichneten Art sind die Eigentümer der Grundstücke, Bergwerke und gewerblichen Anlagen sowie die Wassergenossenschaften oder anderen Verbände (§ 210) heranzuziehen, denen die ordnungsmäßige Unterhaltung des Wasserlaufs zum Vorteile gereicht. Als Vorteil[3]) gilt auch die Möglichkeit, das Unternehmen durch zweckentsprechende und wirtschaftlich gerechtfertigte Einrichtungen oder Anlagen oder Einri tungen auszunutzen.

(3) Eine Genossenschaft der im Abs. 1 Nr. 4 bezeich-

neten Art ist aus den Eigentümern der Grundstücke, Bergwerke und gewerblichen Anlagen, den Wassergenossenschaften und den anderen Verbänden (§ 210) zu bilden, die von der Hochwassergefahr bedroht sind.

(4) Eine Genossenschaft der im Abs. 1 Nr. 5 bezeichneten Art ist aus den Eigentümern der Grundstücke, Bergwerke und gewerblichen Anlagen, den Wassergenossenschaften und den anderen Verbänden (§ 210) zu bilden, die zur Verunreinigung eines Gewässers beitragen oder denen aus den Anlagen der Genossenschaft Vorteile[4]) erwachsen. Reichen die vorhandenen Gewässer zur unschädlichen Abführung der Schmutzwässer nicht aus, so kann in dem Plane des von der Genossenschaft durchzuführenden Unternehmens auch die Anlegung von Kanälen zur Ableitung der Schmutzwässer vorgesehen werden.

1. **Unterhaltungsgenossenschaft.** Vgl. LWA. 2, 121, 123. Eine Zwangsgenossenschaft kann nicht gebildet werden zur Ausführung der nach § 120 den Ufereigentümern obliegenden Uferunterhaltung (LWA. 4, 177).

2. **Reinhaltungsgenossenschaft.** Vgl. LWA. 2, 140.

3. **Vorteil.** Als Vorteil gilt hier jeder Vorteil (OVG. in Ztschr. f. Agr. u. Wasserr. 6, 232).

4. **Vorteil bei Reinhaltungsgenossenschaften.** In diesem Falle wird die Beseitigung der durch Verunreinigung bewirkten schädlichen Einwirkung auf das Gewässer dem unmittelbaren Vorteil gleichgestellt (OVG. in Ztschr. f. die gesamte Wasserwirtschaft 13, 30).

§ 246.

Die §§ 239 bis 244 sind entsprechend anzuwenden[1]).

1. **Entsprechende Anwendung.** Vgl. OVG. 78, 343. Es gelten auch die §§ 207—237, 275—282 für die Zwangsgenossenschaften. Die Satzung einer Zwangsgenossenschaft wird nicht von den Beteiligten beschlossen, sondern vom Regierungspräsidenten erlassen (§ 270 Abs. 3 Satz 2).

§ 247.

(1) Unterläßt der Vorstand einer Zwangsgenossenschaft (§ 245) trotz Aufforderung der Aufsichtsbehörde, für die ordnungsmäßige Ausführung, Unterhaltung oder Wiederherstellung der genossenschaftlichen Anlagen Sorge zu tragen, so kann die Aufsichtsbehörde nach Anhörung der Genossenschaftsversammlung die Geschäfte des Vorstandes dem Vorstand einer Gemeinde, deren Gemarkung ganz oder zum Teil zum Gebiete der Genossenschaft gehört, übertragen. Die Aufsichtsbehörde kann für den Gemeindevorstand eine angemessene Entschädigung festsetzen. Gegen die Verfügung, durch welche dem Gemeindevorstande die Führung der Geschäfte des Genossenschaftsvorstandes übertragen wird, findet nur die Beschwerde an die Aufsichtsbehörde zweiter Instanz (§ 217 Abs. 3) statt[1]).

(2) Vor der ordentlichen Neuwahl zum Genossenschaftsvorstand ist die Genossenschaftsversammlung jedesmal darüber zu hören, ob die Führung der Geschäfte des Genossenschaftsvorstandes noch weiterhin dem Gemeindevorstande zu belassen ist[2]).

KommBeschl. § 196a; KBA. 324; KBH. 55.

1. **Zweck der Bestimmung.** Die Bestimmung schafft eine Sicherung dafür, daß der Vorstand einer Zwangsgenossenschaft die Erfüllung der genossenschaftlichen Zwecke vereitelt.

2. **Schutz der Rechte der Genossen.** Abs. 2 schützt die Rechte der Genossen. Ist die Genossenschaftsversammlung nicht mit einer Weiterführung der Geschäfte durch den beauftragten Gemeindevorstand einverstanden, so kann keine außerordentliche Genossenschaftsversammlung berufen werden, um eine Neuwahl des Vorstandes vorzunehmen, es führt vielmehr der beauftragte Gemeindevorstand die Geschäfte bis zur satzungsgemäß vorzunehmenden Neuwahl weiter. Über diesen Zeitpunkt hinaus kann aber ohne Genehmigung der Genossenschaftsversammlung der Gemeindevorstand die Geschäfte nicht weiterführen.

Vierter Titel.

Verfahren zur Bildung von Genossenschaften.

Vorbemerkung.

Das Wassergesetz gibt im vierten Titel im wesentlichen die §§ 71—85 des Wassergenossenschaftsgesetzes v. 1. 4. 79 wieder, jedoch unter besonderer Berücksichtigung der Fortentwicklung dieser sehr unvollständigen Bestimmungen in der bisherigen Praxis. Wesentliche Abweichungen von dem bisherigdn Recht enthalten insbesondere die Bestimmung des § 270.

§ 248.

Das Verfahren zur Bildung einer Genossenschaft wird durch den Regierungspräsidenten geleitet. Liegt das Genossenschaftsgebiet in mehreren Regierungsbezirken, so wird der zuständige Regierungspräsident durch den Oberpräsidenten, wenn mehrere Provinzen beteiligt sind, durch den zuständigen Minister endgültig bestimmt. Die über die Zuständigkeit des Regierungspräsidenten getroffene Bestimmung gilt gleichzeitig für den Bezirksausschuß[1]).

Ent. § 225; B. 199ff.; KBA. 344; L. II 8225.

1. Zugefügt durch Gesetz v. 14. 3. 24, Gesetzsamml. S. 137.

§ 249.

(1) Das Verfahren zur Bildung der Genossenschaft kann von Amts wegen oder auf Antrag eingeleitet werden. Dem Verfahren ist ein Plan[1]) zugrunde zu legen, der enthalten muß:

1. die erforderlichen Zeichnungen und Erläuterungen;
2. einen Kostenanschlag des Unternehmens;
3. die Bezeichnung der an der Genossenschaft zu beteiligenden Grundstücke, Bergwerke und gewerblichen Anlagen sowie der dazu heran-

zuziehenden Wassergenossenschaften oder anderen Verbände (§ 210).

(2) Dem Plane sind zur Vorbereitung der Abstimmung beizufügen: wenn Grundstücke beteiligt sind, die zur Ermittelung der Fläche und des Grundsteuerreinertrags nötigen Katasterauszüge, oder wenn die Grundstücke sämtlich einem Auseinandersetzungsverfahren unterliegen und in diesem besonders abgeschätzt sind, Auszüge aus den hierbei aufgestellten Verzeichnissen über den Wert oder Ertrag der Grundstücke. Sollen Bergwerke, gewerbliche Anlagen, Wassergenossenschaften oder andere Verbände an der Genossenschaft beteiligt werden, so bedarf es eines Voranschlags des von dem Unternehmen zu erwartenden Vorteils und der Angabe des Maßstabs, nach dem dieser Vorteil auf die Grundstücke, Bergwerke, gewerblichen Anlagen und Verbände verteilt werden soll.

(3) Wird das Verfahren auf Antrag eingeleitet, so hat der Antragsteller auf Verlangen des Regierungspräsidenten den Plan und die im Abs. 2 bezeichneten Unterlagen einzureichen.

Ent. § 226; B. 200; KBA. 344; L. II 8225.

1. Plan. Der Plan muß dem zur Beschlußfassung über die Bildung der Genossenschaft vorgeladenen Beteiligten ermöglichen, sich ein Urteil über die Grundzüge des Unternehmens, insbesondere über die Art der geplanten Arbeiten und die Höhe der Kosten zu bilden (vgl. AusfAnw. V Nr. 20, sowie MBl. f. Landw. 1917 S. 241). Alle für die Beteiligung in Frage kommenden Grundstücke brauchen von vornherein nicht zugezogen werden (LWA. 2, 120, 122).

§ 250.

(1) Auf Antrag kann der Bezirksausschuß beschließen, daß die Besitzer von Grundstücken Vorarbeiten[1]), die

zur Vorbereitung der Genossenschaftsbildung erforderlich sind, dulden müssen. Der ihnen hierdurch etwa erwachsene Schaden ist zu vergüten. Zur Sicherstellung der Entschädigung kann der Bezirksausschuß vor Beginn der Arbeiten vom Antragsteller eine Sicherheit bestellen lassen und deren Höhe bestimmen.

(2) Die Gestattung der Vorarbeiten wird von dem Bezirksausschuß in dem für seine öffentlichen Bekanntmachungen bestimmten Blatte und soweit in anderen Regierungsbezirken liegende Grundstücke betroffen werden, auch in den für die öffentlichen Bekanntmachungen dieser Bezirksausschüsse bestimmten Blättern[2]) bekanntgemacht. Von jeder Vorarbeit hat der Antragsteller unter Angabe von Zeit und Ort mindestens zwei Tage vorher den Gemeinde- (Guts-) Vorstand in Kenntnis zu setzen. Dieser hat die beteiligten Grundbesitzer davon besonders oder in ortsüblicher Weise allgemein zu benachrichtigen und ist ermächtigt, dem Antragsteller auf dessen Kosten einen beeideten Sachverständigen zur Seite zu stellen, um Beschädigungen sogleich festzustellen und abzuschätzen. Der abgeschätzte Schaden[3]) ist, vorbehaltlich anderweitiger Feststellung im Rechtswege, den Berechtigten sofort auszuzahlen, widrigenfalls der Gemeinde- (Guts-) Vorstand auf Antrag des Beteiligten die Fortsetzung der Vorarbeiten zu hindern verpflichtet ist.

(3) Zum Betreten von Gebäuden und eingefriedigten Hof- oder Gartenräumen bedarf der Antragsteller, soweit dazu der Grundbesitzer seine Einwilligung nicht ausdrücklich erteilt, in jedem einzelnen Falle einer besonderen Erlaubnis der Ortspolizeibehörde. Diese hat die Besitzer zu benachrichtigen und zur Offenstellung der Räume zu veranlassen.

(4) Eine Zerstörung von Baulichkeiten jeder Art und

ein Fällen von Bäumen ist nur zulässig, nachdem der Bezirksausschuß dies durch Beschluß genehmigt hat.

(5) Der Beschluß ist endgültig.

Ent. § 227; B. 200; KBA. 344; L. II 8225; KBH. 55.

1. **Vorarbeiten.** Das im § 250 gegebene Recht zur Vornahme von Vorarbeiten auf fremden Grundstücken, bevor die Bildung der Genossenschaft erfolgt ist, stellt ein in sich abgeschlossenes besonderes Unternehmen dar, welches die Frage der Bildung der Genossenschaft nicht präjudiziert. Das Verfahren auf Gestattung dieser Vorarbeiten ist dem § 5 des EnteignG. v. 11. 6. 74 nachgebildet. Unter „Vorarbeiten" sind alle Handlungen zu verstehen, welche zur Bildung der Genossenschaft erforderlich erscheinen. Nur diesem Zweck dürfen sie aber auch dienen. Ob das beabsichtigte, genossenschaftliche Unternehmen später tatsächlich zur Ausführung kommt, ist unerheblich für die Entschädigungsansprüche. Kommt es nicht zur Ausführung, so hat der Antragsteller die Entschädigungen zu zahlen.

Vgl. auch Art. II des Gesetzes v. 14. 3. 24, Gesetzsamml. S. 137, sowie Pelzer zum Gesetze über die Bildung von Bodenverbesserungsgenossenschaften Anm. 2 zu § 2.

2. Eingefügt durch Gesetz v. 14. 3. 24, Gesetzsamml. S. 137.

3. **Der abgeschätzte Schaden.** Der abgeschätzte Schaden ist auf Antrag sofort auszuzahlen, nicht erst nach Beendigung der Vorarbeiten.

Nicht nur gegen die abgeschätzte Höhe des Schadens, sondern auch wegen des festgestellten Umfanges des Schadens ist der ordentliche Rechtsweg zulässig.

§ 251.

(1) Ist der Antrag auf Einleitung des Verfahrens offenbar unzulässig, undurchführbar oder unzweckmäßig, so kann er ohne weiteres durch einen mit Gründen versehenen Bescheid[1]) zurückgewiesen werden.

(2) Anderenfalls ernennt der Regierungspräsident einen Kommissar[2]) zur Verhandlung mit den Beteiligten. Dasselbe gilt, wenn das Verfahren von Amts wegen eingeleitet werden soll.

Ent. § 228; B. 200; KBH. 53.

1. **Bescheid.** Der Bescheid ergeht von dem gemäß § 248 zuständigen Regierungspräsidenten. Gegen den Bescheid ist außer der Dienstaufsichtsbeschwerde kein Rechtsmittel gegeben.

2. **Ernennung eines Kommissars.** In der Regel wird der örtlich zuständige Landrat ernannt werden, der dann das Verfahren persönlich durchführen muß. Er kann sich keinen Vertreter bestellen.

§ 252.

Der Kommissar hat die Satzung zu entwerfen, die im § 249 bezeichneten Unterlagen, soweit sie noch nicht vorhanden sind, zu beschaffen und, wenn nicht nur Grundstücke beteiligt sind, den für die einzelnen Beteiligten aus dem Unternehmen zu erwartenden Vorteil vorläufig festzustellen[1]). Bei Genossenschaften zur Reinhaltung von Gewässern gilt als Vorteil auch die Beseitigung der von den Beteiligten hervorgerufenen Verunreinigung; der Vorteil wird nach dem Umfange der Verunreinigung berechnet.

Ent. § 229; B. 200ff.; L. II 8225.

1. **Feststellung des Vorteils.** Werden gegen die Vorteilsfeststellung Einwendungen erhoben, so greift § 260 Abs. 2 Platz. In dem Verfahren nach § 270 Abs. 1 kann sie nicht angefochten werden (LWA. 2, 139, 147; PVBl. 38, 520).

Bedeutung hat die Feststellung des Vorteils nur für die bis zur Genehmigung der Satzung erforderliche Abstimmung (§ 260 Abs. 2 Satz 2).

§ 253.

Der Kommissar hat sodann einen Beschluß der Beteiligten über den Plan[1]) und die Bildung der Genossenschaft herbeizuführen.

Ent. § 230; B. 200ff.

1. **Plan.** Es ist über das Vorhandensein der Voraussetzungen für die Anwendung des Beitrittszwanges auf Grund desjenigen Planes zu entscheiden, dem die Mehrheit der Beteiligten zugestimmt hat (LWA. 3, 175). Der Plan bildet die wesentliche Grundlage für die Feststellung des räumlichen Umfanges (OVG. 78, 343; LWA. 4, 171).

§ 254.

(1) Wird die Bildung der Genossenschaft beschlossen, so hat der Kommissar die Beschlußfassung über die Satzung und alle anderen Punkte, bei denen er es für erforderlich erachtet, ferner in den Fällen des § 238 nötigenfalls eine Beschlußfassung über die Anwendung des Beitrittszwanges zu veranlassen. Zu dem Zwecke können die Beteiligten Bevollmächtigte wählen[1]).

(2) In den Fällen des § 238 können die Widersprechenden verlangen, daß die Zustimmenden und die Widersprechenden getrennt Bevollmächtigte wählen, deren Zahl dem Verhältnisse der für oder gegen die Genossenschaftsbildung abgegebenen Stimmen annähernd zu entsprechen hat; die Zahl der Bevollmächtigten bestimmt der Kommissar.

(3) Die Bevollmächtigten sind befugt, Änderungen des Planes vorzunehmen, wenn nicht ausdrücklich ein anderes beschlossen wird.

Ent. § 231; B. 200ff.; KBA. 344ff.

1. **Bevollmächtigte.** Auch abgesehen von dem Falle des § 254 Abs. 1 und des § 72 des Fischereigesetzes können die Beteiligten zur Wahrnehmung ihrer Rechte Bevollmächtigte bestellen. Der Umfang der Vertretungsmacht bestimmt sich nach dem Inhalte der Vollmacht, ebenso bei mehreren Bevollmächtigten die Frage, ob jeder einzelne Bevollmächtigte für sich oder nur alle gemeinsam Vertretungsmacht haben (OVG. in Ztschr. f. Agr. u. Wasserr. 6, 121). Die Bevollmächtigten sind ohne ausdrückliche besondere Ermächtigung nicht befugt, den von den Beteiligten beschlossenen Plan in wesentlichen Punkten zu ändern oder zu ergänzen (OVG. in Ztschr. f. Agr. ld) Wasserr. 6, 126). Der Entscheidung des Kommissars bleibt es überlassen, ob er Vertreter der Eigentümer mit Vollmachten, deren Unterschrift nicht von einer Behörde bescheinigt ist, zulassen will. Der nachträglichen Beibringung von Vollmachten binnen bestimmter Frist steht grundsätzlich nichts im Wege (vgl. AusfAnw. V Nr. 21). Die in dem Verfahren zur Bildung einer Wassergenossenschaft von den Widersprechenden

gewählten Bevollmächtigten sind ohne besondere Vollmacht nicht auch befugt, die Widersprechenden in dem Verfahren vor dem Bezirksausschuß zu vertreten (LWA. 2, 126; 4, 171; PVBl. 38, 480).

§ 255.

Die nach den §§ 253, 254 herbeizuführenden Beschlüsse können in einem Termin oder in mehreren Terminen gefaßt werden[1]).

Ent. § 232; B. 200ff.

1. **Beschlußfassung der Beteiligten.** Erst, wenn die Bildung der Genossenschaft beschlossen ist, sind die Beteiligten von dem Kommissar zur Beschlußfassung über die Satzung zu veranlassen (LWA. 2, 136; PVBl. 36, 732). Der ordnungsmäßig gefaßte Beschluß der Beteiligten wird dadurch nicht hinfällig, daß nachträglich die Zustimmenden ihre Zustimmungserklärung widerrufen (OVG. in Ztschr. f. Agr. u. Wasserr. 5, 336). Wegen Zuziehung eines Kulturbaubeamten zu den Verhandlungen vgl. AusfAnw. V Nr. 21.

§ 256.

(1) Beschlüsse der Bevollmächtigten werden mit Stimmenmehrheit gefaßt; jeder Bevollmächtigte hat eine Stimme.

(2) Die Bevollmächtigten sind befugt, mit Genehmigung[1]) des Kommissars für den Fall der Genehmigung oder des Erlasses der Satzung Verträge[2]) im Namen der zu bildenden Genossenschaft zu schließen.

Ent. § 238; B. 200ff.

1. **Genehmigung.** Der Kommissar kann zur Genehmigung nicht gezwungen werden. Gegen eine Ablehnung findet nur die Beschwerde an den Regierungspräsidenten statt. Die Genehmigung ist ein obrigkeitlicher Akt, stellt aber zugleich ein Rechtsgeschäft im Sinne des bürgerlichen Rechts dar (vgl. Recht 1912 S. 5ff. und S. 110ff.).

2. **Verträge.** Zur Vornahme einseitiger Rechtsgeschäfte sind die Bevollmächtigten nicht befugt.

§ 257.

Abgesehen von der Beschlußfassung über die Bildung der Genossenschaft genügt bis zur Genehmigung der Satzung zu allen Beschlüssen der Gesamtheit der Beteiligten die einfache Mehrheit der im Abstimmungstermin[1]) Erschienenen. Ausgenommen hiervon ist der Beschluß, durch welchen für die Teilnahme an den Genossenschaftslasten oder für das Stimmverhältnis der Genossen ein anderer als der im § 225 festgestellte Maßstab bestimmt wird. Die Mehrheit wird nach dem Grundsteuerreinertrag oder dem im Auseinandersetzungsverfahren geschätzten Werte oder Ertrage (§ 249 Abs. 2) der beteiligten Grundstücke, wenn aber bei der Genossenschaft Bergwerke, gewerbliche Anlagen, Wassergenossenschaften oder andere Verbände (§ 210) beteiligt sind, nach dem vorläufig festgestellten Vorteile (§ 252) berechnet.

Ent. § 234; B. 200ff.; KBA. 347; KBH. 55.

1. **Abstimmung zur Beschlußfassung.** Über die Bildung einer Genossenschaft ohne Beitrittszwang ist immer die Zustimmung aller Beteiligten erforderlich.

§ 258.

Wird die Bildung einer Genossenschaft der im § 245 Abs. 1 bezeichneten Arten abgelehnt, so hat der Kommissar die Beteiligten über die Voraussetzungen für die Bildung einer Zwangsgenossenschaft und über die Satzung zu hören[1]).

Ent. § 235; B. 200ff.

1. **Anhörung der Beteiligten.** Die Beteiligten werden nur zu Informationszwecken gehört; sie haben auch auf den Inhalt der Satzung keinen Einfluß.

§ 259.

Die den Miteigentümern eines Grundstücks, eines

Bergwerkes oder einer gewerblichen Anlage zustehenden Stimmen[1]) gelten als in dem Sinne abgegeben, in dem die Mehrheit der im Abstimmungstermin erschienenen Miteigentümer, berechnet nach der Größe ihrer Anteile, gestimmt hat.

Ent. § 236; B. 200ff.

1. **Stimmen von Miteigentümern.** Der § 259 gilt nur für die Abstimmungen in dem Verfahren zur Bildung der Genossenschaft, nicht für die späteren Beschlüsse der Genossenschaft (vgl. Anm. 3 zu § 225). (Ebenso Holtz-Kreutz Anm. 3 zu § 259; a. A. Lenhard-Reichau S. 527.)

§ 260.

(1) Die Einwendungen[1]) der Beteiligten sowie die Voraussetzungen für die Anwendung des Beitrittszwanges und etwaige Anträge auf Erstattung von Kosten (§ 272 Abs. 3) sind, erforderlichenfalls nach Anhörung oder unter Zuziehung von Sachverständigen, mit den Beteiligten oder den dazu ermächtigten Bevollmächtigten zu erörtern.

(2) Werden gegen die vom Kommissar getroffene vorläufige Feststellung des Vorteils Einwendungen erhoben, so hat der Kommissar, soweit sie von der Mehrheit der Beteiligten als berechtigt anerkannt werden, die Feststellung entsprechend zu ändern. Anderenfalls entscheidet der Regierungspräsident[2]). Die so getroffene Feststellung gilt nur bis zur Genehmigung der Satzung für die erforderlichen Abstimmungen.

Ent. § 237; B. 200ff.; KBA. 347ff.

1. **Einwendungen der Beteiligten.** Zur Erörterung sind gegebenenfalls Sachverständige hinzuzuziehen (vgl. AusfAnw. V Nr. 21). Werden die Einwendungen von der Mehrheit als berechtigt anerkannt, so muß der Kommissar seine Feststellung entsprechend ändern. Lehnt der Kommissar trotzdem ab, so entscheidet der Regierungspräsident als Beschwerdeinstanz.

2. **Entscheidung des Regierungspräsidenten.** Der Regierungspräsident entscheidet endgültig. Seine Entscheidung kann vor den Beschlußbehörden nicht angefochten werden (LWA. 2, 139, 147; PVBl. 38, 520).

§ 261.

Die Aufrechterhaltung der Ordnung in den Verhandlungsterminen liegt dem Kommissar ob. Er kann gegen Beteiligte, Sachverständige oder andere Personen, die sich während der Verhandlungen einer Ungebühr schuldig machen, vorbehaltlich strafgerichtlicher Verfolgung, eine Ordnungsstrafe[1]) bis zu zwanzig Mark festsetzen.

Ent. § 238; B. 200ff.; KBA. 348.

1. **Ordnungsstrafe.** Gegen die Festsetzung der Ordnungsstrafe ist gemäß § 273 die Beschwerde an den Regierungspräsidenten binnen zwei Wochen zulässig. Die Vollstreckung erfolgt durch den Kommissar selbst. Wegen der Höhe der Ordnungsstrafe vgl. auch Art. IIf. der Verordnung über Vermögensstrafen und Bußen vom 6. 2. 26, RG. S. 44 und OVG. 73, 388.

§ 262.

Über die Verhandlungen mit den Beteiligten und ihren Bevollmächtigten ist ein Protokoll[1]) aufzunehmen. In dieses muß auch die Festsetzung der Ordnungsstrafe (§ 261) und die Veranlassung dazu aufgenommen werden. Das Protokoll ist von dem Kommissar und dem etwa zugezogenen Protokollführer und, wenn Sachverständige vernommen sind, auch von diesen zu unterschreiben. Sind Bevollmächtigte gewählt, so sollen auch diese das Protokoll unterschreiben.

Ent. § 239; B. 200ff.; KBA. 348.

1. **Protokoll.** Vgl. AusfAnw. V Nr. 21 Abs. 6.

§ 263.

(1) Zu den Verhandlungsterminen sind die dabei

Beteiligten spätestens eine Woche vor dem Termine zu laden[1]). In dringenden Fällen kann die Ladungsfrist auf drei Tage abgekürzt werden. In der Ladung sind die Verhandlungsgegenstände anzugeben.

(2) Vor der Beschlußfassung über die Satzung ist der Entwurf acht Tage vorher offenzulegen[2]) und in der Ladung Ort und Zeit der Offenlegung mitzuteilen.

(3) Die Ladung ergeht, abgesehen von der Ladung zur Abstimmung über die Bildung einer Genossenschaft, bei der die Ausübung des Beitrittszwanges nicht zulässig ist, unter der Verwarnung, daß die Nichterscheinenden oder Nichtabstimmenden als demjenigen zustimmend gelten, wofür die Mehrheit der Stimmen abgegeben wird.

Ent. § 240; B. 201; KBA. 348ff.

1. **Ladung der Beteiligten.** Vgl. AusfAnw. V Nr. 22. Ist ein Beteiligter nicht ordnungsmäßig geladen und wird die gesetzliche Mehrheit auch dann nicht in Frage gestellt, wenn der Nichtgeladene den Widersprechenden zugezählt wird, so ist ein Widerspruch, der sich auf Verletzung der §§ 263ff. stützt, nicht begründet (LWA. 2, 134, 136; PVBl. 36, 731).

2. **Offenlegung der Satzung.** Die Beobachtung der Vorschrift über die Offenlegung der Satzung gehört nicht zu den von den Beschlußbehörden nachzuprüfenden Voraussetzungen für die Anwendung des Beitrittszwanges (LWA. 2, 134, 136; PVBl. 36, 731).

§ 264.

(1) Auf das Verfahren bei der Zustellung[1]) der Ladungen sind, soweit sich nicht aus den §§ 265 bis 268 ein anderes ergibt, die Vorschriften der Zivilprozeßordnung über Zustellungen von Amts wegen (§§ 208 bis 213, 166ff.) mit der Maßgabe entsprechend anzuwenden, daß an die Stelle des Gerichtsschreibers der Kommissar oder ein von ihm bestellter Beamter tritt.

(2) Zur Bewirkung der Zustellung kann sich der

Kommissar an Stelle der Gerichtsdiener auch anderer Beamten oder vereideter Boten bedienen.

Ent. § 241; B. 201 ff.

1. **Zustellung.** Der Kommissar hat vom Amts wegen für die Bewirkung der Zustellung zu sorgen und die zuzustellenden Schriftstücke handschriftlich zu vollziehen (RGZ. **46**, 377).

§ 265.

(1) Ist die Ladung an mehrere Personen in einem Gemeinde- (Guts-) Bezirke zuzustellen, so kann dies durch Umlauf geschehen. In diesem Falle ist sie allen Personen, denen sie zuzustellen ist, zur Kenntnisnahme vorzulegen oder vorzulesen und eine beglaubigte Abschrift bei einer in dem Schriftstück zu bezeichnenden Person niederzulegen. Die Niederlegung kann bei dem Gemeindevorsteher oder bei einer Person erfolgen, an die der Umlauf gerichtet ist.

(2) Die Bestimmungen des § 264 Abs. 2 dieses Gesetzes und der §§ 180 bis 184, 188 bis 191 der Zivilprozeßordnung über Ort, Art und Zeit der Zustellung, sowie über die Aufnahme der Zustellungsurkunde sind auf die Zustellung durch Umlauf entsprechend anzuwenden.

(3) Erfolgt die Zustellung nicht an die Person selbst, der zugestellt werden soll, so ist der Person, der zugestellt ist, eine schriftliche Anzeige über die nach Abs. 1 zu bewirkende Niederlegung des zuzustellenden Schriftstücks zu übergeben. Der Vorgang ist in der Zustellungsurkunde zu erwähnen. Im Falle verweigerter Kenntnisnahme oder Annahme der Anzeige genügt die Erwähnung der Verweigerung.

(4) Erfolgt die Zustellung durch Umlauf[1]), so soll außerdem jedem Beteiligten ein Abdruck der Ladung durch die Post zugesandt werden.

Ent. § 242; B. 201; KBA. 350.

1. **Zustellung durch Umlauf.** Die Zusendung braucht nicht als Brief oder Einschreibesendung zu erfolgen, es genügt Zusendung als „Drucksache".

Die Bestimmung des Abs. 4 ist rein instruktioneller Natur, ihre Nichtbeachtung hat auf die Gültigkeit der gefaßten Beschlüsse keinen Einfluß (KBA. 352).

§ 266.

(1) Die Vorschriften des § 174 und des § 175 Abs. 1 Satz 1 der Zivilprozeßordnung über die Bestellung eines Zustellungsbevollmächtigten sind nicht anzuwenden. An ihre Stelle tritt folgende Bestimmung:

Wenn ein Beteiligter weder im Deutschen Reiche wohnt noch einen im Deutschen Reiche wohnhaften Bevollmächtigten bestellt hat, kann der Kommissar die Bestellung eines Zustellungsbevollmächtigten[1]) binnen einer von ihm zu bestimmenden Frist anordnen.

Ent. § 243; B. 201.

1. **Zustellungsbevollmächtigter.** Die Anordnung muß den Beteiligten zugestellt werden; Beschwerde gemäß § 273.

§ 267.

Die öffentliche Zustellung[1]) (§ 204 der Zivilprozeßordnung) erfolgt nur durch je einmalige Einrückung der Ladung in den Deutschen Reichsanzeiger und in die Amtsblätter der Regierungen, deren Bezirke bei dem Verfahren beteiligt sind. Eine Anheftung findet nicht statt.

Ent. § 244; B. 201.

1. **Öffentliche Zustellung.** Voraussetzung ist objektive Unbekanntheit des Aufenthalts des Zustellungsempfängers (§ 203 ZPO., vgl. auch RGZ. 59, 259; RG. bei Gruchot 45, 1025; OLG. 17, 317).

§ 268.

Zu Terminen, die im Verlauf einer Verhandlung vom Kommissar anberaumt werden, ist eine Ladung derjenigen Personen, denen die Anberaumung des Termins zum Protokoll eröffnet ist, nicht erforderlich[1]).

Ent. § 245; B. 201.

1. **Verkündeter Termin.** Anwesenheit und Terminsmitteilung müssen aus dem Protokoll hervorgehen.

§ 269.

Der Kommissar hat die Ordnungsmäßigkeit der Ladungen zu bescheinigen[1]).

Ent. § 246; B. 201 ff.

1. **Bescheinigung der Ladungen.** Für die Richtigkeit der Ladungen ist der Kommissar verantwortlich. Der Bezirksausschuß hat in dem Verfahren des § 270 Abs. 1, wenn Ladungsmängel behauptet werden, die Ordnungsmäßigkeit der Ladung nachzuprüfen (LWA. 2, 131).

§ 270.

(1) Im Falle zwangsweiser Heranziehung der Minderheit (§ 207 Abs. 2 Nr. 2, § 238) und bei Bildung einer Zwangsgenossenschaft (§ 207 Abs. 2 Nr. 3, § 245) hat nach Abschluß der Verhandlungen der Bezirksausschuß über das Vorhandensein der Voraussetzungen für die Anwendung des Beitrittszwanges, soweit hierüber Streit besteht, zu beschließen[1]).

(2) Gegen die Beschlüsse des Bezirksausschusses steht den Beteiligten und dem Regierungspräsidenten binnen zwei Wochen die Beschwerde[2]) an das Landeswasseramt[3]) zu.

(3) Die Satzung bedarf der Genehmigung des Regierungspräsidenten[4]). Für die Zwangsgenossenschaften wird sie von ihm erlassen.

(4) Die Satzung ist auf Kosten der Genossenschaft in den Amtsblättern der beteiligten Regierungsbezirke bekanntzumachen. Die Bekanntmachung kann auf das Datum der Satzung und die im § 214 Nr. 1, 2, 9, 10, 12, 13 bezeichneten Festsetzungen beschränkt werden[5]).

Ent. § 247; B. 202; KBA. 353ff.

1. **Entscheidung des Bezirksausschusses.** Der Bezirksausschuß hat den Inhalt der Widersprüche nur in der Richtung zu prüfen. ob die Heranziehung des Widersprechenden gesetzlich zulässig ist, nicht aber, ob die Genossenschaft zu bilden ist oder nicht (LWA. 2, 130, 134, 139, 142, 145; 4, 164, 171; PVBl. 36, 736; 38, 520; OVG. in Ztschr. f. Agr. u. Wasserr. 5, 228).

Wenn der Widerspruch begründet ist, so ist von der Heranziehung des Widersprechenden abzusehen, im übrigen bleibt aber die Genossenschaftsbildung unberührt (LAW. 2, 131, 135, 142; PVBl. 36, 731; 38, 91, 520; Bochalli, Kommentar Anm. 1 zu § 270; a. M. Bitta und von Kries S. 358).

Beteiligt an dem Verfahren sind nur die Eigentümer derjenigen Grundstücke, die zu der Genossenschaft herangezogen werden sollen und gegen die ein Beitrittszwang ausgeübt werden soll (LWA. 2, 129; PVBl. 38, 91).

Der Beschluß ist nur gegen solche Widersprechende gerichtet, die zur Zeit der Beschlußfassung noch als widersprechend zu gelten haben (LWA. 2, 126; PVBl. 38, 480; LWA. 1, in Ztschr. f. Agr. u. Wasserr. 3, 231).

Veräußert ein Widersprechender sein Grundstück vor der Beschlußfassung, so ist der Erwerber heranzuziehen (PVBl. 45, 447). Die im Abstimmungstermin über die Bildung einer Wassergenossenschaft nicht erschienenen Grundstückseigentümer sind nicht beteiligt (LWA. 2, 133), ebenso nicht die gemäß § 254 gewählten Bevollmächtigten (LWA. 3, 163; PVBl. 38, 466).

Der Beschluß muß die Widersprechenden und ihre Grundstücke genau bezeichnen und eine Begründung enthalten, die nicht durch Bezugnahme ersetzt werden darf (LWA. 2, 154; 3, 180; PVBl. 38, 91).

Der Widerspruch kann bis zur Beschlußfassung zurückgenommen werden (LWA. 4, 164). Zuständig ist der Bezirksausschuß, in dessen Bezirk die Grundstücke liegen. Kommen mehrere Regierungsbezirke in Frage, so ist § 58 Abs. 1 Nr. 2 LVG. anzuwenden (LWA. 2, 127; 4, 163; 194, PVBl. 41, 307).

2. **Beschwerde.** Verspätete Beschwerden weist der Vorsitzende des Bezirksausschusses nach § 122 Abs. 2 LVG. zurück (PVBl. 37, 283). Beschwerdeberechtigt sind nur die Beteiligten (vgl. Anm. 1 und LWA. 2, 126, 133; PVBl. 38, 480). Der Bezirksausschuß ist zu einer Abänderung des rechtskräftigen Beschlusses nicht befugt (LWA. in Ztschr. f. Agr. u. Wasserr. 3, 231).

3. LWA. jetzt wasserwirtschaftlicher Senat des Oberverwaltungsgerichts. Vgl. Verordnung v. 12. 3. 24, Gesetzsamml. S. 130.

4. **Genehmigung des Regierungspräsidenten.** Die Genehmigung der Satzung ist ein organisatorischer Akt, durch den ein der Anfechtung entzogener Rechtszustand begründet wird (OVG. 73, 378).

5. **Bekanntmachung.** Im Interesse der Kostenersparnis soll die Bekanntmachung sich möglichst auf die wichtigsten Festsetzungen beschränken (MinBl. f. Landwirtschaft 1920 S. 64).

§ 271.

Nach Bildung der Genossenschaft hat die Aufsichtsbehörde sogleich die Wahl und Einsetzung des Genossenschaftsvorstandes[1]) nach den Vorschriften der Satzung zu veranlassen.

Ent. § 248; B. 203.

1. **Einsetzung des Genossenschaftsvorstandes.** Eine Bestätigung durch die Aufsichtsbehörde ist nicht erforderlich, kann aber durch die Satzung vorgeschrieben werden (§ 7 der Mustersatzung bei AusfAnw. V).

§ 272.

(1) Die in dem Verfahren vorkommenden Verhandlungen und Geschäfte, einschließlich der von den Gerichten und anderen Behörden vorzunehmenden, sind gebühren- und stempelfrei[1]). Zu diesen Geschäften gehört auch die Anfertigung und Beglaubigung von Kataster- und Grundbuchauszügen.

(2) Bare Auslagen[2]), die durch zurückgewiesene oder zurückgenommene Anträge oder Einwendungen entstehen, können dem Antragsteller oder dem, der die Einwendungen erhoben hat, auferlegt werden. Von den anderen baren Auslagen trägt die Staatskasse die Reisekosten, Reisezulagen und Tagegelder der in dem Verfahren mitwirkenden Staatsbeamten, die übrigen Auslagen die Genossenschaft.

(3) Wird die Genossenschaft gebildet, so kann der Regierungspräsident die Erstattung der von dem Antragsteller auf notwendige Vorarbeiten zweckdienlich verwendeten baren Auslagen der Genossenschaft zur Last legen, wenn dies vor dem Abschluß der kommissarischen Verhandlungen beantragt ist.

1. **Gebühren- und Stempelfreiheit.** Hierunter fallen die Beschlüsse des Bezirksausschusses und des OVG., Katasterauszüge (FinMinBl. 1918 S. 122), Grundbuchgeschäfte (KG. bei Johow 18, 110), ferner Vollmachten (so Bochalli, „Wassergenossenschaftsr." S. 87; a. M. Lenhard-Reichau S. 544).

2. **Bare Auslagen.** Kommt eine Genossenschaft nicht zustande, so sind auch die übrigen Auslagen, wenn sie im Falle der Bildung einer Genossenschaft von dieser zu tragen waren, vom Staate zu übernehmen (OVG. 35, 32).

§ 273.

(1) Über Beschwerden[1]), welche die Leitung des Verfahrens durch den Kommissar zum Gegenstande haben, beschließt endgültig der Regierungspräsident.

(2) Über Beschwerden gegen Ordnungsstrafen (§ 261) entscheidet der Bezirksausschuß endgültig. Diese Beschwerden sind binnen zwei Wochen zu erheben.

Ent. § 250; B. 203; KBA. 356ff.

1. **Beschwerde über die Entscheidung des Kommissars.** Beschwerden gegen die Leitung des Verfahrens sind an keine Form und Frist gebunden. Zuständig ist, wer den Kommissar ernannt hat.

§ 274.

Die Leitung des Verfahrens zur Bildung einer Genossenschaft kann vom Oberpräsidenten und, wenn mehrere Provinzen beteiligt sind, von dem zuständigen Minister einer Generalkommission[1]) übertragen werden. In diesem Falle tritt sie an die Stelle des Regierungspräsidenten. Liegt das Genossenschaftsgebiet in mehreren

Regierungsbezirken, so ist zugleich der für das Verfahren zuständige Bezirksausschuß zu bestimmen[2]).

1. **Generalkommission.** An die Stelle der Generalkommission ist der Präsident des Landeskulturamtes gemäß Gesetz v. 3. 6. 19 getreten, nicht der Vorsteher des Kulturamtes (Holtz-Kreutz, Handausgabe Anm. zu § 274, Haak in Preuß. Verwaltungsblatt 41, 371; Bochalli, Wassergenossenschaftsr. S. 88; a. M. Holzapfel in PVBl. 41, 96).

2. Zugefügt durch Gesetz v. 14. 3. 24, Gesetzsamml. S. 137.

Fünfter Titel.

Änderung der Satzung.

§ 275.

(1) Eine Änderung der Satzung, durch die ein neuer Genossenschaftszweck eingeführt werden soll, bedarf eines einstimmigen Beschlusses der Mitgliederversammlung, es sei denn, daß es sich um die Neueinführung eines solchen Zweckes handelt, zu dessen Durchführung der Eintritt in eine neu zu bildende Genossenschaft erzwungen werden könnte. In diesem Falle genügt ein Mehrheitsbeschluß der Mitgliederversammlung, berechnet nach § 238 Abs. 2, wenn die übrigen Voraussetzungen des Beitrittszwanges für alle widersprechenden Genossen vorliegen.

(2) Eines einstimmigen Beschlusses bedarf ferner eine Änderung der Satzung, durch die für die Teilnahme an den Genossenschaftslasten oder für das Stimmverhältnis[1]) der Genossen ein anderer als der im § 225 festgestellte Maßstab bestimmt wird.

(3) Andere Satzungsänderungen können, mangels anderweiter Bestimmungen der Satzung, von der Mitgliederversammlung (dem Ausschusse) mit Stimmenmehrheit beschlossen werden.

Ent. § 252; B. 203; L. II 8227.

1. **Stimmverhältnis.** Das im Abs. 1 und 2 festgesetzte Stimmverhältnis kann durch die Satzung nicht geändert werden. Es folgt dies aus den Bestimmungen des Abs. 3, welcher für andere Satzungsänderungen die Bestimmungen der Satzung für maßgebend erklärt. Die Stimmen der ausgebliebenen, aber ordnungsmäßig geladenen Mitglieder kommen für die Berechnung nicht in Frage.

§ 276.

Änderungen der Satzungen bedürfen der Genehmigung[1]) des Regierungspräsidenten.

Ent. § 253; B. 203ff.; RBA. 357; L. II 8227.

1. **Genehmigung.** Der Regierungspräsident entscheidet nach freiem Ermessen. Gegen den ablehnenden Bescheid gibt es nur die Dienstaufsichtsbeschwerde.

§ 277.

Die genehmigten Änderungen sind nach § 270 Abs. 4 bekanntzumachen[1]).

Ent. § 254; B. 203ff.; RBA. 357; L. II 8227.

1. **Bekanntmachung.** Die Veröffentlichung ist ohne Einfluß auf die Wirksamkeit der Satzungsänderungen. Einem Dritten gegenüber kann sich aber die Genossenschaft vor der Bekanntmachung nur dann auf die Satzungsänderung berufen, wenn der Dritte diese kannte (Lenhard-Reichau S. 549).

Sechster Titel.

Auflösung und Liquidation von Genossenschaften.

§ 278.

(1) Die Genossenschaft kann aufgelöst werden:

1. wenn die Mitgliederversammlung mit einer Mehrheit von zwei Dritteln der Stimmen die Auflösung beschließt;

2. auf Antrag eines Genossen, wenn die Ge-

nossenschaft nur noch aus zwei Mitgliedern[1]) besteht;

3. wenn in Jahresfrist, von der Genehmigung der Satzung an gerechnet, nicht zur Ausführung des Unternehmens geschritten oder wenn die begonnene Ausführung mindestens ein Jahr lang eingestellt und die Verzögerung durch Verschulden der Genossen herbeigeführt ist oder wesentliche Voraussetzungen der Genehmigung der Satzung hierdurch verändert worden sind.

(2) Die Auflösung der Genossenschaft[2]) erfolgt durch den Regierungspräsidenten.

Ent. § 255; B. 204; KBA. 357; L. II 8227.

1. **Zwei Mitglieder.** Die Bildung einer Genossenschaft mit zwei Mitgliedern ist an sich zulässig (Bochalli, „Wassergenossenschaftsr." S. 80, 91).

2. **Auflösung der Genossenschaft.** In den Fällen, in denen ausnahmsweise eine Auflösung als gerechtfertigt anerkannt wird, ist die Zustimmung des Landwirtschaftsministers unter eingehender Darstellung des Sachverhalts einzuholen (MinErl. v. 8. 6. 20).

§ 279.

(1) Die Auflösung der Genossenschaft tritt in Kraft, sobald die Verfügung[1]) des Regierungspräsidenten dem Vorstande zugestellt worden ist.

(2) Die Auflösung ist auf Kosten der Genossenschaft von der Aufsichtsbehörde in dem für ihre amtlichen Bekanntmachungen bestimmten Blatte sofort zu veröffentlichen.

Ent. § 256; B. 204; KBA. 358; L. II 8227; KBA. 56.

1. **Auflösungsverfügung.** Ein Rechtsmittel gegen die Auflösungsverfügung ist nicht gegeben. Es genügt die Zustellung an ein Vorstandsmitglied (§ 171 Abs. 3 ZPO.).

§ 280.

(1) Nach Auflösung der Genossenschaft erfolgt die Liquidation[1]) durch den Vorstand oder durch die durch Satzung oder Beschluß der Genossenschaft dazu berufenen Personen.

(2) Auf das Liquidationsverfahren sind der § 48 Abs. 2, 3 und die §§ 49 bis 53 des Bürgerlichen Gesetzbuches entsprechend anzuwenden.

Ent. § 257; B. 204; L. II 8227.

1. **Liquidation.** Vgl. Holtz-Kreutz Anm. 1 und 2 zu § 281; Bochalli, Wassergenossenschaftsr. S. 91 ff.; Lenhard-Reichau S. 552 ff.

§ 281.

Bis zur Beendigung der Liquidation gelten für die staatliche Aufsicht und die Rechtsverhältnisse der bisherigen Genossen untereinander sowie zu dritten Personen die Bestimmungen dieses Gesetzes und der Satzung, soweit sich nicht aus dem Wesen der Liquidation ein anderes ergibt.

Ent. § 258; B. 204; L. II 8227.

§ 282.

(1) Nach Beendigung der Liquidation werden die Bücher und Schriften der aufgelösten Genossenschaft von der Aufsichtsbehörde in Verwahrung genommen.

(2) Die Genossen und ihre Rechtsnachfolger haben das Recht, die Bücher und Schriften einzusehen und zu benutzen.

Ent. § 259; B. 204; L. II 8227.

Siebenter Titel.

Genossenschaften, die vor dem Inkrafttreten dieses Gesetzes begründet sind.

§ 283.

(1) Auf die beim Inkrafttreten dieses Gesetzes bestehenden öffentlich-rechtlichen Wassergenossenschaften[1]) sind die Vorschriften anzuwenden, welche für die nach diesem Gesetze gebildeten Wassergenossenschaften gelten.

(2) Jedoch bleiben abweichende Bestimmungen der bisherigen Satzungen über die Zuständigkeit der Schiedsgerichte (§ 215, § 226 Abs. 2) in Kraft, ebenso sonstige abweichende Bestimmungen insoweit, als die im Abs. 1 für anwendbar erklärten Vorschriften durch die Satzung geändert werden können oder auf die Satzung verweisen.

Ent. § 260; B. 204; L. II 8227; KBH. 56.

1. Die beim Inkrafttreten bestehenden Wassergenossenschaften. Den beim Inkrafttreten bestehenden freien Wassergenossenschaften wird die Rechtsfähigkeit entzogen. Sie sind in den Zustand der Liquidation versetzt (LWA. 2, 156; PVBl. **39**, 126; ebenso Bochalli, Wassergenossenschaftsr. S. 93; Holtz-Kreutz Anm. zu § 283, Lenhard-Reichau S. 453; abweichend Holzapfel in Verwaltungsarchiv **27**, 362; RG. in Johow **49**, 129).

Die übrigen, älteren, öffentlich-rechtlichen Wassergenossenschaften werden den Bestimmungen des Wassergesetzes insoweit für die Zukunft unterworfen, als diese zwingend sind. Soweit nach den Vorschriften des Wassergesetzes die Satzungen Änderungen der gesetzlichen Bestimmungen treffen können, bleiben auch die abweichenden Satzungsbestimmungen der älteren öffentlich-rechtlichen Genossenschaften in Kraft.

Eine Beschränkung dieser Satzungsfreiheit wird aber im Abs. 2 getroffen. Die Bestimmung im Abs. 2, welche eine Folge der Bestimmung des § 215 ist, läßt ältere Satzungsbestimmungen über die Zuständigkeit der Schiedsgerichte nur nach Maßgabe des § 215 bestehen. Daraus folgt, daß Bestimmungen in den Satzungen älterer öffentlich-rechtlicher Wassergenossenschaften, nach welchen

Streitigkeiten über Genossenschaftsangelegenheiten stets durch ein Schiedsgericht zu entscheiden sind, aufgehoben werden. Auch in diesen nach dem Gesetz v. 1. 4. 79 begründeten Wassergenossenschaften kann für die Zukunft ein satzungsgemäßes Schiedsgericht nur dann Streitigkeiten in genossenschaftlichen Angelegenheiten entscheiden, wenn beide Parteien die Entscheidung dieses Schiedsgerichts anrufen. Ein Zwang, sich dem Schiedsgericht zu unterwerfen, kann gegen den Willen auch nur einer Partei für die Zukunft auch bei den älteren Wassergenossenschaften nicht mehr ausgeübt werden (a. M. Holtz-Kreutz 2. Bd. S. 235; Bochalli, Wassergenossenschaftsr. S. 94; Lenhard-Reichau S. 556).

Die Entscheidung über den Anspruch auf Erlaß der Genossenschaftsbeiträge mangels eines Vorteils gehört für die älteren Genossenschaften ungeachtet des § 283 zur Zuständigkeit der Verwaltungsgerichte und nicht der Schiedsgerichte, die die Satzung für Streitigkeiten zwischen Genossenschaften und Genossen bestimmt (OVG. 79, 248).

Vierter Abschnitt.

Verhütung von Hochwassergefahr.

Erster Titel.

Polizeiliche Beschränkungen im Hochwasserabflußgebiete von Wasserläufen.

Vorbemerkung.

Der vierte Abschnitt, betr. die Verhütung von Hochwassergefahr, zerfällt in sieben Titel. Von diesen entsprechen die beiden ersten im wesentlichen dem Gesetz zur Verhütung von Hochwassergefahren v. 16. 8. 05 (Gesetzsamml. S. 342). Der erste Titel, § 284, entspricht dem § 9 und der zweite Titel den §§ 1—6 und 13 des G. v. 16. 8. 05. Der dritte Titel, Seedeiche an der Ostsee, § 291, entspricht den §§ 1—3 des DeichG. v. 28. 1. 48 (Gesetzsamml. S. 54). Der vierte Titel enthält im Gegensatz zum zweiten Titel, der nur die Freihaltung des Überschwemmungsgebietes regelt, Bestimmungen über die Beseitigung bestehender Hindernisse des Hochwasserabflußgebietes. Der fünfte Titel „Deichverbände" ist wieder im wesentlichen den Bestimmungen des DeichG. v. 28. 1. 48 entlehnt. Auch sind einige Bestimmungen des Normaldeichstatuts v. 14. 11. 53 (Gesetzsamml. S. 935) übernommen. Das Verfahren zur Bildung von Deichverbänden und die Organisation der Deichverbände schließt sich den entsprechenden Bestimmungen über die Wassergenossenschaften im wesentlichen an. Der sechste Titel über Deiche, die zu keinem Deichverbande gehören, gibt mit einigen Abänderungen die §§ 4—7 und 9 des Deichgesetzes in Verbindung mit § 96 des Zuständigkeitsgesetzes wieder. Der siebente Titel hält eine Reihe von Bestimmungen für die Provinzen Hannover und Schleswig-Holstein mit Rücksicht auf die dort bestehenden Sonderverhältnisse aufrecht. Doch werden diese fortentwickelt und halten ihre Anlehnung an die Bestimmungen des Wassergesetzes.

§ 284[1]).

(1) Zur Verhütung von Hochwassergefahr kann der Regierungspräsident und, wenn mehrere Regierungsbezirke beteiligt sind, der Oberpräsident nach den §§ 137, 139 ff. des Landesverwaltungsgesetzes vom 30. Juli 1883 (Gesetzsamml. S. 195), und zwar auch für einzelne Kreise und Teile von Kreisen, Polizeiverordnungen erlassen, wonach

A. von der Genehmigung[2]) des Landrats abhängig gemacht werden:
   1. Vertiefungen der Erdoberfläche im Hochwasserabflußgebiete[3]) sowie die Entnahme von Lehm, Kies, Steinen und anderen Stoffen aus den Ufergrundstücken und, soweit erforderlich, auch aus den dahinter liegenden Grundstücken;
   2. das Bepflanzen hochwasserfreier Grundstücke[4]), die der Unterspülung ausgesetzt sind, mit Bäumen und Sträuchern;

B. der Landrat befugt ist, zu verbieten[5]):

1. das Lagern von Schlamm, Erde, Sand, Schlacken, Steinen, Holz und anderen Stoffen, welche die Vorflut zu behindern geeignet sind, im Hochwasserabflußgebiete;
2. die durch Beackerung, Rodung, Plaggenhieb, Beweidung und dergleichen erfolgende Bodenlockerung auf Grundstücken, die im Stromstriche[6]) des Hochwassers liegen, sowie auf Ufergrundstücken der Wasserläufe erster und zweiter Ordnung und, soweit erforderlich, auf den dahinter liegenden Grundstücken;
3. bei Wasserläufen erster und zweiter Ordnung die Benutzung der Ufergrundstücke zum Aufziehen oder Abrollen von Holz oder anderen Gegenständen sowie zum Viehtränken, wenn nicht besondere Vorkehrungen den Eintritt von Schäden ausschließen;

C. auf Anordnung des Landrats die Grundstücksbesitzer ohne Anspruch auf Entschädigung verpflichtet sind, im Hochwasserabflußgebiet eines Wasserlaufs wildwachsende Bäume und Sträucher und außerhalb des Hochwasserabflußgebietes alle Bäume und Sträucher[7]), die der Gefahr ausgesetzt sind, in den Wasserlauf abzufallen oder durch das Wasser entwurzelt zu werden, nach ihrer Wahl entweder selbst zu beseitigen oder die Beseitigung zu dulden[8]).

(2) In Stadtkreisen und denjenigen Städten, deren Polizeiverwaltung der Aufsicht des Landrats nicht

untersteht, tritt an Stelle des Landrats die Ortspolizeibehörde[9]).

(3) In den Fällen A 1 und 2 und B 2 sind die Grundflächen in der Polizeiverordnung zu bezeichnen.

(4) In den Polizeiverordnungen können Geldstrafen[10]) bis zu einhundertundfünfzig Mark angedroht werden.

(5) Vor Erlaß der Polizeiverordnung soll der Entwurf in den Gemeinden und Gutsbezirken sechs Wochen lang zur Einsicht ausgelegt werden[11]).

(6) Den nach Abs. 1 erlassenen Bestimmungen unterliegen nicht die Strombauverwaltung bei der Unterhaltung und dem Ausbau von Wasserläufen erster Ordnung und die Deichverwaltungsbehörden bei Ausübung ihrer Befugnisse im Vorlande der Deichverbände.

Ent. § 261; B. 204ff.; KBA. 358ff.; L. II 8257, 8276; L. III 8577; KBH. 56ff.; LH. 1047—1051.

1. **Vorbemerkung.** § 284 entspricht dem § 9 des G. zur Verhütung von Hochwassergefahren v. 16. 9. 05. Im Gegensatz zu diesem Gesetze gilt er aber auch für das Ebbe- und Flutgebiet der Wasserläufe. Er erweitert grundsätzlich nicht das Polizeiverordnungsrecht, da die Polizeibehörden auf Grund des ALR. II 17 § 10 ohnehin die Befugnis haben, alle Unternehmungen zu verbieten, welche Gefahren für das Publikum herbeiführen könnten. Es wird hier in der Hauptsache nur die Zuständigkeit anderweitig begrenzt. Die im § 284 gegebenen Vorschriften über den Erlaß von Polizeiverordnungen stellen eine ausschließliche Regelung dieser Materie dar, so daß daneben Polizeiverordnungen, die zwar denselben Zweck verfolgen, aber in den Bestimmungen dieses Paragraphen keine Stütze finden, nicht erlassen werden können (§ 348 Abs. 1).

Die Polizeiverordnung darf nur zur Verhütung von Hochwassergefahr ergehen. Wegen des Umfangs der richterlichen Nachprüfung vgl. OVG. 60, 393; Holtz-Kreutz Anm. 21 zu § 284.

2. **Genehmigung.** Die Genehmigung kann an Bedingungen geknüpft und schließlich beschränkt werden (OVG. 60, 393).

3. **Hochwasser-Abflußgebiet.** Der Begriff des Hochwasser-

abflußgebietes steht im Gegensatz zu dem des Überschwemmungsgebietes im § 285. Unter Hochwasserabflußgebiet ist derjenige Teil des Überschwemmungsgebietes zu verstehen, der für den Abfluß des Hochwassers von Bedeutung ist, nicht auch diejenige überschwemmte Fläche, auf der das Wasser staut oder doch nur langsam abfließt (vgl. § 2 des schles. HochwasserschutzG. v. 3. 7. 00 und KB. des Herrenhauses Drucks. Nr. 270 S. 19, 27 f. zum G. v. 16. 8. 05). Der Wasserlauf selbst gehört nicht zum Hochwasserschutzgebiet (OVG. **60**, 393).

4. **Hochwasserfreie Grundstücke** sind solche Grundstücke, die bei normalem Hochwasser nicht vom Wasser bedeckt werden (vgl. OVG. **44**, 318).

5. **Verbot des Landrats.** § 284 C gibt den Landräten kein besonderes Polizeiverordnungsrecht. Das Verbot, das auf Grund der Polizeiverordnung des Regierungspräsidenten (Oberpräsidenten) erlassen wird, hat den Charakter einer polizeilichen Verfügung oder Anordnung ad hoc und muß gegen bestimmte Personen gerichtet sein oder sich auf bestimmte Grundstücke beziehen (KB. des Herrenhauses Drucks. N. 270 S. 10 zum G. v. 16. 8. 05). Das Verbot kann sich auch auf Handlungen beziehen, die schon vor dem Inkrafttreten des Gesetzes vorgenommen und vielleicht seit längerer Zeit ausgeübt sind.

6. **Stromstrich** des Hochwassers ist der Teil des Hochwasserabflußgebietes, aus dem die starke Abflußströmung stattfindet (OVG. **60**, 400).

7. **Bäume und Sträucher.** Auch hier sind nur die wildgewachsenen Bäume und Sträucher gemeint.

8. **Beseitigung.** Die Kosten der nicht selbst von dem Grundbesitzer vorgenommenen Beseitigung fallen diesem nicht zur Last. Es verbleibt ihm das Eigentum an den von ihm nicht beseitigten Bäumen und Sträuchern.

9. **Kreisfreie Städte.** Vgl. § 342 Anm. 4.

10. **Geldstrafe.** Wegen der Höhe der Geldstrafen vgl. VO. über Vermögensstrafen und Bußen v. 6. 2. 26 (RGBl. S. 44).

11. **Rechtsmittel.** Durch diese Bestimmung soll der Erlaß zweckwidriger Polizeiverordnungen in ihrem Ursprung verhindert werden. Die Vorschrift ist nur instruktionell. Nichtbeachtung führt nicht Ungültigkeit der Polizeiverordnung herbei.

Gegen die vom Regierungspräsidenten (Oberpräsidenten) erlassene Polizeiverordnung ist ein formelles Rechtsmittel nicht gegeben. Es kann höchstens im Wege der A u f s i c h t s b e s c h w e r d e auf deren Aufhebung durch den Minister hingewirkt werden (§ 145 LVG.). Die Genehmigung des Landrats (Ortspolizeibehörde) und die nach Ziff. B, C zu erlassenden Anordnungen stellen sich als polizeiliche Verfügungen dar. Es gelten daher für sie die §§ 127 ff. LVG. Es findet gegen sie also wahlweise statt entweder die Beschwerde beim Regierungspräsidenten (in Berlin beim Oberpräsidenten) mit weiterer Beschwerde beim Oberpräsidenten und nachfolgender Klage beim Oberverwaltungsgericht oder die Klage beim Bezirksausschuß (§ 128 LVG.). Dem Landrat (Ortspolizeibehörde) stehen die im § 132 LVG. angegebenen Zwangsbefugnisse zur Seite. Auch kann er zur Wiederherstellung des früheren Zustandes eine polizeiliche Verfügung erlassen.

Zweiter Titel.

Freihaltung des Überschwemmungsgebiets von Wasserläufen.

§ 285[1]).

(1) Für die bei Hochwasser gefahrbringenden Wasserläufe wird das Überschwemmungsgebiet[2]), soweit es nicht hochwasserfrei eingedeicht ist und den Vorschriften dieses Titels unterliegen soll, nach § 286 festgestellt.

(2) In diesem Gebiet dürfen nicht ohne Genehmigung:

1. Erhöhungen der Erdoberfläche und über die Erdoberfläche[3]) hinausragende Anlagen Deiche, Dämme und andere deichähnliche Erhöhungen[4]), (Gebäude, Mauern und andere bauliche Anlagen; Feldziegeleien, Einfriedigungen, Baum- und Strauchpflanzungen und ähnliche Anlagen) hergestellt[5]), erweitert[6]), verlegt,
2. Deiche, Dämme und andere deichähnliche Erhöhungen ganz oder teilweise beseitigt werden.

(3) Schutzmaßregeln, die in Notfällen für die Dauer der Gefahr getroffen werden, bedürfen keiner Genehmigung. Sollen sie jedoch dauernd bestehen bleiben, so ist die Genehmigung nach Beseitigung der Gefahr einzuholen.

Ent. § 262; B. 206; KBA. 362; L. II 8228; L. III 8583; KBH. 58; LH. 1051 f.

1. **Vorbemerkung.** Dieser Paragraph entspricht dem § 1 des G. zur Verhütung von Hochwassergefahren v. 16. 8. 05 (Gesetzsamml. S. 342).

2. **Überschwemmungsgebiet.** Der Begriff des Überschwemmungsgebietes steht im Gegensatz zu dem des Hochwasserabflußgebietes (vgl. § 284 Anm. 3). Letzteres ist ein Teil des Hochwasserabflußgebietes (OVG. **60**, 393 ff.). Als Überschwemmungsgebiet ist grundsätzlich derjenige Teil der Erdoberfläche anzusehen, der bei normalem Hochwasser von dem aus den Ufern tretenden Wasser eines Wasserlaufs bedeckt wird (PVBl. **8**, 143; **35**, 715; MinErl. v. 30. 1. 06 in MBl. f. Landw. S. 71). Außergewöhnlich große Hochwasser sind nicht zu berücksichtigen (OVG. **44**, 318; KG. bei Johow **5**, 341), ferner auch nicht durch außergewöhnliche Umstände (z. B. Deichbruch)) überschwemmte Flächen (OVG. **54**, 363). Doch soll auf die jeweiligen Verhältnisse des einzelnen Wasserlaufs, des sich anschließenden Geländes und den Kulturzustand die weiteste Rücksicht genommen werden. Insbesondere soll es nicht ausgeschlossen sein, erforderlichenfalls auch den höchsten Wasserstand im Einzelfalle maßgebend sein zu lassen (KB. des Abgeordnetenhauses zum G. v. 18. 8. 05, Drucks. Nr. 566 S. 4—8, 12). Zum Überschwemmungsgebiet eines Wasserlaufs gehört nicht der Wasserlauf selbst. Für diesen gilt § 22.

3. **Erhöhungen.** Erhöhungen der Erdoberfläche sind alle mit dem Erdboden verbundene für die Dauer bestimmten Erhöhungen der Erdoberfläche ohne Unterschied des Materials. Vorübergehende Anlagen fallen unter Nr. 284 Abs. 1 zu B Nr. 1 (OVG. **19**, 305; **41**, 275; **43**, 276).

4. **Deichähnliche Erhöhungen** sind solche Erhöhungen, die durch die Art ihrer Anlage und ihrer Bestimmung ähnlichen Zwecken wie die Deiche dienen. Der Begriff darf nicht so weit gefaßt werden, wie die Rechtsprechung des OVG. zu § 1 des DeichG. v. 1. 1. 48 ihn ausgebildet hat. Es gehören nicht dazu die Gebäude, Mauern, Feldziegeleien, Einfriedigungen usw. Es folgt dies aus

dem in Ziff. 1 aufgestellten Gegensatz zwischen Deichen, Dämmen und deichähnlichen Erhöhungen einerseits und Gebäuden, Mauern usw. andererseits. Vgl. OVG. **41**, 280; **50**, 296; PVBl. 8, 142; **21**, 83, 393; **26**, 718; **35**, 715.

5. **Herstellung.** In dem früheren § 1 des G. v. 16. 8. 05 hieß es an Stelle von „hergestellt" „neu ausgeführt". Doch sollte hierdurch keine Änderung getroffen werden (vgl. B. 206). Es bedarf also der Wiederaufbau von Gebäuden, wenn diese in dem bisherigen Umfange und auf denselben Fundamenten wiederhergestellt werden, keiner Genehmigung (KB. zum G. v. 16. 8. 05, Drucks. Nr. 566 S. 27). Das gleiche gilt von sonstigen Anlagen, z. B. von der Wiederaufrichtung baufälliger Zäune und Mauern im früheren Umfange an derselben Stelle. Ebenso bedürfen auch Baum- und Strauchpflanzungen, die nur zur Erneuerung der Bestände dienen, nicht der Genehmigung, da z. B. ein Wald, eine Baumschule, eine Weidenanlage usw. trotz des Wechsels ihrer Bestände als ein einheitliches Ganzes anzusehen ist. Eine Änderung der forstlichen Betriebsart ist aber genehmigungspflichtig (Begr. zum G. v. 16. 8. 05 S. 10; OVG. v. 30. 9. 86; PVBl. 8, 144 über die entsprechende Bestimmung des § 1 des Deichgesetzes). Vgl. auch § 288 Abs. 3.

6. **Erweiterung.** Eine Erweiterung liegt nicht vor, wenn durch die Arbeiten nur der frühere Zustand genau wiederhergestellt wird, z. B. wenn ein durch Sacken niedriger gewordener Deich wieder auf seine ursprüngliche Höhe gebracht wird.

§ 286.

(1)[1]) Die Wasserläufe, für welche die Vorschriften dieses Titels gelten sollen, sind in ein Verzeichnis aufzunehmen, das der Oberpräsident für die von ihm verwaltete Provinz — für die Hohenzollernschen Lande der Regierungspräsident — aufstellt.

(2) In dem Verzeichnis ist für jeden Wasserlauf zu bestimmen, ob die Vorschriften des § 285 Abs. 2, 3 für die ganze Breite des Überschwemmungsgebiets[2]) und den Wasserlauf in seiner ganzen Länge oder nur für Teile des Überschwemmungsgebiets oder des Wasserlaufs gelten sollen. In dem Verzeichnis kann bestimmt

werden, daß gewisse Erhöhungen und Anlagen der im § 285 Abs. 2 bezeichneten Art wegen ihrer unerheblichen Einwirkung auf den Hochwasserabfluß keiner Genehmigung bedürfen oder von der Wasserpolizeibehörde widerruflich gestattet werden dürfen[3]).

(3) Das Verzeichnis wird für jeden Wasserlauf, erforderlichenfalls unter Beifügung von Lageplänen, öffentlich ausgelegt. Im übrigen gelten die §§ 5, 6 mit der Maßgabe, daß auszugsweise Abschriften bei dem Landrat, in Stadtkreisen bei der Ortspolizeibehörde niedergelegt und auf dem laufenden erhalten werden.

(4) Der Neuaufstellung von Verzeichnissen bedarf es nicht, soweit solche beim Inkrafttreten dieses Gesetzes bereits nach § 12 des Gesetzes zur Verhütung von Hochwassergefahren vom 16. August 1905 (Gesetzsamml. S. 342) aufgestellt sind[4]).

Ent. § 263; B. 206; KBA. 362 f.; L. II 8228; L. III 8583; KBH. 58; LH. 1052.

1. **Vorbemerkung.** § 286 enthält die Ausführung zu § 285. Er entspricht dem § 2 des Gesetzes zur Verhütung von Hochwassergefahren v. 16. 8. 05 (Gesetzsamml. S. 342).

2. **Feststellung des Überschwemmungsgebietes.** Sollen die Vorschriften für das ganze Überschwemmungsgebiet gelten, so genügt es nicht, daß das Verzeichnis lediglich diese Angabe enthält, sondern es hat genau die Grenzen des Überschwemmungsgebietes zu bezeichnen.

3. **Ausnahme von der Genehmigungspflicht.** Ist bestimmt, daß für gewisse Erhöhungen und Anlagen eine Genehmigung nicht erforderlich ist, so kann, wenn später der Genehmigungszwang eingeführt wird, nicht die Entfernung einer vor Einführung des Genehmigungszwangs ausgeführten Anlage verlangt werden. Anders allerdings, wenn die Anlage nur widerruflich gestattet war (vgl. AusfAnw. VI Nr. 3 zu b). In dem Überschwemmungsgebiet, das nicht zu dem gemäß § 286 Abs. 2 Satz 1 abgegrenzten Hochwasserabflußgebiet gehört, ist eine Genehmigung nach § 285 nicht erforderlich.

4. **Neuaufstellung von Verzeichnissen.** Nach § 399 Nr. 16 ist

das G. zur Verhütung von Hochwassergefahren v. 16. 8. 05 aufgehoben. Um aber nicht den auf Grund des § 12 in Verb. mit § 2 jenes Gesetzes aufgestellten Verzeichnissen ihre Wirkung zu entziehen, ist Abs. 4 erlassen.

§ 287.

(1)[1]) Zuständig für die Genehmigung (§ 285) ist bei Wasserläufen erster Ordnung der Bezirksausschuß, sonst der Kreis- (Stadt-) Ausschuß.

(2) In erheblicheren[2]) Fällen hat die Genehmigungsbehörde vor der Beschlußfassung den Meliorationsbaubeamten[3]), den zur Unterhaltung des Wasserlaufs Verpflichteten[4]), den Vorstand von Wassergenossenschaften zur Unterhaltung oder zum Ausbau der Ufer[5]), die übrigen Beteiligten[6]) und, wenn es sich um das Vorland von Verbandsdeichen handelt, den Vorstand der Deichverbände[7]), außerdem, wenn dem Antrage Bedenken entgegenstehen, den Antragsteller zu hören. Ferner hat die Genehmigungsbehörde zur Erhebung von Einwendungen in einer von ihr zu bestimmenden Frist öffentlich aufzufordern unter der Verwarnung, daß nach dieser Frist keine Einwendungen mehr erhoben werden können.

(3) Die Aufforderung ist in den Kreisblättern und nach dem Ermessen der Genehmigungsbehörde außerdem in ortsüblicher oder anderer Weise öffentlich bekanntzumachen. Sind nur Stadtkreise beteiligt, so ist die Aufforderung in ortsüblicher Weise bekannt zu machen.

Ent. § 264; B. 207; KBA. 363; L. II 8228; L. III 8583; KBH. 58; LH. 1052.

1. Vorbemerkung. § 297 entspricht im wesentlichen dem § 3 des G. zur Verhütung von Hochwassergefahren v. 16. 8. 05 (Gesetzsamml. S. 342).

2. Erheblichere Fälle. Die Entscheidung darüber, ob es sich um erheblichere Fälle handelt, hat die Genehmigungsbehörde zu treffen (vgl. AusfAnw. VI Nr. 3 zu c).

3. Vgl. § 353.

4. **Unterhaltungspflicht.** Vgl. §§ 115ff. Bei Wasserläufen erster Ordnung, die nach § 115 Ziff. 1 vom Staate zu unterhalten sind, ist die Strombauverwaltung zu hören.

5. Vgl. § 206 Ziff. 2, 6, 7.

6. **Beteiligte** sind diejenigen, in deren Rechtssphäre die zu genehmigende Anlage in ihren Wirkungen auf den Hochwasserabfluß eingreift, also insbesondere die benachbarten Grundeigentümer.

7. Vgl. § 299.

§ 288.

(1)[1]) Die Genehmigung darf nur aus Rücksichten des Hochwasserschutzes versagt oder an Auflagen und Einschränkungen geknüpft werden[2]).

(2) Die Genehmigung zur Herstellung von Anlagen darf nicht versagt werden, wenn die Nachteile, die für den Hochwasserabfluß zu befürchten sind, durch eine anderweite Verbesserung auf Kosten des Antragstellers wieder ausgeglichen werden.

(3) Tritt die herzustellende Anlage an die Stelle einer vorhandenen[3]) und wird der Abfluß nicht mehr als bisher behindert, so kann die Genehmigung nur, wenn Widerspruch[4]) erhoben wird, und nur gegen Entschädigung versagt werden[5]). Die Entschädigung hat der Widersprechende zu leisten. Sie wird durch Beschluß des Bezirksausschusses festgesetzt. Der Beschluß kann binnen drei Monaten nach der Zustellung im Rechtsweg angefochten werden.

Ent. § 265; B. 207f.; KBA. 364; L. II 8228; L. III 8538; KBH. 58; LH. 1052.

1. **Vorbemerkung.** § 288 entspricht dem § 4 des G. zur Verhütung von Hochwassergefahren v. 16. 8. 05.

2. **Versagung der Genehmigung.** Ob die Rücksichten des Hochwasserschutzes die Genehmigung angezeigt erscheinen lassen, unter-

liegt der Entscheidung der Genehmigungsbehörde (§ 287). Andere gesetzliche Vorschriften, die die Einholung weiterer Genehmigungen, z. B. der Bau- oder der Sicherheitspolizei, vorschreiben, werden durch diese Bestimmungen nicht berührt.

3. **Ersatzanlage.** Wann eine herzustellende Anlage an die Stelle einer schon vorhandenen tritt, kann zweifelhaft sein. Zunächst ist daran festzuhalten, daß eine Herstellung dann nicht vorliegt, wenn ein Gebäude genau auf den alten Fundamenten und in dem bisherigen Umfange wieder errichtet wird. Es ist in diesen Fällen also überhaupt keine Genehmigung erforderlich. Zwei Gesichtspunkte werden es sein, die für die Auslegung dieser Bestimmung die Richtlinien angeben. Zunächst kann nur dann davon die Rede sein, daß eine Anlage an die Stelle einer anderen tritt, wenn die neue Anlage auf demselben Grundstück errichtet wird. Unter Grundstück ist hier nicht die Grundstücksparzelle in ihrer katastermäßigen Größe, sondern das Grundstück in seiner wirtschaftlichen Einheit zu verstehen. Es können daher nur die Grundstücke desselben Eigentümers in Frage kommen. Ferner muß man annehmen, daß das herzustellende Gebäude als Ersatz des vorhandenen dienen soll. Es muß also ein wirtschaftlicher Zusammenhang gegeben sein. Innerhalb dieses Rahmens wird man allerdings sehr weit gehen können. Es kommt also nicht darauf an, ob die Anlage genau an derselben Stelle errichtet wird oder ob sie auch größere Abmessungen hat, vorausgesetzt natürlich stets, daß der Abfluß nicht mehr als bisher gehindert wird (vgl. Hermes und Fechner, „Gesetz zur Verhütung von Hochwassergefahren", Anm. 2 zu § 4, AusfAnw. VI Nr. 3 zu d).

4. **Widerspruch.** Zum Widerspruch ist jeder berechtigt, der irgendein, wenn auch nur das geringste wirtschaftliche Interesse an einem möglichst ungehinderten Abfluß des Hochwassers hat.

5. **Entschädigung.** Unter Entschädigung ist die volle Entschädigung zu verstehen (vgl. AusfAnw. VI Nr. 3 zu d). Die Entschädigungsfestsetzung ist im ordentlichen Rechtsweg anfechtbar

§ 289[1]).

Gegen den Beschluß der Genehmigungsbehörde steht denen, die rechtzeitig[2]) Einwendungen erhoben haben, und, soweit die Genehmigung versagt oder an Auflagen oder Einschränkungen geknüpft wird, auch dem Antragsteller innerhalb vier Wochen die Beschwerde an den Minister für Landwirtschaft, Domänen und Forsten zu[3]).

Ent. § 266; B. 208; KBA. 264; L. II 8228; L. III 8583; KBH. 58; LH. 1052.

1. **Vorbemerkung.** § 289 entspricht dem § 6 des G. zur Verhütung von Hochwassergefahr v. 16. 8. 05.

2. **Rechtzeitig** erhoben sind die Einwendungen, die bis zum Ablauf der nach § 287 Abs. 3 zu bestimmenden Frist und, soweit die nach § 287 Abs. 2 vor der Beschlußfassung zu Hörenden in Betracht kommen, bis zur Eröffnung des Beschlusses erhoben sind.

3. **Beschwerde.** Die Frist beginnt mit der Zustellung des Beschlusses (§ 52 LVG.). Die Einlegung der Beschwerde steht auch dem Vorsitzenden der Genehmigungsbehörde zu (§ 384 Abs. 1).

§ 290[1]).

Anordnungen, die erforderlich sind, um die Durchführung der im § 285 gegebenen Vorschriften zu sichern, trifft bei Wasserläufen erster Ordnung der Regierungspräsident, bei anderen Wasserläufen der Landrat, in Stadtkreisen die Ortspolizeibehörde[2]).

Ent. § 267; B. 208; KBA. 264; L. II 8228; L. III 8583; KBH. 58; LH. 1052.

1. **Vorbemerkung.** § 290 entspricht dem § 5 des G. zur Verhütung von Hochwassergefahren v. 16. 8. 05 (Gesetzsamml. S. 341).

2. **Polizeiliche Anordnungen.** In Betracht kommen in erster Linie Anordnungen, welche die Gewähr dafür bieten sollen, daß in denjenigen Fällen, wo eine Genehmigung erforderlich ist, eine solche auch eingeholt wird, daß die Auflagen und Einschränkungen, an die die Genehmigung geknüpft ist, auch befolgt werden, und daß vorschriftswidrige Anlagen beseitigt werden. Es wird sich in der Regel um polizeiliche Verfügungen handeln, auf die die §§ 127ff. und 132 LVG. Anwendung finden. Abgesehen von den einzelnen polizeilichen Anordnungen, die erforderlich sind, um die Vorlage der auszuführenden Projekte bei der Genehmigungsbehörde und die Beachtung der Beschlüsse zu erzwingen, werden auch allgemeine Verwaltungsanordnungen getroffen werden können, die die Befolgung des § 285 sicherstellen. Dahin gehört z. B. die Anordnung regelmäßiger Schauungen der Über-

schwemmungsgebiete u. dgl. Ein besonderes Polizeiverordnungsrecht wird hiermit nicht gegeben (vgl. Begr. zum G. v. 16. 8. 05 zu § 4 S. 12 und Hermes-Fechner, Gesetz zur Verhütung von Hochwassergefahren Anm. 1 zu § 5).

Dritter Titel.

Seedeiche a der Ostsee.

§ 291[1]).

(1) Deiche, die gegen die Fluten der Ostsee schützen sollen, dürfen nicht ohne Genehmigung des Bezirksausschusses hergestellt, erweitert[2]), verlegt und ganz oder teilweise beseitigt werden.

(2) Die zur Durchführung dieser Vorschriften erforderlichen Anordnungen trifft der Regierungspräsident[3]).

(3) Im übrigen sind auf solche Deiche der § 285 Abs. 3, der § 287 Abs. 2, 3, der § 288 Abs. 1 und der § 289 anzuwenden[4]).

Ent. § 268; B. 208; KBA. 365; L. II 8228; L. III 8583; KBH. 58; LH. 1052.

1. **Seedeiche.** Die §§ 1—3 des DeichG. v. 28. 1. 48 beziehen sich nicht nur auf Deiche an Wasserläufen, sondern auch auf die an der See gelegenen Deiche. Ihre Geltung für Wasserläufe hat schon das G. zur Verhütung von Hochwassergefahren v. 16. 8. 05 aufgehoben, für Seedeiche hebt sie § 399 Abs. 7 auf. An ihre Stelle tritt § 291 bezüglich der Seedeiche an der Ostsee. Für die im Ebbe- und Flutgebiete der Nordsee, Hannover und Schleswig-Holstein gelegenen Deiche brauchte keine Bestimmung getroffen zu werden, da das dort geltende Recht, das Bestimmungen über die Genehmigung von Deichen enthält, aufrechterhalten ist (vgl. §§ 323—329).

2. Vgl. § 285 Anm. 5, 6.

3. Vgl. § 290 Anm. 2.

4. Strafbestimmung vgl. § 374.

Vierter Titel.

Beseitigung von Hindernissen des Hochwasserabflusses.

Vorbemerkung.

Die §§ 284—291 regeln die Freihaltung des Hochwasserabfluß- bzw. Überschwemmungsgebiets. Durch sie soll also die Neuerrichtung bei Hochwasser gefährlicher Hindernisse verhindert werden. Demgegenüber bezwecken die §§ 292ff. die Beseitigung bestehender Hindernisse. Zu gleichem Zweck können auch Wassergenossenschaften gebildet werden (§§ 206 Nr. 11, 238, 245).

§ 292.

(1) Soweit es zur Verhütung von Hochwassergefahr notwendig ist[1]), Erhöhungen der Erdoberfläche und über die Erdoberfläche hinausragende Anlagen (Deiche, Dämme und andere deichähnliche Erhöhungen; Gebäude, Mauern und andere bauliche Anlagen; Feldziegeleien, Einfriedigungen, Baum- und Strauchpflanzungen und ähnliche Anlagen), die den Abfluß des Hochwassers behindern, ganz oder teilweise zu beseitigen, kann das Recht zur Enteignung nach dem Enteignungsgesetze vom 11. Juni 1874 (Gesetzsamml. S. 221) gewährt werden.

(2) Über die Gewährung des Enteignungsrechts entscheidet der Bezirksausschuß nach Anhörung der Wasserpolizeibehörde[2]) durch einen mit Gründen versehenen Beschluß. Der Beschluß kann binnen zwei Wochen durch Beschwerde bei dem Minister der öffentlichen Arbeiten[3]) angefochten werden. Die Gewährung des Enteignungsrechts durch den Vorsitzenden nach § 117 des Landesverwaltungsgesetzes vom 30. Juli 1883 (Gesetzsamml. S. 195) ist nicht zulässig[4]).

(3) Wird das Enteignungsrecht dem Staate oder einem Kommunalverbande gewährt, so können sie die Eigentümer derjenigen Grundstücke und Anlagen, sowie diejenigen Verbände und Körperschaften des öffentlichen Rechts, denen die Beseitigung zum Vorteil gereicht, zu den Kosten des Unternehmens nach Verhältnis des ihnen aus diesem erwachsenden Vorteils heranziehen. Der Beitrag darf für jeden Herangezogenen das Maß des ihm erwachsenden Vorteils nicht übersteigen. Auf Antrag des Unternehmers setzt der Bezirksausschuß die Höhe des Beitrags fest. Gegen den Beschluß ist binnen zwei Wochen die Beschwerde bei dem Landeswasseramt[5]) zulässig.

Ent. § 269; B. 209f.; KBA. 365; L. II 8228; L. III 8598; KBH. 58; LH. 1052.

1. **Notwendig.** Es muß nur geprüft werden, ob die Durchführung des Projekts zur Verhütung von Hochwassergefahren verboten ist. Dagegen bedarf es keiner Prüfung darüber, ob die Verhütung der Hochwassergefahr im einzelnen Falle dem öffentlichen Wohle dient. Vgl. AusfAnw. VI Nr. 5.

2. Vgl. §§ 342ff.

3. Jetzt Minister für Handel und Gewerbe (vgl. G. v. 15. 8. 21, Gesetzsamml. S. 487).

4. § 117 behandelt den Vorbescheid durch den Vorsitzenden des Kreisausschusses (Stadtausschusses), Bezirksausschusses oder Provinzialrats.

5. Jetzt wasserwirtschaftlicher Senat des OVG. (vgl. VO. v. 12. 3. 24, Gesetzsamml. S. 130).

§ 293.

Wenn einer nach § 238 oder nach § 245 Abs. 1 Nr. 4 gebildeten Genossenschaft zur Beseitigung von Hindernissen des Hochwasserabflusses durch das Unternehmen Lasten entstehen würden, die in keinem Verhältnisse zu den ihr dadurch erwachsenden Vorteilen oder zu ihrer Leistungsfähigkeit stehen, sollen sich Staat und Provinzialverband an der Aufbringung der Kosten[1]) beteiligen. Der Beitrag des Staates muß den Beitrag des Provinzialverbandes mindestens erreichen. An die Stelle des Provinzialverbandes treten in der Provinz Hessen-Nassau der Bezirksverband, in den Hohenzollernschen Landen der Landeskommunalverband. Rechte gegen den Staat und den Provinzialverband werden hierdurch nicht begründet.

Ent. § 270; B. 210f.; KBA. 366—373; L. II 8228; L. III 8598; KBH. 58f.; LH. 1052.

1. **Aufbringung der Kosten.** Diese Vorschrift ist nur instruktionell. Insbesondere wird für die Genossenschaft kein Recht gegen den Staat oder die Provinz begründet. Es bleibt also dem Belieben des Staates und der Provinz überlassen, ob sie sich beteiligen wollen (vgl. auch §§ 177ff. und AusfAnw. VI Nr. 5).

Fünfter Titel.

Deichverbände.[1])

§ 294.

(1) Soweit es zur Abwendung gemeiner Gefahr oder zur Förderung der Landeskultur notwendig[2]) ist, können Deichverbände zur gemeinsamen Herstellung, Erweiterung und Unterhaltung von Deichen und dazu gehörenden Sicherungs-[3]), Entwässerungs-[4]) und Bewässerungsanlagen[5]) durch die Eigentümer[6]) der der Überschwemmung[7]) ausgesetzten Grundstücke gebildet werden, wenn deren Mehrheit (§ 296) der Bildung des Deichverbandes zustimmt. Andere Beteiligte, insbesondere die Eigentümer der außendeichs verbleibenden Vorländer[8]), sind zu hören.

(2) Zur Abwendung gemeiner Gefahr können Deichverbände auch ohne die Zustimmung der Beteiligten

gebildet werden. In diesen Fällen ist vorher der Wasserbeirat (§ 367) zu hören.

Ent. § 272; B. 211 ff.; KBA. 377—380; L. II 8242; L. III 8598; KBH. 59; LH. 1052.

1. **Begriff.** Deiche sind Erhöhungen der Erdoberfläche zum Schutze von Grundstücken gegen die Überschwemmungen des Meeres und der Wasserläufe (Bochalli, Wassergenossenschafts- und Deichrecht II. Teil S. 97).

2. **Voraussetzung für die Verbandsbildung.** Deichverbände können gebildet werden:

a) zur Abwendung gemeiner Gefahr,

b) zur Förderung der Landeskultur.

Gemeine Gefahr ist eine Gefahr für Menschen und Sachen, deren Richtung und Tragweite unbestimmt sind. Unter Landeskultur sind alle Maßnahmen zur Verbesserung des landwirtschaftlich genutzten oder nutzbaren Bodens zum Zwecke der Erhöhung der Ertragsfähigkeit zu verstehen. Andere, als einzudeichende Grundstücke können nicht in den Deichverband einbezogen werden (OVG. 74, 391). Solche Grundstücke, die zwar nicht der Überschwemmung ausgesetzt sind, aber infolge der Eindeichung während des Hochwassers künftig zugänglich bleiben und deshalb Vorteil haben, können gleichfalls nicht in den Deichverband einbezogen werden (OVG. in Ztschr. f. Agr. u. Wasserr. 5, 159).

Ein Deichverband, dem Grundstücke nichtpreußischer Länder angehören sollen, kann auf Grund der Bestimmungen des Wassergesetzes nicht gebildet werden. Es ist ein Staatsvertrag erforderlich (LWA. 3, 179).

3. **Sicherungsanlagen** sind solche Anlagen, die nicht an dem Deich selbst vorgenommen werden, die aber den Schutz des Deiches bezwecken.

4. **Entwässerungsanlagen** sind alle Anlagen, die bezwecken, der auf einem Grundstück stehenden oder im Boden stauenden Nässe einen Abfluß zu verschaffen oder den bestehenden Abfluß zu verbessern.

5. **Bewässerungsanlagen** sind alle Anlagen, welche den Zweck verfolgen, durch Zuleitung von Wasser den Boden zu befeuchten oder die im Boden befindlichen Stoffe für die Bodenkultur nutzbar zu machen.

6. **Eigentümer.** Nur die Eigentümer von Grundstücken können Mitglieder von Deichverbänden sein, nicht etwa auch die ob-

ligatorisch oder dinglich Berechtigten. Den Eigentümern stehen nicht wie im § 210 Satz 2 die Erbbauberechtigten gleich.

7. **Der Überschwemmung ausgesetzte Grundstücke.** Es kommen alle Grundstücke in Betracht, die ohne die Deiche bei einem normalen Hochwasser oder schon bei normalem Wasserstande vom Wasser bespannt würden. Grundstücke, die nur bei ganz außergewöhnlichem Hochwasser vom Wasser bedeckt werden, können für gewöhnlich nicht mit in den Deichverband gezogen werden. Liegen aber besondere Umstände vor, so wird man annehmen müssen, daß der Deichverband dann auch auf diese Grundstücke ausgedehnt werden kann (vgl. auch § 285 Anm. 2).

8. **Vorland** ist diejenige Fläche, die zwischen Wasser und Deich liegt, also nicht mit vom Deich geschützt wird. Die Eigentümer dieser Länder sind, zwar als an dem Deich interessiert, zu den Beteiligten zu zählen, können aber nicht Genossen des Deichverbandes sein. Auch als beitragsfreie Flächen können Vorlandsflächen nicht zu einem Deichverbande herangezogen werden (OVG. 74, 391; PVBl. 44, 448).

§ 295.

Deichverbände sollen insbesondere gebildet werden, um:

1. die Eigentümer der Grundstücke einer noch nicht eingedeichten Niederung zur gemeinsamen Herstellung und Unterhaltung von Anlagen der im § 294 bezeichneten Art zu verpflichten;
2. die Eigentümer einer schon eingedeichten Niederung zur gemeinsamen Verbesserung und Unterhaltung von Anlagen zu verpflichten, die bisher nur von einzelnen Beteiligten ausgeführt und unterhalten wurden;
3. Anlagen der unter Nr. 2 bezeichneten Art und die Eigentümer der durch sie geschützten Grundstücke einem schon bestehenden Deichverband anzuschließen;
4. Anlagen eines schon bestehenden Deichverbandes

zu erweitern und auf nicht eingedeichte Grundstücke auszudehnen.

Ent. § 273; B. 212; KBH. 380; L. II 8242; L. III 8598; KBH. 59; LH. 1052.

§ 296.

(1) Bei der Abstimmung über die Bildung eines Deichverbandes wird die Mehrheit sowohl nach der Fläche als auch nach dem Grundsteuerreinertrage der einzudeichenden[1]) Grundstücke und, wenn diese Grundstücke sämtlich einem Auseinandersetzungsverfahren unterliegen und in diesem besonders abgeschätzt sind, nach dem so ermittelten Werte oder Ertrage berechnet.

(2) In den Fällen des § 295 Nr. 3, 4 gilt eine Mehrheit im Sinne des § 294 nur dann als vorhanden, wenn außer der Mehrheit der nicht zu einem Deichverbande gehörenden Grundstücke, nach Abs. 1 berechnet, auch die bereits bestehenden Deichverbände der Bildung des neuen Deichverbandes zustimmen.

Ent. § 274; B. 212; KBA. 381; L. II 8242; L. III 8598; KBH. 59; LH. 1052.

1. **Einzudeichende Grundstücke.** Die anderen Beteiligten, insbesondere die Eigentümer der außendeichs verbleibenden Vorländer, sind zwar zu hören (§ 294 Abs. 1 Satz 2), nehmen aber an der Abstimmung nicht teil, da sie nicht zu den Genossen gehören.

§ 297.

Auf das Verfahren[1]) zur Bildung von Deichverbänden sind die Vorschriften der §§ 248 bis 273 über das Verfahren zur Bildung von Wassergenossenschaften entsprechend anzuwenden.

Ent. § 275; B. 212; KBA. 381; L. II 8242; L. III 8598; KBH. 59; LH. 1052.

1. **Verfahren.** Über eine von den Widersprechenden verlangte Änderung des Planes oder über eine Entschädigung kann

die Beschlußbehörde nicht entscheiden (LVBl. 3, 102; 4, 163). Streitigkeiten über die Zugehörigkeit von Grundstücken zu einem Deichverbande sind im ordentlichen Rechtswege auszutragen (OVG. 71, 365, 371).

§ 298.

(1) Mehrere Deichverbände, die ein gemeinschaftliches Interesse an der Erhaltung ihrer Deiche, der Neuanlegung von Deichen oder der Anlegung und Erweiterung von Entwässerungs- oder Bewässerungsanlagen haben, können beschließen:

1. unter Auflösung der einzelnen Verbände sich zu einem einzigen Deichverbande zu vereinigen;
2. ohne Auflösung einen gemeinschaftlichen Deichverband zu bilden, dem die Erfüllung gemeinsamer Aufgaben überwiesen wird.

(2) Die Rechtsverhältnisse des neuen Deichverbandes sind durch eine Satzung zu regeln, die der Genehmigung des Regierungspräsidenten bedarf.

(3) Stimmen nicht alle beteiligten Deichverbände der Bildung des neuen Deichverbandes oder der Satzung[1]) zu, so kann der Deichverband durch eine nach § 297 zu erlassende Satzung gebildet werden, wenn die den zustimmenden Deichverbänden angehörenden Grundstücke nach dem im § 296 Abs. 1 bestimmten Maßstab die Grundstücke der widersprechenden Deichverbände übertreffen.

(4) Mit der Genehmigung oder dem Erlaß der Satzung gehen die Rechte und Verbindlichkeiten der aufgelösten Deichverbände auf den neugebildeten Deichverband über.

Ent. § 276; B. 212; KBA. 381; L. II 8242; L. III 8598; KBH.

1. **Widerspruch der Minderheit.** Die zwangsweise Heranziehung der Minderheit beschließt der Bezirksausschuß entsprechend

wie bei der Bildung eines Zwangsdeichverbandes. Gegen den Beschluß ist die Beschwerde an den wasserwirtschaftlichen Senat des Oberverwaltungsgerichts gegeben. Der neue Verband entsteht durch Genehmigung der Satzung seitens des Regierungspräsidenten.

§ 299[1]).

(1) Der Deichverband muß einen Vorstand haben. Dieser kann aus einer Person als Deichvorsteher oder aus mehreren Personen, von denen eine als Deichvorsteher den Vorsitz führt, bestehen.

(2) Die Wahl des Deichvorstehers (Deichhauptmann, Deichrichter, Deichgraf, Deichgräf usw.) bedarf der Bestätigung[2]) durch die Aufsichtsbehörde (§ 302). Wird die Bestätigung versagt oder kommt die Wahl des Vorstandes oder einzelner Mitglieder nicht zustande, so stehen der Aufsichtsbehörde die im § 218 bezeichneten Befugnisse zu.

(3) Im übrigen ist der § 212 Abs. 2 bis 4 anzuwenden.

Ent. § 277; B. 212 f.; KBA. 381; L. II 8242; L. III 8598; KBH. 59; LH. 1052.

1. **Vorbemerkung.** Die Vorschriften sind soweit gefaßt, daß sie den örtlich verschiedenen Verhältnissen überall gerecht werden. Es ist dadurch die Möglichkeit gegeben, einen kollegialen Deichvorstand einzusetzen oder einen einzelnen Vorsteher mit oder ohne Gehilfen an die Spitze des Deichverbandes zu stellen sowie die Deichgenossen durch eine Repräsentation (Ausschuß) oder durch eine allgemeine Mitgliederversammlung mitwirken zu lassen. Wie im letzteren Falle die Befugnisse zwischen dem Vorsteher und dem Kollegium abzugrenzen sind, bestimmt die Satzung. Über Satzungsänderung und Auflösung des Deichverbandes hat aber ausschließlich die Mitgliederversammlung zu beschließen (§ 212 Abs. 4 und V. AusfAnw. Nr. 8 und 9).

2. **Bestätigung.** Gegen die Entscheidung des Deichamtes über die Gültigkeit der Vorstandswahl ist die Klage im Verwaltungsstreitverfahren nicht zulässig (OVG. 71, 376).

§ 300.

Auf Verlangen der Aufsichtsbehörde hat der Deichverband für die technische Verwaltung einen technisch genügend vorgebildeten Beamten[1]) anzustellen, der der Bestätigung durch die Aufsichtsbehörde bedarf. Kommt der Deichverband dieser Verpflichtung nicht nach oder wird die Bestätigung versagt, so stehen der Aufsichtsbehörde die im § 218 bezeichneten Befugnisse zu.

Ent. § 278; B. 213; KBH. 381 f.; L. II 8242; L. III 8598; KBH. 59; LH. 1052.

1. **Deichinspektor.** Es ist nicht erforderlich, daß es sich um einen Beamten mit höherer akademischer Vorbildung handelt. Es können auch Beamte mit mittlerer technischer Ausbildung verwendet werden, z. B. Wiesenbaumeister.

Eine unbedingte Verpflichtung zur Anstellung besteht erst dann, wenn die Aufsichtsbehörde es verlangt.

§ 301.

(1) Die Rechtsverhältnisse des Deichverbandes und seiner Mitglieder richten sich, soweit sie nicht in diesem Gesetze geregelt sind, nach der Satzung[1]).

(2) Für die Satzung gilt der § 214.

Ent. § 279; B. 213; KBA. 283; L. II 8242; L. III 8598; KBH. 59; LH. 1052.

1. **Satzung.** Besondere Vorschriften in den Satzungen über die Zuständigkeit und Befugnisse der Aufsichtsbehörde und die Beschränkung des Eigentums an dem zum Deichverbande gehörenden Grundstücke sind nicht erforderlich (vgl. AusfAnw. VI, 11).

§ 302.

(1) Der Deichverband steht unter der Aufsicht des Staates.

(2) Die Aufsicht beschränkt sich auf die ordnungsmäßige Ausführung, Unterhaltung und Wiederherstellung der gemeinschaftlichen Anlagen sowie darauf, daß die Angelegenheiten des Deichverbandes nach den Gesetzen und der Satzung verwaltet werden.

(3) Die Aufsicht führt bei Deichverbänden, deren Deiche ganz oder teilweise an Wasserläufen erster Ordnung liegen, der Regierungspräsident, in zweiter Instanz der Oberpräsident, bei anderen Deichverbänden der Landrat als Vorsitzender des Kreisausschusses, in Stadtkreisen die Ortspolizeibehörde, in zweiter Instanz der Regierungspräsident. Zuständig ist die Behörde, in deren Bezirk der Deichverband seinen Sitz hat.

(4) Werden im Gebiete eines Deichverbandes Unterdeichverbände gebildet, so kann in der Satzung bestimmt werden, daß die Aufsicht über die Unterdeichverbände in erster Instanz von dem Deichvorsteher des Hauptdeichverbandes geführt wird. In diesem Falle führen die nach Abs. 3 für den Hauptdeichverband zuständigen Aufsichtsbehörden erster und zweiter Instanz die Aufsicht über die Unterdeichverbände in zweiter und dritter Instanz; wo in diesem Abschnitte die Beschwerde an die Aufsichtsbehörde zugelassen ist, geht die Beschwerde in erster Instanz an den Deichvorsteher des Hauptdeichverbandes, in zweiter Instanz an die sonst als Aufsichtsbehörde in erster Instanz für den Hauptdeichverband zuständige Behörde und gegen deren Entscheidung in dritter Instanz an die sonst für den Hauptdeichverband zuständige Aufsichtsbehörde zweiter Instanz.

(5) Die Aufsichtsbehörde ist berechtigt, ihre Anordnungen unmittelbar durchzusetzen[2]).

Ent. § 280; B. 213 f.; KBH. 382 f.; L. II 8242—8245; L. III 8598; KBH. 59; LH. 1052.

1. **Umfang der Aufsicht.** Der Umfang der Aufsichtspflicht ist im einzelnen durch die §§ 299, 300, 303, 304 geregelt. Eine in der Satzung nicht vorgesehene Verbesserung der Deichanlage kann die Aufsichtsbehörde nicht erzwingen (OVG. 47, 300).

2. Vgl. § 132 LVG.

§ 303.

(1) Zur Veräußerung von Grundstücken oder zur Aufnahme von Anleihen, mit Ausnahme solcher, durch die der Schuldenbestand nicht vermehrt wird, sowie zum Bau neuer Schleusen in den Deichen bedarf der Deichverband der Genehmigung der Aufsichtsbehörde[1]).

(2) Zu den Beschlüssen über die Vergütung des Deichvorstehers und des technischen Deichbeamten ist gleichfalls die Genehmigung der Aufsichtsbehörde erforderlich.

(3) Sind diese Vergütungen offenbar unzulänglich, so hat die Aufsichtsbehörde sie angemessen festzusetzen. Dasselbe gilt von den Vergütungen der anderen Angestellten des Deichverbandes[2]).

(4) Durch die Satzung kann die Genehmigung auch für andere Fälle vorgeschrieben werden.

Ent. § 281; B. 213ff.; KBA. 383; L. II 8245; L. III 8598; KBH. 59; LH. 1052.

1. **Genehmigung.** Zum Bau neuer Deiche ist die Genehmigung der Aufsichtsbehörde grundsätzlich nicht erforderlich, wenn sie nicht nach Abs. 4 besonders durch die Satzung vorgeschrieben ist. Es konnte hiervon abgesehen werden, da für die Anlegung von Deichen nach den Vorschriften des § 285 die Genehmigung erforderlich ist.

2. **Vergütungen.** Wird der durch die Erhöhung bedingte Geldbetrag nicht in den Haushaltungsplan eingesetzt, so kann die Behörde nach § 304 die Aufnahme in den Haushaltungsplan verfügen.

§ 304.

(1) Unterläßt oder verweigert es der Deichverband, die ihm gesetz- oder satzungsmäßig obliegenden, von einer Behörde innerhalb der Grenzen ihrer Zuständigkeit festgestellten Leistungen und Ausgaben in den Haushaltsplan aufzunehmen oder außerordentlich zu genehmigen, so kann die Aufsichtsbehörde unter Anführung der Gründe die Aufnahme in den Haushaltsplan

oder die Feststellung der außerordentlichen Ausgabe und die Einziehung der erforderlichen Beiträge verfügen.

(2) Gegen die Verfügung steht dem Deichverbande binnen zwei Wochen die Beschwerde an die Aufsichtsbehörde zweiter Instanz und gegen deren Bescheid binnen gleicher Frist die weitere Beschwerde an den Minister für Landwirtschaft, Domänen und Forsten zu.

Ent. § 282; B. 213 f.; KBA. 383; L. II 8245; L. III 8598; KBH. 59; LH. 1052.

§ 305.

Der Deichvorsteher kann die nur zu mechanischen Verrichtungen berufenen Angestellten des Deichverbandes zur Erfüllung ihrer Pflichten durch Ordnungsstrafen[1]) bis zu dreißig Mark anhalten. Die Strafgelder fließen in die Deichkasse.

Ent. § 283; B. 214; KBA. 383 f.; L. II 8245; L. III 8598; KBH. 59; LH. 1052.

1. **Ordnungsstrafen.** Dem Deichvorsteher steht es auch zu, diesen Beamten die Ausübung ihrer Obliegenheiten zu untersagen (KBA. 383). Hierher gehören nur die Deichaufseher, Bademeister usw., nicht aber Verwaltungsbeamte und Büropersonal (a. M. Lenhard-Reichau S. 591). Wegen der Höhe der Ordnungsstrafen vgl. § 261 Anm. 1.

§ 306.

Die zum Schutze der Deiche und anderer Anlagen[1]) des Deichverbandes erforderlichen Polizeiverordnungen erläßt bei Deichverbänden, über die der Regierungspräsident in erster oder im Falle des § 302 Abs. 4 in zweiter Instanz die Aufsicht führt, der örtlich[2]) zuständige Regierungspräsident, sonst der örtlich zuständige Landrat, in Stadtkreisen die örtlich zuständige Ortspolizeibehörde, und zwar der Regierungspräsident auch für einzelne Kreise oder Teile von Kreisen, der Landrat auch für einzelne Ortspolizeibezirke oder Teile von solchen, nach den §§ 137, 139ff. des Landesverwaltungsgesetzes vom 30. Juli 1883 (Gesetzsamml. S. 195)[3]). Zu den Anlagen des Deichverbandes gehören auch die Wasserläufe, die von ihm zu unterhalten sind oder der Aufsicht der Deichverwaltungsbehörde unterstehen[4]).

Ent. § 284; B. 214f.; KBA. 284; L. II 8245f.; L. III 8598; KBH. 59; LH. 1052.

1. **Anlage.** Zu den Anlagen gehören die im § 294 genannten Sicherungs-, Ent- und Bewässerungsanlagen.

2. **Örtliche Zuständigkeit.** Erstreckt sich ein Deichverband über mehrere Regierungsbezirke oder Kreise, so kann jeder Regierungspräsident oder Landrat nur für seinen Bezirk unter Zustimmung seines Bezirksausschusses oder Kreisausschusses eine Polizeiverordnung erlassen.

3. **Recht zum Erlaß der Polizeiverordnung.** Das Polizeiverordnungsrecht ist also über den Umfang des § 137 LVG. erweitert, indem es auch für Teile des betreffenden Verwaltungsbezirks ausgeübt werden kann.

Das Recht zum Erlaß der Polizeiverordnung ist den hier benannten Behörden für ihren Verwaltungsbezirk ausschließlich verliehen.

4. **Ausschließliche Zuständigkeit der Deichverwaltungsbehörde.** Es gehören hierhin nicht ohne weiteres alle Wasserläufe innerhalb des Deichgebietes, sondern nur diejenigen, die von dem Deichverband zu unterhalten sind oder der Aufsicht der Deichverwaltungsbehörde unterstehen. Es sind dies jedenfalls diejenigen Wasserläufe, die in den Deichstatuten aufgenommen sind, einschließlich ihrer Ent- und Bewässerungsgräben (L. II 8246). Für diese Wasserläufe scheidet die Zuständigkeit der Wasserpolizeibehörden aus (§ 348). Vgl. OVG. 64, 501; PVBl. 30, 731.

§ 307.

(1) Die örtliche Polizei zum Schutze der Deiche und der im § 306 bezeichneten Anlagen (örtliche Deichpolizei) wird von dem Deichvorsteher wahrgenommen; durch die Satzung können die örtliche Deichpolizei[1]) oder einzelne ihrer Geschäfte anderen Mitgliedern des Deichvorstandes (Deichgeschworene, Deichschöppen, Deichschulzen, Heimräte usw.) übertragen werden.

(2) Der Bezirksausschuß ist befugt, eine Benutzung der Deiche, die ihre Widerstandskraft schwächen kann, zu beschränken oder ganz zu untersagen[2]). Wer hierdurch in der Ausübung eines Rechtes beeinträchtigt wird, kann von dem Unterhaltungspflichtigen Entschädigung fordern.

(3) Gegen den Beschluß des Bezirksausschusses ist innerhalb zwei Wochen die Beschwerde an den Minister für Landwirtschaft, Domänen und Forsten zulässig.

(4) Soweit der Beschluß die Entschädigung betrifft, kann binnen drei Monaten der Rechtsweg beschritten werden. Die Frist beginnt mit dem Zeitpunkte der Rechtskraft desjenigen Teiles des Beschlusses, durch den die Beschränkung oder Untersagung angeordnet wird.

(5) Die zur Durchführung der Beschlüsse des Bezirksausschusses erforderlichen Anordnungen trifft der Regierungspräsident.

Ent. § 285; B. 214f.; KBA. 285f.; L. II 8245; L. III 8598; KBH. 59; LH. 1052.

1. **Örtliche Deichpolizei.** Ein Teil der örtlichen Deichpolizei bildet die Wasserpolizei. Dagegen ist für öffentliche Wege auf der Deichkrone die Wegepolizei zuständig. Gegen eine Polizeiverfügung der Deichpolizei findet nur die Aufsichtsbeschwerde nach § 308 Abs. 2 statt (OVG. **46**, 286; **71**, 376; AusfAnw. VI, Nr. 8).

2. **Benutzungsbeschränkungen.** Der Bezirksausschuß kann hiernach eine an sich erlaubte Benutzung, wie z. B. das Beweiden der Deiche, verbieten. Der Deichpolizei steht diese Befugnis nicht zu (OVG. **45**, 334; **57**, 397). Es handelt sich hier um eine Art Enteignung.

§ 308.

(1) Der Deichvorsteher und die anderen mit örtlichen Geschäften der Deichpolizei betrauten Mitglieder des Deichvorstandes sind berechtigt, ihre polizeilichen Anordnungen durch die im § 227 Abs. 1 bezeichneten

Zwangsmittel durchzusetzen. Der § 227 Abs. 2 ist anzuwenden.

(2) Gegen polizeiliche Verfügungen des Deichvorstehers und der anderen Mitglieder des Deichvorstandes, einschließlich der Androhung, Festsetzung und Ausführung eines Zwangsmittels, ist binnen zwei Wochen[1]) die Beschwerde an die Aufsichtsbehörde[2]) und binnen der gleichen Frist die weitere Beschwerde an die Aufsichtsbehörde zweiter Instanz zulässig. Die Beschwerden sind bei der für die Entscheidung zuständigen Behörde oder bei der Behörde anzubringen, gegen deren Verfügung sie sich richten.

(3) Das gegen die Androhung eines Zwangsmittels gerichtete Rechtsmittel erstreckt sich zugleich auf die Anordnung, um deren Ausführung es sich handelt, wenn sie nicht bereits Gegenstand eines besonderen Beschwerdeverfahrens geworden ist.

Ent. § 286; B. 215 f.; KBA. 386; L. II 8245; L. III 8598; KBH. 59; LH. 1052.

1. Beginnend mit dem Tage der Zustellung.

2. Vgl. § 302.

§ 309.

(1) Die Deichverwaltungsbehörden (Deichvorstand, Deichvorsteher) sind berechtigt, Anordnungen, die sie in Ausübung ihrer Befugnisse gegen einzelne Genossen richten, durch die im § 227 Abs. 1 bezeichneten Zwangsmittel durchzusetzen. Der § 227 Abs. 2 ist anzuwenden.

(2) Die Anordnungen und Beschlüsse der Deichverwaltungsbehörden können nach § 308 Abs. 2, 3 angefochten werden, wenn nicht durch dieses Gesetz der Rechtsweg oder das Verwaltungsstreitverfahren[1]) zugelassen oder durch die Satzung das schiedsgerichtliche Verfahren vorgeschrieben ist.

Ent. § 287; B. 215f.; KBA. 386; L. II 8245; L. III 8598; KBH. 59; LH. 1052.

1. **Verwaltungsstreitverfahren.** Das Verwaltungsstreitverfahren ist nur zulässig, wenn es sich um die öffentlich-rechtliche Verpflichtung zur Unterhaltung von vom Deichverbande zu unterhaltende oder der Aufsicht der Deichverwaltungsbehörde unterstehende Wasserläufe handelt (vgl. Bochalli, Wassergenossenschaftsrecht S. 115).

§ 310.

(1) Die zur Herstellung und Unterhaltung der Deiche und der dazu gehörenden Sicherungs-, Entwässerungs- und Bewässerungsanlagen erforderlichen Beiträge und Leistungen sind nach dem in der Satzung zu bestimmenden Maßstabe von allen zum Deichverbande gehörenden Grundstücken aufzubringen (Deichpflicht)[1]), auch wenn diese sonst von den öffentlichen Lasten befreit oder dabei bevorrechtet sind. Als Verteilungsmaßstab ist in der Regel das Verhältnis des abzuwendenden Schadens und herbeizuführenden Vorteils anzunehmen; aus besonderen Gründen kann jedoch ein anderer Maßstab zugelassen werden.

(2) Eine Befreiung von der Deichpflicht kann nicht erworben werden.

(3) Die Deichpflicht ist eine öffentlichrechtliche Verpflichtung. Der § 223 und der § 224 Abs. 1 Satz 2, Abs. 2 sind anzuwenden.

(4) Auf die Heranziehung und Veranlagung zur Deichpflicht ist der § 226 Abs. 2, 3 anzuwenden.

Ent. § 288; B. 216; KBA. 386; L. II 8245; L. III 8598; KBH. 59; LH. 1052.

1. **Deichpflicht.** § 310 enthält die Bestimmungen über die ordentliche Deichlast, während § 315 diejenigen über die außerordentliche Deichlast wiedergibt. Die ordentlichen Deichlasten gehören zu den öffentlichen Reallasten. Für sie haften die Grundstückseigentümer persönlich, soweit sie bis zu ihrem Austritt

umgelegt sind. Daneben haften dinglich für sie die zum Deichverband gehörenden Grundstücke. Die am Grundstück dinglich oder obligatorisch Berechtigten haften dem Deichverbande gegenüber nicht. Die Deichlasten können in das Grundbuch nicht eingetragen werden (Art. 11 des preuß. AGGBO. v. 26. 9. 99). Sie gehen bei der Zwangsversteigerung oder Zwangsverwaltung den Rechten am Grundstück vor (Art. 1 Nr. 1 des preuß. AG. zum Reichsgesetz über die Zwangsversteigerung und Zwangsverwaltung v. 23. 9. 99 und §§ 10 Abs. 1 Nr. 3, 156 des Reichsgesetzes über die Zwangsversteigerung und die Zwangsverwaltung v. 24. 3. 97).

Vgl. im übrigen auch OVG. 72, 364; 74, 382; LVBl. 1, 174.

§ 311.

(1) Die Eigentümer der zum Deichverbande gehörenden Grundstücke und der Vorländer sind verpflichtet, dem Deichverbande die zu den Deichanlagen erforderlichen Grundstücke gegen Entschädigung abzutreten[1]).

(2) Grenzen und Größe der abzutretenden Grundstücke, die vom Verbande zur Verhütung nachteiliger Wirkungen herzustellenden Sicherungsanlagen und die zu leistende Entschädigung werden durch Beschluß des Deichvorstandes festgestellt. Mit der Rechtskraft des Teiles des Beschlusses, durch den über die Verpflichtung zur Abtretung entschieden wird, geht das Eigentum an den abzutretenden Grundstücken auf den Deichverband über.

(3) Soweit der Beschluß über die Entschädigung entscheidet, kann binnen drei Monaten der Rechtsweg beschritten werden, wenn nicht durch die Satzung die Entscheidung einem Schiedsgericht[2]) übertragen ist. Die Frist beginnt mit dem in Abs. 2 Satz 2 bezeichneten Zeitpunkte. Soweit Eigentümer von Vorländern eine Entschädigung beanspruchen können, kann die Entscheidung darüber nicht durch die Satzung einem Schiedsgericht übertragen werden.

(4) Im übrigen sind die §§ 7 bis 14, 16, 17, 33, 36 bis 39, 45 bis 49 des Enteignungsgesetzes vom 11. Juni 1874 (Gesetzsamml. S. 221) entsprechend anzuwenden.

(5) Auf die zu den Deichen gehörenden Entwässerungs- und Bewässerungsanlagen ist der § 222 anzuwenden.

Ent. § 289; B. 216 ff.; KBA. 387; L. II 8245; L. III 8598; KBH. 59; LH. 1052.

1. **Pflicht zur Grundabtretung.** Die §§ 311 und 312 legen eine Anzahl Verpflichtungen auf, die verschieden sind, je nachdem, ob es sich um Deiche oder Sicherungsanlagen oder um Ent- und Bewässerungsanlagen handelt.

Der § 311 normiert eine Pflicht zur Abtretung von Grundstücken für die Eigentümer der zum Deichverbande gehörenden Grundstücke und der Vorländer, wenn diese für die Anlagen von Deichen erforderlich sind. Handelt es sich um Sicherungs-, Ent- oder Bewässerungsanlagen, so besteht eine solche Pflicht zur Grundabtretung nicht (vgl. Abs. 5 und § 312). Gegen den Beschluß des Deichverbandes ist binnen zwei Wochen die Beschwerde an die Aufsichtsbehörde und binnen der gleichen Frist weitere Beschwerde an die Aufsichtsbehörde II. Instanz (§ 302) gegeben (§ 309 Abs. 2 in Verb. mit § 308 Abs. 2).

2. **Schiedsgericht.** Dieses ist für die Entschädigungsansprüche der Eigentümer von Vorländern nicht zuständig (OVG. **74**, 394; LWA. **3**, 182). Im übrigen kann es aber zwingend angeordnet werden (OVG. **74**, 391; a. M. Holtz-Kreutz Anm. 8 zu § 311).

§ 312.

(1) Gegen Entschädigung müssen auf Anordnung des Deichvorstandes[1]):

1. die Eigentümer der zum Deichverbande gehörenden Grundstücke und der Vorländer die Entnahme der zur Herstellung und Unterhaltung der Deiche und der dazu gehörenden Sicherungsanlagen[2]) erforderlichen Feld- und Bruchsteine, von Kies, Rasen, Sand, Lehm

und anderer Erde aus ihren land- und forstwirtschaftlich genutzten Grundstücken, ihrem Unland und ihren Gewässern gestatten;

2. die Eigentümer der Vorländer, die im Interesse der Herstellung und Unterhaltung der Deiche und der dazu gehörenden Sicherungs-, Entwässerungs- und Bewässerungsanlagen erforderlichen Beschränkungen des Grundeigentums dulden.

(2) Die Beschränkungen, denen sich die Eigentümer der Vorländer nach Abs. 1 Nr. 2 zu unterwerfen haben, sind in der Satzung näher zu bestimmen. Über die Höhe der Entschädigung beschließt im Streitfalle der Bezirksausschuß. Der Beschluß kann binnen drei Monaten nach der Zustellung im Rechtsweg angefochten werden.

Ent. § 290; B. 217; KBA. 387; L. II 8245; L. III 8598; KBH. 59; LH. 1052.

1. Wegen des Rechtsmittels vgl. § 109 Abs. 2.

2. **Sicherungsanlagen.** Handelt es sich um Ent- oder Bewässerungsanlagen, so sind die Eigentümer der zum Deichverband gehörigen Grundstücke und der Vorländer nicht verpflichtet, die Entnahme der genannten Baumaterialien zu dulden. Das Statut kann aber den Genossen auch in dieser Richtung Verpflichtungen auferlegen (§ 301 Abs. 2 in Verb. mit § 214).

3. **Verpflichtung zur Hergabe von Baustoffen.** Bei anderen Grundstücken braucht die Entnahme nicht gestattet zu werden, also z. B. nicht bei Gärten, Parkanlagen, Hofräumen, Wegen usw.

§ 313.

Soweit in den Fällen der §§ 311, 312 bei bereits bestehenden Deichverbänden[1]) die Satzungen abweichende Vorschriften enthalten, bewendet es dabei.

KBA. 290a, S. 389f.; L. II 8245; L. III 8598; KBH. 59; LH. 1052.

1. **Die alten Deichverbände.** Diese Bestimmung ist mit Rücksicht darauf getroffen, daß manche bewährte Deichstatuten, ins-

besondere die der Wische-Deichstatuten, die Bestimmung enthielten, daß für die in den §§ 311, 312 enthaltenen Verpflichtungen und Eigentumsbeschränkungen keine Entschädigung bezahlt werden braucht. Um diese Deichverbände durch die Neueinführung einer Schadensersatzpflicht nicht über das gewohnte Maß zu belasten, ist die Vorschrift des § 313 getroffen.

§ 314.

Übernimmt ein Deichverband die Unterhaltung bereits bestehender Deiche, so gehen sie mit Genehmigung oder Erlaß der Satzung in sein Eigentum über[1]). Durch die Satzung kann bestimmt werden, daß die Nutzungen den bisherigen Eigentümern verbleiben.

Ent. § 291; B. 217; KBA. 322; L. II 8245; L. III 8598; KBH. 59; LH. 1052.

1. **Eigentumsübergang.** Der Eigentumsübergang vollzieht sich kraft Gesetzes, das Übernahmerecht kann durch die Satzung nicht ausgeschlossen werden. Für die Berichtigung des Grundbuchs ist die Bewilligung des bisherigen Eigentümers erforderlich.

§ 315[1]).

(1) Ist ein Deich bei Hochwasser gefährdet, so müssen nach Anordnung der Deichpolizeibehörde alle Bewohner der bedrohten und nötigenfalls auch der benachbarten Gegend[2]) zu den Schutzarbeiten unentgeltlich Hilfe leisten und die erforderlichen Arbeitsgeräte und Beförderungsmittel mit zur Stelle bringen.

(2) Die Deichpolizeibehörde kann die in einem solchen Falle nötigen Maßregeln sofort durch Zwangsmittel[3]) zur Ausführung bringen; sie ist befugt, die Verabfolgung der zur Abwehr der Gefahr dienlichen Baustoffe aller Art, wo solche sich finden mögen, zu fordern, und diese müssen mit Vorbehalt der Ausgleichung unter den Verpflichteten und der Erstattung des Schadens von den Besitzern verabfolgt werden. Zum Ersatze des Schadens ist der Deichverband verpflichtet. Über die

Höhe der Entschädigung beschließt im Streitfalle der Bezirksausschuß. Der Beschluß kann binnen drei Monaten nach der Zustellung im Rechtsweg angefochten werden.

Ent. § 292; B. 217 f.; KBA. 390; L. II 8245; L. III 8598; KBH. 59; LH. 1052.

1. **Vorbemerkung.** § 315 enthält die Bestimmungen über die außerordentliche Deichlast (wegen der ordentlichen Deichlast vgl. § 310). Diese Bestimmungen werden ergänzt durch § 354.

2. **Benachbarte Gegend.** Eine Beschränkung in räumlicher Beziehung ist der Deichpolizeibehörde nicht auferlegt. Maßgebend für ihre Entschließungen werden die örtlichen Verhältnisse und ihre Größe der Gefahr und der vorzunehmenden Arbeiten sein.

3. **Zwangsmittel.** Die Zwangsmittel sind die des § 132 LVG., nicht des § 308 WasserG. (so auch Lenhard-Reichau S. 603; a. M. Holtz-Kreutz Handausgabe Anm. zu § 315).

§ 316.

(1) Der Deichverband kann durch den Regierungspräsidenten aufgelöst werden, wenn die Mitgliederversammlung mit einer Mehrheit von zwei Dritteln der Stimmen die Auflösung beschließt.

(2) Im übrigen sind auf die Auflösung und Liquidation des Deichverbandes die §§ 279 bis 282 entsprechend anzuwenden.

Ent. § 293; B. 218; KBA. 390; L. II 8245; L. III 8598; KBH. 59; LH. 1052.

§ 317.

Neben den §§ 294 bis 316 sind die §§ 208, 209, 211, 215, 216, 221, der § 229 Abs. 1, die §§ 230 bis 234, 236, 237, 239 bis 244, der § 275 Abs. 1, 3 und die §§ 276, 277 auf Deichverbände entsprechend anzuwenden.

Ent. § 284; KBA. 390; L. II 8245; L. III 8598; KBH. 59; LH. 1052.

§ 318.

(1) Auf die beim Inkrafttreten dieses Gesetzes bestehenden Deichverbände sind die Vorschriften an-

zuwenden, die für die nach diesem Gesetze gebildeten Deichverbände gelten.

(2) Jedoch bleiben abweichende Bestimmungen der bisherigen Satzungen in Kraft, soweit die im Abs. 1 für anwendbar erklärten Vorschriften durch die Satzung geändert werden können oder auf die Satzung verweisen[1]).

Ent. § 295; B. 218; KBA. 390f.; L. II 8245; L. III 8598; KBH. 59; LH. 1052.

1. Das Recht der alten Deichverbände. Die Bestimmungen der bisherigen Satzungen, die vom Wassergesetz abweichen, bleiben nur insoweit in Kraft, als die Vorschriften durch die Satzung abgeändert werden können oder auf die Satzung verweisen (AusfAnw. VI Nr. 9). Bestimmungen früherer Satzungen über die Unterhaltung von Wasserläufen sind durch § 318 nicht aufgehoben (OVG. **74**, 381, 384). Dagegen gehören Vorländer nicht mehr zum Deichverbande, auch wenn sie nach der früheren Satzung oder dem früheren Rechte dazu gehörten (OVG. **74**, 395).

Sechster Titel.

Deiche, die zu keinem Deichverbande gehören.

§ 319.

(1) Ist ein schon vorhandener, zum Schutze der Ländereien mehrerer Eigentümer dienender Deich, der zu keinem Deichverbande gehört, ganz oder teilweise verfallen oder durch Naturgewalt oder fremdes Eingreifen zerstört, so kann bei Deichen an Wasserläufen erster Ordnung und bei Seedeichen der Bezirksausschuß, sonst der Kreis- (Stadt-) Ausschuß auf Antrag eines Beteiligten und, wenn aus der Nichterhaltung des Deiches eine gemeine[1]) Gefahr entsteht, auch ohne Antrag den Unterhaltungspflichtigen durch Beschluß für verpflichtet erklären, den Deich bis zu derjenigen Höhe und Stärke wiederherzustellen, die er früher gehabt hat.

(2) In gleicher Weise kann bei solchen Deichen dem Unterhaltungspflichtigen die Vornahme derjenigen Maßregeln aufgegeben werden, welche erforderlich sind, um die Erhaltung der Deiche in ihrem bisherigen Umfang und Zustand zu sichern.

(3) Ist es ungewiß oder streitig, wer zur Unterhaltung des Deiches verpflichtet ist, so können die Leistungen vorläufig von dem gefordert werden, der ihn bisher unterhalten hat, oder, wenn dieser nicht leistungsfähig ist, von den Eigentümern derjenigen Grundstücke, die nach dem Ermessen der Behörde durch den Deich geschützt werden[2]). Das letztere gilt auch, wenn der Verpflichtete nicht leistungsfähig ist. Ist die Heranziehung der Eigentümer nicht so schnell möglich, wie die Dringlichkeit des Falles es erfordert, so hat die Gemeinde (der Gutsbezirk), in deren Bezirk der Deich gelegen ist, auf Erfordern die Kosten der Unterhaltung oder Wiederherstellung des Deiches vorzuschießen. Sind mehrere Gemeinden (Gutsbezirke) beteiligt, so sind die vorzuschießenden Kosten auf diese angemessen zu verteilen.

(4) Gegen den Beschluß des Bezirks- (Kreis- [Stadt-]) Ausschusses ist innerhalb zwei Wochen die Beschwerde an den Minister für Landwirtschaft, Domänen und Forsten zulässig.

(5) Bei Beschlüssen des Bezirksausschusses trifft der Regierungspräsident, bei Beschlüssen des Kreis- (Stadt-) Ausschusses der Landrat (die Ortspolizeibehörde) die zu ihrer Durchführung nötigen Anordnungen.

(6) Die nach Abs. 1 bis 3 zur Unterhaltung oder Wiederherstellung der Deiche geforderten Beiträge und Leistungen sind öffentliche Lasten.

Ent. § 296; B. 218 f.; KBA. 391 f.; L. II 8245; L. III 8598; KBH. 59; LH. 1052.

1. Vgl. § 394 Anm. 1.

2. **Erstattungsanspruch.** Die Ansprüche gegen den Unterhaltungspflichtigen sind im Rechtswege geltend zu machen (§ 320).

§ 320.

Den zur Unterhaltung oder Wiederherstellung eines Deiches vorläufig Herangezogenen (§ 319 Abs. 3) bleibt vorbehalten, ihre Ansprüche auf Erstattung[1]) ihrer Beiträge oder des Wertes ihrer Leistungen im Rechtswege gegen den Unterhaltungspflichtigen geltend zu machen.

Ent. § 297; B. 219; KBA. 392; L. II 8245; L. III 8598; KBH. 59; LH. 1052.

1. **Erstattung.** Der Erstattungsanspruch fällt unter den Begriff der Geschäftsführung ohne Auftrag (§§ 677, 679, 683 BGB.).

§ 321.

(1) Wird die Baulast vorläufig geregelt, so ist zur Regelung der künftigen Leistungen die Bildung eines Deichverbandes herbeizuführen, es sei denn, daß durch Anerkenntnis oder im Rechtsweg ein leistungsfähiger Verpflichteter ermittelt ist.

(2) Lehnen die Beteiligten die Bildung eines Deichverbandes ab und ist sie nicht zur Abwendung gemeiner Gefahr erforderlich, so kann die fernere Erhaltung des Deiches nicht mehr verlangt werden.

Ent. § 298; B. 219; KBA. 393; L. II 8245; L. III 8598; KBH. 59; LH. 1052.

§ 322.

Der § 307 Abs. 2 bis 5 ist auf Deiche, die zu keinem Deichverbande gehören, entsprechend anzuwenden.

Ent. § 399; B. 219; KBA. 294; L. II 8245; L. III 8598; KBH. 59; LH. 1052.

Siebenter Titel.

Besondere Vorschriften für die Provinzen Hannover und Schleswig-Holstein.

Vorbemerkung.

Im siebenten Titel werden besondere Vorschriften für die Provinzen Hannover und Schleswig-Holstein gegeben. Für die im § 323 näher bezeichneten Gebiete soll die Geltung des fünften und sechsten Titels und teilweise auch des zweiten Titels des vierten Abschnitts ausgeschlossen sein. In diesen Gebieten sind geschriebene oder auf Gewohnheitsrecht beruhende Deiche und Sielordnungen in Geltung, die sich seit alters dort eingebürgert haben und den dortigen, teilweise besonders gearteten Verhältnissen Rechnung tragen. Diese Deich- und Sielverordnungen (vgl. § 323) hatten schon eine Fortentwicklung erfahren durch die hannoversche VO. v. 1. 9. 52 (Gesetzsamml. Abt. 1 S. 262) über das Wasserbauwesen und besonders durch das G. v. 11. 4. 72, betr. die Ausdehnung des Deichgesetzes auf Schleswig-Holstein und Hannover (Gesetzsamml. S. 377). Das letztere gestattete insbesondere im Art. IV die innere Organisation mit Zustimmung der Verbandsvertretung oder auch gegen ihren Willen durch Statut neu zu regeln (das Nähere B. 419—423 und Nieberding, Wasserrecht und Wasserpolizei, S. 416ff., 438ff.).

Diese auf Gesetz und Gewohnheit beruhenden, das Deich- und Sielwesen betreffenden Bestimmungen sind im § 324 grundsätzlich aufrechterhalten (vgl. § 66 EGBGB.). Die §§ 325—329 enthalten dann noch in Anlehnung an das G. v. 11. 4. 72 eine Reihe von Vorschriften, welche die Möglichkeit geben, diese alten Verordnungen fortzuentwickeln und diesem Gesetz anzupassen. Das G. v. 11. 4. 72 ist durch § 399 Nr. 9 aufgehoben. Durch § 9 Abs. 2 ist in den im § 323 bezeichneten Gebieten den Deich- und Sielverbänden auch das Eigentum an den Wasserläufen zweiter Ordnung gelassen, soweit sie nicht beim Inkrafttreten dieses Gesetzes im Eigentum anderer standen (vgl. auch AusfAnw. VI Nr. 10).

§ 323.

(1) Die Vorschriften des zweiten, fünften und sechsten Titels dieses Abschnitts gelten nicht;

1. in den Schleswig-Holsteinischen Marschdistrikten[1]), soweit das Patent vom 29. Januar 1800 und das allgemeine Deichreglement vom 6. April 1803 Platz greifen[2]);
2. in den Herzogtümern Bremen und Verden, soweit die Deichordnung vom 29. Juli 1743[3]) Anwendung findet, doch gelten die Vorschriften des zweiten Titels in den oberhalb des Hemelinger Wehres[4]) an der Weser und Aller gelegenen Gebietsteilen;
3. in dem Lande Hadeln[5]);
4. in dem Fürstentum Ostfriesland und dem zum Herzogtum Arenberg-Meppen gehörenden Bezirke der Stadt Papenburg[6]).

(2) Ferner gelten die Vorschriften des fünften und sechsten Titels nicht:

1. in dem Fürstentume Lüneburg und den zur Provinz Hannover gehörenden Lauenburgischen Landesteilen, soweit die Lüneburgische Deich- und Sielordnung vom 15. April 1862, und
2. in den Grafschaften Hoya und Diepholz, soweit die Deich- und Abwässerungsordnung vom 22. Januar 1864 Anwendung findet oder demnächst in Anwendung gebracht wird.

1. **Marschdistrikte** sind diejenigen Gebiete, die den Fluten der Nordsee ausgesetzt sein würden, wenn keine Deiche vorhanden wären.

2. **Sielrecht.** Siel ist ein röhrenartig durch die Deiche geführter Wasserdurchlaß zur zeitweisen Entwässerung von Niederungen. Das Sielwesen ist in Schleswig-Holstein nicht durch geschriebenes Gesetz geordnet, sondern beruht lediglich auf Gewohnheitsrecht.

3. Die Deichordnung v. 29. 7. 1743 regelt das Deich- und Sielrecht (vgl. B. 219).

4. **Hemelinger Wehre.** Durch den Bau des Hemelinger Wehres bei Bremen ist das Ebbe- und Flutgebiet der Weser an dieser Stelle abgeschnitten.

5. **Hadeln.** Im Lande Hadeln beruht das Deich- und Sielrecht auf Gewohnheitsrecht, das eine Ergänzung durch die VO. über das Wasserbauwesen v. 1. 9. 52 erfahren hat (vgl. B. 221).

6. **Ostfriesland und Papenburg.** Für Ostfriesland und Papenburg gilt die Deich- und Sielordnung v. 12. 6. 53. Diese Deich- und Sielordnung ist auch auf die Stadt Papenburg ausgedehnt (G. v. 11. 4. 72 Art. III).

§ 324.

In den im § 323 bezeichneten Gebietsteilen verbleibt es, vorbehaltlich der §§ 325 bis 329, bei den dort geltenden, das Deich- und Sielwesen[2]) betreffenden Gesetzen und Verordnungen und den durch rechtsverbindliches Herkommen feststehenden deich- und sielrechtlichen Bestimmungen. Der Übergang von der Kabel-[3]) zur Kommuniondeichung[4]) innerhalb eines Deichverbandes kann aber, und zwar sowohl für sämtliche Deiche als auch für einzelne Deiche oder Deichstrecken, in Zukunft überall mit Stimmenmehrheit durch die Verbandsvertretung beschlossen werden.

Ent. § 303; B. 326; KBA. 392; L. II 8246; L. III 8599; KBH. 59; LH. 1052.

1. **Vorbemerkung.** Der Ausschluß der im § 323 bezeichneten Gebietsteile von den Vorschriften des fünften und sechsten Titels des vierten Abschnitts ist in Verbindung mit § 324 ein vollständiger, d. h. an Stelle dieser Vorschriften bleibt das dort geltende Deich- und Sielrecht in voller Geltung; der fünfte und sechste Titel gelten nicht (OVG. 71, 365, 374; 72, 362; PVBl. 38, 628).

Ist daher ein Gegenstand, der im fünften oder sechsten Titel des vierten Abschnitts behandelt ist, in dem geltenden Recht der im § 323 genannten Gebietsteile nicht geregelt, so fehlt es, soweit nicht die Bestimmungen des § 328 Platz greifen, auch in Zukunft an einer Regelung. Andererseits gelten in diesen Gebieten auch nicht die übrigen in anderen als dem fünften oder sechsten Titel enthaltenen Bestimmungen des Gesetzes, wenn sie Gegenstände behandeln, die als Teile des aufrechterhaltenen Deich- und Sielrechts anzusehen sind, z. B. soweit hinsichtlich der Durchleitung von Wasser besondere Vorschriften bestehen (B. 226).

2. **Siele.** Vgl. § 323 Anm. 2.

3. **Kabeldeichung.** Bei der Kabeldeichung hat jeder Deichgenosse ein bestimmtes Stück des Deiches zu unterhalten.

4. **Kommuniondeichung.** Bei der Kommuniondeichung unterhält die Deichgenossenschaft als solche den Deich und zieht die Kosten durch Umlage auf die Genossen ein.

§ 325.

(1) Die Verfassung der Deich- und Siel- (Schleusen-, Wettern-, Wasserlösungs- usw.) Verbände kann mit deren Zustimmung oder bei Widerspruch mit Zustimmung des Wasserbeirats[1]) durch eine vom Minister für Landwirtschaft, Domänen und Forsten zu erlassende Satzung neu geregelt oder festgestellt werden[2]).

(2) Wo eine solche Regelung eintritt, soll die Mitwirkung der Staatsbehörden in Angelegenheiten der Verbände auf die Oberaufsicht beschränkt und die unmittelbare Beaufsichtigung und Leitung der Verbandsangelegenheiten eigenen Beamten oder Vertretern der Verbände übertragen werden.

(3) Auch kann durch eine mit Zustimmung des Deich- und Siel- (Schleusen-, Wettern-, Wasserlösungs- usw.) Verbandes von dem Minister für Landwirtschaft, Domänen und Forsten zu erlassende Satzung bestimmt werden[3]), daß an Stelle der durch § 324 aufrechterhaltenen deich- und sielrechtlichen Bestimmungen die entsprechenden Vorschriften dieses Gesetzes[4]) für das Verbandsgebiet gelten sollen.

(4) Ohne Zustimmung des Deichverbandes kann bei einer Neuordnung nach Abs. 1, soweit die ordentliche Deichlast nach den Grundsätzen der Kabelwirtschaft[5])

getragen wird, die Kommunionbeichung[6]) und, soweit nach der Bremischen Deichordnung vom 29. Juli 1743 die Aufbringung der Verbandslasten nach dem Herkommen vorgeschrieben ist, die Aufbringung nach § 310 eingeführt werden.

(5) Die Vorschrift des § 12 Kapitel IV der Bremischen Deichordnung wird aufgehoben[7]), soweit sie die Moorländereien von der ordentlichen[8]) Deichlast befreit.

Ent. § 302; B. 226; KBA. 392 ff.; L. II 8246; L. III 8599—8602; KBA. 59; LH. 1052.

1. §§ 367 ff.

2. **Neuregelung der Verfassung der Deichverbände.** Die Regelung soll in erster Linie nur in den Händen des Deichverbandes selbst liegen, und nur wenn im öffentlichen Interesse ein Einschreiten notwendig ist, soll der Minister befugt sein, diese Deichordnung auch ohne Zustimmung des Verbandes zu erlassen (L. II 8600). Wird ein Statut erlassen, so braucht es sich nicht an die Bestimmung dieses Gesetzes zu halten, sondern die Regelung kann auch in Abweichung von diesem in anderer Art erfolgen (L. II 8601).

3. **Einführung des neuen Deichrechts.** Die Änderungen können unabhängig von Verfassungsänderungen erfolgen. Ein Deichverband ist also nicht verpflichtet, wenn er einzelne Teile des neuen Deichrechts einführen will, zugleich seine innere Organisation zu ändern (KBA. 393).

4. **Die aufrecht erhaltenen Bestimmungen.** Nach § 324 (vgl. Anm. 1) sind nicht nur die Bestimmungen über das eigentliche Deichrecht in den in Frage kommenden Bezirken aufrechterhalten, sondern auch alle Bestimmungen des materiellen Wasserrechts, soweit sie deich- und sielrechtlicher Natur sind. Dementsprechend ist hier bestimmt, daß an Stelle der aufrechterhaltenen Bestimmungen die entsprechenden Vorschriften dieses Gesetzes, nicht lediglich dieses Abschnitts, treten können (KBA. 393).

5. Vgl. § 324 Anm. 3.

6. Vgl. § 324 Anm. 4.

7. **Bremische Deichordnung.** Nach dieser Bestimmung sollten die Moorländereien nach dem Herkommen bis auf weitere Verordnung noch von der ordentlichen Deichlast befreit sein, wogegen sie an der außerordentlichen Deichlast teilzunehmen hatten. Da

aber nach Erlaß der Bremischen Deichordnung die damals noch zum größten Teil unbenutzten Moore fast überall in Kultur genommen sind, ist die Ausnahmestellung dieser Ländereien fortgefallen.

8. **Außerordentliche Deichlast.** An der außerordentlichen Deichlast hatten die Moorländereien schon nach der Bremischen Deichordnung teilzunehmen. Die außerordentliche Deichlast besteht in der persönlichen Hilfeleistung in Notfällen (vgl. § 315).

§ 326[1]).

(1) Mehrere Deichverbände, die ein gemeinschaftliches Interesse an der Erhaltung ihrer Deiche, an der Neuanlegung von Deichen oder an der Herstellung, Erweiterung oder Unterhaltung von Sicherungs-, Entwässerungs- oder Bewässerungsanlagen haben, können beschließen, sich zu einem gemeinschaftlichen Deichverband, unter Auflösung der einzelnen Verbände oder ohne deren Auflösung, zu vereinigen, wenn dadurch eine angemessenere Aufsicht zu erzielen ist. Der § 298 Abs. 2 bis 4 ist anzuwenden.

(2) Dasselbe gilt für Siel- (Wasserlösungs-) Verbände[2]), die ganz oder überwiegend dem örtlichen Bereich eines und desselben Deichverbandes angehören, und für nicht denselben Deichverband angehörende Verbände solcher Art, die in wasserwirtschaftlicher Beziehung gemeinsame Interessen haben.

(3) Der § 325 Abs. 3 ist anzuwenden.

Ent. § 303; B. 227; KBA. 394; L. II 8246; L. III 8602; KBH. 59; LH. 1052.

1. **Vorbemerkung.** § 326 erweitert die Vorschrift des Art. V des G. v. 11. 4. 72. Allerdings bedeutet sie tatsächlich nur eine Neuerung für die Bremische Deichordnung und Hadeln, da die anderen Deichordnungen schon ähnliche Bestimmungen haben (vgl. § 22 der Deichordnung für Ostfriesland v. 12. 6. 53; § 40 der Lüneburgischen Deichordnung v. 15. 4. 62; § 40 der Hoyaschen Deichordnung v. 22. 1. 64).

2. **Sielverbände.** Die Sielverbände sind ebenso wie die Deich-

verbände Körperschaften öffentlichen Rechts, auch, wenn ihre Verfassung nur auf gewöhnlichem Recht beruht (OVG. 71, 364, 368).

§ 327.

Eine Befreiung von der Deich- und Sielpflicht[1]) findet nicht statt, soweit sie nicht auf dem bestehenden Beitragsfuß oder der geltenden Art der Lastenverteilung beruht.

Ent. § 304; B. 227; KBA. 394; L. II 8246; L. III 8602; KBH. 59; LH. 1052.

1. **Befreiung von der Deich- und Sielpflicht.** § 327 entspricht dem Art. VII Abs. 2 des G. v. 11. 4. 72. Vgl. Vorbem.

§ 328[1]).

Fehlt es an Vorschriften über die Bildung neuer Deichverbände oder an gesetzlichen Bestimmungen und rechtsverbindlichem Herkommen über die Verpflichtung der Eigentümer eingedeichter Grundstücke und Vorländer zu deren Abtretung oder zur Gestattung vorübergehender Benutzung ihres Grundeigentums für die Deichzwecke, so gelten die hierauf bezüglichen Bestimmungen des fünften Titels dieses Abschnitts[2]).

Ent. § 305; B. 227; KBA. 394; L. II 8246; L. III 8602; KBH. 59; LH. 1052.

1. **Vorbemerkung.** § 328 entspricht dem Art. VIII des G. v. 11. 4. 72.

2. Vgl. §§ 294—297 (Bildung neuer Deichverbände), 311 (Abtretung von Grundstücken), 312 Abs. 1 Ziff. 2 (Beschränkung von Grundeigentum).

§ 329.

(1) Soweit in den im § 323 bezeichneten Gebietsteilen die örtliche Deichpolizei[1]) (§ 307 Abs. 1) dem Deich- oder Sielvorsteher oder einem anderen Mitgliede der Deich- oder Sielverwaltungsbehörde zusteht, erstreckt sie sich auch auf die Wasserläufe, die von einem

Deich- oder Sielverbande zu unterhalten sind oder der Aufsicht einer Deich- oder Sielverwaltungsbehörde unterstehen[2]).

(2) Auf die Durchsetzung und die Anfechtung der zum Schutze der Deiche und der im § 306 bezeichneten Anlagen eines Deich- und Sielverbandes getroffenen polizeilichen Verfügungen ist § 308 anzuwenden.

Ent. § 306; B. 227; KBA. 394; L. II 8246; L. III 8602; KBH. 59; LH. 1052.

1. **Örtliche Deichpolizei.** Die Klage im Verwaltungsstreitverfahren ist auch in den Fällen, in denen sie früher zulässig war, nicht mehr gegeben (OVG. 71, 376, 381; 73, 374; AusfAnw. VI Nr. 8 und 10).

2. Vgl. § 306.

Fünfter Abschnitt.

Zwangsrechte

Vorbemerkung.

Die Natur der Wasserläufe bringt es mit sich, daß auf dem wasserwirtschaftlichen Gebiet Eingriffe in die Interessen und Rechte anderer sich nicht vermeiden lassen, wenn einerseits die mit dem Wasserabflusse verbundenen Gefahren ausgeschlossen, andererseits die in den Gewässern enthaltenen Benutzungsmöglichkeiten der Allgemeinheit erschlossen werden sollen. In gewissem Umfange trägt das Gesetz diesen Erwägungen schon durch die bereits früher behandelten Vorschriften Rechnung, nämlich das Verleihungsverfahren (§§ 46ff.), das Ausgleichungsverfahren (§§ 87ff.), die Vorschriften über die Unterhaltungsarbeiten an Wasserläufen (§§ 152ff.). Über diese Vorschriften hinaus trifft der fünfte Abschnitt über Zwangsrechte Vorsorge, daß noch in weiterem Umfange in fremde Rechte eingegriffen werden kann.

Die Zwangsrechte werden ebenso wie die Verleihung durch einen öffentlich-rechtlichen Akt begründet (§ 340). Die hiernach begründeten Rechte sind privatrechtlicher Natur und demnach im ordentlichen Rechtswege verfolgbar (§ 340

Abs. 5 in Verbindung mit § 81 Abs. 1). Sie stellen sich mit Ausnahme des § 338 als rechtliche Beschränkung des Eigentums oder eines Rechts dar. Das im § 338 gegebene Zwangsrecht kann zu einer vollständigen Rechtsentziehung führen. Die an fremden Grundstücken begründeten Rechte sind inhaltlich, je nachdem sie mit dem Eigentum an einem bestimmten Grundstück verbunden (§ 340 Abs. 3 in Verbindung mit § 46 Abs. 3) oder einem bestimmten Berechtigten eingeräumt sind, Grunddienstbarkeiten (§§ 1018 ff. BGB.) oder beschränkte persönliche Dienstbarkeiten (§§ 1090 ff. BGB.; PVBl. 36, 513).

Was das Verhältnis der Zwangsrechte zur Verleihung (§§ 46 ff.) betrifft, so sind beide voneinander unabhängig und das eine Verfahren macht das andere grundsätzlich (vgl. aber § 331 Abs. 2) nicht entbehrlich. Ist zur Durchführung eines Unternehmens gleichzeitig eine Verleihung und die Begründung eines Zwangsrechts notwendig, so steht aber nichts im Wege, die beiden Verfahren, soweit dieselbe Behörde zuständig ist, äußerlich zu verbinden. Der Gang der beiden Verfahrensarten aber muß sich getrennt vollziehen. Es ist möglich, daß für ein Unternehmen ein Zwangsrecht begründet wird, ohne daß die daneben noch notwendige Verleihung erteilt ist. In einem solchen Falle kann das Zwangsrecht nicht ausgeübt werden, bis die Verleihung erteilt ist. Voraussetzung für die Begründung der Zwangsrechte wie für die Verleihung ist stets, daß ein Unternehmen ernstlich geplant ist (KBA. 400). Der Antrag auf Erteilung eines Zwangsrechts kann mit der Beschwerde im Verleihungsverfahren nicht verbunden werden (LWA. in JW. 1915, 443).

Für das Verfahren zur Begründung der Zwangsrechte sind grundsätzlich die Vorschriften für das Verleihungsverfahren für anwendbar erklärt worden (§ 340 Abs. 5), insoweit sich deren Anwendung nicht ohne weiteres deswegen verbietet, weil das Verleihungsverfahren sich gegen jedermann, das Verfahren nach § 340 sich aber immer nur gegen bestimmte einzelne Personen richtet.

Wollen der Unternehmer und der Betroffene unter Umgehung der Verfahrensvorschriften des § 340 diese Rechte begründen, so gelten für die Begründung die Bestimmungen des allgemeinen bürgerlichen Rechts. Zu der Entstehung der Dienstbarkeiten ist daher die Eintragung im Grundbuch erforderlich.

§ 330[1]).

Kann der Eigentümer eines Grundstücks das ober-

irdisch außerhalb eines Wasserlaufs abfließende[2]) Wasser durch Anlagen auf seinem Grund und Boden nicht oder nur mit unverhältnismäßigen Kosten abführen, so ist er berechtigt, von den Eigentümern der tiefer liegenden Grundstücke die Aufnahme des Wassers ohne Entschädigung zu verlangen[3]). Können aber diese Eigentümer das Wasser nicht oder nur mit erheblichen Kosten weiter ableiten, so sind sie zur Aufnahme nur gegen Entschädigung[4]) und nur dann verpflichtet, wenn der Vorteil für den Eigentümer des höher liegenden Grundstücks erheblich größer ist als ihr Schaden.

Ent. § 307; B. 277; KBA. 396ff.; L. II 8247; L. III 8603; KBH. 59f.; LH. 1052.

1. **Vorbemerkung.** § 330 entspricht dem ALR. I 8 §§ 103—105.

2. **Das oberirdisch abfließende Wasser.** Unter dem oberirdisch außerhalb eines Wasserlaufs abfließenden Wasser ist ebenso wie unter dem wild ablaufenden Wasser im Sinne des § 102 I 8 ALR. nur dasjenige Wasser zu verstehen, daß dem natürlichen Gefälle folgend, von dem höherliegenden auf das tieferliegende Grundstück auf der Erdoberfläche abfließt. Das im Erdboden steckende Wasser, mag es aus den Untergründen heraufquellen oder von der Oberfläche eingebrochen sein, gehört nicht dahin, auch Drainagewasser nicht (LWA. 2, 163, 164).

Nicht unter § 330 fallen die Abwässer aus der Haus- oder Landwirtschaft (LWA. 2, 166) oder unterirdisches Bergwasser (RGZ. 72, 303) oder Wasser, daß sich auf Gebäuden sammelt und unmittelbar von diesen abfließt (Traufe).

3. **Beteiligte.** Diese Bestimmung schränkt den im § 198 Abs. 1 aufgestellten Grundsatz ein, daß der Eigentümer eines Grundstücks berechtigt ist, das oberirdisch außerhalb eines Wasserlaufs von einem anderen Grundstück abfließende Wasser von seinem Grundstück abzuhalten. Von der Verpflichtung, das Vorflutwasser aufzunehmen, sind die Eigentümer von Gebäuden, Parkanlagen, Hofräumen und Gärten befreit (§ 335). Dagegen gilt umgekehrt der § 330 für die Aufnahme des von solchen Grundstücken abfließenden Wassers.

Der Anspruch des Oberliegers richtet sich nur gegen den unmittelbar benachbarten Unterlieger (RG. bei Gruchot 26, 938; PVBl. 19, 447). Auch der Wasserlaufseigentümer kann zur

Aufnahme der Vorflut verpflichtet sein (a. M. Lenhard-Reichau S. 632). Die Abführung der Vorflut auf den Grundstücken des Oberliegers muß aus technischen und wirtschaftlichen Gründen unzweckmäßig sein (PVBl. 33, 285).

Anspruchsgegner wie auch zur Erhebung des Anspruchs berechtigt sind nur die Grundstückseigentümer, nicht auch die Nutzungsberechtigten (teilweise abweichend Lenhard-Reichau S. 631). Die Einleitung des Verfahrens nach § 330 kann polizeilich nicht erzwungen werden (OVG. 63, 356).

4. **Entschädigung.** Es ist volle Entschädigung zu gewähren (§ 340 Abs. 4). Bei mehreren benachbarten Grundstücken steht bezüglich der Entschädigungspflicht immer nur der letzte Grundstücksbesitzer seinem unmittelbaren Nachbarn gegenüber (KVA. 397). Wenn der dem Unterlieger angerichtete Schaden größer ist als der Vorteil, den der Oberlieger erzielen kann, entfällt der Anspruch aus § 330 überhaupt (Lenhard-Reichau S. 634).

§ 331[1]).

(1) Zugunsten eines Unternehmens, das die Entwässerung[2]) von Grundstücken, die Beseitigung von Abwässern[3]) oder die bessere Ausnutzung einer Triebwerksanlage[4]) bezweckt, kann der Unternehmer von den Eigentümern eines Wasserlaufs sowie von den Eigentümern der zur Durchführung des Unternehmens[5]) erforderlichen[6]) Grundstücke verlangen, daß sie die zur Herbeiführung eines besseren Wasserabflusses dienenden Veränderungen des Wasserlaufs[7]) (Vertiefungen, Verbreiterungen, Durchstiche, Verlegungen) gegen Entschädigung[8]) dulden, wenn das Unternehmen anders nicht zweckmäßig oder nur mit erheblichen Mehrkosten durchgeführt werden kann und der davon zu erwartende Nutzen den Schaden des Betroffenen erheblich übersteigt.

(2) Bezweckt das Unternehmen nur die gewöhnliche Entwässerung[9]) von Grundstücken, für die der Wasserlauf der natürliche Vorfluter ist, so erwirbt der Unternehmer mit der Feststellung des ihm nach Abs. 1 zu-

28*

stehenden Rechtes zugleich das Recht, den Wasserspiegel auf der Strecke, für die das Recht festgestellt ist, zu senken oder durch Einleitung von Wasser in den Wasserlauf zu heben, soweit dadurch kein anderer Nachteil als eine Veränderung des Grundwasserstandes verursacht wird[10]). Eine Entschädigung für Nachteile, die lediglich durch die Veränderung des Grundwasserstandes hervorgerufen werden, hat der Unternehmer nicht zu leisten.

Ent. § 308; B. 230ff.; KBA. 398ff.; L. II 8247; L. III 8603; KBH. 60f.; LH. 1052—1072.

1. Vorbemerkung. § 331 entspricht den früheren §§ 15ff. des Vorflutedikts v. 15. 11. 11. Doch gaben diese nur insoweit eine Verpflichtung, als es sich um die Beschaffung oder Verbesserung der Vorflut zur landwirtschaftlichen Bodenentwässerung handelte.

2. Entwässerung. Der Begriff der Entwässerung ist hier im weitesten Umfange zu nehmen. Es fällt also darunter jede Wegleitung von Wasser, die zu dem Zwecke erfolgt, dem auf einem Grundstück stehenden oder dem im Boden stauenden Wasser einen Abfluß zu verschaffen oder den bestehenden zu verbessern. Hierher gehört auch die Ablassung von Teichen und Seen, die zu dem Zwecke erfolgt, sie dauernd trockenzulegen, ferner auch die Durchleitung zum Zwecke der Kellerentwässerung usw. (LWA. 3, 183).

Das Recht der Entwässerung ist für alle Arten von Grundstücken zugelassen. Dagegen ist es nicht gegen alle Grundstücke gegeben (§ 335).

Bezüglich der Entwässerung von durch Bergwerksbetriebe versumpfte Grundstücke vgl. § 148 Allgem. BergG. und Völkel in Ztschr. f. Bergr. **54**, 383, 402; RGZ. **71**, 212; **76**, 146, 149).

3. Beseitigung von Abwässern. Die Beseitigung jeder Art von Abwässern kann verlangt werden, gleichgültig, ob es sich z. B. um industrielle Abwässer oder um Abwässer handelt, die in der Haushaltung oder Wirtschaft entstanden sind. Ist jedoch von der beabsichtigten Benutzung eine Verunreinigung des Wasserlaufs zu erwarten, so darf das Zwangsrecht nur unter Vorbehalt erhöhter Anforderungen in bezug auf die Reinigung der Abwässer erteilt werden.

4. Triebwerksanlagen. Triebwerksanlage ist eine Anlage,

welche bezweckt, die durch das Gefälle des Wassers und die Wassermenge gegebene Kraft aufzufangen und nutzbar zu machen.

5. **Unternehmen.** Es ist nicht erforderlich, daß ein Unternehmen bereits besteht; es genügt, wenn das Unternehmen erst geplant wird, namentlich, wenn es sich um die Entwässerung von Grundstücken handelt (PVBl. 37, 359).

6. **Erforderliche Grundstücke.** Inwieweit die Grundstücke erforderlich sind, ergibt sich lediglich aus der Art und dem Umfang des Unternehmens. Die Entscheidung liegt beim Bezirksausschuß (§ 340).

7. **Veränderung eines Wasserlaufs.** Nur die Veränderung vorhandener, nicht auch die Anlage neuer Wasserläufe muß geduldet werden.

8. **Entschädigung.** Es ist volle Entschädigung zu gewähren. Auch das Affektionsinteresse ist zu berücksichtigen (§ 337). Im übrigen vgl. § 340 Abs. 1—5. Bei Abwägung der gegenteiligen Interessen kann nur der Vermögensschaden des Betroffenen dem Nutzen des Unternehmers gegenübergestellt werden. Eine Berücksichtigung des Affektionsinteresses nach § 337 findet hier nicht statt (KVA. 399).

Bei Behebung des Schadens im Zwangsrechtsverfahren ist davon auszugehen, daß schon die Belastung mit dem Zwangsrecht an sich einen Schaden darstellt (LWA. 2, 164, 167).

9. **Gewöhnliche Entwässerung.** Der Begriff der gewöhnlichen Entwässerung ist derselbe wie der der gewöhnlichen Bodenentwässerung (vgl. § 41 Anm. 5).

10. **Benutzung des veränderten Wasserlaufs.** Der Abs. 2 betrifft nur den Fall einer Änderung des Grundwasserstandes durch Veränderung des natürlichen Vorfluters. Ist der zu verändernde Wasserlauf künstlich hergestellt, so muß die Befugnis zur Senkung des Wasserspiegels besonders erworben werden (OVG. in Ztschr. f. Agr. u. Wasserr. 7, 215). Die Befugnis zur Veränderung eines bestehenden Wasserlaufs schließt an sich das Recht der Einleitung des Wassers von dem zu entwässernden Grundstücke in den zu verändernden Wasserlauf noch nicht in sich (LWA. 2, 164; OVG. in Ztschr. f. Agr. u. Wasserr. 6, 302).

Dies muß notfalls durch Verleihung von dem Unternehmer, wenn er nicht Eigentümer ist, erworben werden.

Der Unternehmer muß die Verleihung nachsuchen, wenn er die in den §§ 41, 43 Abs. 2 gezogenen Schranken überschreiten will.

Will er lediglich einen Eingriff in das Flußbett mit jener

Wirkung vornehmen, also über die Uferlinie nicht hinausgehen, so kann er sich auf die Verleihung beschränken; denn mit der Verleihung des Rechts zur Senkung des Wasserspiegels erwirbt er auch das Recht zum Eingriff in das Flußbett. Handelt es sich daneben aber um Eingriffe in die Ufergrundstücke, Verbreiterungen u. dgl., so kann er das Recht hierzu nur nach Maßgabe der §§ 331, 340, und das Recht zur Senkung oder Hebung des Wasserspiegels nur im Wege der Verleihung erwerben. Von dem Erfordernis beider Verfahren ist aber eine Ausnahme gemacht, wenn es sich nur um die gewöhnliche Bodenentwässerung von Flächen handelt, für die der Wasserlauf der natürliche Vorfluter ist und dadurch der Grundwasserstand verändert wird. In diesem Falle wird mit der Feststellung des Rechts aus Abs. 1 kraft Gesetzes auch das Recht zur Hebung oder Senkung des Wasserspiegels erworben, soweit dadurch keine anderen Nachteile als eine Veränderung des Grundwasserstandes verursacht wird (vgl. auch § 41 Abs. 3 S. 1, § 50 Abs. 3 Satz 3, § 156 Abs. 3).

§ 332[1]).

(1) Zugunsten eines Unternehmens, das die Entwässerung[2]) oder Bewässerung[3]) von Grundstücken, die Wasserbeschaffung[4]) zu häuslichen oder gewerblichen Zwecken oder die Beseitigung von Abwässern bezweckt, kann der Unternehmer unter den Voraussetzungen des § 331 Abs. 1 von den Eigentümern der dazu erforderlichen Grundstücke[5]) verlangen, daß sie die oberirdische oder unterirdische Durchleitung[6]) von Wasser und die Unterhaltung der Leitungen gegen Entschädigung[7]) dulden. Vorstehende Bestimmung ist auch gegen den Eigentümer eines Wasserlaufs anzuwenden.

(2) Unreines[8]) Wasser darf jedoch nur mittels geschlossener, wasserdichter Leitungen durchgeleitet werden, wenn die Durchleitung sonst[9]) Nachteile oder Belästigungen[10]) für die Grundstückseigentümer zur Folge haben würde.

(3) Ein auf Grund des Abs. 1 erhobener Anspruch kann zurückgewiesen werden, wenn durch das Unter-

nehmen wichtige öffentliche Interessen geschädigt werden würden[11]).

Ent. § 309; B. 232 f.; KBA. 400 ff.; L. II 8247; L. III 8603; KBH. 60 f.; LH. 1052—1072.

1. **Vorbemerkung.** Wegen des früheren Rechts vgl. die entsprechenden Bestimmungen des § 13 des Vorflutedikts v. 15. 11. 11 und § 25 Nr. 1 des PrivatflußG. v. 28. 2. 43.

Über den Inhalt des Zwangsrechts aus § 332 vgl. OVG. in Ztschr. f. Agr. u. Wasserr. **9**, 53.

2. **Entwässerung,** vgl. § 331 Anm. 2.

3. **Bewässerung ist** jede Zuleitung von Wasser, die zu dem Zwecke erfolgt, um den Boden zu befeuchten oder die im Wasser befindlichen Stoffe für die Bodenkultur nutzbar zu machen.

4. **Wasserbeschaffung** ist jede Zuleitung von Wasser, die zu anderen Zwecken als zur Bodenbewässerung erfolgt. Gegenstand eines Unternehmens, das die Wasserbeschaffung zum häuslichen oder gewerblichen Zwecke verfolgt, kann allein schon die Fortleitung des Wassers sein (LWA. 2, 184; PVBl. **40**, 418). Wasserbeschaffung zu gewerblichen Zwecken ist auch die Beschaffung von Wasser zum Antriebe von Wassertriebwerken (LWA. 4, 178; PVBl. **44**, 213 und in Ztschr. f. Agr. u. Wasserr. **2**, 223). Hierher gehören auch Unternehmungen zur Trinkwasserversorgung. Gegenstand des Unternehmens ist dabei nicht die Wasserversorgung als solche, losgelöst von einem bestimmten planmäßigen Wege, sondern nur die Herstellung und der Betrieb bestimmter planmäßiger Anlagen zur Fortleitung des Wassers (LWA. 3, 183).

Beim Vorliegen der Voraussetzungen des § 331 Abs. 1 ist also die Wasserbeschaffung unter Benutzung fremder Grundstücke fast zu jedem wirtschaftlich gerechtfertigten Zwecke möglich, mag es sich um die Verwendung des Wassers im Betriebe der Landwirtschaft, zum Waschen, Kochen, Viehtränken oder sonstigen Haushaltungszwecken, zur Trinkwasserversorgung, zur Kesselspeisung in Fabriken od. dgl. handeln. Ebenso ist die Beseitigung des im Betriebe der Land- und Hauswirtschaft oder des im gewerblichen Betriebe verunreinigten Wassers regelmäßig möglich (B. 232; vgl. aber § 204).

5. **Erforderliche Grundstücke.** Der Unternehmer wird diejenigen Grundstücke in Anspruch nehmen können, die nach den Terrain- und sonstigen örtlichen Verhältnissen und bei der Art des Unternehmens für die belasteten Grundstücke möglichst geringe

Nachteile schaffen, ohne daß jedoch der Zweck des Unternehmens beeinträchtigt wird. Die Entscheidung darüber, ob der von dem Unternehmer gewählte Weg in dieser Hinsicht der richtige ist, liegt bei den im § 340 genannten Behörden. Beschränkungen in der Entfernung der Durchleitungen gibt das Gesetz nicht. Der in Anspruch genommene Grundstückseigentümer kann nicht verlangen, daß die vorhandene Anlage durch eine andere, kostspieligere und umständlichere ersetzt oder daß das Unternehmen unter Benutzung anderer, Dritten gehörender Grundstücke durchgeführt werde (LWA. 4, 180).

Ein gegen mehrere Grundstückseigentümer gerichteter Antrag ist nicht deshalb zurückzuweisen, weil gegenüber einzelnen von ihnen die Voraussetzungen des § 332 nicht gegeben sind (LWA. 2, 180). Auch öffentliche Wege kommen für die Verpflichtungen des § 332 in Frage, nicht aber Hofräume und Gärten (LWA. 2, 167). Bei der Abwägung zwischen dem Nutzen des Unternehmens und dem Schaden des betroffenen Grundeigentümers ist der Schaden auf die Nachteile zu beschränken, die er lediglich als Eigentümer des beanspruchten Grundstücks erleidet (LWA. 2, 184; PVBl. 40, 418).

6. **Durchleitung.** Mit dem Durchleitungsrecht wird nicht etwa zugleich das Recht zur Zutageförderung von Wasser erworben (LWA. 2, 178, 196; PVBl. 36, 794).

Die Einleitung von Wasser in einen Wasserlauf ist keine Durchleitung des eingeleiteten Wassers durch die Ufergrundstücke. Den Ausführungen von Holtz-Kreutz Anm. 14 zu § 332, die es als Durchleitung durch fremde Grundstücke unter Benutzung eines Wasserlaufes ansehen, wenn Wasser oder Abwässer unmittelbar in einen Wasserlauf eingeleitet werden, um durch diesen weiter abgeführt zu werden, ist nicht beizutreten; insbesondere bildet die Einleitung von Drainagewasser in einen fremden Graben einen Fall des § 339, nicht des § 332 (OVG. in Ztschr. f. Agr. u. Wasserr. 6, 302).

7. **Entschädigung.** Vgl. § 337.

Entschädigung ist nur für solche Schäden zu gewähren, die an dem Grundstück durch die Herstellung, Benutzung und Unterhaltung der Leitung an und für sich betrachtet, hervorgerufen, nicht aber für Schäden, die durch den Betrieb des Gesamtunternehmens verursacht werden. Schäden infolge der Zutageförderung von Grundwasser sind im Zwangsverfahren nicht zu berücksichtigen (LWA. 2, 174; PVBl. 38, 42). Bei Abschätzung des durch das

Zwangsrecht entstehenden Schadens ist nicht nur auf die gegenwärtigen Verhältnisse, sondern auch auf die Zukunftsmöglichkeiten Rücksicht zu nehmen und ferner davon auszugehen, daß eine derartige Belastung eines Grundstücks an sich schon dessen Wert herabmindert (LWA. 4, 180; vgl. auch LWA. 2, 166).

8. **Unreines Wasser** ist in erster Linie Wasser, das auf mechanischem oder chemischem Wege eine Trübung seiner gewöhnlichen Klarheit erfahren hat. Dann wird man hierhin auch das Wasser rechnen müssen, daß zwar seine gewöhnliche Klarheit behalten hat, aber infolge chemischer Einflüsse schlechte Gerüche ausströmt (vgl. B. 232).

9. **sonst.** Nachteile und Belästigungen, welche die offene Durchleitung von Wasser als solche schon mit sich bringen, kommen nicht in Betracht, sondern nur solche Nachteile und Belästigungen, die eine spezifische Folge der offenen Durchleitung von unreinem Wasser sind.

10. **Nachteile und Belästigungen, Entschädigung.** Hierunter sind sowohl materielle Interessen als auch reine Affektionsinteressen zu verstehen.

Bezüglich der Entschädigung vgl. LWA. 2, 166, 167, 174; PVBl. 38, 42.

11. **Zurückweisung aus wichtigen öffentlichen Interessen.** Abs. 3 ist in erster Linie im Interesse der kommunalen Wasserversorgungsanstalten getroffen, um eine schädliche Konkurrenz privater Wasserleitungsanlagen verhindern zu können. Eine große praktische Bedeutung wird diese Bestimmung aber deswegen nicht haben, weil nach § 340 Abs. 5 in Verbindung mit § 49 der Anspruch zurückgewiesen oder an Bedingungen (vgl. Vorbem. vor § 46) geknüpft werden kann, falls überwiegende Interessen des öffentlichen Wohls entgegenstehen. Über den Unterschied von öffentlichem Wohl und öffentlichem Interesse vgl. § 19 Anm. 12.

Eine Prüfung über die auf das öffentliche Wohl zu nehmenden Rücksichten ist von Amts wegen vorzunehmen (vgl. im übrigen LWA. 2, 174, 179, 195, 198, 199; PVBl. 36, 794; 38, 42;—
LWA. 2, 174, 179, 195, 198, 199; PVBl. 36, 794; 38, 42; 40, 254).

§ 333[1]).

(1) Der Eigentümer oder Nutzungsberechtigte[2]) eines Ufergrundstücks kann für die Zwecke der eigenen Haushaltung und Wirtschaft (§ 25 Abs. 4) von dem Eigen-

tümer eines natürlichen Wasserlaufs verlangen, daß er die Einrichtung von Treppen, Brücken, Bootshäusern, Wascheinrichtungen, Haltepfählen oder ähnlichen Anlagen einfacher Art gegen Entschädigung dulde. Ein gleiches gilt von Badeanstalten und Anlegestellen, auch wenn sie nicht nur den Zwecken der eigenen Haushaltung und Wirtschaft dienen, sofern nicht nach § 46 die Vorschriften über die Verleihung anzuwenden sind. Auf Antrag der Wasserpolizeibehörde[3]) ist die Anlage ohne Anspruch auf Entschädigung in angemessener Frist zu beseitigen oder zu ändern, wenn das Fortbestehen in dem jeweiligen Zustande mit dem öffentlichen Wohle[4]), insbesondere mit der Erhaltung der Vorflut, dem Ausbau des Wasserlaufs nach dem festgestellten Plane (§ 163) und bei einem Wasserlauf erster Ordnung auch mit seiner Bestimmung für die Schiffahrt nicht vereinbar ist.

(2) Die Vorschriften des Abs. 1 gelten nicht für die im § 25 Abs. 3 bezeichneten Wasserläufe.

KBA. § 309a S. 404ff.; L. II 8247; L. III 8603; KBH. 64; LH. 1072ff.

1. **Vorbemerkung.** § 333 stellt eine Ergänzung zu § 46 dar. Es handelt sich hier um kleinere Anlagen, weswegen man sie dem einfacheren Verfahren zur Begründung von Zwangsrechten unterstellt hat.

2. **Nutzungsberechtigter** ist jeder, der ein dingliches oder obligatorisches Nutzungsrecht an dem Ufergrundstück hat, z. B. der Nießbraucher, Pächter und Mieter.

3. **Wasserpolizeibehörde.** Vgl. §§ 342ff.

4. **Öffentliches Wohl.** Vgl. § 19 Anm. 12.

§ 334[1]).

Will der Eigentümer oder Nutzungsberechtigte[2]) eines Ufergrundstücks auf Grund eines ihm verliehenen[3]) Rechtes eine Stauanlage[4]) errichten, so kann er von den

Eigentümern der gegenüberliegenden Ufergrundstücke verlangen, daß sie den Anschluß an diese gegen Entschädigung[5]) gestatten.

Ent. § 311; B. 243; KBA. 406; L. II 8247; L. III 8603; KBH. 64; LH. 1073.

1. **Vorbemerkung.** § 334 entspricht dem früheren § 25 Nr. 2 des PrivatflußG. v. 28. 2. 43 mit der Maßgabe, daß § 334 den dort nur zugunsten einer Bewässerungsanlage vorgesehenen Anschluß eines Stauwerks an das gegenüberliegende Ufer zugunsten wasserwirtschaftlicher Unternehmungen jeder Art gestattet.

2. Vgl. § 333 Anm. 2.

3. **Verliehenes Recht.** § 334 gilt nur für verliehene Rechte. Er bezweckt, dem Unternehmer stets die Ausübung des verliehenen Rechts zu ermöglichen. Im Verleihungsverfahren kann nämlich der Unternehmer nur das Recht erwerben, Anlagen im Flußbett herzustellen (vgl. § 46 Abs. 1 Ziff. 1). Da aber die Errichtung einer Stauanlage stets die Inanspruchnahme der Ufergrundstücke auch außerhalb des Flußbettes, also oberhalb der Uferlinie (§ 12) erfordert, würde dem Unternehmer in allen Fällen, in denen er nicht Eigentümer oder Nutzungsberechtigter der Grundstücke au [beiden Ufern des Wasserlaufs ist und auch die Voraussetzungen der Enteignung nicht vorliegen, von dem ihm verliehenen Staurechte ohne diese Vorschrift keinen Gebrauch machen können. Einem verliehenen Rechte steht ein nach den Vorschriften des § 86 sichergestelltes Recht gleich (B. 234). Will ein Unternehmer auf Grund eines nicht verliehenen Rechts die Stauanlage an das gegenüberliegende Grundstück anschließen oder will er in weiterem Umfange dasselbe benutzen, so muß er den Weg der Enteignung beschreiten.

4. **Stauanlagen.** Vgl. § 91. Nur der Anschluß der Stauanlage kann verlangt werden, nicht auch anderer Anlagen, z. B. von Triebwerken und Turbinenhäusern usw.

5. **Entschädigung.** Vgl. §§ 337, 340 Abs. 4.

§ 335.

Die §§ 330 bis 332, 334 sind nicht anzuwenden auf Gebäude[1]) und, mit Ausnahme des § 332 auch nicht auf Parkanlagen[2]) sowie auf Hofräume und Gärten. Bei diesen Grundstücken beschränkt sich die im § 332 bestimmte Verpflichtung auf geschlossene, wasserdichte Leitungen.

Ent. § 313; B. 234; KBA. 406ff.; L. II 8247; L. III 8603; KBH. 64; LH. 1073.

1. **Gebäude.** Das Gebäude erstreckt sich nicht über die bebaute Fläche hinaus. Vgl. zu dem Begriff des Gebäudes RGSt. 4, 104; 10, 103; 3, 128.

2. **Parkanlagen** sind gärtnerische Anlagen größeren Stils.

3. **Hofräume.** Vgl. PVBl. 37, 184.

§ 336[1]).

(1) In den Fällen der §§ 331, 332, 334, 335 kann der Grundstückseigentümer verlangen, daß der Unternehmer an Stelle des Benutzungsrechts das Eigentum des zu den Anlagen erforderlichen Grund und Bodens gegen Entschädigung[2]) erwerbe[3]).

(2) Ist der Rest des Grundstücks[4]) nach seiner bisherigen Bestimmung zweckmäßig nicht mehr zu benutzen[5]), so kann der Grundstückseigentümer Übernahme des ganzen Grundstücks verlangen[6]).

Ent. § 312; B. 234; KBA. 407; L. II 8247; L. III 8603; KBH. 64; LH. 1078.

1. **Vorbemerkung.** § 336 entspricht dem früheren § 26 Abs. 1 zu b Satz 1 des PrivatflußG. v. 28. 2. 43.

2. **Entschädigung.** Es ist volle Entschädigung zu geben. Vgl. im übrigen § 340 Abs. 1—5.

3. **Eigentumserwerb.** Bei einem im Miteigentum von Eheleuten stehenden Grundstück muß sich das Verfahren wegen Feststellung eines Zwangsrechts auch gegen die Ehefrau richten. Für ein im Miteigentum mehrerer Personen stehendes Grundstück kann ein Antrag auf Erwerb des Grund und Bodens an Stelle des Benutzungsrechts nur von allen Miteigentümern gemeinsam gestellt werden (LWA. 2, 168; PVBl. 37, 539).

Die Grundstücke, deren Eigentum der Unternehmer zu erwerben verpflichtet wird, sind nach dem Grundbuchblatt, dem Grundsteuerkataster oder den vorläufigen Fortschreibungsverhandlungen genau zu bezeichnen (LWA. 2, 172; PVBl. 37, 539).

4. **Grundstück.** Unter Grundstück ist hier jeder im wirtschaftlichen Zusammenhang stehende Grundbesitz des nämlichen Eigentümers zu verstehen.

5. **Nicht mehr zweckmäßige Benutzung.** Die Bestimmung des Restes entscheidet, nicht aber ob der Rest allein nach der Bestimmung des Ganzen benutzt werden kann (Gruchots Beitr. 28, 461). Künftig mögliche Benutzungsarten sind ohne Belang (Gruchots Beitr. **35**, 1102; JW. **1891**, 403).

6. **Übernahmeanspruch.** Die Entscheidung über die Übernahmepflicht steht den im § 340 benannten Behörden zu. Da die Übernahmepflicht einen Teil der Entschädigungspflicht darstellt, so kann gegen die Entscheidung über die vom Eigentümer rechtzeitig (§ 340 Abs. 6) beantragte Übernahme der Rechtsweg beschritten werden (vgl. § 340 Abs. 3 in Verbindung mit § 76).

§ 337.

In den Fällen der §§ 331, 332, 334 ist bei Bemessung des Schadens jedes Interesse[1]) des Geschädigten zu berücksichtigen.

KBA. § 313a S. 407; 398f., L. II 8247; L. III 8603; **KBH. 64**; LH. 1063.

1. **Jedes Interesse.** Diese Bestimmung gilt ausschließlich für das Zwangsverfahren. Während nach den für anwendbar erklärten Vorschriften des EnteignungsG. (§ 340 Abs. 4) ebenso wie grundsätzlich nach den Bestimmungen des BGB. (§ 253 BGB.) nur das Vermögensinteresse bewertet und entschädigt wird, soll hier darüber hinaus auch das Affektionsinteresse berücksichtigt werden. In der Beratung der Kommission ist ausdrücklich betont worden, daß unter die Worte „jedes Interesse des Geschädigten" auch Unbequemlichkeiten und Unannehmlichkeiten des Besitzers fallen sollten (KBA. 400; LWA. 2, 196).

§ 338[1]).

Staurechte können auf Antrag[2]) wegen überwiegender Vorteile[3]) für die Landeskultur[4]) oder die Schiffahrt gegen Entschädigung[5]) entzogen oder beschränkt werden. Für verliehene Rechte verbleibt es bei der Vorschrift des § 84[6]).

Ent. § 314; B. 235; KBA. 407 f.; L. II 8247; L. III 8603; KBH. 64; LH. 1073.

1. **Vorbemerkung.** § 338 entspricht dem § 11 des Vorflutedikts v. 15. 11. 11. Auf verliehene Staurechte findet dieser Paragraph nach Satz 2 keine Anwendung. Desgleichen gilt er auch nicht für die gewerberechtlich genehmigten Staurechte (vgl. Vorbem. vor § 379).

Auf Grund der Bestimmungen dieses Gesetzes darf der Eigentümer den Wasserlauf nicht derart benutzen, daß die Vorflut zum Nachteil anderer verändert oder fremde Grundstücke durch Änderung des Wasserstandes beschädigt werden. Das würde aber wohl stets der Fall sein, wenn die Bedingungen für die Anwendbarkeit des § 338 vorliegen. Es wird demnach der § 338 nur auf die früher entstandenen und durch § 379 aufrechterhaltenen Staurechte Anwendung finden.

Staurechte können im Wege der Verleihung beeinträchtigt werden (§ 50). Desgleichen kann ihre Beseitigung auch im Wege der Enteignung erfolgen. Indes ist beides nur zugunsten bestimmter Unternehmungen zulässig, während es sich hier darum handelt, ein Staurecht ganz oder teilweise zu beseitigen, um Schädigungen der Landeskultur entgegenzutreten oder die Schiffahrt auf einem Wasserlauf zu ermöglichen oder zu erleichtern, ohne daß gleichzeitig ein anderer ein besonderes Recht zur Benutzung des Wasserlaufs erwirkt oder sonst ein wasserwirtschaftliches Unternehmen ausführt. Auf gewerblich konzessionierte Staurechte ist § 338 nicht anwendbar (vgl. Vorbem. vor § 379).

2. **Antrag.** Zum Antrag ist jeder berechtigt, der an der Entziehung oder Beschränkung der Staurechte aus Rücksichten der Landeskultur oder Schiffahrt ein Interesse hat. Der Antragsteller muß aber auch die evtl. Entschädigung tragen.

3. **Überwiegende Vorteile.** Überwiegende Vorteile für die Landeskultur oder die Schiffahrt, die die Entziehung oder Beschränkung eines Staurechts rechtfertigen, liegen dann vor, wenn die Beseitigung oder Beschränkung des Staurechts für die allgemeine Wirtschaft vorteilhafter ist, als seine Aufrechterhaltung (OVG. in Ztschr. f. Agr. u. Wasserr. 7, 47).

4. **Landeskultur.** Unter Landeskultur sind alle Maßnahmen zur Verbesserung des landwirtschaftlich genutzten oder nutzbaren Bodens zum Zwecke der Erhöhung der Ertragsfähigkeit zu verstehen.

5. **Entschädigung.** Wegen der Entschädigung vgl. § 340 Abs.

1—5. Als Unternehmer, der die Entschädigung zu leisten hat, hat der Antragsteller zu gelten.

6. **Der § 84 im Verhältnis zu § 338.** Da die Entziehung oder Beschränkung eines verliehenen Staurechts einer gänzlichen oder teilweisen Zurücknahme desselben gleichkommen würde, so ist für verliehene Staurechte der § 84 für anwendbar erklärt. Den Verliehenen stehen die nach § 86 Abs. 1 sichergestellten Staurechte gleich (§ 86 Abs. 3).

§ 339[1]).

(1) Die Unternehmer[2]) von Anlagen zur Entwässerung von Grundstücken oder zur Beseitigung von Abwässern sind verpflichtet, deren Mitbenutzung[3]) einem anderen zu gestatten, wenn dieser die Entwässerung oder die Beseitigung der Abwässer anders nicht zweckmäßig oder nur mit erheblichen Mehrkosten durchführen kann, die Benutzung oder der Betrieb der Anlagen für den Unternehmer nicht wesentlich beeinträchtigt wird und der andere einen verhältnismäßigen Teil der Anlage- und Unterhaltungskosten übernimmt, auch für die dem Unternehmer aus der Mitbenutzung etwa erwachsenden Nachteile Entschädigung und auf Verlangen des Unternehmers vor der Mitbenutzung der Anlage eine angemessene Sicherheit leistet. Kann die Mitbenutzung nur bei entsprechender Veränderung der Anlagen zweckmäßig erfolgen, so sind die Unternehmer auch verpflichtet, die Veränderung nach ihrer Wahl selbst vorzunehmen[4]) oder sich gefallen zu lassen. Die Kosten dieser Veränderung hat der die Mitbenutzung Nachsuchende allein zu tragen.

(2) Auch den Unternehmern von Bewässerungsanlagen[5]) liegen die im Abs. 1 bezeichneten Verpflichtungen ob, jedoch nur zugunsten der Eigentümer von Grundstücken, die zur Herstellung der Anlagen in Anspruch genommen sind.

(3) Die Vorschriften der Abs. 1, 2 gelten nicht für Anlagen, die von einer Wassergenossenschaft oder einem Deichverbande hergestellt sind[6]).

Ent. § 315; B. 235 f.; KBA. 408; L. II 8247—8256; L. III 8603; KBH. 64; LH. 1073.

1. **Vorbemerkung.** § 339 entspricht dem § 336 Abs. 1 Nr. a des PrivatflußG. v. 28. 2. 43.

2. **Unternehmer** ist jeder, der die Anlage auf eigene Kosten betreibt oder unterhält, also z. B. der Eigentümer, Nießbraucher, Pächter. Im Gegensatz zu §§ 330—338 besteht der Anspruch also nicht lediglich gegen den Eigentümer eines Grundstücks. Infolgedessen charakterisieren sich die nach § 339 begründeten Rechte auch nicht ohne weiteres als Dienstbarkeiten (vgl. Vorbem. vor § 330), sondern nur dann, wenn der Unternehmer zugleich der Eigentümer ist und der Anspruch sich gegen ein Grundstück richtet. Ist das nicht der Fall, so entstehen nur obligatorische Beziehungen zwischen den Beteiligten.

3. **Mitbenutzung.** Die Mitbenutzung aller Arten von Ent- und Bewässerungsanlagen kann verlangt werden. Um die Anlagen des Unternehmers mitbenutzen zu können, kann der andere auch von den ihm in §§ 331, 332 gegebenen Zwangsrechten Gebrauch machen, falls die dort aufgestellten Voraussetzungen vorliegen. Vgl. Holtz-Kreutz Anm. 6 zu § 339.

4. **Veränderung.** Nimmt der Unternehmer die Veränderung selbst vor, so kann er nicht vorherige Sicherheitsleistung für die entstehenden Kosten verlangen.

5. **Unternehmer von Bewässerungsanlagen.** Unter welchen Voraussetzungen der Unternehmer fremde Grundstücke zur Herstellung von Bewässerungsanlagen in Anspruch nehmen kann vgl. § 332.

6. **Genossenschaftliche Anlagen.** Die Mitbenutzung von Anlagen, die von einer Wassergenossenschaft hergestellt sind, ist besonders geregelt im § 233, der auch auf Deichverbände Anwendung findet (vgl. § 317).

§ 340[1]).

(1) Über die auf Grund der §§ 330 bis 339 erhobenen Ansprüche, die Entschädigung und die von den Beteiligten etwa sonst noch zu übernehmenden Leistungen[2])

beschließt in den Fällen des § 330 der Kreis- (Stadt-) Ausschuß, im übrigen der Bezirksausschuß[3]). Dieser beschließt auch über die Beseitigung der Anlagen nach § 333. Vor Erlaß des Beschlusses sind die Beteiligten zu hören, insbesondere die beteiligten Grundstückseigentümer über die Ausübung ihrer Rechte aus § 336 zu vernehmen.

(2) Gegen den Beschluß des Kreis- (Stadt-) Ausschusses steht, soweit er nicht die Entschädigungen betrifft, dem Antragsteller und den übrigen Beteiligten binnen zwei Wochen die Beschwerde zu. Über di: Beschwerde entscheidet der Bezirksausschuß endgültig.

(3) Im übrigen ist der § 76 anzuwenden.

(4) Für die Entschädigung, ihre Auszahlung und Hinterlegung gelten, unbeschadet des § 45, die bei der Enteignung maßgebenden Vorschriften.

(5) Der § 46 Abs. 3, der § 47, der § 49 Abs. 1, 3, 4, der § 51 Abs. 2, die §§ 59, 63, der § 64 Abs. 2, der § 65 Abs. 1, 2, der § 69, der § 70 Abs. 3, die §§ 71, 74, 75, der § 77 Abs. 1 bis 3, der § 78 und der § 81 sind entsprechend anzuwenden, ebenso in den Fällen der §§ 331, 332 der § 62.

(6) Der Antrag auf Erwerbung des Eigentums (§ 336) ist nicht mehr zulässig, sobald dem Grundstückseigentümer der Beschluß des Bezirks- (Kreis- [Stadt-]) Ausschusses eröffnet ist[4]).

(7) Mit der Rechtskraft desjenigen Teiles des Beschlusses, durch den ein Benutzungsrecht nach den §§ 330 bis 335 festgestellt wird, entsteht das Benutzungsrecht[5]). Es bedarf zur Erhaltung der Wirksamkeit gegenüber dem öffentlichen Glauben des Grundbuchs nicht der Eintragung. Doch hat die Beschlußbehörde das Grundbuchamt unverzüglich um die Eintragung

zu ersuchen. Diese Vorschriften gelten in den Fällen der §§ 338, 339 sinngemäß. In den Fällen der §§ 331 bis 333 bewendet es für die danach festgestellten Rechte am Wasserlauf bei § 185 Abs. 2.

Ent. § 316; B. 236ff.; KBA. 409ff.; L. II 8256; L. III 8603; KBH. 64f.; LH. 1073.

1. **Vorbemerkung.** § 340 entspricht den §§ 68, 76ff. des ZuständigkeitsG. v. 1. 8. 83, §§ 21ff. des Vorflutedikts v. 15. 11. 11 und den §§ 30ff. des PrivatflußG. v. 29. 2. 43.

2. **Die übernehmenden Leistungen.** Vgl. § 340 Abs. 5 in Verbindung mit § 49 Abs. 1 und Vorbem. vor § 46.

3. **Verfahrensvorschriften.** Im allgemeinen entspricht das Verfahren dem Verleihungsverfahren. Die Einleitung des Zwangsverfahrens setzt einen Versuch gütlicher Einigung nicht voraus (LWA. 2, 174).

§ 117 LWA. (Entscheid durch Bescheid des Vorsitzenden) findet auch bei der Feststellung von Zwangsrechten Anwendung (LWA. 2, 173; PVBl. 37, 539).

Beteiligt an dem Verfahren sind außer dem Antragsteller nur der Unternehmer und der Grundstückseigentümer, gegen die sich der Anspruch richtet. Beim Miteigentum richtet sich das Verfahren stets gegen sämtliche Miteigentümer (OVG. in Ztschr. f. Agr. u. Wasserr. 6, 244). Auch bei einem im Miteigentum von Eheleuten stehenden Grundstücke muß sich das Verfahren gegen beide Eheleute richten (LWA. 2, 168; PVBl. 37, 539; a. A. Holtz-Kreutz Handausgabe Anm. 1 zu § 340). Soweit es nach § 4 des EisenbahnG. für die Durchleitung durch eine Bahnstrecke der ministeriellen Genehmigung bedarf, kann ein dahingehendes Zwangsrecht nur festgestellt werden, wenn die Genehmigung der Behörde vorliegt (LWA. 2, 202; JW. 1915, 443). Der Beschluß darf keine anderen Vorbehalte enthalten, als das Gesetz zuläßt (§§ 47 Abs. 3, 57 Abs. 2, 70 Abs. 3; PVBl. 36, 615; LWA. 2, 209).

Der das Zwangsrecht begründende Beschluß soll das Verfahren endgültig mit der Wirkung abschließen, daß Zweifel über Bestehen, Art und Umfang der festgestellten Rechte und Pflichten ausgeschlossen sind. Wo das Gesetz ausnahmsweise einen Vorbehalt zuläßt oder vorsieht, handelt es sich nur um der Zukunft vorbehaltene Entscheidungen der das Recht verleihenden, nicht aber anderer Behörden (LWA. 2, 206; PVBl. 36, 513).

Diein diesem Verfahren getroffenen Entscheidungen der Beschlußbehörde sind in gleicher Weise wie die sonst diesen Behörden gesetzlich übertragenen Entscheidungen, soweit sie nicht im Verwaltungsstreitverfahren ergehen, Verwaltungsakte und als solche der materiellen Rechtskraft jedenfalls dann nicht fähig, wenn sie den Antrag abweisen (OVG. in Ztschr. f. Agr. u. Wasserr. 7, 43). In der Beschwerdeinstanz können die Anträge nicht erweitert, wohl aber eingeschränkt und in gewissem Umfange geändert werden (LWA. 2, 177; PVBl. 38, 42).

4. Antrag auf Eigentumserwerb. Dagegen kann im Falle des § 70 Abs. 4 der Antrag bis zum Schluß der Verhandlung gestellt werden. Der Antrag auf Eigentumserwerb kann nicht einseitig zurückgenommen werden (Holtz-Kreutz Anm. 12 zu § 340; a. M. Lenhard-Reichau S. 663).

5. Entstehung des Benutzungsrechts. Ist ein Zwangsrecht einmal festgestellt, so kann es außer durch Verzicht nur durch den Ablauf der ausdrücklich festgesetzten Frist beendigt oder durch Einigung gegen Entschädigung aufgehoben werden (LWA. 2, 208).

Die nach § 340 begründeten Rechte an einem fremden Grundstück stellen sich inhaltlich als beschränkt persönliche Dienstbarkeiten oder als Grunddienstbarkeiten dar. Sie würden also an sich zur Erhaltung der Wirksamkeit gegenüber dem öffentlichen Glauben des Grundbuchs der Eintragung bedürfen (§ 892 BGB.). Hiervon macht aber Abs. 7 Satz 2 ausdrücklich eine Ausnahme. Die auf Grund der §§ 331—333 begründeten Rechte können überhaupt nicht in das Grundbuch eingetragen werden. Dagegen sind sie auf Antrag des Bezirksausschusses in das Wasserbuch einzutragen (§§ 182, 185 Abs. 1). Die auf Grund der §§ 331 bis 333 begründeten Grunddienstbarkeiten können dagegen auf dem Grundbuchblatt des berechtigten Grundstücks vermerkt werden (Abs. 7 Satz 5 in Verbindung mit § 185 Abs. 2). Die auf Grund der §§ 330, 334, 339 (vgl. § 339 Anm. 1) begründeten Dienstbarkeiten sind auf Ersuchen der Beschlußbehörde in das Grundbuch einzutragen (Abs. 7 Satz 3). In das Wasserbuch können diese Rechte nicht eingetragen werden. War ein Staurecht im Grundbuch eingetragen, so ist eine auf Grund des § 338 erfolgte Beschränkung oder Entziehung des Staurechts auf Ersuchen des Bezirksausschusses in das Grundbuch einzutragen (Abs. 7 Satz 4). Desgleichen ist auch eine auf Grund des § 338 erfolgte Entziehung oder Beschränkung eines Staurechts auf Ersuchen der Behörde, die in erster Instanz beschlossen hat, im Wasserbuch zu berichtigen, falls das Recht dort eingetragen war (§ 191 in Verbindung mit § 182; vgl. auch § 380). Ist das Zwangsrecht auf das Ersuchen der Beschlußbehörde in ein unrichtiges Grundbuch eingetragen worden, so ist es Sache der Beschlußbehörde, das Grundbuchamt um Löschung oder Berichtigung der Eintragung zu ersuchen (LWA. 2, 206; PVBl. 36, 513).

§ 341.

(1) Ansprüche auf Entschädigung über die ein Beschluß nach § 340 Abs. 1 nicht gefaßt ist, können nachträglich geltend gemacht werden[1]), wenn der Betroffene die nachteilige Wirkung nicht rechtzeitig vor der Beschlußfassung des Kreis- (Stadt-) Ausschusses oder Bezirksausschusses vorausgesehen hat oder hätte voraussehen müssen. Der § 82 Abs. 1 Satz 4 und Abs. 2 ist entsprechend anzuwenden.

(2) Zuständig zur Entscheidung über diese Ansprüche ist in den Fällen des § 330 der Kreis- (Stadt-) Ausschuß, im übrigen der Bezirksausschuß. Der § 340 Abs. 1 Satz 3, Abs. 3, 4 ist anzuwenden.

L. III § 316a S. 8603; L. II 8248ff.; KBH. 65; KBH. 1073.

1. **Nachträgliche Geltendmachung.** Eine nachträgliche Geltendmachung ist ausgeschlossen, wenn nicht der Entschädigungsanspruch in dem Hauptverfahren durch Beschluß zurückgewiesen oder in einer bestimmten Höhe festgestellt ist. Dies gilt nur mit der Einschränkung, daß nicht ein neuer, den nicht vorausgesehenen Schaden verursachender Umstand geltend gemacht werden kann (Lenhard-Reichau S. 668). Der Anspruch auf Aufwertung kann nicht im Wege des § 341 verfolgt werden (OVG. in Ztschr. f. Agr. u. Wasserr. 7, 20 und JW. 1926, 221).

Sechster Abschnitt.

Wasserpolizeibehörden.

§ 342.

(1) Wasserpolizeibehörde[1]) ist:

1. für Wasserläufe erster Ordnung[2]) der Regierungspräsident;
2. für Wasserläufe zweiter Ordnung und die nicht zu den Wasserläufen gehörenden Gewässer[3]) der Landrat, in Stadtkreisen die Ortspolizeibehörde. Die Städte, deren Polizeiverwaltung der Aufsicht des Landrats nicht untersteht[4]), stehen den Stadtkreisen gleich;
3. für Wasserläufe dritter Ordnung die Ortspolizeibehörde[5]).

(2) Bei Talsperren ist der Regierungspräsident, der die Aufsicht über die Talsperre führt[6]), Wasserpolizeibehörde[7]).

1. **Wasserpolizeibehörden.** § 342 regelt die sachliche Zuständigkeit der Wasserpolizeibehörde. Über die örtliche Zuständigkeit trifft das Gesetz keine Bestimmungen. Dieselbe bestimmt sich nach den örtlichen Grenzen, die der einzelnen Behörde durch ihren Bezirk gezogen sind (Regierungsbezirk, Landkreis, Stadtkreis, Amt). Diese gesetzlich geregelte Zuständigkeit kann durchbrochen werden durch Übertragung der Zuständigkeit auf eine andere Behörde (vgl. §§ 343, 344, 349, 358). Ortspolizeibehörden sind:

a) in den Städten, der Bürgermeister oder mit Genehmigung des Regierungspräsidenten ein anderes Magistratsmitglied (Städteordnung für die sieben östlichen Provinzen v. 30. 5. 53 [Gesetzsamml. 261] § 62 I 1, Westfalen v. 19. 3. 56 [Gesetzsamml. 237] § 62 I 1, Schleswig-Holstein v. 14. 4. 69 [Gesetzsamml. 589] § 89, Hessen-Nassau v. 4. 8. 97 [Gesetzsamml. 254] § 67 I 1), in der Rheinprovinz der Bürgermeister (rhein. Städteordnung v. 15. 5. 56 [Gesetzsamml. 406] § 57 I 1), in Hannover der Magistrat (Städteordnung v. 24. 6. 58 [hann. Gesetzsamml. 141] §§ 71, 78). In allen Städten kann unter besonderen Voraussetzungen eine königliche Polizeiverwaltung unter einem Polizeipräsidenten oder Polizeidirektor eingeführt werden (vgl. § 2 des PolizeiG. v. 11. 3. 50 [Gesetzsamml. 265]).

b) auf dem Lande; in den östlichen Provinzen ohne Posen und in Schleswig-Holstein der Amtsvorsteher (Kreisordnung für die östlichen Provinzen v. 13. 12. 72 [Gesetzsamml. 155] § 59 Nr. 1; Schleswig-Holst. Kreisordnung v. 26. 5. 88 [Gesetzsamml.

139], § 51 Nr. 1, § 145), auf Helgoland der Landrat und sein Hilfsbeamter (G. v. 18. 2. 91 [Gesetzsamml. 11] § 4), in Posen der Hauptsache nach der Distriktskommissar (KabOrder v. 10. 12. 36, Amtsblatt Posen S. 555; Bromberg 865; DienstAnw. v. 21. 10. 37; v. Kamptz, Ann. 21, 718; Kgl. Erl. v. 12. 7. 97; Gesetzsamml. 171), in Westfalen der Amtmann (Landgemeindeordnung v. 19. 3. 56 [Gesetzsamml. 265] §§ 41, 74; Kreisordnung v. 31. 7. 86 [Gesetzsamml. 217] § 29 II), in der Rheinprovinz der Bürgermeister (Kreisordnung v. 30. 5. 87 [Gesetzsamml. 209] § 28), in Hessen-Nassau der Bürgermeister (Gemeindevorsteher), im Regierungsbezirk Kassel auch der Gutsvorsteher (Kreisordnung v. 7. 6. 85 [Gesetzsamml. 193] § 27; Landgemeindeordnung v. 4. 8. 97 [Gesetzsamml. 301] §§ 63, 64), in Hannover der Landrat (Kreisordnung v. 6. 5. 84 [Gesetzsamml. S. 181] §§ 24—30), in Hohenzollern der Bürgermeister (Gemeindeordnung v. 2. 7. 00 [Gesetzsamml. 189] § 71).

2. **Wasserläufe erster Ordnung.** Soweit die Wasserläufe erster Ordnung Reichswasserstraßen geworden sind, ist die Strom- und Schiffahrtspolizei seit dem 1. 4. 21 auf das Reich übergegangen. Die einstweilige Verwaltung der Reichswasserstraßen erfolgt durch die mittleren und unteren Behörden der Länder auf Kosten des Reichsverkehrsministeriums (vgl. §§ 11, 12 des Staatsvertrags v. 30. 3./26. 9. 1921).

3. **Nicht zu den Wasserläufen gehörende Gewässer.** Vgl. §§ 196ff. Wenn ein Graben die Eigenschaft eines Wasserlaufs hat, ist nach Ziff. 3 die Ortspolizeibehörde auch Wasserpolizeibehörde, während andernfalls nach Ziff. 2 die Wasserpolizeiaufsicht dem Landrat zufällt (OVG. 78, 328).

4. **Die kreisfreien Städte.** Die kreisangehörigen Städte unterstehen in polizeilicher Hinsicht der Aufsicht des Landrats. Hiervon besteht in Hannover insofern eine Ausnahme, als 19 kreisangehörige Städte, hinsichtlich der sämtlichen Polizeiangelegenheiten nicht dem Landrat, sondern lediglich der Aufsicht des Regierungspräsidenten unterstellt sind. Diese Städte sind: Aurich, Bremervörde, Buxtehude, Duderstatt, Einbeck, Goslar, Hameln, Leer, Lingen, Münden, Nienburg, Norden, Northeim, Osterode, Peine, Stade, Ulzen und Verden.

5. Vgl. §§ 106ff.

6. **Aufsicht über die Talsperren.** Welcher Regierungspräsident zuständig ist, bestimmt sich nach den §§ 108, 111.

7. **Ausnahmen von der Zuständigkeit der ordentlichen Wasser-**

polizei. Ausgenommen von der Zuständigkeit der ordentlichen Wasserpolizeibehörden sind diejenigen Wasserläufe, die von einem Deichverbande zu unterhalten sind oder der Aufsicht der Deichverwaltungsbehörde unterstehen. Die Wasserpolizei über diese Wasserläufe bildet ein Teil der örtlichen Deichpolizei (§§ 306 Satz 2, 307 Abs. 1). Dasselbe gilt für die im § 323 bezeichneten Gebietsteile, soweit die örtliche Deichpolizei dem Deich- oder Sielvorsteher oder einem anderen Mitgliede der Deich- oder Sielverwaltungsbehörde zusteht (§ 329 Abs. 1).

§ 343.

(1) Die zuständigen Minister können die Wahrnehmung der Wasserpolizei übertragen[1]):

1. für Wasserläufe erster Ordnung einem der für die betreffenden Stromgebiete zuständigen Oberpräsidenten oder Regierungspräsidenten;
2. für Wasserläufe zweiter Ordnung, die von einer sich über mehrere Kreise erstreckenden Wassergenossenschaft unterhalten werden, dem die Aufsicht über die Genossenschaft führenden Landrat, in Stadtkreisen der Ortspolizeibehörde, auch für die übrigen beteiligten Kreise[2]).

(2) Die Wasserpolizeibehörde kann bei Wasserläufen erster Ordnung örtliche Geschäfte der Wasserpolizei dem Ortsbaubeamten[3]), dem Landrat und den nachgeordneten[4]) Polizeibehörden übertragen[5]). Geschieht dies, so gelten für die Rechtsmittel gegen die Verfügungen des Ortsbaubeamten, des Landrats oder der nachgeordneten Polizeibehörden sowie für die Zwangsmittel zur Durchführung der von diesen Behörden getroffenen Verfügungen dieselben Bestimmungen, wie wenn die Verfügungen von der Wasserpolizeibehörde unmittelbar getroffen wären.

(3) Die Übertragung der Wahrnehmung der Wasserpolizei oder örtlicher Geschäfte der Wasserpolizei ist durch die Amtsblätter derjenigen Bezirke, für welche sie gelten sollen, sowie durch die Kreisblätter und in sonst geeigneter Weise bekanntzumachen[6]).

Ent. § 318; B. 240; KBA. 418f.; L. II 8268f.; L. III 8604; KBH. 65, LH. 1075.

1. **Übertragung der Wasserpolizei auf andere Behörden.** Die Übertragung der Strombauverwaltung auf andere Behörden war ein Kronrecht, das jetzt vom Staatsministerium ausgeübt wird. Besondere Strombauverwaltungen sind für die 4 großen Deutschland verbliebenen Ströme Rhein, Weser, Elbe und Oder gebildet. Sie sind dem Oberpräsidenten der in Frage kommenden preußischen Provinzen, der Rheinprovinz, Hannover, Sachsen und Schlesien unterstellt. Die Verwaltung des Dortmund-Emskanals einschließlich der zugehörigen Strecke von Ems- und Hase ist dem Oberpräsidenten in Münster, die Verwaltung der märkischen Wasserstraßen dem Regierungspräsidenten in Potsdam und die Verwaltung der Berliner Wasserstraßen dem Polizeipräsidenten in Berlin übertragen. Die Übertragung der Wasserpolizei über Reichswasserstraßen gehört jetzt zur Zuständigkeit des Reichsverkehrsministeriums, das aber bei der Übertragung den Handelsminister und den Landwirtschaftsminister Preußens zu beteiligen hat (vgl. auch OVG. 77, 367).

2. **Von Wassergenossenschaften unterhaltene Wasserläufe.** Wenn die zur Unterhaltung eines Wasserlaufs zu bildende Wassergenossenschaft sich über mehrere Kreise erstreckt, fällt die Aufsicht nach § 217 Abs. 3 Satz 2 demjenigen Landrat zu, in dessen Bezirk die Genossenschaft ihren Sitz hat. Um auch in diesem Fall Aufsicht und Polizei in eine Hand zu legen, ist die Bestimmung der Ziff. 2 getroffen. Aus gleichem Grunde ist dann auch im § 345 Abs. 1 die Aufsicht über den Landrat oder die Ortspolizeibehörde sowohl in ihrer Eigenschaft als Aufsichtsratsbehörde der Wassergenossenschaft wie als Wasserpolizeibehörde dem vorgesetzten Regierungspräsidenten übertragen.

3. **Ortsbaubeamter.** Der Ortsbaubeamte hat nicht mehr die ihm durch § 13 des StrombauverwaltungsG. in wasserpolizeilicher Hinsicht eingeräumte selbständige Stellung. Er übt wasserpolizeiliche Befugnisse nur noch als Organ des die Wasserpolizei über die

Wasserläufe erster Ordnung handhabenden Regierungspräsidenten oder Oberpräsidenten aus (OVG. 77, 367).

4. **Nachgeordnete Behörde.** Unter den nachgeordneten Behörden sind die der Wasserpolizei nachgeordneten Behörden zu verstehen (KVH. 65).

5. **Wirkung der Übertragung auf nachgeordnete Behörden.** Es ist anerkannten Rechts, daß sich die Polizeibehörde bei der Ausübung ihrer Obliegenheiten der ihr nachgeordneten Polizeibehörden und Beamten als ihrer Organe bedienen kann und daß diese, insoweit sie in solchen Angelegenheiten kraft allgemeinen oder besonderen Auftrags tätig werden, nur die Befugnisse derjenigen Instanz ausüben, von der sie die Aufträge erhalten haben und zwar mit der Wirkung, daß eine erkennbare auf Grund einer solchen Anordnung erlassene polizeiliche Verfügung als Verfügung der anordnenden Behörde gilt und mit den gegen die Verfügung dieser Behörde zugelassenen Rechtsmitteln anzufechten ist (OVG. 79, 260). Statt der Rechtsmittel aus §§ 347ff. haben die Beteiligten auch eine Gegenvorstellung an die ordentliche Wasserpolizeibehörde. Diese trägt nicht den Charakter einer Beschwerde und ist auch nach Ablauf der Beschwerdefrist zulässig, denn die Behörde, welche die Wahrnehemung der örtlichen Geschäfte der Wasserpolizei auf eine nachgeordnete Instanz übertragen hat, ist nach wie vor zuständig, die Anordnung der nachgeordneten Instanz im Aufsichtswege aufzuheben (KVA. 419). Die Entscheidung der ordentlichen Wasserpolizeibehörde ist dann aber eine polizeiliche Verfügung, deren Zustellung die Rechtsmittelfrist endgültig in Lauf setzt (vgl. im übrigen OVG. **30**, 290, 293; **31**, 233; **45**, 297, 300; **46**, 312; **55**, 497; **66**, 357, 360; **68**, 362, 366; **72**, 277, 280; PVBl. **42**, 127, 129).

6. **Bekanntmachung.** Sie ist zwingend vorgeschrieben. Ihre Außerachtlassung hat Nichtigkeit etwa erlassener Polizeiverfügung zur Folge (ebenso Lenhard-Reichau S. 680 und Holtz-Kreutz Anm. 12 zu § 343).

Soweit eine Bekanntmachung nicht erforderlich ist, muß aus der Polizeiverfügung ersichtlich sein, daß die betreffende Behörde kraft Übertragung handelt (RGSt. **41**, 211; **46**, 56). Vgl. Holtz Handausgabe Anm. 3 zu § 343.

§ 344.

Für Wasserläufe dritter Ordnung kann in Landkreisen der Oberpräsident die Wahrnehmung der Wasserpolizei allgemein oder für einzelne Fälle dem Landrat übertragen[1]). Erfolgt die Übertragung allgemein, so ist sie in ortsüblicher Weise und durch das Kreisblatt bekanntzumachen.

Ent. § 319; B. 241; KBA. 419f.; L. II 8269; L. III 8604; KBH. 65; BH. 1075.

1. Übertragung auf den Landrat. Soweit die Übertragung geht, kann der Landrat auch das Polizeiverordnungsrecht ausüben (vgl. Anm. 1 zu § 348).

§ 345.

(1) Wird einem Landrat oder einer Ortspolizeibehörde nach § 343 Abs. 1 Nr. 2 die Wahrnehmung der Wasserpolizei in einem Kreise übertragen, der einem anderen Regierungsbezirk angehört, so führt der ihnen vorgesetzte Regierungspräsident die Aufsicht[1]) über sie auch für die in dem anderen Regierungsbezirk gelegenen Strecken des Wasserlaufs.

(2) Im Falle des § 343 Abs. 2 führt die Aufsicht über den Ortsbaubeamten, den Landrat und die nachgeordneten Polizeibehörden der Regierungspräsident oder der Oberpräsident, dem die Wahrnehmung der Wasserpolizei zusteht.

Ent. § 320; B. 241; KBA. 421; L. II 8269; L. III 8604; KBH. 65; LH. 1075.

1. Aufsicht. Vgl. § 343 Anm. 5. Das Rechtsmittelverfahren gegen wasserpolizeiliche Verfügungen in den Fällen des § 345 hat in gleichem Sinne seine Regelung im § 347 Abs. 3 gefunden.

§ 346.

Der Oberpräsident ist berechtigt, die von ihm nach diesem Gesetz in Ausübung der obrigkeitlichen Gewalt getroffenen, durch seine gesetzlichen Befugnisse gerechtfertigten Anordnungen durch die dem Regierungspräsidenten beigelegten Zwangsmittel durchzusetzen[1]).

Ent. § 321; B. 241; KBA. 421; L. II 8269; L. III 8604; KBH. 65; LH. 1075.

1. **Zwangsmittel des Oberpräsidenten.** § 132 LVG. regelt die Zwangsbefugnisse für den Regierungspräsidenten, den Landrat, die Ortspolizeibehörde und die Gemeindevorsteher, nicht aber für den Oberpräsidenten. Dieser ist wegen der Vollstreckung seiner Anordnungen auf die Bestimmungen der Regierungsinstruktion von 1817 (§ 11) und der ihr angehörigen VO. v. 26. 12. 08 (§ 48) angewiesen. Da dem Oberpräsidenten nach § 343 Abs. 1 Ziff. 1 die Wasserpolizei an Stelle des Regierungspräsidenten beigelegt werden kann, so sollen ihn insoweit auch die Zwangsbefugnisse des Regierungspräsidenten zustehen.

§ 347.

(1) Gegen wasserpolizeiliche Verfügungen des Oberpräsidenten ist innerhalb zwei Wochen die Beschwerde oder nach § 127 Abs. 3, 4 des Landesverwaltungsgesetzes vom 30. Juli 1883 (Gesetzsamml. S. 195) die Klage bei dem Oberverwaltungsgerichte zulässig. Über die Beschwerde entscheidet bei Reichswasserstraßen das Reichsverkehrsministerium, im übrigen, wenn es sich um die Benutzung der Wasserläufe für den öffentlichen Schiffsverkehr handelt, der Minister für Handel und Gewerbe, sonst der Minister für Landwirtschaft, Domänen und Forsten[1]).

(2) Im übrigen richten sich die Rechtsmittel gegen wasserpolizeiliche Verfügungen[2]) nach den allgemeinen Vorschriften über die Anfechtung polizeilicher Verfügungen.

(3) Soweit nach § 345 die Aufsicht dem Regierungspräsidenten in einem anderen Verwaltungsbezirke zusteht, tritt er auch im Beschwerdeverfahren an die Stelle des örtlich zuständigen Regierungspräsidenten. Für die Klage nach § 128 Abs. 1 zu b des Landesverwaltungsgesetzes ist der Bezirksausschuß am Amtssitze des die Aufsicht führenden Regierungspräsidenten zuständig[3]).

Ent. § 322; B. 241 f.; KBA. 421.

Vgl. hierzu Coester, Die Rechtskraft der Staatsakte, Besonderer Teil, 2. Abschn. 5. Kapitel.

1. **Zuständigkeit der Minister.** Jetzt entscheidet über die Beschwerde bei Reichswasserstraßen das Reichsverkehrsministerium, im übrigen, wenn es sich um die Benutzung der Wasserläufe für den öffentlichen Schiffsverkehr handelt, ohne Rücksicht darauf, welcher Ordnung der Wasserlauf angehört, der Minister für Handel und Gewerbe, sonst der Landwirtschaftsminister (Staatsvertrag v. 31. 3./26. 9. 21 und G. v. 15. 8. 21 [Gesetzsamml. S. 487]).

2. **Rechtsmittel gegen wasserpolizeiliche Verfügungen.** Auf die Rechtsmittel gegen wasserpolizeiliche Verfügungen des Oberpräsidenten findet § 129 LVG. Anwendung (OVG. 79, 234 und Ztschr. f. Agr. u. Wasserr. 4, 310). Eine wasserpolizeiliche Verfügung kann nur dann als vorliegend angesehen werden, wenn sich aus der Verfügung selbst klar und unzweideutig ergibt, daß es sich in der Tat um eine Kundgebung der Wasserpolizeibehörde handeln soll und handelt. Wo dies nicht unverkennbar zum Ausdruck gebracht ist, wird man nur mit einer Verfügung der fiskalischen Verwaltungsstelle rechnen können (OVG. 79, 264 und in Ztschr. f. Agr. u. Wasserr. 5, 46).

Zur Einlegung eines Rechtsmittels gegen wasserpolizeiliche Verfügungen ist zunächst der berechtigt, an den die Verfügung gerichtet ist, dann aber auch jeder Dritte, der durch sie in seinen Rechten unmittelbar verletzt wird (OVG. 70, 377).

Gegen eine Entscheidung des Verwaltungsrichters, durch die eine Verfügung der Wasserpolizeibehörde gemäß § 347 aufgehoben ist, kann ein Dritter, der durch diese Aufhebung nicht materiell beschwert wird, ein Rechtsmittel nicht einlegen (OVG. 78, 306). Eine Klage wegen Räumung eines Grabens als Wasserlauf dritter Ordnung, weil er ein Vorflutgraben im Sinne des § 1 Abs. 3 sei, erscheint nach § 374 Abs. 2 zulässig (OVG. 74, 477; vgl. im übrigen §§ 127 ff. LVG. und § 343 Anm. 5, ferner Lenhard-Reichau Anm. 1 und 2 zu § 347).

3. Abs. 3 entspricht dem § 345.

§ 348.

(1) Zuständig zum Erlaß von Polizeiverordnungen auf dem Gebiete der Wasserpolizei sind, abgesehen von den Fällen der §§ 284, 306, 355 die Wasserpolizei-

behörden für den ihnen unterstellten Wasserpolizeibezirk[1]).

(2) Soll sich eine Polizeiverordnung über diesen Bezirk hinaus auf mehrere Ortspolizeibezirke, Kreise oder Regierungsbezirke derselben Provinz erstrecken, so ist sie von dem örtlich zuständigen Landrate, Regierungspräsidenten oder Oberpräsidenten zu erlassen.

(3) Die Androhung von Strafen in den Polizeiverordnungen für die Fälle der Zuwiderhandlung gegen ihre Vorschriften, die Form und die sonstigen Erfordernisse der Polizeiverordnungen sowie ihr Inkrafttreten bestimmen sich nach denjenigen Vorschriften, die gelten würden, wenn die Polizeiverordnung von der Behörde auf Grund der ihr allgemein zustehenden Befugnis zum Erlasse von Polizeiverordnungen erlassen würde[2]). Hinsichtlich der Befugnis, Polizeiverordnungen außer Kraft zu setzen[3]), verbleibt es bei den Vorschriften des § 145 des Landesverwaltungsgesetzes vom 30. Juli 1883 (Gesetzsamml. S. 195); jedoch steht bei Wasserläufen erster Ordnung diese Befugnis den Ministern für Handel und Gewerbe und der öffentlichen Arbeiten zu[4]).

(4) Ist einer Behörde die Wahrnehmung der Wasserpolizei gemäß § 343 Abs. 1 über ihren allgemeinen Verwaltungsbezirk hinaus übertragen, so ist die zum Erlasse von Polizeiverordnungen erforderliche Zustimmung von derjenigen Behörde auszusprechen, die für den Bezirk, in dem die Polizeiverordnung gelten soll, örtlich zuständig ist. Kommen hiernach mehrere Behörden in Betracht, so ist die Zustimmung von derjenigen am Sitze der Wasserpolizeibehörde auszusprechen.

Ent. § 323; B. 242ff.; KBA. 421—423; L. II 8269; L. III 8604; KB.H. 65; LH 1075.

1. **Wasserpolizeibezirk.** Jede mit der Wasserpolizei beauftragte Behörde hat innerhalb ihres Wasserpolizeibezirkes grundsätzlich das

ausschließliche Recht zum Erlaß von Polizeiverordnungen für ihren Wasserlauf oder für Teile desselben, und zwar auch dann, wenn ihre Zuständigkeit sich gemäß §§ 343 Abs. 1 Ziff. 2, 344 auf einen anderen Verwaltungsbezirk erstreckt.

2. **Polizeiverordnungsrecht** vgl. §§ 137ff. LVG. und § 5 des Polizeiverwaltungsgesetzes v. 11. 3. 1850.

3. **Aufhebung der Polizeiverordnung** vgl. OVG. 26, 380; 37, 411; 56, 423; KG. bei Johow 47, 323.

4. Jetzt ist zuständig bei Reichswasserstraßen der Reichsverkehrsminister, bei anderen Wasserläufen erster Ordnung der Minister für Handel und Gewerbe und der Minister für Landwirtschaft, Domänen und Forsten (vgl. Staatsvertrag v. 31. 3./26. 9. 21 und G. v. 15. 8. 21, Gesetzsamml. S. 487).

§ 349[1]).

Für den Kaiser-Wilhelm-Kanal und den angrenzenden[2]) Teil der Elbe kann der zuständige Minister die wasserpolizeilichen Befugnisse des Regierungspräsidenten auf den Leiter der für die Verwaltung des Kanals bestellten Reichsbehörde übertragen, die Wahrnehmung der Wasserpolizei abweichend von den Bestimmungen des § 343 Abs. 2 und des § 348 regeln und den Bezirk, für den die Kanalpolizeibehörde zuständig ist, abgrenzen. Die Vorschriften über die Zwangsbefugnisse des Regierungspräsidenten[3]) und über die Rechtsmittel gegen seine wasserpolizeilichen Verfügungen sind alsdann auf die Maßnahmen der Kanalpolizeibehörde entsprechend anzuwenden.

KBA. § 323a; S. 423f.; L. II 8269—8272; L. III 8604; KBH. 65; LH. 1075.

1. **Wasserpolizei auf dem Kaiser-Wilhelm-Kanal.** Seit Eröffnung des Kanals war schon gemäß § 138 LVG. die Wasserpolizei dem Präsidenten des Reichskanalamtes übertragen, der selbständig Polizeiverordnungen erlassen und polizeiliche Verfügungen treffen konnte. Auf Grund des Staatsvertrages v. 31. 3./26. 9. 21 ist bisher keine Änderung erfolgt.

2. **Angrenzenden Teil der Elbe.** Hierunter ist lediglich ein be-

schränkter Teil der Elbe, der vor der Einfahrt in den Kaiser-Wilhelm-Kanal liegt, zu verstehen, und zwar in der Hauptsache nur die sog. Brunsbütteler Reede (L. II 8271).

3. § 132 LWG.

4. §§ 127 ff. LWG. (vgl. § 347).

§ 350.

Zum Erlasse von Polizeiverordnungen[1]), die sich über den Polizeibezirk einer Wasserpolizeibehörde hinaus auf mehrere Provinzen erstrecken sollen, sind bei Reichswasserstraßen das Reichsverkehrsministerium, bei anderen Wasserläufen erster Ordnung die Minister für Handel und Gewerbe und für Landwirtschaft, Domänen und Forsten[2]), bei Wasserläufen zweiter und dritter Ordnung der Minister für Landwirtschaft, Domänen und Forsten zuständig.

Ent. § 324; B. 244; KBA. 424 f.; L. II 8272; L. III 8604; KBH. 65; LH. 1075.

1. Vgl. §§ 136, 140 ff. LWG.

2. Vgl. § 348 Anm. 4; Art. 97 Abs. 5 der Reichsverfassung v. 11. 8. 19 und Staatsvertrag v. 31.3./26. 9. 21 und G. v. 15. 8. 21.

§ 351.

Den Wasserläufen erster Ordnung im Sinne der Vorschriften des § 342 Abs. 1 Nr. 1, des § 343 Abs. 1 Nr. 1, Abs. 2 und der §§ 348 bis 350 stehen die mit Wasserläufen erster Ordnung in Verbindung stehenden Binnenschiffahrtshäfen[1]) sowie die Verbindungsstrecken gleich.

Ent. § 325; B. 244; KBA. 425 f.; L. II 8272; L. III 8604; KBH. 65; LH. 1075.

1. **Binnenschiffahrtshäfen.** Häfen, die als Bestandteile eines Wasserlaufs erster Ordnung anzusehen sind, unterliegen als Teile dieses Wasserlaufs den für diese Wasserläufe geltenden Vorschriften. Anders steht die Sache bei den Häfen, die durch Stichkanäle mit dem Wasserlauf verbunden sind, und daher nicht zu den Bestandteilen des Wasserlaufs, mit denen sie in Verbindung stehen, gerechnet werden können. Diese Häfen einschließlich der

Verbindungsstrecken gehören nicht zu den Wasserläufen. Durch § 351 werden diese Häfen mit ihren Verbindungsstrecken aber in wasserpolizeilicher Hinsicht den Bestimmungen der Wasserläufe erster Ordnung unterworfen. Für Häfen, die als Bergwerksanlagen zu gelten haben, folgt daraus, daß die Aufsicht der Bergpolizeiverwaltung neben der Aufsicht der Wasserpolizei begründet ist. Vgl. MinErl. v. 15. 4. 21; KBA. 425, 426.

§ 352.

Durch die Vorschriften dieses Gesetzes werden die Befugnisse[1]), die der Wasserpolizeibehörde auf Grund des Allgemeinen Landrechts Teil II Titel 17 § 10 und anderer neben diesem Gesetz in Kraft bleibender gesetzlicher Vorschriften zustehen, nicht berührt.

Ent. § 326; B. 244; KBA. 426f.; L. II 8272; L. III 8604; KBH. 65; LH. 1075.

1. **Befugnisse der Wasserpolizeibehörde.** Die Befugnisse, die der Wasserpolizeibehörde zustehen, sind zunächst in diesem Gesetz geregelt. Sie finden sich im ganzen Gesetz zerstreut vor. Es kommen z. B. in Betracht §§ 19 Abs. 2, 21, 39 usw. Doch sollen durch diese Bestimmungen die Befugnisse der Wasserpolizei nicht erschöpft sein. Sie gelten nur in erster Linie. Neben diesen sollen alle weitergehenden Bestimmungen der sonst in Kraft gebliebenen gesetzlichen Vorschriften unberührt bleiben. Es ist dies zunächst der grundlegende § 10 II 17 ALR., ferner noch insbesondere das Polizeiverwaltungsgesetz v. 11. 3. 1850 und das Pr. AG. z. Reichsviehseuchengesetz. Vgl. auch OVG. **32**, 343; **41**, 234ff., 322ff.; **64**, 499.

§ 353.

Als Berater[1]) der Wasserpolizeibehörden werden technisch genügend vorgebildete Beamte bestellt. Die näheren Bestimmungen werden durch Ausführungsanweisung getroffen.

Ent. § 327; B. 244f.; KBA. 427f.; L. II 8272—8276; L. III 8604; KBH. 65; LH. 1075.

1. **Berater der Wasserpolizeibehörde.** Die Anstellung dieser Berater ist Aufgabe der Staatsregierung, die daher auch die Kosten zu tragen hat. Die Kosten gelten nicht als solche der Polizeiver-

waltung (vgl. im übrigen AusfAnw. IX und MinErl. v. 2. 7. 14 in MinBl. f. Landw. S. 237).

§ 354[1]).

Entsteht durch Eisgang, Überschwemmung, Einsturz von Baulichkeiten oder andere außergewöhnliche Ereignisse Wassergefahr, deren Beseitigung augenblickliche Vorkehrungen erfordert, so sind, wenn es ohne erhebliche eigene Nachteile geschehen kann, alle benachbarten Gemeinden (Gutsbezirke), auch wenn sie nicht bedroht sind, verpflichtet, auf Anordnung der Wasserpolizeibehörde oder der Ortspolizeibehörde die erforderliche Hilfe[2]) durch Hand-[3]) und Spanndienste[4]) sowie durch Lieferung von Baustoffen und Gestellung von Gespannen zu leisten.

Ent. § 328; B. 245; KBA. 428; L. II 8276; L. III 8604; KBH. 65; LH. 1075.

1. **Vorbemerkung.** § 354 hat einen Vorgänger im § 25 des Deichgesetzes v. 28. 1. 1848.

2. **Verpflichtung zur Leistung der Nothilfe.** Die Nothilfe ist gemäß § 354 in jedem Falle von Wassergefahr zu leisten, auch bei Rohrbruch, Wolkenbruch u. dgl. Zur Anordnung der Nothilfe ist außer der Wasserpolizeibehörde auch die Ortspolizeibehörde berufen. Bei ihrer Anordnung muß bestimmt angegeben werden, welche Dienste geleistet werden sollen (OVG. 19, 76; 34, 175; 51, 156, 160). Außerdem besteht noch die durch § 360 Ziff. 10 StGB. begründete Pflicht.

3. **Handdienste** sind solche Dienste, welche durch die eigenen Kräfte der Pflichtigen geleistet werden im Gegensatz zu denjenigen Diensten, deren Leistung ein Gespann erfordert. Es gehören nicht dazu Naturalleistungen, auch nicht Leistungen, welche eine handwerksmäßige oder höhere Bildung erfordern (vgl. OVG. 34, 173).

4. **Spanndienste** sind Dienste, welche mit Zugtieren geleistet werden. Je nach den örtlichen Verhältnissen in einer Gemeinde können dies auch Kühe sein (vgl. im übrigen OVG. 74, 352, 358).

Die Hand- und Spanndienste sind unentgeltlich zu leisten.

§ 355.

(1)[1]) Durch Ortsstatut kann ein geordneter Wasserwehrdienst eingerichtet werden. Soweit der Wasserwehrdienst nicht durch Ortsstatut geregelt ist, können Polizeiverordnungen erlassen werden[2]) über die Verpflichtung der Einwohner zur Hilfeleistung[3]) bei Wassergefahr, insbesondere zum Eintritt in eine Pflichtwasserwehr, über die damit verbundenen persönlichen Dienstpflichten[4]), über die Gestellung von Gespannen und die Lieferung von Baustoffen sowie über die Verpflichtung zur Hilfeleistung bei Wassergefahr benachbarter Gemeinden[5]).

(2) Solche Polizeiverordnungen gehören im Sinne des § 143 des Landesverwaltungsgesetzes vom 30. Juli 1883 (Gesetzsamml. S. 195) nicht zum Gebiete der Sicherheitspolizei[6]). Sie treten außer Kraft, soweit der Wasserwehrdienst durch ein Ortsstatut geregelt wird.

(3) Das Ortsstatut ist an die Bestimmungen des § 68 des Kommunalabgabengesetzes vom 14. Juli 1893 (Gesetzsamml. S. 152) nicht gebunden[7]).

Ent. § 329; B. 245; KBA. 428; L. II 8276; L. III 8604; KBH. 65; LH. 1075.

1. **Vorbemerkung.** Die Fassung des § 355 schließt sich an das Gesetz betr. die Befugnis der Polizeibehörden zum Erlaß der Polizeiverordnungen über die Verpflichtungen zur Hilfeleistung bei Bränden v. 21. 12. 04 an (Gesetzsamml. S. 291).

2. **Polizeiverordnungen.** Der Wasserdienst ist in erster Linie durch Ortsstatut einzurichten. Die Polizeiverordnungen treten nur ergänzend ein. Sie können einmal dort erlassen werden, wo noch kein Ortsstatut besteht, dann aber auch zur Ergänzung bestehender Ortsstatute. Eine solche Ergänzung muß stattfinden da, wo ein Ortsstatut nicht regelnd eingreifen kann. So kann sich dasselbe nicht auf die Hilfeleistung bei Wassergefahr benachbarter Gemeinden erstrecken. Ebensowenig sind beim Mangel einer besonderen gesetzlichen Bestimmung Strafbestimmungen wegen Zuwiderhandlungen gegen die Vorschriften eines Ortsstatutes ortsstatutarisch festlegbar. In beiden Fällen wird deshalb ergänzend stets der

Weg der Polizeiverordnung zu beschreiten sein. **Zum Erlaß der Polizeiverordnung** sind die ordentlichen Polizeibehörden, **nicht** die Wasserpolizeibehörden zuständig (§ 348 Abs. 1).

3. **Hilfeleistung.** Die Hilfe ist unentgeltlich zu leisten (vgl. Kormann in PVBl. 35, 131), jedoch kann die Gemeinde eine Vergütung bewilligen (PVBl. 42, 216). Bei Lieferung von Gegenständen, wie z. B. Baustoffen ist der Wert derselben zu ersetzen.

4. **Persönliche Dienstpflichten** sind solche Dienstleistungen, welche der Pflichtige mit seiner eigenen körperlichen Tätigkeit zu leisten hat. Lieferungspflichten fallen nicht darunter.

5. Vgl. auch § 360 Ziff. 10 StGB.

6. **Keine Sicherheitspolizei.** Sie bedürfen also in den Städten der Genehmigung des Gemeindevorstandes (§ 143 LVG.).

7. **Kreis der Wasserwehrpflichtigen.** Es kann sich die Verpflichtung also auch über den Kreis der Steuerpflichtigen hinaus erstrecken. Ferner kann persönliche Dienstleistung verlangt und die Gestellung eines Vertreters ausgeschlossen werden.

Die Verpflichtung kann auch nichtphysischen Personen auferlegt werden (OVG. 70, 238). Vgl. auch Perl. in PVBl. 35, 821.

Siebenter Abschnitt.

Schauämter.

Vorbemerkung.

Die Bestimmungen über die Schauämter sind nachgebildet den früheren auf Grund des § 73 der Feldpolizeiordnung v. 1. 11. 47 (Gesetzsamml. S. 376) begründeten Schaukommissionen. Schauämter können nur für Wasserläufe zweiter und dritter Ordnung errichtet werden. Sie sollen in erster Linie eine Unterstützung für die Wasserpolizeibehörde sein und sie haben diesen etwa festgestellte Mängel hinsichtlich der ordnungsmäßigen Unterhaltung und unzulässige Verunreinigungen der Wasserläufe mitzuteilen (§ 357).

Auch sind sie befugt und auf Auffordern verpflichtet, wasserwirtschaftliche Gutachten über die ihnen zugeteilten Wasserläufe zu erstatten. In dieser Beziehung stehen sie an der Seite der Wasserbeiräte (§§ 367ff.). Während deren gutachtliche Tätigkeit sich aber auf Fragen von weittragender Bedeutung erstreckt, wird es sich bei den Schauämtern nur um Fragen lokaler Bedeutung handeln. Darüber hinaus können den Schauämtern aber auch polizeiliche Befugnisse zugewiesen werden (§ 358). Die Vorschriften über die Schauämter sind sehr weit gefaßt, damit die Schauordnungen sich dem Zustande, wie er sich in einzelnen Gegenden, besonders in Schleswig-Holstein und Hannover, auf Grund besonderer Bestimmungen entwickelt hat, anpassen können. Vgl. Nieberding 113ff.

§ 356.

(1) Für Wasserläufe zweiter und dritter Ordnung sind Schauämter durch Polizeiverordnung (Schauordnung)[1]) zu bilden.

(2) Die Schauämter können auch für den Umfang eines Land- oder Stadtkreises oder für einzelne Teile von Kreisen gebildet werden[2]).

(3) Auf Wasserläufe, deren Unterhaltung nach § 125 einem Provinzial- (Bezirks-, Landeskommunal-) Verband übertragen ist, sowie auf Wasserläufe, die von einem Deichverbande zu unterhalten sind oder der Aufsicht der Deichverwaltungsbehörden unterstehen[3]), sind diese Vorschriften nicht anzuwenden.

Ent. § 330; B. 245; KBA. 429—431; L. II 8280; L. III 8604; KBH. 65f.; LH. 1075.

1. **Schauordnung.** Vgl. AusfAnw. VII Nr. 5 Abs. 2; Holtz-Kreutz in PVBl. 36, 256; Hoffmann in PVBl. 42, 158; Schönfelder in PVBl. 42, 484.

2. **Bildung von Schauämtern.** Die Bildung der Schauämter ist obligatorisch. Sie sind in erster Linie für Wasserläufe, nicht für Bezirke zu bilden. Jeder Wasserlauf zweiter und dritter Ordnung, also auch die Gräben, soweit sie als Wasserläufe zu gelten haben (§ 1 Abs. 3), müssen einem Schauamte unterstehen. Wegen der Pflicht des Schauers vgl. § 357 Anm. 1. Da die Schauämter durch Polizeiverordnungen einzurichten sind, so sind zu ihrer Bildung die Wasserpolizeibehörden zuständig (§ 348). Das Schauamt für Wasserläufe dritter Ordnung ist also grundsätzlich von der Ortspolizeibehörde, für Wasserläufe zweiter Ordnung vom Landrat (in Städten von der Ortspolizeibehörde) zu bilden. Soll das Schauamt aber für einen durch mehrere Ortspolizeibezirke, Kreise usw. fließenden Wasserlauf gebildet werden, so ist das Schauamt

vom Landrat, Regierungspräsidenten, Oberpräsidenten (§ 348 Abs. 2) oder dem Minister für Landwirtschaft, Domänen und Forsten einzurichten (§ 350). In zweiter Linie ist es aber auch zulässig, Schauämter für bestimmte Bezirke, und zwar für Kreise und Teile von Kreisen einzurichten. In dieser Weise können aber keine über den Kreis hinausgehenden Schauämter gebildet werden. Zuständig für den Erlaß dieser Polizeiverordnungen ist in Stadtkreisen die Ortspolizeibehörde, sonst der Landrat.

3. Vgl. §§ 306 Satz 2, 329 Abs. 1.

§ 357.

Die Schauämter haben die Wasserläufe ihrer Bezirke nach Bedarf[1]) zu schauen und festzustellen, ob die Wasserläufe und ihre Ufer ordnungsmäßig unterhalten werden[2]) und ob eine unzulässige Verunreinigung[3]) stattgefunden hat[4]). Vorgefundene Mängel haben sie der Wasserpolizeibehörde mitzuteilen[5]).

Ent. § 331; B. 245; KBA. 431 f., 430 f.; L. II 8280; L. III 8604; KBH. 65 f.; LH. 1075.

1. **Nach Bedarf.** Nach § 356 hat jeder Wasserlauf zweiter und dritter Ordnung einem Schauamte zu unterstehen. Da aber eine Schau aller, auch der kleinsten Wasserläufe, kaum durchführbar sein würde, so ist hier bestimmt, daß das Schauen nur nach Bedarf stattzufinden braucht. Hiermit ist auch zugelassen, daß ein Wasserlauf überhaupt nicht geschaut wird (KBH. 431). Wann und wie oft zu schauen ist, wird in erster Linie durch die Schauordnung bestimmt.

2. **Ordnungsmäßige Unterhaltung.** Die Unterhaltung der Wasserläufe zweiter und dritter Ordnung umfaßt in erster Linie die Erhaltung der Vorflut (§ 114 Abs. 1). Es hat sich daher die Schau auch in erster Linie auf die Vorflut zu richten (vgl. auch §§ 114 Abs. 3, 119, 120).

3. **Unzulässige Verunreinigung.** Vgl. insbesondere §§ 19 Abs. 1, 21, 23, 25, 41.

4. **Umfang der Befugnisse.** Diese Aufgaben bezeichnen neben § 360 das Mindestmaß der den Schauämtern zustehenden Befugnisse und Pflichten, die gemäß §§ 358, 359 eine Erweiterung erfahren können (vgl. AusfAnw. VII Nr. 5).

5. **Mitteilungspflicht.** Die Schauämter haben nur den tatsächlichen Zustand der ihnen unterstellten Wasserläufe festzustellen

und von vorgefundenen Mängeln der Wasserpolizeibehörde Mitteilung zu machen. Sie sind Hilfsorgane der Wasserpolizei, die an ihre Vorschläge nicht gebunden ist.

§ 358.

(1) Dem Schauamt oder seinem Vorsitzenden kann durch die Schauordnung die Befugnis übertragen werden, an Stelle der Wasserpolizeibehörde Art und Maß der zur Unterhaltung des Wasserlaufs und seiner Ufer nach den §§ 114, 119, 120 auszuführenden Arbeiten sowie die Zeit zu ihrer Ausführung durch polizeiliche Verfügung festzustellen (§ 133 Abs. 2 Satz 1)[1]). Die Durchführung der von dem Schauamte getroffenen Verfügungen liegt dem Vorsitzenden ob.

(2) Für die Rechtsmittel gegen polizeiliche Verfügungen des Schauamts oder seines Vorsitzenden sowie die Zwangsmittel zur Durchführung solcher Verfügungen gelten dieselben Bestimmungen, wie wenn die Verfügungen von der für den Wasserlauf nach den §§ 342 bis 344 zuständigen Wasserpolizeibehörde getroffen wären[2]). Erstreckt sich die Schauordnung zugleich auf Wasserläufe zweiter und dritter Ordnung, so sind auch bei letzteren die für die wasserpolizeilichen Verfügungen bei den beteiligten Wasserläufen zweiter Ordnung geltenden Vorschriften anzuwenden.

(3) Im Falle des Abs. 1 steht dem Schauamt oder seinem Vorsitzenden zu, die in einer Unterhaltungsordnung (§ 133 Abs. 2 Satz 2) etwa angedrohten Strafen durch polizeiliche Strafverfügung nach dem Gesetz vom 23. April 1883 (Gesetzsamml. S. 65) an Stelle der Wasserpolizeibehörde festzusetzen.

Ent. § 332; B. 245 f.; KBA. 432; L. II 8280; L. III 8604; KBH. 65 f.; LH. 1075.

1. Übertragung polizeilicher Befugnisse. Grundsätzlich ist das Schauamt nur Hilfsorgan der Wasserpolizei (vgl. § 357). In Erweiterung dieser Bestimmung ist hier die Möglichkeit gegeben, dem Schauamt oder dessen Vorsitzenden auch eine polizeiliche Amtsgewalt zu geben. Soweit das geschehen ist, wird die zuständige Wasserpolizeibehörde ausgeschaltet. Nach § 361 Satz 3, 4 können aber die Verwalter der Wasserpolizeibehörde als Mitglieder oder Vorsitzende des Schauamts bestellt werden.

2. Also die im § 347 angegebenen Rechtsmittel und die Zwangsmittel des § 132 LVG.

§ 359.

Unbeschadet des § 357 kann durch die Schauordnungen den Schauämtern auch die Aufsicht über die Benutzung der Wasserläufe[1]) übertragen werden. Sie haben ihre Wahrnehmungen der Wasserpolizeibehörde mitzuteilen.

Ent. § 333; B. 246; KBA. 432; L. II 8280; L. III 8604; KBH. 65 f.; LH. 1075.

1. **Aufsicht über die Benutzung der Wasserläufe.** Nach § 357 haben die Schauämter festzustellen, ob eine unzulässige Verunreinigung stattgefunden hat. Hiermit ist schon teilweise die Aufsicht über die Nutzungen der Wasserläufe obligatorisch gemacht. Darüber hinaus soll ihnen aber auch die Aufsicht über die sonstige Benutzung der Wasserläufe übertragen werden können. Aufgabe des Schauamts wird es dann sein, festzustellen, ob diejenigen, die einen Wasserlauf benutzen, sich innerhalb der im Gesetz gegebenen Schranken oder im Rahmen eines durch besonderen Titel, z. B. durch Verleihung begründeten Rechts halten.

§ 360.

Die Schauämter sind befugt und auf Erfordern der Verwaltungsbehörden verpflichtet, wasserwirtschaftliche Gutachten[1]) über die ihnen zugeteilten Wasserläufe zu erstatten.

Ent. § 334; B. 246; KBA. 432; L. II 8280; L. III 8604; KBH. 65 f.; LH. 1075.

1. **Gutachtenpflicht.** Die Schauämter sollen allgemein als begutachtende Organe in wasserwirtschaftlichen Fragen für alle mit diesen betrauten Behörden dienen. In Betracht kommen hierbei nicht nur die Polizeibehörden, sondern besonders auch die Be-

schlußbehörden, z. B. im Verleihungsverfahren (§§ 46ff.) und Ausgleichungsverfahren (§§ 87ff.), jedoch nur Verwaltungsbehörden. Gegenüber den ordentlichen Gerichten besteht keine Pflicht zur Erstattung von Gutachten.

§ 361.

Die Zusammensetzung des Schauamts[1]) ist durch die Schauordnung derart zu bestimmen, daß möglichst alle Erwerbsgruppen und öffentlichen Verbände vertreten sind, die an der Unterhaltung oder Benutzung der dem Schauamte zugewiesenen Wasserläufe ein Interesse haben. Soweit hiernach die Mitglieder und ihre Stellvertreter durch Wahl zu bestellen sind, hat diese auf sechs Jahre durch die Kreis- (Stadt-) Vertretung zu erfolgen. Als Mitglieder des Schauamts können auch die beteiligten Verwalter der Wasserpolizei bestellt werden. Auch kann einem von diesen der Vorsitz übertragen werden.

Ent. § 335; B. 247; KBA. 432f., L. II 8280—8283; L. III 8605—8607; KBH. 65f.; LH. 1075.

1. **Zusammensetzung des Schauamtes.** Die Zusammensetzung der Schauämter wird allein durch die Schauordnung angeordnet. Diese kann bestimmen, daß dem Schauamt ein oder mehrere Mitglieder, daß ihm nur genau bezeichnete Mitglieder (z. B. der Landrat, Kreiswiesenbaumeister, Amtsvorsteher, Bürgermeister usw.) oder daß ihm nur gewählte Mitglieder angehören sollen oder daß es sich teils aus berufenen, teils aus gewählten Mitgliedern zusammensetzen soll. Nur nach zwei Richtungen hin sind die Schauordnungen gebunden. Einmal müssen die zu wählenden Mitglieder von der Kreis- oder Stadtvertretung, also dem Kreistag oder der Stadtverordnetenversammlung, auf sechs Jahre gewählt werden und dann sind, soweit möglich, Vertreter aller interessierten Erwerbsgruppen und öffentlichen Verbände in das Schauamt zu entsenden. Eine Pflicht, die Berufung oder Wahl in das Schauamt anzunehmen, besteht nicht.

§ 362.

Das Schauamt entscheidet, wenn nicht die Schauordnung ein anderes bestimmt, nach Stimmenmehrheit, bei Stimmengleichheit gibt der Vorsitzende den Ausschlag.

Ent. § 336; B. 247; KBA. 433; L. II 8283; L. III 8607; KBH. 65f.; LH. 1075.

§ 363.

Das Schauamt ist nur beschlußfähig, wenn mindestens drei Mitglieder anwesend sind. Die Schauordnung kann für die Beschlußfähigkeit die Anwesenheit einer größeren Anzahl von Mitgliedern vorschreiben.

Ent. § 337; B. 247; KBA. 433; L. II 8283; L. III 8607; KBH. 65f.; LH. 1075.

§ 364.

(1) Die Kosten des Schauamts trägt für jeden Kreis der Kreiskommunalverband, in Stadtkreisen die Stadtgemeinde.

(2) Den gewählten Mitgliedern des Schauamts kann durch Beschluß der Kreis- (Stadt-) Vertretung eine Entschädigung für die Teilnahme an den Schauen und den Sitzungen des Schauamts zugebilligt werden[1]).

(3) Die Kosten für die Beteiligung der technischen Beamten an den Schauen und den Sitzungen des Schauamts trägt der Staat[2]).

Ent. § 338; B. 247; KBH. 433f.; L. II 8283.

1. **Entschädigung.** Ein Zwang zur Bewilligung der Entschädigung besteht nicht. Es hat aber auch jeder das Recht, die Berufung oder die Wahl in das Schauamt abzulehnen.

2. **Technische Beamte.** Die Vorsitzenden des Schauamtes sind nicht berechtigt, technische Beamte zur Schau zu beordern. Die vorgesetzte Behörde dieser Beamten hat darüber zu entscheiden, ob im einzelnen Falle dem Wunsche des Schauamtes, technische Beamte zu einer Schau oder einer Sitzung zu entsenden, stattzugeben ist. Wenn also ein Schauamt einen solchen Wunsch hat, so hat es sich nicht an den technischen Beamten, sondern an dessen vorgesetzte Behörde zu wenden (KBA. 434). Vgl. auch AusfAnw. IX.

§ 365.

Soweit die Unterhaltung eines Wasserlaufs einer Wassergenossenschaft obliegt, kann durch die Schauordnung bestimmt werden, daß das Schauamt auch die durch § 237 vorgeschriebenen Schauen der Genossenschaftsanlagen an Stelle der dort vorgesehenen Schaukommission abzuhalten hat; in diesem Falle muß der Vorstand im Schauamte vertreten sein.

Ent. § 339; B. 247f.; KBA. 434; L. II 8283; L. III 9607; KBH. 65f.; LH. 1075.

§ 366.

Die Wasserpolizeibehörden und die Schauämter sowie deren mit Berechtigungsausweis versehene Beauftragte sind befugt, die Wasserläufe zu besichtigen, insbesondere sie zu befahren und die Ufer zu betreten. Der § 135 Abs. 2 und der § 148 sind entsprechend anzuwenden.

Ent. § 340; B. 248; KBA. 434; L. II 8283; L. III 8607; KBH. 65f.; LH. 1075.

Achter Abschnitt.

Wasserbeiräte

Vorbemerkung.

Der Wasserbeirat ist nachgebildet den Bezirkseisenbahnräten und den durch § 17 des Wasserstraßengesetzes v. 1. 4. 05 (Gesetzsamml. S. 179) und die Allg. BG. v. 25. 2. 07 (Gesetzsamml. S. 31) eingesetzten Wasserstraßenbeiräten. Seine Tätigkeit ist lediglich eine begutachtende. Er hat auf Ersuchen der zuständigen Minister oder der Verleihungsbehörden sich gutachtlich zu äußern und ist auch berechtigt, auf eigene Initiative Gutachten den zuständigen Ministern vorzulegen. Durch seine gutachtliche Tätigkeit steht er an der Seite der Schauämter. Während diese sich aber mehr mit Fragen lokaler Art und den die Wasserläufe zweiter und dritter Ordnung betreffenden Angelegenheiten zu befassen haben, soll das Gutachten des Wasserbeirats eingeholt werden, wenn es sich um Fragen von allgemeiner Bedeutung handelt, also z. B. um wichtige Regulierungen des Hochwasserabflusses, Hochwasserschutz umfangreicher Niederungen, Reinhaltung der bedeutenderen Wasserläufe, Schiffbarmachung von Wasserläufen, Bau von großen Talsperren usw.

§ 367.

(1) Für jede Provinz wird ein Wasserbeirat gebildet, der, vorbehaltlich der ihm in diesem Gesetz übertragenen besonderen Aufgaben[1]) über wichtige, die Provinz berührende wasserwirtschaftliche Angelegenheiten durch die zuständigen Minister gutachtlich gehört werden soll und befugt ist, Gutachten über Fragen dieser Art selbständig den zuständigen Ministern vorzulegen. Die Verleihungsbehörden können zur Vorbereitung ihrer Beschlüsse ein Gutachten des Wasserbeirats einfordern. Der Wasserbeirat für die Provinz Brandenburg ist zugleich der Wasserbeirat für die Stadt Berlin.

(2) Die Zuständigkeit der Wasserstraßenbeiräte bleibt unberührt; der Wasserbeirat ist nicht mit wasserwirtschaftlichen Angelegenheiten zu befassen, die zur Zuständigkeit des Wasserstraßenbeirats gehören[2]).

Ent. § 342; B. 44f.; KBA. 438ff.; L. II 8283; L. III 8607; KBH. 66; LH. 1075.

1. **Aufgabe der Wasserbeiräte.** Vgl. §§ 23, 31, 76, 114, 294, 325 und Verordnung betreffend die Ausgestaltung der Wasserbeiräte v. 7. 1. 1914, Gesetzsamml. S. 53.

2. **Wasserstraßenbeiräte.** Vgl. Verordnung betr. die Ausgestaltung der Wasserstraßenbeiräte v. 2. 3. 14 (Gesetzsamml. S. 27), sowie Verordnung vom 22. 1. 1920 (Gesetzsamml. S. 45), ferner Art. 98 der RVerf. und Bocholli in PVBl. 38, 658.

§ 368.

(1) Der Vorsitzende[1]) des Wasserbeirats und sein Stellvertreter werden vom König[2]) ernannt. Die übrigen

Mitglieder und ihre Stellvertreter werden zu einem Drittel von dem Provinziallandtage, zu den beiden anderen Dritteln von der Landwirtschaftskammer, den Handelskammern (amtlichen Handelsvertretungen)[3]) und den Handwerkskammern gewählt.

(2) Die von dem Provinziallandtage zu wählenden Mitglieder sind je zur Hälfte aus den Stadtkreisen und den Landkreisen zu entnehmen. Die von der Landwirtschaftskammer, den Handwerkskammern und den Handelskammern zu wählenden Mitglieder sind durch Königliche[4]) Verordnung nach den wirtschaftlichen Verhältnissen der Provinz und der Bedeutung der in Betracht kommenden Verbände auf die wahlberechtigten Körperschaften zu verteilen.

(3) Bei der Wahl des Wasserbeirats für die Provinz Brandenburg und die Stadt Berlin sind die Vorschriften der Abs. 1, 2 mit der Maßgabe anzuwenden, daß die Hälfte[5]) der sonst von dem Provinziallandtage zu wählenden Mitglieder von dem Magistrat und der Stadtverordnetenversammlung der Stadt Berlin gewählt worden.

(4) Berufung und Wahl erfolgt auf sechs Jahre. Die ausscheidenden Mitglieder bleiben jedoch in allen Fällen bis zur Einführung der neuberufenen oder neugewählten in Tätigkeit.

(5) Zur Vorbereitung seiner Beschlüsse kann der Wasserbeirat ständige Ausschüsse einsetzen. Der Geschäftsgang des Wasserbeirats und der Ausschüsse sowie die Organisation der letzteren wird durch eine Geschäftsordnung geregelt; diese ist von dem Wasserbeirate zu entwerfen und von den Ministern für Landwirtschaft, Domänen und Forsten, der öffentlichen Arbeiten[6]) und für Handel und Gewerbe zu genehmigen.

Ent. § 343; B. 45; KBA. 438ff., 450—452; L. II 8284; L. III 8607; KBH. 69; LH. 1075.

1. **Vorsitzende.** Zu Vorsitzenden sind die Oberpräsidenten, zu Stellvertretern die Oberpräsidialräte ernannt (Erl. vom 26. 3. 15; MinBl. f. Landw. S. 107).

2. Jetzt das Staatsministerium.

3. **Amtliche Handelsvertretungen,** dies sind zunächst die besonders benannten Handelskammern, dann aber auch in Berlin die Korporation der Kaufmannschaft mit den Ältesten der Kaufmannschaft als Vorstand. (Vgl. G. v. 24. 2. 70 in der Fassung v. 22. 8. 97.)

4. Jetzt Verordnung des Staatsministeriums.

5. Früher „ein Drittel", geändert durch § 35 des Gesetzes über die Bildung einer neuen Stadtgemeinde Berlin v. 27. 4. 20 (Gesetzsamml. S. 123, 6). Der Minister der öffentlichen Arbeiten ist in Wegfall gekommen (Ges. v. 15. 8. 21; Gesetzsamml. S. 487).

§ 369.

Nähere Bestimmungen über die Wasserbeiräte werden durch Königliche Verordnung[1]) getroffen.

Ent. § 344; B. 45; KBA. 438ff., 452; L. II 8284; L. III 8607; KBH. 69; LH. 1075.

1. Jetzt Verordnung des Staatsministeriums.

Neunter Abschnitt.

Landeswasseramt.

Vorbemerkung.

Der neunte Abschnitt (§§ 370—373) ist durch die Verordnung betr. die Eingliederung des Landeswasseramts in das Oberverwaltungsgericht v. 12. 3. 24, Gesetzsamml. S. 130 aufgehoben. Die Zuständigkeit des Landeswasseramts ist seit den 1. 4. 24 auf das Oberverwaltungsgericht übergegangen, das an Stelle des Landeswasseramtes durch einen besonderen wasserwirtschaftlichen Senat, der außer dem Vorsitzenden mit 2 Räten und zwei Laienmitgliedern besetzt ist, entscheidet. In Wasserbuchsachen sowie in Fällen, in denen es sich um die Versäumung von Rechtsmittelfristen, die Leitung des Verfahrens und dessen Einstellung oder die Kosten handelt, kann der Vorsitzende im Einverständnis mit den beiden Räten anordnen, daß von der Beteiligung der Laienmitglieder abgesehen wird. Im übrigen richtet sich die Verfassung des wasserwirtschaftlichen Senats nach den Vorschriften der §§ 26—30 des Gesetzes v. 3. 7. 75/2. 8. 80 (Gesetzsamml. 1880 S. 328) und des Gesetzes v. 27. 5. 1888 (Gesetzsamml. S. 226).

§ 370[1]).

(1) Das Landeswasseramt hat seinen Sitz in Berlin und besteht

1. aus einem Präsidenten und der erforderlichen Zahl von ständigen Mitgliedern, welche die Befähigung zum Richteramt oder zum höheren Verwaltungsdienste besitzen;
2. aus Laienmitgliedern, die in Wasserangelegenheiten erfahren sind.

Die Berufung sämtlicher Mitglieder erfolgt durch den König. Der Präsident und die ständigen Mitglieder werden im Hauptamt auf Lebenszeit, die Laienmitglieder auf sechs Jahre ernannt. Scheidet ein Laienmitglied während seiner Amtszeit aus, so kann ein Ersatzmitglied für den Rest der Amtszeit ernannt werden[2]).

(2) Die Laienmitglieder verwalten ihr Amt als unentgeltliches Ehrenamt.

(3) Niemand kann gleichzeitig Mitglied des Bezirksausschusses und des Landeswasseramts sein.

KBA. 344a; S. 444ff.; L. II 8284—8293; L. III 8607—8615; KBH. 66—69; LH. 1075.

1. Nicht mehr in Geltung; vgl. Vorbemerkung vor § 370.
2. Zugefügt durch Gesetz v. 14. 3. 24; Gesetzsamml. S. 137.

§ 371[1]).

(1) Das Landeswasseramt entscheidet in der Besetzung von drei auf Lebenszeit ernannten Mitgliedern und zwei Laienmitgliedern. Der Präsident oder eins der ständigen Mitglieder führt den Vorsitz.

(2) Die Zuziehung der Laienmitglieder erfolgt in der Regel nach einer im voraus festgestellten Reihenfolge. Weicht der Präsident des Amtes aus besonderen Gründen von der Reihenfolge ab, so sind diese aktenkundig zu machen.

(3) Die Bestimmungen der Zivilprozeßordnung über Ausschließung und Ablehnung der Gerichtspersonen finden auf alle zur Mitwirkung bei der Entscheidung berufenen Personen entsprechende Anwendung.

L. III 344 a Abs. 4—6 S. 8605—8615; KBH. 66—69; LH. 1075.

1. Nicht mehr in Geltung, vgl. Vorbemerkung vor § 370.

§ 372[1]).

(1) Auf den Präsidenten und die Mitglieder des Landeswasseramts sind die §§ 20 bis 25 des Gesetzes, betreffend die Verfassung der Verwaltungsgerichte und das Verwaltungsstreitverfahren, vom 3. Juli 1875 2. August 1880 (Gesetzsamml. 1880 S. 328) anzuwenden. Im Disziplinarverfahren tritt an die Stelle des Präsidenten des Oberverwaltungsgerichts der Präsident des Landeswasseramtes und an die Stelle des Plenums des Oberverwaltungsgerichts das Plenum des Landeswasseramts. Das Plenum wird unter dem Vorsitze des Präsidenten oder seines Stellvertreters gebildet durch die Gesamtheit der übrigen ständigen Mitglieder und ebensoviele Laienmitglieder, als ständige Mitglieder außer dem Vorsitzenden bei der Entscheidung mitwirken. Zur Fassung der Entscheidung ist die Teilnahme von wenigstens der Hälfte der ständigen Mitglieder außer dem Vorsitzenden erforderlich.

(2) Die Disziplin über die bei dem Landeswasseramt angestellten mittleren, Kanzlei- und Unterbeamten übt der Präsident mit denjenigen Befugnissen, welche nach dem Gesetze, betreffend die Dienstvergehen der nicht-

richterlichen Beamten usw., vom 21. Juli 1852 den Ministern in Ansehung der ihnen untergeordneten Beamten zustehen. Die Einleitung des Disziplinarverfahrens auf Entfernung aus dem Amte, die Ernennung des Untersuchungskommissars und des Vertreters der Staatsanwaltschaft erfolgt durch den Präsidenten; entscheidende Behörde erster und letzter Instanz ist das Landeswasseramt in der im Abs. 1 vorgeschriebenen Besetzung.

L. III § 344a Abs. 8 S. 8608—8615; KBH. 67ff.; LH. 1075ff.

1. Nicht mehr in Geltung; vgl. Vorbemerkung vor § 370.

§ 373[1]).

Die näheren Bestimmungen über Einrichtung und Verfassung, Geschäftsgang und Verfahren des Landeswasseramts werden durch Königliche Verordnung getroffen.

Ent. § 344, Abs. 7 S. 8608—8615; KBH. 66—69; LH. 1075.

1. Nicht mehr in Geltung; vgl. Vorbemerkung von § 370.

Zehnter Abschnitt.

Strafbestimmungen.

Vorbemerkung.

Über den Begriff der Zuwiderhandlungen gegen Vorschriften des Wassergesetzes sowie über die Voraussetzungen zur Anwendbarkeit der Strafbestimmungen (Verschulden, Vorsatz, Fahrlässigkeit, Irrtum, Unterlassungs- und Dauerdelikte, Verjährung), vgl. die Ausführungen bei Lenhard-Reichau Vorbem. vor § 374 u. Gennerich in der Ztschr. f. Agr. u. Wasserr. Bd. 9 S. 97 ff.

§ 374.

Mit Geldstrafe bis zu dreihundert Mark[1]), im Unvermögensfalle mit Haft, wird, sofern nicht nach anderen strafgesetzlichen Bestimmungen[2]) eine höhere Strafe verwirkt ist, bestraft, wer eine Erhöhung der Erdoberfläche oder eine Anlage[3]), zu deren Herstellung, Erweiterung, Verlegung oder Beseitigung nach § 285 Abs. 2 und § 291 eine Genehmigung erforderlich ist, ohne diese Genehmigung herstellt, erweitert, verlegt oder beseitigt und wer die bei Erteilung der Genehmigung festgesetzten Bedingungen nicht innehält.

Ent. § 345; B. 248f.; KBA. 452—455; L. II 8294; L. III 8615; KBH. 69f.; LH. 1077.

1. **Wegen der Höhe der Geldstrafen** vgl. Verordnung über Vermögensstrafen und Bußen v. 6. 2. 24 (RGBl. S. 44).

2. **Andere strafgesetzliche Bestimmungen.** Es kommen in Betracht die §§ 305, 312—314, 321, 322, 326, 366a und 367 Ziff. 14 StGB.

3. **Anlagen.** Die Strafbestimmungen gelten nicht für Anlagen, die im Wasserlauf selbst errichtet werden.

§ 375.

(1) Mit Geldstrafe bis zu dreitausend Mark[1]) oder mit Gefängnis bis zu einem Jahre wird, sofern nicht nach anderen strafgesetzlichen Bestimmungen eine höhere Strafe verwirkt ist[2]), bestraft, wer vorsätzlich den Vorschriften des § 23 oder des § 199 Abs. 2 Satz 2 zuwider Wasser oder andere flüssige Stoffe, durch deren Einleitung das Wasser verunreinigt werden kann[3]), in ein Gewässer einleitet oder den Vorschriften des § 94, des § 99 Abs. 1, des § 100 oder des § 101 Abs. 1 bis 3 oder den nach § 72 Nr. 2 zur Reinhaltung der Gewässer getroffenen Bestimmungen zuwiderhandelt.

(2) Wird die Zuwiderhandlung aus Fahrlässigkeit begangen, so tritt Geldstrafe bis zu einhundertundfünfzig Mark oder Haft ein.

Ent. § 346; B. 249; KBA. 453f., 455—459; L. II 8294f.; L. III 8615; KBH. 69f.; LH. 1077.

1. **Geldstrafe bis zu 3000 Mark** vgl. § 374 Anm. 1.

2. **Andere strafgesetzliche Bestimmungen.** Es kommen in Betracht §§ 274, 321, 324, 326, 366 Ziff. 8, 9, 10, 367 Ziff. 14 StGB
3. **kann.** Ob eine Verunreinigung tatsächlich stattgefunden hat, ist ohne Bedeutung.

§ 376.

(1) Werden den Vorschriften des § 23 oder des § 199 Abs. 2 Satz 2 zuwider Wasser oder andere flüssige Stoffe, durch deren Einleitung das Wasser verunreinigt werden kann[1]), in ein Gewässer eingeleitet, so sind der Unternehmer[2]) und der Betriebsleiter[3]) als solche, unabhängig von der Verfolgung der eigentlichen Täter[4]), mit Geldstrafe von fünfzig bis zu fünftausend Mark zu bestrafen.

(2) In den Fällen einer Zuwiderhandlung gegen die Vorschriften des § 94, des § 99 Abs. 1, des § 100 oder des § 101 Abs. 1 bis 3 verfällt der Stauberechtigte als solcher in eine Geldstrafe von zehn bis fünfhundert Mark[5]).

(3) Die Bestrafung des Unternehmers, des Betriebsleiters oder des Stauberechtigten tritt nur ein, wenn die Zuwiderhandlung mit ihrem Vorwissen[6]) begangen ist oder wenn sie es bei der nach den Verhältnissen möglichen eigenen Beaufsichtigung[7]) des Betriebs oder bei der Auswahl oder der Beaufsichtigung der Aufsichtspersonen[8]) an der erforderlichen Sorgfalt[9]) haben fehlen lassen.

KBA. § 346a S. 455f.; L. II 8295f.; L. III 8615; KBH. 69f.; LH. 1077.

1. Vgl. § 375 Anm. 3.
2. Die gesetzlichen Vertreter juristischer Personen sind Unternehmer, nicht Betriebsleiter (RGSt. 33, 261; KG. in Johow 45, 392; im übrigen vgl. § 339 Anm. 2).
3. **Betriebsleiter** sind diejenigen, welche einen Betrieb oder Teile desselben für Rechnung und im Namen des Unternehmers, im übrigen aber selbständig verwalten (vgl. Landmann, GewO. zu § 151 Anm. 2a).
4. **Verfolgung der Täter.** Es kann also Bestrafung des Unternehmers und Betriebsleiters erfolgen, ohne daß eine Bestrafung

der eigentlichen Täter eintritt. § 376 findet auf den Täter selbst überhaupt keine Anwendung. RG. in DJZ. Jahrg. 31 S. 966.

5. Vgl. § 374 Anm. 1.

6. **Vorwissen.** Unter Vorwissen ist nicht Anstiftung zu verstehen, sondern bloß die Kenntnis von der beabsichtigten oder vorgenommenen Handlung und die stillschweigende oder ausdrückliche Zulassung oder Duldung derselben.

7. **Mögliche Beaufsichtigung.** Als die Beaufsichtigung verhindernde Verhältnisse können z. B. in Betracht kommen: Krankheit des Unternehmers, großer Umfang des Betriebs, besondere Vereinbarung über die Geschäftsleitung bei mehreren Leitern usw. Dem Angeklagten muß die nach den Verhältnissen vorhandene Möglichkeit der eigenen Aufsicht nachgewiesen werden (vgl. GewArch. 5, 163, 516; DJ. 1911 S. 597 und die Rechtsprechung in von Landmann, GewO. zu § 151.

8. **Beaufsichtigung der Aufsichtspersonen.** Vgl. GewArch. 4, 652 und die bei von Landmann, GewO. zu § 151 angeführte Rechtsprechung.

9. **Erforderliche Sorgfalt.** Unter der erforderlichen Sorgfalt ist dasselbe verstanden wie unter der „im Verkehr erforderlichen Sorgfalt" des § 276 BGB.

§ 377[1]).

(1) Sachverständige, die in einem Verleihungs-, Sicherstellungs- oder Ausgleichungsverfahren[2]), einem Verfahren nach § 103 oder in einem Verfahren zur Begründung eines Zwangsrechts[3]) zugezogen sind, werden bestraft:

1. wenn sie unbefugt Betriebsgeheimnisse[4]) offenbaren[5]), die durch das Verfahren[6]) zu ihrer Kenntnis gelangt sind, mit Geldstrafe bis zu eintausendfünfhundert Mark oder mit Gefängnis bis zu drei Monaten;
2. wenn sie absichtlich zum Nachteile[7]) der Betriebsunternehmer Betriebsgeheimnisse, die durch das Verfahren zu ihrer Kenntnis gelangt sind, offenbaren oder geheim gehaltene

Betriebseinrichtungen oder Betriebsweisen, die durch das Verfahren zu ihrer Kenntnis gelangt sind, solange diese Betriebsgeheimnisse sind, nachahmen[8]), mit Gefängnis bis zu zwei Jahren. Tun sie dies, um sich oder einem anderen einen Vermögensvorteil zu verschaffen, so kann neben der Gefängnisstrafe auf Geldstrafe bis zu dreitausend Mark[9]) erkannt werden.

(2) Im Falle der Nr. 1 tritt die Verfolgung nur auf Antrag des Betriebsunternehmers ein.

Ent. § 347; B. 250; KBA. 459; L. II 8296; L. III 8615; KBH. 69 f.; LH. 1077.

1. **Vorbemerkung.** § 377 ist dem § 145 GewO. nachgebildet.

2. **§§ 46 ff., 86, 87 ff.**

3. **§§ 330 ff.**

4. **Betriebsgeheimnisse.** Unter „Betriebsgeheimnissen" sind alle auf den Betrieb bezüglichen Dinge zu verstehen, die von dem Unternehmer geheimgehalten werden, deren Kenntnis also über den Kreis der zur Verschwiegenheit verbundenen Mitwisser hinaus noch nicht gedrungen ist (vgl. Landmann, GewO. zu § 145a).

5. **Offenbaren** ist jedes Verhalten, durch das der Kreis der Mitwisser des Betriebsgeheimnisses erweitert wird (Landmann, GewO. zu § 145a).

6. **Durch das Verfahren.** Soweit der Sachverständige schon vor seiner Zuziehung Mitwisser des Geheimnisses geworden war, besteht die Schweigepflicht nicht, desgleichen auch nicht für diejenigen Sachverständigen, die in einem anderen als dem eingangs erwähnten Verfahren von den Verwaltungsbehörden zugezogen sind, also z. B. nicht für ein sich daran anschließendes Verfahren vor den ordentlichen Gerichten.

7. **Absichtlich zum Nachteil.** Zum Tatbestand gehört, daß ein Nachteil des Unternehmers beabsichtigt ist.

6. **Nachahmen.** Unter Nachahmung ist jede praktische Verwertung der erlangten Kenntnis zu verstehen (Landmann, GewO. zu § 145a).

§ 378.

Durch die Strafbestimmungen der §§ 374, 375 werden die Polizeibehörden nicht gehindert, nach § 132 Nr. 2 des Landesverwaltungsgesetzes vom 30. Juli 1883 (Gesetzsamml. S. 195) Geldstrafen zur Erzwingung einer Handlung oder Unterlassung anzudrohen und festzusetzen[1]).

Ent. § 348; B. 250; KBA. 459; L. II 8296; L. III 8615; KBH. 69f.; LH. 1077.

1. **Verhältnis von polizeilicher Zwangsgewalt und strafrichterlicher Verurteilung.** Auf dem Gebiete des Wasserrechts kann die Polizeibehörde also zur Erzwingung von Handlungen und Unterlassungen Exekutivstrafen auch dann festsetzen, wenn diese Handlungen schon durch allgemeine Gesetze oder Polizeiverordnungen unter Strafe gestellt sind (vgl. OVG. 5, 278; 16, 391; 23, 384; 52, 302; 63, 289).

Elfter Abschnitt.

Übergangs- und Schlußbestimmungen.

Vorbemerkung.

Der letzte, zehnte Abschnitt enthält die Übergangs- und Schlußbestimmungen des Gesetzes. Zunächst sind in §§ 379, 380, 383 die Übergangsbestimmungen gegeben. Es wird mit ihnen also die Geltung des Wassergesetzes in zeitlicher Hinsicht geregelt. Die §§ 381, 382, 384—399 regeln das Verhältnis dieses Gesetzes zu den anderen preußischen Gesetzen. Sie enthalten also die Abgrenzung der inhaltlichen Tragweite des Wassergesetzes. Von diesen Paragraphen gibt § 399 Abs. 1 dem Kodifikationsprinzip des Gesetzes Ausdruck, indem nach ihm das ganze im Wassergesetz berührte Rechtsgebiet einheitlich geregelt wird unter grundsätzlicher Aufhebung aller bestehenden Vorschriften, während in §§ 384—398 die aufrechterhaltenen Gesetze unter teilweisen Abänderungen benannt werden.

§ 400 enthält die Bestimmungen über das Inkrafttreten des Gesetzes. § 401 betrifft die Ausführungen desselben.

Was die Begrenzung dieses Gesetzes in räumlicher Beziehung betrifft, so gilt es nur für das preußische Staatsgebiet. Es findet also nur Anwendung auf Tatbestände, die innerhalb dieses Geltungsgebietes liegen. Es kann demnach z. B. für ein nicht in Preußen liegendes Grundstück kein Widerspruch im Verleihungsverfahren geltend gemacht werden. Ebenso ist es wegen der Entschädigungsansprüche. An sich bildet hier, soweit nicht Sondervorschriften in Frage kommen, das allgemeine bürgerliche Recht die Grundlage. Wird aber ein Schadensersatzanspruch aus dem Verstoß gegen ein sog. Schutzgesetz (§ 823 Abs. 2 BGB.) hergeleitet, so werden Schutzgesetze, insbesondere polizeiliche Verbotsgesetze, die ihre Grundlage im Wassergesetz haben, auch ihren örtlichen Geltungsbereich nur auf Preußen erstrecken, so daß also aus Polizeiverordnungen, die auf Grund dieses Gesetzes zum Schutz von Interessenten erlassen sind, ein nicht preußischer Interessent Ansprüche nicht herleiten kann (L. II 8308f.).

Einer besonderen Erwähnung bedarf noch die Abgrenzung des Reichsrechts zum Wassergesetz. Der im Art. 65 EGBGB. auf dem Gebiete des Wassergesetzes für das Landesrecht gemachte Vorbehalt erstreckt sich nur auf das Verhältnis der Landesgesetzgebung zum BGB. Zu einem Eingriff in andere Reichsgesetze ist die Landesgesetzgebung durch diesen Artikel nicht befugt. Es kann also zum B. auf Grund des Wassergesetzes ein Einschreiten gegen die gewerbepolizeilich genehmigten Anlagen (§ 16 GewO.) insoweit nicht erfolgen, als diese Genehmigung reicht. Ob allerdings das gewerbepolizeiliche Genehmigungsverfahren sich auch auf die Einleitung von Abwässern bezieht, kann zweifelhaft sein, doch wird man dies bejahen müssen, da gerade die Frage der Abwässerbeseitigung und der Verunreinigung von Wasserläufen den wesentlichen Inhalt des Genehmigungsverfahrens bildet, und viele Anlagen, z. B. die Kalifabriken, nur wegen dieser Einwirkungen dem Genehmigungsverfahren unterstellt sind (ebenso Allg. Verf. v. 20. 2. 01, MinBl. 91; KBA. 465 ff.; anders Landmann, Komm. zur GewO. S. 156). Soweit also gewerbepolizeilich die Einleitung von Abwässern gestattet ist, kann sie nicht auf Grund dieses Gesetzes verhindert werden. Für die nach dem Inkrafttreten des Wassergesetzes zu genehmigenden Anlagen ist allerdings eine Beachtung der künftig in Betracht kommenden wasserrechtlichen Bestimmungen dadurch gewährleistet, daß im § 18 GewO. die Beachtung landesrechtlicher Vorschriften gesundheitspolizeilicher Art zur Pflicht gemacht ist.

§ 379[1]).

(1) Die beim Inkrafttreten dieses Gesetzes bestehenden Rechte:

1. einen Wasserlauf in einer der im § 46 bezeichneten Arten zu benutzen,
2. über die nicht zu den Wasserläufen gehörenden Gewässer über die Schranken der §§ 199 bis 202 hinaus zu verfügen,
3. die Aufnahme des wild abfließenden Wassers durch die Eigentümer tieferliegender Grundstücke zu verlangen,

bleiben aufrechterhalten[2]), soweit sie auf besonderem Titel[3]) beruhen.

(2) Die beim Inkrafttreten dieses Gesetzes bestehenden, nicht auf besonderem Titel beruhenden Rechte zur Benutzung eines Wasserlaufs und anderer Gewässer im Sinne des Abs. 1 Nr. 1 und 2 bleiben nur insoweit[4]) und solange[5]) aufrechterhalten, als rechtmäßige[6]) Anlagen[7]) zu ihrer Ausübung vorhanden[8]) sind, vorausgesetzt, daß diese Anlagen vor dem 1. Januar 1913 errichtet sind oder daß vor diesem Zeitpunkt mit ihrer Errichtung begonnen ist.

(3) Die Rechtmäßigkeit einer Anlage, die am 1. Januar 1912 schon mehr als zehn Jahre bestanden hat, wird vermutet[9]). Diese Vermutung gilt nicht gegenüber demjenigen, welcher innerhalb der letzten zehn Jahre einen Widerspruch gegen die Rechtmäßigkeit bei einer zuständigen Behörde geltend gemacht hat.

(4) Der Inhalt[10]) der hiernach aufrechterhaltenen Rechte bestimmt sich, soweit sie auf besonderem Titel beruhen, nach diesem. Im übrigen bleiben die bisherigen Gesetze mit folgenden näheren Bestimmungen und Beschränkungen maßgebend:

a) Eine Verunreinigung des Wassers, die über das Gemeinübliche[12]) hinausgeht, ist unzulässig.

b) Entsteht nach dem Inkrafttreten dieses Gesetzes durch die Ausübung des Rechtes zur Zutageförderung unterirdischen Wassers[13]) ein Schaden[14]) der im § 200 Abs. 1 bezeichneten Art, so können die Geschädigten die Herstellung von Einrichtungen fordern, durch die der Schaden verhütet oder ausgeglichen wird, wenn solche Einrichtungen mit dem Unternehmen vereinbar und wirtschaftlich gerechtfertigt sind. Andernfalls können sie Schadensersatz verlangen, soweit die Billigkeit nach den Umständen eine Entschädigung erfordert und der Unternehmer[15]) ohne Gefährdung der Leistungsfähigkeit und Wirtschaftlichkeit[16]) des Unternehmens zur Entschädigung imstande ist. Die Entschädigung kann in wiederkehrenden Leistungen bestehen.

(5) Der § 84 ist auf die aufrechterhaltenen Rechte entsprechend anzuwenden.

(6) Eine Veränderung des Wasserstandes[17]) ist ferner im bisherigen Umfange[18]) gestattet, wenn dieselbe durch Einleitung von Wasser aus Seen und Teichen, die der Fischerei dienen, geschieht, sofern diese zur Grundräumung, Ansamung oder Abfischung[19]) abgelassen werden.

Ent. § 349; B. 251 ff.; KBA. 459—506; L. II 8296—8312, L. III 8615—8619; KBH. 70 f.; LH. 1077—1081.

1. Vgl. §§ 198, 330.

2. **Aufrechterhaltene Rechte.** Vgl. MinErl. v. 2. 5. 14. Es werden nur bestehende Rechte aufrecht erhalten (LWA. **1**, 159; **2**, 38, 46, 65, 160; **3**, 110, 137; **4**, 11; LWA. in Ztschr. f. Agr. u.

Wasserr. **4**, 110). Die Befugnis muß auch in der früheren Rechtsordnung als Recht anerkannt sein. Die aufrechterhaltenen Rechte können beruhen:

a) auf besonderem Titel (Abs. 1, Abs. 4 Satz 1);

b) auf allgemeinen Rechtsnormen (Abs. 2, 3, 4 Satz 2).

Aufrechterhalten ist nur der privatrechtliche Inhalt dieser Rechte.

3. **Besonderer Titel.** Ein Recht beruht auf einem besonderen Titel, wenn es sich nicht unmittelbar auf eine Rechtsnorm stützt. Als besondere Titel kommen in Frage Verträge (LWA. in Ztschr. f. Agr. u. Wasserr. 4, 81), Ersitzung (LWA. **2**, 65; **3**, 47; PVBl. **19**, 154; **24**, 831; RGZ. **90**, 111; LWA. in Ztschr. f. Agr. u. Wasserr. **4**, 397), unvordenkliche Verjährung (LWA. **3**, 110; JW. 1925, 1117), Enteignungen, Rezesse der Auseinandersetzungsbehörde sowie die Rechte, die auf einer bergrechtlichen Enteignung (L. II 8298; L. III 8618) oder die auf einem Privileg (JW. 1915, 1367) beruhen, oder die auf Grund der §§ 15ff. des Vorflutediktes v. 15. 11. 1811 und des § 68 des Zuständigkeitsgesetzes begründet sind, ferner Verleihung, Sicherstellung und Begründung eines Zwangsrechts. Durch das Präklusivverfahren nach dem Gesetze v. 23. 1. 46, Gesetzsamml. S. 26, wird ein besonderer Titel nicht geschaffen (LWA. in Ztschr. f. Agr. u. Wasserr. **4**, 110). Auch durch die landespolizeiliche Genehmigung wird ein auf besonderem Titel beruhendes Recht nicht begründet (L. III 8618; LWA. **1**, 153, 154; **2**, 21, 25, 59; **4**, 17; PVBl. **37**, 461; **44**, 33; OVG. **70**, 377, 379; **72**, 277, 283; LWA. in Ztschr. f. Agr. u. Wasserr. **4**, 110).

Ähnliches gilt für die strompolizeiliche Genehmigung (LWA. **3**, 89, 117). Auch die gewerbepolizeiliche Genehmigung aus § 16 GewO. stellt keinen besonderen Titel dar. Sie verschafft zwar dem Unternehmer eine gesicherte öffentliche Rechtsstellung, solange nicht Änderungen an der Lage und der Beschaffenheit der Betriebsanlage oder wesentliche Änderungen im Betriebe vorgenommen werden. In privatrechtlicher Hinsicht hat sie die Wirkung, daß die Eigentümer oder Besitzer benachbarter Grundstücke wegen benachteiligender Einwirkungen nicht auf Einstellung des Gewerbebetriebes sondern nur auf die Herstellung schadenverhütender Einrichtungen oder auf Schadloshaltung klagen können (§ 26 GewO.). Sie gewährt aber keinen materiell-rechtlichen Anspruch, d. h., sie begründet nicht das Recht, dessen Ausübung sie gestattet, sondern sie schränkt nur einen anderweit gegebenen Rechtsanspruch gegenüber einer mit gewerbepolizeilicher Genehmigung errichteten Anlage in seiner Geltendmachung ein (LWA. **1**, 23, 30; **2**, 40; **3**, 71, 137; PVBl. **37**, 618; **39**, 230; **43**, 263; RGZ. **90**, 53, 63; vgl. auch Schmidt-Ernsthausen in Ztschr. für die gesamte Wasserwirtschaft 1920 Heft 14). Entsprechendes gilt von der bergpolizeilichen Genehmigung (LWA. **1**, 144, 146; **2**, 59; **3**, 87, 89; **4**, 100; PVBl. **42**, 246) sowie von dem eingerichteten und ausgeübten Gewerbebetrieb (RGZ. **102**, 225).

4. Insoweit. Die Rechte bleiben nur insoweit bestehen, als der Umfang der zur Zeit des Inkrafttretens des Gesetzes vorhandenen Anlagen die Ausübung des Rechtes gestattete. Das gilt uneingeschränkt, wenn und soweit die Anlage schon am 1. 1. 13 bestand. War das nicht der Fall, so bleibt das Recht nur aufrechterhalten, wenn schon am 1. 1. 13 mit der Errichtung begonnen war und auch dann nur in dem Umfange, als die am 1. 1. 13 schon festgelegten Abgrenzungen der Neuanlage oder Erweiterungsanlagen die Ausübung ermöglichten (KVA. 478, 480).

5. So lange. Fällt die Anlage fort, so entfällt damit auch das Recht. Wird eine Anlage abgebrochen, um sie durch eine neue gleichartige zu ersetzen, so ist darin aber kein Fortfallen der Anlage zu erblicken.

6. Rechtmäßig sind alle Anlagen, die auf Grund des bisher entstandenen Rechtes rechtmäßig hergestellt worden sind, und zwar rechtmäßig in privatrechtlicher Beziehung, so daß ein anderer Privatmann nicht gegen sie einschreiten konnte, und in öffentlichrechtlicher Beziehung, indem die Polizei nicht befugt war, die Beseitigung der Anlagen zu fordern (KVA. 465). Es muß also nach der früher gültig gewesenen Rechtsordnung ein privates Recht auf Benutzung des Wasserlaufs vorhanden gewesen sein (LWA. **1**, 149, 153, 159, 161; **2**, 42; **3**, 106, 112; PVBl. **41**, 118, 471; **42**, 584; RGZ. **89**, 84, 88; LWA. in Ztschr. f. Agr. u. Wasserr. **4**, 110). Aus dem Vorhandensein einer rechtmäßigen Anlage folgt noch nicht das Recht auf Benutzung. Es genügt nicht, daß aus öffentlich-rechtlichen Gründen die Anlagen nicht zu beanstanden gewesen sind (OVG. in Ztschr. f. Agr. u. Wasserr. **6**, 120). Es darf vielmehr weder in privatrechtlicher noch in öffentlich-rechtlicher Hinsicht die Möglichkeit zu einem Einschreiten bestanden haben (RGZ. **89**, 84; **90**, 53; LWA. **3**, 112; **4**, 19).

Eine Anlage zur Entnahme des Grundwassers ist eine rechtmäßige, da nach früherem Recht jedermann berechtigt war, auf seinem Grund und Boden das Grundwasser der Erde zu entnehmen. Dabei ist Grundwasser nicht unbedingt identisch mit „Grundwasserstrom". Durch die gewöhnliche polizeiliche zum Unterschied von der gewerberechtlichen Genehmigung (vgl. Vorbem. Abs. 3) wird eine Anlage nicht zu einer rechtmäßigen (KBA. 479).

7. **Anlagen.** Zu den Anlagen sind auch die kleinsten Anlagen zu rechnen, z. B. die sogenannten Schützen in den Wiesenbewässerungsgräben (L. II S. 8305ff.). Es braucht zu denselben, wie z. B. bei Gräben, Material nicht verwendet zu sein (KBA. 459). Der Fortbestand des Rechts hängt von der Benutzung der seinerzeit vorhanden gewesenen Anlagen ab. Soll das Recht fernerhin durch eine Neuanlage ausgeübt werden, so bedarf es der Verleihung, ausgenommen sind Ersatzanlagen von gleicher Beschaffenheit am gleichen Orte, die als Fortsetzung der alten Anlage gelten (LWA. 1, 12, 145, 160, 165; 2, 65; 3, 137; 4, 91; PVBl. 39, 278; 41, 219; LWA. in Ztschr. f. Agr. u. Wasserr. 4, 85). Der Änderung einzelner Teile der Anlage, z. B. Ersetzung eines Wasserrades durch eine Turbine steht nichts entgegen, jedoch kann eine gewerbepolizeiliche Genehmigung erforderlich werden (LWA. 2, 67).

Entscheidend für den Begriff der Anlage ist, daß sie geeignet sein muß, die Ausübung des Rechts auch tatsächlich in vollem Umfange zu ermöglichen (LWA. 3, 78, 80; PVBl. 43, 406).

8. **Vorhanden.** Zur Aufrechterhaltung eines Rechts genügt es, wenn mit der Errichtung der Anlage zur Ausübung des Rechts am 1. 1. 13 begonnen war. Es ist nicht erforderlich, daß die am 1. 1. 13 fertiggestellten Teile der Anlage schon bereits zu diesem Zeitpunkte die Ausübung des Rechts tatsächlich ermöglichten (LWA. 1, 143; PVBl. 36, 730).

9. **Vermutung der Rechtmäßigkeit.** Die Rechtmäßigkeit der Anlage wird vermutet, wenn sie vor dem 1. 1. 12 bereits 10 Jahre bestanden hat und innerhalb dieser letzten 10 Jahre ein Widerspruch gegen die Rechtmäßigkeit nicht erhoben ist (LWA. 2, 47; 3, 108).

Eine Anlage ist, selbst wenn sie auf Grund eines Privatrechts errichtet ist, im öffentlich-rechtlichen Sinne dann unrechtmäßig, wenn die zur Erreichung etwa gesetzlich vorgeschriebene polizeiliche Genehmigung fehlt, doch erstreckt sich die Vermutung der Rechtmäßigkeit auch auf das Vorhandensein der polizeilichen Genehmigung (LWA. 3, 108; PVBl. 42, 589).

Allein auf das langjährige Bestehen einer Anlage kann deren Rechtmäßigkeit nicht gegründet werden, wenn nicht die tatsächliche

Benutzung des Wasserlaufs mittels der Anlage in den Normen des früheren Rechts ihre Stütze findet (LWA. 1, 153; 2, 48; PVBl. 41, 447, 567; 42, 246, 584).

10. **Inhalt und Umfang der aufrechterhaltenen Rechte.** Der Inhalt der auf besonderem Titel beruhenden Rechte bestimmt sich nach den ihnen zugrunde liegenden Titeln (LWA. 1, 145; 2, 57; 4, 125). Für die nicht auf besonderem Titel beruhenden Rechte verbleibt es grundsätzlich bei dem bisherigen Recht.

11. **Verunreinigung des Wassers.** Das Reichsgericht hat in feststehender Rechtsprechung und im Anschluß hieran auch das Landeswasseramt an dem Grundsatz festgehalten, daß jeder natürliche Wasserlauf innerhalb seines Zuflußgebietes (also nicht nur die Abwässer der angrenzenden Grundstücke) auch das Wasser, das aus wirtschaftlichen Gründen künstlich fortgeschafft werden muß, wie nicht minder mancherlei Stoffe, die dem wirtschaftlich benutzten Wasser sich beimengen, vorausgesetzt, daß die Zuleitungen sich auf das Maß des regelmäßigen und gemeinüblichen beschränken, aufzunehmen hat (RGZ. 16, 178; 21, 298; 38, 266; RG. bei Gruchot 45, 1008; 48, 938, 1122; LWA. 2, 21, 51, 54, 57, 59, 61; 3, 106, 108, 137; 4, 110, 114, 119, 125, 137, 140; PVBl. 38, 211; 42, 91; LWA. in Ztschr. f. Agr. u. Wasserr. 4, 112). Für künstliche Wasserläufe gilt dieser Grundsatz nicht (LWA. 2, 51; PVBl. 41, 103; RGZ. 59, 138; LWA. in Ztschr. f. Agr. u. Wasserr. 4, 85).

12. **Gemeinüblich.** Der Begriff des Gemeinüblichen ist objektiv zu nehmen. Es kommt in Betracht, ob nach den Anschauungen zur Zeit der Beurteilung und dem aus den Tatsachen zu vermutenden Willen der Allgemeinheit der Anwohner und Grundeigentümer eine Zuführung von Abwässern als allgemein zu duldend anzusehen ist, so daß es auf den zu vermutenden Willen der Mehrheit ankommt (LWA. 1, 147; 2, 102; 4, 110; PVBl. 42, 246; RGZ. 64, 363). Zu berücksichtigen sind immer die besonderen Verhältnisse des Einzelfalls (PVBl. 41, 118). Es kann nicht allgemein gesagt werden, daß z. B. die Einleitung der Abwässer einer Kalifabrik oder eines Kohlenbergwerks stets eine über das Gemeinübliche hinausgehende Verunreinigung bewirkt (LWA. 1, 145; 3, 106; 4, 110, 119; LWA. in Ztschr. f. Agr. u. Wasserr. 4, 112; PVBl. 41, 118). Über die Grenze des Gemeinüblichen hinausgehende Rechte können nur durch besonderen Titel, insbesondere auch durch Ersitzung erworben werden (LWA. 2, 101; LWA. in Ztschr. f. Agr. u. Wasserr. 4, 112). Die auf besonderem

Titel beruhenden Rechte werden durch das Maß des Gemeinüblichen nicht beschränkt (LWA. 2, 57; PVBl. 39, 396).

13. **Recht zur Zutageförderung unterirdischen Wassers.** Der Eigentümer eines Grundstücks unterlag nach früherem Recht hinsichtlich der Verfügung über das unterirdische Wasser keinerlei Beschränkung (RGZ. 12, 183; 16, 229; 26, 226; 27, 328; 35, 172; 64, 24; 88, 383; 89, 87). Entscheidend ist daher, inwieweit bei Inkrafttreten des Gesetzes eine rechtmäßige Anlage zur Zutageförderung vorhanden war. Die Vorschrift des § 379 Abs. 4 b ist nicht anwendbar, wenn weder auf Seiten der Wassergewinnungsanlage eine Erweiterung des Betriebes, noch auf der anderen Seite eine Verschlechterung des Zustandes, wie er beim Inkrafttreten des Gesetzes bestand, eingetreten ist (RGZ. 80, 84; vgl. auch Vorbem. vor § 196).

14. **Schaden.** Nur auf einen nach dem Inkrafttreten des Gesetzes neu entstandenen Schaden findet Abs. 4 Ziff. b Anwendung, nicht dagegen auf einen Schaden, der schon vorhanden war, als das Gesetz in Kraft trat (KVA. 505; L. II S. 8299) und der auch jetzt noch infolge der weiteren Ausübung des Rechtes fortbesteht. Entstanden ist der Schaden in dem Augenblick, in welchem die Wirkung eintritt, nicht schon etwa mit dem Zeitpunkt, in welchem der Grund für die spätere Schadenswirkung gelegt ist.

15. Vgl. § 52 Anm. 2.

16. **Leistungsfähigkeit und Wirtschaftlichkeit des Unternehmens.** Bei der Bemessung der Entschädigung darf nur die Leistungsfähigkeit und Wirtschaftlichkeit des schädigenden Unternehmens, nicht auch die wirtschaftliche Lage des Geschädigten in Rücksicht gezogen werden. Anderer Meinung Bitta und v. Kries S. 497.

Zuständig für die Entschädigungsansprüche sind die ordentlichen Gerichte.

17. **Veränderung des Wasserstandes.** Es kommt sowohl die Veränderung des Wasserstandes eines Wasserlaufs wie eines Sees in Betracht, wenngleich von praktischer Bedeutung wohl nur die Veränderung des Wasserstandes eines Wasserlaufs ist und das Gesetz auch wohl nur hieran gedacht hat.

18. **Im bisherigen Umfange,** d. h. in dem Umfange, wie die Veränderung zur Zeit des Inkrafttretens des Gesetzes vorgenommen wurde. Ob die Veränderung erst einmal oder schon mehreremale stattgefunden hat, ist ohne Bedeutung, insbesondere

ob durch langjährige Vornahme von Veränderungen vielleicht schon ein Recht dazu entstanden ist.

19. **Grundräumung, Ansamung, Abfischung.** Es handelt sich um Maßnahmen, welche die moderne Teichwirtschaft zum Betriebe der Fischzucht mit sich bringt. Unter Grundräumung ist das Ausschlammen der Teiche, sowie das Entfernen von Holz, Steinen usw. zu verstehen. Die Ansamung besteht darin, daß nach Ablassen des Fischteiches der Grund des Teiches meistens nach Kalkdüngung mit Gras eingesät wird. (Vgl. zum Recht des Ablassens von Fischgewässern Schlegelberger in Ztschr. f. Agr. u. Wasserr. 241 und LWA. in Ztschr. f. Agr. u. Wasserr. 1, 239.)

§ 380.

(1) Ein Recht, einen Wasserlauf in einer der im § 46 bezeichneten Arten zu benutzen, das nach § 379 aufrechterhalten bleibt, erlischt mit Ablauf von fünfzehn[1]) Jahren nach dem Inkrafttreten dieses Gesetzes, wenn nicht vorher seine Eintragung in das Wasserbuch beantragt ist[2]). Auf Rechte, die im Grundbuch eingetragen sind, ist diese Vorschrift nicht anzuwenden[3]).

(2) Die Wasserbuchbehörde soll im Laufe des ersten und des vierzehnten[4]) Jahres nach dem Inkrafttreten dieses Gesetzes durch öffentliche Bekanntmachung[5]) in ortsüblicher Weise und, wenn Landkreise beteiligt sind, auch in den Kreisblättern auf das Erlöschen der Rechte hinweisen, deren Eintragung ins Wasserbuch nicht binnen der im Abs. 1 bezeichneten Frist beantragt wird. Daneben sollen alle der Wasserbuchbehörde bekannten Personen, die ein Recht ausüben, das ohne einen solchen Antrag erlöschen würde, auf die öffentliche Bekanntmachung hingewiesen werden.

Ent. § 350; B. 253; KBA. 507; L. II 8312; L. III 8619; KBH. 71; LH. 1081.

1. **Eintragungsfrist.** Die ursprünglich vorgesehene Frist von 10 Jahren ist durch VO. v. 16. 2. 24 (Gesetzsamml. S. 112) auf 15 Jahre verlängert worden. Die Anträge auf Eintragung sind

hiernach bis spätestens 30. 4. 29 zu stellen. Die Anmeldung innerhalb der Frist erhält das Recht aufrecht (LWA. 2, 8; 4, 147).

2. **Der Eintragung bedürftige Rechte.** Es sind dies die im § 379 Abs. 1 Ziff. 1 und Abs. 2 in Verb. mit Abs. 1 Ziff. 1 aufrechterhaltenen Rechte; dann aber auch das im Abs. 6 aufrechterhaltene Recht, soweit es sich um die Veränderung des Wasserstandes eines Wasserlaufs handelt; denn dieses Recht stellt sich als eine Benutzung des Wasserlaufs der im § 46 Abs. 1 Ziff. 1 benannten Art dar. Wird eines dieser nicht im Grundbuch eingetragenen Rechte nach Ablauf der zehn Jahre im Wasserbuch gelöscht, so erlischt das Recht. Die übrigen im § 379 aufrechterhaltenen Rechte können in das Wasserbuch gar nicht eingetragen werden (§ 182). Insbesondere unterliegen die Rechte, die nicht den Wasserlauf selbst zum Gegenstande haben, sondern sich nur gegen einen zu dessen Benutzung Berechtigten richten, dem § 380 nicht (LWA. in Ztschr. f. Agr. u. Wasserr. 4, 119). Auch das Recht, einen Wasserlauf erster Ordnung zur Speisung der damit in engem Zusammenhang stehenden Schiffahrtskanäle zu benutzen, bedarf nicht der Eintragung gemäß § 380 (LWA. in Ztschr. f. Agr. u. Wasserr. 4, 103).

3. **Im Grundbuch eingetragene Rechte.** Ob die Rechte in das Grundbuch eingetragen werden können, richtet sich nach dem allgemeinen bürgerlichen Recht. Die Eintragung von Rechten in das Wasserbuch schließt ihre Eintragung in das Grundbuch nicht aus.

4. **Jetzt** im Laufe des vierzehnten Jahres statt früher des neunten Jahres gemäß VO. v. 16. 2. 24 (Gesetzsamml. S. 112).

5. **Bekanntmachung.** Die Bekanntmachung soll in möglichst ausgedehnter Weise erfolgen (vgl. AusfAnw. IV Nr. 16). Die Kosten der Bekanntmachung fallen der Staatskasse zur Last (MinErl. v. 30. 1. 15).

§ 381.

Das Recht des Staates zur Benutzung der Wasserläufe in den im § 16 Abs. 1 bezeichneten hannoverschen Gebietsteilen[1]) bleibt in dem bisherigen Umfang aufrechterhalten.

Ent. § 349 Abs. 1 S. 2; B. 253; KBA. 349a S. 506; L. II 8312; L. III 8619; KBH. 71; LH. 1081.

1. **Benutzungsrecht im Harzbezirk.** Vgl. AwA. 3, 33; Engels in der Ztschr. f. Bergrecht 25, 159ff. und Boelkel in Ztschr. f. Bergr. 54, 403; LWA. 3, 35).

§ 382.

Die beim Inkrafttreten dieses Gesetzes bestehenden Rechte an einem Wasserlaufe, die nicht unter § 379 Abs. 1 Nr. 1 fallen, bleiben, soweit sie auf besonderem Titel beruhen, mit dem bisherigen Inhalt aufrechterhalten[1]). Dies gilt namentlich von Fährgerechtigkeiten sowie von den Nutzungsrechten, die den Anliegern oder anderen zustehen, auch wenn sie nicht Eigentümer des Wasserlaufs sind, insbesondere von dem Rechte, die Fischerei auszuüben und im Wasserlaufe stehenden Pflanzenwuchs (Rohr, Binsen usw.) zu nutzen[2]), jedoch unbeschadet der Bestimmung des Wasserlaufs für die Vorflut und bei Wasserläufen erster Ordnung auch für die Schiffahrt[3]).

§ 305b der L. II 8297, 8306ff.; L. III 8619ff.; vgl. auch KBA. 465, 471; KBH. 72f.; LH. 1081.

1. **Aufrechterhaltene Rechte.** § 379 enthält nur Vorschriften über die im § 46 bezeichneten Arten der Benutzung eines Wasserlaufs, über die in den §§ 199—202 benannten Rechte und über das wildabfließende Wasser. Alle anderen Rechte werden weder dort noch sonst im Gesetze berührt. Sie bleiben also aufrechterhalten. Da das Wassergesetz diese Rechte grundsätzlich nicht berührt, so richtet sich das Erlöschen sowie die fernere Begründung solcher Rechte nach dem sonstigen Rechte.

2. **Fährgerechtigkeiten und sonstige Nutzungsrechte.** Als die wichtigsten Rechte sind in Satz 2 besonders benannt die Fährgerechtsame, das Fischereirecht und das Recht, den im Wasserlauf stehenden Pflanzenwuchs zu nutzen. Die Fährgerechtigkeit ist zu unterscheiden von dem im § 397 erwähnten und aufrechterhaltenen Fährregal (vgl. § 397). Fährgerechtsame ist das Recht, das Verkehrsgewerbe des Übersetzens von einem Ufer zum anderen auf Wasserläufen zweiter und dritter Ordnung gegen Entgelt auszuüben.

3. **Vorflut und Schiffahrt.** Unter § 382 fallen nur bestehende, auf besonderem Titel beruhende Rechte an einem Wasserlauf. Jedoch dürfen die Vorflut und bei Wasserläufen erster Ordnung die Schiffahrt durch die Ausübung der in Betracht kommenden Rechte nicht beeinträchtigt werden (OVG. 76, 383).

§ 383.

Auf die beim Inkrafttreten dieses Gesetzes[1]) anhängigen Sachen sind hinsichtlich der Behörden, des Verfahrens und der Rechtsmittel die bisherigen Gesetze anzuwenden.

Ent. § 351; B. 253; KBA. 508; L. II 8312; L. III 8621; KBH. 73; LH. 1081.

1. **Inkrafttreten dieses Gesetzes.** Das Gesetz ist am 1. 5. 14 in Kraft getreten. Im übrigen ist die Bestimmung heute praktisch nicht mehr von Bedeutung (OVG. 77, 377).

§ 384.

(1) Die Beschwerde[1]) gegen die in erster Instanz ergehenden Beschlüsse des Kreis- (Stadt-) oder Bezirksausschusses steht den Vorsitzenden der Behörden auch insoweit zu, als sie in diesem Gesetz abweichend von § 121 Abs. 1 des Landesverwaltungsgesetzes vom 30. Juli 1883 (Gesetzsamml. S. 195) geregelt ist; der § 123 Abs. 2 bis 5 des Landesverwaltungsgesetzes ist anzuwenden.

(2) Soweit nach diesem Gesetze der Bezirksausschuß im Beschlußverfahren zuständig ist, gilt dies auch für Berlin.

Ent. § 352; B. 253ff.; KBA. 508; L. II 8312; L. III 8621; KBH. 73; LH. 1081.

1. **Beschwerderecht des Vorsitzenden.** Soweit die Beschwerde gegen die in erster Instanz ergehenden Beschlüsse des Kreis-(Stadt-)Ausschusses oder des Bezirksausschusses sich nach den Vorschriften des § 121 Abs. 1 LVG. richtet — und dies ist überall der Fall, wo das Gesetz nicht ausdrücklich etwas anderes bestimmt —, steht sie auf Grund des § 121 daselbst aus Gründen des öffentlichen Interesses auch dem Vorsitzenden der Beschlußbehörde zu. Aus denselben Gründen ist den Beschlußbehörden das Beschwerderecht hier auch dann gegeben, wenn das Gesetz die Beschwerde abweichend von den Vorschriften des § 121 Abs. 1 LVG. regelt, also in allen Fällen, in denen die Beschwerde an den wasserwirtschaftlichen

Senat des Oberverwaltungsgerichts (VO. v. 12. 3. 24) oder an die Ministerialinstanz gegeben ist.

§ 385.

An der Zuständigkeit der Auseinandersetzungsbehörden zur Ordnung der mit ihren Geschäften zusammenhängenden wasserwirtschaftlichen Angelegenheiten wird durch dieses Gesetz nichts geändert[1]). Unberührt bleiben ferner die Befugnisse, die der Landespolizeibehörde und dem Minister der öffentlichen Arbeiten nach den §§ 4, 14 des Gesetzes über die Eisenbahnunternehmungen vom 3. November 1838 (Gesetzsamml. S. 505) und nach § 7 des Gesetzes, betreffend die Anlage von Eisenbahnen in den Hohenzollernschen Landen, vom 1. Mai 1865 (Gesetzsamml. S. 317) in Eisenbahnangelegenheiten zustehen[2]).

Ent. § 353; B. 254; KBA. 8312 f.; L. II 8312 f.; L. II 8621; KBH. 73; LH. 1081.

1. **Zuständigkeit der Auseinandersetzungsbehörde.** An der Zuständigkeit der Auseinandersetzungsbehörde zur Ordnung der mit ihren Geschäften zusammenhängenden wasserwirtschaftlichen Angelegenheit wird durch das Wassergesetz nichts geändert (LWA. 3, 76 und Holzapfel in PVBl. **36**, 20).

2. **Zuständigkeit in Eisenbahnangelegenheiten.** Vgl. § 158 des Zuständigkeitsgesetzes. Die Befugnisse, die dem Minister nach § 4 des Eisenbahngesetzes in Eisenbahnangelegenheiten zufallen sind durch § 385 ausdrücklich aufrechterhalten worden, wären aber auch ohne ausdrücklichen Vorbehalt durch dieses Gesetz nicht berührt worden, da der § 4 den Ausfluß eines staatlichen Hoheitsrechtes darstellt, dessen ausschließliche Ausübung der ministeriellen Instanz obliegt (LWA. 2, 202; 3, 71; PVBl. **42**, 344; OVG. **78**, 343).

Durch die Übernahme der Eisenbahnen seitens des Reichs ist an die Stelle des preußischen Ministers der öffentlichen Arbeiten der Reichsverkehrsminister getreten.

§ 386.

(1) Im § 109 Abs. 1 des Zuständigkeitsgesetzes vom

1. August 1883 (Gesetzsamml. S. 237) werden die Worte „Stauanlagen für Wassertriebwerke" gestrichen.

(2) § 110 Abs. 2 desselben Gesetzes erhält folgende Fassung:

Über die Zulässigkeit von Wassertriebwerken, welche zum Betriebe von Bergwerken, Aufbereitungsanstalten oder Schürfarbeiten dienen (§ 59 Abs. 3 des allgemeinen Berggesetzes vom 24. Juni 1865 — Gesetzsamml. S. 705 — in der Fassung des Gesetzes vom 18. Juni 1907 — Gesetzsamml. S. 119 —) beschließt der Bezirksausschuß im Einvernehmen mit dem zuständigen Oberbergamte[1]).

Ent. § 354; B. 254 f.; KBA. 508 f.; L. II 8313; L. III 8621; KBH. 73; LH. 1081.

1. **Gewerbepolizeiliche Genehmigung von Neuanlagen.** Hierdurch wird zum Ausdruck gebracht, daß in Zukunft über die gewerbepolizeiliche Genehmigung von Neuanlagen nicht mehr der Kreis-(Stadt-)Ausschuß zu entscheiden hat, sondern der Bezirksausschuß (vgl. § 110 Abs. 1 des Zuständigkeitsgesetzes). Diese Änderung ist getroffen mit Rücksicht auf §§ 64, 89, nach denen über den Verleihungsantrag und auch im Ausgleichsverfahren die Entscheidung dem Bezirksausschusse zusteht. Da in der aufrechterhaltenen Wiesenordnung auch die Bildung von Wiesenverbänden geregelt ist, besteht im Kreise Siegen die Möglichkeit, neben den Genossenschaften des Wassergesetzes auch solche Verbände zu bilden (vgl. AusfAnw. V Nr. 1).

§ 387.

Die Wiesenordnung[1]) für den Kreis Siegen vom 28. Oktober 1846 (Gesetzsamml. S. 485) und die auf den Kreis Siegen bezüglichen Vorschriften des XII. Titels unter B I (§§ 67 ff.) des Zuständigkeitsgesetzes vom 1. August 1883 (Gesetzsamml. S. 237) werden aufrechterhalten. Dasselbe gilt von den Vorschriften des Gesetzes über die Benutzung der Privatflüsse vom 28. Februar 1843 (Gesetzsamml. S. 41) und des Gesetzes wegen des Wasserstauens bei Mühlen und Verschaffung von Vorflut vom 15. November 1811 (Gesetzsamml. S. 352), soweit auf sie in den §§ 12, 27 der Siegener Wiesenordnung verwiesen ist.

Ent. § 355; B. 255; KBA. 509; L. II 8314; L. III 8621; KBH. 73; LH. 1081.

1. Siegener Wiesenordnung. Die hier neben der Wiesenordnung angezogenen Gesetze sind grundsätzlich im § 399 Nr. 3, 5, und 14 aufgehoben. Soweit die aufrechterhaltenen Bestimmungen mit den Vorschriften des Wassergesetzes nicht vereinbar sind, bleibt dieses außer Anwendung. Nicht in Frage kann aber die Aufrechterhaltung des Privatflußgesetzes v. 28. 2. 43 nach Maßgabe des § 1 Abs. 2 der Wiesenordnung kommen, da in Ansehung der Benutzung der Wasserläufe zu anderen Zwecken als zur Bewässerung nach Maßgabe der Wiesenordnung nur die Vorschriften dieses Gesetzes gelten. Da in der aufrechterhaltenen Wiesenordnung auch die Bildung von Wiesenverbänden geregelt ist, besteht im Kreise Siegen die Möglichkeit, neben den Genossenschaften des Wassergesetzes auch solche Verbände zu bilden (vgl. AusfAnw. V Nr. 1).

§ 388.

Aufrechterhalten werden die Vorschriften der Nassauischen Verordnung[1]) vom 27. Juli 1858 (Verordnungssammlung S. 100) über die Ausführung von Bachregulierungen und von Bewässerungs- und Entwässerungsanlagen durch Gemeinden im § 2, im § 3 Abs. 1 Satz 1, Abs. 2, im § 18 Abs. 1, 2 und im § 17 Abs. 2 Satz 2 mit Ausnahme der Worte „und es werden dieselben hierzu feldpolizeilich angehalten", sowie die hierauf bezüglichen Vorschriften des § 87 Nr. 2 und des § 89 Nr. 1 des Zuständigkeitsgesetzes vom 1. August 1883 (Gesetzsamml. S. 237). Auf den Ausbau von Wasserläufen zweiter Ordnung sind diese Vorschriften jedoch nicht anzuwenden.

KBA. § 355a S. 509f.; L. II 8314; L. III 8621; KBH. 73; LH. 1081.

1. **Nassauische Verordnung.** Die hier aufrechterhaltenen Bestimmungen sind grundsätzlich aufgehoben durch § 399 Nr. 14, 57.

§ 389.

Für diejenigen beim Inkrafttreten dieses Gesetzes vorhandenen Triebwerkskanäle (Mühlgräben und dergleichen)[1]) und für andere Wassergräben, die keine Wasserläufe im Sinne dieses Gesetzes sind, werden die Vorschriften des bisherigen Rechtes über ihre Unterhaltung, das dabei stattfindende Recht zur Benutzung fremder Grundstücke, die Pflicht zu deren Schutz und die Rechte dritter Personen zur Wasserbenutzung aufrechterhalten.

KBH. 355b; S. 510f., 313ff.; L. II 8314; L. III 8621; KBH. 73; LH. 1081.

1. **Triebwerkskanäle.** Ob Triebwerkskanäle (Mühlgräben) zu den Wasserläufen gehören, richtet sich nach den allgemeinen Regeln der §§ 1 und 2.

§ 390.

Aufrechterhalten wird ferner Artikel XI Nr. 8 des Gesetzes, betreffend die Einführung des Westpreußischen Provinzialrechts in die Stadt Danzig und deren Gebiet, vom 16. Februar 1857, soweit er die Reinigung und Unterhaltung der neuen Radaune betrifft.

§ 391[1]).

Unberührt bleiben die Vorschriften des § 43 Abs. 3 bis 6 des Fischereigesetzes vom 30. Mai 1874 (Gesetzsamml. S. 197).

Ent. § 356; B. 256; KBA. 511; L. II 8314; L. III 8621; KBH. 73; LH. 1081.

1. **Vorbemerkung.** § 391 ist durch § 133 Abs. 2 Nr. 14 des Fischereigesetzes v. 11. 5. 16 (GesSamml. S. 55) aufgehoben und durch § 102 ersetzt.

§ 392.

Unberührt bleiben die Bestimmungen des Gesetzes, betreffend die Bildung einer Genossenschaft zur Regelung der Vorflut und zur Abwässerreinigung im Emschergebiete[1]), vom 14. Juli 1904 (Gesetzsamml. S. 175); der § 14 wird jedoch wie folgt abgeändert:

Den gemäß § 6 Veranlagten steht innerhalb vier Wochen nach Mitteilung der Veranlagung bei Streitigkeiten darüber, wer zu den Beteiligten im Sinne dieses Gesetzes gehört, die Klage im Verwaltungsstreitverfahren, im übrigen die Berufung an die Berufungskommission zu. Zuständig ist der Bezirksausschuß.

Ent. § 357; B. 256; KBA. 511ff.; L. II 8314; L. III 8621; KBH. 73; LH. 1081.

1. Emschergebiet. Durch § 392 ist die Emschergenossenschaft nicht völlig außerhalb des Wassergesetzes gestellt, da sie durch das G. v. 14. 7. 04 weder vor dem Eingreifen der Polizeibehörden gesichert ist, noch ein Privatrecht gegen andere, es sei denn, daß dies Genossen wären, auf Duldung der von ihr geschaffenen Anlagen erworben hat. Trotz einer nach § 1 Abs. 2 des Emschergesetzes erteilten Genehmigung der Anlage ist es daher bei dem Vorliegen der allgemeinen Voraussetzungen nicht ausgeschlossen, daß die Polizei gegen die Anlage einschreitet und daß die Betroffenen im Klagewege Unterlassung der Störung oder Schadensersatz verlangen, wenn durch die Anlage eine Verletzung der von der Polizei wahrzunehmenden oder von den Benachteiligten selbst zu vertretenden Interessen herbeigeführt wird. Es ist deshalb auch nicht ausgeschlossen, daß die Emschergenossenschaft von den im Wassergesetz gegebenen Rechtsbehelfen insbesondere von der Verleihung (§§ 46ff.) und dem Verfahren zur Begründung von Zwangsrechten (§§ 330ff.) Gebrauch macht. Vgl. im übrigen auch OVG. 74, 396, 410.

§ 393.

Unberührt bleiben die durch § 12 des Gesetzes, betreffend die Bekämpfung übertragbarer Krankheiten, vom 28. August 1905 (Gesetzsamml. S. 373) der Ortspolizeibehörde und dem Landrat übertragenen Befugnisse[1]).

Ent. § 358; B. 256f.; KBA. 513; L. II 8314; L. III 8621; KBH. 73; LH. 1081.

1. **Seuchengesetz.** Nach § 8 Nr. 7 u. 10 des preuß. Seuchengesetzes v. 28. 8. 05 (Gesetzsamml. S. 373) in Verbindung mit § 17 des Reichsviehseuchengesetzes v. 30. 6. 00 (RGBl. 306) kann bei übertragbarer Ruhr (Dysenterie) und Typhus (Unterleibstyphus) die Benutzung von Brunnen, Teichen, Seen, Wasserläufen, Wasserleitungen sowie der dem öffentlichen Gebrauch dienenden Bade-, Schwimm-, Wasch- und Bedürfnisanstalten verboten und beschränkt werden. Für die Anordnung dieser Maßnahmen ist nach § 12 des G. v. 28. 8. 05 die Ortspolizeibehörde zuständig. Der Landrat ist befugt, für den einzelnen Fall dieser Krankheiten diese Amtsverrichtungen der Ortspolizeibehörde zu übernehmen. Da dieser Zustand aufrechterhalten werden sollte, mußte eine dahingehende ausdrückliche Vorschrift erlassen werden, weil sonst für gewisse Fälle durch die §§ 21, 39 in Verb. mit § 342 die Zuständigkeit des Regierungspräsidenten oder des Landrats gegeben sein würde.

§ 394.

Unberührt bleiben die Bestimmungen des Quellenschutzgesetzes vom 14. Mai 1908 (Gesetzsamml. S. 105) und der Nassauischen Verordnung, betreffend den Schutz der Mineralquellen, vom 7. Juli 1860 (Nass. Verordn.-Bl. S. 137).

Ent. § 359; B. 257f.; KBA. 513; L. II 8314; L. III 8621; KBH. 73; LH. 1081.

§ 395.

Unberührt bleiben folgende Gesetze:

1. Gesetz, betreffend die Verbesserung der Oder und der Spree sowie die Abänderung des Gesetzes vom 9. Juli 1886, betreffend den Bau neuer Schiffahrtskanäle und die Verbesserung vorhandener Schiffahrtsstraßen, vom 6. Juni 1888 (Gesetzsamml. S. 238),

2. Gesetz, betreffend die Regulierung der Stromverhältnisse in der Weichsel und Nogat, vom 20. Juni 1888 (Gesetzsamml. S. 251),
3. Gesetz, betreffend Schutzmaßregeln im Quellgebiete der linksseitigen Zuflüsse der Oder in der Provinz Schlesien, vom 16. September 1899 (Gesetzsamml. S. 169),
4. Gesetz, betreffend die Regulierung des Hochwasserprofils der Weichsel von Gemlitz bis Piedel, vom 25. Juni 1900 (Gesetzsamml. S. 249),
5. Gesetz, betreffend Maßnahmen zur Verhütung von Hochwassergefahren in der Provinz Schlesien, vom 3. Juli 1900 (Gesetzsamml. S. 171), soweit nicht im § 104 Abs. 4 sowie in den §§ 107, 109 bezüglich der Talsperren abweichendes bestimmt ist,
6. Gesetz, betreffend die Verbesserung der Vorflut in der unteren Oder, der Havel, Spree, Lausitzer Neiße und dem Bober, vom 4. August 1904 (Gesetzsamml. S. 185),
7. Gesetz, betreffend Maßnahmen zur Verhütung von Hochwassergefahren in der Provinz Brandenburg und dem Havelgebiete der Provinz Sachsen, vom 4. August 1904 (Gesetzsamml. S. 197),
8. Gesetz, betreffend die Herstellung und den Ausbau von Wasserstraßen, vom 1. April 1905 (Gesetzsamml. S. 179),
9. Gesetz, betreffend Maßnahmen zur Regelung der Hochwasser-, Deich- und Vorflutverhältnisse an der oberen und mittleren Oder, vom 12. August 1905 (Gesetzsamml. S. 335),
10. Gesetz, betreffend den Bau eines Masurischen Kanals und von Stauwerken im Masurischen Seengebiete, vom 14. Mai 1908 (Gesetzsamml. S. 141),

11. Gesetz, betreffend den Nogatabschluß, vom 20. Juli 1910 (Gesetzsamml. S. 131), soweit sie besondere von diesem Gesetz abweichende Vorschriften enthalten.

KBA. § 359a S. 513ff.; L. II 8314; L. III 8621; KBH. 74; LH. 1081.

§ 396.

Unberührt[1]) bleiben die Vorschriften des Allgemeinen Berggesetzes vom 24. Juni 1865 (Gesetzsamml. S. 705) in der geltenden Fassung, die Bestimmungen, wonach diese Vorschriften auch außerhalb des Geltungsbereichs des Allgemeinen Berggesetzes zur Anwendung kommen[2]), sowie die Bestimmungen über Solquellen[3]). Soweit es sich um die Benutzung von Wasserläufen handelt und keine bergrechtliche Enteignung vorliegt, sind im Falle eines Widerspruchs zwischen dem Berg- und dem Wassergesetze nur die Bestimmungen dieses Gesetzes anzuwenden.

Ent. § 360; B. 257; KBA. 515—520; L. II 8314—8317; L. III 8621ff.; KBH. 74; LH. 1081.

1. **Das Verhältnis des Wassergesetzes zum Berggesetz.** § 396 findet nach seinem Wortlaut nur dann Anwendung, wenn ein Widerspruch zwischen Berg- und Wassergesetz besteht.

Daraus ergibt sich folgende Rechtslage:

a) Grundsätzlich gehen die Bestimmungen des Berggesetzes denen des Wassergesetzes vor.

b) Handelt es sich aber um die Benutzung von Wasserläufen durch den Bergbau, so geht das Wassergesetz grundsätzlich dem Berggesetz vor.

c) Von dem Grundsatz zu b wird wiederum eine Ausnahme gemacht zugunsten derjenigen Rechte, welche der Bergwerksbesitzer durch die bergrechtliche Enteignung erworben hat.

Besteht kein Widerspruch zwischen Berg- und Wassergesetz, so gelten die Bestimmungen beider Gesetze nebeneinander. Das gilt z. B. von der Zuständigkeit der Berg- und Wasserpolizeibehörden (L. II S. 8316). Die Aufsichtsbefugnisse der Bergpolizei sind durch das Wassergesetz nicht eingeschränkt; sie ist deshalb auch bei Verunreinigung der Gewässer die entscheidende Behörde. Daneben sind aber die §§ 21, 23 WG. anwendbar.

Bezüglich der Verfügung über unterirdische Gewässer vgl. Vorbem. vor § 196, ferner Brassert-Gottschalk, Allgem. Berggesetz, Anhang zu § 148 S. 592—602 und Voelkel in der Ztschr. f. Bergr. 54/383 ff.). Mitteilungen des deutschen Wasserwirtschafts- und Wasserkraftverbandes 1920 Nr. 2 S. 20.

2. Bestimmungen, wonach die Vorschriften des allgemeinen Berggesetzes auch außerhalb dessen Geltungsbereichs zur Anwendung kommen. Es sind dies:

a) die VO. v. 22. 2. 67 (Gesetzsamml. S. 237) für das Gebiet des vormaligen Herzogtums Nassau;

b) die VO. v. 22. 2. 67 (Gesetzsamml. S. 242) für die mit dem preußischen Staate vereinigten Landesteile der großherzoglich hessischen Provinz Oberhessen sowie für das Gebiet der vormaligen Landgrafschaft Hessen-Homburg einschließlich des Obermatsbezirkes Meisenheim;

c) die VO. v. 8. 5. 67 (Gesetzsamml. S. 601) für das Gebiet des vormaligen Königreichs Hannover;

d) die VO. v. 1. 6. 67 (Gesetzsamml. S. 770) für das mit dem preußischen Staate vereinigte Gebiet des vormaligen Kurfürstentums Hessen und der vormaligen freien Stadt Frankfurt sowie der vormals kgl. bayerischen Landesteile;

e) G. v. 6. 5. 68 (Off. Wochenblatt für Lauenburg Nr. 36; Z. Bergr. 9, 289) für das Herzogtum Lauenburg;

f) G. v. 12. 3. 69 (Gesetzsamml. S. 453) für die Herzogtümer Schleswig und Holstein;

g) G. v. 23. 3. 73 betr. den Rechtszustand des Jadegebietes (Gesetzsamml. S. 107) für das Jadegebiet;

h) G. v. 21. 4. 75 (Z. Bergr. **15**, 512) betr. den Rechtszustand in den Gebieten, die durch Vertrag über die Teilung des Kommuniongebietes am Unterharz v. 9. 3. 74 (Gesetzsamml. S. 295) zwischen Preußen und Braunschweig dem Königreich Preußen einverleibt wurden;

i) G. v. 3. 5. 90 (Z. Bergr. **32**, 49, 150) für den Goslarschen Stadtforst;

k) G. v. 8. 4. 94 betr. Eisenerzbau im Herzogtum Schlesien und der Grafschaft Glatz;

l) G. v. 14. 7. 95 (Gesetzsamml. S. 295) betr. Stein- und Kalisalzbergbau in der Provinz Hannover;

m) G. v. 7. 7. 02 betr. unterirdische Dachschieferbrüche in den linksrheinischen Landesteilen;
n) G. v. 6. 6. 04 (Gesetzsamml. S. 105) betr. Gewinnung von Erdöl;
Vgl. auch Voelkel in Ztschr. für Bergrecht **59**, 393.

2. **Solquellen.** Die Solquellen sind nach § 1 ABG. von dem Verfügungsrechte des Grundeigentümers ausgeschlossen. In Hannover unterliegen sie allerdings nach Art. II der VO. betr. Einführung des Allgem. Berggeſ. in das Gebiet des vormaligen Königreichs Hannover v. 8. 5. 67 (Gesetzsamml. S. 601) grundsätzlich dem Verfügungsrechte des Grundeigentümers, doch ist dieser Rechtszustand aus der Zeit des Bestehens des Bergregals so stark durchbrochen, daß er keine große Bedeutung mehr hat. Vgl. im übrigen auch RGZ. 77, 253.

4. **Benutzung von Wasserläufen.** Die Einleitung von Abwässern gilt als Benutzung des Wasserlaufs (§ 40 Abs. 2 Nr. 2). Bestehende Rechte auf Einleitung stehen unter dem Schutze des § 379. Sonst ist der Bergwerksbesitzer, der nicht zugleich Eigentümer des Wasserlaufs ist, nicht zur Einleitung von Abwässern befugt. Gehört ihm der Wasserlauf, so ist ihm die Einleitung innerhalb der für den Eigentümer gezogenen Schranken gestattet. Der Bergwerksbesitzer kann das Recht zur Einleitung von Abwässern im Verleihungsverfahren nach den Bestimmungen der §§ 46ff. erwerben wie auch auf Grund der §§ 331, 332, 339, 340 die Einräumung eines Zwangsrechts verlangen. Endlich ist ihm auch der Weg der bergrechtlichen Enteignung gegeben (vgl. Anm. 5).

Vgl. im übrigen Schlegelberger in Wasser und Gas, 9. Jahrg. Nr. 21—22.

5. **Bergrechtliche Enteignung.** Das bergrechtliche Enteignungsverfahren zur Erlangung des Rechts auf Einleitung von Grubenabwässern ist von der Rechtsprechung als Ausfluß des Grundsatzes des § 54 ABG. nach den §§ 135—147 ABG. für zulässig erachtet worden (vgl. RG. in Ztschr. f. Bergr. **48**, 288; Brassert-Gottschalk ABG. S. 496ff.).

Wegen seiner einfachen Formvorschriften sowie wegen der Mitwirkung des für bergbauliche Fachfragen sachverständigen Oberbergamtes wird im allgemeinen das Enteignungsverfahren den Vorzug verdienen. Unter Umständen wird der Bergwerksbesitzer aber das Verleihungsverfahren vorziehen; denn ein Aufgebot und Ausschluß nicht rechtzeitig angemeldeter Anspruchs wie im Verleihungsverfahren ist im bergrechtlichen Enteignungsverfahren nicht vorgesehen. Die Enteignung ist nur wirksam gegen die zum Verfahren zugezogenen Personen. Bei der Enteignung ist voller Schadensersatz zu leisten, während bei der Verleihung durch § 52 WG. in gewissen Fällen der Schadensersatzanspruch nicht unwesentlich abgeschwächt ist (vgl. Brassert-Gottschalk, Allg. Berggeſ. S. 496 ff.).

§ 397.

Unberührt bleiben die bestehenden Vorschriften über die Verleihung des Rechtes zur Erhebung von Verkehrsabgaben und die Feststellung der Tarife[1]), sowie die Vorschriften über das Fährregal. Unberührt bleibt ferner die Befugnis der zuständigen Behörden, die Benutzung von Anstalten, die dem öffentlichen Verkehre gegen Entgelt zugänglich gemacht werden, von der vorherigen Feststellung eines Abgabentarifs abhängig zu machen[2]).

(Ent. § 361; B. 258 f.; KBA. 520; L. II 3817; L. III 8623; KBH. 74; LH. 1081.

1. **Das Recht zur Erhebung von Verkehrsabgaben und die Feststellung der Tarife.** Das Recht zur Erhebung von Verkehrsabgaben und die Feststellung von Tarifen ist ein Hoheitsrecht des Staates und beruht auf §§ 91, 99 II, 15 ALR. Diese Bestimmungen gelten nicht nur in den Landesteilen, für die das Allgemeine Landrecht Gültigkeit hat, sondern sind als Teile des Verfassungsrechts allgemeines preußisches Landrecht. Zum Schutze gegen Verletzungen dieses staatlichen Tarifhoheitsrechts sind die zuständigen Behörden befugt, Zwangsmaßnahmen zu ergreifen (vgl. §§ 6, 132 LVG.; VO. v. 26. 12. 1808 § 48; Reg.Inst. v. 23. 10. 1817 § 11). Auch diese Vorschriften werden nicht berührt (Begr. 259).

Soweit Reichswasserstraßen in Frage kommen, ist das Tarifhoheitsrecht auf das Reich übergegangen (Staatsvertrag v. 21. 3./ 26. 9. 21).

2. **Fährregal.** Das Fährregal ist ein nutzbares Hoheitsrecht (ALR. II 15 §§ 50 und 51). Es ist das mit einer entsprechenden Gegenleistung nicht verbundene ausschließliche Recht des Staates, das Verkehrsgewerbe des Übersetzens von einem Ufer zum anderen auf Wasserläufen erster Ordnung in gewinnbringender Weise auszuüben.

Bei den Reichswasserstraßen ist das Fährregal als niederes

Regal auf das Reich nicht mit übergegangen (§ 1 des Staatsvertrages v. 31. 3./26. 9. 21).

Die Brücken fallen unter das Wegerecht, nicht unter das Wasserrecht. Die auf den Brückenbau bezüglichen Vorschriften ALR. II 15 §§ 52—54 sind in § 399 Abs. 2 Nr. 1b aufrechterhalten (vgl. Friedrichs in PVBl. 43, 182).

§ 398.

Soweit in Gesetzen[1]) oder Verordnungen auf Vorschriften verwiesen[2]) ist, die durch dieses Gesetz außer Kraft gesetzt werden, treten an deren Stelle die entsprechenden Vorschriften dieses Gesetzes.

Ent. § 362; B. 259; KBA. 520f.; L. II 8317; L. III 8623; KBH. 74; LH. 1081.

1. **Gesetz.** Unter Gesetz ist jede Rechtsnorm zu verstehen, also auch Staatsvertrag und Gewohnheitsrecht.

2. **Verwiesen.** Eine ausdrückliche Verweisung setzt der Paragraph nicht voraus. Es tritt die Vorschrift des § 398 z. B. auch dann ein, wenn in einem in Kraft bleibenden Gesetz technische Ausdrücke angewandt sind, welche Rechtsverhältnisse bezeichnen, für die künftighin das Wassergesetz maßgebend ist (vgl. Staub. Komm. zu BGB. zu Art. 4 EG. Ziff. 3).

§ 399.

(1) Die dem Wasserrecht angehörenden Vorschriften des bisherigen Rechtes treten außer Kraft, soweit sie nicht Gegenstände betreffen, die von diesem Gesetze nicht berührt werden[1]).

(2) Insbesondere werden, soweit sie noch gelten und nicht in den §§ 388, 389 aufrechterhalten sind, aufgehoben:

1. folgende Vorschriften des Allgemeinen Landrechts:
   a) aus dem ersten Teile der § 96 des 8. Titels, soweit er Anlagen an Wasserläufen oder Anlagen zur Benutzung unterirdischen Wassers betrifft, sowie die §§ 97 bis 117, 129, 130 des-

selben Titels; ferner die §§ 223 bis 274 des 9. Titels sowie der neunte Abschnitt desselben Titels, soweit er noch für das Wasserrecht gilt;

b) aus dem zweiten Teile der § 21 des 14. Titels, soweit er sich auf die von Natur schiffbaren Ströme bezieht; ferner die §§ 38 bis 49, 55 bis 72, 79 des 15. Titels sowie die §§ 229 bis 246 desselben Titels, soweit sie sich auf Wassermühlen beziehen;

2. folgende Vorschriften des Rheinischen Bürgerlichen Gesetzbuches:

der Artikel 538, soweit er sich auf Wasserläufe oder deren Ufer bezieht, ferner die Artikel 556 bis 563, 640 bis 643, 645, 650 und der Artikel 714 soweit er sich auf das Wasserrecht bezieht;

3. das Gesetz wegen des Wasserstauens bei Mühlen und Verschaffung von Vorflut vom 15. November 1811 (Gesetzsamml. S. 352);

4. die Allerhöchste Kabinettsorder, die Verhütung der Verunreinigung der schiff- und flößbaren Flüsse und Kanäle betreffend, vom 24. Februar 1816 (Gesetzsamml. S. 108);

5. das Gesetz über die Benutzung der Privatflüsse vom 28. Februar 1843 (Gesetzsamml. S. 41) und die Verordnung, betreffend die Einführung dieses Gesetzes in dem Bezirke des Appellationsgerichts zu Cöln, vom 9. Januar 1845 (Gesetzsamml. S. 35);

6. das Gesetz, betreffend das für Entwässerungsanlagen auszuführende Aufgebots- und Präklusionsverfahren, vom 23. Januar 1846 (Gesetzsamml. S. 26);

7. das Gesetz über das Deichwesen vom 28. Januar 1848 (Gesetzsamml. S. 54);
8. das Gesetz, betreffend die Einführung des dritten Abschnitts des Gesetzes über die Benutzung der Privatflüsse vom 28. Februar 1843 in den Hohenzollernschen Landen, die Bildung von Genossenschaften zu Entwässerungsanlagen, und die Anwendung der Vorflutgesetze auf unterirdische Wasserableitungen, vom 11. Mai 1853 (Gesetzsamml. S. 182);
9. das Gesetz, betreffend die Ausdehnung des Gesetzes vom 28. Januar 1848 über das Deichwesen auf die Provinzen Schleswig-Holstein und Hannover, vom 11. April 1872 (Gesetzsamml. S. 377);
10. der § 43 Abs. 1, 2, der § 44 und der § 50 Nr. 7 des Fischereigesetzes vom 30. Mai 1874 (Gesetzsamml. S. 197);
11. das Gesetz, betreffend die Bildung von Wassergenossenschaften, vom 1. April 1879 (Gesetzsamml. S. 297);
12. der § 27 des Feld- und Forstpolizeigesetzes vom 1. April 1880 (Gesetzsamml. S. 230);
13. das Gesetz, betreffend die Befugnisse der Strombauverwaltung gegenüber den Uferbesitzern an öffentlichen Flüssen, vom 20. August 1883 (Gesetzsamml. S. 333), 31. Mai 1884 (Gesetzsamml. S. 303);
14. die §§ 65 bis 95 des Gesetzes über die Zuständigkeit der Verwaltungs- und Verwaltungsgerichtsbehörden vom 1. August 1883 (Gesetzsamml. S. 237);
15. Artikel 1 der Verordnung, betreffend das Grundbuchwesen, vom 13. November 1899 (Gesetz-

sammml. S. 519), soweit er sich auf öffentliche Gewässer bezieht;

16. das Gesetz zur Verhütung von Hochwassergefahren vom 16. August 1905 (Gesetzsammml. S. 342);
17. die Zusätze 12 und 16 des Provinzialrechts für Ostpreußen vom 4. August 1801 (N.C.C.Tom. XI S. 407);
18. die Strom- und Uferordnung für den Pissekfluß vom 10. Februar 1804;
19. die Allgemeine Strom-, Deich- und Uferordnung für Ostpreußen und Littauen vom 14. April 1806 (Gesetzsammml. S. 1);
20. die §§ 4, 43, 44, 69, 71 des Provinzialrechts für Westpreußen vom 19. April 1844 (Gesetzsammml. S. 103) und das Gesetz, betreffend Abänderung des § 44 des westpreußischen Provinzialrechts, vom 11. Februar 1850 (Gesetzsammml. S. 43);
21. die revidierte und verbesserte Randow-Schauordnung vom 28. August 1776;
22. die Fluß- und Schauordnung für die Kartbane vom 30. Juni 1794 (Neue Sammml. Königlich Preußischer und Kurfürstlich Brandenburgischer Verordnungen Bd. 9 S. 2345 ff.);
23. das Vorflutsgesetz für Neuvorpommern und Rügen vom 9. Februar 1867 (Gesetzsammml. S. 220);
24. das Schlesische Vorfluts-Edikt vom 20. Dezember 1746;
25. die Mühlenordnung für Schlesien vom 28. August 1777;
26. die Mühlenverordnung vor die schwarze Elster vom 11. September 1561. (cod. Aug. II S. 699) und das diese ergänzende Interimsregulativ vom 3. November 1772;

27. die Mühlenordnung vor die an den Saalen-, Luppen-, Elster- und Pleißenströmen liegenden Mühlen vom 25. November 1568 (cod. Aug. II S. 717);
28. die Wasser- und Mühlenordnung Kurfürst Johann Georgens I. vor die Mühlen auf der Unstrut vom 29. April 1653 (cod. Aug. II S. 727 ff.);
29. der Kurfürstliche Befehl vom 7. Oktober 1800 (II. contin. cod. Aug. II S. 395);
30. das Generale, die Anlegung neuer Mühlen und die dazu erforderlichen Konzessionen betreffend, vom 8. Mai 1811 (III. contin. cod. Aug. II S. 311);
31. die Wasserlösungs-Ordnung für das Herzogtum Lauenburg vom 22. Mai 1857;
32. die Wasserlösungs-Ordnung für die Geest-Distrikte des Herzogtums Holstein vom 16. Juli 1857 (Ges.- und MinBl. S. 208);
33. die provisorische Verfügung für die Geest-Distrikte des Herzogtums Schleswig, betreffend die Ableitung und die Benutzung des Wassers behufs Verbesserung der Ländereien, vom 6. September 1863 (Chronol. Samml. S. 232);
34. die Hannoversche Verordnung vom 18. Februar 1778, die künftige Erhaltung und Aufräumung der Wasserzüge in der Grafschaft Diepholz betreffend;
35. die Allgemeine Damm-, Graben- und Brückenordnung für sämtliche herrschaftliche Moorkolonien im Landdrosteibezirk Stade vom 20. November 1826;
36. die Strompolizei-Ordnung für die Innerste vom 16. Februar 1830;

37. das Hannoversche Gesetz, betreffend die Veräußerungspflicht behufs der Anlage von Schiffahrtkanälen usw., vom 16. September 1846 (Gesetzsamml. Abt. I S. 193);
38. das Hannoversche Gesetz über Entwässerung und Bewässerung der Grundstücke sowie über Stauanlagen vom 22. August 1847 (Gesetzsamml. Abt. I S. 263), jedoch bleiben die in den nach § 324 aufrechterhaltenen Gesetzen für anwendbar erklärten Vorschriften für den Geltungsbereich dieser Gesetze in Kraft;
39. die hannoversche Verordnung über das Wasserbauwesen vom 1. September 1852 (Gesetzsamml. Abt. I S. 257), soweit sie sich nicht auf das Deich- und Sielwesen bezieht;
40. die Verordnung, betreffend die Bildung von Genossenschaften zu Entwässerungs- und Bewässerungsanlagen in den neu erworbenen Landesteilen, vom 28. Mai 1867 (Gesetzsamml. S. 769);
41. die Münstersche Verordnung wegen Räumung der Bäche, Flüsse und Zuggräben vom 11. Mai 1771;
42. die Ufer- und Schlachtordnung für die an der Weser und Werre belegenen Untertanen des Fürstentums Minden und Amtes Vlotho in der Grafschaft Ravensberg vom 28. Dezember 1749;
43. das zur Ergänzung des Gesetzes vom 1. April 1879 für das Gebiet der Wupper und ihrer Nebenflüsse erlassene Gesetz vom 19. Mai 1891 (Gesetzsamml. S. 97) und die dazu ergangene Verordnung vom 30. Dezember 1891 (Gesetzsamml. 1892 S. 5);
44. das zur Ausdehnung des Gesetzes vom 19. Mai

1891 auf das Gebiet der Volme und ihrer Nebenflüsse ergangene Gesetz vom 14. August 1893 (Gesetzsamml. S. 199);

45. das zur Ausdehnung des Gesetzes vom 19. Mai 1891 auf das Gebiet der Ruhr ergangene Gesetz vom 18. April 1900 (Gesetzsamml. S. 119);

46. die Artikel XIV, XV und XXXVIII der kurhessischen Verordnung für die Dienstführung der Greben, Dorfschulzen oder Eidgeschworenen, Vorsteher und Heimbürgen, der Gemeinde-Geldberheber, der Dorfsknechte, Köddergreben, Dienstlader, Feuerherren, Feldhüter, Nachtwächter und andere in der Gemeinde zur Aufsicht bestellten Leute vom 6. November 1739 (Sammml. Hessischer Landesordnungen Bd. 4 S. 608), soweit diese Vorschriften sich auf das Wasserrecht beziehen;

47. das Kurhessische Kameral-Ausschreiben, betreffend
1. das Aufräumen der Flut- und Abzugsgräben,
2. das Verbot des Anbaues in die Flüsse,
vom 9. Februar 1747 (Samml. Hessischer Landesordnungen Bd. 4 S. 949);

48. die Kurhessische Verordnung, den Weser-Schlachtbau in der Grafschaft Schaumburg betreffend, vom 1. Dezember 1786 (Samml. Hessischer Landesordnungen Bd. 7 S. 123) und das zur Abänderung dieser Verordnung ergangene Gesetz, betreffend den Uferbau an der Weser im Kreise Rinteln, vom 3. April 1875 (Gesetzsamml. S. 190);

49. die Kurhessische Verordnung über den Wasserbau vom 29. Dezember 1789 (Samml. Hessischer Landesordnungen Bd. 7 S. 383);

50. § 1 der Kurhessischen Mühlenordnung vom 29. De-

zember 1820 (Kurhessische Gesetzsamml. Bd. 3 S. 118);

51. die Kurhessische Verordnung, die Pflanzungen an den Ufern und sonst für den Wasserbau betreffend, vom 16. April 1823 (Kurhessische Gesetzsamml. S. 13);

52. die Kurhessische Verordnung, den Wasserbau betreffend, vom 31. Dezember 1824 (Kurhessische Gesetzsamml. S. 99);

53. das Kurhessische Gesetz, betreffend die Beseitigung mehrerer der Verbesserung des Acker- und Wiesenbaues entgegenstehenden Hindernisse, vom 28. Oktober 1843 (Kurhessische Gesetzsamml. S. 156), mit Ausnahme der §§ 11, 12, die bestehen bleiben;

54. die Kurhessische Verordnung vom 31. August 1838 (Kurhessische Gesetzsamml. Bd. 8 S. 61);

55. das Kurhessische Gesetz, die Ausführung von Entwässerungsanlagen mittels unterirdischer Röhren (Drains) betreffend, vom 17. Dezember 1857 (Kurhessische Gesetzsamml. S. 51);

56. die §§ 1, 2 der Nassauischen Verordnung, die Güterkonsolidation betreffend, vom 12. September 1829 (Regierungsblatt S. 317);

57. die Nassauische Verordnung, das Verfahren bei Be- und Entwässerungsanlagen und bei Errichtung von Wassertriebwerken an Bächen betreffend, vom 27. Juli 1858 (Verordnungssamml. S. 100);

58. das Großherzoglich Hessische Gesetz, die Wiesenkultur betreffend, vom 7. Oktober 1830 (Regierungsblatt S. 365);

59. das Großherzoglich Hessische Gesetz, die Aufräumung und Unterhaltung der Bäche betreffend, vom 18. Februar 1853 (Regierungsblatt S. 65);
60. das Großherzoglich Hessische Gesetz, die Regulierung der Bäche zu anderen als Wiesenkultur-Zwecken betreffend, vom 19. Februar 1853 (Regierungsblatt S. 70);
61. das Großherzoglich Hessische Gesetz, die Errichtung und Beaufsichtigung der Wassertriebwerke an Bächen betreffend, vom 20. Februar 1853 (Regierungsblatt S. 75);
62. das Großherzoglich Hessische Gesetz, die Entwässerung von Grundstücken betreffend, vom 2. Januar 1858 (Regierungsblatt S. 33);
63. das Landgräflich Hessische Gesetz, die Wiesenkultur betreffend, vom 1. Juli 1862 (Regierungsblatt Nr. 8);
64. das Landgräflich Hessische Gesetz, die Entwässerung der Grundstücke betreffend, vom 15. Juli 1862 (Archiv S. 889);
65. das Landgräflich Hessische Gesetz, die Errichtung und Beaufsichtigung der Wassertriebwerke usw. betreffend, vom 15. Juli 1862 (Archiv S. 895);
66. das Bayrische Gesetz, die Benutzung des Wassers betreffend, vom 28. Mai 1852 (Bayrisches Gesetzblatt S. 490);
67. das Bayrische Gesetz über die Bewässerungs- und Entwässerungs-Unternehmungen vom 28. Mai 1852 (Bayrisches Gesetzblatt S. 456);
68. das Bayrische Gesetz über den Uferschutz und den Schutz gegen Überschwemmungen vom 28. Mai 1852 (Bayrisches Gesetzblatt S. 577);

69. die Niersordnung vom 7. März 1769;
70. die Geldernsche Grabenordnung vom 16. April 1769;
71. die dem Wasserrecht angehörenden Vorschriften der Ordonnance sur le fait des eaux et forêts aus dem Monat August 1669 und des Décret concernant les biens et usages ruraux et la police rurale vom 28. September/6. Oktober 1791;
72. das Décret relatif au desséchement des marais vom 26. Dezember 1790/5. Januar 1791;
73. das Décret relatif au desséchement des étangs vom 4. Dezember 1793;
74. der Arrêté du directoire exécutif contenant des mesures pour aussurer le libre cours des rivières et canaux navigables et flottables vom 9. März 1798;
75. die Loi relative au curage des canaux et rivières non navigables et à l'entretien des digues, qui y correspondent, vom 4. Mai 1803;
76. die Loi relative au desséchement des marais etc. vom 16. September 1807;
77. § 2 Nr. 3, 4 des Rheinischen Ressort-Reglements vom 20. Juli 1818;
78. das Gesetz wegen Verschaffung der Vorflut in den Bezirken des Appellationsgerichtshofes zu Cöln und des Justizsenats zu Ehrenbreitstein sowie in den Hohenzollernschen Landen vom 14. Juni 1859 (Gesetzsamml. S. 325);
79. die in den Hohenzollernschen Landen geltende Mühlenordnung vom 8. November 1845 (Gesetzsamml. Bd. VII S. 157).

Ent. § 363; B. 259f.; KBA. 522—526; L. II 8317; L. III 8623; KBH. 74; LH. 1081.

1. **Kodifikationsprinzip des Wassergesetzes.** § 399 gibt dem Kodifikationsprinzip des Wassergesetzes Ausdruck. Das ganze Wasserrecht soll grundsätzlich unter Aufhebung aller anderen einschlägigen Gesetze einheitlich geregelt werden. Diese Kodifikation erstreckt sich nicht

a) auf Gebiete, die nicht von diesem Gesetze berührt werden. Hierunter sind sowohl die Materien zu verstehen, die, wie z. B. die Fischerei, die Rechtsverhältnisse des Meeres und der Meeresufer, die Vorschriften über Brücken, Furten und sonstige zu Wegeanlagen gehörige Anstalten, in diesem Gesetz überhaupt nicht berührt werden, wie auch solche, die, wie etwa das Mühlenrecht, zwar in einzelnen Teilen, z. B. hinsichtlich der dem Betriebe dienenden Stauanlagen neu geordnet, im übrigen aber von diesem Gesetze nicht geregelt werden;

b) auf diejenigen Vorschriften, die ausdrücklich im Wassergesetz aufrechterhalten sind.

2. **Aufgehobene Gesetze.** Die Aufzählung der einzelnen außer Kraft getretenen Vorschriften ist keine abschließende. Sie soll nur die Handhabung des Gesetzes erleichtern und von vornherein einen festen Rechtszustand schaffen.

§ 400.

(1) Die Vorschriften der §§ 1, 2, 4 bis 6 des Gesetzes und die §§ 152 bis 175, 383, soweit es sich um den Ausbau von Wasserläufen erster Ordnung handelt, treten mit dem Tage der Verkündung in Kraft. Im übrigen wird der Zeitpunkt des Inkrafttretens dieses Gesetzes durch Königliche Verordnung[1]) bestimmt.

(2) Wo das Gesetz von dem Inkrafttreten dieses Gesetzes spricht, ist der im Abs. 1 Satz 2 bezeichnete Zeitpunkt gemeint.

Ent. § 364; B. 260; KBA. 526ff.; L. II 8318; L. III 8623f.; KBH. 74; LH. 1081.

1. **Inkrafttreten des Gesetzes.** Das Gesetz ist am 1. 5. 14 in ganzem Umfange in Kraft getreten (VO. v. 13. 4. 14 Gesetzsamml. S. 64). Für das durch G. v. 22. 2. 22 (Gesetzsamml. S. 37) mit

Preußen vereinbarte Pyrmont ist das G. v. 12. 3. 24 (Gesetzsamml. S. 138) eingeführt.

§ 401.

Die zur Ausführung[1]) des Gesetzes erforderlichen Vorschriften erlassen die zuständigen Minister.

Ent. § 365; KBH. 527; L. II 8318; L. III 8624; KBH. 74; LH. 1081.

1. **Ausführungsbestimmungen.** Zu dem Gesetz sind 10 Ausführungsanweisungen ergangen. Sie haben keine Gesetzeskraft und können deshalb die gesetzlichen Bestimmungen weder ändern noch erweitern (KG. bei Johow 51, 458).

Nachtrag.

Zu §§ 61 und 67.

Das Verhältnis der in den §§ 61 und 67 Abs. 2 genannten Anträge zueinander bedarf noch einer kurzen Erläuterung. Beide Bestimmungen behandeln den Fall, daß der Verleihungsbehörde eine Mehrzahl von Anträgen auf Verleihung zur Entscheidung gleichzeitig vorliegt, die sich auf dieselben Gewässer beziehen. Beide Paragraphen enthalten neben materiellrechtlichen Bestimmungen auch formale Verfahrensvorschriften. § 61 enthält die allgemeinere und weitergreifendere Bestimmung, § 67 Abs. 2 hat besondere Bedeutung für das Vorverfahren. In materieller Beziehung unterscheiden sich beide Bestimmungen aber erheblich.

Die im § 61 genannten „mehreren" Anträge sind solche, die nicht nebeneinander ausführbar sind, d. h. deren praktische (technische oder wirtschaftliche) Ausführbarkeit nebeneinander nicht besteht, bei denen auch die Auferlegung von Bedingungen, Auflagen oder Betriebseinrichtungen es nicht ermöglicht, beide Unternehmungen durchzuführen. Es kann also bei den Anträgen des § 61 immer nur einem Antrag stattgegeben werden, und die Verleihung auf Grund dieses einen Antrages hat die Abweisung der anderen Anträge unbedingt zur Folge.

Derartige, sich einander ausschließende Anträge sollen nach bestimmten, im § 61 Abs. 1 und 2 dargelegten Gesichtspunkten geprüft und entschieden werden. Um eine solche Entscheidung herbeizuführen, ist es nach meinem Dafürhalten unumgänglich notwendig, diese Anträge nach den Bestimmungen des § 65 zu behandeln. Es ist nicht dem Sinne des Gesetzes entsprechend, daß die Verleihungsbehörde schon von vornherein, ohne daß die Anträge erörtert sind, zu der Frage Stellung nimmt, welchem Antrag der Vorzug zukommt. Die Frage, ob die Bedeutung des einen Unternehmens für das öffentliche Wohl größer ist als die des anderen, desgleichen die wirtschaftliche Bedeutung der verschiedenen Anträge werden in den meisten Fällen ohne eine Erörterung nicht möglich sein. Erst durch die öffentliche Bekanntmachung und die erhobenen Widersprüche oder gestellten Anträge werden in vielen Fällen diese Fragen geklärt werden können. (A. M. Holtz-Kreutz Anm. zu §§ 61 und 67.)

Nur wenn ein Antrag „offenbar unzulässig" ist, kann er ohne das Verfahren des § 65 Abs. 3 zurückgewiesen werden. Das Nähere hierüber siehe Nachtrag zu § 65.

Die im § 67 Abs. 2 genannten Anträge sind materiell anderer Art als die im § 61. Die lassen die Möglichkeit der Ausführung des zur Erörterung stehenden Hauptantrages grundsätzlich zu, nur nicht in der beabsichtigten Art und Weise oder in dem beabsichtigten Umfange. Diese Anträge sind erst auf Grund der Veröffentlichung des Hauptantrages gestellt. Sie haben ein ähnliches Ziel wie die Widersprüche, d. h. sie wollen den Hauptantrag durch Geltendmachung eines eigenen Rechtes am Wasserlauf beschränken oder beeinträchtigen, gegebenenfalls auch verhindern.

Die Beanspruchung eines eigenen Wassernutzungsrechts durch einen diesbezüglichen Antrag im schwebenden Verleihungsverfahren kann die Beschränkung des ersten Antrages oder auch seine gänzliche Ablehnung zur Folge haben, ebenso wie durch etwa erhobene Widersprüche. Die Widersprüche haben stets einen negativen, die Anträge stets einen positiven Inhalt.

Es ist durchaus möglich, daß einer Mehrzahl von Anträgen, die auf Grund der Bekanntmachung gemäß § 67 Abs. 2 gestellt werden, auch stattgegeben wird. Durch diese nach § 67 Abs. 2 gestellten Anträge kann eine gewisse Ausgleichung der Benutzungsrechte herbeigeführt werden, was bei den „mehreren" Anträgen des § 61 nicht in Frage kommt. Die im § 67 Abs. 2 genannten Anträge sind absolut selbständige Anträge, deren Existenz und Erledigung zu dem formellen Verfahren des § 65 führen muß.

Es ist denkbar, daß auf Grund der Bekanntmachung der Verleihungsbehörde gemäß § 67 Abs. 2 ein Antrag gestellt wird, von dem sich bei genauer Prüfung ergibt, daß er kein Antrag ist, welcher die von dem ersten Antragsteller beabsichtigte Benutzung nur beeinträchtigt, sondern daß er sie ausschließen würde. Dann ist dieser Antrag nicht nach § 67 Abs. 2 zu beurteilen, sondern nach § 61. Für solche Anträge ist es deshalb gleichgültig, ob sie innerhalb der in der Bekanntmachung gesetzten Frist eingereicht sind oder nicht, denn sie sind nach § 61 zu behandeln und bis zur Entscheidung I. Instanz über den Hauptantrag zulässig. Es ist zusammen mit dem Hauptantrag über sie zu entscheiden. Vgl. LWA. 1, 127; PrVerwBlatt 38, 324; LWA. 3, 60 und 22; 4, 63 und 67. Die Ansicht von Lenhard-Reichau Anm. 2 zu § 61 ist unzutreffend. Vgl. auch III. Ausführungsanw. Nr. 18.

Die in der Entscheidung des Landeswasseramtes Band 4 S. 54 vertretene Auffassung, daß ein in einem schwebenden Verfahren gemäß § 67 Abs. 2 angebrachter zweiter Verleihungsantrag nicht öffentlich bekanntgemacht zu werden braucht, wenn von vornherein feststehe, daß er nach den Grundsätzen des § 61 unbegründet sei, ist meines Erachtens insoweit nicht unbedenklich, als, wie schon oben ausgeführt, die Frage, ob tatsächlich dem einen oder anderen Antrag der Vorrang gemäß § 61 gebührt, in den meisten Fällen nicht ohne Erörterung beantwortet werden kann. Gerade bei derartigen Anträgen wird es häufig auf Unterschiede ankommen, die die Verleihungsbehörde nicht ohne weiteres feststellen kann. Meines Erachtens ist es deshalb — jedenfalls, wenn es sich um Anträge von weittragender Bedeutung handelt — notwendig, das Verfahren des § 65 anzuwenden d. h. die Anträge zu veröffentlichen. Unter Umständen gibt die Nichtveröffentlichung des Antrages die Möglichkeit, die Entscheidung der Verleihungsbehörde gemäß § 76 mit der Beschwerde anzugreifen. (Vgl. LWA. 1, 129.)

Zu § 65.

§ 65 Abs. 2 behandelt die Frage der offenbar unzulässigen Anträge. Es ist die Ansicht vertreten, daß ein Antrag als offenbar unzulässig ohne weiteres zurückgewiesen werden kann, wenn ihm die vorgeschriebenen Unterlagen nicht beigefügt oder nicht vollständig seien. Es ist zugegeben, daß Anträge, denen die Unterlagen in einem Maße fehlen, daß der Plan und der Zweck des ganzen Antrages nicht ersichtlich ist, von der Verleihungsbehörde als offenbar unzulässig zurückgewiesen werden kann (siehe Anm. 2 zu § 65 S. 125).

Eine solche Zurückweisung eines Antrages wegen mangelnder Unterlagen wird die Verleihungsbehörde aber nur in ganz besonders kraß liegenden Fällen vornehmen, denn die Bestimmung des § 65 Abs. 2 verfolgt in erster Linie doch einen anderen Zweck. Sie ist für solche Fälle gedacht, in denen von vornherein die materielle Unzulässigkeit des Antrages, z. B. des mit ihm verfolgten Zweckes unzweifelhaft aus dem Antrage selbst sich ergibt. Ob eine solche Unzulässigkeit vorliegt, wird in den meisten Fällen die Verleihungsbehörde mit einiger Sicherheit nur dann beurteilen können, wenn die Begründung und der dem Antrag zugrunde liegende Plan, die materielle oder formelle Unzulässigkeit ohne weiteres ergeben. (Siehe auch die Begr. zu § 61 des Entw.)

Um dies prüfen zu können, wird die Verleihungsbehörde deshalb in erster Linie darauf hinwirken müssen, daß mangelhafte Unterlagen vervollständigt werden, nicht aber wird sie in einem solchen Falle einen Antrag wegen unzureichender Unterlagen ohne weiteres als unzulässig zurückweisen dürfen. In diesem Sinne spricht sich auch LWA. 1, 155; 3, 90, ferner 3, 35, 75 aus.

Wenn auch § 65 nicht wie § 67 Abs. 3 die ausdrückliche Bestimmung der Nachfristgewährung enthält, so kommt doch schon in der Fassung des § 65 Abs. 2 („so kann er . . . zurückgewiesen werden") die Absicht des Gesetzgebers klar zum Ausdruck, daß ein Zwang zur Zurückweisung eines Antrags aus rein formalistischen, beseitigungsmöglichen Gründen nicht bestehen soll. Aus diesen und rein praktischen Gründen wird also die Verleihungsbehörde dem Sinn und Geist der Vorschriften nur dann gerecht, wenn sie zunächst auf die Vervollständigung mangelhafter oder fehlender Unterlagen mit Fristsetzung für ihre Beibringung hinwirkt.

Kommt der Antragsteller dem Verlangen der Verleihungsbehörde auf Ergänzung nicht nach, so kann zwar sein Antrag materiell begründet bzw. durchführbar sein, er kann aber nicht durchgeführt werden, weil er formell nicht ordnungsmäßig begründet worden ist. Ein derartiger zurückweisender Beschluß ist der materiellen Rechtskraft nicht fähig. Der Antrag kann jederzeit neu eingebracht und begründet werden, und hat, wenn dies vor der Entscheidung der ersten Instanz über den primären Antrag geschieht, Anspruch auf Behandlung nach § 61.

Anhang I.

Die Wasserläufe erster Ordnung.

I. Natürliche Wasserläufe.

Die mit * bezeichneten Wasserläufe sind solche, auf welche die Bestimmung des § 49 Abs. 4 anzuwenden ist. — Die fettgedruckten Wasserläufe sind jetzt Reichswasserstraßen. — Die in eckige Klammer gesetzten Zusätze sind dem Staatsvertrage v. 31. 3.—26. 9. 1921 entnommen.

Bezeichnung des Wasserlaufs	Endpunkte des Wasserlaufs	
Aalbach	Duchower Mühle	Jasenitzer Fahrt
Aland	Zollbrücke bei Seehausen	Elbe
***Alle** (oberhalb der Mündung des masurischen Kanals ist die Bestimmung des § 49 Abs. 4 nicht anzuwenden)	**0,411 km unterhalb der Eisenbahnbrücke bei Friedland**	**Pregel**
***Aller**	**Mühlenwehr in Celle**	**Weser**
Alster	Wegebrücke beim Gute Stegen	Hamburgische Grenze
*Angerapp, Obere, mit Mauer-See (Mauer-, Kl. Mauer-, Pristanien-, Schwenzait-, Bodma-, Kirsaiten-, Dargainen-, Kissain-, Labab-, Doben-, Lötzenscher Kissain- und Tayta-See)	Mauer-See	Schloßschleuse bei Angerburg
***Angerapp, Untere, auch Pregel genannt**	**Brücke im Zug der Insterburg-Georgenburger Chaussee**	**Zusammenfluß mit Inster**
Aper Tief	Oldenburgische Grenze	Jümme
Arge	Chausseebrücke bei Ackmonienen	Laukne
*Atmath (s. Memel)	Abzweigung des Skirwieth	Kurisches Haff

Aue, mit Beberkesa-See	Beberkesa-See	Hadelner Kanal
Bober Mündungsstrecke	Wehr bei Neubrück [örtliche Abgrenzung vorbehalten]	**Oder**
*Brahe	2,8 km oberhalb der nördlichen Eisenbahnbrücke bei Bromberg	Weichsel
*Bronislaw-Kanal mit Bronislaw- und Pakosch-See	Stärkefabrik Bronislaw	Netze
Crampe	Königs-Kanal	Oder
Cranzer Beek	**Chaussee von Cranz nach Königsberg**	**Kurisches Haff**
*** Dahme und Wendische Spree (Streganzer See, Dahme, Dolgen-Krüpel-, Krimnick-, Zeuthener nebst Seddin-See, sowie Kleine und Große Krampe, Lange See, Wendische Spree)**	Streganzer See [Einmündung der Storkower Gewässer]	**Spree**
mit Teupitzer Gewässern: nördlicher Teil (Kl. Köriser, Hölzerner, Schmölde- und Huschte-See) (südlicher Teil s. unter II. Künstliche Wasserläufe),	Mündung des Moddergrabens in den Kl. Köriser See	**Dahme**
Zernsdorfer Lanke, Wernsdorfer Seenkette (Wernsdorfer See, Crossin-See u. Gr. Zug), Gosener Graben	**Südufer des Dämerie-Sees**	Seddin-See

Bezeichnung des Wasserlaufs	Endpunkte des Wasserlaufs	
* Dange	2,4 km oberhalb der Straßenbrücke von Kl. Tauerlauken	Kurisches Haff
* **Deime**	**Pregel**	**Kurisches Haff**
* **Dievenow (s. Oder), mit Kamminer Bodden**	**Stettiner Haff**	**Ostsee, Verbindungslinie der Seekanten der Molenköpfe**
Dosse	Baviermühlenwehr zu Hohenofen	Havel
Drage	Plötzenfließ	Netze
Drawöhne	König-Wilhelm-Kanal	Kurisches Haff
Drewenz	Große Mühle bei Leibitsch	Weichsel
* **Eider**	**Kaiser-Wilhelm-Kanal, Südende des Audorfer Sees**	**Nordsee, Verbindungslinie zwischen der Mitte der Burg (Tränke) und dem Kirchturm von Bollerwiek**
* **Elbe, mit Norderelbe, Süderelbe (einschließlich Köhlbrand) und Reiherstieg bei Harburg—Wilhelmsburg, Alte Süderelbe, Köhlfleth (einschließlich Kleine Elbe und Finkenwärder**	**Sächsische Grenze** [Landesgrenze]	**Nordsee, Verbindungslinie zwischen der Kugelbake bei Döse und der westlichen Kante des Deichs des**

Aue), von den Nebenarmen insbesondere die zwei Süderelben bei Wischhafen und Assel, Rutenstrom und Binnenelbe von der Brücke bei Hetlingen bis zum Kollmarer Nebenfahrwasser (einschließlich Dwarsloch)		Friedrichskoogs (Dieksand)
* Elbingfluß, mit Drausen-See	Drausen-See	Frisches Haff
* Ems	Schönefliether Wehr	Nordsee, Verbindungslinie der westlichen Spitze der Westermarsch (Utlands Hörn) und Ostpolder Siel
* Emster Gewässer (Kloster-See, Nahmitzer Strenggraben, Netzener See, Emster Kanal, Rietzer See nebst Moor-See und Streng)	Kloster-See	Havel
Este	Mühle in Buxtehude	Elbe
Fehntjer Tief	Landstraße Aurich-Neermoor bei West-Großefehn (Nördlicher Arm) und Boekzeteler Meer (Südlicher Arm)	Kesselschleuße und Herrentor in Emden
Ferse	Chausseebrücke bei Meve	Weichsel
Fischau	Gasthaus Lahme Hand	Elbingfluß
Follusch-Wasserstraße (Follusch-, Ostrowiecer und Kierschkowoer See)	Folluschmühle	Pturker See
Freiburger Hafenpriel	Deichschleuse in Freiburg a. Elbe	Elbe

Bezeichnung des Wasserlaufs	Endpunkte des Wasserlaufs	
Frisches Haff, mit Königsberger Seekanal	—	**Hafen von Pillau, Verbindungslinie der Seekanten der äußeren Molenköpfe**
* **Fulda**	**Kreisgrenze unterhalb Mecklar**	**Weser**
* Geeste	Köhlener Brücke	Weser
* **Gerade Ost (s. Memel)**	**Skirwieth, Abzweigung der Wittinnis-Ost**	**Kurisches Haff**
* **Gilge** (s. Memel)	**Ungeteilte Memel bei Abzweigung vom Ruß**	**Kurisches Haff**
* **Griethauser Altrhein**	**Griethauser Fährdamm**	**Rhein**
Gr. Wusterwitzer See mit Ablauf in den Plauer See	—	—
* Hamme	Kollbeck	Wümme
Hase	**Hahnenmoorkanal** [Unterhalb Meppen]	**Emsfluß**
* Havel **(Obere Havel nebst Schwedt- und Stolp-See, Schnelle Havel** — auf die Schnelle Havel ist die Bestimmung des § 49 Abs. 4 nicht anzuwenden —, **Friedrichsthaler, Oranienburger, Span-**	Mecklenburgische Grenze [Landesgrenze]	Elbe

dauer und Pichelsdorfer Havel nebst Stößen-See und Scharfe Lanke, Kladower Seestrecke nebst Gr. Wann-See, Potsdamer Havel nebst Jungfern-, Lehnitz- und Krampaitz-See, Petzien- und Schwielow-See, Gr. und Kl. Zern-See, Göttin-See, Brandenburger Havel nebst Trebel-See, Beetz-See bis zur Pählbrücke und Brandenburger Stadtkanal, Plauer See nebst Breitling-, Mösersche, Quenz- und Wend-See, Untere Havel nebst Rathenower Schleusenkanälen und Gülper Havel); mit		
Tegeler See, Glindow-See,		
Wublitz nebst Schlänitz-See,	Abschlußdamm bei Uetz	Havel
Pritzerber und Gülper See		
Hohennauener Wasserstraße (Hohennauener und Ferchesarer See)	Ferchesarer See	Hohennauener Kanal
Hotzenplotz	**Mühle bei Krappitz**	**Oder**
Ihna	Südliche Grenze des Weichbildes der Stadt Stargard	Oder
* **Ilmenau**	**Abtsmühle zu Lüneburg**	**Elbe**
Jäge	Bauernbrücke in Plaschken	Ruß
Jeetzel	Eisenbahnbrücke (Überführung der Stendal-Ülzener Bahnstrecke)	Elbe
Jümme	Oldenburgische Grenze	Leda

Bezeichnung des Wasserlaufs	Endpunkte des Wasserlaufs	
Jura	Unteres Ende der Insel bei Weszeningken	Memelstrom
*** Katharinengraben und -See Klodnitz**	**Forstablage Eisenbahnbrücke südlich Sosnitza**	**Oder-Spree-Kanal Oder**
Kollbeck	Oste-Hamme-Kanal	Hamme
*** Krückau**	**Wassermühle zu Elmshorn**	**Elbe**
Küddow	Brücke der Schneidemühl-Bromberger Chaussee	Netze
Kurisches Haff	--	Hafen von Memel, Verbindungslinie der Seekanten der äußeren Molenköpfe
*** Lahn**	Hessische Grenze [Landesgrenze]	**Rhein**
Laukne	Zusammenfluß von Arge und Ossa	Nemonienfluß
Leba	Südende des fiskalischen Hafens	Ostsee, Verbindungslinie der Seekanten der Molenköpfe

* **Leda**	Oldenburgische Grenze [Landesgrenze]	**Emsfluß**
* **Leine mit Ihme**	**Wehr am Schnellen Graben in Hannover**	**Aller**
* **Lesum**	**Zusammenfluß von Hamme und Wümme**	**Weser**
* Lindower Gewässer (**Vielitz-See** und -**Kanal, Gudelack-See,** Rhin und **Möllen-See**)	Vielitz-See	Rheinsberger Rhin
* Lippe	Einmündung der Pader bei Neuhaus	Rhein
* **Löcknitz** mit **Möllen-, Peetz-** und **Werl-See**	**Möllen-See**	**Flaken-See**
Lühe	**Mühle in Horneburg**	**Elbe**
Luhe	Hafen in Winsen	Ilmenau
Lune	Stoteler Schleuse	Weser
* **Lychener Gewässer, mit Stadt-See, Gr. Lychen-See, Woblitz und Haus-See**	**Lychener Floßwehr**	**Havel**
* **Main**	**Bayerische Grenze**	**Hessische Grenze**
* Masurische Wasserstraßen, mit **Lötzener Kanal, Löwentin- nebst Woynо-See, Saiten-See, Jagodner See nebst Gurkler und Gr. Hensel-See, Gr. Schimon-, Gr. Kotteck- und Taltowisko-See, Talter Gewässer, Rheinischer, Nikolaiker, Spirding-, Warnold- und Sexter See, sowie Belbahn-, Kl. und Gr. Guszin- und Nieder See**	Ausmündung des Lötzener Kanals in den Maurer-See	**Einmündung des Jeglinner Kanals in den Sexter See**

Bezeichnung des Wasserlaufs	Endpunkte des Wasserlaufs	
Mehe	Abbensether Schiffsstelle	Oste
* **Memel, von den Mündungsarmen nur Gilge, Ruß, Atmath, Skirwieth, Pokallna, Gerade Ost und Wittinnis-Ost** (s. auch diese)	Russische Grenze [Reichsgrenze]	**Kurisches Haff**
* Minge, mit Taggraben und Krumme Ost	**König-Wilhelm-Kanal**	Atmathfluß
* **Mosel**	Reichsländische Grenze [Reichsgrenze]	**Rhein**
Neisse, Glatzer	Eisenbahnbrücke b. Löwen	Oder
* **Neisse, Lausitzer** Mündungsstrecke	Egelneisse bei Guben [örtliche Abgrenzung vorbehalten]	**Oder**
* **Nemonien**	**Schalteikfluß**	**Kurisches Haff**
Netze:		
* **oberer Teil** mit **Goplo-, Szarley-, Mölno-, Sadlogoscher und Pturker See**	Russische Grenze	Oberer Netze-Kanal
* **unterer Teil** mit **Alte Netze von der Chausseebrücke bei Driesen bis Einmündung in die Netze**	Bromberger Kanal	**Warthe**
* **Nogat, von den Mündungsarmen nur Breite Fahrt nebst Biberzug und Westrinne (s. Weichsel)**	[Mündung der Küddow] **Weichsel**	**Frisches Haff**

Norder Außentief	Norder Siel	Leybucht
* Rotte, mit Mellen-See	Mellen-See	Dahme
Oberländische Seen: Schilling-, Pausen- und Drewenz-See; Ewing-, Geserich-, Flach-, Duben- und Widlung-See;	Bunkenmühle, Oberländischer Kanal u. Saalfeld	Drewenz, Deutsch-Eylau
Bärting-See (s. Oberländischer Kanal unter II. Künstliche Wasserläufe)	—	Dutz-Kanal
Obra	Bentschen	Meseritz
* Oder, mit Dammsche See und Papenwasser, von den Nebenarmen insbesondere Alte Oder bei Breslau, von den Mündungsarmen nur Peenestrom, Swine und Dievenow (s. diese, Stettiner Haff, sowie unter II. Künstliche Wasserläufe: Breslauer Umgehungs-Kanäle und Hohensaaten-Friedrichsthaler Wasserstraße)	Österreichische Grenze [Reichsgrenze]	Ostsee
* Oberberger Gewässer (Alte Oder, Oberberger und Lieper See)	Finow-Kanal	Oder
nebst Wriezener Alte Oder *	Dammbrücke in Wriezen	Oberberger Gewässer
und Freienwalder Landgraben *	Stadtbrücke in Freienwalde	Wriezener Alte Oder
Oldersumer Sieltief	Fehntjer Tief	Emsfluß
* Oste	Südliche Dorfgrenze von Wintenburg	Elbe
Passarge	Dampferanlegestelle 0,55 km unterhalb des Mühlenwehrs in Braunsberg	Frisches Haff

Bezeichnung des Wasserlaufs	Endpunkte des Wasserlaufs	
* **Peenefluß**	Mecklenburgische Grenze [Landesgrenze]	**Peenestrom**
* **Peenestrom (s. Oder), mit Achterwasser und Krumminer Wiek**	**Kleines Haff**	**Ostsee, Verbindungslinie Seekante vor der Nordwestecke der Peenemünder Schanze nit dem nördlichsten Punkte der gegenüberliegenden Landzunge**
* Persante	Untere Mündung des Holzgrabens bei Kolberg	Ostsee, Verbindungslinie der Seekanten der Molenköpfe
* **Pinnau**	Straßenbrücke bei Pinneberg	**Elbe**
Pissek, mit Roschsee	Roschsee	Russische Grenze
* Plöne	Brücke in der Stettin-Altdammer Straße	Dammsche See
Pokallna (s. Memel)	Skirwieth	Westliches Ende des Dorfes Pokallna
* **Pregel (s. auch Angerapp, Untere)**	**Zusammenfluß von Angerapp und Inster**	**Frisches Haff**
Przemsa	Russische Grenze, Dreikaisereck bei Myslowitz	Weichsel

Randow	Straßenbrücke zu Eggesin	Ücker
Recknitz, mit Saaler Bodden, Koppelstrom, Bodstedter Bodden nebst Prerowstrom, Zingster Strom, Barther Bodden, Grabow und Rinne am Bock	1,06 km unterhalb der Brücke in der Chaussee Marlow-Plennin	Ostsee, Verbindungslinie des Barhöfter Oberfeuers mit der massiven Fischermarke auf dem Südgellen
* Rhein	Hessische Grenze [Landesgrenze]	Niederländische Grenze [Reichsgrenze]
* Rheinberger Altrhein (Rheinberger Kanal)	Brücke an der Mündung des Moersbaches	Rhein
* Rheinsberger Gewässer (Grienerick-See, Rheinsberger Kanal, Großer Rheinsberger See, Schlaborn-Kanal und -See nebst Mehlitz-See, Hütten-Kanal, Tietzow-See, Prebelow-Kanal, Prebelow-See und Schleusenkanal) mit Dollgow-See und -Kanal, sowie Bikow-See und -Kanal	Grienerick-See	Pälitzbrücke
* Riewendt-See und Obere Beetz-Seen, mit Strängen	Riewendt-See	Pählbrücke
Röricke	2,7 km oberhalb der Einmündung in die Oder	Oder
* Rüdersdorfer Gewässer, südlicher Teil mit Flaken-See (nördlicher Teil s. unter II. Künstliche Wasserläufe)	Woltersdorfer Schleuse	Spree
* Ruhr [oberhalb der Steinbrücke in Mülheim (Ruhr) ist die Bestimmung des § 49 Abs. 4 nicht anzuwenden]	Wittener Ruhrschlagd	Rhein

Bezeichnung der Wasserstraße	Endpunkte des Wasserlaufs	
* Ruppiner Wasserstraße	Rheinsberger Rhin	Kremmer See
(Obere Rhinwasserstraße nebst Zermützel-, Teetzen- und Molchow-See, Ruppiner See, Untere Rhinwasserstraße nebst Bütz-See, Kremmer See) mit Fehrbelliner Wasserstraße	Rhin	Fehrbelliner Arche
* **Ruß (s. Memel)**	**Ungeteilte Memel bei Abzweigung der Gilge**	**Teilung in Atmath und Skirwieth**
* **Ryckfluß**	**Steinbecker Torbrücke am Greifswalder Hafen**	**Greifswalder Bodden, Verbindungslinie der Seekanten der Molenköpfe**
* **Saale**	Unstrut bei Naumburg [Einmündung der Unstrut]	**Elbe**
* **Saar**	Reichsländische Grenze [**Reichsgrenze**]	**Mosel**
Sauer	Luxemburgische Grenze	Mosel
Schalteik	Nordende von Jodgallen	Remonienfluß
Schwarzwasser	Mühle zu Schönau	Weichsel
Schwente (s. Tiege)	—	—
Schwentine, Untere	**Mühlendamm bei der Baltischen Mühle**	**Ostsee**
Schwenzer Bach	0,1 km unterhalb der Einmündung des Schwarzen Grabens bei Schwenz	Kamminer Bodden

Schwinge	**Abzweigung des alten Schwingebetts bei der Horster Ziegelei**	**Elbe**
Seeve	Ashäuser Mühlenbach	Elbe
* **Skirwieth (s. Memel), von den Mündungsarmen nur Gerade Ost und Wittinnis-Ost**	**Abzweigung der Atmath**	**Kurisches Haff**
Sorge (Ost- und Westpreußen)	Brücke mit Wehr in Baumgarth	Drausen-See
Sorge (Schleswig-Holstein)	**Sandschleuse**	**Eider**
* **Spree** (Obere Spree nebst Nauendorfer, Schwieloch-, Glowe-, Leißnitz-, Ogel- und Wergen-See, Drahendorfer [**Mündungsstrecke der Drahendorfer Spree**] und **Fürstenwalder Spree, Müggel-Spree nebst Dämeritz- und Gr. Müggel-See, Treptower Spree nebst Rummelsburger See, Berliner Spree nebst Spreekanal — Kupfergraben — und Untere Spree)** mit **Kersdorfer See**	Straßenbrücke bei Leibsch [Flutkrug]	**Havel**
Stettiner Haff (Großes und Kleines Haff) mit Neuwarper See, Kaiserfahrt und Usedomer See	—	—
* **Stör**	**Rensing, 1,5 km oberhalb der Eisenbahnbrücke zu Kellinghusen**	**Elbe**
* Stolpe	Eisenbahnbrücke zu Stolpmünde	Ostsee, Verbindungslinie der Seekanten der Molenköpfe

Bezeichnung der Wasserstraße	Endpunkte des Wasserlaufs	
*** Storkower Gewässer mit Scharmützel-, Storkower, Wolziger und Lange See**	**Scharmützel-See**	**Dahme**
*** Swine (s. Oder)**	**Stettiner Haff**	**Ostsee, Verbindungslinie der Seekanten der Molenköpfe**
Szeszuppe	Vorwerk Ackmenischken	Memelstrom
Sziesze	Chausseebrücke in Heydekrug	Atmathfluß
*** Templiner Gewässer (Labüske-See und -Kanal, Fähr- nebst Zaar-See, Bruch-See nebst Gleuen-See und Gleuenfließ, Templiner See und -Kanal, Röddelin-, Gr. und Kl. Lanken- und Kuhwall-See sowie Templiner Wasser)**	**Labüske-See**	**Havel**
Tiege (oberhalb Tiegenhof „Schwente“ genannt)	Chausseebrücke zu Neuteich	Frisches Haff
Timber	0,23 km oberhalb des Weges von Piplin nach Minchenwalde	Nemonienfluß
Tollense	Straßenbrücke zu Klempenow	Peenefluß

Trave	**Unterhalb der Fußgängerbrücke in Oldisloe**	Lübeckische Grenze [Landesgrenze]
Trebel	Triebseeser Paßbrücke	Peenefluß
Treene mit Wester- und Ostersielzug und deren Verbindungskanälen, Mittelburggraben und Fürstenburggraben als Binnenhafen	Fresendelfer Fähre	Eider
* **Ücker**	**Straßenbrücke zu Pasewalk**	**Kleines Haff**
* **Unstrut**	**Mühlenwehr bei Bretleben**	**Saale**
* **Warthe**	Russische Grenze [Reichsgrenze]	**Oder**
Wedeler Au	**Wassermühle zu Wedel**	**Elbe**
* Weichsel	Russische Grenze	Ostsee, Verbindungslinie der Seekanten des Molenkopfes (östliches Ufer) und des Deckwerks (westliches Ufer)
von den Mündungsarmen nur		
	Schleuse bei Einlage	Ostsee bei Neufahrwasser, Verbindungslinie der Seekanten der Molenköpfe
Tote Weichsel mit Ausnahme der Kaiserhafens	Gr. Plehnendorf	Ostsee bei Neufähr, Verbindungslinie der Seekanten des Leitwerks (östliches Ufer) und des Deckwerks (westliches Ufer)

Bezeichnung der Wasserstraße	Endpunkte des Wasserlaufs	
Elbinger Weichsel	Weichsel	Frisches Haff
Königsberger Weichsel (s auch Nogat)	Elbinger Weichsel	Frisches Haff
* **Wentow-Gewässer (Kl. und Gr. Wentow-See)**	**Polzowfließ**	**Wentow-Kanal**
* **Werbellin-See**	—	**Werbellin-Kanal**
* **Werra**	Weimarische Grenze bei Falken [Landesgrenze]	**Weser**
* **Weser von den Nebenarmen insbesondere Rechter Weserarm bei Sandstedt und Alte Weser bei Geestemünde**	**Zusammenfluß von Werra und Fulda**	**Nordsee, Verbindungslinie zwischen dem Kirchturm von Langwarden und der Mündung des Oxstedter Baches (Hamburgische Grenze)**
Wilsterau	**Kaiser-Wilhelm-Kanal**	Stör
* Wipper	**Rügenwalde**	Ostsee, Verbindungslinie der Seekanten der Molenköpfe
* **Wittinnis-Ost (s. Memel)**	**Skirwieth, Abzweigung der Gerade Ost**	**Kurisches Haff**
Wittmunder Tief	**Karolineninsel**	**Nordsee, Verbindungslinie der Seekante (des**

		Molenkopfes (westliches Ufer) und der Seekante des östlichen Ufers
* Wümme	Truperdeich	Hamme
* Zechliner Gewässer (Schwarzer See, Zechliner Kanal, Großer Zechliner See, Repenter Kanal, Zootzen-See und -Kanal)	Schwarzer See	Rheinsberger Gewässer

II. Künstliche Wasserläufe.

Achterwehrer Schiffahrtskanal (in Ausführung)	Chausseebrücke bei Achterwehr	Kaiser-Wilhelm-Kanal
Bederkesa-Geeste-Kanal	Bederkesa-See	Geeste
Berliner Kanäle:		
Landwehr-Kanal	Spree	Spree
Neuköllner Kanal (in Ausführung)	Landwehr-Kanal	Teltow-Kanal
Luisenstädtischer Kanal	Landwehr-Kanal	Spree
Berlin-Spandauer Schiffahrtkanal	Spree	Berlin-Charlottenburger Verbindungskanal
Berlin-Charlottenburger Verbindungskanal	Spree	Berlin-Spandauer Schiffahrtkanal
Breslauer Umgehungskanäle	Oder bei Bartheln	Alte Oder
	Alte Oder	Alte Oder
Bromberger Kanal	Bromberg	Nakel
Dortmund-Ems-Kanal, soweit nicht Bestandteil der Ems und der Hase	Dortmund/Herne	Emden

Bezeichnung der Wasserstraße	Endpunkte des Wasserlaufs	
Elbe-Trave-Kanal	**Elbe**	**Lübeckische Grenze** [Landesgrenze]
Ember Stadtgraben, mit Boltentors Pipentief, Hinter Tief (soweit der Stadt Emden gehörig), Alter Graben, Judentief und Doele-Pipentief	Kesselschleuse	Wallbrücke im Zuge der Ringstraße
Ember Vorflutkanal	Ems-Jade-Kanal	Düker im Fehntjer Tief
Ems-Jade-Kanal	Rotes Siel	Wilhelmshavener Hafenanlagen
Ernst-August-Kanal	Dove-Elbe bei Wilhelmsburg	Reiherstieg
Finow-Kanal, soweit nicht Bestandteil der Havel (Friedrichsthaler Havel) und des Hohenzollernkanals mit Oranienburger und Malzer Kanal	**Hohenzollernkanal bei Pinnow**	**Hohenzollernkanal bei Liepe**
Friedrichsgraben, Großer	**Deime**	**Nemonienfluß**
Friedrich-Wilhelm-Kanal	**Oder**	**Oder-Spree-Kanal**
Hadelner Kanal	Aue	Elbe
Hohennauener Kanal	Hohennauener See	Havel
Hohensaaten-Friedrichsthaler Wasserstraße (in Ausführung)	**Neue Schleuse bei Hohensaaten**	**Oder**
Hohenzollernkanal (Wasserstraße Berlin-	**Berlin-Charlotten-**	**Oder**

Hohensaaten) soweit nicht Bestandteil der Oderberger Gewässer und der Havel (Oranienburger und Spandauer Havel) mit **Lehnitz-See**	**burger Verbindungskanal**	
Ihle-Kanal	**Plauer Kanal**	**Elbe**
Jeglinner Kanal	Sexter See	Rosch-See
Kaiserhafen zu Danzig	Tote Weichsel	Tote Weichsel
Kaiser-Wilhelm-Kanal mit Schirnauer, Borgstedter und Audorfer See	**Elbe**	**Ostsee**
Klodnitz-Kanal soweit nicht Bestandteil der Klodnitz	**Gleiwitz**	**Oder bei Cosel**
Königs-Kanal	Schützendorfer Kanal	Crampe
König-Wilhelm-Kanal	Mingefluß	Kurisches Haff
Kraffohl-Kanal	Nogat	Elbingfluß
Landwehr-Kanal (s. Berliner Kanäle)	—	—
Lehniner Kanal	Steinablage bei Lehnin	Kloster-See
Linksemsische Kanäle:		
Ems-Vechte-Kanal	Emsfluß	Vechte
mit Verbindungskanal zur Vechte, Nordhorn-Almelo-Kanal	Vechte	Niederländische Grenze
Süd-Nord-Kanal	Ems-Vechte-Kanal	Haren-Rütenbrocker Kanal
Piccardie-Coevorden-Kanal	**Süd-Nord-Kanal**	**Niederländische Grenze**
Schöninghsdorf-Hoogeveen-Kanal	Süd-Nord-Kanal	Niederländische Grenze
Haren-Rütenbrocker Kanal	Emsfluß	Niederländische Grenze
Lippe-Seitenkanal (in Ausführung)	Schleuse bei Hamm [Lippstadt]	**Haltern** [Rhein bei Wesel]
Luisenstädtischer Kanal (s. Berliner Kanäle)	—	—

Bezeichnung der Wasserstraße	Endpunkte des Wasserlaufs	
Malzer Kanal (s. Finow-Kanal)	—	—
Masurischer Kanal (in Ausführung) mit Rehsauer See	**Mauer-See**	**Alle**
Mottlau, mit Neue Mottlau und Kielgraben	Steinschleuse in Danzig	Tote Weichsel
Netze-Kanal, Oberer	Obere Netze	Bromberger Kanal
Neuhauser Speisekanal	**Obere Spree**	**Ober-Spree-Kanal**
Neuköllner Kanal (s. Berliner Kanäle)	—	—
Oberländischer Kanal	Duben-See	Drausen-See
mit Liebemühler Mühlenteich, Gr. Eiling-, Zopf-, Krebs-, Roethlof-See nebst Dutz-Kanal, Samrodt- und Pinnau- nebst Bauditter See (s. Oberländische Seen unter I. Natürliche Wasserläufe)	Drewenz-See	Schleuse bei Liebemühl
Ober-Spree-Kanal [einschl. Kl. Müllroser See] soweit nicht Bestandteil der Spree (Fürstenwalder Spree) und der Dahme (Wernsdorfer See)	**Oder**	**Seddin-See**
Oranienburger Kanal (s. Finow-Kanal)	—	—
Oste-Hamme-Kanal	Kollbeck	Oste
Osterholzer Hafenkanal	Osterholz-Scharmbeck	Hamme
Papenburger Siel-Kanal	**Bahnhofsbrücke in Papenburg**	**Emsfluß**

Plauer Kanal	Wend-See	Elbe
mit **Baggerelbe**	**Kupierung bei Derben**	**Plauer Kanal**
Prinz-Friedrich-Leopold-Kanal mit Stolper, Pohle- und Kl. Wann-See	Gr. Wann-See	Teltow-Kanal
Rhein-Weser-Kanal (in Ausführung) (soweit nicht Bestandteil des Dortmund-Ems-Kanals) mit den Zweigkanälen nach Osnabrück, zur Weser bei Minden und nach Linden, sowie Abstieg zur Leine	**Ruhrorter Hafen**	**Hannover, Osthafen**
Rüdersdorfer Gewässer, nördlicher Teil mit **Hohle See, Stolpgraben und Kalk-See (südlicher Teil s. unter** I. **Natürliche Wasserläufe)**	**Hohle See**	**Woltersdorfer Schleuse**
Ruppiner Kanal	Kremmer See	Havel
Sakrow-Paretzer Kanal, **soweit nicht Bestandteil der Wublitz,** mit **Weiße und Fahrlander See**	**Jungfern-See**	**Havel**
Schützendorfer Kanal	Schützendorf	Königs-Kanal
Seckenburger Kanal	**Nemonienfluß**	**Gilgefluß**
Silo-Kanal	Beetz-See	**Quenz-See**
Spoy-Kanal	**Cleve**	**Altrhein**
Teltow-Kanal	Spree	Havel
mit Verbindungskanal Britz-Kanne, Kleiner Machnower See, Griebnitz-See und Glienicker Lake	Spree	Teltow-Kanal

Bezeichnung des Wasserlaufs	Endpunkte des Wasserlaufs	
Teupitzer Gewässer, südlicher Teil (Teupitzer See, Mochgraben, Zemmin-See, Schulzen-See, Köriser Graben, Gr. und Kl. Mobber-See und Mobbergraben) (nördlicher Teil s. unter Dahme bei I. Natürliche Wasserl.)	Teupitzer See	Mündung des Mobbergrabens in den Kl. Köriser See
Tiegenorter Kanal	Elbinger Weichsel	Tiege
Treckfahrts-Kanal	Uphuser Schleuse	Ember Stadtgraben
Verbindungskanal zum Dortmund-Ems-Kanal	**Ember Vorflutkanal**	**Dortmund-Ems-Kanal**
Voß-Kanal	**Havel**	**Finow-Kanal**
Weichsel-Haff-Kanal, soweit nicht Bestandteil der Tiege	Weichsel	Frisches Haff
Wentow-Kanal	**Gr. Wentow-See**	**Havel**
Werbellin-Kanal	**Werbellin-See**	**Hohenzollernkanal**

Anhang II.

Ausführungsanweisungen.

I. Ausführungsanweisung vom 26. April 1913.

Betrifft die Aufstellung der Verzeichnisse der Wasserläufe zweiter Ordnung (MBl. f. Landw. 1913 S. 161).

Das Wassergesetz teilt die Wasserläufe in drei Ordnungen ein (§ 2). Die Wallerläufe erster Ordnung sind durch das dem Gesetz als Anlage beigefügte Verzeichnis bestimmt (§ 2 Abs. 1 Nr. 1). Die Wasserläufe zweiter Ordnung werden durch Eintragung in ein Verzeichnis festgestellt, das der Oberpräsident, für die Hohenzollernschen Lande der Regierungspräsident, aufzustellen hat (§ 4 Abs. 1). Zur dritten Ordnung gehören die Wasserläufe, die weder in die erste noch in die zweite Ordnung eingereiht sind.

Da die Vorschriften des Wassergesetzes für die Wasserläufe zweiter und dritter Ordnung zum Teil verschieden sind, kann das Gesetz im ganzen erst in Wirksamkeit gesetzt werden, wenn die Zugehörigkeit der einzelnen Wasserläufe zu den einzelnen Ordnungen feststeht, das Verzeichnis der Wasserläufe zweiter Ordnung also angelegt und festgestellt ist. Deshalb sind die Vorschriften der §§ 1, 2, 4—6 mit dem Tage der Verkündung in Kraft gesetzt, während im übrigen der Zeitpunkt für das Inkrafttreten des Gesetzes durch Königliche Verordnung bestimmt werden soll (§ 400 Abs. 1).

Grundsätze für die Aufstellung der Verzeichnisse der Wasserläufe zweiter Ordnung.

In das Verzeichnis der Wasserläufe zweiter Ordnung sind nach § 4 Abs. 2 Satz 1 die nicht zur ersten Ordnung gehörenden Strecken natürlicher und künstlicher Wasserläufe aufzunehmen, die für die Wasserwirtschaft von größerer Bedeutung sind. Unter welchen Umständen einem Wasserlaufe diese Bedeutung zukommt, ist im

Gesetze nicht näher bestimmt, die Entscheidung wird vielmehr allein nach den tatsächlichen Verhältnissen zu treffen sein. Einen Anhalt werden hierbei gewisse Folgen bieten können, die das Gesetz an die Zugehörigkeit eines Wasserlaufs zur zweiten Ordnung knüpft, da es der Absicht des Gesetzes entspricht, daß diejenigen Wasserläufe zur zweiten Ordnung gerechnet werden, bei denen diese Folgen erwünscht sind. Von besonderer Wichtigkeit ist hierbei, daß die ordnungsmäßige Unterhaltung der natürlichen Wasserläufe zweiter Ordnung besser gesichert ist, als bei Wasserläufen dritter Ordnung; die Unterhaltung soll nach § 115 Abs. 1 Nr. 2 für diesen Zweck zu bildenden Wassergenossenschaften obliegen, wenn nicht der Wasserlauf ebenso zweckmäßig durch die bisher dazu Verpflichteten unterhalten werden kann oder kein öffentliches Interesse an der Bildung der Genossenschaft besteht (§ 116 Abs. 1), oder wenn nicht die Unterhaltung einer Gemeinde oder einer anderen Körperschaft des öffentlichen Rechtes mit ihrer Zustimmung vom Regierungspräsidenten übertragen wird (§ 116 Abs. 2). Diesen Genossenschaften, Gemeinden oder anderen Körperschaften des öffentlichen Rechtes ist im Interesse möglichster Förderung der Wasserwirtschaft das wichtige Recht beigelegt, in einem vereinfachten Verfahren (dem Ausbauverfahren) den Zustand des Wasserlaufs durch Ausbau zu verbessern (§ 155 Abs. 1 Nr. 2). Von Bedeutung ist ferner, daß Wasserpolizeibehörde für die Wasserläufe zweiter Ordnung der Landrat, in Stadtkreisen die Ortspolizeibehörde ist, während für die Wasserläufe dritter Ordnung allgemein die Ortspolizeibehörde als Wasserpolizeibehörde bestimmt ist (§ 342 Abs. 1 Nr. 2, 3). Hiernach werden in das Verzeichnis alle diejenigen Wasserläufe aufzunehmen sein, deren Bestand und Unterhaltungszustand für die Wasserwirtschaft größerer Gebiete von Wichtigkeit ist, insbesondere solche, denen im öffentlichen Interesse ein größeres Maß von Fürsorge hinsichtlich der Unterhaltung oder der polizeilichen Beaufsichtigung gewidmet werden muß. Im einzelnen wird dies namentlich auf Wasserläufe zutreffen, bei denen Hochwassergefahren bestehen oder die Hochwasser abführen und deshalb einer besonderen Beaufsichtigung und Unterhaltung bedürfen. Wasserläufe, die bereits in die nach § 2 des Gesetzes zur Verhütung von Hochwassergefahren vom 16. August 1905 (Gesetzsamml. S. 342) aufgestellten Verzeichnisse eingetragen sind, werden sämtlich in das Verzeichnis der Wasserläufe zweiter Ordnung aufzunehmen sein. Für die Aufnahme in dieses Verzeichnis werden auch diejenigen Wasserläufe in Betracht kommen, welche Vorfluter für ausgedehntere Gebiete sind, ferner diejenigen, deren ordnungsmäßige Unterhaltung schwierig oder mit größeren Kosten verbunden ist, wenn an dieser Unterhaltung ein öffentliches oder doch ein Interesse weiterer Kreise besteht; sodann die für die Wasserversorgung größerer Gebiete wichtigen Wasserläufe, namentlich solche, an denen Talsperren errichtet sind, sowie endlich Wasserläufe, in welche Abwässer in einem Umfang oder in einer Art eingeleitet werden, daß ihre unschädliche Abführung nur bei ordnungsmäßiger Unterhaltung möglich ist. Natürliche Wasserläufe, deren Unterhaltung oder Ausbau schon von einer Wassergenossenschaft oder von einem Kommunalverband übernommen ist, werden regelmäßig für die Aufnahme in das Verzeichnis in Betracht kommen, da hier schon das Bestehen eines allgemeineren Interesses an ihnen festgestellt ist; zu erwägen ist hierbei auch, daß im Falle der Aufnahme solcher Wasserläufe meistens eine Vereinigung der Wasserpolizeibehörde mit der Aufsichtsbehörde in einer Person eintreten wird, worauf im Interesse der Einheitlichkeit der Wasserwirtschaft und der Vereinfachung des Geschäftsganges Wert zu legen ist. Als Wasserläufe zweiter Ordnung werden auch diejenigen Wasserläufe anzusehen sein, auf denen die Flößerei oder eine sonstige Benutzung für den öffentlichen Verkehr gemeinüblich oder besonders zugelassen ist (§§ 31, 35), und die zur Ermöglichung dieses Verkehrs einer besonderen Unterhaltung bedürfen.

Es ist nicht notwendig, daß ein Wasserlauf in seiner ganzen Ausdehnung von der Quelle bis zur Mündung zu einer und derselben Ordnung gehört, sondern er kann auf seinen verschiedenen Strecken je nach der Bedeutung für die Wasserwirtschaft einer verschiedenen Ordnung zugeteilt werden. Ein Wasserlauf zum Beispiel, der nach der Anlage zum Gesetze zur ersten Ordnung gehört, kann in seinem Mittellauf zweiter, im Oberlauf dritter Ordnung sein.

Nebenarme und Mündungsarme eines natürlichen Wasserlaufs sind nach § 2 Abs. 2 der Ordnung zuzuzählen, welcher der Hauptwasserlauf an der Abzweigungsstelle angehört, wenn nicht in dem Verzeichnis ein anderes bestimmt wird. Eine solche Ausnahmebestimmung wird aber nur beim Vorliegen besonderer Gründe gerechtfertigt sein. Das dem Gesetz als Anlage beigefügte Verzeichnis der Wasserläufe erster Ordnung ist nach denselben Grundsätzen aufgestellt und es ist daher darauf zu achten, daß die zu den dort aufgeführten Hauptwasserläufen gehörenden Nebenarme oder Mündungsarme, die nicht zur ersten Ordnung gerechnet sind, bei der Aufstellung des Verzeichnisses der Wasserläufe zweiter Ordnung besonders aufgeführt werden, soweit ihre Aufnahme in dieses Verzeichnis angebracht ist. Es sei darauf hingewiesen, daß in dem Verzeichnisse der Wasserläufe erster Ordnung Nebenarme aus praktischen Erwägungen in manchen Fällen ausdrücklich benannt sind, obwohl dieses nicht notwendig gewesen wäre, und zwar mit den Worten: „von den Nebenarmen insbesondere . . . . . .", während bei den Mündungsarmen einzelne ausgeschlossen sind durch die Worte: „von den Mündungsarmen nur . . . . . ." Ob es sich empfiehlt, diesem Beispiel bei den Wasserläufen zweiter Ordnung zu folgen, ist im einzelnen Falle zu prüfen.

Nach § 4 Abs. 2 Satz 2 sind in dem Verzeichnisse die natürlichen von den künstlichen Wasserläufen getrennt aufzuführen. Im Hinblick auf die vielfach verschiedene rechtliche Behandlung, die den beiden Arten von Wasserläufen im Gesetz zuteil wird, hat die Frage der Trennung der natürlichen von den künstlichen Wasserläufen große praktische Bedeutung. Im einzelnen Falle wird die Entscheidung der Frage, ob ein Wasserlauf zu den natürlichen oder zu den künstlichen zu rechnen sei, häufig Schwierigkeiten bieten. Ausschlaggebend für die Eigenschaft eines Wasserlaufs als eines künstlichen muß die Tatsache sein, daß er in einem ursprünglich künstlich hergestellten Bette abfließt. Dagegen sind künstlich veränderte natürliche Wasserläufe nach § 1 Abs. 4 nach wie vor zu den natürlichen Wasserläufen zu rechnen. Sind zum Beispiel bei einem Ausbau in den Zug eines natürlichen Wasserlaufs einzelne Strecken unter Herstellung eines künstlichen Bettes eingeschaltet, so sind solche Strecken den natürlichen Wasserläufen zuzurechnen. Ist dagegen ein natürlicher Wasserlauf bei der Umgestaltung ganz beseitigt, ist z. B. bei Anlegung eines künstlichen Wasserlaufs ein unbedeutender natürlicher Wasserlauf in den künstlichen Wasserlauf einbezogen und in ihn aufgegangen, so handelt es sich um einen künstlichen Wasserlauf. Zu beachten ist, daß nach § 1 Abs. 3 Satz 3 Triebwerkskanäle — Mühlgräben und dergleichen – und Bewässerungskanäle, soweit sie als Wasserläufe anzusehen sind, im Zweifel als künstliche Wasserläufe gelten. Seen, aus denen nur künstliche Wasserläufe abfließen gelten nach § 1 Abs. 3 Satz 2 im allgemeinen nicht als Wasserläufe; lassen besondere Umstände es als erwünscht erscheinen, sie zu den Wasserläufen zu rechnen, so sind sie in das Verzeichnis aufzunehmen.

Verfahren.

Das bei Aufstellung und Änderung des Verzeichnisses zu beachtende Verfahren ist in den §§ 5, 6 geregelt, die dem § 2 des Gesetzes zur Verhütung von Hochwassergefahren vom 16. 8. 1905 (Gesetzsamml. S. 342) nachgebildet sind.

Bei der großen Bedeutung, die der Einreihung eines Wasserlaufs in die zweite Ordnung für die Beteiligten zukommt, ist die im § 5 Abs. 1 vorgeschriebene Auslegung an so vielen und so gelegenen Orten anzuordnen, daß es jedem Beteiligten möglich ist, das Verzeichnis einzusehen. Wünschen, die von den Beteiligten nach dieser Richtung geäußert werden, ist möglichst entgegenzukommen.

Unter den „beteiligten Bezirken" (§ 5 Abs. 1 Satz 1, Abs. 3 Satz 2) sind nicht die Regierungsbezirke, sondern allgemein die beteiligten Gebietsteile zu verstehen, in denen die Auslegung und die spätere Veröffentlichung des Verzeichnisses angebracht ist. Wo Landkreise beteiligt sind, sind die Verzeichnisse stets auch bei den Landratsämtern auszulegen. Bei den einzelnen Auslegungsstellen braucht nicht das ganze Verzeichnis ausgelegt zu werden, sondern es genügt die Auslegung eines Auszugs aus dem Verzeichnisse. In dem Auszuge müssen die Wasserläufe enthalten sein, die den Gebietsteil durchfließen oder berühren, für welchen die Auslegungsstelle bestimmt ist.

Die im § 5 Abs. 4 vorgeschriebene Offenlegung bei der „Wasserbuchbehörde" kann erst erfolgen, wenn der § 183 des Gesetzes in Kraft getreten ist.

Die Verzeichnisse der Wasserläufe zweiter Ordnung sind wie das Verzeichnis der Wasserläufe erster Ordnung (Anlage zum Gesetz) aufzustellen, namentlich also in alphabetischer Anordnung.

II. Ausführungsanweisung vom 22. Juli 1913.

Betrifft den Ausbau von Wasserläufen.

(MBl. f. Landw. 1913 S. 279.)

Der fünfte Titel des die Wasserläufe behandelnden ersten Abschnittes des Wassergesetzes gibt in den §§ 152—174 Vorschriften über den Ausbau. Die Vorschriften erstrecken sich auf natürliche Wasserläufe erster wie zweiter Ordnung. Der § 175 des Titels gilt für künstliche Wasserläufe. Der sich anschließende Titel 6 über die Beteiligung des Staates und der Provinzen an dem Ausbau betrifft nur die natürlichen Wasserläufe zweiter Ordnung.

1. Das Gesetz versteht unter Ausbau diejenigen Arbeiten, welche über die Leistungen hinausgehend, wie sie nach den §§ 114, 119 zur

Erhaltung eines der Bestimmung des Wasserlaufs entsprechenden Zustandes von dem Unterhaltungspflichtigen gefordert werden können, eine Verbesserung anstreben. Arbeiten zur Beseitigung und künftigen Verhinderung von Schäden an den Ufergrundstücken und den dahinter liegenden Grundstücken, welche auf die Schiffahrt oder Strombauten zurückzuführen sind, gehören, wie nicht übersehen werden darf, nach § 119 Abs. 1 in der Regel in die Klasse der Unterhaltungsarbeiten.

Zur Vornahme des Ausbaus sind berechtigt die im § 155 genannten Unternehmer.

2. Die Vorschriften der §§ 153—174 sind anwendbar auf alle Unternehmungen, bei denen Gründe des öffentlichen Wohls, nicht etwa nur fiskalische Interessen, für den Ausbau sprechen (§ 152, § 163 Satz 2). Die künstliche Schaffung von Neuland gilt, abgesehen von den Fällen der Landgewinnung bei Unterhaltungsarbeiten, immer als Ausbau im Sinne des Gesetzes, also auch dann, wenn der Unternehmer für sich planmäßig zum Zwecke der Landgewinnung Anschüttungen vor den Ufergrundstücken vornimmt (§ 153 Abs. 2); auch in diesem Falle bleibt der § 57 sinngemäß anzuwenden (§ 156 Abs. 4). Bei Anschüttungen, welche der Staat zum Ausbau eines Leinpfades oder zu sonstigen Zwecken vor der Uferlinie vornimmt, ist auf die Erhaltung der Zuwegung zu dem Wasserlaufe zu achten; der Gesetzgeber hat dies in § 156 Abs. 5 noch besonders hervorgehoben, obschon solche Anschüttungen bereits an und für sich unter die hier in Rede stehenden Ausbauvorschriften fallen.

3. Die dem Ausbauberechtigten eingeräumte bevorzugte Rechtsstellung (§§ 154—162) hat der Unternehmer nur dann, wenn er das vom Gesetze vorgeschriebene Verfahren beobachtet (§§ 163ff.).

Zugelassen sind zwei Verfahrensarten. Es wird ein Verfahren gegeben, das für die ihrer Tragweite nach einschneidenderen, im § 153 Abs. 1 Nr. 1 bezeichneten Bauausführungen (§§ 164—170) stets eingeschlagen werden muß. Es wird ein vereinfachtes Verfahren gegeben, das für die einfacheren Fälle des Ausbaues statt des förmlichen Verfahrens gewählt werden kann (§ 173). Beide Verfahrensarten beginnen damit, daß zunächst der Plan vom Unternehmer dem Regierungspräsidenten (Oberpräsidenten) zur Prüfung einzureichen ist, ob Gründe des öffentlichen Wohls vorliegen (§ 163). Erscheint es dem Unternehmer angebracht, das vereinfachte Verfahren einzuschlagen, so ist gleichzeitig der Antrag zu stellen, zu genehmigen, daß von der Durchführung des förmlichen Verfahrens abgesehen werde (§ 173). Der Vorzug des förmlichen

Verfahrens besteht darin, daß in ihm über die nach den §§ 156—159 erhobenen Ansprüche auf schadenverhütende Einrichtungen und auf Entschädigung sowie über Widersprüche vom Bezirksausschuß, in zweiter Instanz, soweit nicht der Rechtsweg in Frage kommt, bei Wasserläufen erster Ordnung von mir, dem Minister der öffentlichen Arbeiten, bei Wasserläufen zweiter Ordnung von mir, dem Minister für Landwirtschaft, Domänen und Forsten*), entschieden wird (§§ 168, 170). Dagegen wird in dem vereinfachten Verfahren weder über Widersprüche noch über Ansprüche auf Einrichtungen oder auf Entschädigung eine alle Teile bindende Entscheidung getroffen; Widersprüche und Ansprüche können noch jederzeit im ordentlichen Rechtswege geltend gemacht werden (§ 137 Abs. 2). Diesem Nachteile steht der aus dem Zeitgewinn entspringende Vorteil gegenüber. Der Antragsteller wird unter Berücksichtigung aller Verhältnisse von Fall zu Fall zu prüfen haben, ob das förmliche oder das vereinfachte Verfahren den Vorzug verdient.

4. Die Vorschriften der §§ 156—162 gelten für jeden Ausbau, der in einem der beiden Verfahren durchgeführt wird. Im einzelnen ist dazu nachstehendes zu bemerken:

a) Es ist notwendig, daß der Plan für die von den Arbeiten berührten Strecken sich dem einheitlichen Vorgehen anpaßt, wie es für den Wasserlauf in seiner Gesamtheit ins Auge gefaßt ist. Der Plan muß, unter besonderer Hervorhebung der etwa beabsichtigten Abweichungen von den Unterlagen des seitherigen Vorgehens, Ziel und Zweck des Unternehmens hinreichend klar erkennen lassen. Bei der Bearbeitung von Entwürfen für den Ausbau von Wasserläufen erster Ordnung haben, soweit Fragen der Landeskultur in Betracht kommen, die Organe der landwirtschaftlichen Verwaltung mitzuwirken. Nachträgliche Abänderungen an dem vom Bezirksausschuß festgestellten Bauplane bedingen eine Wiederholung des Verfahrens. Jedoch ist durch § 171 dem Bezirksausschuß die Möglichkeit gewahrt, in dringlichen Fällen solche Abänderungen einstweilen zu gestatten, da sich, wie auch in den parlamentarischen Verhandlungen ausdrücklich anerkannt wurde, gerade bei großen Strombauten vielfach erst durch die im Laufe der Aus-

*) Jetzt bei Reichswasserstraßen (vgl. Anm. 1 zu § 7) vom Reichsverkehrsministerium, im übrigen vom Landwirtschaftsminister (vgl. § 170).

führung gemachten Erfahrungen die Notwendigkeit ergibt, in anderer Weise als anfänglich gedacht vorzugehen.

b) Der Plan muß die Einrichtungen enthalten, welche auf Kosten des Unternehmers hergestellt werden sollen. Dazu gehören abweichend von dem seitherigen Rechtszustande (Entscheidung des Oberverwaltungsgerichts v. 17. 11. 1902, Bd. 42 der Entsch. S. 203) die durch den Ausbau bedingten Änderungen an öffentlichen Wegen und den in ihrem Zuge belegenen Brücken (§ 156 Abs. 1 Satz 3). Der Wege- oder Brückenunterhaltungspflichtige hat zu den Kosten solcher Änderungen insoweit beizutragen, als er auf Grund besonderen Titels hierzu verpflichtet ist, namentlich als ihm die Erlaubnis zur Herstellung der Brücke nur unter der Bedingung erteilt worden ist, daß das Bauwerk sich dem jeweiligen Zustande des Wasserlaufs anzupassen habe. Auch sollen dem Wege- oder Brückenunterhaltungspflichtigen durch die Einrichtungen des Ausbauunternehmers keine Kosten erspart werden, die er sonst zur Erfüllung seiner Unterhaltungspflicht hätte aufwenden müssen (§ 156 Abs. 1 Satz 4).

c) Veränderungen des Grundwasserstandes, mit denen gerechnet werden muß, ist entsprechend dem weitgehenden Schutze, den das Wassergesetz anschließend an die Vorschriften des G. v. 1. 4. 1905, betreffend die Herstellung und den Ausbau von Wasserstraßen (Gesetzsamml. S. 179), allgemein eingeführt hat, eine ganz besondere Aufmerksamkeit zuzuwenden. Nach Möglichkeit ist auf Maßnahmen Bedacht zu nehmen, die dem Eintritte von Vernässungen oder Austrocknungen vorbeugen. Pegelbeobachtungen, Grundwasserstandsbeobachtungen und sonstige Maßnahmen, die im Rahmen des gesamten Beobachtungsdienstes geeignet erscheinen, die Feststellung von Schäden und die Einrichtungen zu ihrer Verhütung zu erleichtern, sind tunlichst frühzeitig, wenn irgend angängig schon bei der Inangriffnahme der Vorarbeiten vorzusehen. Auf die Interessen der Fischerei ist Rücksicht zu nehmen, und zwar sind gerade diese gleichzeitig soweit möglich zu fördern. Bei Wehren, die in den Wasserlauf eingebaut werden, müssen die Vorschriften der §§ 91—112 über Stauanlagen beachtet werden.

d) Für das Rechtsverhältnis zwischen dem Unternehmer und den Grundstückseigentümern ist es im großen und ganzen bei den Bestimmungen, welche das G. v. 20. 8. 1883 (Gesatzsamml. S. 333) über die Befugnisse der Strombauverwaltung an öffentlichen Flüssen getroffen hatte, verblieben; sie sind auf die Wasserläufe zweiter Ordnung ausgedehnt worden. Ich, der Minister der öffentlichen Arbeiten, gebe wiederholt dem Vertrauen Ausdruck, daß die Beamten meines Ressorts an den ihnen unterstellten Wasserläufen von den erteilten Befugnissen nur in dem zur Erfüllung ihrer Aufgaben erforderlichen Umfange Gebrauch machen, billigen, mit dem Staatsinteresse zu vereinbarenden Wünschen der Uferanlieger tunlichst entgegenkommen und im Verkehr mit ihnen alles vermeiden, was über das durch das sachliche Interesse bedingte Maß hinaus sie empfindlich berühren könnte. Gehen die durch den Ausbau bedingten Eingriffe über den Rahmen der §§ 160 bis 162, 135—144 hinaus, wie dies unter anderem bei Abgrabungen und Durchstichen der Fall ist, und wird mit den betroffenen Grundbesitzern eine Einigung nicht erzielt, so erübrigt nur, zunächst vor Inangriffnahme der Bauausführung im Zwangswege sich das Recht zu erwerben. Treffen die Voraussetzungen für die Begründung eines Zwangsrechts nach Maßgabe der, für die Unternehmungen der Wasserbauverwaltung freilich kaum in Betracht kommenden, Vorschriften des § 331 zu, so wird diese Bestimmung eine Handhabe für das weitere Vorgehen bieten. In der Regel wird es jedoch der Einleitung des Enteignungsverfahrens nach dem Enteignungsgesetze v. 11. 6. 1874 (Gesetzsamml. S. 221) bedürfen. Denn das Wassergesetz sieht die Möglichkeit, eine eigentümliche Abtretung von Grund und Boden gegen widersprechende Eigentümer im Ausbauverfahren durchzusetzen, nur in den Fällen vor, in denen nach dem Plane die Abtreibung oder sonstige Beseitigung von Anlandungen aller Art, Felsen, Inseln und Ufervorsprüngen erforderlich ist. Lediglich der Umstand, daß Eingriffe in den Bereich von Rechten an dem Wasserlauf stattfinden, gibt dem Betroffenen nicht die Berechtigung, dem Ausbau zu widersprechen (§ 157). Aus ihnen läßt sich nur ein Anspruch auf Einrichtung oder Entschädigung herleiten, ohne daß der Unternehmer ihretwegen die Verleihung nachzusuchen brauchte. Von den dahin gehörigen Rechten seien außer den Benutzungsrechten im Sinne des § 40 Abs. 2 Fischereirechte, Gerechtsame zur Entnahme von Sand und Kies sowie zur Rohrnutzung genannt.

e) Auf einen Kostenbeitrag der Uferanlieger hat auch das Wassergesetz bei Ausbauarbeiten ebensowenig wie bei Unterhaltungsarbeiten verzichtet. Alsbald nach Fertigstellung des Entwurfes bleibt zu prüfen, ob und in welchem Umfange eine Beteiligung an den Aufwendungen nach § 174 zulässig erscheint. Die Beteiligung richtet sich nach dem Vorteil aus den über oder unter der Uferlinie tatsächlich ausgeführten Arbeiten. Arbeiten im Schiffahrtsinteresse scheiden aus. Der Fall, daß der Ausbauunternehmer den Anlieger von der Unterhaltungslast vollständig befreit, wird in dem Abs. 3 des § 174 besonders behandelt. Die Entscheidung über den zu leistenden Beitrag liegt in allen Fällen in der Hand des Bezirksausschusses, gegen dessen Beschluß das Landeswasseramt angerufen werden kann. Für die Kostenverteilung ist wie bei der Unterhaltung ein Umlageverfahren vorgesehen. Auf eine gütliche Einigung wegen der Beitragspflicht ist nach Möglichkeit hinzuwirken; vielfach wird es im beiderseitigen Interesse liegen, wenn der Anlieger nicht einen baren Zuschuß zahlt, sondern statt dessen Weiden, Erde, Steine oder sonstige Baustoffe vorhält.

f) Hinsichtlich der Frage, inwieweit diejenigen, die auf Grund eines besonderen Titels, z. B. eines Privilegs, ein Recht an dem Wasserlauf erster Ordnung besitzen, Veränderungen des Wasserlaufs im Wege des Ausbaues sich gefallen lassen müssen, hat sich gegenüber dem seitherigen Rechtszustande nichts geändert. Soweit in Privilegien und sonstigen besonderen Titeln Beschränkungen durch Staatshoheitsrechte ausdrücklich auferlegt sind, tritt an Stelle der dem Staate dort vorbehaltenen freien Verfügungsrechte das Recht des Staats zum Ausbau (§ 382). Indes auch ohne einen dahingehenden Vorbehalt ist auf Grund der Rechtsprechung des Reichsgerichts anzunehmen, daß das Privileg nur erteilt worden ist unbeschadet der Befugnis der Verwaltung, die im öffentlichen Interesse gebotenen Veränderungen an dem Wasserlaufe erster Ordnung vorzunehmen. (Entscheidung des Reichsgerichts v. 7. 5. 1912, abgedruckt in Gruchots Beiträgen Bd. 56 S. 1112.)

5. Die Verhandlungen mit den Beteiligten sollen im förmlichen Ausbauverfahren nach § 167 erst stattfinden, nachdem die Frist zur Erhebung von Widersprüchen und Ansprüchen (§ 165 Abs. 1) abgelaufen ist. Die Auslegungsfrist (§ 164 Abs. 2) ist regelmäßig auf die gleiche Zeit zu bemessen wie die Widerspruchsfrist, da der Rest der Auslegungsfrist nach Ablauf der Widerspruchsfrist be-

deutungslos ist. Zu den Personen, die nach dem Gesetz auf die öffentliche Bekanntmachung hingewiesen werden müssen, gehören u. a. Fischereiberechtigte, die von den nachteiligen Wirkungen der Arbeiten betroffen werden.

6. Für die bei dem vereinfachten Ausbauverfahren vorgeschriebene Anhörung der Beteiligten (§ 173 Abs. 2) dienen die Anordnungen als Anhalt, die für die nunmehrigen Wasserläufe erster Ordnung in der Anweisung des Ministers der öffentlichen Arbeiten v. 7. 9. 1883 (MinBl. S. 237) getroffen sind. Die Beteiligten sind vor der Ausführung bei Wasserläufen erster Ordnung durch den örtlich zuständigen Baubeamten, bei Wasserläufen zweiter Ordnung durch die Wasserpolizeibehörde, zu einem Termin vorzuladen, in dem ihnen der Plan vorgelegt und erläutert wird. In dem Termine werden die Ansprüche auf Herstellung und Unterhaltung von schadenverhütenden Einrichtungen oder auf Entschädigungen entgegengenommen. Beschränkt sich der Kreis der Beteiligten auf wenige dem Beamten bekannte Personen, so sind diese vorzuladen. Andernfalls hat der Beamte den Termin in ortsüblicher Weise und, wenn Landkreise beteiligt sind, auch durch die Kreisblätter bekannt zu machen. In der Vorladung oder Bekanntmachung sind die Beteiligten zum Erscheinen unter Bestimmung einer Frist aufzufordern, bis zu deren Ablauf sie bei dem Beamten den Plan einsehen können. Ob die Verhandlung in den Diensträumen des Beamten oder an einer anderen geeigneten Stelle abzuhalten sein wird, bleibt dem Ermessen des Beamten überlassen. Über die Verhandlung ist eine Niederschrift aufzunehmen und diese an Wasserläufen erster Ordnung der vorgesetzten Dienstbehörde bei Einreichung der Pläne, der Belege über die Ladung und die Einhaltung der Frist, sowie mit einer Äußerung über die gestellten Anträge von dem Wasserbaubeamten vorzulegen. An Wasserläufen zweiter Ordnung gibt die Wasserpolizeibehörde dem Unternehmer die gedachten Unterlagen mit einer Äußerung zu den gestellten Anträgen zurück.

7. Die Vorschriften über den Ausbau der natürlichen Wasserläufe finden nach § 175 auf die Herstellung und Veränderung von künstlichen Wasserläufen sinngemäße Anwendung, vorausgesetzt, daß sie zur ersten oder zweiten Ordnung gehören. Es ist hier aber nur das förmliche Ausbauverfahren zugelassen; ein Bedürfnis für das vereinfachte Verfahren ist vom Gesetz nicht anerkannt und demgemäß der § 173 nicht mit für anwendbar erklärt. Für die Einordnung des neu herzustellenden künstlichen Wasserlaufs in das Verzeichnis (§§ 2, 4) ist zu sorgen; bei Wasserläufen zweiter Ordnung

darf mit der Auslegung der Pläne nicht begonnen werden, bevor nicht der Wasserlauf in das Verzeichnis eingetragen worden ist. Bei der Herstellung oder der Veränderung eines künstlichen Wasserlaufs dritter Ordnung werden im Abs. 2 des § 175 nur die Vorschriften über die zur Verhütung nachteiliger Wirkungen des Unternehmens zu treffenden Einrichtungen und den zu leistenden Schadensersatz für anwendbar erklärt.

8. Bei einer Wassergenossenschaft, deren satzungsmäßiger Zweck allein oder neben anderen Zwecken in dem Ausbau eines Wasserlaufs zweiter Ordnung besteht, richtet sich das von ihr durchzuführende Ausbauverfahren nur gegen diejenigen Beteiligten, die nicht Mitglieder der Genossenschaft sind, da die Genossenschaft nach § 222 Abs. 1 ihren Mitgliedern gegenüber berechtigt ist, die zur Erfüllung des Genossenschaftszwecks erforderlichen Anlagen herzustellen. Bei dem Ausbau dagegen, der von einer Genossenschaft durchgeführt werden soll, welche satzungsmäßig nur die Unterhaltung des Wasserlaufes zum Zwecke hat, richtet sich das Ausbauverfahren auch gegen die Genossen.

9. Es steht grundsätzlich in dem Belieben des Unternehmers, ob er den Ausbau vornehmen will. Bei natürlichen Wasserläufen zweiter Ordnung ist indessen durch einen dem in Rede stehenden fünften Titel sich anschließenden sechsten Titel im ersten Abschnitte des Gesetzes die Möglichkeit offen gehalten, unter gewissen Voraussetzungen dem Unterhaltungspflichtigen den Ausbau aufzugeben. Überwiegende Gründe des öffentlichen Wohles müssen für eine solche Anlage sprechen. Ferner kann der Ausbau, sofern er dem Verpflichteten Lasten auferlegt, die in keinem Verhältnisse zu den ihm dadurch erwachsenden Vorteilen oder zu seiner Leistungsfähigkeit stehen, nur dann erzwungen werden, wenn Staat und Provinz sich an der Aufbringung der Kosten angemessen beteiligen und den Verpflichteten ausreichend entlasten. Über die Frage, welche Kosten von dem zur Unterhaltung des Wasserlaufs Verpflichteten oder den nach § 177 Abs. 2 zu den Kosten Heranzuziehenden aufzubringen sind, und welcher Rest hiernach für Staat und Provinz verbleibt, wird im Streitfalle durch den Bezirksausschuß im Beschlußverfahren entschieden. Im Hinblick darauf, daß ein Rechtsanspruch gegen Staat und Provinz auf Beteiligung an der Kostenaufbringung nicht besteht (§ 179), empfiehlt es sich, den Unterhaltungspflichtigen durch polizeiliche Verfügung (§ 176 Abs. 2) erst anzuhalten, nachdem Staat und Provinz sich zur Übernahme des Kostenbeitrages bereit erklärt haben.

10. Soweit es sich um den Ausbau von Wasserläufen erster Ordnung oder ihrer Ufer handelt, sind die Vorschriften der §§ 152 bis 157 bereits mit dem Tage der Verkündung des Wassergesetzes in Kraft gesetzt (§ 400 Abs. 1). Ausbauunternehmungen an Wasserläufen erster Ordnung, hinsichtlich deren mit der Anhörung der Beteiligten nach der Vorschrift des Strombauverwaltungsgesetzes bereits begonnen ist, oder hinsichtlich deren in dem bisher gesetzlich vorgeschriebenen Verfahren die Entwürfe behördlich festgestellt worden sind, dürfen indessen noch nach den bisher geltenden Bestimmungen weiter zu Ende geführt werden. Die Übergangsbestimmung des § 383 spricht dies insofern, als Vorschriften für die Zuständigkeit der mit der Durchführung befaßten Behörden, das Verfahren und die Rechtsmittel in Frage kommen, ausdrücklich aus. Dagegen treten die Bestimmungen des Wassergesetzes über schadenverhütende Einrichtungen und Schadensersatz für die schon begonnenen Ausbauten sofort in Geltung.

Wassergenossenschaften, die den Ausbau eines Wasserlaufs zweiter Ordnung bereits vor dem Inkrafttreten des Wassergesetzes in Angriff genommen haben, sind nicht verpflichtet, nachträglich das Ausbauverfahren nach den Vorschriften des fünften Titels einzuschlagen, doch wird sich dies dann empfehlen, wenn von der Durchführung des Ausbaus nachteilige Wirkungen zu erwarten sind. Wassergenossenschaften, die den Ausbau erst nach dem Inkrafttreten des Gesetzes in Angriff nehmen, müssen das Verfahren nach den Vorschriften des fünften Titels durchführen, auch wenn sie bereits vor dem Inkrafttreten des Wassergesetzes gebildet sind.

III. Ausführungsanweisung vom 29. April 1914.

Betrifft das Verleihungsverfahren und das Ausgleichungsverfahren.

(MBl. f. Landw. 1914 S. 139.)

I. Verleihungsverfahren.

Antrag.

1. Anträge auf Verleihung und alle sich darauf beziehenden Eingänge sind schleunig zu behandeln und im Geschäftsgang als „eilig" zu bezeichnen (§ 64 Abs. 2 WG.).

2. Der Antrag auf Verleihung ist beim Bezirksausschuß (Verleihungsbehörde) anzubringen (§ 64 Abs. 1 WG.).

Aus dem Antrage müssen der vollständige Name, der Stand und

der Wohnort des Unternehmers und seine Staatsangehörigkeit, bei juristischen Personen und Erwerbsgesellschaften der Sitz ihrer Hauptniederlassung ersichtlich sein. Dem Antrage sind eine Beschreibung, ein Lageplan und der Bauplan der Anlage beizufügen, und zwar in je drei Ausfertigungen, bei Anträgen, die der Prüfung durch einen Veterinärbeamten bedürfen (Nr. 10 Abs. 1 Satz 2), in je vier Ausfertigungen.

Aus diesen Vorlagen müssen hervorgehen:

a) der Gegenstand des Unternehmens, das zu benutzende Gewässer, die Art und Umfang der beabsichtigten Benutzung, ferner bei Anlagen zur Entnahme von Wasser oder zur Einleitung von Wasser oder anderen flüssigen Stoffen auch die Abflußmenge des in Anspruch zu nehmenden Gewässers, der Gegenstand des Betriebs, für den die Wasserentnahme oder die Abwassereinleitung in Anspruch genommen wird, die Grundzüge des Verfahrens und der anzuwendenden Vorrichtungen, die ungefähre Ausdehnung des Betriebs, die Menge des zu entnehmenden Wassers, die Menge und Beschaffenheit der Abwässer;
b) die Größe des Grundstücks, auf dem die Anlage zur Benutzung des Gewässers errichtet werden soll, und seine Bezeichnung im Grundbuche;
c) die gleiche Bezeichnung der anstoßenden Ufergrundstücke und die Namen ihrer Eigentümer;
d) die Lage, Ausdehnung und Bauart der zur Wasserbenutzung bestimmten Anlage.

Stauanlagen.

3. Bei Stauanlagen sind beizubringen:

a) Höhenpläne und Querschnitte des in Anspruch genommenen Wasserlaufes und des Triebwerkskanals (des Ober- und des Untergrabens);
b) Talquerschnitte;
c) ein Lageplan;
d) Zeichnungen aller Stauvorrichtungen einschließlich aller Gerinne und Wassertriebwerke (Wasserräder, Turbinen u. dgl.).

Der Höhenplan des Wasserlaufs muß sich stromauf bis über die äußerste Staugrenze und stromab bis über die Einmündung des Triebwerkkanals (des Untergrabens) hinaus erstrecken.

Der gewöhnliche Wasserstand, die niedrigsten und höchsten Wasserstände, sowie die Abflußmengen, die der Wasserlauf bei diesen

Wasserständen führt, sind anzugeben. Die Wirkungen der Stauanlage bei den verschiedenen Wasserführungen sind rechnerisch nachzuweisen und in den Höhenplänen darzustellen.

Ferner sind Angaben über die nächsten Stauanlagen oberhalb und unterhalb der geplanten Anlage zu machen.

Sämtliche Höhenangaben sind auf einen Nullpunkt zu beziehen, der durch drei unverrückbare Festpunkte festzulegen ist. Wenn es ohne besondere Schwierigkeit geschehen kann, sollen ihre Höhen über Normalnull bestimmt und dann alle Höhenangaben auf Normalnull bezogen werden.

In dem Lageplane sind die Grundstücke, die zwischen der oberen Staugrenze und der unteren Mündung des Triebwerkskanals an den Wasserlauf und den Triebwerkskanal grenzen, mit den Nummern, die sie im Grundbuch oder Kataster führen, und mit den Namen der Eigentümer zu bezeichnen.

Aus den Zeichnungen nebst den zugehörigen Beschreibungen und Berechnungen muß die Standfähigkeit sämtlicher Bauwerke hervorgehen.

Gegebenenfalls ist anzugeben, in welcher Weise den Vorschriften über die Anlegung und Unterhaltung von Fischpässen (Fischwegen) genügt wird.

Talsperren.

4. Bei Talsperren haben außerdem die vorzulegenden Entwürfe den Vorschriften unter B der dieser Ausführungsanweisung als Anlage beigefügten „Anleitung für Bau und Betrieb von Talsperren" *) zu entsprechen.

Zeichnungen.

5. Für die Zeichnungen sind Maßstäbe zu wählen, die eine deutliche Anschauung gewähren. Für die Höhen der Höhenpläne und Querschnitte ist in der Regel der Maßstab 1 : 100 anzunehmen. Die Maßstäbe sind auf den Zeichnungen darzustellen, auch sind auf dem Lageplane die Himmelsrichtungen anzugeben. Für die Zeichnungen ist haltbares, auf Leinwand aufgezogenes Zeichenpapier oder durchsichtige Zeichenleinwand zu verwenden **).

---

*) Die Anleitung ist nicht mit abgedruckt. Sie ist an die Stelle derjenigen vom 24. 5. 1907 getreten. Siehe bei Holtz-Kreutz Bd. 2 S. 668ff.

**) Durch ME. v. 26. 6. 1920 (MBl. f. Landw. S. 232) und

Lagepläne, Höhenpläne und Querschnitte sind von vereideten Landmessern, konzessionierten Markscheidern oder Baubeamten anzufertigen.

Sämtliche Anlagen des Antrages sind von ihren Verfertigern und von dem Unternehmer zu unterschreiben.

Betriebsgeheimnisse.

6. Mitteilungen über Betriebseinrichtungen oder Betriebsweisen, deren Geheimhaltung der Unternehmer für erforderlich hält, sind, getrennt von den zur öffentlichen Auslegung bestimmten Vorlagen, in besonderen Schriftstücken und Zeichnungen vorzulegen, die mit dem Vermerk „Betriebsgeheimnisse" zu versehen sind.

Die Behörden und Beamten, die bei der Prüfung der Vorlagen oder im weiteren Verlaufe des Verfahrens von Betriebsgeheimnissen des Unternehmers Kenntnis erhalten, haben darüber strengste Verschwiegenheit zu beobachten. Siehe auch Nr. 22.

Ausländer.

7. Besitzt der Unternehmer nicht die deutsche Reichsangehörigkeit oder ist er eine Erwerbsgesellschaft, die ihre Hauptniederlassung nicht im Deutschen Reiche hat, so hat der Bezirksausschuß, falls er den Antrag nicht ohnehin aus anderen Gründen als offenbar unzulässig zurückweist (Nr. 8), unverzüglich bei Wasserläufen erster Ordnung den Ministern der öffentlichen Arbeiten und für Handel und Gewerbe, bei Wasserläufen zweiter und dritter Ordnung dem Minister für Landwirtschaft, Domänen und Forsten*) über den Antrag Bericht zu erstatten und alsdann zwar dem Verleihungsverfahren seinen Fortgang zu geben, sobald aber die Minister eine entsprechende Anweisung ergehen lassen, unter Abbruch der Verhandlungen die Verleihung zu versagen oder die Bedingungen, unter denen etwa die Minister die Verleihung für zulässig erklären, bei den weiteren Verhandlungen bekannt zu geben (§ 62 WG.). Sind die Verhandlungen abgeschlossen, bevor der Bescheid der Minister eingegangen ist, so ist die Entscheidung bis zum Eingang dieses Bescheides auszusetzen.

---

v. 30. 3. 1921 — I B II b M. f. L. — ist bis zum 1. 4. 1922 die Darstellung auf kräftigem Zeichenpapier zugelassen.

*) Jetzt in allen Fällen dem Landwirtschaftsminister (vgl. Anm. zu § 62).

Unzulässige Anträge.

8. Ist ein Antrag offenbar unzulässig, so kann er ohne weiteres durch einen mit Gründen versehenen Beschluß des Bezirksausschusses zurückgewiesen werden (§ 65 Abs. 2 WG.). Gegen den abweisenden Beschluß des Bezirksausschusses findet die Beschwerde an das Landeswasseramt statt.

Die Zurückweisung offenbar unzulässiger Anträge kann auch gemäß § 117 des Landesverwaltungsgesetzes durch einen Vorbescheid des Vorsitzenden erfolgen. In diesem mit Gründen zu versehenden Bescheide ist dem Antragsteller zu eröffnen, daß er befugt sei, innerhalb zwei Wochen auf Beschlußfassung durch das Kollegium des Bezirksausschusses anzutragen oder die Beschwerde an das Landeswasseramt einzulegen.

Vorverfahren. Prüfung der Vorlagen.

9. Über Anträge, die nicht nach Nr. 8 endgültig erledigt sind, hat der Bezirksausschuß ein Vorverfahren einzuleiten. Die Leitung des Vorverfahrens liegt ihm selbst ob. Er kann sie jedoch, nach Prüfung der Vollständigkeit der Vorlagen, einem seiner ernannten Mitglieder oder der Wasserpolizeibehörde übertragen. Auch in diesem Falle hat jedoch der Bezirksausschuß selbst die im § 65 Abs. 3 und 4 WG. vorgeschriebene Bekanntmachung des Unternehmens zu erlassen.

Falls die Verleihung von einem Landkreise oder einer Gemeinde nachgesucht wird, und der Landrat dieses Kreises — eine Behörde oder ein Beamter dieser Gemeinde — die Wasserpolizeibehörde für das in Frage kommende Gewässer ist, darf dieser Wasserpolizeibehörde das Vorverfahren nicht übertragen werden. Der Bezirksausschuß hat also entweder das Vorverfahren selbst oder durch eines seiner ernannten Mitglieder zu leiten oder die Leitung einer anderen Wasserpolizeibehörde zu übertragen.

10. Die Amtsstelle, der die Leitung des Vorverfahrens obliegt, übersendet die erste Ausfertigung der Vorlagen bei Wasserläufen erster Ordnung dem zuständigen Wasserbaubeamten, sonst dem Meliorationsbaubeamten, — die zweite, wenn die Verleihung für eine gewerbliche Anlage nachgesucht wird, dem zuständigen Gewerbeaufsichtsbeamten oder, wenn die Anlage der Aufsicht der Bergpolizei untersteht, dem zuständigen Bergrevierbeamten, — die dritte, wenn es sich um Abwassereinleitung, um Versorgung mit Trinkwasser oder mit Wasser zu hauswirtschaftlichen oder gewerblichen Zwecken oder um Badeanstalten handelt, dem zuständigen

Medizinalbeamten zur Prüfung. Kommt die Einleitung von Abwasser aus Betrieben, in denen Tierkörper oder Teile von solchen verarbeitet werden, in Frage, so ist die vierte Ausfertigung der Vorlagen dem zuständigen Veterinärbeamten zur Prüfung zu übersenden.

Die Beamten haben die Abgabe ihrer Gutachten möglichst zu beschleunigen; die Prüfung ist auf jedem einzelnen Stück der Vorlagen zu bescheinigen.

Erscheint ein Lageplan von weiterer Ausdehnung erforderlich oder finden sich andere Mängel, so hat der Sachverständige den Unternehmer auf kürzestem Wege — mündlich oder durch unmittelbaren Schriftwechsel — zur Ergänzung zu veranlassen.

Die bautechnische Prüfung der Vorlagen liegt den Wasser-(Meliorations-) Baubeamten ob. Soweit die der Wasserbenutzung dienenden Anlagen an sich nach den bestehenden Vorschriften einer baupolizeilichen Genehmigung bedürfen, wird die Erlaubnis durch den Verleihungsbeschluß miterteilt; die Verleihungsbehörde hat zur Prüfung der Vorlagen von Baupolizei wegen den Ortsbaubeamten der staatlichen Hochbauverwaltung oder den sonst zuständigen bautechnischen Berater der örtlichen Baupolizeiverwaltung zuzuziehen.

Werden neben den der Verleihung bedürftigen Wasserbenutzungsanlagen Bauten ausgeführt, für die nach den bestehenden Vorschriften eine besondere Bauerlaubnis erforderlich ist, so ist zu ihrer Erteilung unabhängig von dem Verleihungsverfahren die Baupolizeibehörde allein zuständig. Bei Anlagen, die nach den §§ 16ff. der Gewerbeordnung genehmigungspflichtig sind, umfaßt die gewerbepolizeiliche Genehmigung stets auch eine für diese Anlagen sonst erforderliche polizeiliche Bauerlaubnis.

11. Die Erörterung der infolge der Bekanntmachung des Verleihungsantrags eingehenden Widersprüche, Anträge und Ansprüche erfolgen durch die Amtsstelle, der die Leitung des Vorverfahrens obliegt. Wird das Vorverfahren von der Wasserpolizeibehörde geleitet und will diese selbst Widerspruch oder Ansprüche erheben oder Anträge stellen, so hat der Bezirksausschuß die weitere Leitung des Vorverfahrens einer anderen Wasserpolizeibehörde oder einem seiner ernannten Mitglieder zu übertragen oder selbst zu übernehmen.

Leitet der Bezirksausschuß, ein Oberpräsident, Regierungspräsident oder Landrat das Vorverfahren, so kann diese Amtsstelle die Bekanntmachung des Antrags und die Erörterung der eingehenden Widersprüche usw. einer nachgeordneten Behörde übertragen *).

Bekanntmachung.

12. Die Bekanntmachung des Unternehmens muß enthalten:

a) Namen, Stand und Wohnort des Unternehmers, die Bezeichnung des zu benutzenden Gewässers und der Stelle, an der das Gewässer benutzt werden soll, ferner die Art der beabsichtigten Benutzung des Gewässers und der geplanten Anlagen sowie die Art und Lage des Unternehmens, für das die Verleihung nachgesucht wird;

b) die Angabe, daß Widersprüche gegen die Verleihung und Ansprüche auf Herstellung und Unterhaltung von Einrichtungen oder auf Entschädigung bei der unterzeichneten Amtsstelle schriftlich in zwei Ausfertigungen oder zu Protokoll anzubringen sind und ferner die Angabe, daß andere Anträge auf Verleihung des Rechtes zu einer Benutzung des Gewässers, durch welche die von dem ersten Antragsteller beabsichtigte Benutzung beeinträchtigt werden würde, bei der unterzeichneten Amtsstelle mit den unter Nr. 2—5 vorgeschriebenen Unterlagen einzureichen sind;

c) die Bestimmung einer Frist für die Erhebung von Widersprüchen und die Anmeldung von Anträgen, die auf mindestens zwei und höchstens sechs Wochen zu bemessen ist;

d) die Verwarnung, daß diejenigen, die innerhalb der Frist (c) keinen Widerspruch gegen die Verleihung erheben, ihr Widerspruchsrecht verlieren, daß ferner nach Ablauf der Frist gestellte Anträge auf Verleihung in demselben Verfahren nicht berücksichtigt werden und daß vom Beginne der Ausübung des verliehenen Rechtes an wegen nachteiliger Wirkungen nur noch die im § 82 und im § 203 Abs. 2 WG. bezeichneten Ansprüche geltend gemacht werden können;

e) die Angabe, wo die Zeichnungen und Erläuterungen zur Einsicht ausliegen;

f) die Anberaumung einer (in der Regel nicht später als zehn Tage nach dem Ablaufe der unter c bezeichneten Frist abzuhaltenden) mündlichen Erörterung der rechtzeitig geltend gemachten Widersprüche, der Ansprüche auf Herstellung und

---

*) Bezüglich der Bekanntmachung des Antrags unrichtig (vgl. oben Nr. 9 Abs. 1 Satz 4 und Anm. 3 zu § 65).

Unterhaltung von Einrichtungen und der Entschädigungsansprüche vor der die Bekanntmachung erlassenden Amtsstelle;

g) die Eröffnung, daß diese Erörterung auch im Falle des Ausbleibens eines Beteiligten stattfinden werde.

13. Die öffentliche Bekanntmachung ist in dem im § 65 Abs. 3 WG. bezeichneten Umfang in ortsüblicher Weise und, soweit Landgemeinden beteiligt sind, auch in den Kreisblättern zu erlassen.

Auf die öffentliche Bekanntmachung sollen alle bekannten Personen, die nach dem Ermessen der Behörde von nachteiligen Wirkungen der Benutzung betroffen werden können, noch durch besonderes Schreiben hingewiesen werden. In gleicher Weise sind die beteiligten Behörden auf die Bekanntmachung hinzuweisen, wenn Teile von Festungen, Eisenbahnen oder öffentliche Wege berührt werden.

Unter Umständen ist eine solche schriftliche Mitteilung an die Wasserpolizeibehörde zu richten, sofern diese nicht selbst die Bekanntmachung erläßt oder das Vorverfahren leitet. Handelt es sich um eine Verleihung in einem Gebiete, in dem Bergbau umgeht, um die Verleihung eines Staurechts für ein zum Betrieb auf Bergwerken oder Aufbereitungsanstalten dienendes Wassertriebwerk oder um die Verleihung eines anderen Wasserbenutzungsrechtes, das ein Bergwerksbesitzer im örtlichen oder betrieblichen Zusammenhang mit dem Bergwerk ausüben will, so ist auch der zuständige Bergrevierbeamte schriftlich auf die Bekanntmachung zu verweisen.

14. Der Verleihungsantrag und seine Unterlagen sind bis zum Ablaufe der Widerspruchsfrist an der in der Bekanntmachung bezeichneten Amtsstelle während der Dienststunden zur Einsicht auszulegen. Unterlagen, die vom Antragsteller als „Betriebsgeheimnis" bezeichnet sind, dürfen nicht ausgelegt werden. Bezeichnet der Unternehmer auch solche Unterlagen, deren Kenntnis zur Prüfung der Wirkungen der beabsichtigten Benutzung unerläßlich ist, als „Betriebsgeheimnis", so wird dem Verleihungsantrage nicht stattgegeben werden können.

Einwendungen.

15. Erhebt die Wasserpolizeibehörde auf Grund des § 49 Abs. 3 oder 4 WG. Widerspruch, so hat sie unverzüglich unter Darlegung des Sachverhaltes den zuständigen Ministern auf dem vorgeschriebenen Dienstwege Bericht zu erstatten.

In der Regel sind Schriftsätze Beteiligter und in jedem Falle die von der Wasserpolizeibehörde auf Grund des § 49 Abs. 3, 4 WG.

erhobenen Widersprüche dem Unternehmer noch vor der Erörterung durch Übersendung der zweiten Ausfertigung oder einer Abschrift mitzuteilen.

Sind innerhalb der Widerspruchsfrist keine Widersprüche oder Ansprüche erhoben, so wird der Unternehmer hiervon und von dem Wegfalle des Erörterungstermins in Kenntnis gesetzt.

16. Erscheinen bei der Erörterung sowohl der Unternehmer, als auch Beteiligte, die Widersprüche oder Ansprüche erhoben haben, so ist zunächst eine gütliche Einigung zu versuchen. Kommt eine solche nicht zustande, so werden die Parteierklärungen zu Protokoll genommen. Macht der Verlauf der Verhandlung die Ansetzung weiterer Termine nötig, so sind diese möglichst in dem Termine selbst anzuberaumen und den Parteien mündlich bekannt zu geben. Auch in den Fällen, in denen die Leitung des Vorverfahrens der Wasserpolizeibehörde übertragen ist, kann der Bezirksausschuß eines seiner Mitglieder mit der Leitung der Verhandlungen beauftragen.

17. Machen mehrere Gegner des Verleihungsantrages gleiche Interessen geltend, so ist geeignetenfalls zur Vereinfachung des Verfahrens darauf hinzuwirken, daß sie zu ihrer Vertretung bei den weiteren Verhandlungen einen gemeinschaftlichen Bevollmächtigten bestellen, der in der Vollmacht zur Empfangnahme der Bescheide, zur Einlegung der Beschwerde und zum Abschluß eines Vergleiches mit dem Unternehmer ermächtigt wird.

Widerstreitende Verleihungsanträge.

18. Wird infolge der unter Nr. 12b vorgeschriebenen Bekanntmachung rechtzeitig ein anderer Antrag auf Verleihung von Wasserbenutzungsrechten gestellt, durch welche die von dem ersten Antragsteller beabsichtigte Benutzung beeinträchtigt werden würde (§ 67 Abs. 2 WG.), so hat die zur Leitung des Vorverfahrens berufene Amtsstelle zunächst eine Entscheidung des Bezirksausschusses darüber herbeizuführen, ob der Antrag ohne weiteres zurückgewiesen wird (§ 65 Abs. 2 WG.), oder ob auch hinsichtlich dieses Antrags das Vorverfahren einzuleiten ist. Als offenbar unzulässig wird der Antrag auch dann zurückzuweisen sein, wenn nach der im § 61 WG. angegebenen Ordnung dem ersten Verleihungsantrag zweifellos der Vorrang gebührt*).

Wird der widerstreitende Verleihungsantrag nicht ohne weiteres zurückgewiesen, so ist zunächst unverzüglich die Vollständigkeit der

*) Dieser Ansicht ist das LWA. 1, 120 entgegengetreten.

Unterlagen dieses Antrags zu prüfen, wobei dem Antragsteller zur Beibringung oder Ergänzung der Unterlagen eine angemessene Nachfrist gewährt werden kann (§ 67 Abs. 3 WG.). Alsdann hat die das Vorverfahren leitende Behörde den Antrag durch die zuständigen technischen Beamten begutachten zu lassen und gemäß Nr. 12 und 13 bekannt zu geben. Demnächst ist auch dieser neue Antrag, und zwar in dem in der neuen Bekanntmachung anberaumten Termine, mit den Beteiligten zu erörtern.

Abschluß des Vorverfahrens.

19. Nach dem Abschlusse der Erörterungen über alle vorliegenden Anträge sind die Verhandlungen, soweit es erforderlich erscheint, noch einmal den zuständigen technischen Beamten (Nr. 10 Abs. 1) zur Abgabe eines neuen Gutachtens mitzuteilen.

Demnächst werden die Akten entweder unmittelbar dem Bezirksausschusse vorgelegt oder — falls die Bergbehörde einen entsprechenden Antrag gestellt haben sollte — zunächst dem Oberbergamt übersandt und von diesem mit seiner Äußerung an den Bezirksausschuß weitergegeben.

Hauptverfahren.

20. Der Bezirksausschuß hat an Stelle der sonst zuständigen Polizeibehörden von Amts wegen zu prüfen, ob die beabsichtigte Benutzung eines Gewässers den wasser-, bau-, feuer-, sicherheits-, verkehrs-, berg-, gesundheits- und sonstigen polizeilichen Vorschriften entspricht. Bei Talsperren ist auch die unter Nr. 4 angeführte „Anleitung für Bau und Betrieb von Talsperren" zu beachten.

Ist für die der Benutzung des Gewässers dienenden Anlagen eine deichpolizeiliche Genehmigung nach den §§ 285 ff. des Wassergesetzes erforderlich, so ist diese Genehmigung neben der Verleihung einzuholen. Im Verleihungsverfahren ist daher die Anlage vom deichpolizeilichen Gesichtspunkte nicht zu prüfen.

Der Bezirksausschuß hat ferner zu prüfen, ob die Wasserpolizeibehörde und die sonst in Wahrnehmung öffentlicher Interessen beteiligten Behörden, gegebenenfalls auch das Oberbergamt, in dem bisherigen Verfahren ausreichend gehört sind. Nötigenfalls ist die Anhörung dieser Behörden nachzuholen (§ 69 WG.).

Hat die Wasserpolizeibehörde gemäß § 49 Abs. 3 oder 4 WG. Widerspruch erhoben (Nr. 15 Abs. 1), so darf der Bezirksausschuß die beantragte Verleihung nur mit Zustimmung der zuständigen Minister oder unter den von ihnen auf Grund des Gesetzes für geboten erachteten Bedingungen erteilen. Ist die Erklärung der Minister nicht bereits im Vorverfahren zu den Akten gelangt, so hat der Bezirksausschuß nötigenfalls die Minister um schleunige Mitteilung ihrer Entschließung zu bitten.

Vorläufige Ausübung des verliehenen Rechts.

21. Beantragt der Unternehmer, ihm im Verleihungsbeschluß oder in einem den Verleihungsbeschluß ergänzenden Beschlusse zu gestatten, daß noch vor der endgültigen Entscheidung über den Verleihungsantrag mit der beantragten Benutzung des Gewässers gegen Sicherheitsleistung begonnen werden kann (§ 77 Abs. 2 WG.), so hat die Verleihungsbehörde über diesen Antrag nötigenfalls die Beteiligten zu hören, sofern dies nicht schon im Vorverfahren geschehen sein sollte.

Sachverständige.

22. Veranlaßt der Bezirksausschuß Sachverständige zur Erstattung eines Gutachtens, so hat er sie darauf hinzuweisen, daß sie über Betriebsgeheimnisse, die durch das Verfahren zu ihrer Kenntnis gelangen, Verschwiegenheit zu beobachten und sich der Nachahmung geheim gehaltener Betriebseinrichtungen oder Betriebsweisen, die durch das Verfahren zu ihrer Kenntnis gelangen, solange sie Betriebsgeheimnisse sind, zu enthalten haben (§ 377 WG.).

Beschlußfassung.

23. Über Verleihungsanträge ist durch Beschluß des Bezirksausschusses gemäß § 117 des Landesverwaltungsgesetzes durch Vorbescheid des Vorsitzenden zu entscheiden.

Der Beschluß des Bezirksausschusses ergeht gemäß § 119 a. a. O. auf Grund der Akten oder nach mündlicher Verhandlung.

Liegen weder Widersprüche gegen die Verleihung noch Ansprüche wegen nachteiliger Wirkungen des beantragten Wasserbenutzungsrechts und auch keine widerstreitenden Verleihungsanträge vor, und wird die Verleihung nach dem Antrage des Unternehmers oder mit solchen Abänderungen erteilt, mit denen sich der Unternehmer unter Verzicht auf die Beschwerde schriftlich oder zu Protokoll einverstanden erklärt hat, so fertigt der Vorsitzende des Bezirksausschusses alsbald den Bescheid in Form der Verleihungsurkunde (Nr. 26) aus. In allen übrigen Fällen wird zunächst der Beschluß des Bezirksausschusses oder der Vorbescheid des Vorsitzenden für die Beteiligten schriftlich ausgefertigt.

24. Die Beschlußformel hat, wenn die beantragte Verleihung erteilt wird, den Vorschriften der §§ 72, 73 WG. zu entsprechen; sie hat ferner die Entscheidung über die Kosten des Verfahrens zu enthalten (§ 75 WG.).

Stehen der beabsichtigten Benutzung eines Gewässers Rücksichten des öffentlichen Wohles entgegen, so darf die Verleihung nur unter Bedingungen erfolgen, durch welche diese Rücksichten gewahrt werden. Insbesondere ist in dieser Weise auf einen in Angriff genommenen oder in Aussicht stehenden Ausbau eines Wasserlaufs Rücksicht zu nehmen (§ 49 Abs. 1 WG.).

Bei der Verleihung eines Rechtes zur Einleitung unreiner Flüssigkeiten in ein Gewässer ist die Vorschrift des § 47 Abs. 2 WG. zu beachten.

Stehen der beabsichtigten Benutzung eines Gewässers Rücksichten des öffentlichen Wohles entgegen, läßt sich aber zurzeit mangels ausreichender Erfahrungen keine Sicherheit darüber gewinnen, ob die zunächst vorgesehenen Bedingungen ausreichen werden, um diese gefährdeten Interessen hinlänglich zu schützen, so kann die Verleihungsbehörde, wenn sie sich trotzdem für die Erteilung der Verleihung entscheidet, auf Grund des § 49 Abs. 1 in der Beschlußformel sich vorbehalten, die Bedingungen, unter denen die Verleihung erteilt wird, abzuändern oder zu ergänzen, falls sich ein Bedürfnis hierzu ergeben sollte. Diesem Vorbehalt ist die Bestimmung hinzuzufügen, daß die Beschlußfassung über die Abänderung oder Ergänzung der Bedingungen nach Anhörung der Beteiligten zu erfolgen hat. Auch ist in den Entscheidungsgründen ausdrücklich darauf hinzuweisen, daß durch eine auf Grund dieses Vorbehaltes nachträglich erfolgende Abänderung oder Ergänzung der Verleihungsbedingungen die Ausübung des verliehenen Rechtes unter Umständen wesentlich erschwert oder gar in Frage gestellt werden kann.

Abweichend von der gewerbepolizeilichen Genehmigung kann die Verleihung auch auf Zeit erteilt werden. Es ist daher in jedem Falle sorgfältig zu prüfen, ob einer Verleihung auf die Dauer Bedenken entgegenstehen.

Sicherheitsleistungen.

25. Wird dem Unternehmer auf Grund des § 59 oder des § 77 Abs. 2 WG. die Leistung einer Sicherheit auferlegt, so ist die Hinterlegungsstelle, bei der sie zu bestellen ist, in dem Bescheid anzugeben. Gleichzeitig mit der Zustellung des Bescheides ist die Hinterlegungs-

stelle unter Mitteilung einer Abschrift der Beschlußformel um Annahme der Sicherheit zu ersuchen.

Die Bestellung der Sicherheit erfolgt durch Hinterlegung nach Maßgabe der Vorschriften der Hinterlegungsordnung.

Die Beteiligten werden von der Hinterlegungsstelle jederzeit Auskunft darüber erhalten, ob und in welcher Höhe die Sicherheit bestellt ist.

Solange die Sicherheit nicht hinterlegt ist oder die hinterlegte Sicherheit die vorgeschriebene Höhe nicht erreicht, kann die Wasserpolizeibehörde den Unternehmer, nötigenfalls durch Zwangsmaßregeln, an der Benutzung des Gewässers hindern (§§ 21, 77 Abs. 4, 378 WG.).

Über die Auszahlung oder Herausgabe der Sicherheit an den Unternehmer beschließt auf dessen Antrag die Verleihungsbehörde erster Instanz, geeignetenfalls nach Anhörung derjenigen, zu deren Gunsten die Sicherheitsleistung angeordnet ist. Gegen deren Beschluß ist, soweit es sich nicht um die Auszahlung oder Herausgabe einer Sicherheit für Entschädigungsansprüche handelt, hinsichtlich deren gemäß § 76 Abs. 2 WG. der Rechtsweg eröffnet ist, binnen zwei Wochen die Bescherde an das Landeswasseramt zulässig. Ist die Entscheidung durch Vorbescheid des Vorsitzenden getroffen (§ 117 des Landesverwaltungsgesetzes), so ist neben dieser Beschwerde wahlweise auch der Antrag auf Beschlußfassung durch das Kollegium des Bezirksausschusses und alsdann gegen diesen Beschluß die Beschwerde an das Landeswasseramt zulässig.

Verleihungsurkunde.

26. Die Ausfertigung der Verleihungsurkunde erfolgt nach Abschluß des Verfahrens, d. h. entweder in dem unter Nr. 23 Abs. 3 bezeichneten Zeitpunkte oder, sobald die Frist zur Einlegung der Beschwerde gegen den Verleihungsbeschluß abgelaufen ist, ohne daß eine Beschwerde erhoben worden ist, oder sobald über die rechtzeitig erhobenen Beschwerden endgültig entschieden ist.

In der Urkunde sind alle Bedingungen, unter denen die Verleihung erteilt worden ist, aufzuführen und die von dem Unternehmer eingereichten, dem Verfahren zugrunde gelegten Beschreibungen, Zeichnungen und Pläne ausführlich zu bezeichnen. Soweit es zur Bezeichnung des verliehenen Rechtes und des Unternehmens, für das es verliehen ist, nötig ist, müssen beglaubigte Abschriften der Erläuterungen sowie der Zeichnungen und Pläne der Verleihungsurkunde beigefügt werden. Sie sind in diesem Falle, soweit angängig, durch Schnur und Siegel mit der Urkunde zu verbinden. Auf Karten und Zeichnungen, die in dieser Art mit der Urkunde nicht verbunden werden können, ist die Zugehörigkeit zur Verleihungsurkunde zu vermerken. Dabei ist darauf zu achten, daß die verschiedenen Ausfertigungen der Beschreibungen, Zeichnungen und Pläne miteinander übereinstimmen, und daß die auf einzelnen Ausfertigungen vorgenommenen Berichtigungen und Ergänzungen (Nr. 10 Abs. 3) auf die übrigen Ausfertigungen übertragen werden.

Die Verleihungsurkunde ist dem Unternehmer zuzusenden. Beglaubigte Abschrift der Urkunde unter Anheftung je einer Ausfertigung der Anlagen erhält die Wasserpolizeibehörde. Auch den zuständigen technischen Beamten (Nr. 10) sind auf ihren Antrag beglaubigte Abschriften der Urkunde zu übersenden und Ausfertigungen der Anlagen, soweit solche zur Verfügung stehen, beizufügen.

Kosten.

27. Zu den Kosten des Verfahrens, deren Erstattung im § 75 WG. geregelt wird, gehören nicht die baren Auslagen des obsiegenden Gegners. Dieser ist nicht berechtigt, den Ersatz seiner Auslagen zu fordern.

Gegen die Kostenfestsetzungsbeschlüsse des Bezirksausschusses sind die in Nr. 25 letzter Absatz angegebenen Rechtsmittel zulässig.

Sicherstellung.

Wird auf Grund des § 86 oder des § 203 Abs. 3 WG. die Sicherstellung eines Rechtes auf Benutzung eines Wasserlaufs oder des Wassers eines Sees oder von unterirdischem Wasser beantragt, so sind die vorstehenden Bestimmungen sinngemäß anzuwenden.

II. Verbindung des Verleihungsverfahrens mit dem gewerbepolizeilichen Genehmigungsverfahren*).

Einleitung des Verfahrens.

29. Wird die durch § 16 der Gewerbeordnung vorgeschriebene Genehmigung zur Errichtung einer gewerblichen Anlage und daneben die Verleihung eines Wasserbenutzungsrechts für diese Anlage nachgesucht, so können auf Antrag des Unternehmers das Genehmigungsverfahren und das Verleihungsverfahren nach Maßgabe der folgenden Bestimmungen miteinander verbunden werden.

*) Vgl. auch ME. v. 22. 8. 1914 (abgedruckt unter B. V.).

30. Der Genehmigungsantrag ist ebenso wie der Verleihungsantrag bei dem für die Entscheidung über den Verleihungsantrag zuständigen Bezirksausschuß einzureichen.

Beide Anträge können gemeinsam in einem einzelnen Schriftsatze gestellt werden. Die zugehörigen Beschreibungen, Lagepläne und Baupläne sind, wenn die Anträge die Stauanlage für ein Wassertriebwerk betreffen, in drei Ausfertigungen einzureichen, bei Anträgen für andere Unternehmungen in so viel Ausfertigungen, daß jeder zu ihrer Prüfung berufene technische Beamte eine Ausfertigung prüfen kann, also in der Regel in drei Ausfertigungen (für den Wasser- oder Meliorationsbaubeamten, den Hochbaubeamten und den Gewerbeaufsichtsbeamten oder Bergrevierbeamten) und nötigenfalls in je einer weiteren Ausfertigung für den Medizinalbeamten und den Veterinärbeamten (Nr. 10 dieser Anweisung, Nr. 16 der AusfAnw. z. GewO.).

31. Wird der Verleihungsantrag alsbald als „offenbar unzulässig" endgültig zurückgewiesen (Nr. 8), hält aber der Unternehmer den Genehmigungsantrag aufrecht, so ist dieser letztere Antrag vom Bezirksausschuß an die nach Nr. 11 der Ausführungsanweisung zur Gewerbeordnung zuständige Behörde zur Einleitung des Vorverfahrens abzugeben. — Abgesehen von solchen Fällen der Zurückweisung des Verleihungsantrags, hat der Bezirksausschuß die Leitung eines gemeinsamen Vorverfahrens für beide Anträge gemäß Nr. 9 der vorliegenden Anweisung selbst zu übernehmen oder der dort bezeichneten Amtsstelle zu übertragen.

Vorverfahren.

32. In dem gemeinsamen Vorverfahren ist die Bekanntmachung des Genehmigungsantrags (Nr. 18—20 der AusfAnw. z. GewO.) mit derjenigen des Verleihungsantrags zu verbinden. Dabei ist folgendes zu beachten:

a) Die Bekanntmachung hat gemäß § 17 Abs. 2 der GewO. und Nr. 19b der AusfAnw. z. GewO. die Aufforderung zu enthalten, Einwendungen gegen den Genehmigungsantrag binnen 14 Tagen bei der unterzeichneten Amtsstelle anzubringen. Ob die Behörde unter diesen Umständen die Frist zur Anbringung der gegen den Verleihungsantrag gerichteten Widersprüche und Anträge gleichfalls 14 Tage beschränken will — was sich in vielen Fällen empfehlen wird —, oder ob sie diese Frist darüber hinaus bis auf höchstens sechs Wochen bemessen will (§ 66 WG., Nr. 12 c der vorliegenden Anweisung), bleibt ihrer pflichtmäßigen Entscheidung überlassen.

b) Die Bekanntmachung hat nicht nur gemäß § 65 Abs. 3 WG. und Nr. 13 der vorliegenden Anweisung ortsüblich und in den Kreisblättern der beteiligten Landgemeinden zu erfolgen, sondern außerdem gemäß § 17 Abs. 2 der GewO. und Nr. 20 der AusfAnw. zu diesem Gesetz in dem amtlichen Anzeigeblatt der zuständigen Genehmigungsbehörde — Bezirksausschuß oder Kreisausschuß (Stadtausschuß, kollegialischer Gemeindevorstand) — oder statt dessen in den Fällen der Nr. 11 Abs. 4 der bezeichneten Anweisung in dem amtlichen Anzeigeblatt desjenigen Gemeindevorstandes, Kreis- oder Stadtausschusses, in dessen Bezirk die gewerbliche Anlage errichtet werden soll.

33. Auch die mündliche Erörterung der gegen den Genehmigungsantrag erhobenen Einwendungen und der gegen den Verleihungsantrag gerichteten Widersprüche, Ansprüche und Anträge ist möglichst zu vereinigen.

34. Nach Abschluß des Vorverfahrens sind, sofern der Bezirksausschuß das Vorverfahren nicht selbst geleitet hat, die Akten gemäß Nr. 19 Abs. 2 der vorliegenden Anweisung dem Bezirksausschusse vorzulegen oder zunächst dem Oberbergamt zu übersenden und von diesem an den Bezirksausschuß weiterzugeben.

Hauptverfahren.

35. Ist der Bezirksausschuß nicht nur für den Verleihungsantrag, sondern auch für den Genehmigungsantrag die zuständige Beschlußbehörde, so hat er zur Abkürzung und Vereinfachung des Verfahrens die Verhandlungen über die Anträge nach Möglichkeit zu verbinden. Dabei ist aber zu beachten, daß im Genehmigungsverfahren — abweichend vom Verleihungsverfahren — der Erlaß eines Vorbescheids durch den Vorsitzenden des Bezirksausschusses unzulässig ist (§ 21 der GewO., Nr. 26 Abs. 1 der AusfAnw. zu diesem Gesetze), und daß es zwar dem Ermessen des Bezirksausschusses überlassen bleibt, ob er über den Verleihungsantrag lediglich auf Grund der Akten oder nach mündlicher Verhandlung entscheiden will (§ 119 des Landesverwaltungsgesetzes), daß dagegen über den Genehmigungsantrag stets mündlich verhandelt werden muß, falls Einwendungen erhoben sind, oder falls der Unternehmer einen ohne mündliche Verhandlung erlassenen Beschluß des Bezirksausschusses durch Antrag auf mündliche Verhandlung anficht.

In der Regel wird die Entscheidung über den Verleihungsantrag derjenigen über den Genehmigungsantrag unmittelbar vorauszugehen haben und gegebenenfalls in dem Genehmigungsbeschluß darauf hinzuweisen sein, daß hinsichtlich des von dem Unternehmer beanspruchten Wasserbenutzungsrechts (§ 40 Abs. 2, § 203 WG.) die Bestimmungen des Verleihungsbeschlusses maßgebend sind.

Die Verleihungsurkunde und die Genehmigungsurkunde sind stets getrennt voneinander auszufertigen.

36. Ist für die Entscheidung über den Genehmigungsantrag ein Kreisausschuß (Stadtausschuß, kollegialischer Gemeindevorstand) zuständig (§ 109 des Zuständigkeitsgesetzes), so wird nach Abschluß des gemeinsamen Vorverfahrens in der Regel — sofern nicht der Unternehmer einen gegenteiligen Antrag stellt — zunächst das Verleihungsverfahren und hinterher unter Benutzung der Akten über das Verleihungsverfahren das Genehmigungsverfahren zu erledigen sein.

III. Ausgleichungsverfahren.

37. Auf das Ausgleichungsverfahren (§§ 87—90 WG.) sind die vorstehenden Bestimmungen über das Verleihungsverfahren sinngemäß anzuwenden. Indessen ist zu beachten, daß eine öffentliche Bekanntmachung (§ 65 Abs. 3 WG., Nr. 13 Abs. 1 dieser Anweisung) des Antrags auf Ausgleichung nicht stattfindet, vielmehr zur Erörterung dieses Antrags lediglich die von dem Antragsteller als Beteiligte bezeichneten Personen zu laden sind, und daß dementsprechend durch die im Ausgleichungsverfahren ergehende Entscheidung die Rechte anderer, als der an diesem Verfahren Beteiligten, nicht berührt werden. Enthält die im Ausgleichungsverfahren endgültig getroffene Entscheidung über die Ausübung des Wasserbenutzungsrechts eines Beteiligten Bestimmungen, durch welche die Bestimmungen der Verleihungsurkunde über dieses Benutzungsrecht abgeändert werden, so ist entweder unter Einziehung dieser Urkunde eine neue Urkunde auszufertigen oder die alte Urkunde durch vorschriftsmäßig vollzogene Randvermerke oder durch einen Nachtrag zu ergänzen, der mit der Urkunde, soweit angängig, durch Schnur und Siegel zu verbinden ist.

IV. Schlußbestimmung.

38. Die in den vorstehenden Bestimmungen bezeichneten Verfügungen des Bezirksausschusses, soweit sie zur Leitung des Verfahrens und zur Vorbereitung der sachlichen Entscheidung dienen, können gemäß § 55 des Landesverwaltungsgesetzes und § 8 des

Regulativs für die Ordnung des Geschäftsganges und des Verfahrens bei den Bezirksausschüssen auch ohne Vortrag im Kollegium entweder von dem Vorsitzenden oder unter seiner Mitzeichnung von demjenigen Mitgliede erlassen werden, welchem der Vorsitzende die Bearbeitung der Sache überträgt.

IV. Ausführungsanweisung vom 29. April 1914.

Betrifft die Einrichtung der Wasserbücher.

(MBl. f. Landw. 1914 S. 163.)

Anlegung der Wasserbücher.

§ 1.

Die Wasserbücher müssen für die Wasserläufe erster und zweiter Ordnung mit dem Inkrafttreten des Wassergesetzes angelegt sein. Die Wasserläufe erster Ordnung werden durch das dem Wassergesetz als Anlage beigefügte Verzeichnis, die Wasserläufe zweiter Ordnung durch die nach den §§ 4, 5 aufzustellenden Verzeichnisse bestimmt.

Für die Wasserläufe dritter Ordnung, d. h. alle nicht zur ersten oder zweiten Ordnung gehörenden Strecken von Wasserläufen, ist die Anlegung eines Wasserbuchs erst notwendig, wenn eine Eintragung vorzunehmen ist (§ 182 Abs. 1). Wird eine solche Eintragung beantragt, so ist zunächst zu prüfen, ob es sich um einen Wasserlauf im Sinne des § 1 des Wassergesetzes handelt. Diese Prüfung erübrigt sich, wenn eine Behörde auf Grund des § 185 Abs. 1 um die Eintragung eines Rechtes ersucht. Ist die Eintragung eines Rechtes erforderlich, so braucht nicht unter allen Umständen ein besonderes Wasserbuch für diesen Wasserlauf angelegt zu werden; es genügt vielmehr die Eintragung in das Wasserbuch, das für den Wasserlauf, in den er einmündet, bereits angelegt ist, sofern für beide dieselbe Wasserbuchbehörde zuständig ist. Welches Verfahren einzuschlagen ist, bestimmt die Wasserbuchbehörde. Die Anlegung eines besonderen Wasserbuchs ist jedoch stets dann empfehlenswert, wenn voraussichtlich eine größere Zahl von Eintragungen notwendig werden wird.

Einrichtung der Wasserbücher.

§ 2.

1. Die Wasserbücher werden nach dem in der Anlage enthaltenen Muster eingerichtet*).

*) Das Muster ist nicht mit abgedruckt. Wegen Herstellung

Sie können aus mehreren Bänden bestehen, die fortlaufend zu numerieren sind. Namentlich können für einzelne Strecken eines Wasserlaufs, für die das Wasserbuch bei derselben Wasserbuchbehörde geführt wird, besondere Bände angelegt werden, um die Übersicht über die Eintragung zu erleichtern. Für Wasserläufe zweiter Ordnung z. B., die im Bezirke derselben Wasserbuchbehörde von verschiedenen Unterhaltungsgenossenschaften unterhalten werden, kann die Anlegung je eines besonderen Bandes für das Gebiet jeder Genossenschaft in Frage kommen.

Der Bezirksausschuß ist befugt, für mehrere Wasserläufe oder Strecken von ihnen ein gemeinschaftliches Buch anzulegen, in welchem jeder Wasserlauf der jede Strecke ein besonderes Blatt erhält. In diesem Falle gelten die nachstehend für das Wasserbuch getroffenen Vorschriften auch für die einzelnen Blätter.

2. Jedes Wasserbuch besteht aus der Aufschrift und drei Abteilungen.

3. Die Aufschrift gibt den Namen des Wasserlaufs an, und zwar unter genauer Bezeichnung der Strecke und des Teiles des Wasserlaufs, für die das Wasserbuch angelegt wird, falls der Wasserlauf die Bezirke mehrerer Wasserbuchbehörden angelegt sind. In der Aufschrift sind ferner der Bezirksausschuß, der das Wasserbuch führt und, wenn das Wasserbuch aus mehreren Bänden besteht, die Nummern des Bandes und die Strecke des Wasserlaufs, für die er angelegt ist, anzugeben. Im Falle des § 183 Abs. 2 ist durch einen Zusatz auf die Übertragung der Wasserbuchführung für die Strecke oder den Teil des Wasserlaufs, der in einem anderen Bezirke gelegen ist, unter Angabe des die Übertragung aussprechenden Ministerialerlasses hinzuweisen.

4. Die Abteilung A ist zur Eintragung von Rechten, die eine der im § 46 bezeichneten Arten der Benutzung des Wasserlaufs betreffen, bestimmt. Sie zerfällt in vier Unterabteilungen. Von diesen sind bestimmt:

die 1. Unterabteilung: für die Rechte zum Gebrauch und Verbrauche, namentlich zur Ableitung des Wassers (§ 40 Abs. 2 Nr. 1);

die 2. Unterabteilung: für die Rechte zur Einleitung von Wasser und anderen flüssigen Stoffen (§ 40 Abs. 2 Nr. 2);

---

der Muster durch die Reichsdruckerei vgl. ME. v. 24. 6. 1914 (MBl. f. Landw. S. 236). Siehe bei Holtz-Kreutz Bd. 2 S. 701 ff., 764.

die 3. Unterabteilung: für die Rechte zur Senkung und Hebung des Wasserspiegels (§ 40 Abs. 2 Nr. 3);

die 4. Unterabteilung: für die Rechte zur Anlegung von Häfen und Stichkanälen, zur Herstellung von Anlegestellen mit baulichen Vorrichtungen von größerer Bedeutung und zur Anlegung von kommunalen oder gemeinnützigen Badeanstalten (§ 46 Abs. 1 Nr. 2—4).

Die Unterabteilungen der Abteilung A enthalten sechs Spalten, und zwar sind einzutragen:

in Spalte 1 und 2: das Recht unter näherer Angabe des Inhaltes und der Beschränkungen sowie des Berechtigten und das Ersuchen der Behörde oder der Antrag, auf Grund dessen die Eintragung vorgenommen worden ist;

in Spalte 3 und 4: die gegen das Recht erhobenen Widersprüche unter Angabe der Person des Widersprechenden und des Grundes des Widerspruchs;

in Spalte 5 und 6: Berichtigungen, insbesondere Löschungen.

5. Die Abteilung B ist zur Eintragung von Zwangsrechten nach den §§ 331 bis 333 bestimmt. Sie zerfällt in vier Spalten. Für die Spalten 1 und 2 gilt das vorstehend unter 4 Gesagte. In Spalte 3 und 4 sind Berichtigungen, insbesondere Löschungen, zu vermerken.

6. Die Abteilung C ist zur Eintragung von Unterhaltspflichten, und zwar nur von Pflichten zur Unterhaltung des Wasserlaufs, nicht der Ufer bestimmt. Sie zerfällt in vier Spalten. In sie sind einzutragen:

in Spalte 1 und 2: die Unterhaltungspflicht unter Angabe ihres Umfangs, insbesondere der Strecke des Wasserlaufs, für die sie besteht, und des Unterhaltungspflichtigen sowie der Antrag, auf Grund dessen die Eintragung vorgenommen worden ist;

in Spalte 3 und 4: Berichtigungen, insbesondere Löschungen.

7. Zur Bezeichnung des Berechtigten oder des Verpflichteten sind anzugeben:

a) bei natürlichen Personen der Name (Vorname, Familienname), der Stand, der Beruf sowie der Wohnort und, soweit diese Angaben nicht tunlich oder nicht ausreichend sind, andere den Berechtigten oder Verpflichteten deutlich kennzeichnende Merkmale;

b) bei Handelsgesellschaften, bei eingetragenen Genossenschaften und juristischen Personen anderer Art die Firma oder der Name und der Sitz.

Bei Eintragungen auf den Namen des Fiskus, einer Gemeinde oder einer sonstigen Körperschaft des öffentlichen Rechtes kann auf Antrag des Berechtigten derjenige Teil seines Vermögens, zu dem das eingetragene Recht oder die eingetragene Pflicht gehört, oder die Zweckbestimmung des Rechtes durch einen dem Namen des Berechtigten in Klammern beizufügenden Zusatz bezeichnet werden.

Eine nach Maßgabe des Gesetzes, betreffend die durch ein Auseinandersetzungsverfahren begründeten gemeinschaftlichen Angelegenheiten, vom 2. April 1887 (Gesetzsamml. S. 105), mit einer Vertretung ausgestattete Gesamtheit der Beteiligten kann eingetragen werden, ohne daß es der Bezeichnung der einzelnen Beteiligten bedarf. Das gleiche gilt von Unterhaltungsgemeinschaften der im § 126 Abs. 2 bezeichneten Art, auch wenn sie keine besondere Vertretung haben.

Wasserbuchakten.

§ 3.

1. Für jedes Wasserbuch sind besondere Wasserbuchakten zu führen.

Bei den Wasserbuchakten ist eine Tabelle zu halten, die mit dem Wasserbuche wörtlich übereinstimmen muß*).

2. Die Urkunden, auf die eine Eintragung sich gründet oder Bezug nimmt, sind in Urschrift oder beglaubigter Abschrift zu den Wasserbuchakten zu nehmen. Ist eine solche Urkunde in anderen, der Vernichtung nicht unterliegenden Akten des das Wasserbuch führenden Bezirksausschusses enthalten, so genügt statt der Aufbewahrung einer beglaubigten Abschrift der Urkunde eine Verweisung auf die anderen Akten.

3. Die technischen Unterlagen für eine Eintargung (Zeichnungen, Erläuterungen usw.) sind, soweit erforderlich, in einer besonderen, zu den Wasserbuchakten gehörenden Planmappe aufzubewahren.

---

*) Wegen der Herstellung der Tabellen durch die Reichsdruckerei vgl. ME. v. 24. März 1916 (MBl. f. Landw. S. 167). Siehe bei Holtz-Kreutz Bd. 2 S. 777.

Die Planmappe ist mit einer Aufschrift zu versehen, die auf die Stelle der Eintragung im Wasserbuche hinweist.

Niederlegung von Abschriften der Wasserbücher.

§ 4.

Beglaubigte auszugsweise Abschriften sind nach § 183 Abs. 3 bei den Wasserpolizeibehörden niederzulegen; diese Auszüge bestehen aus wortgetreuen Abschriften einzelner Eintragungsvermerke. Bei jeder Wasserpolizeibehörde sind Abschriften der Eintragungen solcher Rechte oder Unterhaltungspflichten niederzulegen und auf dem laufenden zu erhalten, die sich auf die zum Bezirke der Wasserpolizeibehörde gehörende Strecke des Wasserlaufs beziehen. Erstrecken sich die Wirkungen eines eingetragenen Rechtes auf die Bezirke mehrerer Wasserpolizeibehörden, so erhält nur diejenige Behörde eine Abschrift der Eintragung, die für die Strecke des Wasserlaufs zuständig ist, an der das Recht nach dem Inhalte der Eintragung unmittelbar in Anspruch genommen wird.

Unter den Wasserpolizeibehörden sind im Sinne dieser Vorschriften nur diejenigen zu verstehen, die zur Ausübung der Wasserpolizei über die Strecke des Wasserlaufs, bei der eine Eintragung vorgenommen ist, zuständig sind, nicht etwa alle Behörden, die in dem Bezirke, den der Wasserlauf durchfließt, zur Wahrnehmung der Wasserpolizei berufen sind. Für Wasserläufe erster Ordnung und für Talsperren sind daher die auszugsweisen Abschriften nur bei den beteiligten Regierungspräsidenten (§ 342 Abs. 1 Nr. 1, Abs. 2, § 343 Abs. 1 Nr. 1) oder Oberpräsidenten (§ 343 Abs. 1 Nr. 1), für Wasserläufe zweiter Ordnung bei den Landräten, in Stadtkreisen und den ihnen gleichgestellten kreisangehörigen Städten bei den Ortspolizeibehörden (§ 342 Abs. 1 Nr. 2, § 343 Abs. 1 Nr. 2) und für Wasserläufe dritter Ordnung bei den Ortspolizeibehörden (§ 342 Abs. 1 Nr. 3) oder, wenn die Wasserpolizei dem Landrat übertragen ist (§ 344), bei diesem niederzulegen.

Dem Bezirksausschusse bleibt es überlassen, da, wo sich im einzelnen Falle ein Bedürfnis nach einer ausgedehnteren Niederlegung von Abschriften als im Gesetze vorgesehen, insbesondere zur Einsicht, herausstellen sollte, diesem Bedürfnisse zu entsprechen.

Einsicht.

§ 5.

Die Einsicht der Wasserbücher, der bei den Wasserpolizeibehörden niedergelegten Abschriften (§ 183 Abs. 3) und der Urkunden, auf die in den Eintragungen Bezug genommen ist, steht jedermann zu (§ 193 Satz 1); dies gilt für die letztgenannten Urkunden unabhängig davon, ob sie sich in den Wasserbuchakten oder in anderen Akten des Bezirksausschusses befinden. Dagegen hat niemand ein Recht darauf in den übrigen Inhalt der Wasserbuchakten Einsicht zu nehmen, insbesondere besteht kein Recht auf Einsicht von Eintragungsanträgen, die noch nicht erledigt oder die abgewiesen sind.

Abschriften können von den Eintragungen im Wasserbuche, von den bei den Wasserpolizeibehörden niedergelegten Abschriften (§ 183 Abs. 3) und von den Urkunden verlangt werden, auf welche in den Eintragungen Bezug genommen ist (§ 193 Satz 2). Wird die Beglaubigung einer Abschrift verlangt, so hat der Vorsitzende des Bezirksausschusses oder das von ihm damit beauftragte Mitglied den Beglaubigungsvermerk unter Beidrückung des Siegels des Bezirksausschusses zu unterzeichnen.

Führung des Wasserbuchs.

§ 6.

1. Jeder Bezirksausschuß hat die Wasserbücher für sämtliche Wasserläufe oder Strecken von solchen zu führen, die zu dem Regierungsbezirke gehören, für den er besteht. Durchfließt ein Wasserlauf mehrere Regierungsbezirke oder bildet er die Grenze zwischen ihnen, so ist jeder Bezirksausschuß für die zu seinem Bezirke gehörenden Strecken oder Teile des Wasserlaufs zuständig. In einzelnen Fällen kann es jedoch zweckmäßig sein, die Führung des Wasserbuchs für den ganzen Wasserlauf oder doch für einzelne zu verschiedenen Bezirken gehörende Strecken oder Teile in der Hand einer Behörde zu vereinigen (§ 183 Abs. 2). Sobald es sich übersehen läßt, daß sich eine Übertragung der Führung des Wasserbuchs auf einen der beteiligten Bezirksausschüsse empfiehlt, ist bei dem zuständigen Minister ein entsprechender Antrag zu stellen, und zwar ist bei Wasserläufen erster Ordnung der Minister der öffentlichen Arbeiten, bei Wasserläufen zweiter und dritter Ordnung der Minister für Landwirtschaft, Domänen und Forsten zuständig*). Vorher haben sich die beteiligten Bezirksausschüsse miteinander ins Benehmen zu setzen und möglichst eine Verständigung darüber herbeizuführen, wem von ihnen die Führung des Wasserbuchs übertragen werden soll. Es wird hauptsächlich der Fall in Frage kommen, daß ein Wasserlauf auf der Grenze zwischen zwei Regierungsbezirken liegt und teils zu dem einen, teils zu dem anderen Bezirke gehört. Hier wird die Übertragung wohl stets zweckmäßig sein. Es kann

jedoch für mehrere in verschiedenen Regierungsbezirken belegene Strecken eines Wasserlaufs oder für den ganzen Wasserlauf die Führung des Wasserbuchs einem der beteiligten Bezirksausschüsse übertragen werden. Hiervon wird indessen mit Rücksicht darauf, daß durch die Übertragung der Führung des Wasserbuchs auf einen der beteiligten Bezirksausschüsse die Einsicht des Wasserbuchs für einen Teil der Beteiligten unter Umständen erschwert wird, nur aus wichtigen Gründen Gebrauch zu machen sein. Insbesondere kann dahin der Fall gehören, daß in einem der beteiligten Regierungsbezirke ganz geringe Strecken des Wasserlaufs liegen.

Die Übertragung der Führung des Wasserbuchs auf einen der beteiligten Bezirksausschüsse kann nicht nur vor der erstmaliger Anlegung des Wasserbuchs erfolgen, sondern es ist auch zulässig, daß nach Anlegung des Wasserbuchs dessen Weiterführung einem anderen Bezirksausschusse übertragen wird. Fälle, in denen eine Übertragung nach § 183 Abs. 2 in Frage kommt, sind jedoch möglichst vor der erstmaligen Anlegung der Wasserbücher den zuständigen Ministern zur Entscheidung zu unterbreiten, und zwar ist für Wasserläufe erster Ordnung der Minister der öffentlichen Arbeiten, für Wasserläufe zweiter und dritter Ordnung der Minister für Landwirtschaft, Domänen und Forsten zuständig*).

Die Übertragung der Anlegung oder Führung des Wasserbuchs auf einen anderen als den örtlich zuständigen Bezirksausschuß ist in geeigneter Weise öffentlich bekannt zu machen.

2. Für die Führung des Wasserbuchs gelten die Vorschriften des Landesverwaltungsgesetzes vom 30. 7. 1883 (Gesetzsamml. S. 195) über das Beschlußverfahren vor dem Bezirksausschusse (§ 54 Abs. 1, 3, §§ 115ff.). Ferner sind die Bestimmungen des Regulativs zur Ordnung des Geschäftsganges und des Verfahrens bei den Bezirksausschüssen vom 20. 2. 1884 (MBl. S. 37) anzuwenden, soweit sie für das Beschlußverfahren gelten und nicht in den nachstehenden Bestimmungen abgeändert sind.

Hiernach gestaltet sich das Verfahren bei der Führung des Wasserbuchs folgendermaßen:

Die Anlegung der Wasserbücher für die einzelnen Wasserläufe ist, abgesehen von dem Falle, daß ein Wasserlauf mehrere Regierungsbezirke berührt, Sache des Vorsitzenden oder des von ihm

*) Jetzt bei Reichswasserstraßen der Handels- und Landwirtschaftsminister, im übrigen der Landwirtschaftsminister (Gesetz v. 15. 8. 1921).

beauftragten Mitgliedes des Bezirksausschusses. Das Gleiche gilt von Verfügungen, welche die Niederlegung der beglaubigten Abschriften bei den Wasserbuchbehörden (§ 183 Abs. 3), die Einsicht des Wasserbuchs und die Erteilung von Abschriften (§ 193) betreffen.

Für die Entgegennahme eines auf Eintragung gerichteten Ersuchens oder Antrags ist der Vorsitzende oder das von ihm beauftragte Mitglied des Bezirksausschusses zuständig. Zur Aufnahme von Anträgen zu Protokoll nach § 186 Abs. 1 Satz 2 genügt die Aufnahme durch einen bei der zuständigen Behörde angestellten, mit der Aufnahme derartiger Protokolle betrauten Beamten. Das Protokoll ist vom Antragsteller und dem protokollführenden Beamten zu unterzeichnen.

Im übrigen sind die Geschäfte der Wasserbuchbehörde durch Kollegialbeschluß zu erledigen, soweit nicht die Voraussetzungen für die Anwendung des § 117 des Landesverwaltungsgesetzes gegeben sind.

3. Alle Bescheide, Beschlüsse und Verfügungen, welche von der Wasserbuchbehörde als Kollegium erlassen werden, sind in der Ausfertigung mit der Unterschrift:

„Der Bezirksausschuß zu N. N.
(Wasserbuchbehörde)"

zu versehen und vom Vorsitzenden zu vollziehen Bei den von dem Vorsitzenden allein erlassenen Bescheiden und Verfügungen, gegen welche das Gesetz ausdrücklich den Antrag auf Kollegialbeschluß zuläßt (§ 117 Abs. 3 LVG.), lautet die Unterschrift:

„Namens des Bezirksausschusses
(Wasserbuchbehörde)
Der Vorsitzende".

Ist der Bescheid oder die Verfügung von dem Stellvertreter des Vorsitzenden oder von einem anderen, vom Vorsitzenden beauftragten Mitgliede des Bezirksausschusses erlassen, so erhält die Unterschrift im ersten Falle den Zusatz: „In Vertretung", im zweiten Falle: „Im Auftrage".

Die Urschriften der Bescheide und Beschlüsse, welche von dem Kollegium erlassen werden, sind von dem Vorsitzenden und wenigstens einem ernannten und einem gewählten Mitgliede, die teilgenommen haben, zu vollziehen.

Eintragung von Rechten und Unterhaltungspflichten.

§ 7.

1. Eintragungsfähig sind Benutzungsrechte im Sinne des § 46

(§ 182 Abs. 1), und zwar sowohl solche, die bereits beim Inkrafttreten des Gesetzes bestanden haben und nach § 379 aufrechterhalten werden, als auch solche, die erst nach dem Inkrafttreten des Gesetzes in einem darin geregelten Verfahren (Verleihungsverfahren — §§ 46ff. — Ausgleichungsverfahren — §§ 87ff. —, Merkpfahlsetzungsverfahren — § 93 Abs. 2, 3 —, Ausbauverfahren — §§ 152ff. —) begründet oder nach § 86 sichergestellt sind. Rechte der in den §§ 331 bis 333 bezeichneten Art können nur eingetragen werden, wenn sie nach dem Inkrafttreten des Gesetzes in einem Verfahren nach § 340 begründet sind. Ein Zwangsrecht der im § 332 bezeichneten Art ist nur eintragungsfähig, soweit es sich auf einen Wasserlauf bezieht.

Hieraus folgt, daß beim Inkrafttreten des Gesetzes bestehende Rechte auf Anlegestellen mit baulichen Vorrichtungen von größerer Bedeutung (§ 46 Abs. 1 Nr. 3) zu den eintragungsfähigen Rechten gehören, während beim Inkrafttreten des Gesetzes bestehende Rechte auf Anlegestellen mit baulichen Vorrichtungen von geringerer Bedeutung nicht eintragungsfähig sind. Es wird sich empfehlen, bei der Entscheidung über Anträge auf Eintragung von bestehenden Rechten auf Anlegestellen mit besonderer Vorsicht zu prüfen, ob es sich um ein Recht handelt, das unter die Vorschrift des § 46 Abs. 1 Nr. 3 fällt.

2. Diejenigen Rechte, die auf Ersuchen der nach § 185 Abs. 1 zuständigen Behörde einzutragen sind, müssen nach dem Inhalte des Ersuchens eingetragen werden.

Die in einem Ausgleichungsverfahren hinsichtlich der Ausübung bestehender Rechte vorgenommene Regelung ist im Wasserbuche zu vermerken, und zwar auf Ersuchen der Ausgleichungsbehörde erster Instanz. Dabei ist die im Ausgleichungsverfahren getroffene Regelung auch insoweit, und zwar gemäß § 13 Nr. 5 dieser Anweisung, einzutragen, als sie die dem Eigentümer eines Wasserlaufs als solchem zustehenden oder von diesem abgeleitete Benutzungsrechte betrifft, obwohl diese an sich nicht eingetragen werden können, wenn sie nicht nach § 86 sichergestellt sind (§ 184). Soweit die Ausgleichung ein im Wasserbuche bereits eingetragenes Recht berührt, ist § 191 anzuwenden.

Für die Eintragung von Rechten zur Benutzung eines Wasserlaufs, die beim Inkrafttreten des Gesetzes bestanden haben und nach § 379 aufrechterhalten werden, ist dann, wenn das Recht auf einem besonderen Titel beruht, dieser Titel maßgebend (§ 379 Abs. 4 Satz 1) Der Titel ist daher in den Eintragungsvermerk aufzunehmen. Beruht das Recht dagegen nicht auf einen besonderen Titel*), so kann es nur in dem Umfang eingetragen werden, der ihm nach den bisher bis zum Inkrafttreten des Wassergesetzes geltenden Gesetzesvorschriften zukam und nur, soweit zu ihrer Ausübung eine rechtmäßige Anlage besteht. Für Rechte zur Ableitung und zum Aufstau von Wasser kommen hier hauptsächlich die einschränkenden Vorschriften des § 13 Abs. 1 des Privatflußgesetzes vom 28. 2. 1843 in Betracht. Ist ein Recht zur Einleitung von unreinen flüssigen Stoffen in einen Wasserlauf einzutragen, das nicht auf einem besonderen Titel beruht, so ist zu beachten, daß das Recht nur insoweit besteht, als die Verunreinigung nicht über das beim Inkrafttreten des Gesetzes Gemeinübliche hinausgeht (§ 379 Abs. 4 zu a).

3. Unterhaltungspflichten sind nur eintragungsfähig, wenn sie von den Bestimmungen der §§ 115, 117 abweichen (§ 182 Abs. 1). Es ist daher in jedem Falle eingehend zu prüfen, ob diese Voraussetzung vorliegt.

Pflichten zur Unterhaltung eines Wasserlaufs, die in einem Verleihungsverfahren oder in einem Verfahren zur Begründung eines Zwangsrechts dem Unternehmer auferlegt werden (§ 56 Abs. 1, § 126 Abs. 1 Nr. 4), sind jedoch auch dann einzutragen, wenn sie keine Abweichung von der in den §§ 115, 117 getroffenen Regelung der Unterhaltungspflicht darstellen, und zwar zugleich mit dem verliehenen oder zwangsweise begründeten Rechte in Abteilung A oder B. Es bedarf zu der Eintragung der Unterhaltungspflicht in diesem Falle keines besonderen Antrags der Wasserpolizeibehörde oder der sonstigen Beteiligten und auch keiner besonderen Eintragung in Abteilung C. Doch ist in dieser Abteilung in Spalte 1 und 2 auf das mit der Auflage der Unterhaltung begründete Recht zu verweisen. Mit dieser Maßgabe kann auch in anderen Fällen, in denen eine Unterhaltungspflicht mit einem im Wasserbuch einzutragenden Rechte verbunden ist, die Unterhaltungspflicht mit dem Rechte in Abteilung A eingetragen werden.

Zuständigkeit für die Eintragungen.

§ 8.

Die Eintragung eines Rechtes ist in dem Wasserbuche vorzunehmen, das für die Strecke oder für den Teil des Wasserlaufs angelegt ist, an dem das Recht ausgeübt wird. Die Eintragung der

*) Auch dieser (allgemeine) Titel ist im Wasserbuche zu vermerken (LWA. 2 38, 41).

verliehenen Rechte wird daher, wenn nicht ausnahmsweise eine Regelung nach § 183 Abs. 2 erfolgt ist, von dem Bezirksausschusse vorzunehmen sein, der das Recht verliehen hat. Für Rechte, zu deren Ausübung eine Anlage besteht, ist die Stelle maßgebend, an welcher der wesentliche Teil der Anlage sich befindet.

Unterhaltungspflichten sind in dem Wasserbuch einzutragen, das für die Strecke oder den Teil des Wasserlaufs angelegt ist, an welchem die einzutragende Unterhaltungspflicht besteht.

Ersuchen um Eintragung.

§ 9.

Ersuchen einer Behörde, auf Grund deren eine Eintragung vorgenommen werden soll (§§ 185, 191), müssen die Eintragungsformel wörtlich enthalten oder doch den Gegenstand der Eintragung so genau bezeichnen, daß die Wasserbuchbehörde dem Ersuchen ohne weiteres entsprechen kann. Sie sind ordnungsmäßig zu unterschreiben und mit Siegel oder Stempel zu versehen.

Nachweis von Rechten und Unterhaltungspflichten.

§ 10.

Die Entscheidung darüber, ob der Nachweis des Bestehens eines Rechtes oder einer Unterhaltungspflicht geführt ist, bleibt, abgesehen von dem Falle, daß das Recht im Grundbuch eingetragen ist (§ 187 Abs. 1 Satz 1), dem Ermessen der Wasserbuchbehörde überlassen (§ 187 Abs. 1 Satz 2, § 189). Der Nachweis kann in jeder Form geführt werden. In der Regel werden als Beweismittel Urkunden in Frage kommen, die nach § 186 Abs. 1 Satz 3 dem Eintragungsantrage beizufügen sind. Der Nachweis kann aber auch auf andere Weise geführt werden, insbesondere wird z. B. dann, wenn die Ersitzung eines Rechtes behauptet wird, die Vernehmung von Zeugen erforderlich sein.

Glaubhaftmachung von Rechten.

§ 11.

Darüber, ob in den Fällen des § 187 Abs. 2 die dort bezeichneten Tatsachen glaubhaft gemacht sind, ist das freie Ermessen der Wasserbuchbehörde entscheidend. Für die Art der Glaubhaftmachung können nicht nur schriftliche Bescheinigungen, unbeeidigte Zeugenaussagen sowie eidesstattliche Versicherungen anderer Personen als des Antragstellers in Frage kommen, sondern der Antragsteller kann auch selbst zur Abgabe einer eidesstattlichen Versicherung zugelassen werden (vgl. § 294 der Zivilprozeßordnung).

Kommt eine Eintragung nach § 187 Abs. 2 Satz 2 in Frage, so hat der Antragsteller nicht nur das zehnjährige Bestehen der rechtmäßigen Anlage vor dem 1. 1. 1912, sondern außerdem noch glaubhaft zu machen, daß gegen die Rechtmäßigkeit der Anlage in dieser Zeit kein Widerspruch bei einer zuständigen Behörde erhoben ist (§ 379 Abs. 3 Satz 2).

In allen Fällen, in denen ein Recht auf Grund des § 187 Abs. 2 einzutragen ist, empfiehlt es sich, vor der Eintragung diejenigen zu hören, die davon betroffen werden.

Bekanntmachung der zur Eintragung angemeldeten Rechte.

§ 12.

1. Die im § 188 vorgeschriebene Bekanntmachung muß deutlich erkennen lassen, welches Recht und in welchem Umfange das Recht zur Eintragung im Wasserbuch angemeldet ist.

2. In der Bekanntmachung ist der Endtermin der Frist, binnen deren Widersprüche bei der Wasserbuchbehörde anzubringen sind, genau zu bezeichnen. Als die Stelle, an der die zum Nachweise des angemeldeten Rechtes beigebrachten Urkunden eingesehen werden können, wird hauptsächlich das Landratsamt des Kreises in Betracht kommen, dem die Strecke des Wasserlaufs, an der das Recht in Anspruch genommen wird, angehört, auch wenn der Landrat, wie bei den Wasserläufen erster und dritter Ordnung, nicht Wasserpolizeibehörde ist, weil auf dem Landratsamte den Beteiligten am besten die nötige Aufklärung gegeben werden kann. Ist das Landratsamt für die Beteiligten zu weit entfernt, so wird die Auslegung bei den Gemeinde- (Guts-) Vorstehern oder unter Umständen auch bei der Ortspolizeibehörde angezeigt sein.

3. Die in die Bekanntmachung aufzunehmende Verwarnung hat dahin zu lauten, daß nach Ablauf der Frist die Eintragung des Rechtes mit der Wirkung erfolgen werde, daß sie gegenüber denjenigen, die innerhalb der Frist keinen Widerspruch erhoben haben, bis zum Beweise des Gegenteils als richtig gilt, soweit sie nicht mit dem Grundbuch im Widerspruche steht.

4. Unter dem Eigentümer des Wasserlaufs, der nach § 188 Abs. 1 letzter Satz auf die Bekanntmachung besonders hinzuweisen ist, ist derjenige zu verstehen, dem das Eigentum an der Strecke des Wasserlaufs zusteht, an der das angemeldete Recht ausgeübt werden soll, also z. B. bei Staurechten derjenige, dem der Wasserlauf an der

Stelle gehört, wo sich die Stauanlage befindet, bei Abwässereinleitungen derjenige, dem er an der Einleitungsstelle gehört. Zu den „anderen Beteiligten" im Sinne des § 188 Abs. 1 letzter Satz gehören diejenigen, für welche die Ausübung des angemeldeten Rechtes voraussichtlich nachteilige Wirkungen im Gefolge haben wird, also unter Umständen die Ober- und Unterlieger sowie alle diejenigen, denen ein Recht an dem Wasserlaufe zusteht, das von der angemeldeten Eintragung berührt wird. Die Wasserbuchbehörde hat sich dabei auf diejenigen Personen zu beschränken, die sie auf Grund der beigebrachten Unterlagen oder aus eigener Kenntnis der Verhältnisse für beteiligt hält. Sie ist nicht verpflichtet, den Kreis der Beteiligten durch besondere Anfragen bei den Ortsbehörden oder auf andere Weise festzustellen.

5. Bei der Eintragung einer Unterhaltungspflicht (§ 189) findet ein Aufgebotsverfahren mit einer Bekanntmachung der beantragten Eintragung nicht statt. Vor der Eintragung sind jedoch, falls es nach Lage des Falles nicht überflüssig erscheint, die Beteiligten zu hören. Zu diesen gehört außer dem einzutragenden Verpflichteten derjenige, dem die Unterhaltung nach den §§ 115, 117 obliegen würde, und ferner die Wasserpolizeibehörde, bei Wasserläufen erster Ordnung regelmäßig auch der Eigentümer.

Art der Eintragung.

§ 13.

1. Die im Wasserbuche vorzunehmenden Eintragungen sind vom Bezirksausschuß unter Angabe des Wortlauts anzuordnen. Die Eintragungsvermerke im Wasserbuche selbst sind vom Vorsitzenden, seinem Stellvertreter oder einem vom Vorsitzenden beauftragten anderen Mitgliede des Bezirksausschusses und von einem dazu zu bestellenden Bureaubeamten des Bezirksausschusses unter Beisetzung des Tages der Eintragung zu unterzeichnen.

2. Die aus den neuen Eintragungen sich ergebenden Änderungen vorausgehender Eintragungen sind in der Art zu bewirken, daß die geänderten Teile letzterer Eintragungen mit roter Tinte unterstrichen werden und in Spalte „Berichtigungen, insbesondere Löschungen" durch Beisetzung der laufenden Nummer der abgeänderten Eintragung die Änderung vermerkt wird. In derselben Weise ist auch bei der vollständigen Löschung einer Eintragung zu verfahren.

3. Bei Eintragungen, die auf Ersuchen einer Behörde vorge-

nommen werden, ist in dem Eintragungsvermerke die ersuchende Behörde und der Tag des Ersuchens anzugeben.

4. In den Eintragungen kann zur näheren Bezeichnung des Inhalts des eingetragenen Rechtes oder der eingetragenen Unterhaltungspflicht auf die der Eintragung zugrunde liegenden Urkunden verwiesen werden, soweit sich diese in Urschrift oder beglaubigter Abschrift bei den Wasserbuchakten befinden.

5. Sind die auf ein Unternehmen sich beziehenden Rechtsverhältnisse (z. B. Triebwerke mit Stauanlage und Wasserleitung oder Unterhaltung) an verschiedenen Stellen des Wasserbuchs einzutragen, so ist bei den Eintragungen aufeinander zu verweisen. Ist keine Verwirrung davon zu besorgen, so darf das an Bedeutung geringere Rechtsverhältnis unter der Nummer des wichtigeren Rechtsverhältnisses mit eingetragen werden. Es ist jedoch an der Stelle des Wasserbuchs, an welcher das minderwichtige Rechtsverhältnis sonst hätte eingetragen werden müssen, in Spalte 1 und 2 ein entsprechender Hinweis aufzunehmen.

6. Soll ein Recht für mehrere gemeinschaftlich eingetragen werden, so soll die Eintragung in der Weise erfolgen, daß entweder die Anteile der Berechtigten in Bruchteilen angegeben werden oder das für die Gemeinschaft maßgebende Rechtsverhältnis bezeichnet wird.

Berichtigung des Wasserbuchs.

§ 14.

1. Die Berichtigung des Wasserbuchs kann sich auf alle Eintragungen erstrecken, also auf eingetragene Rechte, Unterhaltungspflichten und Widersprüche. Sie kommt nicht nur in Frage, wenn eine Eintragung von Anfang an unrichtig oder unter Verletzung gesetzlicher Vorschriften zustande gekommen ist, sondern auch dann, wenn sie nachträglich durch eine Änderung des ihr zugrunde liegenden Rechtsverhältnisses unrichtig geworden ist. Eine solche Änderung kann z. B. durch die Beseitigung der Veränderung eines verliehenen Rechtes im Wege der Zurücknahme oder Beschränkung der Verleihung (§§ 84, 85), durch die Einschränkung der Ausübung eines Rechtes im Ausgleichungsverfahren (§§ 87 ff.) und durch die Entziehung oder Beschränkung eines eingetragenen Staurechtes nach § 338, ferner durch Übertragung des Rechtes auf einen anderen, durch Verzicht auf das Recht oder auch durch Einschränkung infolge der Verleihung eines Rechtes an einen anderen usw. herbeigeführt werden. Im Wege der Berichtigung kann nicht nur die Änderung

einer Eintragung, sondern auch ihre völlige oder teilweise Löschung herbeigeführt werden.

2. Ist ein Recht oder ein Widerspruch unter Verletzung gesetzlicher Vorschriften eingetragen worden, so ist das Wasserbuch von Amts wegen zu berichtigen (§ 192 Abs. 1). Dies wird z. B. dann der Fall sein, wenn ein nach § 182 Abs. 1 nicht eintragungsfähiges Rechtsverhältnis im Wasserbuch eingetragen ist oder wenn das gesetzlich vorgeschriebene Verfahren nicht beobachtet, etwa das erforderliche Aufgebotsverfahren nicht ordnungsmäßig durchgeführt oder ein nach Ablauf der für die Anbringung von Widersprüchen in der Bekanntmachung gesetzten Frist erhobener Widerspruch eingetragen worden ist. Ist ein Eintragungsvermerk lediglich wegen Verletzung einer Verfahrensvorschrift zu berichtigen, so ist zu erwägen, ob im einzelnen Falle eine Wiederholung des ganzen Verfahrens erforderlich ist oder ob es genügt, nachträglich die verletzte Verfahrensvorschrift zu befolgen und im übrigen das frühere Verfahren fortzusetzen.

Auch wenn eine von den Vorschriften der §§ 115, 117 nicht abweichende Unterhaltungspflicht im Wasserbuch eingetragen, also die Vorschrift des § 182 Abs. 1 durch die Eintragung verletzt ist, muß das Wasserbuch von Amts wegen berichtigt werden. Die Vorschrift des § 7 Nr. 3 Abs. 2 dieser Anweisung bleibt jedoch unberührt.

3. Wird um die Berichtigung des Wasserbuchs auf Grund des § 191 von der zuständigen Behörde ersucht, so ist diesem Ersuchen zu entsprechen, und zwar ohne eine Prüfung des Inhalts des Ersuchens.

4. Antragsberechtigt sind im Sinne des § 192 Abs. 2 Satz 2, wenn es sich um die Berichtigung eines Rechtes handelt, die eingetragenen Berechtigten und diejenigen, die durch die Ausübung des eingetragenen Rechtes beeinträchtigt werden. Auch diejenigen, die im Aufgebotsverfahren keinen Widerspruch gegen eine Eintragung erhoben haben, können einen Berichtigungsantrag stellen, wenn sie den Nachweis führen, daß die Eintragung mit der wirklichen Rechtslage nicht übereinstimmt. Die Beseitigung eines Widerspruchs kann von demjenigen beantragt werden, zu dessen Gunsten das beanstandete Recht eingetragen ist. Bei Unterhaltungspflichten sind diejenigen antragsberechtigt, die als unterhaltungspflichtig eingetragen sind, sowie diejenigen, die den Wasserlauf zu unterhalten haben würden, wenn die Verpflichtung des Eingetragenen nicht bestände, ferner die Wasserpolizeibehörde.

Die Berichtigung des Wasserbuchs ist ohne weiteres vorzunehmen, wenn der Beschluß über die Berichtigung rechtskräftig geworden ist.

Eine Berichtigung kann nur durch eine neue Eintragung nach Maßgabe der Vorschriften des Wassergesetzes vorgenommen werden.

5. Der Beschluß über die Berichtigung ist mit Gründen zu versehen und dem Antragsteller sowie den von der Berichtigung Betroffenen zuzustellen (§ 192 Abs. 3).

Kosten.

§ 15.

In dem Verfahren von der Wasserbuchbehörde wird ein Kostenpauschquantum nicht erhoben (§ 124 des Landesverwaltungsgesetzes). Unter die Kosten im Sinne des § 195 fallen daher nur die baren Auslagen. Die Verhandlungen vor der Wasserbuchbehörde sind nach § 195 Satz 1 kostenfrei, und zwar ohne Unterschied, ob es sich um die erstmalige Eintragung eines Rechtes oder einer Unterhaltungspflicht oder um spätere Berichtigungen handelt.

Auch zu den Kosten im Sinne des § 195 Satz 2 sind nur die baren Auslagen zu rechnen. Dazu gehören auch die gesetzlichen Stempelabgaben für die Beglaubigung von Abschriften (Tarifstelle 77 des Stempeltarifs zum Stempelsteuergesetz in der Fassung der Bekanntmachung vom 30. Juli 1909, Gesetzsamml. S. 535)*) und die Gebühren für die vernommenen Zeugen und Sachverständigen sowie die durch einen Ortstermin erwachsenen Kosten.

Bekanntmachung nach § 380 Abs. 2 des Wassergesetzes.

§ 16.

Die nach § 380 Abs. 2 von der Wasserbuchbehörde im ersten und neunten Jahre nach dem Inkrafttreten des Wassergesetzes zu erlassende Bekanntmachung hat in möglichst ausgedehnter Weise zu erfolgen. In den Bezirken, in denen die Wasserläufe stark ausgenutzt werden, ist die Bekanntmachung mehrmals zu erlassen. Im ersten Jahre nach dem Inkrafttreten des Gesetzes werden der Wasserbuchbehörde allerdings wenige Personen bekannt sein, die ein Benutzungsrecht im Sinne des § 46 ausüben und daher auf die Bekanntmachung hinzuweisen sind. Eine Pflicht, sich durch Rückfragen über das Bestehen solcher Rechte zu unterrichten, besteht für die Wasserbuchbehörde nicht. Bei der im neunten Jahre stattfindenden

*) Unter Berücksichtigung des Gesetzes zur Änderung des Stempelsteuergesetzes v. 14. 1. 1921 (Gesetzsamml. S. 117).

Bekanntmachung wird die Wasserbuchbehörde aber alle diejenigen auf die Bekanntmachung besonders hinzuweisen haben, von denen ihr im Laufe der Zeit bei der Verhandlung über die Eintragung von Rechten und Widersprüchen bekannt geworden ist, daß sie ein Recht der bezeichneten Art ausüben.

V. Ausführungsanweisung vom 24. April 1914.

Betrifft die Wassergenossenschaften.

(MBl. f. Landw. 1914 S. 174.)

Die im dritten Abschnitte des Wassergesetzes vom 7. April 1913 (Gesetzsamml. S. 53) enthaltenenen Vorschriften über Wassergenossenschaften schließen sich im allgemeinen an das Wassergenossenschaftsgesetz vom 1. 4. 1879 (Gesetzsamml. S. 297 — im folgenden WGG. bezeichnet —) und die dieses Gesetz für das Gebiet der Wupper und der Volme mit ihren Nebenflüssen sowie der Ruhr ergänzenden, im § 399 Abs. 2 Nr. 43 bis 45 aufgeführten Sondergesetze an. Immerhin enthält das Wassergesetz (im folgenden WG. bezeichnet) gegenüber diesen Gesetzen eine Reihe wichtiger Abweichungen.

1. Der dritte Abschnitt gilt für den gesamten Umfang des Staates, während das WGG. nicht im Kreise Siegen und in den im § 323 aufgeführten Ebbe- und Flutgebieten der Provinz Hannover gegolten hatte, soweit es die Verhältnisse von Genossenschaften zur Entwässerung oder Bewässerung von Grundstücken regelte. Da § 387 die Wiesenordnung für den Kreis Siegen vom 28. 10. 1846, die auch die Bildung von Wiesenverbänden regelt, aufrecht erhält, besteht dort in Zukunft die Möglichkeit, solche Verbände auf Grund dieser Wiesenordnung oder Entwässerungs- und Bewässerungsgenossenschaften auf Grund des dritten Abschnitts des Wassergesetzes zu bilden. Für die Provinz Hannover sind die Vorschriften des Ent- und Bewässerungs-Gesetzes vom 22. 8. 1847 und der Königlichen Verordnung vom 28. 5. 1867 (Gesetzsamml. S. 769), die für die Bildung von Genossenschaften noch an Stelle des WGG. bisher gegolten hatten, auch für dieses Gebiet beseitigt (§ 399 Abs. 2 Nr. 38, 40 WG.). Hier können in Zukunft Wassergenossenschaften nur auf Grund der Vorschriften des dritten Abschnitts gebildet werden, jedoch mit folgendem Vorbehalte: Nach § 324 verbleibt es in den im § 323 bezeichneten Gebietsteilen bei den dort geltenden, das Deich- und Sielwesen betreffenden Gesetzen und

Verordnungen. Dies gilt nicht nur von den besonderen, im zweiten, fünften und sechsten Titel des vierten Abschnitts „Verhütung von Hochwassergefahren" geregelten Teilen des Wasserrechts, sondern vom gesamten Wasserrecht, soweit es in diesem Deich- und Sielrechte geregelt ist. Wenn letzteres die Bildung von Wassergenossenschaften, Entwässerungsverbänden usw. vollständig regelt, gelten daher diese Vorschriften und nicht der dritte Abschnitt des Wassergesetzes. Dasselbe gilt auch für die im § 323 Abs. 1 Nr. 1 aufgeführten Marschdistrikte Schleswig-Holsteins.

2. Das WGG. unterschied zwei Arten von Genossenschaften, die lediglich durch Vertrag begründeten und dem Privatrecht angehörenden freien Genossenschaften und die durch Beschluß der Behörden begründeten und dem öffentlichen Rechte angehörenden öffentlichen Genossenschaften. Das WG. kennt nur die letztere Art von Genossenschaften. Da das WGG. durch § 399 Abs. 2 Nr. 11 aufgehoben wird, sind auch seine Bestimmungen über freie Genossenschaften aufgehoben und damit letztere selbst beseitigt. Es empfiehlt sich, wenn das Fortbestehen als Wassergenossenschaften erwünscht erscheint, an ihrer Stelle eine öffentliche Wassergenossenschaft auf Grund des WG. zu begründen. Die bisher vorhandenen öffentlich-rechtlichen Wassergenossenschaften bleiben nach § 283 bestehen.

3. Die Zwecke, zu deren Durchführung Wassergenossenschaften gebildet werden können, sind im § 206 angegeben. Sie sind gegenüber dem geltenden Rechte erheblich erweitert und geben die Möglichkeit, auf jedem Gebiete der Wasserwirtschaft die Beteiligten, wo es zur Erreichung eines gemeinsamen Zieles erwünscht oder notwendig ist, zu Genossenschaften zu vereinigen. Von diesen Bestimmungen kann daher eine bedeutende Förderung der Wasserwirtschaft erwartet werden.

4. Das WG. kennt neben den beiden, im WGG. behandelten Arten öffentlicher Genossenschaften (den mit Zustimmung aller beteiligten oder mit Zustimmung der Mehrheit der Beteiligten unter Anwendung des Beitrittszwanges gegen eine Minderheit begründeten Genossenschaften) eine neue, dritte Art, die Zwangsgenossenschaften, die, ebenso wie die nach dem Deichgesetze vom 28. 1. 1848 zugelassenen Deichverbände, gegen den Widerspruch der Mehrheit der Beteiligten oder aller Beteiligten gebildet werden können.

5. Wassergenossenschaften dürfen nach § 207 nur gebildet werden, wenn das Unternehmen dem öffentlichen Wohle dient oder einen gemeinwirtschaftlichen Nutzen bezweckt. Unter einem gemeinwirt-

schaftlichen Nutzen wird jeder wirtschaftliche Nutzen zu verstehen sein, der einer Mehrheit von Personen oder Verbänden, und zwar mindestens zweien, durch das gemeinsam betriebene Unternehmen erwächst. Ist die Satzung genehmigt oder erlassen, so kann nach § 208 nicht mehr geltend gemacht werden, daß eine Voraussetzung für ihre Genehmigung oder ihren Erlaß nicht vorgelegen hat. Damit wird namentlich auch festgestellt, daß das Verfahren zur Bildung der Genossenschaft gesetzmäßig verlaufen ist. Die Vorschrift des § 208 gilt nicht nur den Genossen, sondern auch allen anderen, privaten Personen wie Behörden gegenüber. Als Genossen nicht in Betracht kommende Personen können ihre Einwendungen gegen die Bildung der Genossenschaft nur im Aufsichtswege bei dem für die Genehmigung oder den Erlaß der Satzung zuständigen Regierungspräsidenten (§ 270) geltend machen, während diejenigen, die zur Genossenschaft zugezogen werden sollen, ihre Widersprüche gegen die Bildung vor dem Kommissar anzubringen haben, über die der Bezirksausschuß und in zweiter Instanz das Landeswasseramt entscheidet (§§ 253—260, 270).

6. Die Bestimmung des § 210 ist nicht so aufzufassen, daß Wassergenossenschaften und andere Verbände einer Wassergenossenschaft nur neben Eigentümern von Grundstücken usw. angehören können, so daß also die Zugehörigkeit solcher Eigentümer eine unerläßliche Voraussetzung für die Bildung einer Genossenschaft sein würde. Es kann vielmehr eine Wassergenossenschaft schließlich auch aus anderen Wassergenossenschaften, Kommunal- und sonstigen Verbänden, z. B. aus mehreren Gemeinden oder Kreisverbänden, gebildet werden.

7. Die Entscheidung der Frage, ob für den Beitritt geschäftsunfähiger oder in der Geschäftsfähigkeit beschränkter Personen zu einer Genossenschaft die Genehmigung des Vormundschaftsgerichts oder für den Beitritt eines Ehegatten die Zustimmung des anderen Ehegatten oder von Abkömmlingen auf Grund des ehelichen Güterrechts erforderlich ist, hängt davon ab, ob in dem Beitritt eine Verfügung über das Grundstück zu erblicken ist oder nur eine Verwaltungsmaßnahme. Nur wenn diese Frage in ersterem Sinne zu entscheiden wäre, würde die Mitwirkung des Vormundschaftsgerichts oder des Ehegatten nach dem Bürgerlichen Gesetzbuche begründet sein, im anderen Falle nicht. Da aber unter der Verfügung über ein Grundstück nur eine Veräußerung oder eine Belastung mit dinglichen Rechten zu verstehen ist, und es sich bei dem Eintritt in eine Genossenschaft darum nicht handelt, wird bis zu einer anderen Entscheidung der Gerichte oder Verwaltungsbeschlußbehörden bei An-

wendung der §§ 210, 211 an der bisherigen Auffassung festzuhalten sein, wonach eine Genehmigung des Vormundschaftsgerichts und die Zustimmung von Ehegatten und Abkömmlingen nicht erforderlich ist.

8. Notwendige Organe der Genossenschaft sind nach § 212 die Mitgliederversammlung und der Vorstand, sowie, wenn dieser aus mehreren Personen besteht, dessen Vorsitzender; die Geschäfte der Genossenschaft sind auf diese zwei oder drei Organe zu verteilen, und zwar führt der Vorstand die gesamte Verwaltung, soweit nicht einzelne Geschäfte durch Gesetz oder Satzung dem Vorsitzenden des Vorstandes oder der Mitgliederversammlung übertragen sind. Der Mitgliederversammlung ist durch das Gesetz, also zwingend, die Änderung der Satzung (§ 275) und der Beschluß über Auflösung der Genossenschaft (§ 278 Abs. 1 Nr. 1) vorbehalten. Neben diesen Organen kann als viertes Organ der Genossenschaft ein von den Genossen zu wählender Ausschuß gebildet werden (§ 212 Abs. 4), dem jedoch nicht die vorerwähnten, der Mitgliederversammlung ausschließlich vorbehaltenen Geschäfte übertragen werden können. In welcher Weise der Ausschuß zu wählen ist, ist im Gesetze nicht bestimmt; das Nähere ist vielmehr der Satzung überlassen, die eine unmittelbar oder mittelbar (durch gewählte Wahlmänner) vorzunehmende Wahl vorsehen kann. Diese Bestimmungen sind so dehnbar, daß den Umständen jedes besonderen Falles Rechnung getragen werden kann. Die Bildung eines Ausschusses empfiehlt sich bei größeren Genossenschaften mit vielen Mitgliedern. Wird er gebildet, so ist zu erwägen, ob nicht an Stelle eines kollegialen Vorstandes eine Person als Vorstand genügt. Im übrigen empfiehlt sich bei kleinen Genossenschaften allgemein, den Vorstand nur aus einer Person bestehen zu lassen.

9. Nach § 214 Nr. 7 ist ein Haushaltsplan aufzustellen. Wenn ein Ausschuß gebildet wird, ist dieser zweckmäßig hiermit zu betrauen. Die Etatsperiode kann mehrjährig sein. Nach derselben Bestimmung ist die Rechnung festzustellen und zu entlasten. Die Feststellung und Entlastung wird dem Ausschuß oder der Mitgliederversammlung vorbehalten werden müssen, während die Legung der Rechnung dem Vorstande zu überlassen ist.

10. Die Bildung eines Schiedsgerichts ist nicht mehr zwingend vorgeschrieben und auch dann, wenn ein solches in der Satzung vorgesehen ist, tritt das schiedsrichterliche Verfahren im einzelnen Falle nicht schon auf Anrufen einer Partei ein, sondern nur dann, wenn es bei Streitigkeiten von beiden Parteien angerufen wird (§ 215).

Das Schiedsgericht kann nur über genossenschaftliche Angelegenheiten entscheiden, also nur über Streitigkeiten, die zwischen der Genossenschaft und Genossen oder zwischen Genossen untereinander über die aus dem genossenschaftlichen Verhältnisse sich ergebenden Rechte und Verbindlichkeiten entstehen.

11. Die Vorschrift des § 49 Abs. 2 Satz 2 des WGG., nach der die Aufsicht über die Wassergenossenschaften mit den Befugnissen gehandhabt wird, welche gesetzlich den Aufsichtsbehörden der Gemeinden zustehen, ist im § 217, weil zu unbestimmt, fortgelassen. Dafür ist der Umfang des Aufsichtsrechts im Gesetze selbst erschöpfend geregelt (vgl. §§ 218—221, 231, 247). Die staatliche Aufsicht über die Wassergenossenschaften ist im einzelnen sowohl hinsichtlich der planmäßigen Ausführung und Unterhaltung der genossenschaftlichen Anlagen wie hinsichtlich der planmäßigen Verwendung des genossenschaftlichen Kredits und der eigenen Mittel der Genossenschaft so auszuüben, wie es im Interesse des Gelingens des genossenschaftlichen Unternehmens geboten ist.

Die Bestimmung des § 217 Abs. 4 stellt klar, daß die Aufsichtsbehörde befugt ist, ihre Anordnungen mit den ihr zustehenden Zwangsbefugnissen (§§ 132 ff. des Landesverwaltungsgesetzes vom 30. 6. 1883) unmittelbar durchzusetzen, ohne auf den Umweg der Zwangsetatisierung angewiesen zu sein.

12. Die zur Aufnahme von Anleihen nach § 220 erforderliche Genehmigung ist in Zukunft stets von den Beschlußbehörden (Kreis- [Stadt-] Ausschuß oder Bezirksausschuß) zu erteilen.

Wie nach bisherigem Rechte sind die Genossenschaftslasten öffentliche Lasten und gehen also den älteren, auf den genossenschaftlichen Grundstücken eingetragenen Forderungen vor. Bei der Erteilung von Genehmigungen zur Aufnahme von Anleihen und bei der über die Verwendung des Geldes zu führenden Aufsicht ist daher neben den übrigen in Betracht kommenden öffentlichen Interessen auch das der Grundstücksgläubiger zu berücksichtigen. Dieses Interesse würde verletzt werden, wenn die von der Genossenschaft aufgenommenen Gelder für andere als die bestimmungsmäßigen Zwecke verwendet würden. Denn das Gesetz hat den Genossenschaftsgläubigern nur unter der Annahme ein Vorrecht eingeräumt, daß die aufgenommenen Gelder für die planmäßige Verbesserung der Genossenschaftsgrundstücke wirklich verwendet werden und dadurch den Wert der letzteren um mindestens den gleichen Betrag erhöhen. Ist nach Lage der Verhältnisse, z. B. wegen Überschuldung der bei der Genossenschaft beteiligten Grundbesitzer, die Besorgnis einer mißbräuchlichen Verwendung des von der Genossenschaft aufzunehmenden Darlehens begründet, so ist bei Erteilung der Genehmigung dafür Vorsorge zu treffen, daß die bestimmungsmäßige Verwendung in geeigneter Weise sichergestellt wird. Das könnte z. B. in der Weise geschehen, daß sich der Genossenschaftsvorstand hinsichtlich der Ausführung der Genossenschaftsanlagen der oberen Aufsicht eines von der für die Genehmigung zuständigen Beschlußbehörde zu ernennenden Sachverständigen unterwirft, oder in der Weise, daß die Darlehnsaufnahme nur ratenweise, dem nachgewiesenen Fortschritte der Arbeiten entsprechend, genehmigt wird, oder endlich so, daß die Genehmigung nur unter dem Vorbehalte des späteren Nachweises der bestimmungsmäßigen Verwendung erteilt wird. In letzterem Falle wäre der Vorbehalt durch eine nachträgliche Bescheinigung der Genehmigungsbehörde später für erledigt zu erklären.

13. § 222 bezieht sich lediglich auf das Rechtsverhältnis der Genossenschaft zu den Grundstücken ihrer Genossen, nicht aber zu solchen Grundstücken, die nicht der Genossenschaft angehören, so daß den Eigentümern dieser letzteren aus der Satzung keinerlei Pflichten erwachsen. Wenn zum Beispiele zur Ausführung des von der Genossenschaft geplanten Unternehmens die Benutzung eines Wasserlaufs in einer der im § 40 Abs. 2 bezeichneten Art erforderlich ist und die Wirkungen dieser Benutzung sich in einer nach den §§ 41 bis 44 nicht gestatteten Weise über den Kreis der zur Genossenschaft gehörigen Grundstücke hinaus erstrecken, so kann die Genossenschaft das Recht hierzu nur durch Verleihung erwerben. Ebenso ist sie Dritten gegenüber unter den gegebenen Umständen auf den Weg der Vereinbarung, das Ausbauverfahren, die Erwerbung eines Zwangsrechts oder des Enteignungsrechts angewiesen.

14. Die Vorschrift des § 225 Abs. 1 Satz 2 ist, da bei einstimmig begründeten Genossenschaften volle Übereinstimmung zwischen allen Beteiligten erzielt ist, nur bei solchen Genossenschaften von Bedeutung, die unter Anwendung des Beitrittszwanges zustande kommen. Aus der Stellung von Satz 2 zu Satz 1 des Abs. 1 ergibt sich, daß, wenn auch vorzugsweise der Maßstab der hervorgerufenen Verunreinigung und der zu ihrer Beseitigung dienenden Maßnahmen angewendet werden soll, daneben doch auch die den Genossen aus den Genossenschaftsanlagen erwachsenden Vorteile zugrunde zu legen sind. Welcher Art diese Vorteile sind, richtet sich nach der Lage des einzelnen Falles. Lediglich die Beseitigung einer nach dem Wassergesetz unzulässigen Verunreinigung kann jedoch als Vorteil im

Sinne dieser Bestimmung nicht gelten und daher eine Heranziehung zu den Genossenschaftslasten, soweit diese nach dem Maßstabe des Vorteils erfolgen soll, nicht rechtfertigen, da die Beseitigung einer solchen Verunreinigung polizeilich und zivilrechtlich erzwungen werden kann. Dies gilt sowohl für die Heranziehung der Genossen zu den Genossenschaftslasten als auch gegenüber nicht zur Genossenschaft gehörenden Personen, deren Heranziehung nach § 242 Abs. 1 Satz 1 WG. in Frage kommen könnte. Die Kosten der Beseitigung einer gesetzlich unzulässigen Verunreinigung sind daher ausschließlich von denen zu tragen, die diese Verunreinigung hervorrufen. Als Vorteil muß es dagegen sowohl für die Genossen als auch für dritte Personen angesehen werden, wenn die Genossenschaft eine Verunreinigung beseitigt, zu der die Genossenschaft oder ihre Mitglieder nach dem Gesetze befugt sind, da auf die Beseitigung dieser Verunreinigung ein Anspruch nicht besteht.

Nach Bildung der Genossenschaft ist die Aufstellung der Beitragsliste sofort in Angriff zu nehmen, damit bei eintretendem Geldbedarf alsbald Beiträge eingezogen werden können. Eine Vermehrung der Genossenschaftsschulden durch Deckung der Verwaltungs- und Unterhaltungskosten sowie der Zins- und Tilgungsraten aus dem Baufonds ist zu vermeiden.

15. Die Schauen nach § 237 haben den Zweck, festzustellen, ob die genossenschaftlichen Anlagen in einen der Satzung entsprechenden Zustand gebracht sind, während die nach den §§ 356 ff. abzuhaltenden Schauen feststellen sollen, ob polizeiliche Bedenken gegen den Zustand der Wasserläufe zu erheben sind. Beide Schauen können nach § 365 vereinigt werden.

16. § 238 unterscheidet sich vom § 65 des WGG. und Artikel 1 des Gesetzes vom 19. 5. 1891 dadurch, daß die Ausübung des Beitrittszwanges in einer größeren Reihe von Fällen zugelassen und daß sie an andere Voraussetzungen geknüpft ist. In letzterer Hinsicht stimmt nur Nr. 2 des § 238 Abs. 1 mit dem geltenden Rechte überein, während Nr 1 und 3 von ihm abweichen. Die Voraussetzungen unter Nr. 1, daß das Unternehmen zweckmäßig nur auf genossenschaftlichem Wege durchgeführt werden kann, liegt dann vor, wenn das Unternehmen zu seiner Durchführung einen Zusammenschluß der Beteiligten erfordert und letzterer in anderer Weise (z. B. auf kommunalem Wege) bisher nicht herbeigeführt ist. Unter „Vorteil" im Sinne der Nr. 3 ist der Netto-Vorteil zu verstehen, d. h. der Vorteil, der verbleibt, wenn die zu erwartenden Genossenschaftslasten abgezogen sind (anders im Falle des § 241).

Wenn Bergwerke, gewerbliche Anlagen, Wassergenossenschaften oder andere Verbände allein oder neben Grundstücken beteiligt sind, ist der zu erwartende Vorteil zum Zwecke der Abstimmung vorläufig festzustellen (§ 252); es bedarf hier einer Einzelfeststellung für jeden Beteiligten, die für die Grundstücke am zweckmäßigsten durch ein bestimmtes Verhältnis an Fläche und Grundsteuerreinertrag zu treffen ist. Bei Beteiligung von Grundstücken bedarf es zur Genossenschaftsbildung einer doppelten Mehrheit, die einmal im ganzen zwischen allen Beteiligten, einschließlich der Grundstückseigentümer, sodann zwischen letzteren allein zu ermitteln ist. Zu den „Anlagen oder Einrichtungen" im Sinne des Abs. 3 gehört vor allem die Anlage von Kunstwiesen bei Entwässerungsgenossenschaften. Abs. 4 enthält eine Abweichung von dem Grundsatze, daß nur diejenigen zur Genossenschaft zugezogen werden können, denen Vorteile in Aussicht stehen; sie ist zugelassen, um die Genossenschaft von der Verpflichtung zu befreien, in diesen zahlreichen unbedeutenden Fällen das umständlichere Verfahren nach den §§ 331, 332 einzuschlagen.

17. Nach § 242 können bei solchen Genossenschaften, bei denen die Anwendung des Beitrittszwanges zulässig ist, also namentlich auch bei Genossenschaften zur Entwässerung, Bewässerung oder Unterhaltung von Wasserläufen, Grundstücke, Anlagen usw., die wegen Zweifels an ihrem Vorteile bei Bildung der Genossenschaft nicht herangezogen sind, später zu den Genossenschaftslasten herangezogen werden, wenn sich herausstellt, daß sie Vorteile haben. Das im § 242 den Genossenschaften gegebene Recht zur Heranziehung von Nichtgenossen steht auch den vor dem Inkrafttreten des WG. gebildeten öffentlichen Wassergenossenschaften zu, da nach § 283 für sie dieselben Bestimmungen wie für die nach dem Inkrafttreten des WG. gebildeten Genossenschaften gelten, es sei denn, daß in ihren Satzungen etwas anderes bestimmt ist.

18. § 244 gibt für den Fall, daß Eigentümer von Grundstücken usw. nachträglich einer Genossenschaft beitreten wollen, die Möglichkeit, auf andere, in gleicher Lage befindliche Eigentümer, die hierbei widersprechen, denselben Zwang auszuüben, der bei Bildung der Genossenschaft hätte gegen sie ausgeübt werden können.

19. § 245 eröffnet für die dort aufgeführten Fälle die bisher nur im Deichrechte zugelassene Möglichkeit, eine Genossenschaft auch ohne Zustimmung der Mehrheit der Beteiligten zu bilden. Die Vorschriften der Absätze 2—4 zwingen nicht dazu, in allen Fällen, in denen auch die Eigentümer von Grundstücken usw. neben Wasser-

genossenschaften und sonstigen Verbänden herangezogen werden können, diese Eigentümer unmittelbar zur Genossenschaft als Genossen zu ziehen, sondern es kann die Genossenschaft nur aus den Wassergenossenschaften oder Verbänden gebildet und es diesen überlassen werden, die Eigentümer mittelbar zu den Lasten heranzuziehen, wie auch nach Nr. 6 dieser Ausführungsanweisung bei der Bildung einer Genossenschaft gemäß § 210 eine Genossenschaft lediglich aus Verbänden gebildet werden kann.

20. Der nach § 249 vorgeschriebene Plan muß den zur Beschlußfassung über die Bildung der Genossenschaft vorgeladenen Beteiligten ermöglichen, sich ein Urteil über die Grundzüge des Unternehmens, insbesondere über die Art der geplanten Arbeiten und die Höhe der Kosten zu bilden. Dagegen kann eine bis ins einzelne gehende Durcharbeitung des Planes der Bauausführung vorbehalten werden. Bei einer Genossenschaft zur Unterhaltung eines Wasserlaufs genügt die Darstellung der von der Genossenschaft zu übernehmenden Strecke durch ein Längennivellement und gelegentliche Querprofile und ein Kostenüberschlag über die Höhe der jährlichen Unterhaltungskosten mit der Bezeichnung des Beteiligungsgebiets; in letzteres werden, da seine genaue Feststellung oft schwierig und kostspielig sein wird, mit Rücksicht auf § 242 (vgl. oben Nr. 17) zunächst nur die Grundstücke zu ziehen sein, die unzweifelhaft Vorteile von einer geregelten Unterhaltung haben.

Um Überschreitungen der Kostenanschläge vorzubeugen und zu verhüten, daß der genossenschaftliche Kredit für Ausgaben verwendet wird, die nicht zu den planmäßigen Aufgaben der Genossenschaft gehören, ist in die Satzung eine Bestimmung aufzunehmen, nach der Änderungen des Planes, die sich im Laufe der Ausführung als erforderlich erweisen, vom Genossenschaftsvorstande nicht ohne weiteres vorgenommen werden dürfen, sondern in allen Fällen an die Genehmigung der Aufsichtsbehörde gebunden sind. Die Genossenschaftsvorstände sind auf die strenge Beachtung dieser Bestimmung durch die Aufsichtsbehörden aufmerksam zu machen. Sofern die nachgesuchten Änderungen des Planes irgendwie erheblich sind, haben die Aufsichtsbehörden vor Erteilung der Genehmigung das Gutachten des zuständigen Meliorationsbaubeamten einzuholen.

Nach der Genehmigung oder dem Erlasse der Satzung hat die Aufsichtsbehörde die Zugehörigkeit des Planes zur Satzung zu beglaubigen.

21. Zu den nach § 253 anzuberaumenden Verhandlungen ist der

Kulturbaubeamte*) zuzuziehen, damit von ihm der Plan erläutert und die von den Erschienenen gewünschte technische Auskunft gegeben werden kann; Ausnahmen sind bei unbedeutenderen Unternehmungen, wie kleineren Dränagen usw., zulässig, jedoch wird dann in der Regel der Techniker, der das Projekt aufgestellt hat, oder ein anderer Techniker, der den Plan erläutern kann, wie ein Kreiswiesenbaumeister oder ein Techniker des Kulturbauamts, anwesend sein müssen. Die Verhandlungstermine werden zweckmäßig zwischen dem Kommissar und den Kulturbaubeamten unmittelbar vereinbart. Der Kulturbaubeamte oder der Techniker hat den Plan eingehend technisch zu erläutern und über alles, insbesondere über etwaige von den Beteiligten gewünschte Änderungen und über Anträge auf Ausschließung von Grundstücken usw. Auskunft zu erteilen.

Bei den Verhandlungen über die Bildung der Genossenschaft sind die Widersprechenden eingehend über ihre Gründe zu hören. Die Zustimmenden sind zu einer Äußerung hierüber zu veranlassen. Gelingt es nicht, den Widerspruch zu beseitigen, so ist von dem Kulturbaubeamten oder dem an seiner Stelle zu den Verhandlungen zugezogenen technischen Beamten ein mit Gründen versehenes Gutachten darüber abzugeben, ob die Voraussetzungen für die Ausübung des Beitrittszwanges gegen die Widersprechenden vorliegen. In der Regel wird das Gutachten mündlich erstattet und seinem wesentlichen Inhalte nach in das Protokoll übernommen oder diesem als Anlage beigefügt. Das Gutachten ist mit den Beteiligten zu erörtern. Kann das Gutachten nicht sogleich mündlich abgegeben werden, so ist es von dem betreffenden Beamten auszuarbeiten und in seiner Gegenwart vom Kommissar in einem besonderen Termine den Bevollmächtigten der Zustimmenden und Widersprechenden sowie solchen Widersprechenden, die etwa ein besonderes, von dem der übrigen Widersprechenden abweichendes Interesse vertreten, vorzulegen. Sofern der Kulturbaubeamte das kulturtechnische Gutachten nicht selbst abgegeben hat, ist seine Äußerung darüber beizufügen.

Wird bei den Verhandlungen die Zweckmäßigkeit und die Wirtschaftlichkeit des Unternehmens überhaupt oder für einen größeren Teil der herangezogenen Flächen wegen ihrer besonderen Bodenbe-

---

*) Wenn die Leitung des Verfahrens nach § 274 dem Präsidenten eines Landeskulturamts übertragen ist, dem ein kulturtechnischer Beirat zugeteilt ist, so hat dieser als **Kulturbaubeamter** zu gelten (ME. v. 30. 10. 1914 — MBl. f. Landw. S. 335 —).

schaffenheit usw. bestritten, so sollen landwirtschaftliche Sachverständige zur Prüfung dieser Einwendungen herangezogen werden. Mit diesem Gutachten ist ebenso zu verfahren wie mit dem Gutachten der Kulturbaubeamten. Die Sachverständigen sind durch den Regierungspräsidenten zu bezeichnen, der Kulturbaubeamte hat der örtlichen Besichtigung und der Anhörung der Sachverständigen beizuwohnen. Diese Gutachten der Kulturbaubeamten und Sachverständigen ergehen unbeschadet der dem Bezirksausschusse nach § 270 obliegenden Prüfung der erhobenen Widersprüche. Sie sind aber erforderlich für die Entscheidung des Regierungspräsidenten, ob er von der Bildung der Genossenschaft etwa absehen oder auf die Zuziehung aller oder einzelner Widersprechender verzichten oder die Entscheidung des Bezirksausschusses nach § 270 herbeiführen will.

Abstimmungen von Miteigentümern eines Grundstücks oder einer Anlage sind nach § 259 des Gesetzes zu beurteilen. Ebensowenig wie ideelle Bruchteile eines Grundstücks einer Genossenschaft angehören können, lassen sich ideelle Bruchteile der Fläche und des Grundsteuerreinertrags für oder gegen die Bildung der Genossenschaft in Anrechnung bringen. Ausschließlich aus einem Grundstücke, das im Miteigentume mehrerer Personen steht, kann eine Genossenschaft nicht gebildet werden.

Die Wahl der Bevollmächtigten ist im § 254 Abs. 1 Satz 2, Abs. 2, 3 eingehend geregelt. Es ist zweckmäßig, die Bevollmächtigten in der Vollmacht sogleich zu den von der Aufsichtsbehörde für erforderlich erachteten Änderungen der Satzung zu ermächtigen. Einer ausdrücklichen Ermächtigung zur Vornahme von Änderungen des Planes bedarf es nicht (§ 254 Abs. 3).

Das über die Verhandlungen mit den Beteiligten aufzunehmende Protokoll (§ 262) braucht von den Beteiligten nicht unterschrieben zu werden, jedoch empfiehlt es sich, das Protokoll den Bevollmächtigten zur Unterschrift vorzulegen. Das Protokoll muß die erschienenen Personen, am einfachsten unter Hinweis auf ein in der Abstimmungsliste bei dem Namen der Eigentümer einzutragendes Zeichen, ersichtlich machen.

Der Entscheidung des Kommissars bleibt es überlassen, ob er Vertreter der Eigentümer mit Vollmachten, deren Unterschrift nicht von einer Behörde bescheinigt ist, zulassen will; der nachträglichen Beibringung von Vollmachten binnen bestimmter Frist steht grundsätzlich nichts im Wege.

22. Die Bestimmungen, die in den §§ 263ff. für die Ladung der Beteiligten gegeben sind, müssen auf das sorgfältigste beachtet

werden. Nach § 263 Abs. 1 ist nur ausnahmsweise, nämlich in dringenden Fällen, eine Abkürzung der Ladungsfrist gestattet. Sie wird namentlich in Frage kommen, wenn Nachladungen erforderlich werden. Um den Beteiligten Gelegenheit zu geben, sich mit dem Gegenstande des Unternehmens hinreichend bekannt zu machen, ist in der Regel eine längere Ladungsfrist als die Mindestfrist von einer Woche zu wählen. Nach Abs. 2 des § 263 ist vor der Beschlußfassung der Entwurf der Satzung offen auszulegen, und zwar zweckmäßig auf dem Landratsamte, wo den Beteiligten die erforderliche Aufklärung gegeben werden kann, und, wenn die Zahl der beteiligten Gemeinden nicht so groß ist, auch bei den Gemeindevorstehern. An die Außerachtlassung der Vorschrift des § 265 Abs. 4 sind zwar keine Rechtsfolgen geknüpft, sie ist aber in allen Fällen zu beachten. Es genügt, wenn die Abdrucke der Ladungen als Drucksache versandt werden.

Bei der Ladung ist insbesondere auch die gesetzlich vorgeschriebene Verwarnung (§ 263 Abs. 3) zu beachten. Es empfiehlt sich, in allen Fällen in der Ladung zu dem Termine für die Bildung der Genossenschaft die Wahl von Bevollmächtigten als Verhandlungsgegenstand zu bezeichnen (§ 254).

Zu Terminen, die im Verlauf einer Verhandlung anberaumt werden, sind die Personen, denen die Anberaumung des Termins zu Protokoll eröffnet ist, nicht noch besonders zu laden (§ 268).

Es wird zweckmäßig sein, die Ladungen, nachdem nötigenfalls die Adressen der Beteiligten vorher durch Auskunft der Polizei- oder Gemeindebehörden festgestellt sind, so rechtzeitig vor dem Termin abzusenden, daß nach Rückkunft der Zustellungsurkunden die Formalien geprüft und an etwa nicht ordnungsmäßig geladene Beteiligte erneute Ladungen erlassen werden können, ohne daß die einwöchige Ladungsfrist (§ 263 Abs. 1) abgekürzt zu werden braucht. Es muß Wert darauf gelegt werden, daß die Beteiligten Zeit haben, sich über den Verhandlungsgegenstand genügend zu unterrichten.

23. Die Genehmigung oder der Erlaß der Satzung ist nach § 270 Abs. 3 ausschließlich Sache des Regierungspräsidenten, im Falle eines Widerspruchs, nachdem der Bezirksausschuß (Landeswasseramt) über ihn nach Abs. 1 und 2 beschlossen hat. Sie wird zweckmäßig durch folgende Worte ausgesprochen:

Vorstehende Satzung wird von mir auf Grund des § 270 Abs. 3 des Wassergesetzes vom 7. 4. 1913 (Gesetzsamml. S. 53) genehmigt (erlassen).

24. Wenn nach § 275 bei Änderungen der Satzung, durch die ein

neuer Genossenschaftszweck eingeführt werden soll, einstimmiger Beschluß der Mitgliederversammlung erfordert wird, so genügt die Zustimmung aller nach ordnungsmäßiger Ladung erschienenen Mitglieder; die Zustimmung auch der ausgebliebenen, aber geladenen Mitglieder ist nicht nötig. Wenn aber eine nach § 238 Abs. 2 zu berechnende Mehrheit der Mitgliederversammlung genügt, so hat allein der Regierungspräsident bei Erteilung der nach § 276 erforderlichen Genehmigung zu prüfen, ob diese Mehrheit vorliegt; eine Mitwirkung des Bezirksausschusses, etwa entsprechend der Bestimmung des § 270 Abs. 1, ist nicht vorgeschrieben. Findet sich keine Mehrheit, berechnet nach § 238 Abs. 2, so ist die Änderung der Satzung auch in den Fällen, in denen eine Zwangsgenossenschaft nach § 245 neu gebildet werden könnte, nicht statthaft.

25. Als Anhalt für die von dem Kommissar zu entwerfende Satzung können die in der Anlage beigefügten beiden Muster I und II*) dienen, und zwar gibt Muster II eine Mustersatzung, die für Genossenschaften zur Entwässerung und Bewässerung von Grundstücken bestimmt ist, während Muster I eine allgemeine Mustersatzung für alle übrigen Arten von Genossenschaft gibt. Die Mustersatzung ist im einzelnen Falle den Zwecken der Genossenschaft und den besonderen Verhältnissen entsprechend auszugestalten. Insbesondere steht nichts im Wege, die Mustersatzung für Entwässerungs- und Bewässerungsgenossenschaften durch Aufnahme von Sonderbestimmungen über Folgeeinrichtungen zu ergänzen, wie sie bisher in einzelnen Provinzen üblich waren und sich bewährt haben.

Bei Genossenschaften zur Reinhaltung von Wasserläufen kann der Zweck darauf gerichtet sein, lediglich eine nach den Vorschriften des Wassergesetzes nicht erlaubte Verunreinigung zu beseitigen oder darüber hinausgehend eine Reinhaltung des Gewässers anzustreben, zu der eine gesetzliche Verpflichtung nicht besteht. In der Satzung ist klar zum Ausdruck zu bringen, in welchem Umfange die Reinhaltung des Gewässers bezweckt wird, wobei darauf hingewiesen sei, daß Reinhaltungsgenossenschaften auch gegen den Willen der Mehrheit gebildet werden können, jedoch nur dann, wenn schwer-

---

*) Die Muster sind nicht mit abgedruckt. Wegen Herstellung der Muster durch die Reichsdruckerei vgl. ME. v. 24. 6. 1914 (MBl. f. Landw. 236), wegen Abänderung der Mustersatzungen ME. v. 16. 10. 1914 und 5. 3. 1915 (MBl. f. Landw. 1915 S. 69). Siehe bei Holtz-Kreutz Bd. 2 S. 716ff., 764, 771, 772.

wiegenden Mißständen auf andere Weise nicht abgeholfen werden kann (§ 245 Abs. 1 Nr. 5). Die Aufsichtsbehörde ist auf Grund der §§ 217, 219 WG. in der Lage, die Durchführung des satzungsmäßigen Unternehmens der Genossenschaft zu erzwingen. Diese Aufgabe wird der Aufsichtsbehörde dadurch erleichtert, wenn in dem der Satzung zugrunde liegenden Plane die herzustellenden Anlagen möglichst genau anzugeben werden. Ist dies nicht möglich, so wird die praktische Durchführung der Aufsicht erleichtert und jeder Zweifel über den Umfang der Befugnisse der Aufsichtsbehörde beseitigt, wenn in die Satzung die Bestimmung aufgenommen wird, daß Art und Umfang der genossenschaftlichen Anlagen sowie ihre Änderungen und Ergänzungen der Genehmigung der Aufsichtsbehörde bedürfen. Eine derartige Vorschrift ist aus den gleichen Erwägungen in den § 1 Abs. 2 des Emschergesetzes vom 14. 7. 1904 (Gesetzsamml. S. 175), den § 1 Abs. 3 des Entwässerungsgesetzes für das linksniederrheinische Industriegebiet vom 29. 4. 1913 (Gesetzsamml. S. 251), den § 2 Abs. 3 des Ruhreinhaltungsgesetzes vom 5. 6. 1913 (Gesetzsamml. S. 305) und in den § 1 Abs. 3 des Sesekegesetzes vom 5. 6. 1913 (Gesetzsamml. S. 329) eingefügt worden. Hinsichtlich des in der Satzung zu bestimmenden Teilnahmemaßstabs für die Genossenschaftslasten ist der § 225 Abs. 1 Satz 2 zu beachten.

Das nach § 214 Abs. 2 WG. der Satzung beizufügende Verzeichnis der beteiligten Grundstücke usw. ist nach dem beiliegenden Muster III*) aufzustellen.

VI. Ausführungsanweisung vom 24. April 1914.

Betrifft Verhütung von Hochwassergefahr.

(MBl. f. Landw. 1914 S. 193.)

1. Der vierte Abschnitt gibt mit manchen Abänderungen und Ergänzungen das geltende Recht wieder, und zwar das Deichgesetz v. 28. 1. 1848, das Gesetz zur Verhütung von Hochwassergefahren v. 16. 8. 1905 und das für die Ebbe- und Flutgebiete der Provinzen Hannover und Schleswig-Holstein geltende besondere Deich- und Sielrecht.

2. § 284 entspricht im wesentlichen dem § 9 des Gesetzes v. 16. 8. 1905, gilt jedoch für das gesamte Staatsgebiet, also auch für die

*) Das Muster ist nicht mit abgedruckt. Siehe Holtz-Kreutz Bd. 2 S. 734.

Ebbe- und Flutgebiete von Hannover und Schleswig-Holstein, da für diese keine Ausnahme gemacht ist (vgl. § 323 im Gegensatz zu § 13 des Gesetzes v. 16. 8. 1905). Wenn erforderlich, werden die auf Grund des § 9 des Gesetzes v. 16. 8. 1905 erlassenen Polizeiverordnungen auf das Ebbe- und Flutgebiet auszudehnen sein.

3. Die §§ 285—290 geben die entsprechenden Bestimmungen des Gesetzes v. 16. 8. 1905 wieder mit folgenden hauptsächlichen Änderungen:

a) Die Unterscheidung der nichtschiffbaren Wasserläufe in besonders hochwassergefährliche und sonstige ist fortgefallen. Die Zuständigkeit für die verschiedenen Arten der Wasserläufe richtet sich nur danach, ob es sich um Wasserläufe erster Ordnung oder andere handelt.

b) Die Vorschrift des § 2 Abs. 2 Satz 2 des Gesetzes v. 16. 8. 1905, nach der in den Verzeichnissen Bestimmung getroffen werden konnte, für welche Unternehmungen die Vorschriften des § 1 Anwendung finden sollten, ist aus praktischen Erwägungen im § 286 Abs. 2 Satz 2 dahin geändert, daß in dem Verzeichnisse gewisse Anlagen von der Genehmigungspflicht ausgenommen oder auf die polizeiliche Genehmigung, die in Form einer polizeilichen Verfügung auszusprechen sein wird, verwiesen werden kann; hierbei ist besonders an Weidezäune und ähnliche kleine Anlagen gedacht. Mit Rücksicht auf diese Änderung ist § 7 des Gesetzes v. 16. 8. 1905 nicht in das Wassergesetz übernommen; etwaige auf Grund letzterer Bestimmung gefaßte Beschlüsse der Regierungspräsidenten würden hinfällig werden. Ob diese Änderungen des Gesetzes eine Änderung der Verzeichnisse, die nach § 286 Abs. 4 aufrecht erhalten bleiben, notwendig machen, bedarf der Prüfung.

c) Abs. 2 § 287 ist gegenüber Abs. 2 § 3 des Gesetzes v. 16. 8. 1905 dahin geändert, daß die dort vorgeschriebene Anhörung nur in erheblicheren Fällen notwendig ist, daß dann aber nicht nur bei Wasserläufen erster Ordnung, sondern stets der zur Unterhaltung des Wasserlaufs Verpflichtete und bei Verbandsdeichen die Deichbehörde zu hören sind. Unter dem Unterhaltungspflichtigen ist bei Wasserläufen erster Ordnung, die vom Staate zu unterhalten sind, die Strombauverwaltung zu verstehen. Die Entscheidung, ob ein Fall als ein erheblicherer anzusehen ist, ist der Genehmigungsbehörde überlassen; mit Rücksicht auf die oft höchst bedenklichen und meist nur schwer wieder zu beseitigenden Folgen einer unzweckmäßigen Einengung des Überschwemmungsgebiets empfiehlt es sich aber, eine Genehmigung oder Anhörung nur dann zu erteilen, wenn unzweifelhaft nachteilige Wirkungen nicht zu besorgen sind.

d) § 288 Abs. 3 gibt neben § 292 die Möglichkeit einer Verbesserung des Hochwasserabflusses. § 4 Abs. 2 Nr. 1 des Gesetzes v. 16. 8. 1905 bestimmte, daß die Genehmigung nicht versagt werden darf, wenn die zu errichtende Anlage an die Stelle einer vorhandenen tritt und durch sie der Abfluß des Hochwassers nicht mehr wie bisher erschwert wird. § 288 läßt aber in diesem Falle die Ablehnung zu, wenn der Widersprechende bereit ist, Entschädigung zu leisten. Bei Anwendung dieser Bestimmung wird es in diesen Fällen möglich sein, mit geringeren Kosten eine Verbesserung herbeizuführen, als wenn § 292 angewendet werden müßte, da die Beseitigung einer vorhandenen Anlage wohl stets teurer sein wird als die Verhinderung der Wiederaufrichtung einer abgängigen Anlage. Unter Entschädigung ist hier wie sonst, wenn im Wassergesetze von Entschödigung gesprochen wird, die volle Entschädigung zu verstehen.

4. § 291 entspricht dem Deichgesetze vom 28. 1. 1848, da dieses nicht nur für Deiche an den Wasserläufen, sondern auch für Seedeiche gilt. Für die Deiche an der Nordsee gelten die in den §§ 323 ff. aufrechterhaltenen Bestimmungen.

5. Die §§ 292 und 293 sollen die Beseitigung von Hindernissen des Hochwasserabflusses erleichtern. Nach § 292 Abs. 1 kann das Enteignungsrecht nach dem Enteignungsgesetze v. 11. 6. 1874 erteilt werden, wenn die Beseitigung zur Verhütung von Hochwassergefahr notwendig ist, so daß es nicht der weiteren Prüfung bedarf, ob Gründe des öffentlichen Wohles dem Unternehmen zur Seite stehen; ferner wird das Enteignungsrecht durch den Bezirksausschuß erteilt (Abs. 2 § 292). Abs. 3 gibt dem Staate oder einem Kommunalverbande, die als Unternehmer auftreten und das Enteignungsrecht sich erwirken, das Recht, die Kosten von allen denjenigen, die Vorteile haben, entsprechend diesem Vorteile wieder einzuziehen; dieses Recht wird insbesondere den Kommunalverbänden (Gemeinden, Kreisen und Provinzen) die Entscheidung, ob sie der Beseitigung von Hochwasserabflußhindernissen nähertreten sollen, erleichtern. In ähnlicher Richtung soll § 293 wirken. Die §§ 238 und 245 gestatten, daß gegen den Willen Beteiligter eine Genossenschaft zur Beseitigung von Hindernissen des Hochwasserabflusses gebildet wird. § 293 gibt nun die Anweisung, daß in solchen Fällen

bei Leistungsunfähigkeit der Beteiligten Staat und Provinz sich an der Aufbringung der Kosten beteiligen sollen.

6. Die §§ 294—322 geben im wesentlichen das Deichgesetz v. 28. 1. 1848 wieder; ihr Inhalt ist aber, um die praktische Anwendung zu erleichtern, soweit wie möglich den entsprechenden, für Wassergenossenschaften gegebenen Bestimmungen (§§ 206 ff.) angepaßt; die Verfahrensvorschriften sind im § 297, sonstige Vorschriften im § 317 für anwendbar erklärt. Eine Reihe von Bestimmungen, die früher vom Statut überlassen waren und in dem Allerhöchsten Erlasse v. 14. 11. 1853, betreffend die allgemeinen Bestimmungen für künftig zu erlassende Deichstatute, enthalten waren, sind jetzt im Gesetze selbst getroffen worden. Die allgemeinen Bestimmungen (vgl. deren § 59) können daher bei neu zu bildenden Deichverbänden nicht mehr in der Satzung angezogen werden, sondern die Satzung hat alles erschöpfend zu regeln, wobei jedoch der Inhalt der allgemeinen Bestimmungen auch ferner zum Anhalte dienen kann (vgl. auch Nr. 11 dieser Anweisung).

7. Im Gegensatze zum früheren Rechte können Deichverbände, die nicht — allein oder nebenbei — zur Abwendung gemeiner Gefahr, sondern ausschließlich zur Förderung der Landeskultur dienen, nur gebildet werden, wenn die Mehrheit der Beteiligten zustimmt. Im allgemeinen werden Winterdeiche als zur Abwendung gemeiner Gefahr, Sommerdeiche als nur der Landeskultur dienend anzusehen sein.

8. §§ 306 und 307 stellen in Übereinstimmung mit der Rechtsprechung des Oberverwaltungsgerichtes den Umfang der Deichpolizei dahin fest, daß diese sich nicht nur auf die Deiche, sondern auch auf diejenigen Wasserläufe erstreckt, die vom Deichverbande zu unterhalten sind oder der Aufsicht der Deichverwaltungsbehörde unterstehen; für solche Wasserläufe ist also die Zuständigkeit der ordentlichen Wasserpolizeibehörde ausgeschaltet. Eine Folge davon ist auch, daß gegen polizeiliche Verfügungen der Deichpolizei nicht die Rechtsmittel nach § 347, sondern nur die Beschwerde bei der Aufsichtsbehörde nach § 308 Abs. 2 gegeben ist.

9. § 318 bringt gegenüber dem § 23 des Deichgesetzes eine Änderung dahin, daß für bestehende Deichverbände Bestimmungen der bisherigen Satzungen, die vom Wassergesetz abweichen, nur insoweit in Kraft bleiben, als die Vorschriften des Wassergesetzes durch die Satzung abgeändert werden können oder auf die Satzung verweisen. Dieses gilt nicht nur von solchen Satzungen, die auf Grund des Deichgesetzes von 1848 erlassen sind, sondern auch von

sonstigen Deichordnungen, die auf Grund älterer Gesetze erlassen oder selbst als Gesetze anzusehen sind. Als derartige zwingende Vorschriften kommen insbesondere die über die Organisation und Zuständigkeit der Aufsichtsbehörde in Betracht.

10. Die §§ 323—329 entsprechen zwar im wesentlichen dem Gesetze v. 11. 4. 1872, betreffend die Ausdehnung des Gesetzes v. 28. 1. 1848 über das Deichwesen auf die Provinzen Schleswig-Holstein und Hannover, das die überkommenen Deichrechte aufrechterhalten hat, sie geben jedoch in größerem Umfange die Möglichkeit einer den jetzigen Bedürfnissen entsprechenden Weiterentwicklung dieser teilweise veralteten Rechte. So sollen die Deichverbände nach § 324 in der Lage sein, durch Mehrheitsbeschluß der Verbandsvertreter von der Kabel- zur Kommuniondeichung überzugehen, auch wenn das frühere Recht eine solche Möglichkeit nicht vorsah; dieses ist insbesondere für das Gebiet der Bremischen Deichordnung von 1743 von Bedeutung. § 325 Abs. 3 gibt dem Verbande die Möglichkeit, statt des überkommenen Rechtes diejenigen Bestimmungen des Wassergesetzes, die dem Bedürfnisse des gesamten Verbandes oder einzelner Angehörigen mehr entsprechen, zu übernehmen, wobei es dem Verbande überlassen ist, das gesamte Deichrecht oder nur einen Teil davon, z. B. die Organisation der Deichverwaltungs- oder der Deichaufsichtsbehörden, die Bestimmungen über die Verwaltung der Deichpolizei, über die Rechte und Pflichten der Deichangehörigen oder der Besitzer von Außenländereien usw. zu übernehmen. Wenn eine Neuordnung nach Abs. 1 erfolgt, kann gemäß Abs. 4 hierbei der Übergang von der Kabel- zur Kommuniondeichung oder im Gebiete der Bremischen Deichordnung die Aufgabe des Herkommens bei der Aufbringung der Verbandslasten vorgeschrieben werden. Neu ist endlich die Vorschrift des Abs. 5, die im Gebiete der Bremischen Deichordnung ein überlebtes Vorrecht der Moorbesitzer aufhebt. § 329 stellt den Umfang der Deichpolizei in Übereinstimmung mit den §§ 306 und 307 (vgl. Nr. 8) fest.

11. Für die bei künftig zu bildenden Deichverbänden aufzustellenden Satzungen können die der Ausführungsanweisung V, betreffend Wassergenossenschaften, als Muster I und II beigegebenen Satzungsentwürfe zum Vorbilde dienen, und zwar Muster II für den Fall, daß der Deichverband gleichzeitig die Entwässerung oder Bewässerung der zum Verbande gehörenden Grundstücke bezweckt, während Muster I als eine allgemeine Mustersatzung für Deichverbände dienen kann. Besondere Vorschriften in den Satzungen über die Zuständigkeit und Befugnisse der Aufsichtsratsbehörden

und die Beschränkung des Eigentums an den zum Deichverbande gehörenden Grundstücken sind in Zukunft nicht mehr erforderlich, da das Wassergesetz diese Fragen durch zwingende, also durch die Satzung nicht abänderbare Vorschriften ausreichend regelt (§§ 302 ff., 310 ff. WG.).

VII. Ausführungsanweisung vom 29. April 1914.

Betrifft die Unterhaltung der Wasserläufe zweiter und dritter Ordnung.

(MBl. f. Landw. 1914 S. 196.)

1. Die Bestimmungen des bisher für die Unterhaltung der Wasserläufe geltenden Rechtes haben nicht ausgereicht, einen den gesteigerten Anforderungen der neuen Wasserwirtschaft entsprechenden Zustand der nichtschiffbaren Wasserläufe zu sichern, vielmehr ist bei diesen vielfach eine solche Verwilderung eingetreten, daß sie ihrer Hauptaufgabe, das ihnen zufließende Wasser aufzunehmen und abzuführen, nicht mehr genügen können. Zur Beseitigung der hierdurch herbeigeführten zahlreichen Mißstände, wie Versumpfungen, Überschwemmungen u. dgl., war es notwendig, kostspielige Verbesserungsarbeiten (Regulierungen) vorzunehmen, die hätten vermieden oder auf ein geringeres Maß herabgedrückt werden können, wenn sich ein ordnungsmäßiger Zustand der Wasserläufe im Wege der Unterhaltung hätte erreichen lassen. Dieser Mangel des geltenden Rechtes war einer der hauptsächlichsten Gründe zum Erlasse des Wassergesetzes v. 7. 4. 1913 (Gesetzsamml. S. 53), das Abhilfe dadurch zu schaffen sucht, daß es einmal den Umfang der Unterhaltungspflicht erweitert und sodann für einen geeigneten, leistungsfähigen Träger dieser Pflicht sorgt. Den mit der Durchführung des Wassergesetzes betrauten Behörden liegt die Aufgabe ob, den über die Unterhaltung ergangenen Bestimmungen Geltung zu verschaffen und so einen ordnungsmäßigen und zweckentsprechenden Zustand der Wasserläufe im Wege der Unterhaltung herbeizuführen, der möglichst Ausbauarbeiten überflüssig macht. Der § 133 gibt die Möglichkeit, die Unterhaltung zu erzwingen.

2. Die Unterhaltungspflicht ist dahin erweitert, daß sie nicht nur für die natürlichen, sondern allgemein auch für die künstlichen Wasserläufe gilt; Voraussetzung ist hierbei nur, daß es sich um Gewässer handelt, die Wasserläufe im Sinne des § 1 WG. sind. Ferner

umfaßt sie sowohl den Wasserlauf wie seine Ufer, bei einem ausgebauten Wasserlauf die Erhaltung des durch den Ausbau geschaffenen Zustandes. Unter Unterhaltungsarbeiten werden bei Wasserläufen zweiter und dritter Ordnung diejenigen Arbeiten im Wasserlauf und an seinen Ufern verstanden, die erforderlich sind, um die Vorflut im Wasserlaufe zu erhalten. Auf die Begrenzung des Umfangs der Verpflichtung zur Unterhaltung des eigentlichen Wasserlaufs finden die bisherigen Entscheidungen des Oberverwaltungsgerichts über die Räumung der Wasserläufe Anwendung. Hiernach ist der Unterhaltungspflichtige nicht gehalten, Verbesserungen des bestehenden Zustandes vorzunehmen, sondern es kann von ihm nur die Wiederherstellung eines bereits vorhanden gewesenen und bis in die neueste Zeit hineinreichenden Zustandes verlangt werden (OVG. Bd. 2 S. 280). Arbeiten, die über die Erhaltung dieses Zustandes, bei ausgebauten Wasserläufen über die Erhaltung des durch den Ausbau geschaffenen Zustandes, hinausgehen, fallen unter den Ausbau (vgl. Titel 5 des Gesetzes).

Von besonderer Bedeutung ist die Unterhaltung der Ufer. Der mangelhafte Zustand der Wasserläufe ist zum großen Teile darauf zurückzuführen, daß das bisherige Recht eine Pflicht zur Unterhaltung der Ufer im allgemeinen nicht kannte. Es wird daher der Uferunterhaltung besondere Aufmerksamkeit zu schenken sein. Die Uferunterhaltungslast ist geteilt zwischen den zur Unterhaltung des Wasserlaufs Verpflichteten (§ 119) und den Eigentümern der Ufergrundstücke (§ 120). Da es erwünscht ist, daß die Ufer einheitlich unterhalten werden, können im Wege der Vereinbarung (§ 121) oder beim Ausbaue des Wasserlaufs auch im Wege des Zwanges (§ 124) die Verpflichtungen beider in einer Hand vereinigt werden.

3. Der Träger der Unterhaltungspflicht wird meistens unmittelbar durch das Gesetz bestimmt, nur für die natürlichen Wasserläufe zweiter Ordnung wird er häufig erst zu schaffen sein. § 115 Nr. 2 WG. bestimmt, daß die Unterhaltung solcher Wasserläufe den für diesen Zweck zu bildenden Wassergenossenschaften obliegt. Von diesem Grundsatze macht aber das Gesetz unmittelbare Ausnahmen oder läßt sie zu.

Ausnahmen sind gemacht:

a) nach § 115 Abs. 2 bis zur Bildung der Genossenschaft;
b) nach § 115 Abs. 3 im Falle des Ausbaus;
c) im § 117 für die Provinz Hessen-Nassau, wo die Unterhaltung nach Maßgabe des bisherigen Rechtes geregelt ist; sollten hier die Interessenten einstimmig oder mit Mehrheit beschließen,

zur Unterhaltung eines Wasserlaufs zweiter oder dritter Ordnung eine Genossenschaft zu bilden, so würde dem nichts entgegenstehen, wenn die unterhaltungspflichtige Gemeinde und die Wasserpolizeibehörde zustimmt (vgl. § 126 Nr. 5);

d) nach § 118 für das Gebiet des schlesischen Auenrechts; hier ist eine Wassergenossenschaft nur dann zu bilden, wenn der Auenberechtigte oder der observanzmäßig Verpflichtete es beantragt oder wenn er den Wasserlauf nicht ordnungsmäßig unterhält;

e) nach § 126 Nr. 1 zur Aufrechterhaltung von Verpflichtungen des Staates.

Die zugelassenen Ausnahmen betreffen einmal die Fälle der §§ 116 Abs. 2, 125 und 126 Nr. 5, in denen freiwillig eine Gemeinde, ein Provinzialverband oder eine sonstige Körperschaft des öffentlichen Rechtes die Unterhaltung sich übertragen läßt, oder der Staat, eine Wassergenossenschaft oder eine andere Körperschaft des öffentlichen Rechtes durch Vereinbarung unter Zustimmung der Wasserpolizeibehörde die Unterhaltung übernimmt. Hierher gehört ferner der Fall des § 116 Abs. 1, nach dem die Bildung der Genossenschaft zu unterbleiben hat, wenn die Wasserläufe ebenso zweckmäßig durch den bisher dazu Verpflichteten unterhalten werden oder kein öffentliches Interesse für die Bildung der Genossenschaft besteht. Bevor das Verfahren zur Bildung der Unterhaltungsgenossenschaft eingeleitet wird, ist daher zu prüfen, ob nicht die Ausnahmen des § 116 Abs. 1 vorliegen. Hauptsächlich kommt hier die Frage in Betracht, ob die Unterhaltung durch den bisher Verpflichteten genügt hat; wenn sie zu verneinen ist, bleibt zu prüfen, ob ein öffentliches Interesse für die Bildung der Genossenschaft besteht. Ein solches Interesse liegt stets dann nicht vor, wenn eine leistungsfähige öffentlichrechtliche Körperschaft die Unterhaltung freiwillig übernimmt (§ 116 Abs. 2, § 125, § 126 Nr. 5). Ist in anderen Fällen das Bestehen eines solchen Interesses zu verneinen, so muß angenommen werden, daß der Wasserlauf zu Unrecht in das Verzeichnis der Wasserläufe zweiter Ordnung aufgenommen ist, da bei allen Wasserläufen, die für die Wasserwirtschaft von größerer Bedeutung sind, die Sicherung der gesetzmäßigen Unterhaltung im öffentlichen Interesse liegt und diese bei mangelhafter Unterhaltung durch den bisher Verpflichteten und, wenn sich nicht freiwillig ein anderer, und zwar eine Körperschaft des öffentlichen Rechtes, zur Unterhaltung bereitfindet, nur in der Vereinigung der Beteiligten zu einer Wassergenossenschaft gefunden werden kann. Es ist deshalb dann die Änderung des Verzeichnisses nach § 6 WG. herbeizuführen. Wenn es fraglich ist, ob die Unterhaltung durch die bisher Verpflichteten (§ 115 Abs. 2) genügt, so wird das Verfahren zur Bildung der Genossenschaft einstweilen ausgesetzt werden können, bis Gewißheit hierüber geschaffen ist; ein solches Abwarten empfiehlt sich auch deshalb, weil bei der großen Zahl der in das Verzeichnis der Wasserläufe zweiter Ordnung aufgenommenen Wasserläufe die Genossenschaften nur allmählich gebildet werden können. Die Ausnahme des § 116 Abs. 1 bezieht sich übrigens nur auf den Fall, daß die Unterhaltungspflichtigen die Bildung der Unterhaltungsgenossenschaft ablehnen. Beschließen sie einstimmig oder mit Mehrheit die Bildung, so ist lediglich zu prüfen, ob die Voraussetzungen des § 207 Abs. 1 und des § 238 vorliegen. Zu der freiwilligen Übernahme der Unterhaltung sei noch darauf hingewiesen, daß einerseits § 116 Abs. 2 und § 125 und andererseits § 126 Nr. 5 sich dadurch unterscheiden, daß letzterer Fall eine Vereinbarung mit dem angeblich Verpflichteten voraussetzt, die beiden ersten Fälle aber nicht.

a) Im einzelnen wird noch auf folgendes aufmerksam gemacht: Bordvoll im Sinne des § 120 Abs. 1 ist derjenige Zustand, bei welchem die Wassermenge eines Wasserlaufs noch in dem geschlossenen Gerinne ohne Ausuferung oder Überschwemmung auf einem großen Teile der in Betracht kommenden Strecke abfließt. Oft ist nicht in allen Teilen eines Wasserlaufs ein geschlossenes Gerinne vorhanden, vielmehr ist sehr häufig nur an einer Stelle das Gerinne wirklich deutlich ausgebildet, oder das Ufer geht auf beiden Seiten allmählich in das höhere Gelände über. Trotzdem kann man auch hier von einem bordvollen Zustande sprechen, indem die Ausuferungshöhe für die Strecken, die ein geschlossenes Gerinne haben, berechnet und der sich so ergebende Wasserstand auch für die Strecken ohne Gerinne zur Begrenzung der Verpflichtung im § 120 Abs. 1 zugrunde gelegt wird. Gewöhnlich ist diese Ausuferungshöhe auch zugleich die Grenze des höchsten Mittelwassers.

b) Abgesehen vom Falle des § 133 Abs. 1 stellt die Wasserpolizeibehörde Art, Maß und Zeit der auszuführenden Arbeiten entweder im Einzelfalle durch polizeiliche Verfügung oder allgemein durch Polizeiverordnung (Unterhaltungsordnung) fest. Es ist erwünscht, daß solche Unterhaltungsordnungen möglichst zahlreich erlassen werden, weil hierdurch nicht nur im Einzelfalle viel Streit vermieden, sondern auch der durch die Unterhaltung zu erreichende Normalzustand des Wasserlaufs deutlich erkennbar festgelegt wird. Mit solcher Unterhaltungsordnung werden zweckmäßig Schauordnungen nach §§ 356 ff. zu verbinden sein (vgl. Nr. 5 dieser Anweisung). Des Erlasses einer Unterhaltungsordnung bedarf es für diejenigen Wasserläufe, deren Unterhaltung einer Wassergenossenschaft übertragen wird, nicht, wenn bei diesen in der Satzung die Verpflichtung der Genossenschaft nach § 214 Nr. 2 und § 249 Abs. 1 durch einen besonderen Plan bestimmt ist. Bei Unterhaltungsgenossenschaften wird es beim Vorhandensein einer Unterhaltungsordnung genügen, wenn der Genossenschaft die Unterhaltung nach dieser Ordnung zur Aufgabe gemacht wird. Polizeiliche Verfügungen der Wasserpolizeibehörde werden nach § 347 Abs. 2 wie sonstige polizeiliche Verfügungen mit den Rechtsmitteln der §§ 127 ff. des Landesverwaltungsgesetzes angefochten; das besondere Verfahren des § 66 des Zuständigkeitsgesetzes ist beseitigt, womit auch die Verpflichtung des § 66 Nr. 2, die Klage gleichzeitig gegen den nach Ansicht des Klägers zu der ihm angesonnenen Leistung öffentlichrechtlich Verpflichteten zu richten, weggefallen ist.

c) Die das Rechtsverhältnis zwischen den Unterhaltungspflichtigen und den Grundstückseigentümern regelnden Vorschriften der §§ 135—144 stimmen im wesentlichen mit den Bestimmungen des Strombauverwaltungsgesetzes v. 20. 8. 1883 überein. Während diese aber nur bei den schiffbaren Flüssen galten, sollen die §§ 135—144 WG. auch bei den Wasserläufen zweiter Ordnung angewendet werden; dies ist zur Ermöglichung der Unterhaltungsarbeiten notwendig, weil bei diesen Wasserläufen die Pflicht zur Unterhaltung im größeren Umfang als früher nicht den Anliegern, sondern einem selbständigen Verband (Wassergenossenschaften, Gemeinden, Provinzialverbänden oder sonstigen Körperschaften des öffentlichen Rechtes) obliegen wird. Aus diesen Vorschriften darf aber nicht gefolgert werden, daß die sämtlichen dort aufgeführten Arbeiten (z. B. Herstellung von Deckwerken, Buhnen, Sperrwerken usw., § 136) oder Verwendung von Baumaterialien (§ 138) regelmäßig einen Teil der Unterhaltung bilden. Die Zubilligung der Berechtigung zur Vornahme dieser Arbeiten war für den Unterhaltungspflichtigen gleichwohl notwendig, einmal weil die Unterhaltungspflicht nach § 115 Abs. 3 auch die Erhaltung des ausgebauten Zustandes umfaßt, wobei größere Arbeiten oft nicht entbehrt werden können, sondern aber, weil der Unterhaltungspflichtige, wenn er auch bei Erfüllung seiner aus § 114 Abs. 1 folgenden Obliegenheit größere Arbeiten auszuführen regelmäßig nicht gezwungen ist, doch das Recht hat, sie vorzunehmen, um seiner Pflicht nachzukommen oder sie sich zu erleichtern.

5. Die Förderung einer ordnungsmäßigen Unterhaltung der Wasserläufe ist auch Sache der Schauämter, die für die Wasserläufe zweiter und dritter Ordnung durch Polizeiverordnungen (Schauordnungen) gebildet werden müssen (§ 356 Abs. 1 WG.), und zu deren Obliegenheiten es in erster Linie gehört, festzustellen, ob die Wasserläufe und ihre Ufer ordnungsmäßig unterhalten werden. Soweit den Schauämtern nicht nach § 358 wasserpolizeiliche Befugnisse übertragen sind, haben sie lediglich als Hilfsorgane der Wasserpolizeibehörde tatsächliche Feststellungen vorzunehmen und deren Ergebnis der Wasserpolizeibehörde mitzuteilen. Die polizeilichen Befugnisse, die nach § 358 dem Schauamt übertragen werden können, beschränken sich auf den Erlaß von Polizeiverfügungen zur Erzwingung der ordnungsmäßigen Unterhaltung der dem Schauamte zugewiesenen Wasserläufe und die Festsetzung von Polizeistrafen auf Grund einer nach § 133 Abs. 2 Satz 2 etwa erlassenen Unterhaltungsordnung. Soweit dem Schauamte polizeiliche Befugnisse übertragen sind, wird die Zuständigkeit der Wasserpolizeibehörde ausgeschaltet.

Die Schauordnungen sind von den Wasserpolizeibehörden und den ihnen übergeordneten Behörden nach Maßgabe der §§ 348, 350 WG. zu erlassen. Nach § 356 Abs. 1 können Schauämter für einzelne Wasserläufe gebildet werden, und zwar unbeschränkt, also auch dann, wenn sich ein Wasserlauf über einen Kreis hinaus erstreckt. Dagegen gestattet § 356 Abs. 1 die Bildung von Schauämtern für mehrere oder alle Wasserläufe eines bestimmten Bezirkes nur in der Beschränkung auf einen Kreis oder Kreisteil.

VIII. Ausführungsanweisung vom 28. August 1914.

Betrifft die Unterhaltung der natürlichen Wasserläufe erster Ordnung.

(MBl. f. Landw. 1914 S. 287.)

A. Unterhaltung des Wasserlaufs.

I. Träger der Unterhaltungspflicht und ihre rechtliche Natur.

1. Bei natürlichen Wasserläufen erster Ordnung liegt die Unter-

haltung des **Wasserlaufs** dem Staate ob (§ 115 Abs. 1 Nr. 1 WG.). Diese Verpflichtung ist eine **öffentlichrechtliche** Verbindlichkeit, die, abgesehen von den im Wassergesetz bestimmten Fällen, weder aufgehoben noch geändert werden kann (§ 113 WG.). Die im Wassergesetz vorgesehenen Ausnahmen von dieser Bestimmung sind folgende:

a) Ist ein Wasserlauf von einem anderen als dem Staat nach einem behördlich festgestellten Plane ausgebaut — was unter sorgfältiger Durchsicht des gesamten Aktenmaterials der beteiligten Behörden, auch des bereits an die Königlichen Staatsarchive abgegebenen, zu prüfen ist—, so liegt die fernere Unterhaltung nach § 114 Abs. 4 dem Unternehmer des Ausbaues ob (§ 115 Abs. 3). Es macht keinen Unterschied, ob die Arbeiten vor Geltung des Wassergesetzes oder unter seiner Herrschaft vorgenommen sind. Ein Ausbau nach einem behördlich festgelegten Plan ist nicht nur dann anzunehmen, wenn die Behörde vor dem Ausbau den Plan förmlich genehmigt hat, sondern schon dann, wenn ein planmäßiger Ausbau des Wasserlaufs unter ausdrücklicher oder stillschweigender Billigung der zuständigen Behörde stattgefunden hat. Da nach §§ 96, 97 ALR. I, 8 Wasserbauten an öffentlichen Flüssen unter Aufsicht des Staates ausgeführt werden mußten und der Aufsicht des Staates bedurften; da ferner angenommen werden muß, daß gesetzliche Bestimmungen befolgt worden sind, so ist im Zweifel davon auszugehen, daß ein vorgenommener Ausbau die Zustimmung der zuständigen Behörden durch Feststellung des Planes gefunden hat.

b) Wenn in einem Verleihungsbeschluß oder in einem Beschlusse, durch den ein Zwangsrecht begründet wird (§§ 330 ff.), oder im gewerbepolizeilichen Genehmigungsverfahren dem Unternehmer die Verpflichtung zur Unterhaltung eines Wasserlaufs auferlegt ist, tritt der Unternehmer für die Dauer der Verpflichtung an die Stelle des nach dem Wassergesetz zur Unterhaltung Verpflichteten (§ 126 Abs. 1 Nr. 4).

c) An die Stelle des zur Unterhaltung Verpflichteten treten ferner Wassergenossenschaften oder andere Körperschaften des öffentlichen Rechts, wenn sie die Verpflichtung zur Unterhaltung eines Wasserlaufs durch Vereinbarung mit dem Unterhaltungspflichtigen unter Zustimmung der Wasserpolizeibehörde mit öffentlichrechtlicher Wirkung übernehmen (§ 126 Abs. 1 Nr. 5).

Die beim Inkrafttreten des Wassergesetzes bestehenden öffentlichrechtlichen Verbindlichkeiten zur Unterhaltung eines Wasserlaufs sind erloschen, soweit sie nicht in diesem Gesetz aufrechterhalten sind (§ 113 Abs. 1 Satz 2). War beim Inkrafttreten des Wassergesetzes ein anderer als der Staat zur Unterhaltung eines natürlichen Wasserlaufs erster Ordnung öffentlichrechtlich verpflichtet, so kann der Staat diejenigen, denen die Unterhaltung des Wasserlaufs abgenommen ist, in Höhe ihrer bisherigen Verpflichtung zu den Kosten der Unterhaltung heranziehen (§ 128 Abs. 1). Der Kostenbeitrag berechnet sich nach § 128 Abs. 1 Satz 2 und kann von dem Verpflichteten nach § 128 Abs. 2 abgelöst werden. Für die Höhe des Kostenbeitrags eines bisher Verpflichteten sind indes nicht nur die von diesem tatsächlich gemachten Aufwendungen bestimmend, sondern auch die Kosten solcher Arbeiten zu berücksichtigen, die der bisher Verpflichtete bei ordnungsmäßiger Erfüllung seiner Unterhaltungspflicht darüber hinaus hätte ausführen müssen. Ich, der Minister der öffentlichen Arbeiten*), behalte mir die Genehmigung vor, wenn etwa ausnahmsweise von der Heranziehung eines bisher Verpflichteten abgesehen werden soll; auch ist mir vor der Einleitung von Verhandlungen mit solchen Verpflichteten in jedem Falle unter Beifügung der erforderlichen Unterlagen zu berichten. Die Höhe des Beitrags zu den Kosten der staatlichen Unterhaltung wird im Streitfalle durch Beschluß des Bezirksausschusses festgesetzt, gegen dessen Beschluß die Beschwerde an das Landeswasseramt gegeben ist (§§ 148, 76).

2. Vereinbarungen über die Unterhaltungspflicht können mit privatrechtlicher Wirkung getroffen werden (§ 113 Abs. 2). Sofern solche Vereinbarungen vor Erlaß des Wassergesetzes getroffen sind, bleiben sie in Geltung.

II. Umfang der Unterhaltungspflicht.

Hier ist gegenüber dem bisherigen Rechtszustande eine Erweiterung eingetreten. Die Unterhaltung umfaßt bei Wasserläufen erster Ordnung die Erhaltung nicht nur der Schiffbarkeit, sondern auch der Vorflut (§ 114 Abs. 1). Sie begreift nur die Erhaltung eines

---

*) Jetzt bei Reichswasserstraßen (vgl. Anm. 1 zu § 7) das Reichsverkehrsministerium, im übrigen der Landwirtschaftsminister (vgl. Staatsvertrag v. 31. 3./26. 9. 1921, unten S. 350, und Gesetz v. 15. 8. 1921, unten S. 365).

bestehenden ordnungsmäßigen Zustandes des Wasserlaufs, nicht seine *Verbesserung*. Soweit letztere in Frage kommt, greifen die Bestimmungen über den Ausbau (§§ 152—171) Platz. (Vgl. II. Ausführungsanweisung zum Wassergesetz.) Die Erhaltung der Schiffbarkeit erstreckt sich nur auf das dem öffentlichen Schiffsverkehr dienende Fahrwasser mit Ausnahme der besonderen Zufahrtstraßen zu den Häfen (§ 114 Abs. 3). Für die Erhaltung der Vorflut kommt dagegen der Wasserlauf in seiner ganzen Breite in der aus den §§ 12 und 119 sich ergebenden Begrenzung (vgl. unten Buchstabe E) in Betracht. Die Unterhaltung des Wasserlaufs umfaßt auch die Vornahme der im § 119 Abs. 1 erwähnten Arbeiten im *Wasserlauf*. Wegen dieser Arbeiten an den *Ufergrundstücken* vgl. unten B. I 2. Die Unterhaltungspflicht des Staates erstreckt sich nicht auf die ordnungsmäßige Abführung der ausgeuferten, außerhalb des Wasserlaufs abfließenden Hochwässer. Für diese zu sorgen, bleibt den Verbänden, Körperschaften oder sonstigen Personen überlassen, denen die Regelung zum Vorteil gereicht. Sind Vorfluthindernisse im Wasserlaufe von einem anderen als dem Unterhaltungspflichtigen verursacht worden, so hat die Wasserpolizeibehörde, soweit tunlich, diesen zur Beseitigung anzuhalten (§ 122 Satz 1).

Der Umfang der Unterhaltungspflicht verändert sich, wenn ein Wasserlauf nach einem behördlich festgestellten Plan ausgebaut ist. Die Unterhaltung erstreckt sich alsdann mit der aus § 114 Abs. 4 ersichtlichen Maßgabe auf die Erhaltung des Zustandes, in den der Wasserlauf durch den Ausbau versetzt ist (§ 114 Abs. 4).

Soweit die Vorschriften über Unterhaltung des Wasserlaufs und seiner Ufer (A und B dieser Ausführungsanweisung) eine Erweiterung des bisherigen Rahmens der staatlichen Unterhaltungsarbeiten erfordern, sind eingehend begründete Anträge nebst den zur Prüfung erforderlichen Unterlagen bei mir, dem Minister der öffentlichen Arbeiten, einzureichen. Die Anträge müssen für jeden Wasserlauf besonders gestellt werden und alle Angaben enthalten, die erforderlich sind, um die künftigen Mehrausgaben auf ihre sachliche Notwendigkeit prüfen zu können.

B. Unterhaltung der Ufer.

Unterschieden von der Unterhaltung des Wasserlaufs ist die Unterhaltung der Ufer. Wegen der Grenze von Wasserlauf und Ufer vgl. unten Buchstabe E.

I. Die Pflicht zur Unterhaltung der Ufer ist geteilt zwischen den Eigentümern der Ufergrundstücke und der dahinter liegenden Grundstücke einerseits sowie dem zur Unterhaltung des Wasserlaufs Verpflichteten (oben unter A 1) andererseits.

1. Den Eigentümern der Ufergrundstücke und der dahinter liegenden Grundstücke liegen die im § 120 aufgeführten Uferunterhaltungsarbeiten ob; jedoch tritt die Verpflichtung zu ihrer Vornahme nach § 120 Abs. 3 unter Umständen erst ein, wenn von dem zur Unterhaltung des Wasserlaufs Verpflichteten der Uferfuß in der erforderlichen Weise befestigt ist.

2. Der zur Unterhaltung des Wasserlaufs Verpflichtete hat, unbeschadet der Vorschriften des § 120, diejenigen Arbeiten an den Ufergrundstücken und den dahinter liegenden Grundstücken auszuführen, die erforderlich sind, um einer zukünftigen Behinderung der Vorflut durch Uferabbrüche vorzubeugen oder die infolge der Schiffahrt oder von Strombauten an den Ufergrundstücken und den dahinter liegenden Grundstücken entstandenen Schäden zu beseitigen und solche Schäden für die Zukunft zu verhindern. Die Eigentümer sind vor Anordnung der Arbeiten unter Erläuterung des Planes und des voraussichtlich auf sie entfallenden Beitrags zu hören (§ 119).

Wegen der Anhörung vgl. das in der II. Ausführungsanweisung zu 6 Gesagte.

Kann nach diesen Bestimmungen der Uferanlieger die Umwandlung des Geldbetrags in Naturalleistung auch nicht verlangen, so wird doch der mit den Verhandlungen über die Ausführung der Uferbauten betraute Ortsbaubeamte den Wünschen der Beitragspflichtigen nach Möglichkeit nachkommen und sich überhaupt das Zustandekommen einer gütlichen Einigung angelegen sein lassen müssen.

Kommt eine Einigung nicht zustande, so entscheidet über den Geldbetrag der Bezirksausschuß, in zweiter Instanz das Landeswasseramt (§ 148).

Für die Verteilung der baren Beiträge auf die oft große Zahl von Eigentümern ist ebenso wie beim Ausbau durch § 149 ein Umlageverfahren eingeführt.

Nach Fertigstellung der Arbeiten stellt der Ortsbaubeamte die Listen der auf die einzelnen Eigentümer entfallenden Beiträge auf und reicht sie der vorgesetzten Behörde ein, welche die Auslegung veranlaßt. In der Bekanntmachung der Auslegung ist die Stelle anzugeben, bei der Einwendungen, zu erheben sind, sowie der Tag mit dem die vierwöchige Einwendungsfrist beginnt. Die Bekanntmachung geschieht in sämtlichen Gemeinden und Gutsbezirken, in denen mit Beiträgen veranlagte Eigentümer wohnen. Daneben ist den Eigentümern gegen Zustellungsurkunde Mitteilung von der Bekanntmachung zu machen. Die Behörde stellt die Listen endgültig fest, nachdem die Frist fruchtlos verlaufen oder von dem Bezirksausschuß bzw. Landeswasseramt über die Einwendungen entschieden ist oder diese sonst ihre Erledigung gefunden haben.

Sind Arbeiten an den Ufern mit Beiträgen von Grundstückseigentümern ausgeführt, ist auf deren entsprechende Heranziehung bei der weiteren Unterhaltung Bedacht zu nehmen.

II. Die durch das Wassergesetz begründete Verpflichtung zur Unterhaltung der Ufer ist wie die Verpflichtung zur Unterhaltung des Wasserlaufs (vgl. oben A I) eine öffentlichrechtliche Verbindlichkeit, die, abgesehen von den im Wassergesetz bestimmten Fällen, weder aufgehoben noch abgeändert werden kann. Beim Inkrafttreten dieses Gesetzes bestehende öffentlichrechtliche Verbindlichkeiten zur Unterhaltung der Ufer sind erloschen, soweit sie nicht im Wassergesetz aufrechterhalten sind. Als Ausnahme von der Regel kommen auch hier die oben unter A I 1 a—c aufgeführten Fälle in Betracht (§§ 120 Abs. 4, 126 Nr. 4 und 5). Außerdem ist eine Änderung der Uferunterhaltungspflicht mit öffentlichrechtlicher Wirkung noch nach §§ 121 und 124 statthaft.

Auch unter der Herrschaft des früheren Rechts getroffene Vereinbarungen der im § 121 vorgesehenen Art haben öffentlichrechtliche Geltung, sofern sie die Zustimmung der Wasserpolizeibehörde gefunden haben.

Vereinbarungen über die Unterhaltungspflicht können mit privatrechtlicher Wirkung allgemein abgeschlossen werden (§ 113 Abs. 2). Sofern solche Vereinbarungen vor Erlaß des Wassergesetzes getroffen sind, bleiben sie in Geltung.

C. Entscheidung über den Umfang der Unterhaltungsarbeiten und die Pflicht zur Unterhaltung.

I. Soweit die Unterhaltung der Wasserläufe erster Ordnung oder ihrer Ufer nach § 114 Abs. 1 und § 119 dem Staate obliegt, entscheidet die mit ihrer Verwaltung beauftragte Behörde — Regierungspräsident (Oberpräsident) — über die nach diesen Bestimmungen vorzunehmenden Unterhaltungsarbeiten (§ 133 Abs. 1). Ein klagbarer Anspruch auf Vornahme einer dem Staat obliegenden Unterhaltungsarbeit ist nicht gegeben.

In allen übrigen Fällen stellt erforderlichenfalls die Wasserpolizeibehörde durch polizeiliche Verfügung Art und Maß der zur Unterhaltung des Wasserlaufs und seiner Ufer nach den §§ 114, 119, 120 auszuführenden Arbeiten sowie die Zeit zu ihrer Ausführung fest. Diese Feststellungen können allgemein durch Polizeiverordnungen (Unterhaltungsordnungen) getroffen werden (§ 133 Abs. 2).

Für die Anfechtung wasserpolizeilicher Verfügungen ist § 347 maßgebend.

II. Streitigkeiten der Beteiligten darüber, wem von ihnen die öffentlichrechtliche Verpflichtung zur Unterhaltung eines Wasserlaufs oder seiner Ufer obliegt, werden im Verwaltungsstreitverfahren entschieden.

Ebenso ist über Ansprüche von Beteiligten auf Erstattung des Geleisteten gegen einen aus Gründen des öffentlichen Rechts zur Unterhaltung eines Wasserlaufs oder seiner Ufer Verpflichteten im Verwaltungsstreitverfahren zu entscheiden, ohne Rücksicht darauf, ob auf Anordnung der Wasserpolizeibehörde oder ohne eine solche geleistet worden ist. Doch steht, soweit nach § 133 Abs. 1 die dort bezeichnete Behörde über vorzunehmende Unterhaltungsarbeiten entscheidet, dieser Behörde bei Klagen gegen den Staat die Vorentscheidung darüber zu, ob und in welchem Umfange die vorgenommenen Arbeiten zur Erfüllung der Unterhaltungspflicht erforderlich waren.

Zuständig ist der Bezirksausschuß (§ 130).

D. Rechtsverhältnis zwischen den Unterhaltungspflichtigen und den Grundstückseigentümern.

Für das Rechtsverhältnis zwischen den Unterhaltungspflichtigen und den Grundstückseigentümern, insbesondere die für das Ufereigentum aus den staatlichen Arbeiten im und am Wasserlauf sich ergebenden Beschränkungen gelten die §§ 134 ff., die im wesentlichen aus dem Strombauverwaltungsgesetz v. 20. 8. 1883 übernommen sind.

Es wird hier auf das in der den Ausbau betreffenden Ausführungsanweisung II unter 4d Gesagte hingewiesen.

Auf der anderen Seite hat der Anlieger oder nach § 120 Abs. 4 der zur Unterhaltung der Ufer Verpflichtete, der selbst Arbeiten im Wasserlaufe zur Befestigung der Ufer vornehmen will und sich den gestellten polizeilichen Bedingungen unterwirft, einen Anspruch darauf, daß ihm die Ausführung von der Verwaltung gestattet wird (§ 123).

E. Festsetzung der Grenze zwischen Wasserlauf und Ufergrundstück.

Nach § 12 Abs. 1 wird die Uferlinie durch die Grenze des Graswuchses bestimmt. Nur soweit der Graswuchs fehlt oder über dem gewöhnlichen Wasserstande liegt, soll der letztere entscheiden.

a) Die Grenze des Graswuchses ist durch den tatsächlichen Befund an Ort und Stelle gegeben. Sie liegt da, wo die rasenbildenden Gräser, die auf einem im Durchschnitte der Jahre gewöhnlich vom Wasser freien Ufer gedeihen, aufhören. Dabei bleibt zu beachten, daß nicht die vorübergehenden, mehr zufälligen Verhältnisse eines einzelnen Jahres oder der kurz vorangegangenen Jahre ohne weiteres bestimmend sein können, sondern daß der Bestand während einer längeren Reihe von Jahren in Betracht gezogen werden muß. Reicht die vorgefundene Grenze des Graswuchses unter den gewöhnlichen Wasserstand hinab, so bedarf es der Feststellung, ob dies nicht lediglich die Folge der Trockenheit eines Jahres oder mehrerer kurz vorangegangener Jahre ist. Eine in Trockenjahren stattfindende, aber nur vorübergehende Ausdehnung des Graswuchses auf die gewöhnlich vom Wasser bedeckten Uferstreifen ist nicht zu berücksichtigen.

b) Nach § 8 Abs. 3 gilt als der gewöhnliche Wasserstand der Wasserstand, der im Durchschnitt der Jahre an ebensovielen Tagen überschritten wie nicht erreicht wird, im Ebbe- und Flutgebiete das Hochwasser der gewöhnlichen Flut. Die Vorschrift des gedachten Abs. 3 ist auf Wasserläufe, in welche Stauanlagen eingebaut sind, in gleicher Weise anzuwenden, und zwar gleichviel, ob es sich um Stauanlagen mit beweglichen Teilen oder ohne solche handelt. Es liegt in der Natur der Sache, daß bei allen Stauanlagen der Oberpegel für das Oberwasser und der Unterpegel für das Unterwasser berücksichtigt werden muß.

Die Ermittlungen des gewöhnlichen Wasserstandes sind an den für die einzelnen Wasserlaufstrecken maßgebenden Pegeln von den Ortsbaubeamten unverzüglich einzuleiten; Ermittlungen an den Hilfspegeln sind nicht erforderlich. Eine Zusammenstellung der hiernach in den einzelnen Wasserbauamtsbezirken in Betracht zu ziehenden Pegel und der zugehörigen, genau abzugrenzenden Wasserlaufstrecken sind erstmalig binnen sechs Monaten der Landesanstalt für Gewässerkunde einzureichen. Ihr ist auch von etwaigen später eintretenden Änderungen Kenntnis zu geben.

Bei den Ermittlungen des gewöhnlichen Wasserstandes sind die 15 Abflußjahre 1896/1910, beginnend mit dem 1. 11. 1895 und endigend mit dem 31. 10. 1910, zugrunde zu legen. Nur wenn die Pegelbeobachtungen nicht weit genug zurückreichen oder wenn in diesem 15jährigen Zeitraume Änderungen des Wasserlaufs (dauernde Hebung oder Senkung) eingetreten sind, darf eine kürzere Jahresreihe verwandt werden.

Bei den nicht im Ebbe- und Flutgebiet gelegenen Pegeln ist zunächst die Häufigkeit der Wasserstände nach Stufen auszuzählen. Sind jedoch solche Auszählungen schon vorhanden (z. B. in den Jahrbüchern für die Gewässerkunde), so können diese benutzt werden. Bei neuen Auszählungen sind Stufen von 10 cm, und zwar in der Regel die dem Nullpunkt zunächst liegenden Stufen —10 bis —1 und von Null bis + 9 zu wählen. Die Häufigkeit nach Stufen ist für die einzelnen Monate und Abflußjahre getrennt auszuzählen. Bei der Zusammenfassung für die ganze Jahresreihe ergibt sich ohne weiteres, in welcher Stufe der gewöhnliche Wasserstand liegt. Seine genaue Lage in dieser Stufe ist nach einem Näherungsverfahren (z. B. nach Angabe des Weichselwerkes, Bd. I S. 253) oder, falls dies zu ungenau sein würde, durch Auszählung der Häufigkeit von Zentimeter zu Zentimeter zu bestimmen.

Bei den Pegeln im Ebbe- und Flutgebiete wird der gewöhnliche Wasserstand nicht durch Auszählung der Häufigkeit ermittelt, sondern durch Berechnung des arithmetischen Mittels der Tide-Hochwasserstände in der 15jährigen Reihe der Abflußjahre 1896/1910.

Auch wenn keine offensichtlichen Änderungen im Wasserlauf eingetreten sind, haben die Baubeamten die an den maßgebenden Pegeln angestellten Ermittlungen des gewöhnlichen Wasserstandes nach Ablauf des Abflußjahres 1920 für die 25jährige Reihe der Abflußjahre 1896/1920 und weiterhin nach je 10 Jahren für die zuletzt verflossenen 25 Abflußjahre neu vorzunehmen.

c) Das bei den Untersuchungen beobachtete Verfahren unterliegt der Prüfung durch die Landesanstalt für Gewässerkunde. Einzelne Untersuchungen sind als Muster dorthin einzureichen. Falls noch keine Vordrucke für Häufigkeitstabellen vorhanden sind, können solche durch das Bureau der Landesanstalt für Gewässerkunde Berlin W 66, Wilhelmstraße 80) bezogen werden.

d) Die Ortsbaubeamten haben den Verlauf der Uferlinie nach dem Graswuchs und dem gewöhnlichen Wasserstande nur auf denjenigen Wasserlaufstrecken festzustellen, auf welchen ein praktisches Bedürfnis hervortritt. Bis dahin läßt sich namentlich auch die Übertragung der Beobachtungen an dem Pegel auf die zu ihm gehörige Wasserlaufstrecke hinausschieben. Die zu der Pegelhöhe des gewöhnlichen Wasserstandes gehörige Spiegellinie des Wasserlaufs ist mit Hilfe der vorhandenen Längenschnitte und Gefällinien nötigenfalls durch ein Spiegelnivellement zu ermitteln, das einem bei jeder Pegelhöhe eintretenden Beharrungszustande annähernd entspricht.

Im allgemeinen wird die Notwendigkeit besonderer Ermittlungen nicht vorliegen, solange dem Staate das anstoßende Grundstück ebenso wie der Wasserlauf eigentümlich gehört oder solange er, insbesondere auf Grund der Vorschrift des § 140, die Flächen in Besitz und Nutzung hat. Die genaueren, häufig nicht ganz einfachen Feststellungen werden aber nicht länger hinauszuschieben sein, wenn das Eigentum oder der Besitz am Flußbett und Ufergrundstück in verschiedenen Händen sind und wegen des Verlaufs der Uferlinie Meinungsverschiedenheiten vorliegen oder in Aussicht stehen, die — insbesondere für die Verteilung der notwendigen Unterhaltungsarbeiten zwischen Staat und Uferbesitzern — von Erheblichkeit sind. Ferner werden in der Regel zu den Feststellungen Einbauten von Stauwerken, Herstellung eines neuen Bettes, Vertiefung des Bettes oder sonstige Arbeiten am Wasserlaufe, durch welche sich die Lage der Uferlinie voraussichtlich wesentlich verschiebt, einen zwingenden Anlaß bieten.

Erscheint nach den Verhältnissen des Falles die förmliche Feststellung der Uferlinie angezeigt, so bedarf es des durch § 12 vorgeschriebenen Verfahrens vor dem Regierungspräsidenten (Oberpräsidenten). Das Verfahren kann, wenn ein öffentliches Interesse vorliegt, von Amts wegen eingeleitet werden. Ferner können auch die Beteiligten, zu denen die Bauverwaltung zu rechnen ist, die Einleitung des Verfahrens auf ihre Kosten verlangen. Sind nachträgliche Änderungen des Wasserlaufs infolge von natürlichen Vorgängen oder künstlich durch ausgeführte Arbeiten eingetreten, so ist die Uferlinie im Rahmen der Bedürfnisse erneut zu ermitteln und, soweit nötig, förmlich festzulegen. Die in dem früheren Verfahren von der Wasserpolizeibehörde getroffene Festlegung bleibt maßgebend bis zur Durchführung eines neuen Verfahrens.

IX. Ausführungsanweisung vom 2. Juli 1914.

Betrifft die Bestellung technischer Berater für die Wasserpolizeibehörden.

(MBl. f. Landw. 1914 S. 237.)

Nach § 353 des Wassergesetzes sollen den Wasserpolizeibehörden technisch genügend vorgebildete Beamte als Berater bestellt, das Nähere soll durch Ausführungsanweisung geregelt werden. Diese Vorschrift bezieht sich nach ihrer Entstehung nur auf die Beratung in Bauangelegenheiten.

Den zu Wasserpolizeibehörden bei den Wasserläufen erster Ordnung bestellten Oberpräsidenten und Regierungspräsidenten (§ 342 Abs. 1 Nr. 1 WG.) stehen staatliche Baubeamte als technische Berater in ausreichendem Maße zur Verfügung; es bedarf hier keiner weiteren Regelung.

Für die Wasserpolizeibehörden bei den Wasserläufen zweiter und dritter Ordnung sowie bei den nicht zu den Wasserläufen gehörenden Gewässern (§ 342 Abs. 1 Nr. 2, 3 WG.) bestellen wir bis auf weiteres die Beamten der zuständigen Kulturbauämter zu technischen Beratern. Die Wasserpolizeibehörden haben sich, wenn sie den Rat eines staatlich angestellten Beamten einzuholen wünschen, an die Vorstände der zuständigen Kulturbauämter zu wenden, deren pflichtmäßigem Ermessen die Entscheidung überlassen bleibt, ob sie die Erstattung des geforderten Gutachtens selbst zu bewirken haben, oder einem ihrer Beamten übertragen können. Die Kosten, die hierdurch erwachsen, hat die Staatskasse zu tragen.

Wir bemerken hierbei aber folgendes:

Die Wasserpolizeibehörden treffen die ihnen obliegenden Entscheidungen selbständig unter eigener Verantwortung. Wenn sie zur Vorbereitung ihrer Entscheidungen technischen Rat für notwendig erachten, ist es ihrem Ermessen überlassen, wo sie diesen einholen wollen. Es steht also nichts entgegen, daß sie sich zu diesem Zweck auch an Kommunalbeamte (Kreiswiesenbaumeister, Gemeindetechniker usw.) oder an andere Sachverständige wenden. Die entstehenden Kosten sind in diesem Falle sächliche Polizeikosten.

X. Ausführungsanweisung vom 4. Juni 1920.

Betrifft die Einleitung von Abwässern der Bergwerke in Wasserläufe.

(MBl. f. Landw. 1920 S. 231.)

Nach § 196 des allgemeinen Berggesetzes v. 24. 6. 1865 (Gesetzsamml. S. 705) erstreckt sich die Bergpolizei auf den Schutz gegen gemeinschädliche Einwirkungen des Bergbaues. Soweit es sich dabei um Benutzung der Wasserläufe, insbesondere um Einleitung von Abwässern, handelt, ist die Zuständigkeit der Bergpolizeibehörden nicht durch § 396 des Wassergesetzes ausgeschaltet. Indessen ist daneben auch die Wasserpolizeibehörde zur Überwachung der Wasserläufe und zum Einschreiten gegen unbefugte Benutzung (§§ 21, 352 a. a. O.) durch den Bergbau zuständig. An sich wäre daher sowohl die Bergpolizeibehörde als auch die Wasserpolizeibehörde zu einem selbständigen Vorgehen befugt. Ein Nebeneinanderwirken mehrerer Polizeibehörden auf demselben Gebiet erscheint aber nur dann erträglich, wenn zwischen ihnen ein dauerndes Einvernehmen aufrecht erhalten wird. Sonst kann es vorkommen, daß widersprechende Entscheidungen getroffen werden und der Grundsatz der Einheitlichkeit der Polizeigewalt gestört wird. Auch besteht die Gefahr, daß die Wasserpolizeibehörde ohne ausreichende bergtechnische Sachkunde Maßnahmen trifft, die tiefer, als beabsichtigt ist oder dem gewollten Zweck entspricht, in einen Bergwerksbetrieb, dessen Entwicklung im allgemeinen wirtschaftlichen Interesse liegt, eingreifen oder ihn ganz zum Erliegen bringen.

Aus diesen Gründen wird dahin zu streben sein, daß sich das Nebeneinanderwirken der beiden Behörden möglichst zu einem Zusammenwirken gestaltet. Allerdings kann dies nicht in dem Erlasse gemeinschaftlicher Entscheidungen bestehen; dem würde die Verschiedenheit der gesetzlichen Bestimmungen über das Verfahren und über die Rechtsmittel entgegenstehen. Dagegen lassen sich die gesetzlich angeordneten Verfahren sehr wohl teilweise, insbesondere soweit in wichtigeren Fällen eine Erörterung der Angelegenheit mit den Beteiligten an Ort und Stelle notwendig wird, durch gemeinschaftliche Abhaltung des Ortstermins miteinander verbinden. Dabei wird sich in der Regel ein Einvernehmen über die zu treffenden Maßnahmen erzielen lassen. Kommt es nicht zu einem solchen, so wird die Entscheidung der übergeordneten Behörden einzuholen sein.

Die fortlaufende Überwachung der betriebstechnischen Anlagen zur Verhütung gemeinschädlicher Einwirkungen wird der Bergpolizeibehörde zu überlassen sein, die aber selbstverständlich jederzeit der Wasserpolizeibehörde Auskunft zu geben haben wird.

Wird gemäß § 357 des Wassergesetzes ein Wasserlauf geschaut, in den Abwässer von Bergwerken unmittelbar oder mittelbar eingeleitet werden, so hat der Vorsitzende des Schauamts davon den Bergrevierbeamten rechtzeitig zu benachrichtigen. Der Bergrevierbeamte ist zur Beteiligung an den Schauen befugt. Die Kosten seiner Beteiligung trägt die Staatskasse.

Eine besondere Bestimmung über das Verhältnis mehrerer beteiligter Polizeibehörden trifft § 23 Abs. 4 des Wassergesetzes. Danach sind die Vorschriften im § 23 Abs. 1—3 a. a. O. über die Anzeigepflicht bei einer den Umfang des Gemeingebrauchs überschreitenden Einleitung von Wasser oder anderen flüssigen Stoffen in einen Wasserlauf nicht anzuwenden, wenn die Einleitung von einer anderen zuständigen Polizeibehörde zugelassen ist. Eine Anzeigepflicht besteht demgemäß nicht, soweit die Einleitung von Grubenwässern in einen Wasserlauf im Betriebsplane des Bergwerkes vorgesehen und gegen den Betriebsplan vom Bergrevierbeamten nicht rechtzeitig Einspruch erhoben oder der erhobene Einspruch zurückgezogen worden ist. Das Recht der Wasserpolizeibehörde, gegen die Einleitung einzuschreiten, wird aber dadurch nicht berührt.

Die Gefahr widersprechender Entscheidungen besteht also auch in diesem Falle. Um sie zu verhüten, wird die Bergbehörde vor Zulassung des Betriebsplanes sich regelmäßig des Einverständnisses der Wasserpolizeibehörde zu vergewissern, andererseits aber diese, wenn sie eine betriebsplanmäßig zugelassene Einleitung für bedenklich hält, zunächst den Weg der Verhandlung mit der Bergbehörde zu beschreiten haben.

Der Betriebsplan hat sich nur auf die Ableitung solcher Abwässer zu erstrecken, die aus den Bergwerken selbst oder deren der bergpolizeilichen Aufsicht unterstehenden Nebenbetrieben herrühren. Stellt der Bergwerksbesitzer ein einheitliches Projekt auf, das auch die Ableitung der Abwässer aus nicht bergpolizeilich beaufsichtigten Nebenanlagen oder aus Wohngebäuden umfaßt, so unterliegt das Projekt insoweit der Anzeigepflicht nach § 23 des Wassergesetzes und der Genehmigung der Wasserpolizeibehörde. Die Feststellung und Prüfung der Verhältnisse wird aber zweckmäßig von der Bergbehörde und der Wasserpolizeibehörde gemeinschaftlich vorzunehmen sein. Die Leitung des Verfahrens wird die für die Hauptanlage zuständige Bergbehörde zu übernehmen haben.

Der Erlaß der unterzeichneten Minister, betreffend die Kompetenz der Bergbehörden und der Ortspolizeibehörden bei Beschwerden über Verunreinigung fließender Gewässer durch den Bergbau, v. 7. 4. 1876 (Zeitschrift für Bergrecht, Bd. 17 S. 298) und Ziffer VI der allgemeinen Verfügung, betreffend Fürsorge für die Reinhaltung der Gewässer, v. 20. 2. 1901 (Zeitschrift für Bergrecht, Bd. 42 S. 255 und 265) werden aufgehoben.

Anhang III.

Gesetz über den Staatsvertrag, betreffend den Übergang der Wasserstraßen von den Ländern auf das Reich. Vom 26. September 1921.

Das Landtag hat folgendes Gesetz beschlossen:

§ 1.

Der nachfolgende Staatsvertrag über den Übergang der Wasserstraßen von den Ländern auf das Reich wird genehmigt und tritt mit Wirkung v. 1. 4. 1921 in Kraft.

§ 2.

Die gemäß § 6 des Staatsvertrages vom Reiche zu zahlende Abfindung wird nach Abzug der bei dem Vertragsabschlusse gemachten Aufwendungen zur besonderen Fürsorge für die staatlichen Häfen zurückgestellt. Die Verwendung der Mittel bestimmt der Staatshaushalt.

§ 3.

Das Staatsministerium wird ermächtigt, wegen Ausführung schwebender Wasserstraßenpläne mit der Reichsregierung Verträge vorbehaltlich der gesetzlichen Bereitstellung der erforderlichen Geldmittel abzuschließen.

§ 4.

Die preußischen Behörden sind verpflichtet, dem Rechnungshofe des Deutschen Reichs zum Zwecke der Prüfung der Rechnungen über die Verwaltung der auf das Reich übergegangenen preußischen Wasserstraßen jede Auskunft zu erteilen und alle Unterlagen vorzulegen sowie für die Erledigung der Erinnerungen des Rechnungshofs Sorge zu tragen. Die Art und Durchführung der Rechnungsprüfung bleibt der Vereinbarung zwischen dem Reiche und Preußen vorbehalten.

Das vorstehende Gesetz wird hiermit verkündet, nachdem der Staatsrat von seinem verfassungsmäßigen Rechte des Einspruchs keinen Gebrauch gemacht hat.

Auszug aus dem Staatsvertrag, betreffend den Übergang der Wasserstraßen von den Ländern auf das Reich.

Vom 31. März / 26. September 1921.

Die Reichsregierung und die Regierungen der Länder Preußen, Bayern, Sachsen, Württemberg, Baden, Hessen, Hamburg, Mecklenburg-Schwerin, Braunschweig, Oldenburg, Anhalt, Bremen, Lippe, Lübeck und Mecklenburg-Strelitz schließen unter Vorbehalt der Zustimmung der gesetzgebenden Körperschaften den nachstehenden Vertrag:

I. Gegenstand des Vertrags.

§ 1.

1. Am 1. 4. 1921 gehen auf das Reich über:

a) die in dem anliegenden, einen Bestandteil des Vertrags bildenden Verzeichnis — Anlage A* — aufgeführten Binnenwasserstraßen sowie die Seewasserstraßen der Länder;

b) die zur Erhaltung des Fahrwassers dienenden Anlagen der Länder an den Seeküsten und auf den Meeresinseln;

c) die Seezeichen der Länder und das Lotsenwesen, mit Ausnahme des Hafenlotsenwesens.

Der Übergang erfolgt mit allen Bestandteilen und allem für die Verwaltung erforderlichen Zubehör, insbesondere an Grundstücken, Dienstgebäuden, Bauhöfen, Werften, Schiffen, Baggern und sonstigen Baugeräten, ferner mit den an den künstlichen Wasserstraßen vorhandenen staatlichen Brücken und Fähren, die durch die Herstellung der Wasserstraße notwendig geworden sind. Schutz- und Sicherheitshäfen sind in den Übergang auf das Reich einbegriffen. Brücken und Fähren an den natürlichen Wasserstraßen sowie Jagdberechtigungen und das Fährregal sind von dem Übergang auf das Reich ausgeschlossen.

2. Das Reich übernimmt gemäß Artikel 97 der Reichsverfassung die im Abs. 1 bezeichneten Gegenstände mit allen Rechten und Pflichten in sein Eigentum und seine Verwaltung. Soweit auf das

---

*) hier nicht mit abgedruckt.

Reich übergehende Gegenstände im Eigentume Dritter stehen, sind diese für die Entziehung des Eigentums nach den landesrechtlichen Enteignungsvorschriften vom Reiche zu entschädigen.

3. Über die nach den Vereinbarungen unter Abs. 1 und 2 auf das Reich als Bestandteile und Zubehör der Wasserstraßen übergehenden Gegenstände wird jedes Land Verzeichnisse aufstellen, welche der Anerkennung des Reichs bedürfen.

§ 2.

Das dem Reiche zustehende Eigentum unterliegt folgenden Einschränkungen:

a) An den Haffen, Seen und seeartigen Erweiterungen von Wasserstraßen verbleiben den Ländern alle Nutzungen, soweit deren Ausübung nicht der Erfüllung der dem Reiche an den Wasserstraßen obliegenden Aufgaben und der Fürsorge für einen guten Uferschutz widerstreitet. Ohne diese Einschränkungen verbleibt den Ländern das Recht der Rohr-, Schilf- und Weidennutzung an den bezeichneten Gewässern. Zu den Nutzungen im Sinne dieser Vorschrift gehört auch das Recht der Landgewinnung und der Wasserentnahme.

b) Die staatlichen Fischereien an den natürlichen Wasserstraßen verbleiben den Ländern; das gleiche gilt auch für die kanalisierten Strecken natürlicher Wasserstraßen. An den künstlichen Wasserstraßen gehen sie auf das Reich über.

c) Soweit die auf Grund dieses Vertrags auf das Reich übergehenden Gegenstände im Eigentume Dritter stehen, behalten diese die ihnen zustehenden Nutzungen. Das Reich ist berechtigt, die Nutzungen gegen Entschädigung in Anspruch zu nehmen. Umfang und Verfahren der Entschädigung richten sich nach den landesrechtlichen Enteignungsvorschriften.

§ 3.

1. Die Wasserkräfte, die aus den an das Reich übergehenden Wasserstraßen zu gewinnen sind, fallen ihm zu. Jedoch verbleiben die von den Ländern bereits erbauten oder im Bau begriffenen Kraftwerke im Eigentume der Länder. Das Reich verzichtet auf eine Vergütung für die Überlassung der in diesen Werken ausgenutzten Wasserkräfte im Rehmen des bisherigen Wasserverbrauchs.

2. Erworbene Rechte Dritter an Wasserkräften bleiben unberührt; die Wasserzinse und sonstigen Abgaben fließen dem Reiche zu. Fällt ein Kraftwerk nach Ablauf der behördlichen Erlaubnis an das

Land, so hat es hierbei sein Bewenden. Das Land verfügt sodann über die Anlage und die daraus zu gewinnenden Einnahmen mit der Maßgabe, daß die für die weitere Überlassung der Wasserkräfte zu zahlende Vergütung zwischen Reich und Land neu vereinbart wird.

§ 4.

1. Grundstücke der Länder, die bisher ausschließlich für die Verwaltung der auf das Reich übergehenden Wasserstraßen oder anderer auf Grund dieses Vertrags auf das Reich übergehenden Verkehrseinrichtungen benutzt worden sind, gehen in das Eigentum des Reichs über, soweit sie für Wasserstraßenzwecke erforderlich sind, gleichviel, ob und unter welcher Bezeichnung die Länder als Eigentümer im Grundbuch eingetragen sind. Das gleiche gilt von allen der Wasserstraßenverwaltung eines Landes zustehenden Rechten an Grundstücken, auch wenn sie durch Rechtsgeschäft nicht übertragbar sind.

2. Das Eigentum und die Rechte an den Grundstücken gehen kraft Gesetzes auf das Reich über. Die Berichtigung der Grundbücher erfolgt auf Grund eines gemeinschaftlichen Ersuchens der zuständigen Stellen des Reichs und der Länder. Die zuständigen Stellen werden durch das Reichsverkehrsministerium und durch die von den Ländern bezeichneten, mit der Abwicklung der bisherigen Wasserstraßenverwaltungen beauftragten Stellen bestimmt.

3. Steuern, Gebühren, Kosten und Auslagen dürfen aus Anlaß des Eigentumswechsels weder vom Reiche, noch von den Ländern, noch von anderen Steuerberechtigten in den Ländern erhoben werden.

4. Grundstücke der Länder, die bisher nicht ausschließlich für die Verwaltung der auf das Reich übergehenden Wasserstraßen oder anderer auf Grund dieses Vertrags auf das Reich übergehenden Verkehrseinrichtungen benutzt worden sind, ist das Reich berechtigt, in der bisherigen Art und in dem bisherigen Umfange bis zum 31. 3. 1931 gegen eine angemessene jährliche Entschädigung weiterzubenutzen. Vom 1. 4. 1930 an sind die Länder berechtigt, dem Reiche die Benutzung mit einer einjährigen Frist zu kündigen. Die Kündigung ist nur für den Schluß eines Kalendervierteljahrs zulässig. In gleicher Weise kann das Reich auch schon vor dem 1. 4. 1930 die Benutzung ganz oder teilweise aufkündigen.

§ 5.

Das Reich tritt in die öffentlichrechtlichen und in die privatrechtlichen Verträge der Länder ein, soweit sie Rechte und Pflichten für die Verwaltung der auf Grund dieses Vertrags übergehenden Wasserstraßen begründer. Der Eintritt des Reichs hat Rechtswirkung auch gegenüber den bisherigen Vertragsgegnern der Länder.

III. Verwaltung der Reichswasserstraßen.

§ 11.

Die Verwaltungszuständigkeiten der Landeszentralbehörden hinsichtlich des Baues, der Unterhaltung, des Betriebs und der Verwaltung der auf Grund dieses Vertrags übergehenden Wasserstraßen einschließlich der Strom- und Schiffahrtspolizei und hinsichtlich der sonstigen auf den Verkehr bezüglichen Befugnisse sowie hinsichtlich der Seezeichen und des Lotsenwesens gehen mit dem 1. 4. 1921 auf das Reich über. Im übrigen erfolgt die einstweilige Verwaltung der Reichswasserstraßen durch die mittleren und unteren Behörden der Länder auf Kosten des Reichs und unter Leitung des Reichsverkehrsministeriums.

Die Ausübung der Tarifhoheit im Sinne des Artikels 97 Abs. 5 der Reichsverfassung steht vom 1. 4. 1921 an dem Reiche zu.

§ 12.

Bei der Ausübung der Verwaltung nach § 11 gelten folgende Bestimmungen:

a) Der Begriff der Strompolizei ist im Sinne des Landesrechts zu verstehen.

b) Zuständigkeiten der Landesbehörden einschließlich der Landeszentralstellen, die nach Landesrecht dazu dienen, die verschiedenen Interessen an einer Wasserstraße auszugleichen, verbleiben bei diesen Behörden. Soweit eine Landeszentralbehörde nach Landesrecht die besonderen Interessen der Wasserstraße wahrzunehmen hat, gehen deren Befugnisse zur Wahrnehmung dieser besonderen Interessen der Reichswasserstraßen auf das Reichsverkehrsministerium über.

Die Zuständigkeiten des Reichsverkehrsministeriums werden, soweit die Voraussetzungen des Artikels 97 Abs. 3 der Reichsverfassung gegeben sind, nur mit Zustimmung der Länder ausgeübt.

c) Die Befugnisse der Landeszentralbehörden, die diese in Anwendung der Gewerbeordnung im Wasserpolizeiverfahren, insbesondere hinsichtlich der Anlage von Wasserkraftwerken, nach Landesrecht ausüben, verbleiben bei diesen Behörden.

d) Die Verfügung über die bei den Landesbehörden für die Reichswasserstraßen tätigen Beamten verbleibt den Landesbehörden. Es wird aber die Ernennung, die Versetzung und die Versetzung in den einstweiligen oder dauernden Ruhestand der für das Reich ausschließlich oder überwiegend tätigen Beamten, soweit diese der Besoldungsgruppe A X oder einer höheren Gruppe angehören, nur mit Zustimmung des Reichsverkehrsministeriums verfügt werden.

Für die Besetzung der Landesbehörden gelten die Bestimmungen des Artikels 16 der Reichsverfassung und die hierzu ergehenden Vereinbarungen.

Der Personalhaushalt der mittleren und unteren Landesbehörden bedarf, soweit diese mit Reichsaufgaben befaßt sind, der Zustimmung der Reichsregierung. Er ist für die Besetzung dieser Behörden und die Bezahlung ihrer Beamten maßgebend.

e) Falls der Staatsgerichtshof auf Antrag des Reichs entscheiden sollte, daß das Reich nach dem 1. 4. 1921 zur selbständigen Neuordnung der Reichswasserstraßenverwaltung auch ohne Einverständnis der beteiligten Länder berechtigt ist, so wird das Reich eine Änderung der vereinbarten Regelung der Wasserstraßenverwaltung nur nach vorausgehender Kündigung verfügen. Die Kündigung ist nur mit einer Frist von 3 Monaten und nur zum Schlusse eines Kalendervierteljahrs, frühestens zum 30. 9. 1921, zulässig. Sie kann auch gegenüber einzelnen Ländern und für einzelne Stromgebiete erfolgen.

§ 13.

Unbeschadet der einheitlichen Verwaltung der Reichswasserstraßen wird das Reich die Eigenart der einzelnen Flußgebiete unter Beobachtung des Artikels 97 Abs. 3 der Reichsverfassung berücksichtigen und auf eine möglichste Dezentralisierung der Verwaltung bedacht sein. Es wird insbesondere auf die verkehrs- und volkswirtschaftlichen und politischen Interessen des Landes unter Abwägung der verschiedenen Verhältnisse bedacht sein und bei widerstreitenden Interessen zwischen Reich und Land oder zwischen mehreren Ländern einen gerechten Ausgleich herbeiführen.

§ 14.

Auf Antrag der Landesregierung wird das Reich den Reichswasserstraßenbehörden oder einzelnen Beamten gegen angemessene Entschädigung Geschäfte der Landesverwaltung auf dem Gebiete des Landeswasserstraßenwesens übertragen. Für die Erledigung dieser Geschäfte sind die Anweisungen der obersten Landesbehörde maßgebend.

§ 15.

Die Gesetze und Verordnungen der Länder bleiben unbeschadet der Bestimmungen der Reichsverfassung bis zu einer anderweiten reichsgesetzlichen Regelung in Kraft.

§ 16.

Das Reich wird die Untertunnelung der Wasserstraßen sowie die Führung von Leitungen für die öffentliche Versorgung mit Gas, Wasser und Elektrizität sowie für die Abwässerbeseitigung durch die auf Grund dieses Vertrags in sein Eigentum übergehenden Grundstücke sowie über oder durch die Wasserstraßen gestatten, soweit es die Interessen der Wasserstraßenverwaltung zulassen. Andere Gebühren als Anerkennungsgebühren sollen hierfür nicht erhoben werden.

§ 17.

Das Reich wird die Gebühren und Abgaben für die Benutzung der Wasserstraßen mit tunlichster Schonung bestehender Verhältnisse fortbilden und den Verkehrsbedürfnissen der Länder — namentlich auf dem Gebiete der Rohstoffversorgung — nach Möglichkeit Rechnung tragen und bei der Festsetzung von Schiffahrtabgaben auf Seewasserstraßen dafür sorgen, daß kein deutscher Seehafen vor einem anderen bevorzugt wird und daß die Häfen im Wettbewerb des Weltverkehrs bestehen können.

V. Schluß- und Übergangsbestimmungen.

§ 30.

1. Die Vertragschließenden sind darüber einig, daß dieser Vertrag den Übergang der Wasserstraßen nur vorläufig und nicht vollständig regelt und der endgültigen Regelung nicht vorgreift. Die notwendigen Ergänzungen und Änderungen werden im Wege weiterer Vereinbarungen getroffen werden. Soweit eine Einigung nicht erzielt wird, entscheidet der Staatsgerichtshof.

2. Streitigkeiten, die sich aus der Anwendung der Vertragsbestimmungen ergeben, werden, soweit nicht in diesem Vertrag etwas anderes bestimmt ist, durch ein Schiedsgericht von 5 Mitgliedern entschieden. Für jeden Streitfall ernennt der Reichsrat den Vorsitzenden und bestimmen das Reich und das beteiligte Land je 2 Beisitzer.

§ 31.

1. Das Reich wird die auf das Reichsverkehrsministerium übergehenden Akten der Landeszentralbehörden diesen zwecks Führung der einstweiligen Verwaltung für das Reich (vgl. § 11) sowie zur Herbeiführung des Abschlusses des endgültigen Vertrags und zwecks Vertretung der Landesinteressen vor dem Staatsgerichtshof oder dem Schiedsgerichte zur Verfügung stellen.

2. Welche Akten der Landeszentralbehörden auf das Reich übergehen, ist zwischen dem Reichsverkehrsministerium und den Landeszentralbehörden zu vereinbaren.

§ 32.

Sofern nicht alle Länder, deren Wasserstraßen nach Artikel 97 der Reichsverfassung auf das Reich übergehen, diesem Vertrage beitreten, verpflichtet sich das Reich, keine abweichenden Vereinbarungen ohne Anhörung der vertragschließenden Länder zu treffen. Diese können im Falle des Zustandekommens abweichender Vereinbarungen mit einzelnen Ländern für sich die gleichen Zugeständnisse beanspruchen, soweit diese über den Inhalt des gegenwärtigen Vertrags hinausgehen und nachweislich für sie günstiger sind.

Auszug aus

Zusatzvertrag mit Preußen.

Die Reichsregierung und die Regierung des Landes

Preußen

vereinbaren unter Vorbehalt der Zustimmung ihrer gesetzgebenden Körperschaften zu dem Staatsvertrage, betreffend den Übergang der Wasserstraßen von den Ländern auf das Reich, die nachstehenden Zusatzbestimmungen:

Zu § 1.

1. Die Vertragschließenden sind darüber einig, daß von dem Übergang auf das Reich ausgenommen sind diejenigen Anlagen an den Seeküsten und auf den Meeresinseln, die nicht aus Mitteln des Preußischen Ministeriums der öffentlichen Arbeiten unterhalten werden, und die Dämme nach Ohland-Langeneß und Nordstrand.

2. Das Land Preußen überträgt dem Reiche alle für die Ausübung des staatlichen Schleppbetriebs auf dem Rhein-Weser-Kanal (Gesetz vom 30. 4. 1913, Preußische Gesetzsamml. S. 217) beschafften

Anlagen und Betriebsmittel. Als Vergütung hierfür erstattet das Reich dem Lande Preußen sämtliche für die Einrichtung des Schleppbetriebs aufgewendeten Kosten und die seit Beginn des Schleppbetriebs entstandenen Fehlbeträge abzüglich etwa erzielter Überschüsse. Auf die Zahlung der Vergütung finden die Bestimmungen im § 6 Abs. 3 und § 8 entsprechende Anwendung.

3. Die Regelung bezüglich der Ruppiner und Lindower Gewässer bleibt späterer Vereinbarung vorbehalten.

Zu § 3.

1. Die Talsperren an der Eder beim Hemfurt und an der Diemel bei Helminghausen gelten als Zubehör der Weserwasserstraße.

2. Das Reich wird gegen die Fertigstellung der Kraftanlagen bei Helminghausen und Münden nach Maßgabe der festgestellten Pläne keine Einwendungen erheben und auch keine weiteren Bedingungen stellen. Das Reich verzichtet auf Vergütungen für die Überlassung der in diesen Werken ausgenutzten Wasserkräfte im Rahmen des bisherigen Wasserverbrauchs. Die für das Hemfurter Werk jährlich zu zahlende Abgabe von 1 Pf. für die KW-Stunde bis zum Höchstbetrage von 200000 Mark ist künftig an das Reich zu entrichten.

3. Das Land Preußen ist verpflichtet, dem Reiche die für den Betrieb des Kanalpumpwerkes bei Minden erforderliche elektrische Arbeit gegen eine vertraglich zu vereinbarende Vergütung zu liefern.

Falls das Reich die Wasserkräfte der Fulda zwischen Cassel und Münden und oberhalb Cassel nicht selbst ausbauen will, wird es den Ausbau dem Lande Preußen ohne Entschädigung überlassen, wobei es sich vorbehält, die im Schiffahrtsinteresse erforderlichen Auflagen zu machen.

Zu § 5.

Besondere Verpflichtungen, die beim Bau von Kanälen, dem Ausbau der Ströme oder Flüsse und bei der Verwaltung der Wasserstraßen gegenüber anderen Verwaltungen des Landes Preußen im Interesse der Landeskultur übernommen sind, wird das Reich auch als für seine zukünftige Verwaltung der Wasserstraßen maßgebend anerkennen, sofern sich dieselben im Rahmen der durch Artikel 97 Abs. 3 der Reichsverfassung dem Reiche zugewiesenen Aufgabe halten, „bei der Verwaltung von Wasserstraßen die Bedürfnisse der Landeskultur und der Wasserwirtschaft zu wahren und zu fördern“.

Dies gilt insbesondere dann, wenn auf Grund der Abmachungen rechtliche Verpflichtungen gegenüber Dritten eingegangen oder tatsächliche Anlagen geschaffen worden sind.

Anhang IV.

Gesetz, betreffend anderweite Regelung der auf Gesetz beruhenden Zuständigkeit des Ministers der öffentlichen Arbeiten, vom 15. August 1921 (Gesetzsamml. S. 487).

Der Landtag hat folgendes Gesetz beschlossen:

Einziger Paragraph.

Die Zuständigkeiten des Ministers der öffentlichen Arbeiten, die durch gesetzliche Vorschrift geordnet sind, gehen, insoweit sie nicht beim Übergange der Eisenbahnen und der Wasserstraßen auf das Reich Reichsbehörden übertragen werden, über

a) in Angelegenheiten des Wegewesens und in Angelegenheiten der Wasserläufe erster Ordnung, die nicht auf das Reich übergehen, einschließlich der Häfen, Fähren und Brücken an diesen Wasserläufen, auf den Minister für Landwirtschaft, Domänen und Forsten,

b) in Angelegenheiten der Reichswasserstraßen, mit Ausnahme der Angelegenheiten der Häfen, Fähren und Brücken an den Reichswasserstraßen, auf die Minister für Handel und Gewerbe und für Landwirtschaft, Domänen und Forsten,

c) im übrigen, insbesondere in Angelegenheiten der Häfen, Fähren, und Brücken an den Reichswasserstraßen, auf den Minister für Handel und Gewerbe.

Das vorstehende Gesetz wird hiermit verkündet, nachdem der Staatsrat von seinem verfassungsmäßigen Rechte des Einspruchs keinen Gebrauch gemacht hat.

Sachregister.

(Die fett gedruckten Zahlen bedeuten die Paragraphen des Gesetzes, die klein gedruckten die Anmerkungen.)

D.

F.

T.

V.

Lippert & Co. G. m. b. H. Naumburg a. S.

Guttentagsche Sammlung

Deutscher Reichs- und Preußischer Gesetze

einschließlich

de Gruyter'sche Sammlung Deutscher Gesetze

(Handkommentare)

Systematisches Verzeichnis

Bürgerliches Recht

Bürgerliches Gesetzbuch
Schuldverhältnisse insbesondere
Sachenrecht insbesondere
Familien- und Erbrecht
Handelsrecht
Versicherungsrecht
Gewerberecht
Arbeitsrecht
Sozialpolitische Gesetze
Geistig-gewerbl. Rechtsschutz

Zivilprozeß

Freiwillige Gerichtsbarkeit
Konkursordnung u. Zwangsvollstreckung

Strafrecht u. Strafprozeß

Öffentliches Recht

Staatsrecht
Verwaltungsrecht
Reichsrecht / Landesrecht
Steuerrecht

Dezbr. 1927

Walter de Gruyter & Co., Berlin W 10 und Leipzig

Bürgerliches Recht

Bürgerliches Gesetzbuch

Band

Reichsgesetze:

38/39. **Bürgerliches Gesetzbuch nebst Einführungsgesetz.** Von A. Achilles. In Verbindung mit F. André, O. Meyer, O. Strecker, K. v. Unzner herausgegeben von M. Greiff. 12. Auflage. — 1926. 24.—

84. **Sammlung kleinerer privatrechtlicher Reichsgesetze.** Von G. Müller. — 1903. 5.50

129. **Zivilrechtkriegsgesetze.** Von Fischer. — 1918. 1.50

116. **Kriegs-Zivil- und Finanzgesetze.** 3. Auflage. — 1915. 1.50

116 a. Desgl. Zweite Folge: Jahr 1915. — 1916. 1.20

Preußische Gesetze:

23. **Ausführungsgesetze zum Bürgerlichen Gesetzbuche.** Von P. Siméon. 3. Auflage. — 1914. 2.20

Textausgaben:

Bürgerliches Gesetzbuch. 14. Auflage. — 1925. 5.—

Schuldverhältnisse insbesondere

Reichsgesetze:

34. **Die Abzahlungsgeschäfte.** 3. Auflage von E. Wilke. — 1910. 1.20

93. **Sicherung der Bauforderungen.** Von E. Harnier. 3. Auflage. — 1912. 1.50

55. **Beschlagnahme von Lohn- und Gehaltsforderungen.** Von G. Meyer. 6. Auflage. — 1927. 4.50

70. **Das Reichshaftpflichtgesetz.** Von G. Eger. — 1903. Vergriffen.
Als Ersatz: Seligsohn, **Haftpflichtgesetz.** — 1920. (Außerhalb der Sammlung.) 8.—, geb. 9.50

94. **Die Beamtenhaftpflichtgesetze des Reiches und der Länder.** Von H. Delius. 3. Auflage. — 1921. 3.20

52. **Rechte der Besitzer von Schuldverschreibungen.** Von H. Göppert. 2. Auflage von E. Trendelenburg. — 1915. 1.50

50. **Der Viehkauf (Viehgewährschaft).** Von H. Stölzle. 6. Auflage. — 1926. 15.—

Band

90. **Das Internationale Privatrecht,** Die Haager Abkommen über. Von G. Bogeng. — 1908. 2.—

98. **Sechs Haager Abkommen über Internationales Privatrecht.** H. Dungs. — 1910. 1.50

Preußische Gesetze:

37. **Enteignung von Grundeigentum.** Von O. Meyer. 3. Auflage. — 1927. 5.50

Sachenrecht insbesondere

de Gruyter'sche Sammlung Deutscher Gesetze (Handkommentare):

Aufwertungsrecht von Michaelis. — 1926. Mit Nachtrag 1927. 16.—

Nachtrag einzeln —.30

Reichsgesetze:

135. **Erbbaurecht.** Von H. Günther. — 1919. 2.—

42. **Grundbuchordnung.** Von O. Fischer und R. Fischer. 9. Auflage. — 1927. 5.—

156. **Mietrecht und Wohnungsmangelgesetz.** Von Krieg. 3. Auflage. — 1925. Mit Nachtrag 1927. 7.—

Nachtrag einzeln 1.50

Textausgaben:

Aufwertungsgesetze mit Einleitung. Von Michaelis. — 1925. Mit Nachtrag 1927. 1.50

Reichsmietengesetz. — 1922. —.50

Familienrecht und Erbrecht

Reichsgesetze:

45. **Entmündigungsrecht.** Von P. Koll. — 1900. 1.20

58. **Recht der unehelichen Kinder.** Von H. Jastrow. — 1901. Mit Nachtrag 1925. 1.60

47. **Deutsches Vormundschaftsrecht.** Von M. Schultzenstein und P. Köhne. 2. Auflage. — 1901. Vergriffen.

24. **Todeserklärung Kriegsverschollener.** Von J. Partsch. — 1917. 2.—

59. **Beurkundung des Personenstandes und die Eheschließung.** Von F. Fidler. 2. Auflage. — 1912. 2.30

Preußische Gesetze:

3. **Nottestamente.** Von E. Kurtz. — 1904. 1.50

Handelsrecht

Band **Reichsgesetze:**

4. **Handelsgesetzbuch** ohne Seerecht. Von Litthauer und Mosse. 17. Auflage. Von E. Heymann. — 1926. 14.—
162. **Handelsrechtliche Nebengesetze.** Von Schreiber. — 1926. 14.—
169. **Bank- und Börsengesetze.** Von Arthur Nußbaum. — 1927. 11.—
41. **Börsengesetz.** Von Th. Hemptenmacher. 3. Auflage von O. Meyer. — 1915. 3.50
26. **Münz- und Notenbankwesen.** Von R. Koch. 7. Auflage von Schacht. — 1925. 14.—
117. **Darlehnskassengesetz.** Von H. Salomon u. K. Bud. — 1915. 1.80
40. Gesetz, betr. die **Pflichten der Kaufleute bei Aufbewahrung fremder Wertpapiere (Depotgesetz).** Von F. Lusensky. 3. Auflage. — 1916. Mit Nachtrag 1924. 1.—
24. **Aktiengesellschaft und Kommanditgesellschaften auf Aktien.** Von H. Keyßner und H. Veit Simon. 7. Auflage. In Bearbeitung.
32. **Gesellschaften mit beschränkter Haftung.** Von L. Parisius und H. Crüger. 17. Auflage. — 1926. 3.50
29. **Erwerbs- und Wirtschaftsgenossenschaften.** Von L. Parisius und H. Crüger. 19. Auflage. — 1927. 4.—
51. **Hypothekenbankgesetz.** Von H. Göppert. 2. Auflage von Seidel. — 1911. Mit Nachtrag 1926. 2.20
100. **Kaligesetz.** Von B. Voelkel. — 1910. 2.40
167. **Verordnung gegen Mißbrauch wirtschaftlicher Machtstellungen** (Kartellgesetz). Von Staffel. — 1927. 3.50
115. **Das vertragliche Wettbewerbsverbot (Konkurrenzklausel).** Von G. Baum. — 1914. 3.—
113. **Postscheckgesetz.** Von J. Weiland. — 1914. Mit Nachtrag 1918. Vergriffen.
113 a. **Postscheckordnung.** Von J. Weiland. — 1914. Mit Nachtrag 1918. 1.50
85. **Scheckgesetz.** Von M. Apt. Vergriffen. Neue Auflage von W. Schmidt. In Bearbeitung.
    Kommentar von Michaelis. — 1927. (Außerhalb der Sammlung.) 16.—, geb. 18.—
5. **Wechselordnung.** Von J. Stranz und M. Stranz. 12. Auflage. — 1923. Mit Nachtrag 1926, enthaltend **Wechselstempelgesetz und Scheckgesetz.** 3.50
    Nachtrag einzeln —.60

Band

36. **Privatrechtliche Verhältnisse der Binnenschiffahrt und Flößerei.** Von E. Löwe. 6. Auflage. — 1923. 4.—
19. **Die Seegesetzgebung.** Von W. E. Knitschky. 5. Auflage von O. Rudorff. — 1913. 8.—

Preußische Gesetze:

54. **Anlegung von Sparkassenbeständen in Inhaberpapieren.** Von H. Döhring. — 1914. 2.80
21. **Handelskammern.** Von F. Lusensky. 2. Aufl. — 1909. 3.—

Textausgaben:

Handelsgesetzbuch mit **Seerecht.** 11. Auflage. — 1924. 2.60
Wechselordnung. — 1908. Mit Anhang: Wechselprozeß und Ausführungsanweisung. — 1920. —.50

Versicherungsrecht

Reichsgesetze:

62. **Private Versicherungsunternehmungen.** Von H. Koenige. 3. Auflage von Koenige und Petersen. — 1927. 20.—
83. **Versicherungsvertrag.** Von P. Hager und E. Bruck. 5. Auflage. — 1926. 14.—
164. **Aufwertung von Versicherungsansprüchen.** Teil I: **Lebensversicherungen.** Von Berliner und Pfaffenberger. — 1926. 6.50
164 a. Desgl. Teil II: **Sach-** (Feuer-, Glas-, Wasser- usw.) **und Transportversicherung, Unfall- und Haftpflichtversicherung.** — 1926. Mit Nachtrag 1927. 3.50
Nachtrag einzeln —.30

Gewerberecht

Reichsgesetze:

6. **Reichsgewerbeordnung** nebst Ausführungsbestimmungen. Von Fr. Hiller und H. Luppe. 20. Auflage. — 1921. Mit Nachtrag, enthaltend alle Änderungen und Neuerungen bis Ende 1924. 6.—
Nachtrag einzeln 1.50
64. **Handel mit Drogen und Giften,** Gesetzsammlung, betr. den. Von H. Sonnenfeld. 3. Auflage. — 1926. 12.—

Band

48. **Drogen-, Gift- und Farbenhandel außerhalb der Apotheken,** Gesetze, betr. den. Von J. Broh. — 1899. 1.20

130. **Ersatzlebensmittelverordnung.** Von H. E. Wendel. — 1918. 1.50

54. **Nahrungsmittelgesetze** mit Erläuterungen. Von Georg Lebbin. 2. Auflage in zwei Bänden.
   a) I. **Nahrungsmittelgesetzgebung.** Im Druck.
   b) II. **Getränkegesetze und Getränkesteuergesetze** (Wein, Bier, Branntwein, Mineralwasser). Unter Mitarbeit von Kniebe. — 1926. 10.—

65. **Weingesetz.** Von G. Lebbin. 2. Auflage. — 1909. Vergriffen.

71. **Kinderarbeit in gewerblichen Betrieben.** Von H. Spangenberg. 2. Auflage. — 1904. 1.20

Preußische Gesetze:

16. **Konzessionierung gewerblicher Anlagen.** Von W. v. Rüdiger. 2. Auflage. — 1901. Vergriffen.

Textausgaben:

Gewerbeordnung, Preußische Ausführungsanweisung zur. — 1904. 1.—

Arbeitsrecht

Reichsgesetze:

138 a. **Arbeiterschutz und Arbeitsrecht.** Von A. Günther. 2. Auflage. Teil I: **Arbeitszeitschutz.** Von Günther und Schneider. — 1927. 7.50

138 b. **Betriebsrätegesetz.** Von A. Günther. — 1920. Vergriffen.

168. **Arbeitsgerichtsgesetz.** Von Depène. — 1927. 3.60

74. **Die Kaufmannsgerichte.** Von M. Apt. 3. Auflage. — 1904. Vergriffen.

112. **Kaufmannsgerichtsgesetz.** Von H. Depène. — 1914. 2.60

112 a. **Kaufmanns- und Gewerbegerichtsgesetz nebst Schlichtungsordnung.** (Ergänzungsband zu Bd. 112.) Von H. Depène. 1924. 3.50
   Die Bde. 112 und 112 a enthalten zusammen den vollständigen Text des Gewerbegerichtsgesetzes.

Preußische Gesetze:

58. **Arbeitsnachweis.** Von P. Wölbling. — 1920. 1.—

Sozialpolitische Gesetze

Band **Reichsgesetze:**

106—109. **Reichsversicherungsordnung.** Von F. Caspar und A. Spielhagen. 1913—1922. 4 Bände. Komplett. 18.—

161. **Reichsversicherungsordnung.** Von Lippmann. — 1925. 11.—

161 a. Desgl. **Ergänzungsband,** enthaltend die neue Fassung des **Unfallversicherungsgesetzes** sowie die Änderungen der übrigen Bücher der RVO. Von Lippmann. — 1926. 4.—

161 b. Desgl. **Zweiter Ergänzungsband,** enthaltend die im ersten Halbjahr 1926 ergangenen Änderungen der RVO. — 1926. —.80

155. **Reichsknappschaftsgesetz.** Von Max Reuß und Fritz Hense. 2. Auflage. — 1926. Mit Nachtrag 1927. 12.—

152. **Wohlfahrtsgesetze.** Von Behrend und Stranz-Hurwitz. Teil I. — 1923. 5.—

152 a. Desgl. Teil II. — 1925. 9.—

152 und 152 a zusammen bezogen 12.—

165. **Handbuch der Erwerbslosenfürsorge.** Von Schmeißer. 2. Auflage. — 1926. Mit Nachtrag 1927. 13.—

Nachtrag einzeln 2.50

160. **Fürsorgepflicht.** Von Sandré. — 1925. 6.—

154. **Jugendwohlfahrtsgesetz und Jugendgerichtsgesetz.** Von Drewes und Sandré. — 1923. Mit Nachtrag, enthaltend die Ergänzungen bis April 1924. 6.—

Textausgaben:

Versicherungsgesetz für Angestellte. 2. Auflage. — 1927. 2.50

Geistig-gewerblicher Rechtsschutz

Reichsgesetze:

81. **Urheberrecht an Werken der bildenden Künste und der Photographie.** Von L. Fuld. 2. Auflage. — 1926. 6.—

60. **Das Urheberrecht an Werken der Literatur und der Tonkunst.** Von O. Lindemann. 4. Auflage. — 1921. 1.80

102. **Urheberrecht an Mustern und Modellen** und Schutz von **Gebrauchsmustern.** Von J. Neuberg. — 1911. 2.40

95. Die Berner Übereinkunft über **Internationales Urheberrecht.** Von H. Dungs. — 1910. 1.—

61. **Verlagsrecht.** Von B. Marwitz. 3. Auflage. — 1922. 1.60

22. **Patentgesetz.** Von R. Lutter. 8. Auflage. — 1920. Mit Nachtrag 1927. 4.—

Nachtrag einzeln 1.—

Band

87 a. **Das deutsche Warenzeichenrecht.** Von Freund und Magnus. 6. Auflage von Jüngel und Magnus.
Teil I: **Die internationalen Verträge.** — 1924. 9.—
Teil II: In Bearbeitung.

37. **Unlauterer Wettbewerb.** Von A. Pinner und A. Elster. 8. Auflage. — 1927. 5.—

Zivilprozeß

de Gruytersche Sammlung Deutscher Gesetze (Handkommentare):

Zivilprozeßordnung. Von Sydow-Busch-Krantz. 19. Auflage. — 1926. 25.—

Reichsgesetze:

14. **Gerichtsverfassungsgesetz.** Von R. Sydow. Fortgeführt von L. Busch. 10. Auflage. — 1925. 6.—

15. **Das deutsche Gerichtskostengesetz.** Von R. Sydow. Fortgeführt von L. Busch, F. Koehler und Krieg. 11. Auflage. In Bearbeitung.

17. **Gebührenordnung für Rechtsanwälte usw.** Von R. Sydow. Fortgeführt von L. Busch und O. Krieg. 13. Auflage. In Bearbeitung.

16. **Rechtsanwaltsordnung.** Von R. Sydow. 5. Auflage von M. Jacobsohn. — 1907. Mit Nachtrag 1910. Vergriffen.

80. **Gerichtliche Registerführung.** Von O. Lindemann. — 1906. 2.40

Preußische Gesetze:

17. **Preußisches Gerichtskostengesetz.** Von P. Siméon. 8. Auflage. In Vorbereitung.

35. **Geschäftsordnung für Gerichtsvollzieher.** Von E. Exner. — 1904. 3.—

Textausgaben:

Zivilprozeßordnung mit **Gerichtsverfassungsgesetz** und **Einführungsgesetzen.** — 1924. 3.50

Freiwillige Gerichtsbarkeit

Band **Reichsgesetze:**

46. **Freiwillige Gerichtsbarkeit.** Von H. Jastrow. 6. Auflage von Herm. Günther. — 1921. 4.50
76. **Die Rechtshilfe im Verkehr mit den ordentlichen Gerichten.** Von A. Friedländer. — 1906. 1.50
163. **Notariatsrecht.** Von Szkolny und L. Kober. — 1925. 8.50

Preußische Gesetze:

4. **Gebührenordnung für Notare** vom 28. Oktober 1922. Von Rausnitz. 6. Auflage. — 1925. 7.—
29. **Ärztliche Ehrengerichte, das Umlagerecht und die Kassen der Ärztekammern.** Von F. Fidler. — 1901. 1.50

Textausgaben:

Freiwillige Gerichtsbarkeit. — 1920. 1.—

Konkursordnung und Zwangsvollstreckung

Reichsgesetze:

13. **Konkursordnung und Anfechtungsgesetz.** Von R. Sydow. Fortgeführt von L. Busch und O. Krieg. 14. Auflage. — 1926. Mit Nachtrag 1927, enthaltend die **Vergleichsordnung.** 10.—
    Nachtrag einzeln —.80
127. **Geschäftsaufsicht zur Abwendung des Konkurses.** Von G. Klien und Ernst Jaeger. — 1917. Durch Nachträge ergänzt. 3.—
43. **Zwangsvollstreckung.** Von J. Krech und O. Fischer. 9. Auflage von O. Fischer. — 1922. 3.50

Textausgaben:

Konkursordnung. 2. Auflage. — 1915. Mit Nachtrag 1925. 1.—

Strafrecht

Band **Reichsgesetze:**

2. **Strafgesetzbuch.** Von Fr. v. Liszt und E. Delaquis. 27. Auflage von E. Kohlrausch. — 1927. 8.—
9. **Sammlung kleinerer strafrechtlicher Reichsgesetze.** Von R. H. Kriegsmann. 3. Auflage. — 1910. 4.—
53. **Reichspreßgesetz.** Von A. Born. 3. Auflage. — 1924. 4.—
133. **Reichswuchergesetzgebung.** Von Ad. Lobe. — 1918. 2.80
67. **Militärstrafgesetzbuch.** Von A. Romen und E. Rissom. 3. Auflage. — 1918. Vergriffen.

Preußische Gesetze:

34. Sammlung der wichtigsten **preußischen Strafgesetze.** Von Lindemann. 2. Auflage. — 1912. 3.50
36. **Polizeiverordnungen in Preußen.** Von O. Lindemann. 2. Auflage. — 1912. 2.50

Textausgaben:

Strafgesetzbuch. — 1925. 3.—

Strafprozeß

de Gruytersche Sammlung Deutscher Gesetze (Handkommentare):

Strafprozeßordnung von Feisenberger. — 1926. Mit Nachtrag 1927. 17.—

Nachtrag einzeln —.80

Reichsgesetze:

12. **Strafprozeßordnung und Gerichtsverfassungsgesetz.** Von E. Kohlrausch. 21. Auflage. — 1927. 7.50
158. **Strafprozeßordnung.** Alte und neue Fassung synoptisch gegenübergestellt. Von Feisenberger. — 1924. Mit Nachtrag 1927. 4.50
3. **Militärstrafgerichtsordnung.** Von A. Romen und E. Rissom. 2. Auflage. — 1918. 5.—
128. **Verhaftung und Aufenthaltsbeschränkung.** Von A. Romen. — 1917. 1.20
73. **Entschädigung für unschuldig erlittene Verhaftung und Bestrafung.** Von A. Romen. — 1904. 1.70

Textausgaben:

Strafprozeßordnung. 5. Auflage. — 1924. Mit Nachtrag 1927. 2.50

Öffentliches Recht

Staatsrecht

Band **Reichsgesetze:**

137. **Reichsverfassung.** Von Arndt. 3. Auflage. — 1927. 8.—
166. **Das deutsche Ausländerrecht.** Von Fraustädter und Kreutzberger. — 1927. 9.—
86. **Die Auslieferungsverträge des Deutschen Reiches.** Von A. Cohn. — 1908. 4.—
44. **Auswanderungswesen.** Von F. Stoerk. — 1899. 2.—
134. **Der Ostfrieden.** Von Karl Strupp. — 1918. 3.—
111. **Reichs- und Staatsangehörigkeitsgesetz.** Von A. Romen. 2. Auflage. In Bearbeitung.
141. **Sozialisierungsgesetze.** Von Reier. — 1920. 2.20
99. **Die Abkommen der Haager Friedenskonferenz.** Vergriffen. Jetzt: Wehberg, **Völkerbundakte.** — 1919. (Außerhalb der Sammlung.) 4.—

Preußische Gesetze:

1. **Die Verfassung des Freistaats Preußen.** Von A. Arndt. — 1921. 2.—
   Ausführlicher Kommentar von Stier-Somlo. — 1921. (Außerhalb der Sammlung.) 3.—

Textausgaben:

Verfassung des Freistaates Preußen. — 1921. —.60

Verwaltungsrecht

a) Reichsrecht

Reichsgesetze:

82. **Reichsbeamtengesetz.** Von A. Arndt. 3. Auflage. — 1923. Mit Nachtrag, enthaltend die Änderungen bis 1924. 3.50
122. **Belagerungszustand.** Von H. Bürschel. — 1916. 3,50
35. **Die Reichs-Eisenbahngesetzgebung.** Von W. Coermann. — 1895. Vergriffen.
66. **Die Eisenbahngesetzgebung.** Von W. Pietsch. 2. Auflage. — 1913. Vergriffen.
91. **Eisenbahn-Verkehrsordnung.** Von E. Blume. 3. Auflage von Weirauch. — 1926. 12.—

Band

147. **Filmzensur.** Von Szczesny. — 1920. 1.50

68. **Fleischbeschaugesetz.** Von G. Lebbin und G. Baum. — 1903. 2.80

27. **Gesundheitswesen im Deutschen Reich.** Von E. Goesch und J. Karsten. — 1888. Vergriffen.

56. **Bekämpfung gemeingefährlicher Krankheiten.** Von B. Burkhardt. — 1900. 1.20

63. **Gesetzestafel des deutschen Reichsrechts.** Von H. Bruhns. 2. Auflage. — 1913. 3.—

49. **Deutsche Kolonialgesetzgebung.** Von Ph. Zorn. 2. Auflage von Sassen. — 1913. 5.—

21. **Die Konsulargesetzgebung.** Von Ph. Zorn. 3. Auflage von K. Zorn. — 1911. 4.50

75. **Konsulargerichtsbarkeit.** Von A. F. Vorwerk. 2. Ausgabe, mit den Schutzgebietsgesetzen. — 1908. 1.60

92. **Verkehr mit Kraftfahrzeugen.** Von R. Kirchner. 3. Auflage. — 1915. Mit Nachtrag 1926. 5.—
Nachtrag einzeln 1.50

119. **Kriegsleistungsgesetz.** Vergriffen.

118. **Militärhinterbliebenengesetz.** Von Reh. — 1915. 2.20

79. **Die Militärpensionsgesetze.** Von A. Romen.
a) I. Teil: **Offizierpensionsgesetz.** — 1907. Vergriffen.
b) II. Teil: **Mannschaftsversorgungsgesetz.** Mit **Kapitalabfindungsgesetz.** — 1908. Vergriffen.

136. **Militärversorgungsgesetz.** Von H. Günther. — 1919. 2.30

7. **Post- und Telegraphen-Gesetzgebung.** Von M. König. 6. Auflage. Vergriffen.

120. **Telegraphenwegegesetz.** Von Wolf. — 1916. 1.—

148. **Reichsausgleichsgesetz.** Von Decke. — 1920. 1.50

150. **Reichsschädengesetze.** Von Adolf Hohenstein und Wenzel Goldbaum. — 1922. 4.—

97. **Schutzgebietsgesetz.** Von J. Gerstmeyer. — 1910. 2.50

105. **Das Geldwesen in den deutschen Schutzgebieten.** Von W. Hintze. — 1912. 1.80

140. **Die Siedelungsgesetzgebung im Reich und in Preußen.** Von W. Holzapfel. — 1920. 3.—

125. **Vaterländischer Hilfsdienst.** 3. Auflage. — 1917. 1.—

88. **Vereinsgesetz.** Von A. Romen. 5. Auflage. In Bearbeitung.

33. **Vereins- und Versammlungsrecht.** Von E. Ball. 2. Auflage von F. Friedenthal. — 1907. 2.—

103. **Reichs-Viehseuchengesetz.** Von W. v. Hippel. 2. Auflage. — 1913. 4.—

Band

89. **Vogelschutzgesetz.** Von L. v. Boxberger. — 1909. 1.—

69. Reichsgesetz über die **Naturalleistungen der bewaffneten Macht im Frieden.** Von W. v. Hippel. — 1903. 1.—

114. **Waffengebrauch und Festnahmerecht des Militärs.** Von A. Romen und C. Rissom. — 1914. 1.80

142. **Wirtschaftliche Demobilmachung.** Von Gg. Fischbach. — 1920. 1.—

Preußische Gesetze:

48. **Zweckverbandsgesetz für Groß-Berlin.** Von L. Brühl, K. Gordan und W. Ledermann. — 1912. 4.—

b) Landesrecht

Preußische Gesetze:

50. **Gesetz, betr. die Anlegung und Veränderung von Straßen und Plätzen in Städten und ländlichen Ortschaften.** Von O. Meyer. — 1913. 3.—

46. **Austritt aus der Landeskirche.** Von H. Caro. — 1911. 2.40

2. **Preußische Beamtengesetzgebung.** Von K. Pfafferoth. 5. Auflage. — 1916. 2.40

51. **Das preußische Disziplinargesetz für die nichtrichterlichen Beamten.** Von E. v. Dultzig. — 1914. 4.20

25. **Preußische Kommunalbeamtengesetzgebung.** Von F. Kremski. — 1901. 3.—

22. **Anstellung und Versorgung der Kommunalbeamten.** Von W. Ledermann. 2. Auflage von L. Brühl. — 1914. 2.—

26. **Diensteinkommen der Lehrer und Lehrerinnen.** Von E. Cremer. — 1900. 2.20

12. **Allgemeines Berggesetz.** Von Schlüter und Hense. 4. Auflage. In Vorbereitung.

47. **Feuerbestattung.** Von W. Lohmann. — 1912. 1.50

28. **Die Fürsorgeerziehung Minderjähriger.** Von P. F. Aschrott. 3. Auflage. — 1917. 2.80

31. **Die preußischen Gesindeordnungen.** Zwei Bände. Von St. Gerhard.
    31 a. Altpreußische Provinzen und Rheinland. 2. Auflage. — 1914. 3.—
    31 b. Hannover, Schleswig-Holstein, Hessen-Nassau und Hohenzollern. — 1902. 2.50

24. **Die Hinterlegungsordnung (1879).** Von G. Bartels. 2. Auflage. — 1908. 2.—

Band

53. **Hinterlegungsordnung** von 1913. Von Hagemann. — 1914. 2.20
41. **Die preußischen Jagdpolizeigesetze.** Von F. Kunze und R. Kühnemann. 2. Auflage. — 1907. Vergriffen.
19. **Jagdscheingesetz.** Von F. Kunze. 2. Auflage. — 1899. 2.—
45. **Rechtsverhältnisse der Juden in Preußen.** Von M. Kollenscher. — 1910. 2.40
15. **Die Kreisordnungen.** Von O. Kolisch. — 1894. Vergriffen.
57. **Landeskulturbehörden,** Gesetz über. Von W. Holzapfel. — 1919. 2.—
42. **Allgemeine Landesverwaltung** und **Zuständigkeit der Verwaltungs- und Verwaltungsgerichtsbehörden.** Von K. Friedrichs. 3. Auflage. — 1927. 5.—
44. **Quellenschutzgesetz.** Von C. Voelkel. — 1909. 1.—
33. **Rentenguts- und Anerbenrechtsgesetzgebung.** Von M. Peltasohn und B. Peltasohn. — 1903. Vergriffen.
30. **Preußisches Staatsschuldbuch** und **Reichsschuldbuch.** Von J. Mücke. — 1902. 2.—
59. **Bildung der neuen Stadtgemeinde Berlin.** Von P. Wölbling. 2. Auflage. — 1920. 1.40
32. **Städteordnung.** Von W. Ledermann und L. Brühl. 2. Auflage. — 1913. 6.—
56. **Das preußische Tumultschadengesetz.** Von Bruno Friedländer. — 1919. —.80
60. **Umlegungsordnung.** Von W. Holzapfel. — 1921. 1.80
43. **Verschuldungsgrenze** für land- und forstwirtschaftlich benutzte Grundstücke. Von R. Leweck. — 1908. 2.40
49. **Gesetze gegen die Verunstaltung landschaftlich hervorragender Gegenden.** Von O. Goldschmidt. — 1912. 2.40
40. **Verwaltungsstrafverfahren.** Von R. Katzenstein. — 1907. 3.50
39. **Unterhaltung der öffentlichen Volksschulen.** Von A. Marcks. — 1906. 1.80
52. **Preußisches Wassergesetz.** Von G. Wulff und F. Herold. — 1913. 4.50
55. **Preußisches Wohnungsgesetz.** Von B. Schmittmann. — 1918. 2.60

Steuerrecht

Band **Reichsgesetze:**

143. **Reichsabgabenordnung.** Von Nieberl. 2. Auflage. — 1927. 12.—
126. **Besitzsteuergesetz.** Von A. Mrozek. Vergriffen.
151. **Einkommensteuer und Körperschaftsteuer.** Von Hollaender. — 1926. 24.—
77. **Das Erbschaftssteuergesetz.** Von B. Henckel. 1920. Vergriffen. Neue Fassung von H. Schachian. 4. Auflage. — 1926. (Außerhalb der Sammlung.) 2.50
54 b. **Nahrungsmittelgesetze** mit Erläuterungen. Von Georg Lebbin. 2. Auflage in zwei Bänden. II. **Getränkegesetze und Getränkesteuergesetze** (Wein, Bier, Branntwein, Mineralwasser). Unter Mitwirkung von Kniebe. — 1926. 10.—
139. **Grunderwerbsteuergesetz.** Von Otto Lindemann. 2. Auflage. — 1926. Mit Nachtrag 1927. 4.—
Nachtrag einzeln —.30
159. **Industriebelastungsgesetz.** Von Höpker. — 1925. 4.—
121. **Direkte Kriegssteuer.** Von A. Mrozek. — 1916. 3.50
131 a. **Reichsfinanzgesetzgebung 1918.** Bd. I: **Getränkesteuern.** Von G. Mayer. — 1918. 2.50
131 b. **Reichsfinanzgesetzgebung 1918.** Bd. II: **Einkommen, Umsatz** usw. Von G. Mayer. — 1919. 1.50
149. **Reichsnotopfergesetz.** Von Friedmann und Wrzeszinsky. — 1921. 4.—
18. **Reichsstempelgesetz.** Von P. Loeck. Vergriffen. Wird durch Kapitalverkehrssteuergesetz ersetzt. Erläuterte Ausgabe in Bearbeitung.
145. **Steuer- und Kapitalflucht.** Von E. H. Meyer. 2. Auflage. — 1921. 1.60
157. **Dritte Steuernotverordnung vom 14. Februar 1924** mit den Vorschriften über **Aufwertung.** 2. Auflage unter dem Titel: **Aufwertungsgesetze.** Von Michaelis. — 1925. 16.—
132. **Umsatzsteuergesetz.** Von Otto Lindemann. 4. Auflage. — 1926. 10.—
110. **Wehrbeitragsgesetz.** Von A. Fernow. 2. Auflage. — 1913. 1.60
146. **Tabaksteuergesetz.** Von Wündisch. — 1920. Mit Nachtrag 1925. 4.—
Nachtrag einzeln 1.50

Band

78. **Zigarettensteuergesetz.** Von Cuno. Vergriffen.

101. **Zuwachssteuergesetz.** Von W. Cuno. Vergriffen.

153. **Zwangsanleihegesetz.** Von Simon und Beutner. — 1923. 8.—

Preußische Gesetze:

20. **Die preußischen Erbschaftssteuergesetze.** Von U. Hoffmann. — 1905. 3.—

13. **Ergänzungssteuergesetz.** Von A. Fernow. 5. Auflage. 1914. 3.—

11. **Gewerbesteuergesetz.** Von A. Fernow. Vergriffen.

14. **Kommunalabgabengesetz.** Von F. Adickes. 6. Auflage von Falk. — 1922. 3.50

38. **Kreis- und Provinzialabgabengesetz.** Von F. Schmidt. — 1906. 1.20

18. **Preußisches Stempelsteuergesetz.** Von P. Loeck und W. Seyffarth. 10. Auflage von Eiffler. In Bearbeitung.

61. **Preußische Verwaltungsgebührenordnung.** Von K. Eiffler. — 1925. Mit Nachtrag 1925. 6.—

27. **Warenhaussteuer.** Von G. Strutz. — 1900. 1.20

Textausgaben:

Erbschaftsteuergesetz. Neue Fassung von H. Schachian. 4. Auflage. — 1926. 2.50

Reichssteuergesetze 1925 (Steuerüberleitungsgesetz mit Durchführungsbestimmungen — Einkommensteuer, Körperschaftssteuer, Reichsbewertungsgesetz, Vermögensteuer, Erbschaftsteuer). — 1925. 4.—

Wehrbeitrag und **Besitzsteuer.** — 1913. —.50

Zuwachssteuergesetz. — 1911. —.50

—, **Ausführungsbestimmungen.** — 1911. —.40

Druck von Otto Walter, Berlin S 14

FSC
www.fsc.org
MIX
Papier | Fördert
gute Waldnutzung
FSC® C083411

Kolibri 360 GmbH
Ferdinand-Jühlke-Straße 7
99095 Erfurt, Deutschland
produktsicherheit@kolibri360.de